*Über dieses Buch*

Die gesellschaftliche Ächtung der Homosexualität, vor allem der männlichen, ist ungebrochen. Daran vermochte bislang auch die teilweise Aufhebung des Paragraphen 175 nichts zu ändern. Noch immer ist dieses von der sozialen Norm abweichende Sexualverhalten mit einem Tabu belegt.

Das vorliegende Buch weist anhand umfassender, subtiler kulturhistorischer Untersuchungen nach, daß die Ächtung der Homosexuellen in unserem Kulturbereich Jahrtausende alt ist. Um zu den geschichtlichen Ursachen des Vorurteils gegenüber der Homosexualität vorzudringen, zeichnet die Autorin allgemeinverständlich und in sehr lesbarer Sprache ein farbiges und fesselndes Bild der europäisch-germanischen Vorgeschichte und des frühen Mittelalters. Die Verfasserin liefert anschließend eine profunde Analyse der verhängnisvollen Auswirkungen der mittelalterlichen Hexenprozesse auf die Entwicklung der Sodomiestrafen im späteren Deutschen Recht seit Karl V. Auf diese Weise erhält der Leser ein umfassendes Bild der Beurteilung dieser »Delikte« von der germanischen Rechtsauffassung über das christlich-mittelalterliche Recht bis zur Aufklärung, deren Versagen vor der Aufgabe einer rationaleren Einschätzung des Sittenstrafrechts für die bis heute andauernde Ächtung der Homosexuellen mitverantwortlich ist.

Homosexuelle wurden von der Völkerwanderung bis zur Epoche des Absolutismus und darüber hinaus als Sündenböcke für allerlei eingebildete oder reale soziale Übel behandelt. Oft führten machtpolitische Interessen zu ihrer Verfolgung. Dabei lieferten in der Neuzeit die Theorie über angeblich staatsgefährdende Eigenschaften der Homosexualität (»Verfallstheorie«) und später der Hinweis auf deren angebliche Krankhaftigkeit (»Entartungstheorie«) Scheingründe für die Behauptung, die Verfolgung homosexuellen Verhaltens sei vernunftgemäß.

Das Buch, das ein Stück versäumter Aufklärung nachholt, beantwortet die Frage, warum Homosexualität für uns Abendländer Probleme aufwirft, und plädiert für den Abbau der gegen sie gerichteten diffusen Vorurteile, die in einer arbeitsteiligen, hochspezialisierten Industriegesellschaft keinerlei sozialen Sinn mehr haben.

*Die Autorin*

Dr. Gisela Bleibtreu-Ehrenberg, geboren in Bonn, hat Ethnologie und Soziologie studiert. Nach dem Studium wissenschaftliche Assistentin am Institut für Soziologie der Universität Bonn und nach der Promotion Referentin in verschiedenen Verbänden und Organisationen. Seit 1975 freie Journalistin.

Gisela Bleibtreu-Ehrenberg

# Homosexualität

## Die Geschichte eines Vorurteils

Fischer
Taschenbuch
Verlag

Titel der Originalausgabe:
»Tabu Homosexualität.
Die Geschichte eines Vorurteils«

Lektorat der Originalausgabe:
Willi Köhler

Fischer Taschenbuch Verlag
Januar 1981
Umschlagentwurf: Jan Buchholz/Reni Hinsch
Fischer Taschenbuch Verlag GmbH, Frankfurt am Main
Lizenzausgabe mit freundlicher Genehmigung
des S. Fischer Verlags GmbH, Frankfurt am Main

Satz: Georg Wagner, Nördlingen
Druck und Bindung: Clausen & Bosse, Leck
Printed in Germany
1280-ISBN-3-596-23814-5

# Inhalt

*VI. Kapitel*

**Die Pönalisierung der Homosexualität im Rahmen der Ketzer- und Hexenprozesse des Mittelalters** . . . . . . . . . . . . . . . . . . 253



*VII. Kapitel*

**Weiterentwicklung und Modifizierung des Vorurteils gegen die Homosexualität bis 1870** . . . . . . . . . . . . . . . . . . . . . 297

# Einleitung

Vor nunmehr fast einem Jahrzehnt – präzise am 7. Mai 1969 –[1] hat der Deutsche Bundestag mit großer Mehrheit eine teilweise Streichung des früheren § 175 des Strafgesetzbuches beschlossen, der heftige Meinungskämpfe in allen Fraktionen voraufgegangen waren. Als lediglich teilweise muß diese Streichung insofern bezeichnet werden, als auch gegenwärtig noch sexuelle Kontakte unter Partnern desselben Geschlechts nur dann nicht mehr verboten sind, wenn entweder beide volljährig oder aber beide minderjährig sind.
Seitens der CDU/CSU begründete seinerzeit Dr. h. c. Güde seinen und den Entschluß seiner Parteifreunde, sich dem Beschluß zur Streichung der Strafbarkeit der sog. ›einfachen Homosexualität‹ (nämlich der unter Volljährigen) anzuschließen, mit dem Argument, daß dieser insbesondere deshalb gefaßt worden sei, »weil das unbestreitbare Phänomen der angeborenen gleichgeschlechtlichen Unzucht« in einem Schuldstrafrecht ernste Schwierigkeiten biete. Wieso diese Probleme entfallen, sofern es sich um homosexuelle Handlungen zwischen einem Volljährigen und einem Minderjährigen handelt – besonders etwa in dem Fall, daß der eine gerade volljährig und der andere siebzehndreiviertel ist –, bleibt dabei offen. Unabhängig davon jedoch verdeutlichen die in dieser Erklärung benutzten Wendungen (indem sie die logisch unmögliche Vorstellung ausdrücken, etwas Angeborenes könne unzüchtig sein), in welch geringem Maße selbst angesichts des bewußten Willens zu einer humaneren Ausgestaltung des Sexualstrafrechts von einer Reduktion der emotionalen Vorbehalte gegen die Homosexualität gesprochen werden konnte.
Denn Dr. Güdes Worte besagen ihrem Sinn nach ja nichts anderes, als daß Homosexualität krankhaft sei – eine Art angeborenes Leiden wie Hasenscharten oder Klumpfüße – und daß man schlechterdings niemanden dafür bestrafen dürfe, daß er von Geburt an verkrüppelt sei. Der bei Dr. Güde angesprochenen moralischen Perspektive des Entschlusses zur teilweise Streichung des § 175 nahm sich dann der damalige Justizminister Dr. Ehmke (SPD) an, indem er hinsichtlich der Auffassung seiner Partei ausführte, es sei »übrigens ein Mißverständnis, das auch noch

durch weitere Aufklärung zu bekämpfen ist, wenn man unterstellt, die Entkriminalisierung bestimmter Verhaltensweisen bedeute etwa eine moralische Billigung des nicht mehr strafbaren Verhaltens«.

Faßt man die zitierten Aussagen der Sprecher der beiden größten Parteien des Deutschen Bundestags zusammen, so ergibt sich, daß eine Abmilderung des § 175 beschlossen wurde, weil man sich dazu durchgerungen hatte, Homosexuelle zwar für krank zu halten, homosexuelles Verhalten aber nach wie vor unmoralisch fand. Nichts kann schlagender erhellen, wie zutiefst vorurteilsgeprägt das Klima der damaligen Diskussion gewesen ist.

Daß im zurückliegenden Jahrzehnt denn auch (man möchte sagen: selbstverständlich) von einem Verschwinden der Ächtung insbesondere der männlichen Homosexualität auch nach Abmilderung ihrer Strafbarkeit keine Rede sein konnte, ist nicht sehr erstaunlich. Was über zweitausend Jahre lang in unserem Kulturbereich zum festen Katalog derjenigen Verhaltensweisen gehört hat, die anständige Menschen ablehnen, wird für die öffentliche Meinung nicht quasi über Nacht zu einer reinen Privatsache, die hinsichtlich des Urteils, das man sich über seinen Nachbarn, Arbeitskollegen oder Verwandten macht, völlig unerheblich ist.

Im Fall der unehelichen Mutterschaft oder neuerdings der legalisierten Abtreibung läßt sich das gleiche beobachten. Umstände oder Handlungen, die vom Gesetzgeber entpönalisiert sind, werden – unabhängig von ihrer realen sozialen Bedeutung oder Unwichtigkeit – noch längst nicht mit jener Neutralität angesehen, die man im Abendland traditionellerweise z. B. gewissen Verhaltensweisen hinsichtlich der Ernährung (etwa Vegetarismus) entgegenbringt, nämlich achselzuckender Gleichgültigkeit. Denn nichts ist zählebiger als das Festhalten an Normen und Werten, die schon in früher Kindheit anerzogen wurden, d. h. während einer Zeit, in der der einzelne zum Verständnis und kritischen Abwägen dessen, was ihm beigebracht wird, noch nicht entfernt imstande ist. Deshalb bedarf es mehr als des berühmten ›Federstrichs‹ des Gesetzgebers, um die Ächtung der Homosexualität abzubauen oder wenigstens abzumildern. Dies um so mehr, als die Geschichte dieser Ächtung lang und verwickelt ist und ganz deutlich vor allem auf einer diffusen Angst vor der Homosexualität als eines gewissermaßen ansteckenden moralischen Makels beruht und ferner auf Furcht vor den Homosexuellen selbst, in denen nicht nur die Massenzeitungen, sondern leider weite Kreise der Bevölkerung bis heute nichts als ›Unholde‹ sehen.

Daß ich den Motiven jener emotional begründeten Furcht vor Homosexualität und Homosexuellen nachgegangen bin, beruht ursprünglich auf einem nicht ganz ernst zu nehmenden Anlaß, nämlich einer Wette, die ich gewann. Mein Wettgegner hatte im Verlauf einer allgemeinen Unterhaltung über die möglichen Ursachen homosexuellen Verhaltens bemerkt, ich als »verheiratete Frau« sei wohl kaum geeignet, bei diesem Thema mitzureden, da es zweifellos für Damen zu delikat sei. Natürlich protestierte ich; ich fühlte mich, wie einem das als Frau bei der Unterhaltung mit Männern öfters passiert, nicht ernst genommen. Mein Widerspruch kam aber nicht an, sondern ich erhielt zur Antwort: »Ich wette, Sie würden sich gar nicht trauen, die Frage persönlich aufzugreifen. Sie ist einfach zu heikel.« Ich traute mich doch; das Ergebnis ist dies Buch.

Vor Jahren erschien eine Schrift deutscher und niederländischer Autoren, auch Theologen, mit dem betont originellen Titel *Der homosexuelle Nächste*[2]. Darin wurde in allerbester Absicht, freilich manchmal mit ziemlich unerträglicher Betulichkeit, um mehr Verständnis für diese sexuell deviante Minorität geworben. Mein Buch befaßt sich mit dem »homosexuellen Nächsten« nun nicht. Es geht vielmehr den Ursachen des starken Widerwillens nach, den Heterosexuelle so häufig im Zusammenhang mit der Diskussion der Homosexualität und dem Sexualverhalten einzelner Homosexueller empfinden und beschäftigt sich deshalb in erster Linie mit den Gefühlen der Heterosexuellen, mit uns selbst.

Dabei standen von Beginn meiner Recherchen an drei Fragen im Vordergrund. Erstens: Warum wird im Abendland Homosexualität geächtet oder bestraft, bei vielen außereuropäischen Völkern aber nicht? Und ich erinnerte mich an die Worte meines Lehrers, Professor Trimborn, der anläßlich einer akademischen Veranstaltung einmal den Satz hingeworfen hatte: »In Pflanzerkulturen ist Sodomie weder geächtet noch wird sie bestraft!«

Zweitens fiel mir auf, daß all jene Gründe, die im Lauf von buchstäblich Jahrtausenden für die soziale Notwendigkeit der Ächtung und Bestrafung von Homosexuellen angeführt worden waren, entsprechend dem jeweils herrschenden Zeitgeist differierten. Daß Homosexualität etwas Schlimmes sei, darüber war man sich immer einig, nur warum sie schlimm sein sollte, darüber schwankten die Meinungen erheblich. Das erschien mir sonderbar und verlieh in meinen Augen diesen wechselnden Ansichten mit stets derselben Grundabsicht den Charakter dessen, was der italienische Soziologe Vilfredo Pareto »Derivationen« genannt hat.[3] Er versteht darunter vorgeschobene Begründungen, die vom eigentlichen Motiv ablenken, es verbergen sollen. Derivationen werden nicht wissentlich produziert, quasi in böser Absicht, sondern sind das Ergebnis unbewußt ablaufender Verschleierungsprozesse. Wenn aber die angeblichen Gründe für die Notwendigkeit der Homosexuellenverfolgung Derivationen waren, wie sah dann das dahinter steckende Motiv in Wahrheit aus?

Drittens wurde ich bei meinen Nachforschungen sehr bald mit der seltsamen Tatsache konfrontiert, daß durch die Jahrhunderte hindurch

Homosexuelle für feige und hinterhältig gehalten wurden. Erklärungen, gar Beweise dafür ließen sich nicht ausmachen. Anfangs vermutete ich, diese Verdächtigung hinge vielleicht damit zusammen, daß Homosexuelle durchgängig für weibisch erachtet wurden und werden. Letzterer Vorstellung liegt deutlich ein traditioneller Denkfehler zugrunde: Zum Sexualakt gehören bekanntlich zwei, und wenn zwei Männer gemeinsam Sex machen, so agiert dabei der eine von ihnen zwangsläufig als Frau. Dies jedenfalls ist eine noch heute gängige landläufige Meinung. Selbst wenn man sie als zutreffend unterstellte (was sie nicht ist), bliebe doch die Frage, wie denn dann der zweite, ›aktive‹ Partner einzustufen wäre – etwa als heterosexuell? Daß man so nicht argumentieren kann, liegt auf der Hand. Doch selbst dann, wenn man das ›weibische Wesen‹ aller Homosexuellen insgesamt einmal für gegeben hielte: sind Feigheit und Hinterhältigkeit etwa spezifisch weibliche Eigenschaften? Das zu behaupten fällt sicher nicht einmal dem wütendsten Antifeministen ein. So blieb für mich diese Unterstellung der Feigheit lange Zeit in höchstem Grade rätselhaft.

Um diesen drei Fragen nachzugehen, erwies es sich als nötig, sowohl juristische wie historische Werke heranzuziehen, und während ich mich damit befaßte, drang ich nach und nach immer weiter und tiefer in unsere abendländische Kulturgeschichte ein. Erst in ihren Wurzeln fand ich die Ursachen für die bis heute anhaltende Ächtung der männlichen Homosexualität. Die Darstellung der Entwicklung und Ausformung dieser Ächtung muß allerdings den umgekehrten Weg gehen und dabei dem Leser viele Fakten und Zusammenhänge nahebringen, die zwar nicht unmittelbar mit den anstehenden Fragen zu tun haben, ohne deren Schilderung und Deutung jedoch keine Antworten möglich sind.

Durch dies Vorgehen kam meine Untersuchung schließlich zu dem überraschenden Ergebnis, daß die negative Einstellung gegenüber der männlichen Homosexualität in unserem Kulturbereich uralt ist und Homosexuelle durchweg als ›Sündenböcke‹ für allerhand eingebildete oder reale Übel herhalten mußten. Oft waren dabei sehr handfeste, sogar machtpolitische Interessen im Spiel. Die Rolle, die wir ›Normalen‹ dabei einnahmen, ist wenig rühmlich.

Es scheint mir deshalb an der Zeit, daß wir unsere traditionellen Vorstellungen über den »homosexuellen Nächsten« einer Revision unterziehen. Dies gilt ganz besonders für Menschen und Menschengruppen, die aus privaten oder situationellen Gründen persönlich mit männlichen Homosexuellen soziale (nicht sexuelle) Kontakte haben: Für Eltern, die entdecken, daß ihr Sohn einen Freund hat statt einer Freundin, für Arbeitnehmer, die herauskriegen, daß ein Kollege ›vom anderen Ufer‹ ist, für Arbeitgeber, die überlegen, ob die Einstellung eines ›warmen Bruders‹

geschäftlich tragbar und für die Mitarbeiter zumutbar sei. Und nicht zuletzt gilt es für Lehrer und Ausbilder, für die eine Konfrontation mit dem Problem gleichgeschlechtlicher ›Verirrungen‹ ihrer Schüler und Lehrlinge erfahrungsgemäß immer noch erhebliche Probleme aufwirft. Viele dieser Genannten pflegen über Homosexualität und Homosexuelle praktisch nicht mehr als das zu wissen, was dem überkommenen, negativ betonten Bild des Homosexuellen als eines Unholdes, günstigenfalls als eines seelisch Kranken oder körperlich Abnormalen entspricht. Irrtümlicherweise halten sie jedoch ebenso oft dies Wissen, das auf nichts als tradierten Werturteilen längst vergangener Epochen beruht, für so wirklichkeitsentsprechend, daß ihr Verhalten zu dem »homosexuellen Nächsten« sich daran weitgehend orientiert. Abgesehen davon, daß eine solche Sicht dem einzelnen Homosexuellen gegenüber von schreiender Ungerechtigkeit ist und vielfach vermeidbare Tragödien heraufbeschwört, ist sie psychologisch betrachtet auch falsch, weil dabei ständig mit unzutreffenden Unterstellungen gearbeitet wird, die auf die Dauer jeden Homosexuellen, sofern er nicht an seiner Umwelt völlig verzweifelt, mit Sicherheit immer weiter von ihr entfremden.
Die häufigste und wesentlichste dieser Unterstellungen ist die notorische Meinung, alle Homosexuellen besäßen primär weibliche Charakteristika, ja ihre sexuelle Geschmacksrichtung sei nichts als eine Folge davon. Typisch dafür ist, daß es in keiner der europäischen Sprachen und Dialekte eine Bezeichnung für männliche Homosexuelle gibt, die nicht auf diese vermutete genuine Weiblichkeit anspielt. Als Beispiele seien etwa ›Tunte‹, ›Schwuler‹ und ›Schwuchtel‹ genannt. Besonders letzteres Wort, das eigentlich einen Mann meint, der auf dem Theater in entsprechendem Kostüm eine weibliche Person darstellt, erhellt die hier vorliegenden Zusammenhänge deutlich. Das veraltete Wort ›Memme‹ für einen Feigling, das von ›Mammae‹ (lat. weibliche Brust) abgeleitet ist, zielt in die gleiche Richtung. Wenn inzwischen die in den letzten Jahren schüchtern einsetzenden Emanzipationsbestrebungen Homosexueller für sich selbst die Bezeichnung ›Schwule‹ in Anspruch zu nehmen beginnen, dann geschah das im Sinne eines ›Geusen‹-Wortes, d. h. man übernahm in trotzigem Protest ein Wort als Ehrennamen, das eigentlich von einer feindseligen Umwelt als Schimpfname gemeint gewesen war. Die Wahl gerade des Wortes ›schwul‹ mag damit zusammenhängen, daß es noch am vergleichsweise schwächsten mit grob abwertender Bedeutung versehen, weil ziemlich obsolet geworden ist. (Das zugehörige Substantiv ›Schwulitäten‹ hat laut Duden sogar umgangssprachlich nicht einmal mehr Beziehungen zu Homosexuellem, sondern heißt ohne weiteres nurmehr ›Schwierigkeiten haben‹ – ein freilich für Schwule ziemlich gewohnter Zustand.)

Da dies Buch von den Gefühlen der ›Normalen‹ gegenüber den ›Schwulen‹ und nicht von den Betroffenen selbst handelt, verzichtet es darauf, die zahlreichen verschiedenen Theorien zu behandeln, worauf denn Homosexualität beruhe bzw. durch was sie ausgelöst werden kann oder wie sie zu kurieren wäre – über diese drei Themen gibt es massenhaft und höchst unterschiedlich brauchbare wissenschaftliche Literatur, mit der man als Laie wenig anfangen kann und die zumeist in engem Zusammenhang mit den einzelnen psychologischen und psychiatrischen ›Schulen‹ beurteilt werden sollte. (Die zur Zeit am häufigsten vertretene Meinung tendiert dahin, daß für den Umstand, daß jemand von der Pubertät an homosexuell reagiert, psychische Erlebnisse der frühesten Kindheit und/oder Erfahrungen und soziales Lernen während Kindheit und Jugend verantwortlich sind, jedoch keine sogenannte ›Veranlagung‹ oder irgendwelche krankhaften körperlich-seelischen Vorgänge.)[4]
Die Frage: »Was ist Homosexualität, wie wird jemand homosexuell?« ist übrigens objektiv betrachtet für ein sozial reibungsloseres, positiveres Kooperieren von ›Heteros‹ und ›Homos‹ unter den gegebenen Verhältnissen einer hochentwickelten Industriegesellschaft viel weniger wichtig als die, weshalb homosexuelles Verhalten für uns als Abendländer, näherhin: als Weiße eigentlich überhaupt Probleme aufwirft. Darauf gibt dies Buch Antwort.

**Anmerkungen**

1 Sitzungsbericht der 230. Sitzung des Deutschen Bundestages, S. 12 789, sowie Entwurf zur Reform des Strafrechts in der Bundestagsdrucksache V/4094, S. 30–33.

2 Bianchi, Hermanus, u. a.: *Der homosexuelle Nächste. Ein Symposion.* Bd. 31 der Stundenbücher, Hamburg 1963.

3 Eisermann, Gottfried: *Vilfredo Paretos System der allgemeinen Soziologie,* Stuttgart 1962, ab S. 102 ff.

4 Eines der trotz zahlreicher Neuerscheinungen objektivsten Bücher hierzu ist das schmale, auch für Laien vorzüglich verständliche Bändchen von Bryan Magee: *Einer von Zwanzig. Eine Untersuchung der Homosexualität bei Mann und Frau,* Wiesbaden 1966.

# *I. Kapitel*
# Alte Nachrichten über die ethische Bewertung der männlichen Homosexualität bei germanischen Stämmen

## 1. Die »corpore infames« des taciteischen Berichts

### *a. Der Text*

In Kapitel 12 seiner *Germania*[1] teilt Tacitus im Zusammenhang mit dem altgermanischen Gerichtswesen einen Rechtsbrauch mit, bei dem unsere Untersuchung zur ethischen Bewertung der Homosexualität[2] durch die germanischen Stämme anzusetzen hat. Tacitus schreibt: »In der Volksversammlung darf man auch Klagen vorbringen und ein peinliches Gerichtsverfahren anstrengen. Die Strafen werden unterschieden nach der Art des Vergehens: Verräter und Überläufer hängen sie an Bäumen auf, Feige, Kriegsscheue und Unzüchtige versenkt man in Kot und Sumpf, wobei noch Flechtwerk über sie gelegt wird. Durch die Verschiedenheit der Bestrafung will man Verbrechen zur Schau stellen, während sie bestraft werden, Laster aber den Blicken entziehen.«
Jene Bezeichnung, die hier mit »Unzüchtige« übersetzt ist (corpore infames), bedeutet männliche Homosexuelle, wie aus dem unmißverständlichen Textzusammenhang anderer Stellen hervorgeht, wo Tacitus ebenfalls von »corpore infames« spricht (nämlich in seinen *Annalen,* Abschnitt I, 73: »Cassium quendam mimum corpore infamem« und XV, 49: »Quinctianus mollitia corpore infamis«; »mollitia« ist passives homosexuelles Verhalten[3]).
Mit dieser Mitteilung des Tacitus über die Germanen ist früh[4] eine Nachricht in Zusammenhang gebracht worden, die wir Livius[5] verdanken: Der als Verräter angeschuldigte Römer Turnus wurde umgebracht, indem man ihn in eine Quelle warf, darüber eine geflochtene Hürde legte und auf diese Steine häufte, so daß er ertrinken mußte. Es handelte sich bei dieser Quelle um das Ursprungsgewässer der Aqua Ferentinae, und Livius nennt diese Tötungsart ein »novum genus leti«. Allein, wie Karl v. Amira[6] anmerkt, »die Einzelheiten des Herganges, insbesondere die ›crates superne iniecta‹, stimmen so auffällig mit der taciteischen Angabe des germanischen Verfahrens überein, daß an dem vorgeschichtlichen

Alter des lateinischen nicht gezweifelt werden kann«. Wenn Livius es als »neu« erklärt, so mag das darauf beruhen, daß es zur Zeit seiner letzten Anwendung – im Falle des Turnus – schon obsolet geworden war, weshalb man die eigentliche Motivation eines solchen Verfahrens gegenüber Verrätern nicht mehr kannte und es deshalb wie eine Augenblickserfindung wirken mußte.

### *b. Glaubwürdigkeit des Tacitus*

Die *Germania* des Tacitus ist als Ganzes oft für unvollständig erklärt und als ungenau, ja falsch angefochten worden[7], und sicherlich ist die Schrift kein kompletter Abriß von allem, was man zu Tacitus' Zeiten von Germanien und seinen Bewohnern wußte. Etwas Derartiges zu bieten dürfte aber auch gar nicht in der Absicht des Verfassers gelegen haben, der »in lapidarer Kürze das Wichtigste in künstlerischer Formung zu geben sucht«[8], wobei die Auswahl dessen, was er dafür hielt, selbstverständlich aus dem speziellen Interessenkreis des Autors erwuchs: »Sein Interesse ist ein einseitiges, auf den germanischen Menschen eingestelltes. Landschaft, Tier- und Pflanzenwelt beachtet er kaum. Am meisten ziehen ihn Gebräuche an, in deren Schilderung er Gelegenheit findet, sich in seiner schriftstellerischen Begabung und Geschmacksrichtung auszuleben, so die Nerthusfeier, das Fest im Semnonenhain, der Dioskurenkult der Naharvalen. Gerade auf religiösem Gebiet verdanken wir ihm daher die wichtigsten Mitteilungen, solche über Dinge, von denen wir sonst nichts wüßten.«[9] Hinzu kommt, daß Tacitus als Ethnograph wiederholt die Fähigkeit zeigt, »auch Unverstandenes getreu zu überliefern. Er scheut sich nicht, dem Leser bisweilen membra disiecta vorzulegen, statt sie durch eine eigenmächtige Synthese vorschnell zur Einheit zusammenzufügen«.[10] »Die teilweise erstaunlich gute Unterrichtung auf Gebieten der Religion und des von ihr schwer zu trennenden Rechtes mögen aus verschiedenen Quellen geflossen sein, und man wird hier auch an Aussagen germanischer Kriegsgefangener oder germanischer Fürstengesandtschaften in Rom denken dürfen.«[11]

Dort, wo seine Aussagen aus der *Germania* archäologisch überprüfbar sind, hat Tacitus sich als meist gut und oft vorzüglich unterrichtet erwiesen: »Wägt man Übereinstimmung und Widersprüche zwischen der literarischen Überlieferung des Tacitus und dem archäologischen Befund gegeneinander ab, so muß man feststellen, daß den zahlreichen Entsprechungen in beiden Disziplinen verhältnismäßig wenige Diskrepanzen gegenüberstehen, die zwar nicht zu leugnen sind, aber den Eindruck guter Unterrichtung des römischen Autors nicht ernsthaft in Frage stellen können.«[12] Im besonderen Maße gilt das für seine Schilderung der

Todesstrafe durch Versenken im Moor, deren Richtigkeit durch zahlreiche der sog. »Moorleichen« bestätigt wird.[13] Die Aufzählung der als Schandtaten betrachteten Handlungen, die nach Tacitus von den Germanen durch Versenken im Sumpf gestraft worden sind, ist sicher nicht vollständig, da auch Moorleichen von Frauen und Kindern gefunden wurden. Für letztere Funde hat die Prähistorie, in deren Rahmen sich mittlerweile eine »Moorforschung« als eigener Wissenszweig zu etablieren beginnt, einleuchtende Erklärungen beigebracht, welche allerdings die bei Tacitus namentlich aufgezählten Strafgründe nicht fragwürdig werden lassen, sondern lediglich erweitern. Und das gilt nicht nur für den Kreis von Personen, die Tacitus in seinem Text nennt (»Feige, Kriegsscheue und Unzüchtige«), sondern ebenso für die Hinrichtungsweise selbst, denn: »Die im Sumpf versenkten Menschen sind nicht nur – wie Tacitus angibt – mit Flechtwerk überdeckt worden, sondern wir finden auch hier schon Belege für ein Pfählen der Leichen«[14], wobei die angewandten Methoden sehr unterschiedlich sind, jedoch stets den Zweck verfolgen, die Leichen unten festzuhalten, damit sie nicht als ›lebender Leichnam‹, d. h. als Gespenster, wiedergehen und die Lebenden quälen möchten.[15]

### c. Unterschiedliche Interpretationen der Tacitus-Stelle

Obgleich jede Analyse von Stil und Wortwahl des Tacitus gar keinen anderen Schluß zuläßt als den, daß er mit der Bezeichnung ›corpore infames‹ männliche Homosexuelle meint[16], hat man – größtenteils aus irregeleitetem Patriotismus heraus – doch nicht selten für diese Worte andere Deutungen zu finden gesucht, die in beflissener Bemühtheit nachzuweisen versuchten, daß Tacitus mit jener Bezeichnung, die er sonst zur Kennzeichnung von Homosexualität brauchte, im Fall der vorliegenden Textstelle ausnahmsweise etwas anderes gemeint haben müsse. Derlei Interpretationsversuche vorwiegend älterer Autoren zeitigten folgende Versionen: Die betreffende Menschengruppe umfasse »mißgeschaffene Kinder«[17], oder aber solche Menschen, die »durch Leibesstrafen entehrt« oder »mit Gewalt beschimpft« worden seien[18], oder solche, die sich durch Selbstverstümmelung zum Kriegsdienst unfähig gemacht hätten.[19] Derartige Versionen rechnen offensichtlich samt und sonders »unter die fast unbegreiflichen Verkehrtheiten, welche aus der Tendenz hervorgingen, nichts Schlimmes auf die alten Deutschen kommen zu lassen«.[20]
Einen Sonderfall dieser Bemühungen stellt die Auffassung von Wilhelm Eduard Wilda[21] dar, der das Problem zu lösen glaubte, indem er konstatierte, daß es gar nicht existiere. Auf S. 153 seines Jakob Grimm gewidmeten und häufig dem retrospektiven, idealisierenden Geist der

Romantik verbundenen Werkes schreibt er: »Die Erklärer der Germania wollen, weil sich allerdings mit den *Worten* kaum ein anderer Sinn verbinden läßt, es auf unnatürliche Unzucht beziehen, welche die Germanen von den Galliern gelernt haben sollen.«[22] Wilda fährt dann fort: »Aber ich habe in allen Rechtsquellen fast nicht eine Stelle gefunden, die auf Päderastie hindeutet; eher findet sich der Sodomie erwähnt, aber in einer Weise, daß die Bestimmungen darüber ziemlich deutlich auf das Alte Testament als Quelle zurückweisen.« Die sorgfältige Lektüre des an sich äußerst verdienstlichen Buches von Wilda zeigt, daß dieser zu den Pionieren der deutschen Rechtsgeschichte zählende Autor den engen Zusammenhang zwischen Religion und Recht bei den Germanen nicht erkannt hat, was insbesondere für das Verständnis dessen, was den »corpore infames« denn nun in Wahrheit so schwer angelastet wurde, unabdingbare Voraussetzung ist. Wilda bemühte sich zwar um Auswertung der skandinavischen Rechtsquellen (er war der erste deutsche Jurist, der das überhaupt in nennenswerter Weise tat). Nichtsdestoweniger waren seine in kurzer Zeit betriebenen Forschungen lückenhaft, schreibt er doch selbst: »Aber weit bin ich von der eitlen Meinung der Vollkommenheit meiner Leistungen entfernt; keinesfalls bilde ich mir ein, daß mir Mißgriffe und Irrthümer fern geblieben sein sollten, und habe kein Hehl, daß ich mir selbst bestimmter Mängel meiner Arbeit bewußt bin, welche zum Theil hätten vermieden werden können, wenn ich mir zuvor eine genauere grammatikalische Kenntnis der verschiedenen germanischen Sprachzweige, als ich sie besitze, zu eigen gemacht und den Druck des Buches nicht vor gänzlicher Beendigung desselben hätte beginnen lassen.«[23] Ungeachtet der erwähnten Mängel und Irrtümer führt gerade Wildas Methode, die Eigenart des germanischen Rechts aufzuschlüsseln, zu einem tieferen Verständnis des Weges, den man beschreiten muß, um des Tacitus' Bemerkungen über die Versenkung der »corpore infames« in Sumpf und Moor zu begreifen, wenngleich der Autor selbst ihn leider nicht beschritten hat. Denn das germanische Recht war noch nicht in einem festen System zusammengefaßt[24], sondern noch fast untrennbar mit Sitte und Brauch verbunden[25], weshalb die Bedeutung einer einzelnen germanischen Rechtsregel nur ergründet werden kann, indem man die allgemeine Rechtsanschauung dabei im Auge behält und so mittels Vergleichung und Verknüpfung zur Erkenntnis des Einheitlichen im Mannigfaltigen gelangt.[26] Was Wildas Bemerkung bezüglich einer häufigeren Erwähnung von Sodomie angeht, so darf hier nicht außer acht gelassen werden, daß die alten deutschen Stammesrechte Homosexualität und Sodomie, d. h. homosexuelles Verhalten und Bestialität, durchgängig unter ein- und denselben Oberbegriff, nämlich eben den der Sodomie, subsumieren, wodurch eine klare Abgrenzung der gegen das eine oder das andere Delikt angedrohten Strafen praktisch unmöglich wird. Außerdem hat es das sexuelle Verhalten, das Wilda mit »Päderastie« bezeichnet, ohne Zweifel in Germanien nicht gegeben. Denn Päderastie ist sexueller Verkehr zwischen einem erwachsenen Mann und einem heranwachsenden Jungen im Sinne einer Volkssitte, wie wir sie im Griechenland einer besimmten Epoche antreffen, und eine solche Institution – hätte sie in Germanien bestanden – wäre uns ebensowenig verborgen geblieben wie die in Sparta und Athen. Wenn es, woran die Quellen keinen Zweifel lassen, eine entsprechende Sitte in Germanien jedoch nicht gab, können Rechtsbestimmungen, die auf sie gemünzt sind, auch schwerlich aufzufinden sein. Um solche geht es aber bei Tacitus auch gar nicht; seine »corpore infames« werden ja eben nicht als Päderasten charakterisiert, sondern einfach als Männer, »die miteinander an ihrem Körper sexuelle Dinge treiben«, wie man die »corpore infames« etwas umständlich näher umschreiben könnte. Wilda allerdings schwebte bei seiner Negation von Gesetzen gegen Päderastie offensichtlich die antike »Knabenliebe« vor, von der er als Gebildeter bestimmt wußte, und diese wiederum hat – ebenso offensichtlich – Tacitus gerade nicht gemeint, sonst hätte er das wohl klar ausgedrückt, da er ja über ihm sittlich bedenklich erscheinende Fakten nicht schamvoll hinweggleitet, sondern derlei mit dankenswerter Offenheit beim Namen nennt: Was hier vorliegt, ist ein echtes Mißverständnis.[27] Wir müssen uns nun noch dem letzten Satz von Wildas Interpretation zuwenden, wo er die in den Quellen gefundenen Hinweise auf Verbote gegen Sodomie auf das Alte Testament zurückführen zu müssen glaubt. Dies kann logischerweise nur für die Teile der germanischen Welt zutreffen, die bereits christianisiert waren; die für uns so wichtigen skandinavischen Quellen jedoch (deren Bedeutung gerade Wilda als einem der ersten klargeworden ist) sind praktisch alle vorchristlich in ihrer sittlichen Grundhaltung der gesellschaftlichen Ordnung gegenüber. Zudem bezieht Wilda sich an der herangezogenen Stelle expressis verbis auf schriftlich fixiertes Recht, das selbstverständlich erst entstehen konnte, als die Leute schreiben gelernt hatten; schreiben aber konnten selbst im christlichen Mittelalter praktisch nur die Geistlichen. Wenn es also im alten – d. h. vorchristlichen – Germanien Strafbestimmungen – verankert in allerlei Rechtsregeln und -sprüchen – gegen homosexuelles bzw. bestialisches Verhalten gab (wofür viele Quellen sprechen), dann ist es geradezu ein Unding, hierfür aus vormissionarischer Zeit schriftlich festgelegte Gesetze finden zu wollen. Und noch unmöglicher ist der Schluß, aus dem Fehlen solcher niedergeschriebenen Gesetze auf das Fehlen von entsprechenden Verboten zu schließen. Hier liegt einer jener früher so beliebten »Schlüsse e silentio« vor, deren wissenschaftliche Relevanz bekanntlich gleich Null ist.

Andere Autoren, die um die gleiche Zeit schrieben wie Wilda, drehten sozusagen den patriotischen Spieß um, wenn sie sich mit der fraglichen Tacitusstelle auseinandersetzten und zogen daraus gänzlich neue Schlüsse, die vordem nicht geäußert worden waren. Ihre verhängnisvolle Tendenz, die noch lange fortwirken sollte, kommt am deutlichsten bei Barth[28] zum Ausdruck, der sich folgendermaßen ausließ: »Es dürfte verlorene Mühe seyn, gegen den Inhalt der Worte des Tacitus anzukämpfen, und es gehört zu den Albernheiten des Afterpatriotismus, durch Schrift- und Sinnverdrehung einen Flecken von den alten Germanen wegwaschen zu wollen. Ja, es ist gar kein Flecken in dem Nationalcharakter, es steht nicht im Widerspruch mit der in diesem fest gegründeten Zucht und Keuschheit; denn nicht jene ist die höhere Tugend, welche die Sünde gar nicht kennt, sondern diese, die sie verabscheut. Der rohe Deutsche versenkte solche Lasterklumpen in den Sumpf; so achtete er der Sitten Reinheit, so ward die Sünde erstickt und ihre Verbreitung.«
Der Übergang von dieser sowohl primitiven wie brutalen Interpretation zu den diesbezüglichen nationalsozialistischen Stellungnahmen geschah fließend und sinnadäquat: Rudolf Klare[29] und Karl August Eckhardt[30] führten praktisch nur fort, was völkisch-nationale Kreise gegen Ende des vorigen Jahrhunderts und früher im Ansatz entwickelt hatten. So können die genannten beiden Autoren auch ohne Befangenheit homosexuelles Verhalten bei den Germanen diskutieren (sie tun dies in der Tat breit und unter korrekter Hinzuziehung aller nur auffindbaren Quellen); was sie dabei herausstellen, ist allerdings weniger, daß Homosexualität in Germanien vorkam, als daß sie streng bestraft wurde. Bei aller Korrektheit der Zitierung der greifbaren Quellen ist deren Ausdeutung bei ihnen freilich um so dürftiger, tendenziöser und vom wissenschaftlichen Standpunkt aus unqualifizierter, da die gesamte Gedankenführung einzig auf den sattsam bekannten »Rassegedanken« des Nazismus abhebt. Unglücklicherweise konnte man sich dabei auf einen Wissenschaftler von Rang berufen. Karl von Amira[31] schrieb unter Bezug auf die taciteischen »corpore infames«: »Mit dem Trieb des Volkes zur Reinhaltung seiner Rasse vereinigt sich die Forderung der Gottheit, daß die von ihr abstammende Rasse rein gehalten werde.« Diese bei genauem Hinsehen absolut unsinnige Bemerkung zeigt nur zu wohl, welch verhängnisvollen Einfluß der Rassismus auch vor der Machtergreifung des Nationalsozialismus in Deutschland bereits gehabt hat. Rassereinheit, ob nun anzustreben oder nicht, ist etwas ausschließlich biologisches, die »Opferung« solcher, die sich gar nicht fortpflanzen – demnach also auch der Reinerhaltung der Rasse nicht gefährlich werden können – etwas ganz anderes, nämlich eine religiöse Forderung – vielleicht eine mißverstandene –, die weder mittelnoch unmittelbar auch nur das geringste mit Reinrassigkeit zu tun hat.

Eckhardt kommentiert diesen Satz von Amira: »Um nicht den Zorn der Gottheit wegen des Rasseverrats gegen das ganze Volk heraufzubeschwören, bringt man den Entarteten als Opfer dar.«[32] Auch hierin wird man umsonst nach Logik fahnden, die Bemerkung ist schiere Polemik: Denn ein Mann, der statt mit einer Frau mit einem anderen Mann sexuell verkehrt, kann dabei seiner Rasse weder schaden noch nützen, weil er sich dabei bekanntlich nicht fortpflanzt. Es ist vollkommen unmöglich, die Gedankengänge der genannten beiden nazistischen Autoren, aber auch die von Amiras nachzuvollziehen, führt man sich diese immerhin profunde Tatsache überall dort vor Augen, wo homosexuelles Verhalten als »Rasseverrat« angeprangert wird. Und wenn man schon Homosexuelle als »entartet« betrachtet, so sollte man vom eugenischen Standpunkt aus eher sehr zufrieden sein, daß gerade sie auf Fortpflanzung verzichten. Offensichtlich geht es aber in Wirklichkeit gar nicht um Eugenisches; die Betonung des »Rassegedankens« dient lediglich zur Motivation der Ächtung, deren Anheizung ein Artikel von Eckhardt[33] zum Hauptanliegen hat. Die Einbeziehung irgendwelcher rassischer Aspekte in die Frage, ob homosexuelles Verhalten bei den Germanen geahndet wurde (und wenn, warum), ist gänzlich fruchtlos. Denn der Rassismus ist ein verhältnismäßig junges Vorurteil, jedenfalls verglichen mit der traditionellen Ächtung der männlichen Homosexualität in unserem Kulturbereich. Den alten Germanen Rassevorurteile zu imputieren, obwohl sie – wie der kürzeste Blick in die Bücher der Edda dartun kann – ohne irgendwelche Bedenken keltische Prinzessinnen und slawische Häuptlingstöchter heirateten, entbehrt außerdem jedweder Stützung aus den Quellen, auf die einzig es hier ankommt.[34]

### *d. Unterschiedliche Bestrafung nach Art des Vergehens*

Wie Tacitus mitteilt, wurden bei den Germanen die Strafen nach Art der Vergehen unterschieden: »Verräter und Überläufer hängen sie an Bäumen auf, Feige, Kriegsscheue und Unzüchtige versenkt man in Kot und Sumpf, wobei noch Flechtwerk über sie gelegt wird. Durch die Verschiedenheit der Bestrafung will man Verbrechen zur Schau stellen, während sie bestraft werden, Laster aber den Blicken entziehen.«

Diese Nachricht über die unterschiedlichen Hinrichtungsarten hat zu ebenso zahlreichen Auseinandersetzungen geführt wie die – zeitlich früher begonnene – über die »corpore infames«, von der ich oben berichtete; in der Folgezeit wurden beide Fragenkomplexe miteinander vermischt.

Bei einer Darstellung der damit verknüpften Überlegungen muß man mit Karl von Amiras berühmter »Opfer-Theorie« beginnen[35], wonach im alten germanischen Recht zwei Systeme nebeneinander bestanden hätten, nämlich ein sakrales und ein profanes (von denen uns das letztere hier nicht zu beschäftigen braucht). »Das sakrale bezog sich auf diejenigen Friedensbrüche, die sich als schimpfliche Taten (sog. Neidingswerke) darstellten; auf sie war (außer der Friedlosigkeit) öffentliche Strafe, nämlich Todesstrafe mit Opferzweck gesetzt.« Die öffentlichen Strafen teilte von Amira in typische Männer- und typische Frauenstrafen ein. Als typisch männliche Strafarten galt das Henken, als typisch weibliche das Versenken in Gewässer oder Moor bzw. Ersticken oder Ertränken.[36] Von Amiras Theorie hat weithin Anerkennung gefunden, zumal sie durch sehr zahlreiche Belege auch aus den Kulturen anderer indogermanischer Völker – z. B. der lateinischen[37] und griechischen[38], aber auch einiger im Baltikum[39] beheimateter Stämme bestätigt wird.[40] Es sind jedoch nicht allein die aufgefundenen Moorleichen, die eine gute archäologische Stütze der Opfer-Theorie für den germanischen Raum darstellen; wir finden auch Nachrichten darüber, daß die Hinrichtung von sozial Schädlichen im Sinne von Menschenopfern als sakrale Akte aufgefaßt wurden, in Berichten aus der Zeit der Christianisierung des Nordens. So warfen die Christen den noch am alten Götterglauben Festhaltenden vor, sie wählten ihre schlechtesten Leute zu Opfern an die Götter aus, während sie selbst in ihren Priestern die besten Leute fänden, die ihr ganzes Leben und damit sich selbst dem Christengott als Opfer weihten. Und gewisse Sümpfe wurden, da man Menschen darin versenkte, als »Opfersümpfe« bezeichnet.[41]

Der Einwand späterer Kritiker dieser Theorie – u. a. vor allem von Folke Ström, auf dessen Überlegungen zu den »corpore infames« ich gleich eingehen werde –, daß es sich nämlich beim germanischen Strafbrauch unmöglich um Opferhandlungen gehandelt haben könne, weil nur in einigen Fällen klar feststellbar sei, welcher Gottheit man den Übeltäter geopfert habe, wurde schon vor über dreißig Jahren von Lily Weiser-Aall[42] durch den Nachweis entkräftet, daß es die Unterweltsdämonen, die Toten waren, denen der Verbrecher anheimgegeben wurde: »Ist dies der Fall, so kann man den Empfänger, den von Amira sucht, nicht klar erkennen. Im kriegerischen Zeitalter der Germanen, als sich der Wotanskult weiter verbreitete, traten auch die Kriegerbünde in Beziehung zu Wotan, er wurde Anführer der Toten, besonders des Totenheeres. Die Entwicklung scheint aber nicht gleichmäßig vor sich gegangen zu sein und nicht bei allen Stämmen. Hierdurch erklärt sich, daß eigentlich nur Wotan als Empfänger der Verbrecher in der Überlieferung klar erkennbar ist, und das nur innerhalb bestimmter geographischer Gebiete.« Wie die Autorin annimmt, haben in vorhistorischen Epochen kultische Männerbünde in Masken die Todesstrafen vollstreckt.

Da Karl von Amira zum Beweis seiner Opfer-Theorie die einzelnen Elemente von Kapitel 12 der taciteischen *Germania* behandelt[43], haben sich die Kritiker seiner Auffassung auch stets mit den dort erwähnten »corpore infames« beschäftigen müssen. Ob und inwiefern von Amiras Theorie angreifbare Seiten hat, ist für unsere spezielle Überlegung ebenso gleichgültig wie die Frage, ob man die »corpore infames« aufgrund eines Sakral-, Straf-, Privat- oder Sippenrechtes umzubringen pflegte. Uns interessiert an des Römers Bericht in erster Linie, daß zu den Handlungen, die man in Germanien für todeswürdig hielt, homosexueller Verkehr gehört hat; in zweiter Hinsicht erweckt die Zusammenstellung derjenigen Delinquenten, die gleichzeitig mit den »corpore infames« von ihm erwähnt werden (»Feige« und »Kriegsscheue«), unsere Aufmerksamkeit.

Drei Interpretationen über die Art dieser – von Tacitus unter dem Oberbegriff der Strafe durch Versenken gekennzeichneten – Gruppe von Delinquenten stehen im Vordergrund einer Analyse der abschätzigen ethischen Bewertung homosexuellen Verhaltens, wie es sich in der Mitteilung des Tacitus ausdrückt. Während die eine jene »corpore infames« vornehmlich als Verräter und Feiglinge begreift[44], hält eine andere sie für Homosexuelle, die aufgrund ihrer »Konstitution« unfähig zum Kampf gewesen seien und denen man deshalb todeswürdige Feigheit vorgeworfen habe.[45] Insbesondere letzterer Erklärungsversuch ist mit einigem Recht in Zweifel gezogen worden, weil sich im Kapitel 31 der *Germania* als Ahndung für Feigheit lediglich eine Ehrenstrafe erwähnt findet (»ignavis et imbellibus manet squalor«). Eine dritte Version der Bedeutung von »corpore infames« hat Rudolf Much vorgetragen.[46] Sie läßt juristische Deutungen außer acht und geht statt dessen von den linguistischen Bezeichnungen aus, die sich in praktisch allen nordeuropäischen Sprachen als Charakterisierung dessen finden, was Tacitus mit seinen »Feigen, Kriegsscheuen und Unzüchtigen« meinte. Der germanische Ausdruck hierfür umfaßt die eine Wortwurzel argr[47], und Much schreibt dazu: »Ein des Lateinischen kundiger Germane hätte das einzige Wort arg mit seinen verschiedenen Bedeutungen durch ›ignavus et imbellis et corpore infamis‹ wiedergeben können. Man braucht sich also gar nicht den Kopf darüber zu zerbrechen, welches Maß an Feigheit Todesstrafe nach sich gezogen habe. Sie traf die ›Argen‹, die ignavi, imbelles und corpore infames zugleich waren.«

Folke Ström, der sich wohl am intensivsten um eine Widerlegung von Amiras Opfer-Theorie bemüht hat, erklärt die Rituale, die sich im Zusammenhang mit der gewaltsamen Tötung von Menschen im alten Germanien entwickelt hatten, für Präventivmaßnahmen der Lebenden gegenüber den Toten[48], die notwendigerweise malevolent seien, d. h. aus letztlich magischem Denken, wofür insbesondere die gegen im Sumpf Versenkte angewandten Mittel sprechen (Überhäufung mit Dornenhürden, Pfählung u. ä.). Derartige Maßnahmen sind allerdings auch gegen Lebende denkbar, die sich gegen die Lynchjustiz einer von panischer Furcht aufgebrachten Menge verzeifelt zur Wehr gesetzt haben dürften und denen man nach dem Hineinstoßen in Sumpf oder Gewässer eine Selbstbefreiung unmöglich machen wollte.[49] Ström gebührt außerdem das Verdienst, die taciteischen »corpore infames« im Zusammenhang mit der isländischen Schadenszauberei, dem sog. »Seidr«, gesehen zu haben[50], wenngleich er die Bestrafung des Seidr-Machens als reine Familienangelegenheit einstuft und für die Tötung des Seidr-Mannes weder öffentliches Interesse noch Opfercharakter gelten lassen will. Für die Bestrafung des Seidr als böse Schadenszauberei gibt es in den alten Quellen so viele Belege, daß niemand daran zweifelt, wie negativ diese Zauberei angesehen worden ist und daß sie als todeswürdig und überdies für Männer als sexuell pervertierend gegolten hat, Fakten, die Ström keineswegs in Zweifel zieht. Er sieht jedoch keinen Weg, auf dem sich Feigheit, Schadenszauberei und homosexuelles Verhalten so zur Deckung bringen ließen, daß dabei ein einheitlicher Oberbegriff im Sinne Muchs zustande kommen könnte, und »to seek a connection between Tacitus' corpore infames and any kind of disgracing witchcraft seems to me out of the question and has to the best of my knowledge never been attempted«[51]. Zum Beweis dafür, daß eine solche Verbindung nicht existieren könne, führt er erstens Wilda an, nach dem in den germanischen Rechtsquellen keine Spur der Bestrafung von Päderastie zu finden und diese deshalb erst mit der Christianisierung eingeführt worden sei, eine Ansicht, auf deren Zustandekommen schon eingegangen wurde. Ferner zitiert er eine kommentierende Ausgabe der *Germania* von 1916, in der Alfred Gudeman[52] vermutet, bei den »corpore infames« handle es sich um »Kinäden«, über die Tacitus nur geschrieben habe, weil »er hier vermutlich unter dem Banne der Autorität des Poseidonius gestanden hat, der berichtet hatte, daß dieses Laster besonders bei den Galliern grassiere«. Interpretiert man Gudeman korrekt, so folgt er dem bereits dargestellten Schema, nichts Schlechtes auf die alten Germanen kommen zu lassen. Um einen solchen Nachweis geht es aber Ström keineswegs; er möchte ja gerade zeigen, daß homosexuelles Verhalten bei den Germanen nicht bestraft wurde (und falls doch einmal, dann ohne jegliche gesellschaftliche Relevanz), und nicht etwa, daß es so etwas dort damals gar nicht gab. Insofern stellen alle beide von Ström zur Stützung seiner Theorie herangezogenen Autoren, sowohl Wilda wie auch Gudeman (ganz abgesehen von ihrem nunmehr schon ehrwürdigen Alter und dem Umstand, daß die vorzüglichen anderen Tacitus-Untersuchungen, insbesondere die

von Eduard Norden, mit keinem Wort einbezogen werden), im Grunde genommen eher Gegenbeweise zu Ströms Konzeption der Verhältnisse dar. Die für Ström im Mittelpunkt aller Überlegung stehende juristische Frage, ob jene Bestrafung der »corpore infames« sakral-, straf- oder privatrechtlicher Natur war – insbesondere, was ihren Zusammenhang mit der Seidr-Praktik angeht –, ist für die uns hier interessierende Manifestation einer Ächtung homosexuellen Verhaltens gänzlich irrelevant; jede Art von Ahndung dieses Verhaltens beweist ja bereits das Vorhandensein einer allgemeinen Ablehnung und kann schlechterdings nur dort auftreten, wo man Homosexualität eben nicht akzeptiert.[53] Und mit dieser Überlegung betreten wir endlich etwas festeren Boden, da wir uns aus dem unsicheren Bereich der Hypothesen und Schlüsse *e silentio* in den der Logik begeben: Falls Gudeman – nebst allen, die seine Ansicht teilen – recht hat und Tacitus die alten Germanen seinen Landsleuten wirklich als Sittenspiegel vorhalten wollte (›ethische Idealisierung‹), woher stammt dann letzten Endes die römische Auffassung[54] der Homosexualität als eines ›Lasters‹?[55] War etwa Tacitus ein verkappter Christ? Oder seine Landsleute, propagierten sie vielleicht unter der Hand das 3. Buch Mose? Woher bezogen sie ihre ethischen Ideale, die ihnen homosexuelles Verhalten als etwas Verabscheuungswürdiges erscheinen ließen?
Von all den Autoren, die sich bisher mit der betreffenden Tacitus-Stelle beschäftigt haben, hat auch nicht ein einziger diese Frage gestellt. Angesichts dessen muß man Ad. E. Jensen[56] zustimmen, wenn er konstatiert: »Die Stellung einer richtigen Frage ist manchmal fruchtbarer und jedenfalls besser als eine falsche Deutung, die nicht den ganzen Tatbestand zugrunde legt.« Hier soll diese Frage in einem späteren Kapitel beantwortet und untersucht werden, weshalb homosexuelles Verhalten trotz der in Rom bekanntlich so grassierenden Päderastie und unabhängig vom Christentum bei allen lateinischen Autoren, die im folgenden Abschnitt zu Wort kommen sollen, als schimpflich und schändlich galt.

### *e. Zusammenfassung dieses Abschnitts*

Faßt man zusammen, was zu jenen »falschen Deutungen, die nicht den ganzen Tatbestand zugrunde legen«, im Fall der Frage eines möglichen Zusammenhanges zwischen den taciteischen »corpore infames« und der in unserem Kulturbereich sozial endemischen Ächtung homosexuellen Verhaltens geführt hat, so treffen wir auf folgende vier Einzelaspekte:

1. Man will »nichts Schlechtes auf die alten Deutschen kommen lassen« und zieht deshalb in Zweifel, daß es homosexuelles Verhalten bei ihnen überhaupt gab. Infolgedessen deutelt man an der Nachricht des

Tacitus herum, versucht einen anderen Sinn in sie hineinzuinterpretieren oder stellt die Hypothese auf, der Römer habe homosexuelles Verhalten – nebst dessen Pönalisierung – bei den Germanen nur deshalb annehmen zu müssen geglaubt, weil Poseidonios Homosexualität bei den Galliern als selbstverständlich beobachtet hatte.
2. Man erklärte, weil es in den fraglichen germanischen Rechtsquellen keine Hinweise auf eine Bestrafung homosexuellen Verhaltens gebe, habe dies in Germanien entweder nicht existiert oder aber es sei nicht bestraft worden. Beides sind Schlüsse e silentio und daher unergiebig.
3. Man nimmt an, daß dort, wo drastische Rechtsbräuche gegen homosexuelles Verhalten nachgewiesen werden können, dafür nicht strafrechtliche Gesichtspunkte relevant gewesen seien, weshalb zwischen ihr und dem von Tacitus berichteten – im Strafrecht verankerten – Verfahren kein Zusammenhang bestehen könne.
4. Schließlich stellt man Tacitus schlicht als Lügner hin und erklärt seinen Bericht in Kapitel 12 der *Germania* über die »corpore infames« als »pädagogischen Versuch«, seine Landsleute von ihrem »weitverbreiteten Laster« abzubringen.

Mit Ausnahme der Arbeit von Folke Ström, der die Frage der »corpore infames« nur im Rahmen seines generellen Widerlegungsversuchs der Opfer-Theorie von Karl von Amira und eigentlich eher peripher behandelt – also mit Ausnahme des Punktes 3. –, stellen alle obengenannten Punkte nichts anderes dar als ideologische Indoktrinationsversuche bei dem Publikum, für das die betreffenden Autoren ihre Schriften verfaßten. Sie bildeten insofern direkte Manifestationen des Vorurteils gegen die Homosexualität, wie es zur Zeit der Niederschrift der betreffenden Arbeiten vorhanden war, welche sich damit als Rechtfertigungsversuche eines naiv-ethnozentrischen, unreflektiert in den eigenen zeitgebundenen Norm- und Sexualbegriffen verharrenden Moralverständnisses erweisen. Was den Punkt 4. angeht, so wird in ihm die Tendenz deutlich, auf dem Umweg über die Behauptung, Tacitus lüge, den Eindruck zu erwecken, homosexuelles Verhalten sei im alten Germanien nicht nur häufig gewesen, sondern auch durchaus nicht bestraft worden (denn das ist der – wenngleich nicht so kraß und deutlich ausgedrückte – tiefere Sinn derartiger Andeutungen); von da aus bis zu der Annahme, es sei nicht nur vorhanden und geduldet, sondern sogar geschätzt und kultisch wichtig gewesen, ist es dann nur ein Schritt, den in neuerer Zeit (und zwar lediglich aufgrund der Schriften jener Autoren, mit denen wir uns oben auseinandergesetzt haben) zahlreiche moderne Sexualwissenschaftler bedenkenlos taten. Man kann kaum nachdrücklich genug darauf hinweisen, wie verhängnisvoll und schädlich diese Argumentation für eine Ausräumung der Ächtung der männlichen Homosexualität geworden ist; einige kurze Bemerkungen darüber sind bereits an dieser Stelle unumgänglich. Ein solches Vorgehen nämlich kann unmöglich den erwünschten Effekt haben, weil es sich beim Versuch einer Abmilderung der Ächtung dauernd auf Institutionen konzentriert – und zwar sind dies die Kirchen der beiden großen Konfessionen –, die zwar zu den etablierten Hütern dieser Ächtung gehören, nicht jedoch deren Quelle sind. Mittels Fehlinterpretationen (um den Ausdruck »Lügen« zu meiden, den man gegen eine Kapazität wie Tacitus so unbefangen anwendet) Irrtümer auszuräumen und einer zugleich rationaleren und humaneren Auffassung den Weg zu bahnen, ist ein Unterfangen, das in sich suspekt wirkt, weil das Publikum dabei für dumm verkauft wird. Zugute halten muß man freilich jenen obenerwähnten neueren Autoren, die dies Verfahren pflegen, daß sie zumeist weder Ethnologen noch Germanisten noch Prähistoriker noch Religionswissenschaftler noch – last, not least – Soziologen sind und insofern stets auf Kenntnisse aus zweiter Hand angewiesen bleiben. Es wäre im Interesse eines Abbaues der noch heute fortbestehenden Ächtung homosexuellen Verhaltens im Sinne echter Aufklärung allerding wirklich wünschenswert, wenn sie ihre diesbezügliche Einstellung überprüfen würden, die letzten Endes qualitativ auch nichts Besseres darstellt als den Versuch einer Indoktrination des Publikums, wenngleich zwar jetzt nicht mehr zur Stützung, sondern nurmehr zwecks Zerstörung der fraglichen Ächtung. Es scheint nämlich im Raketenzeitalter noch weniger sinnvoll als während der Romantik und später in der Epoche des Frühkapitalismus, auf die alten Germanen als quasi »opinion leader« zurückzugreifen. Täten wir dies konsequent, dann müßten wir logischerweise auch wieder kultische Menschenopfer und die Tötung von Mißgeburten praktizieren, wir müßten das Frauenstimmrecht abschaffen und die Sklaverei einführen, kurzum wir müßten zu den ethischen Normen der Bronzezeit zurückkehren, was ja wohl keinem Menschen von klarem Verstand einfallen wird. Was auch immer also die alten Germanen von »corpore infames« gehalten haben mögen, es kann für uns unter keinen Umständen vorbildlich oder gar verbindlich sein. Es kann aber Klarheit darüber verschaffen, wie die Ächtung, um deren Wurzel wir uns bemühen, in unserem Kulturbereich entstanden sein könnte.

Und da Klarheit sich bekanntlich kaum einstellt, solange man sich und anderen etwas vorzumachen versucht, bleibt uns nichts anderes übrig, als die Quellen, die über die ethische Einschätzung der Homosexualität im alten Germanien berichten, genau zu studieren und auf ihre Glaubhaftigkeit hin abzuklopfen; und dasselbe gilt für die eine – einzige – Nachricht, die über kultische Bedeutung homosexuellen Verhaltens bei einem Stamm berichtet, von dem freilich nicht sicher feststeht, ob seine Mitglieder wirklich Germanen waren.

## 2. Die Problematik der antiken Ethnographie unter besonderer Berücksichtigung der Germanenfrage

In seiner kritischen Betrachtung der antiken Ethnographie stellt der in deutscher Sprache wohl meistzitierte Kommentator der *Germania,* Eduard Norden[57], fest: »Wie alle literarischen Gattungen des Altertums, so ist auch die ethnographische einer Typologie verfallen. Das von einem Beobachter über ein bestimmtes Volk Ausgesagte wurde von einem anderen auf ein anderes Volk übertragen. Eine Übertragung braucht nicht notwendigerweise die Reinheit des ursprünglichen Lichtes zu trüben, aber die Gefahr einer Trübung liegt überall nahe . . . Die germanische Ethnographie hat zeitlich fast am Ende einer sehr langen Reihe gestanden: daher ist sie von völkerkundlichen Wandermotiven wie übersät.« Und er fährt mit der Feststellung fort, es sei fast entmutigend, daß unserem Bemühen, das spezifisch Germanische zu erfassen, viele solche Fehlerquellen hindernd in den Weg träten, die auf unberechtigten Übertragungen beruhten.

Außer dieser Fehlerquelle, die im vorwissenschaftlichen, da vorwiegend literarisch ambitionierten Charakter der antiken Ethnographie liegt, beeinträchtigen aber noch andere Faktoren die Qualität der antiken Überlieferungen bezüglich der Germanen. Neben der Stückwerkhaftigkeit der Überlieferung ist es zunächst die Beschränktheit der antiken Germanenkunde überhaupt bzw. deren Ursachen[58]: Von den uns bekannten antiken Autoren, die über Germanien geschrieben haben, hat kein einziger wirklich wissenschaftliches Interesse für die Germanen besessen, und keiner von ihnen hat das Land selbst als Forscher besucht. (Denn Poseidonios, der letzte große Forschungsreisende der Antike, der um 90 v. Chr. als Geograph und Ethnologe das südliche Gallien und Spanien bereist hat, verfügte noch nicht über die Möglichkeit, in das Innere Galliens oder gar bis an den Rhein, geschweige denn in rein germanisches Gebiet jenseits des Stroms vorzudringen, das erst durch Caesars Kriegszüge erschlossen wurde.) Zu bedenken ist bei allen antiken Germanienberichten auch, »daß wir über das große Thema ›Römer und Germanen‹, über die jahrhundertelangen, meist feindlichen Begegnungen und Berührungen zwischen beiden Völkern, nur die Äußerungen der einen Partei besitzen«.[59] Außerdem muß noch ein weiterer Grund genannt werden, der verhinderte, daß in der Folgezeit römische Krieger und Kaufleute – die Griechen fallen hier fast ganz aus – germanische Zustände und Lebensweise tiefer kennenlernten: Niemand der späteren Berichterstatter hat die Sprache auch nur eines germanischen Stammes verstanden, geschweige denn selbst sprechen können.

Die Probleme, die hieraus erwuchsen, begannen mit der Uneinigkeit darüber, was unter »Germanien« im geographischen Sinne zu verstehen sei, und leiteten von dorther über zu dem Streitpunkt, was die »Germanen« in ethnischer Hinsicht vorstellten. Die antiken Autoren haben nämlich unter dem Begriff Germanen nicht durchgängig das gleiche verstanden wie wir: Wir verbinden mit »Germanen« die Vorstellung bestimmter Rasseeigentümlichkeiten und der germanischen Sprache. Für Römer und Griechen war »Germanien« aber oft nicht mehr als eine rein geographische Bezeichnung, ein Sammelname für das rechtsrheinische Land, was uns Tacitus in seinem berühmten »Namenssatz« (*Germania*, Kapitel II) ja auch bestätigt.[60] Da dies Gebiet in den ersten Jahrhunderten n. Chr. sowohl von germanischen wie teilweise noch von keltisch sprechenden Stämmen bewohnt war[61], kam dadurch häufig eine Gleichsetzung von Germanen (im Sinne der Bewohner einer bestimmten Landschaft) und Kelten (im Sinne einer bestimmten, von der germanischen etwas abweichenden Völkerschaft oder aber einer mit diesen irrtümlich als identisch angenommenen Rasse) zustande, was z. B. Strabo zu der Überzeugung brachte, Germanen und Kelten seien quasi Bruderstämme.[62] Seine Ansicht geht höchstwahrscheinlich auf das verlorengegangene Werk des Poseidonios zurück, der jedoch entsprechende Kenntnisse bzw. Vergleichsmöglichkeiten schwerlich haben konnte, weil er gar nicht bis Germanien kam; zudem läßt Strabo hier die von Julius Caesar erstmals und dezidiert herausgestellten Unterschiede zwischen den beiden Völkern, ihren staatlichen Einrichtungen und religiösen Bräuchen gänzlich außer acht, obgleich diese damals den neuesten Stand der Germanenkunde repräsentierten.[63]

Caesar erwies sich als selbständiger Schüler der hellenischen Forscher, doch es hat »seine eigene Entdeckung von der Wesensverschiedenheit des Kelten- und Germanentums auf die große Masse der nachcaesarischen Schriftsteller in griechischer Sprache einen beschämend geringen Einfluß ausgeübt«. Nach wie vor behandeln sie Germanien als einen Teil der keltischen Lande und reden von Kelten, wo sie von Germanen hätten sprechen müssen, »indem sie sich den ganzen Norden und Westen Europas von Kelten und Skythen besetzt denken. Was für Hekataios, Ephoros und Aristoteles, Pytheas und Eratosthenes begreiflich war, ist für sie unentschuldbar[64], für den wissenschaftlichen Stillstand der Forschung und die überhebliche Nichtachtung der lateinischen Literatur von seiten der Griechen freilich bezeichnend. Die Folgen des Irrtums sind wahrhaft verhängnisvoll gewesen. Der Glaube an eine Identität von Kelten und Germanen hat nicht bloß die Anfänge der deutschen Geschichtsschreibung in den ersten Jahrzehnten des 16. Jahrhunderts schwer geschädigt . . ., sondern noch auf die Anfänge der keltischen

Sprachwissenschaft in der ersten Hälfte des 18. Jahrhunderts seine tiefen Schatten geworfen«.[65]

Wir dürfen jedoch zur Entschuldigung dieser griechischen Ansicht, die darauf fixiert blieb, ganz Mittel- und Nordeuropa sei neben den Skythen von Kelten bewohnt, anführen, daß die Germanen in der unmittelbar den römischen Eroberungen voraufgehenden Epoche in Deutschland eine lange Grenze mit den Kelten gemein hatten. Eine Zeitlang verlief sie im Fichtelgebirge und nordwestlich davon durch Hessen; im Ruhrgebiet läßt sich das schrittweise Vordringen der Germanen in ehemals keltisches Land nachweisen. »Der deutsche Raum war somit durch eine markante Grenze von Ost nach West aufgeteilt und von zwei verschiedenen Völkern besiedelt«[66], und je früher antike Händler und Soldaten dorthin vorgedrungen sind, desto häufiger müssen sie anstatt auf Germanen auf Kelten gestoßen sein, weshalb sich ihre Idee, der gesamte nördliche Bereich sei keltisch, besser begreifen läßt.

Auch für die uns hier interessierende Problematik ist dieser allzu lange unrevidiert gebliebene Irrtum von nicht unwesentlicher Bedeutung. Deshalb muß den Berichten im folgenden Abschnitt über homosexuelles Verhalten bei germanischen Stämmen noch eine kurze Besprechung der Nachricht über Homosexualität bei den Kelten vorangestellt werden.

## 3. Analyse anderer antiker Nachrichten über angebliche Homosexualität bei germanischen Stämmen

### *a. Exkurs: Homosexuelles Verhalten bei den Kelten*

Naturgemäß hat sich mit dieser Frage vornehmlich die Keltologie befaßt[67] und die provozierende Frage gestellt: »Les Celtes étaient-ils pédérastes?« Hierauf geben einige Zeugnisse antiker Autoren eine bejahende Antwort, während so wichtige Zeugen wie Polybios, Caesar und Livius homosexuelles Verhalten bei den Kelten mit keinem Wort erwähnen.

Werfen wir nun einen Blick auf die von Weisweiler erwähnten Autoren[68], die über Homosexualität bei den Kelten berichten, so läßt sich zeigen, daß es sich dabei wesentlich nur um einen einzigen handelt, nämlich um Poseidonios, von dem Diodor, Strabo und viel später Athenaois diese Nachricht abschrieben. Denn die Nachricht bei Aristoteles (in dessen *Politik,* Buch II., Kapitel 6, Abs. 6) teilt lediglich lapidar mit, daß bei den kriegerischen Kelten die Männerliebe entschieden Sitte sei, und diese Notiz steht so isoliert und ohne weiterführende Hinweise da, daß sich schlechterdings jeder Versuch einer Quellenanalyse verbietet. Wir können lediglich feststellen, daß offenbar schon zu Aristoteles' Lebzeiten von homosexuellem Verhalten bei den Kelten als einer bekannten Tatsache gehandelt worden ist.

Poseidonios von Apameia, auf den, wie sich gleich zeigen wird, die fragliche Mitteilung bei den drei anderen antiken Autoren zurückzuführen ist, lebte etwa zwischen 135 bis 51 v. Chr. und machte u. a. Reisen nach Iberien und in das südliche Gallien, über welche Gebiete er sich offenkundig gut unterrichtet zeigt, während seine Kenntnisse der nördlicheren Räume hinter den Entdeckungen seiner eigenen Zeit zurückblieben[69]; sein Werk selbst ist uns verloren.

Bei Diodorus von Sizilien finden sich nun[70] folgende Ausführungen über die Kelten:

»Obgleich sie schöne Weiber haben, geben sie sich selten mit ihnen ab, sondern haben rasende Begierde nach Beischlaf mit Männern. Auf Tierfellen auf dem Erdboden schlafend, pflegen sie sich auf beiden Seiten an ihre Schlafgenossen heranzuwälzen. Das Seltsame aber ist, daß sie unbekümmert um den eigenen Anstand die Blüte ihres Leibes willig preisgeben und das nicht für schimpflich halten, wohl aber es als eine Schande ansehen, wenn einer die freiwillig dargebotene Gunst nicht annimmt.«

An der Entlehnung der zitierten Stelle aus Poseidonios ist nicht zu zweifeln[71]; Karl Müllenhoff hat[72] nachgewiesen, daß Diodor die Abschnitte 24 bis 40 seiner *Historien,* wo er über die westlichen Bezirke der damals bekannten Welt und u. a. auch über die Bewohner Galliens handelt, von Poseidonios übernahm.

Diodorus Siculus lebte im 1. Jahrhundert n. Chr. Sein viele Bände umfassendes Geschichtsbuch *(Historien)* stellt kein eigenständiges Werk, sondern eine großangelegte Kompilation dar. Kein gebildeter antiker Autor hat es je erwähnt; erst die weniger kritischen christlichen Historiker des Mittelalters schenkten ihm Beachtung. Diodorus hat aus allen damals erreichbaren Quellen geschöpft, selbstredend auch aus Poseidonios; die Nachzeichnung seiner literarischen Vorlagen wird allgemein als getreu angesehen.

Eine weitere Notiz lesen wir bei Strabo[73]:

»Auch das wird allgemein behauptet, daß die Celten streitsüchtig sind, und daß es bei ihnen keine Schande ist, wenn Jünglinge ihre Jugendkraft vergeuden.«

Da die Ähnlichkeit der Betrachtungsweise, mit der Strabo in seiner kurzen Bemerkung das homosexuelle Verhalten der gallischen Jünglinge charakterisiert, soviel Ähnlichkeit mit derjenigen von Diodor aufweist (und zudem bei jenem kurz vor seiner Erwähnung der Homosexualität ausdrücklich von der Streitsucht der Kelten die Rede ist), kann man annehmen, daß beide Autoren ihre Vorlage bei Poseidonios fanden, der sowohl über keltische Streitsucht wie homosexuelle Sitten berichtet haben muß. Eine Anlehnung Strabos an das Werk des Poseidonios wird auch an anderen Stellen seiner *Geographie* deutlich.[74]

Strabo lebte von 63 v. bis 24 n. Chr.; seine *Erdbeschreibung* muß um etwa 7 v. Chr. abgeschlossen gewesen sein. Er selbst ist nie in Gallien oder Iberien gereist; über Etrurien kam er nicht hinaus.[75] Seine Kenntnis des poseidonischen Reisewerks gilt allgemein als selbstverständlich.[76]

Die letzte Notiz in der antiken Literatur, in der homosexuelles Verhalten bei den Kelten erwähnt wird, steht bei Athenaios[77]:

»Was die Barbaren betrifft, so ziehen auch die Kelten, obwohl sie wunderschöne Frauen besitzen, Jünglinge vor; so haben etwa manche davon zwei Liebhaber, die mit ihnen auf ihren Lagern aus Tierfellen schlafen.«

Diese Stelle zeigt als unmittelbares Vorbild die Version des Diodor. Das geht bis in Einzelheiten: das Lager aus Tierfellen, die schönen, aber wenig begehrten Frauen, dem Heranwälzen von beiden Seiten, wobei Athenaios aus dem promiscuen homosexuellen Verkehr, der im Original offensichtlich gemeint war, »zwei Liebhaber« gemacht und somit die Aussage etwas abgemildert hat. Übrigens scheint die Originalstelle darauf hinzudeuten, daß die Kelten, von denen hier die Rede ist, grundsätzlich nicht bei ihren Frauen in eigenen Hütten schliefen, sondern daß alle Männer gemeinsam in einem einzigen Raum nächtigten, was auf das Vorhandensein eines Männerhauses deutet. Möglicherweise kann es sich auch um ein Schlafhaus der unverheirateten Jungmannschaft gehandelt haben, dagegen spricht jedoch die Anmerkung, daß jene Kelten sich wenig aus ihren Frauen machten und das Schlafen miteinander vorzögen. Sie hatten also offenbar Frauen, doch schliefen sie nachts alle zusammen in einem besonderen Haus. Poseidonios könnte die Institution eines Männerhauses hier zwar beobachtet, aber von ihrer Funktion her mißverstanden haben.

Athenaios von Naukratien lebte im 3. nachchristlichen Jahrhundert; sein Buch wurde vermutlich gegen 228 n. Chr. verfaßt. Er hat Poseidonios gründlich benutzt.[78] Daß dieser auch hier seine Vorlage bildete, dürfen wir daraus folgern, daß das im Altertum wenig geachtete Werk von Diodor dem höchst gebildeten Athenaios wohl kaum als kompetente Quelle genügt haben dürfte.

Zudem ist die Nachricht in sich so »stimmig« und glaubhaft, daß sie auf persönlicher Beobachtung beruhen muß; doch nur Poseidonios ist wirklich in Iberien und Gallien gereist und konnte dort eigene Forschungen durchführen. Viele weitere von ihm berichtete Nachrichten, die durch

Abschreiben seines Werks durch andere Autoren der Nachwelt erhalten blieben, zeigen ihn als Weltmann, der in überlegener Haltung auch solche Sitten zur Kenntnis nimmt, die ihm persönlich unbegreiflich und widerlich vorkommen: so die gallischen Kopfjagden und die anschließende Präparation der erbeuteten Köpfe. Es scheint daher durchaus angebracht, den angeführten Bericht über homosexuelles Verhalten bei den Kelten sowohl insgesamt für echt anzusehen als ihn auch auf Poseidonios als Gewährsmann zurückzuführen.

Wenn freilich spätere Autoren wie Caesar und Livius von derlei homosexuellen Sitten nichts mehr berichten, dann mag das darauf zurückzuführen sein, daß sie in der von Poseidonios seinerzeit beobachteten Form nicht mehr vorkamen und also auch nicht mehr festgestellt werden konnten.

Inwiefern dieser Bericht des Poseidonios für die Frage der Homosexualität bei germanischen Stämmen von Belang geworden sein könnte, werden wir später untersuchen müssen. Zuvor wollen wir uns nun der Analyse der verschiedenen Berichte antiker Autoren über die Bewertung homosexuellen Verhaltens in Germanien zuwenden.

### *b. Bataver*

Wilhelm Reeb[79] hat – anders als Wilda und in ausdrücklicher Wendung gegen ihn – bezüglich der germanischen Einstellung zu homosexuellem Verhalten sehr wohl erkannt, daß sich »aus dem Schweigen der uns erhaltenen Gesetzesbestimmungen kein zwingender Beweis für die Auffassung der Germanen erbringen« läßt[80] und erläutert seine Ansicht näher, indem er hinzufügt: »Daß ihre Jugend von den römischen Besatzungstruppen in dieser Weise mißbraucht wurde, empörte die Bataver sehr.«

Den betreffenden Vorfall, den Tacitus in seinen *Historien* im IV. Buch berichtet, hat er mit großer Wahrscheinlichkeit von Plinius übernommen.[81] Der volle Text lautet in der Übersetzung von Walter Sontheimer[82] wie folgt:

»Auf Befehl des Vitellius wurde die batavische Jugend zur Aushebung beordert. Diese bildete schon an und für sich eine schwere Last, wirkte aber infolge der Habgier und des verschwenderischen Lebenswandels der mit der Aushebung Beauftragten noch drückender, da diese Greise und Kranke zusammensuchten, um sie dann gegen Bezahlung wieder laufen zu lassen. Auf der anderen Seite wurden noch nicht Erwachsene und durch ihre äußere Erscheinung ins Auge Fallende – die meisten haben schon als Knaben einen schlanken Wuchs – zur Schändung fortgeschleppt. Daraus erwuchs Erbitterung, und die Anstifter des verabredeten Aufstandes bewirkten, daß man sich der Aushebung widersetzte.«

Es erübrigt sich wohl, diese Mitteilung besonders zu kommentieren: Daß die Schändung ihrer Jungmannschaft – z. T. offenbar sogar ihrer unerwachsenen Kinder – die Bataver dermaßen erbitterte, daß sie darin ein in der Stammesöffentlichkeit zugkräftiges Argument für einen Aufstand erblickten, zeigt unwiderleglich, wie wenig homosexuelles Verhalten für sie von irgendeiner ethischen Wertschätzung gewesen sein kann.

### *c. Vandalen*

Der nordafrikanische Kirchenvater Salvianus Massiliensis[83] berichtet – mit unverkennbarem Wohlwollen –, daß die im übrigen von ihm wegen ihrer Herrschsucht und kriegerischen Unbeständigkeit hart kritisierten Vandalen in ihrem gesamten afrikanischen Einflußgebiet die »Schande der Weibmänner« beseitigt hätten. Wie er erwähnt, war im 4. nachchristlichen Jahrhundert in Karthago noch ein ausgeprägtes Transvestitentum gang und gäbe, das wir heute aufgrund von Vergleichsmaterial aus dem alten Mesopotamien, dem vorislamischen Ägypten, den in der Bibel erwähnten kanaanitischen Kulten und Nachrichten aus noch weiter entfernten Gebieten, nämlich insbesondere Südostasien, wohl für Reste einer kultischen Institution erklären dürfen.
Salvianus stellte mit christlichem Abscheu fest, daß gewisse männliche Individuen in dieser Gegend nichts für schändlicher hielten, als in irgendeiner Beziehung als Männer zu gelten. Hierin kommt das wesentliche Moment des männlichen Transvestismus[84] zum Ausdruck, das in einer möglichst weitgehenden Anähnelung an feminines Verhalten und Aussehen besteht.
Eine solche Einstellung mußte die Vandalen zutiefst abstoßen, weil sie mit dem germanischen Kriegerideal vollständig unvereinbar war. Aus ihrer Ablehnung solcher Männer (praktisch scheint es sich eher um deren Ausrottung gehandelt zu haben) dürfte wohl kaum auf besondere Hochschätzung homosexuellen Verhaltens geschlossen werden können.

### *d. Der Fall des Soldaten Marianus*

In seiner »Declamation de milite Mariano« (III, 16) berichtet der römische Rhetor Quintilian vom Fall des germanischen Soldaten Marianus, der seinen Vorgesetzten wegen unzüchtiger Anträge niedergestochen hatte. In der Verhandlung bestritt Marianus, daß Homosexualität bei den Germanen als Sitte gepflegt und ethisch positiv gewertet werde.

Diese Deklamation, mit der durchaus offenkundig die Sittenreinheit des »Barbaren« gegenüber der Verderbtheit römischen Wesens ins rechte Licht gerückt werden soll, stammt nicht unbedingt von Quintilian selbst.[85] Unter seinem Namen waren 19 größere und 145 kleinere sog. »Deklamationen« bei der bildungsbeflissenen römischen Jugend in Umlauf; sie stellten Skizzen von Themen für Reden mit zugehörigen Bemerkungen dar, die sich kaum von denen etwa des Seneca unterscheiden. Gerade der so unoriginelle, schulmäßige Eindruck der Sammlung macht es wenig wahrscheinlich, daß sie wirklich auf den brillanten Quintilian zurückgeht.[86]

Wie dem aber auch sei, sie spiegelt jedenfalls den allgemeinen Eindruck wider, den man in Rom über die Einstellung germanischer Soldaten bezüglich der Homosexualität gehabt haben muß. Wie wir später sehen werden, entspricht die Reaktion des Marianus (nämlich den Mann, der ihm homosexuellen Verkehr zumuten will, auf der Stelle niederzumachen) völlig dem üblichen germanischen Rechtsbrauch.

### *e. Eine zweifelhafte Textstelle bei Sextus Empiricus*

Gegen Ende des 2. Jahrhunderts n. Chr. lebte teils in Rom, teils in Athen und Alexandria ein Arzt, der zu den Führern der sog. »empirischen« Schule gehörte und deshalb den Beinamen »Empiricus« erhielt. Er scheint ein Mann von vielerlei Interessen gewesen zu sein und bezeichnet sich selbst als das Haupt einer Schule, worunter allerdings eine philosophische zu verstehen ist. Denn Sextus Empiricus war Anhänger der sog. Skeptischen Philosophie.

Diese war – und zwar in erklärtem Gegensatz zu und in der Auseinandersetzung mit den Stoikern – als »ältere Schule« gegen 250 v. Chr. durch Phyrrhus aus Elis gegründet worden, einen Zeitgenossen Alexanders des Großen. Nach einigen Rückschlägen und Wandlungen wurde sie um die Zeitenwende von Ptolemäus aus Kyrene als »neuere skeptische Schule« wiederbelebt und weiterentwickelt. Hervorstechendster Zug der skeptischen Philosophie ist die Leugnung jedweder menschlichen Erkenntnisfähigkeit schlechtin.

Des Sextus Empiricus medizinische Schriften sind verloren gegangen, seine philosophischen Arbeiten blieben jedoch bis auf kleinere Textlükken erhalten. Seine wichtigste Schrift sind die *Phyrrhoneischen Grundzüge in drei Büchern*[87], wo er das Wesen der skeptischen Philosophie darlegt. Ihnen entstammt auch jene Textstelle über angebliche Homosexualität bei den Germanen, derentwegen wir hier auf diesen Vertreter einer philosophischen Richtung des Altertums eingehen müssen.

Im III. Buch der *Phyrrhoneischen Grundzüge,* Kapitel 24[88], läßt sich

Sextus in Erläuterung der skeptischen Philosophie über die Relativität aller Dinge im allgemeinen und von Vorstellungen über Gut und Böse im besonderen aus; das tut er, indem er die Ansichten ganz verschiedener Menschen und Völker zu ein- und demselben Gegenstand nebeneinanderstellt, woraus dann gefolgert wird, daß all diese Erkenntnisse höchst ungewiß seien, ja daß es eigentlich gar kein gesichertes Wissen gäbe, und daß auch diese Erkenntnis keine »gewisse« sei, weshalb dem Menschen überall nur größte Zurückhaltung des Urteils zieme. Dabei führt er u. a. aus:

»Nicht unpassend aber möchte es vielleicht sein, außerdem auch mehr im Besonderen kurz nachzuforschen den Annahmen über die häßlichen und nichthäßlichen (Dinge), die unerlaubten und die nicht derartigen, und die Gesetze und die Sitten und die Frömmigkeit gegen die Götter und die Ehrfurcht gegen die Hinabgegangenen (Verstorbenen) und das Ähnliche; denn auch so werden wir in Betreff dessen, was gethan werden soll oder nicht, die Ungleichheit groß finden. So z. B. gilt doch bei uns für häßlich, vielmehr sogar für widergesetzlich, die Unzucht mit Männern, bei den Germanen (? Karmanen) aber, wie man sagt, nicht für häßlich, sondern wie eins der gewohnten Dinge. Es soll aber auch bei den Thebäern in alter Zeit dies nicht häßlich geschienen haben, und der Meriones aus Kreta hat, sagen sie, so geheißen, durch eine (zur?) Bezeichnung der Kretensischen Sitte; auch des Achilles feurige Freundschaft[89] zu Patroklos führen einige hierauf zurück. Und was Wunder, wenn doch auch die von der kynischen Philosophie und die Anhänger des Zenon aus Kition und des Kleanthes und des Chrysippos dies für ein Unterschiedsloses halten . . .«

Sextus will hier zeigen[90], daß nicht nur in allgemeinen Ansichten, sondern »auch mehr im besonderen«, d. h. auf den Einzelgebieten des sittlichen Verhaltens dieselben Widersprüche herrschen, wie über das Wesen des Guten, Schlechten oder Unterschiedslosen. Als derlei Einzelgebiete sind etwa »Frömmigkeit gegen die Götter« oder »Ehrfurcht gegen die Verstorbenen« angeführt, die von der Stoa zur Sektion der Gerechtigkeit gezählt wurden. Das »Unerlaubte« greift dabei ins Gebiet des »Unfrommen« herüber; einzelne Beispiele aus der »Sitte« fallen unter das »Häßliche« oder »Unerlaubte«, und diese wiederum haben Bezug auf den Begriff des »Gesetzes«, obgleich all diese Trennungen und Teildefinitionen nicht scharf durchgeführt und durchgehalten werden. Immerhin faßt Sextus sie schließlich unter dem Gesichtspunkt der »Gerechtigkeit und Mannhaftigkeit« zusammen. Das »Häßliche« wird man sich als das zu erklären haben, »was man sich schämt zu sagen und zu tun und zu

wollen«, während das »Unerlaubte« wohl das ist, was gegen das »ewige, göttliche Gesetz« verstößt.
Im Hinblick auf die speziellen Intentionen des Autors muß uns an seiner Bemerkung über die Homosexualität bei den Germanen, die dort »wie eins der gewohnten Dinge« sei, einiges auffallen: In erster Linie natürlich, daß er als Grieche ausgerechnet in Hellas, der offiziellen Heimstätte der europäischen institutionalisierten Päderastie, im Brustton der Überzeugung erklärt, diese sei »bei uns«[91] nicht nur »häßlich«, sondern »sogar widergesetzlich«, und die Relativität der verschiedenen Meinungen über Wert oder Unwert homosexueller Betätigung durch den Hinweis auf deren Alltäglichkeit bei den »Germanen« ins Blickfeld rücken möchte. Wir stehen hier vor der Entscheidung, entweder zu folgern, Sextus sei über die Sitten der eigenen Heimat nicht informiert gewesen, oder er habe sie gründlich mißdeutet, oder wir selbst irrten uns über diese gewaltig. Ferner müssen wir uns fragen, woher er seine Kenntnisse über homosexuelles Verhalten bei den Germanen haben könnte: Was bedeutet eigentlich »wie man sagt«? Immerhin finden wir bei keinem anderen Autor vor Sextus Empiricus (und nur bei zweien nach ihm, und auch dort nicht in so generalisierender Weise) eine derartige Behauptung. Wie steht es ferner um die weiteren Beispiele für homosexuelles Verhalten, die er bringt? Keins davon greift nach Nord- oder Mitteleuropa, alle beziehen sich auf den östlichen Mittelmeerraum und Griechenland selbst. Hinzu tritt noch eine Unklarheit über die Schreibweise des Germanennamens bei Sextus. Aus diesen Gründen hat man schon früh[92] als richtigere Lesart persisch »Germanier«[93] vermutet;[94] zumal die persischen Verhältnisse bezüglich homosexuellen Verhaltens durch eine weitere Mitteilung von Herodot[95] erhellt werden: Dort schreibt er, die Perser hätten die Päderastie von den Griechen übernommen.
Diese Erklärung der fraglichen Textstelle als einer Namensverwechslung hat entschieden logische Argumente für sich. Wir müssen jedoch noch andere Überlegungen anstellen, um des Sextus' Angabe gänzlich durchzudiskutieren.
Dabei haben wir einmal die Möglichkeit in Betracht zu ziehen, daß der Autor (aufgrund jener notorischen griechischen Tendenz, Germanen und Kelten zu verwechseln bzw. für ein- und dasselbe Volk zu halten, von der wir schon sprachen) mit seiner Bemerkung auf die Angabe des Poseidonios über die Kelten anspielt. Sein »wie man sagt« könnte hierin durchaus eine Erklärung finden. Doch noch ein weiteres Indiz spräche für eine Herkunft seiner Bemerkung aus Poseidonios: Dieser – wenn wir die Textstelle bei Diodor einmal als seine Fassung voraussetzen, wofür, wie bereits ausgeführt, gute Gründe bestehen – spricht ja davon, homosexuelles Verhalten gelte bei den Kelten »nicht für schimpflich«. Sinnge-

mäß drückt Sextus Empiricus genau das gleiche aus, sogar eine leichte Ähnlichkeit, ein Anklang in der Gedankenfolge des Satzes ist spürbar. Übrigens gilt als wahrscheinlich, daß Sextus seine Beispiele nicht selbst zusammenstellte, sondern aus älteren Schriften entnahm, die ihrerseits jedoch nicht mehr greifbar sind.[96]

Zusammenfassend läßt sich sagen, daß die strittige Textstelle bei Sextus Empiricus den einwandfreien Nachweis[97] homosexuellen Verhaltens bei den Germanen als einer legalen, üblichen und selbstverständlichen Einrichtung nicht liefert. Im Gegenteil: Es existieren gute Gründe, sie entweder als Hinweis auf homosexuelles Verhalten bei den Persern zu betrachten, von deren Homosexualität Herodot uns ja ein zuverlässiges Zeugnis beibringt, oder aber in ihr das Resultat einer jener Verwechslungen zwischen Kelten und Germanen zu sehen, von deren verhängnisvollen Folgen eingangs schon gesprochen wurde.

Angreifbar ist diese Textstelle aber auch noch aus einem ganz anderen, mehr prinzipiellen Grunde. Sextus ist Anhänger einer bestimmten Ideologie; er glaubt, daß der Mensch zur Erkenntnis existentiell unfähig sei. Das beweist er schlagend am eigenen Beispiel, ist er doch anscheinend selbst zu der Erkenntnis (eigentlich handelt es sich ja eher um eine simple Wahrnehmung) unfähig, daß in Griechenland, zumal in Athen, Homosexualität nicht durchgängig als »häßlich«, auch nicht generell als »widergesetzlich« gegolten hat. Ist es dann aber vertretbar, einem Mann, der offensichtlich nicht einmal über die Verhältnisse in der eigenen Heimat Bescheid weiß, Angaben über ein weitentferntes, wildfremdes Volk abzunehmen, die vor ihm über dies Volk kein anderer je gemacht hat und über deren Quelle er sich nicht äußert?

Die Frage ist rhetorisch; selbstverständlich muß Sextus gewußt haben, daß homosexuelles Verhalten in Athen weder stets als anstößig galt noch immer bestraft wurde. Seine Beispiele dienen jedoch gar nicht dem Aufweis irgendwelcher Verhältnisse in irgendwelchen Ländern; sie sind zufällig und völlig realitätsunabhängig und werden einzig im Sinne kontradiktorischer Gegensätze im Rahmen seines philosophischen Gedankenganges von ihm verwandt: Hellenen meinen dies, Barbaren meinen das. Aber im Zuge seiner Eingruppierung solch verschiedener Meinungen in das Muster dessen, was häßlich ist und »was zu tun man sich scheut« und dessen, was gar für »widergesetzlich« gilt, erweist sich der fraglos ehrlich um wertfreie Urteile bemühte Arzt-Philosoph unversehens als Ethnozentrist.

*f. Eruler*

Als die Römer ihren Machtbereich bis an Rhein und Donau vorschoben, waren die vorgeschichtlichen Ereignisse, im Verlauf deren Goten, Rugier, Burgunder und Langobarden ihre skandinavisch-jütische Heimat verlassen hatten und bis in den heute südrussischen Raum vorgedrungen waren, bereits zum Abschluß gelangt. Nur ein einziger derartiger Übergang eines ganzen Stammes über die Ostsee erfolgte während der Römerzeit, und zwar handelt es sich bei ihm um die Heruler oder Eruler. Ihr Name taucht erst im dritten Jahrhundert n. Chr. auf, »und zwar gelegentlich von Plünderungszügen, die sie von 267 an zu Schiff vom Asowschen Meer, der alten Mäotis, aus unternahmen, wobei sie nach Wikingerart die griechischen und kleinasiatischen Küsten heimsuchten«.[98] Wie Rudolf Much erläutert, ging man über die ursprüngliche Heimat lange in die Irre: »So verlegte z. B. Jakob Grimm (*Geschichte der deutschen Sprache,* S. 329), von seinem bekannten Vorurteile befangen, daß die Skythen leibliche Vorfahren der germanischen Stämme seien, ihre wie aller Ostgermanen ältere Sitze in die Pontusgegenden«; doch auf die ursprünglichen Sitze des Volkes fällt durch die spätere Überlieferung ausreichendes Licht. Ältere antike Autoren, wie Tacitus und Ptolemäus, wissen von einem Stamm dieses Namens nichts. Da sie sowohl über westliche wie östliche germanische Stämme einiges berichten, der dazwischenliegende Raum für sie aber »terra incognita« war, liegt die Vermutung nahe, daß die Eruler von den dänischen Inseln stammten. Dafür spricht auch der Umstand, daß ein Teil dieses Volkes nach den auf der Wanderschaft erlittenen Schicksalsschlägen in die alte Heimat Skandinavien zurückkehrte. Und »für Meeresanwohner und alte Vertrautheit mit der Schiffahrt spricht es, daß sie sich nach ihrer Übersiedelung in die Pontusgegenden sofort als Seeräuber betätigen«;[99] außerdem bezeugen buchstäbliche Namensgleichheiten typisch erulischer Namen mit in Seeland aufgefundenen Namensinschriften diese Vermutung. Es erübrigt sich, an dieser Stelle auf das im übrigen bei Much ausgezeichnet dargestellte Schicksal der Eruler nach ihrer Auswanderung aus Seeland weiter einzugehen; für uns war lediglich die Feststellung wichtig, daß es sich bei ihnen zweifellos um einen germanischen Stamm gehandelt hat.

»Weit sicherer zu erfassen als viele Einzelheiten seiner Geschichte ist das Charakterbild des erulischen Volkes[100]. Nur müssen wir uns darüber klar sein, daß die Römer und Griechen ihre Erfahrungen fast nur an erulischen Söldnern machten, und daß wir daher durch sie das Volk nur von *einer* Seite kennenlernen. Wir würden doch auch in die Irre gehen, wenn wir uns ein Bild von den Deutschen des 16. Jahrhunderts machen wollten, indem wir einfach das auf das ganze deutsche Volk ausdehnten, was Italiener dieser Zeit über deutsche Landsknechte zu berichten wissen ... Nach Verlust ihres unabhängigen Staates und in der Stellung von Föderaten wurden freilich die Restbestände der Eruler immer mehr wirklich zu einer bloßen Söldnerschar. Am wenigsten dürfen wir uns in bezug auf sie blindlings das Urteil des griechischen Geschichtsschreibers Prokopios zu eigen machen, mit dem sie es sich einmal gründlich verdorben haben müssen. Nach seinem Zeugnis, *Gotenkrieg,* II, 14, ›gibt es keine unzuverlässigeren und unbeständigeren Menschen als die Eruler‹.«

Und Much führt ferner aus, daß Prokop im Anschluß an die Mitteilung über die Christianisierung der Eruler weiter raisonnierte: »Sie sind aber doch treulos und so habsüchtig, daß sie immer wieder über ihre Nachbarn herfallen, ohne sich dessen zu schämen. Außerdem haben sie schimpflichen Umgang mit Männern und mit Eseln und sind überhaupt die schlechtesten aller Menschen: Bösewichte, wie sie sind, mögen sie ein böses Ende nehmen.«

Nach Much[101] lassen sich die Vorwürfe geschlechtlicher Abwegigkeiten als »üble Folge langdauernden Söldnerlebens« erklären. Doch »ob der Vorwurf von solchen aber überhaupt irgendwie berechtigt ist – höchstens würde es sich ja um Verallgemeinerung einzelner Vorkommnisse handeln können –, läßt sich nicht nachprüfen ... Volkskundlich ist der ihnen gemachte Vorwurf als solcher – ohne Rücksicht auf seine Berechtigung – von Interesse. Anschuldigungen solcher Art begegnen uns auch anderswo: es sei hier an die im 16. Jahrhundert gegen die Schweizer in Umlauf gekommene Beschuldigung der Sodomie erinnert, die auch in einem Spottnamen Kueghier Ausdruck fand. Auch den Bayern wurde gelegentlich ähnliches nachgesagt, und viel früher sind die Langobarden im Zusammenhang mit übler Nachrede als Stutenvolk oder Stutensöhne verspottet worden.« Much kommt zu dem Schluß: »Daß Prokopios die Eruler ungerecht beurteilt und unberechtigterweise in Verruf bringt, ergibt sich schlagend aus dem, was über ihr Verhalten und ihre Leistungen feststellbar ist, und zwar zum großen Teil auf Grund seines eigenen Zeugnisses ... Wir gewinnen aus den Ereignissen selbst ein ganz anderes Bild als das von Prokopios gezeichnete, und zwar ein sehr günstiges.«[102]

Unabhängig von diesem Urteil Rudolf Muchs verdient der Umstand Erwähnung, daß ein großer Teil der Eruler dem Arianismus anhing, den bekanntlich die »rechtgläubige« oströmische Kirche – und selbstredend auch der byzantinische Historiker Prokop – erbittert bekämpften. Wir werden in einem späteren Kapitel noch auf das bezeichnende Vorgehen christlicher Richtungen, einander mit besonderer Vorliebe Homosexuali-

tät und Sodomie vorzuwerfen, näher einzugehen Gelegenheit finden; hier soll nur bereits auf die Möglichkeit hingewiesen werden, die diesbezüglichen Anschuldigungen des Prokop gegen die Eruler auch unter jenem Aspekt zu betrachten.
Daß aus seiner Notiz unter keinen Umständen auf eine Verbreitung homosexuellen Verhaltens bei allen Germanenstämmen geschlossen werden darf, braucht wohl nicht näher begründet zu werden. Und wenn man die fragliche Mitteilung Prokops, in der sich schon in der Wortwahl und den darin ausgedrückten christlichen Wünschen soviel Haß und Ressentiment ausdrücken, schlichtweg als Polemik bezeichnet, dann dürfte man der Wahrheit wohl am nächsten kommen.

### *g. Taifalen*

Der späteste antike Bericht, den wir über homosexuelles Verhalten bei einem im allgemeinen als germanisch angesehenen Volksstamm besitzen, stammt aus dem 4. nachchristlichen Jahrhundert und bezieht sich auf den kleinen Stamm der Taifalen, die in Transdanubien lebten. Jordanes berichtet über sie:[103] »Der Stamm der Taifalen saß in dem ehemals von den Skythen (daher der Name »Skythenland«) besetzten Gebiet, das später von den Goten beherrscht wurde.« Es handelt sich um die Landschaften etwa des heutigen Ungarns. Infolge der Lokalisation ihres Wohnsitzes[104] besteht eine gewisse Unklarheit darüber, ob die Taifalen wirklich ein germanischer Stamm waren oder nicht, zumal ihr Name sich in keiner Weise deuten läßt und nicht germanisch wirkt. Schon antike Autoren haben dies Problem gesehen. So bemerkt A. Aemilius Zosimos[105], die Taifalen seien vom Stamme der Skythen, später (in Buch IV, 25, 1) spricht er von »Goten«, die er »auch Taifalen« nenne. Diese »Goten« ihrerseits stehen (zusammen mit den Skythen) in einer Aufstellung von Stämmen, die damals oberhalb des Flusses Ister (unterer Donaulauf) gelebt hätten. Nach Ammian[106] wohnten die Taifalen bei dem Fluß Gerasus (vermutlich Pruth oder Seret) in der Nähe (südöstlich?) der Karpathen. Übereinstimmung besteht über die geringe Kopfzahl der Taifalen, die es ihnen unmöglich machte, sich in ihrem offenbar angestammten Gebiet der darüber hinwegflutenden größeren Völkerschaften erfolgreich zu erwehren. So flohen sie vor den Hunnen nach Siebenbürgen und von dort wegen der nachrückenden Goten weiter bis Norditalien, wo sie im Jahr 377 n. Chr. von den Römern geschlagen und in der Gegend um Parma angesiedelt wurden. Im 5. Jahrhundert sind sie noch einmal bei Poitiers bezeugt, dann scheinen sie als einheitlicher Stamm untergegangen zu sein.
Über sie berichtet Ammianus Marcellinus:[107]

»Von diesem Stamm der Taifalen berichtet man, daß er . . . (Lakune) . . . und schimpflich in die Laster eines ekelhaften Lebens derartig versunken sei, daß sich bei ihnen Jünglinge und Männer in scheußlichem Beilager vereinigen, um die Kraft ihrer Jugend in dem schmutzigen Verkehr mit ihnen zu erschöpfen. Wenn dann später einer, inzwischen herangewachsen, allein einen Eber erlegt oder einen gewaltigen Bären getötet hat, gilt er als von dem Kot der Unzucht gereinigt.«

Zu dieser Mitteilung liest man im *Reallexikon der germanischen Altertumskunde*:[108] »Was über die Päderastie als Volkslaster der Taifalen bei Ammianus Marcellinus 31, 9, 5 berichtet wird, ist kaum ernster zu nehmen als die meisten derartigen Beschuldigungen und wird auf ungerechtfertigter Verallgemeinerung vereinzelter Vorkommnisse beruhen.«

Bei aller Skepsis, die – wie ich inzwischen dargelegt zu haben hoffe – gegenüber den antiken Berichten über eine positive Bewertung homosexuellen Verhaltens bei germanischen Stämmen geboten ist, möchte ich dieser Stellungnahme nicht beipflichten.

Unser Gewährsmann Ammianus Marcellinus, ein Grieche aus Antiochia und der bedeutendste römische Historiker des späten vierten Jahrhunderts, drückt zwar seine Abneigung oder wenigstens Vorbehalte gegenüber den Angehörigen »barbarischer« Stämme oft genug sehr deutlich aus[109]; seine Wahrheitsliebe und Beobachtungsgabe gelten aber als unbestritten[110], weshalb man seinem Bericht einige Zuverlässigkeit zubilligen darf.

Es ist aber noch mehr der Inhalt der Nachricht selbst, der für ihre Authentizität spricht, weil sie den homosexuellen Verkehr zwischen Halberwachsenen und Männern in einer Weise motiviert, die – vom hier unerheblichen Werturteil des Marcellinus einmal abgesehen[111] – auf einen Initiationsritus schließen läßt.

Entsprechende Parallelen dazu finden sich – man denke etwa an die Verhältnisse in Sparta, aber ebenso an die durch Poseidonios von den Kelten berichteten Sitte – auch noch bei anderen indogermanischen Völkerschaften, und Nachrichten über Initiationen bei germanischen Stämmen stehen als solche keineswegs isoliert da.[112]

Die Frage, warum in einigen Fällen bei diesen Initiationen homosexueller Verkehr im Sinne einer Institution auftrat (und dann nicht als Schande für die Beteiligten angesehen wurde), muß hier leider offen bleiben. Denn zu ihrer Klärung wäre ein kompletter Rechtsvergleich der in Frage kommenden indogermanischen und nichtindogermanischen Völker erforderlich, der zwar reizvoll ist, uns jedoch weit von unserem eigentlichen Thema fortführen würde, das sich mit der Bewertung homosexuellen Verhaltens bei nur einem einzigen Zweig der indogermanischen Völkerfamilie befaßt.

Das Beispiel der Spartaner und Taifalen zeigt aber immerhin, daß unter gewissen Umständen homosexuelles Verhalten bei indogermanischen Völkern als kultische Institution existiert hat und sozial hochrelevant war.
Wir würden indessen in den typischen Fehler der eben erst überwundenen panindogermanistischen Ideologie (etwa im Sinne der Naziautoren Klare und Eckhardt) zurückfallen, wenn wir generalisierten, Phänomene, die wir bei einigen indogermanischen Völkern vorfinden, müßten deshalb zwangsläufig auch bei allen übrigen auftreten. Sicherlich sind Völker, die indogermanische Sprachen reden, aufgrund der mittels dieser Sprachen stereotypisierten und während der Spracherlernung internalisierten Wertvorstellungen untereinander ähnlicher als beispielsweise die Holländer und die Bataker, verglichen miteinander weichen sie freilich ebenso voneinander ab wie Bataker und Javanen, die ihrerseits beide sprachlich und rassisch zur austronesischen Völkerfamilie zählen.
Wenn wir also homosexuelles Verhalten bei irgendeinem indogermanischen Stamm feststellen, bei anderen indogermanischen Völkern jedoch eine objektiv greifbare Ächtung dieses Verhaltens konstatieren müssen, dann bedeutet dies nichts anderes, als daß jene beiden indogermanischen Völkergruppen sehr verschiedene geschichtliche Entwicklungen durchgemacht haben müssen, aus welchen sich ihre akzeptierende oder abwehrende Haltung gegenüber der Homosexualität erklärt.
Im Fall der Taifalen müssen wir außerdem noch dem Umstand Rechnung tragen, daß über ihren rein germanischen Ursprung gewisse Zweifel bestehen: Vielleicht – und die Kleinheit und Unbedeutendheit ihrer Volksgruppe spräche dafür – handelt es sich bei ihnen vielmehr um Restgruppen einer autochthonen Bevölkerung des Raumes zwischen Donau und Karpathen (der ja erst später von germanischen Stämmen der Ostseeländer erobert wurde), die zwar indogermanischer, nicht aber germanischer Herkunft war, worauf auch die schon erwähnte Tatsache deuten könnte, daß ihr Stammesname ungermanisch ist.

## 4. Ergebnis dieses Kapitels

Fassen wir zusammen, zu welchem Ergebnis uns dies Kapitel hingeführt hat, das von alten Nachrichten über die ethische Bewertung der Homosexualität bei germanischen Stämmen handelte, so ergibt sich folgendes:
Insgesamt gesehen werden lediglich vier Stämme im Zusammenhang mit irgendwelchen Nachrichten über Homosexualität erwähnt: Bataver, Vandalen, Eruler und Taifalen.

Hiervon erweisen sich die zwei ersten – Bataver und Vandalen – als eindeutige Gegner homosexuellen Verhaltens. Was die Eruler angeht, so wirkt der Vorwurf homosexueller und zoophiler Sitten ihnen gegenüber recht unglaubhaft und gesucht. Die Nachricht über einen mit homosexuellem Verkehr irgendwie verknüpften Initiationsritus bei den Taifalen dagegen wirkt glaubhaft, wenngleich die Taifalen möglicherweise gar keine Germanen waren.

Neben diesen vier Nachrichten, in denen über Homosexualität im Zusammenhang mit bestimmten Stämmen berichtet wird, stehen zwei, in denen jedesmal ein einzelner Mensch über die Bewertung homosexuellen Verhaltens bei den Germanen aussagt, und zwar der eine – der Soldat Marianus – im Sinne einer höchst negativen Wertung, der andere – Sextus Empiricus – im Sinne einer höchst positiven Wertung, wobei es wichtig ist, sich vor Augen zu halten, daß Marianus als einer sprach, der es wissen mußte, während gegenüber dem Skeptiker Sextus Empiricus Skepsis geboten ist.

Es fällt nicht schwer, dies Ergebnis zu wägen: Aufgrund der untersuchten Berichte über homosexuelles bzw. angeblich homosexuelles Verhalten bei germanischen Stämmen erweisen sich diese eindeutig als Stützung der taciteischen Nachricht, womit uns eine bis zur gewaltsamen Tötung der betreffenden Individuen reichende Ablehnung homosexuellen Verhaltens bei den Germanen überliefert ist.

Wir haben mit dieser Ablehnung ein negatives Werturteil vor uns, das wir vorläufig lediglich konstatieren, nicht jedoch erklären konnten. Wir sahen überdies, daß dies Werturteil in jener noch keinesfalls christlich beeinflußten Epoche nicht nur bei Germanen, sondern auch bei den römischen Historikern aufzuweisen war, die darüber schrieben. Halten wir uns vor Augen, daß in Frühkulturen, zumal in schriftlosen, Recht und Sitte noch fast untrennbar mit Moral und Religion verbunden zu sein pflegen, so liegt der Gedanke nahe, für unsere Suche nach der Quelle der Ächtung homosexuellen Verhaltens könne eine kurze Analyse der germanischen Volksreligion sich als nützlich erweisen. Ihr wollen wir uns daher im folgenden Kapitel zuwenden und dabei festzustellen suchen, welche ihrer Komponenten für die Ablehnung der Homosexualität in Germanien konstitutiv geworden sein könnte.

## Anmerkungen

1 Publius Cornelius Tacitus (um 55 n. Chr. – ca. 120 n. Chr.) gab im Jahre 98 seine Schrift über *Ursprung und Charakter der Germanen* heraus (*De origine et moribus Germanorem,* abgekürzt »Germania« genannt). Nach jahrhundertelanger Verschollenheit wurde sie 1455 in Hersfeld von einem italienischen Historiker aufgefunden und wirkte als Sensation. Die erste Vorlesung über Tacitus hielt 1500 der deutsche Humanist Celtis in Wien. Für den Text ist die Übersetzung – nebst Kommentar – von Eugen Fehrle: *Publius' Cornelius Tacitus Germania,* München u. Berlin 1944, 4. Aufl., zugrunde gelegt. Der Absatz über die germanische Gerichtsverhandlung findet sich dort auf S. 16 f.

2 Wo nicht ausdrücklich das Gegenteil erwähnt ist, wird hierunter immer das männliche Sexualverhalten verstanden.

3 Wilhelm Reeb: *Tacitus' Germania,* Berlin u. Leipzig 1930, S. 95.

4 Vgl. Jakob Grimm: *Deutsche Rechtsaltertümer,* Bd. II, 4., vermehrte Aufl., Leipzig 1922.

5 Titus Livius: *Römische Geschichte,* Stuttgart 1840, S. 102.

6 Karl v. Amira: Die germanischen Todesstrafen. In: Abhandlungen der Bayerischen Akademie der Wissenschaften, Philosophisch-philologische und historische Klasse, Bd. XXXI, 3. Abhandlung, München 1922.

7 Vgl. Johannes Haller u. Heinrich Dannenbauer: *Der Eintritt der Germanen in die Geschichte,* Berlin 1957, S. 17.

8 Wilhelm Capelle (Hrsg.): *Das alte Germanien. Die Nachrichten der griechischen und römischen Schriftsteller,* Jena 1929, S. 419.

9 Rudolf Much: *Die ›Germania‹ des Tacitus,* 2. Aufl., Heidelberg 1959, Vorwort.

10 Otto Höfler: Das Opfer im Semnonenhain und die Edda. In: *Festschrift zum 70. Geburtstag von Felix Genzmer,* Heidelberg 1952, S. 1 ff.

11 Herbert Jankuhn: Archäologische Bemerkungen zur Glaubwürdigkeit des Tacitus in der Germania. In: Nachrichten der Akademie der Wissenschaften in Göttingen aus dem Jahr 1966, philologisch-historische Klasse, Göttingen 1966, S. 425.

12 Herbert Jankuhn, op. cit., S. 426.

13 Die Literatur über Moorleichen bzw. Moorfunde ist inzwischen so angewachsen, daß nur einige der wichtigsten Titel hier genannt werden können: Johanna Mestorf: Moorleichen. In: 42. Bericht des Museums vaterländischer Altertümer bei der Universität Kiel, 1900 und 1907; M. Pappenheim: Moorleichen. In: *Zeitschrift der Savigny-Stiftung,* Bd. XXII, 1901, S. 354 f; Karl v. Amira, op. cit., S. 152 mit vielen Belegen; Hans Hahne: Moorleichenfunde aus Niedersachsen. In: Vorzeitfunde aus Niedersachsen, Teil B, herausgegeben vom Provinzialmuseum zu Hannover, Hildesheim, 1915–23; Ernst Wahle: Deutsche Vorzeit, Leipzig 1932, sowie 2., durchgearbeitete Aufl. Basel 1952, S. 156; E. Maaß: Die Lebenden und die Toten. In: Neue Jahrbücher für das klassische Altertum, 49. Bd., 25. Jg., Leipzig u. Berlin 1922, S. 205 ff.; Richard Schröder u. Eberhard v. Künßberg: Lehrbuch der deutschen Rechtsgeschichte, 7. Aufl., Berlin u. Leipzig 1932, S. 44 ff.; Lily Weiser–Aall: Zur Geschichte der altgermanischen Todesstrafe und Friedlo-

sigkeit, in: Archiv für Religionswissenschaft, 33. Bd., Leipzig u. Berlin 1933, S. 209 ff.; Alfred Dieck: Tacitus' Germania 12 und die männlichen Moorleichen. In: Die Kunde, N. F., Jg. 2, 1951, Hannover, Heft 4, S. 48–52; P. Zylmann: Ein urgeschichtlicher Nachweis zum altfriesischen Strafrecht. In: Die Kunde, N. F., Jg. 2, 1951, Hannover, Heft 2/3, S. 28–35; Alfred Dieck: Die europäischen Moorleichenfunde (Hominiden-Moorfunde), Teil I, Neumünster 1965; Herbert Jankuhn, op. cit., S. 422 ff.; P. V. Glob: Die Schläfer im Moor, München 1966; Eric Graf, Oxenstierna: Die Nordgermanen. Stuttgart 1957, S. 58 ff.

14 Paul Fischer: *Strafen und sichernde Maßnahmen gegen Tote im germanischen und deutschen Recht,* Düsseldorf 1936, S. 17 f.

15 Wilhelm Reeb: *Tacitus' Germania,* Berlin und Leipzig 1930, S. 95.

16 D. Anton Baumstark: *Urdeutsche Staatsalterthümer,* Berlin 1873, S. 449; nach Wilhelm Reeb, op. cit., S. 95, war der stehende Ausdruck für widernatürliche Unzucht in Frankreich ›moeurs infâmes‹, und die Pariser Polizei nannte noch im 18. Jahrhundert die Homosexuellen einfach ›les infâmes‹, was darauf schließen läßt, daß diese französische Ausdrucksweise die Fortsetzung der allgemeinen römischen Bezeichnung ist.

17 F. W. Unger: *Die altdeutsche Gerichtsverfassung,* Göttingen 1842, S. 96.

18 D. Anton Baumstark, op. cit., S. 449.

19 Vgl. Peuker, v.: *Das deutsche Kriegswesen der Urzeiten,* Berlin 1860, 3 Bde., hier: Bd. II., S. 37. Diese Deutung ist neuerdings von Alfred Dieck – in seinen in Anm. 13 dieses Kapitels erwähnten beiden Schriften – wieder aufgegriffen worden, und zwar unter Stützung auf Steiner: Eine unrichtige Übersetzung aus Tacitus' Germania, in: *Germanenerbe,* 1941, Heft 1/2, S. 13 f., ohne jedoch in der Fachwelt bisher auf besonderen Beifall zu stoßen, da ein Verdacht auf Selbstverstümmelung bei den Moorleichen nur in ganz wenigen Fällen angenommen werden kann.

20 D. Anton Baumstark, op. cit., S. 449.

21 Wilhelm Eduard Wilda: *Das Strafrecht der Germanen,* Halle 1842, S. XVI ff., 153 f., 858 f.

22 Einflüsse von außen, die schließlich zur Annahme homosexueller Sitten geführt hätten, nahm man auch später noch an, wobei die Germanen als die ursprünglich ›Reinen‹, später aber ›von anderen Verdorbenen‹ hingestellt wurden. Vgl. Halm: Über einige controverse Stellen in der Germania des Tacitus. In: Sitzungsberichte der Münchner Akademie, 1864, S. 21.

23 Wilda, op. cit., S. XIX.

24 Vgl. Georges Gurvitch: Rechtssoziologie. In: Gottfried Eisermann (Hrsg.): *Die Lehre von der Gesellschaft,* Stuttgart 1958, S. 186: »Recht oder juridische Regelung als spezifische soziale Regelung (social control) ist von allen anderen Arten sozialer Regulierung oder Kontrolle (sei sie moralischer, religiöser, ästhetischer oder pädagogischer Art) durch die folgenden Eigenschaften unterschieden: a) durch den bestimmten und begrenzten Charakter juridischer Gebote im Gegensatz zu dem unbegrenzten und unbestimmten Charakter anderer Gebote . . .; b) durch den zweiseitigen oder genauer vielseitigen Charakter juridischer Regulierungen im Gegensatz zu dem exklusiv einseitigen imperativen Charakter aller anderen Typen von Regulierungen.«

25 Vgl. Leonhard Adam: Ethnologische Rechtsforschung. In: Leonhard Adam und Hermann Trimborn (Hrsg.): *Lehrbuch der Völkerkunde,* 3., umgearbeitete Aufl., Stuttgart 1958, S. 193: »Erst auf vorgeschrittenen Kulturstufen lassen sich . . . Recht und Sitte antithetisch unterscheiden. Die Sitte ist nicht präjuridisch, sondern Sitte und Recht gehen, als ideologische Gegensätze, gleichzeitig aus einem ihnen gemeinsamen sozialen Protoplasma hervor, das man schlicht als ›Regeln des sozialen Verhaltens‹ (›rules of social conduct‹) charakterisieren kann.«

26 Wilda, op. cit., S. XII f.

27 Durch häufiges Abschreiben von Wildas Stellungnahme hat es sich im Lauf der späteren Jahrzehnte noch wesentlich vertieft (vgl. dazu Friedrich Wachenfeld: *Homosexualität und Strafgesetz,* Leipzig 1901, S. 18 f); leider können wir an dieser Stelle auf die wahre Odyssee, die o. a. Mißverständnis in der deutschsprachigen Literatur über die Homosexualität durchgemacht hat, nicht weiter eingehen und behalten uns diese fesselnde Aufgabe für später vor.

28 Barth, Chr. K.: *Deutschlands Urgeschichte,* 2. Aufl., 5 Bde., 1840 ff., Erlangen, hier: Bd. IV, S. 272, bes. 276.

29 Rudolf Klare: Homosexualität und Strafrecht (Diss.), Hamburg 1937.

30 Karl August Eckhardt: Widernatürliche Unzucht. Eine rechtsgeschichtliche Studie. In: *Deutsche Rechtswissenschaft,* Bd. 3, Hamburg 1938, S. 170 ff.

31 Karl v. Amira, op. cit., S. 233.

32 Karl August Eckhardt, Widernatürliche Unzucht, S. 170.

33 Karl August Eckardt: Das sind Staatsfeinde! In: *Das Schwarze Korps,* 3. Jg., 9. Folge, Ausgabe vom 4. März 1937, S. 1, Berlin.

34 Die rassistische Argumentation von Klare fand übrigens bereits unmittelbar nach Erscheinen seiner Arbeit mutige Kritiker, so Graf zu Dohna und Hans Bürger-Prinz in der *Monatsschrift für Kriminalbiologie und Strafrechtsreform,* 29. Jg., München u. Berlin 1938, Heft 1, S. 55 ff. – Zum gänzlichen Fehlen von Vorstellungen über »Rassereinheit« vgl. auch Kap. 46 der »Germania«, das über Mischehen bei germanischen Stämmen berichtet.

35 Karl v. Amira, op. cit., § 78, sowie bes. S. 4, 232 ff.

36 Karl v. Amira, op. cit., S. 193, 234 f.; früher bereits im gleichen Sinne Jakob Grimm, *Deutsche Rechtsaltertümer,* op. cit., S. 687.

37 Vgl. Helmer Ringgren u. Ake v. Ström: *Die Religionen der Völker,* Stuttgart 1959, S. 19: »Der Heiligkeitsbegriff ist auch im Lateinischen ambivalent. Das lateinische ›sacer‹ bedeutet sowohl ›heilig‹ als ›verrucht‹. Das ist etwa so zu erklären, daß die Grundbedeutung des Wortes ›den Göttern anheimgefallen‹ ist, was sowohl Gnade als auch Strafe bedeuten kann.«

38 Vgl. die von Karl v. Amira, op. cit., S. 233 erwähnten Beispiele.

39 Alois Closs: Das Versenkungsopfer. In: Kultur und Sprache, erschienen in der Reihe: *Wiener Beiträge zur Kulturgeschichte und Linguistik,* Jg. 9, Wien 1952, S. 103: Bei den Esten sind kultische Menschenopfer in Form von Ertränkungen bezeugt; dies sei wichtig zum Vergleich mit den benachbarten Germanen, bei denen selbst (vgl. S. 73) das Ertränken als Opferart festgestellt ist; Uno Holmberg: *Die Wassergottheiten der finnischen Völker,* Helsinki 1913, S. 101, 156, 182: Menschenopfer in Form des Ertränkens sind von finnischen Völkern bekannt.

40 Bezüglich der positiven Aufnahme von v. Amiras Opfer-Theorie vgl. Ernst Wahle: *Deutsche Vorzeit,* 2. Aufl. Basel 1952, S. 146; Walter Baetke: *Art und Glaube der Germanen,* Hamburg 1934, S. 72; Karl v. Richthofen: *Friesische Rechtsquellen,* Berlin 1840, S. 409; außerdem die Diskussion der Frage in den verschiedenen Auflagen von Eduard Norden: *Die germanische Urgeschichte in Tacitus' Germania,* Darmstadt 1959.

41 Konrad Maurer: *Die Bekehrung des norwegischen Stammes zum Christentume,* München 1855, S. 426 f; Karl Müllenhoff: *Deutsche Altertumskunde,* Bd. IV, Berlin 1900, S. 244.

42 Lily Weiser-Aall: Zur Geschichte der altgermanischen Todesstrafe und Friedlosigkeit. In: Archiv für Religionswissenschaft, Leipzig und Berlin, 33. Bd., 1933, bes. S. 226 f.

43 Vgl. hierzu aus seiner oben zitierten Schrift auch die Seiten 147 f, 149, 216 bzw. die dort angegebenen Beispiele und Quellen.

44 P. Gaedeken: *Retsbrudet og Reaktionen derimod,* Kopenhagen 1934, S. 138 f.

45 Nat. Beckmann: Ignavi et imbelles et corpore infames. In: *Arkiv för nordisk Filologie,* Bd. 52, Lund 1936, S. 78 ff.

46 Rudolf Much, op. cit., S. 148; vgl. auch 3. Aufl., Heidelberg 1967, S. 213 ff., die alle neueren Arbeiten mitberücksichtigt.

47 Die auf diese Wurzel zurückgehenden deutschen Worte arg, Ärgernis, Argwohn – um nur einige zu nennen – drücken noch heute lediglich negative Gestimmtheiten aus; dieser sprachliche Aspekt ist so wichtig, daß wir später noch genauer darauf eingehen müssen.

48 Folke Ström: *On the sacral origin of the Germanic Death Penalties,* Lund 1942, S. 277 f.

49 Hermann Conrad: *Deutsche Rechtsgeschichte.* Bd. I.: Frühzeit und Mittelalter. 2., neubearbeitete Aufl., Karlsruhe 1962, S. 51.

50 Er bezieht sich dabei auf die Monographie von Dag Strömbäck: *Sejd. Textstudier i nordisk religionshistoria,* Lund 1935, erschienen in der Reihe: *Nordiska texter och undersökningar,* herausgegeben von Bengt Hesselman, Uppsala, Nr. 5, die in der Tat das vorhandene Material vollständig berücksichtigt und ausführlich bespricht. Im Ergebnis kommt sie zu dem Schluß, daß die germanische Seidr-Praktik lappischer Herkunft sei. Vgl. aber dazu die nicht unberechtigte Kritik von Ake Ohlmarks: Arktischer Schamanismus und nordischer Seijdr. In: *Archiv für Religionswissenschaft,* Bd. 36, Leipzig und Berlin 1939, S. 171 ff., mit der Ohlmarks den Seidr-Komplex in einem größeren Kulturzusammenhang einordnet.

51 Folke Ström, op. cit., S. 55.

52 Alfred Gudeman: *P. Cornelii Taciti de Germania,* Berlin 1916, S. 101 f.

53 Viele in ethnozentrischer Naivität befangene Autoren geben sich augenscheinlich nie Rechenschaft darüber, daß sowohl die Ablehnung wie die Wertschätzung homosexuellen Verhaltens keineswegs Selbstverständlichkeiten sind, sondern von Kultur zu Kultur ganz unterschiedliche Beurteilungen aufweisen, daß man für das eine oder entgegengesetzte völlig verschiedene Motivationen angegeben findet, und zwar gänzlich unabhängig von unserer europäischen Vorstellung darüber, worauf das beruhen könnte. Vgl. hierzu das ausgezeichnete Kapitel VII in dem Werk von Clellan S. Ford und Frank

A. Beach: *Das Sexualverhalten von Mensch und Tier,* Berlin, 2. Aufl., 1960, S. 142 ff.

54 Das in der taciteischen Textstelle von Fehrle mit ›Laster‹ übersetzte Wort ist ›flagitium‹ und geht eigentlich über unseren Begriff des Lasters weit hinaus; es heißt soviel wie ›schändliches Vergehen, Niederträchtigkeit‹. Tacitus drückt sich hier sehr unmißverständlich aus.

55 In einer Meinungsäußerung zu der fraglichen Textstelle von Dieter Feucht: Grube und Pfahl. Ein Beitrag zur Geschichte der deutschen Hinrichtungsbräuche (Diss.). In: *Juristische Studien,* Bd. 5, Tübingen 1967, heißt es auf S. 126: »Richtigerweise hat man sich die Erwähnung der ›corpore infames‹ in der Germania als mehr oder minder bewußte Falschaussage des Römers zu erklären, der an diesem Beispiel zeigen wollte, wie sich ein gesundes Naturvolk gegen geschlechtliche Anomalie zur Wehr setzte, – ein pädagogischer Versuch, seine eigenen Landsleute von ihrem weitverbreiteten Laster abzuhalten.« Hierin zeigt sich wieder die ethnozentrische Tendenz, eigene Vorstellungen (›Laster‹, ›geschlechtliche Anomalie‹) dem Tacitus zu imputieren. ›Laster‹ aber bedeutet etwas anderes als Niedertracht, und hätte Tacitus die von ihm beschriebene Personengruppe als lasterhaft kennzeichnen wollen, dann hätte er Wörter wie vitium oder turpitudo dafür gewählt, die tatsächlich etwa das gleiche bedeuten wie unser deutsches Wort ›Laster‹. Wie die Interpretationen zeigen, hat jedoch nicht er, sondern ausschließlich seine deutschen Kommentatoren haben anstatt ›Niedertracht‹ ›Laster‹ verwendet: Der Grund dafür dürfte in der unserer gegenwärtigen Auffassung geläufigen stereotypen Auffassung homosexuellen Verhaltens als eines Lasters zu finden sein, aufgrund deren es schwerfällt, den taciteischen Text sinn- und wortgemäß zu lesen, zu übersetzen und zu begreifen.

56 Ad. E. Jensen: *Mythos und Kult bei Naturvölkern,* Wiesbaden 1951, S. 269.

57 Eduard Norden: *Die Germanische Urgeschichte in Tacitus' Germania,* Darmstadt 1959, S. 56 f.

58 Wir folgen hier den Ausführungen von Wilhelm Capelle (Hrsg.): *Das alte Germanien. Die Nachrichten der griechischen und römischen Schriftsteller,* Jena 1929, S. 10 f.

59 Wilhelm Capelle, op. cit., S. 13.

60 Sigmund Feist: *Germanen und Kelten in der antiken Überlieferung,* Baden-Baden 1948, S. 28.

61 Eduard Norden, op. cit., S. 369 ff.

62 Walter Steinhauser: Der Namenssatz im Cap. 12 der Germania des Tacitus. In: *Rheinische Vierteljahresblätter,* Jg. 20, Bonn 1955 (Festschrift für Adolf Bach, I. Teil) S. 17 f.

63 Eduard Norden, op. cit., S. 81.

64 Übrigens auch für Plinius, der Germanen mit Skythen und Sarmaten gleichsetzt. Vgl. Wilhelm Capelle, op. cit., S. 402 f.

65 Eduard Norden, op. cit., S. 101 f.

66 Eric Graf Oxenstierna: *Die Nordgermanen,* Stuttgart 1957, S. 31, 15 ff.

67 H. d'Arbois de Jubainville: *La famille celtique,* Paris 1905, S. 187 ff.

68 Josef Weisweiler: Die Stellung der Frau bei den Kelten und das Problem des ›keltischen Mutterrechts‹. Sonderdruck aus der *Zeitschrift für celtische Philologie,* Bd. XXI, Heft 2, Halle (Saale) 1939.

69 Vgl. den Beitrag von K. Reinhardt über Poseidonios in der *Realencyclopädie der classischen Altertumswissenschaften,* herausgegeben von Pauly-Wissowa, Bd. 22, 1, Stuttgart 1953, Sp. 558 ff.

70 Diodor's von Sicilien historische Bibliothek. Übersetzt von Julius Friedrich Wurm. I. Bd. Stuttgart 1827, Buch V, Kap. 32, S. 531.

71 Vgl. den Beitrag über Diodor von E. Schwartz in der *Realencyclopädie der classischen Altertumswissenschaften,* herausgegeben von Pauly-Wissowa, Bd. 5, 1, Stuttgart 1903, Sp. 678.

72 Karl Müllenhoff: *Deutsche Altertumskunde.* Bd. I. Berlin 1870, S. 108.

73 Strabos Erdbeschreibung. Übersetzt und erläutert von A. Forbiger. Stuttgart 1856, Buch IV, Kap. 4, S. 199.

74 Vgl. Eduard Norden, op. cit., S. 81, Anm. 1.

75 Karl Müllenhoff, op. cit., S. 359.

76 Vgl. Beitrag über Strabo von E. Honigmann in der *Realencyclopädie der classischen Altertumswissenschaften,* herausgegeben von Pauly-Wissowa, Bd. 4, 1, Stuttgart 1931, Sp. 109.

77 Mir war nur die englische Ausgabe erreichbar: *Athenaeus. The Deipnosophists.* In 7 Vols. Hier: Vol. VI, Book XIII, Abschn. 602, S. 251, London, MCML.

78 Vgl. Beitrag über Athenaios von H. Wentzel in der *Realencyclopädie der classischen Altertumswissenschaften,* herausgegeben von Pauly-Wissowa, Bd. 2, 2, Stuttgart 1896, Sp. 2032.

79 Wilhelm Reeb: *Tacitus' Germania,* Berlin/Leipzig 1930, S. 95.

80 Wenn er allerdings anführt, Wilda selbst berichte einiges über das Vorkommen homosexueller Beziehungen bei den Germanen, so beschränkt sich derlei auf den Komplex der ›Schelte‹, den wir später ausführlicher behandeln werden, den jedoch Wilda selbst gerade nicht im Sinne Reebs verstanden hat.

81 Vgl. Rudolf Much: *Die Germanen des Tacitus,* 3. Aufl., Heidelberg 1967; Eduard Norden, op. cit., S. 266 f.

82 Publius Cornelius Tacitus: *Historien.* Übersetzt von Walter Sontheimer, Stuttgart 1959, IV. Buch, 14. Abs., S. 221.

83 Salvianus Massiliensis: *Werke.* Übersetzt und eingeleitet von Anton Mayer. Bibliothek der Kirchenväter, 2. Reihe, Bd. XI, München 1935, S. 241–256.

84 Homosexuelles Verhalten im Rahmen transvestitischer Bestrebungen ist nicht zwangsläufig als Ursache des Transvestismus zu betrachten, sondern eher als dessen Folge, da der Transvestit sich in jeglicher Hinsicht so weit wie möglich dem anderen Geschlecht anzuähneln sucht (und zwar sowohl in seiner Kleidung wie in der Wahrnehmung sozialer und sexueller Geschlechtsrollen und auch bezüglich physischer Gegebenheiten), was bei den antiken Kulttransvestiten – etwa im Kybele-Kult – bis zu (Selbst)-Kastration führte. Vgl. Hans Giese: Abnormes und perverses Verhalten. In: Hans Giese und E. V. Gebsattel (Hrsg.): *Psychopathologie der Sexualität,* Stuttgart 1962, S. 310 ff.; H. Bürger-Prinz, H. Albrecht, H. Giese: Zur Phänomenologie des Transvestismus bei Männern. In: *Beiträge zur Sexualforschung,* 3. Heft, Stuttgart 1966, 2. erw. Aufl.; zum Auftreten des institutionalisierten kultischen Transvestismus vgl. Gisela Bleibtreu-Ehrenberg: Homosexualität und

Transvestition im Schamanismus. In: *Anthropos,* Jg. 65, St. Augustin 1970, Heft 1/2, S. 189–228.

85 *The Institutio oratoris of Quintilian.* Übersetzt und mit einer Einführung versehen von H. E. Butler, 4 Vols., Cambridge (Mass.)/London 1958. Hier: Vol. I., S. VIII.

86 Karl Büchner: *Römische Literaturgeschichte,* 3., erneuerte u. verbesserte Aufl., Stuttgart 1962, S. 457.

87 Eugen Pappenheim: *Des Sextus Empiricus Phyrrhoneische Grundzüge,* Leipzig 1877, S. 14 ff.

88 Eugen Pappenheim: *Erläuterungen zu des Sextus Empiricus Phyrrhoneischen Grundzügen,* Leipzig 1881, S. 218.

89 Zur Zeit Homers war die Päderastie in Griechenland noch unbekannt. Erst später wurde die auf Waffenbruderschaft beruhende Verbindung zwischen Achill und Patrokles als homosexuelles Verhältnis uminterpretiert. Vgl. Havelock Ellis und J. A. Symonds: *Das konträre Geschlechtsgefühl,* Leipzig 1896, S. 73.

90 Wir folgen hier den Ausführungen Eugen Pappenheims, *Erläuterungen,* op. cit., S. 248.

91 Dabei denkt er stets an hellenische Sitten und Gesetze. Vgl. Eugen Pappenheim, *Erläuterungen,* op. cit., S. 249.

92 So bei Fabricius: *Sextus Empiricus Opera.* ed. a. Fabricio. Lips. 1718; vgl. auch: Eugen Pappenheim, *Erläuterungen,* S. 250; I. S. Ersch u. I. G. Gruber: *Allgemeine Encyklopädie,* 3, 9, S. 151, Leipzig 1837.

93 Nach Herodot: *Historien,* Stuttgart 1955, Buch I., Kap. 125, S. 59.

94 Diesem Stamm verdankt die Landschaft Karmanien (heute Kirman) an der Nordküste des persischen Meerbusens ihren Namen. Vgl. Hans Drexler: *Polybius,* Bd. II., Zürich/Stuttgart 1963, S. 1523.

95 Op. cit., Buch I., Kap. 135, S. 63.

96 Nach Eugen Pappenheim, *Erläuterungen,* op. cit., S. 249.

97 Als solcher wird sie bei vielen neueren Autoren hingestellt, die sie stets ohne jedwede Analyse des Zusammenhangs zitieren, in dem sie bei Sextus steht, und zudem meist offensichtlich ohne die geringste Ahnung, wer dieser Sextus eigentlich war und was er mit seinem Werk bezweckte.

98 Rudolf Much: Die Eruler. In: *Deutsche nordische Zeitschrift,* Leipzig, 1928, S. 43 ff.

99 Rudolf Much, Eruler, S. 45.

100 Rudolf Much, Eruler, S. 51.

101 Rudolf Much, Eruler, S. 53.

102 Rudolf Much, Eruler, S. 57.

103 Nach Wilhelm Capelle, op. cit., S. 89 ff.

104 Sigmund Feist, op. cit., S. 52.

105 Ludwig Mendelssohn: *Zosimi historia nova,* Hildesheim 1963. Reprographischer Nachdruck der Originalausgabe Leipzig 1887. Hier: Buch II., 31, 3, S. 88 f. sowie Buch IV, 25, 1, S. 180 f. Zosimos schrieb um ca. 425 n. Chr. ein vierbändiges historisches Werk, dem die hier benutzten Angaben über die Taifalen entnommen sind. Er selbst stützte sich dabei auf die Arbeiten früherer Autoren, wie Eunapius und Magnus von Karrhae.

106 Zitiert nach Wilhelm Capelle, op. cit., S. 360.
107 In seinem Geschichtswerk Buch XXXI, 9, 5, zitiert nach Wilhelm Capelle, op. cit., S. 372.
108 Johannes Hoops (Hrsg.): *Reallexikon der germanischen Altertumskunde,* Bd. IV, Straßburg 1918, S. 305 f.
109 Karl Friedrich Stroheker: *Germanentum und Spätantike,* Zürich/Stuttgart 1965, S. 17.
110 Karl Büchner, op. cit., S. 518.
111 Er betrachtet homosexuelles Verhalten als Unwert. Es ist dies die gleiche Einstellung, die wir auch vorher schon durchgehend bei den lateinischen Historikern antreffen, wo sie über Homosexualität bei fremden Völkern berichten.
112 Vgl. dazu die gründliche Materialdarstellung und -analyse bei Lily Weiser: Altgermanische Jünglingsweihen und Männerbünde. In: *Bausteine zur Volkskunde und Religionswissenschaft,* herausgegeben von Eugen Fehrle, Heft 1, Bühl (Baden) 1927.

# *II. Kapitel*
# Grundzüge der germanischen Volksreligion

## 1. Die Quellen

Die Quellen zur altgermanischen Religionsgeschichte sind (besonders verglichen mit jenen für solche stammverwandten Völker wie Griechen und Römer) wegen des Fehlens einer Schrift in der germanischen Kultur äußerst spärlich; auf die Problematik der Äußerungen antiker Autoren über Germanien wurde bereits hingewiesen. Dennoch ist es möglich, einigermaßen befriedigende Aussagen über die germanische Volksreligion[1] zu gewinnen, wenn man zu den vorhandenen antiken Überlieferungen noch die Ergebnisse der vergleichenden Sprachwissenschaft, der Ethnologie und nicht zuletzt der Prähistorie neben jenen der vergleichenden Religionswissenschaft heranzieht. Im einzelnen handelt es sich bei den vorhandenen Quellen um folgende[2]:

1. Die schwedischen Felszeichnungen (Bronzezeit).
2. Gräber- und sonstige archäologische Funde (von der ausgehenden Steinzeit bis zum Mittelalter).
3. Die »Ältere Edda« (Liedersammlung über die Götter und deren Taten, über Weltentstehung und Weltende. Datierung: Zwischen 500–1300 n. Chr.).
4. Die sog. »Kenningar« der Skalden, d. h. Bezeichnungen für Sachen und Personen in poetischer Umschreibung. Sie reißen nach Einführung des Christentums abrupt ab, ihr numinoser Gehalt muß demnach erheblich gewesen sein.
5. Die sog. »Snorra-Edda«, eine Prosa-Liedersammlung, die inhaltlich manches der Älteren Edda ergänzt. Ihr Verfasser war Snorri Sturlurson, ein Isländer; ihre Entstehung wird auf ca. 1200 n. Chr. datiert.
6. Die Runeninschriften (ca. 500 v. – 500 n. Chr.).[3]
7. Die isländischen »Sagas«. Es sind Familiengeschichten mit oft kultischem Hintergrund aus dem 12. nachchristlichen Jahrhundert. Obgleich nach der Christianisierung aufgezeichnet, bieten sie doch objektive und instruktive Quellen zur germanischen Religion.[4]

8. Ortsnamen. Sie sind wichtig für solche Götter, die z. Zt. der Aufzeichnung der Edda bereits alt und weitgehend obsolet geworden waren.
9. Literarische Zeugnisse: Wir unterscheiden hier:
   a) die der antiken Autoren (hauptsächlich Tacitus und Caesar);
   b) die vereinzelten Nachrichten über germanische Kulte in den Viten früher christlicher Missionare (z. B. Saxo Grammaticus oder Adam v. Bremen).

## 2. Die drei verschiedenen Komponenten der germanischen Religion

### *a. Der ›Wanenkrieg‹*

Sowohl Saxo Grammaticus[5] wie Snorri Sturlurson[6] berichten, daß das Geschlecht der Asen-Götter (mit seinem Häuptling Odin als Hauptgott) nicht schon von jeher im Norden verehrt worden sei. Die Asen seien vielmehr einst von Osten her eingewandert. Das Land Asien östlich vom Tanakvisl (der Don-Spaltung) habe man Asenland oder Asenheim genannt, heißt es bei Snorri zu Beginn seines Königsbuches, und daher stammten die Asen. In diesem Bericht wird der Hauptgott des germanischen Pantheons euhemeristisch als Mensch betrachtet, der nach vielen Siegen schließlich vergöttlicht worden sei.
Bereits die frühesten Zeugnisse germanischer Religiosität, die bronzezeitlichen Felsbilder Südschwedens[7], zeigen neben jagdmagisch[8] und agrarkultisch[9] gedeuteten Einritzungen überlebensgroße Gestalten, die lebhaft an die Asengötter Thor und Odin gemahnen[10]; u. a. einen Gott mit einer Axt oder einem Hammer, der ein Menschenpaar (dargestellt während der Kopulation) damit weiht, eine Funktion, die später Thor bei der Hochzeit zugeordnet wird und deren letzter Träger der Schmied von Gretna Green gewesen ist.
Bedenken wir die zahlreichen Parallelen im Wesen des nordischen Thor und der Natur des indischen Indra einerseits[11] und solche zwischen Odin und dem indischen Rudra andererseits[12] – um nur zwei besonders schlagende Beispiele zu nennen –, so kann man kaum umhin, in den erwähnten schwedischen Felsbildern zumindest Vorläufer der frühgeschichtlichen germanischen Göttergestalten zu erblicken.[13] Damit ist ein sehr hohes Alter der später als »Asen« bezeichneten Götter als Repräsentanten des indogermanischen Pantheons im späteren germanischen Raum erwiesen: Snorri hat lediglich eine Mythe von ehrwürdigem Alter im Stil seiner Zeit zur Historie gewissermaßen herabstilisiert.

Das hohe Alter der Asengötter in Europa spricht jedoch nicht dagegen, daß sie als numinose Mächte ursprünglich dort fremd gewesen sein mögen (und hier liegt der – religionshistorisch – wahre Kern von Snorris Bericht). Die Umstände schließen lediglich aus, daß es sich bei den Asen nur um vergöttlichte Eroberer gehandelt haben könnte.

Und in diesem Hinblick wird jener berühmte Krieg von Bedeutung, der sog. »Wanenkrieg«, den die Asen nach Snorris und Saxos Bericht auszufechten hatten, ehe sie in ihren neuen Wohnsitzen festen Fuß fassen konnten. Snorri schreibt, sie hätten sich in dem eroberten Gebiet eine feste Burg erbaut und seien dann mit einem großen Heer ins Land der Wanen gezogen, einem (wie wir es nun deutlich aussprechen müssen) anderen Göttergeschlecht[14]: ». . . aber sie setzten sich wacker zur Wehr und verteidigten ihr Land, und das Kriegsglück schwankte hin und her. Beide verheerten das Land der anderen und fügten sich gegenseitig Schaden zu. Aber als sie es beide leid waren, beraumten sie eine Zusammenkunft zur Versöhnung an, schlossen Frieden und tauschten Geiseln aus. Die Wanen gaben ihre trefflichsten Leute, Njörd den Reichen und seinen Sohn Freyr her, aber die Asen einen Mann namens Hönir . . . und den Mimir, einen sehr weisen Mann . . .«

Soweit Snorri; in der »Weissagung der Seherin« (Völuspa), aufgezeichnet in der Edda[15], finden wir diese Geschichte von der Auseinandersetzung zwischen Asen und Wanen strukturell ähnlich dargestellt, dort wird sie aber nicht vermenschlicht (und damit simplifiziert), sondern in den Schöpfungsbericht und die Vorschau auf das Weltende sinnvoll eingebaut. Außerdem berichtet die Völuspa einige interessante Einzelheiten, die bei Snorri fehlen. Wir lesen[16]: »Dessen erinnert sie (die Seherin) sich als des ersten Kampfes in der Welt, als sie Gullveig mit Geren stießen und sie in der Halle Hars[17] verbrannten, dreimal verbrannten sie die dreimal geborene, oft, nicht selten; aber dennoch lebte sie. Heid nannte man sie, in welches Haus sie kam, die Seherin mit guter Sehergabe, sie übte Zauberei; sie zauberte, wo sie konnte, sie verwirrte den Geist durch Zauber, immer war sie die Wonne schlechter Frauen. Da begaben sich die Götter alle auf die Richterstühle, die hochheiligen Götter, und ratschlagten darüber: ob die Asen Abgaben zahlen oder alle Götter Opfer empfangen sollten. Es hatte Odin den Speer geschleudert und in die Heerschar geschossen: das war immer noch der erste Kampf in der Welt; zerbrochen war der Randwall der Burg der Asen, es konnten die kampfeifrigen Wanen das Schlachtfeld betreten.« Die Völuspa teilt uns also mit, daß die Asen sich vor die Alternative gestellt sahen, Abgaben zu leisten und sich dem Zauberwesen »schlechter Frauen« beugen zu müssen, oder zu kämpfen.

Was nach erfolgter Versöhnung geschah, berichtet Snorri[18]: »Njörd und

Freyr machte Odin zu Opferpriestern ... Njörds Tochter war Freya; sie war Opferpriesterin. Sie lehrte die Asen zuerst den Zauber (Seidr), wie er bei den Wanen üblich war. Als Njörd noch bei den Wanen weilte, hatte er seine Schwester zur Ehe, denn das war dort gesetzlich erlaubt; ihre Kinder waren Freyr und Freya. Aber unter den Asen war es verboten, daß so nahe Verwandte einander heirateten.«
Mit diesem mythologischen Text haben wir »ein zentrales kulturgeschichtliches Problem der germanischen Götterwelt« vor uns.[19] Wir erfahren, daß man jenen Zauber, »wie er bei den Wanen üblich war«, erst von Freya, der Wanentochter, lernte. Dabei wird deutlich, daß die Asen Zauberei durchaus ablehnend gegenüberstanden: Die Zauberei einer Gullveig und Heid wird als so untragbar empfunden, daß sie schließlich Anlaß zum Krieg gibt. (Das hinderte aber nicht, daß Odin die Seidr-Zauberei von Freya sehr bald lernte.) Zudem empfanden die Asen das Wanengeschlecht bezüglich der ihnen zustehenden Opfergaben als Konkurrenten, so daß es schließlich zu den – von den Asen mit Odins symbolischem Speerwurf über das feindliche Heer begonnenen – Feindseligkeiten kam.
Da wir wissen, daß die germanischen Götter Thor und Odin als numinose Gestalten verehrt wurden[20] und keine Menschen waren, liegt es nahe, in den Wanen[21] ein fremdes, nämlich nicht- bzw. präindogermanisches[22] Göttergeschlecht zu sehen, zu dessen Eigenarten neben einem von Frauen ausgeübten Zauberwesen insbesondere ein ausgeprägter Fruchtbarkeitskult gehört hat.
Gibt es Anhaltspunkte dafür, daß indogermanische Gruppen auf eine Bevölkerung gestoßen sind[23], die derartige Götter verehrte?

### *b. Der historische und soziokulturelle Hintergrund der Mythe vom Wanenkrieg*

Betrachten wir die Besiedelungsgeschichte Europas im Hinblick auf Snorris und Saxos Bericht über die Auseinandersetzung und schließliche Versöhnung und Verbindung zweier ursprünglich feindlicher Göttergeschlechter, dann zeigt sich, daß der religionsgeschichtliche Gehalt dieser Mythe mit den sich uns darbietenden prähistorischen Funden keineswegs in Widerspruch steht, sondern recht gut in sie eingegliedert werden kann.[24]
Die Bevölkerung, die von Süden her in das um 9000 v. Chr. eisfrei gewordene Nordwesteuropa und Skandinavien einwanderte – nur einzelne Gruppen kamen auf dem arktischen Wege über Finnland –, bestand aus Fischern und Jägern mit einer noch völlig steinzeitlichen Kultur.[25] Die Ausgrabungen der letzten Jahrzehnte haben gezeigt, daß diese frühen

Steinzeitkulturen im Ostseeraum[26] recht zahlreich sind und deshalb »mit den verschiedensten Einwandererschichten zu rechnen ist«.[27]
Das erste Eindringen einer anderen Bevölkerung, die Ackerbau treibt[28] und kulturell bereits Züge früher Hochkulturen mitbrachte, fand entlang der Atlantikküste statt und ist überall an den Küsten Spaniens, Frankreichs, Norddeutschlands, Dänemarks, Südenglands und Südschwedens in Form der sog. »Megalithkultur« nachzuweisen. Der Bau von Großstein- (oder Megalith)Gräbern »geht wohl als religiöse Idee letzten Endes von den Pyramiden Ägyptens aus, zieht durch das Mittelmeer hindurch an der atlantischen Westküste Europas empor, findet in Spanien, der Bretagne, England, Norddeutschland und Skandinavien verschiedenartigste, aber miteinander verwandte Ausprägungen«.[29] »Die Megalith-Sitte des Nordens ist sicherlich von West- und Südwesteuropa herzuleiten, wo sie früh und kräftig ausgeprägt ist.«[30] Der Megalith-Brauch ist »Ausdruck einer besonderen Geisteshaltung . . ., besonderer Jenseitsvorstellungen und eines Totenbrauchtums . . ., bei dem sich aus den Befunden ein Ahnenkult großen Stils ableiten läßt«.[31] »Wie zahlreich waren die neuen Einwandererscharen mit Beuteln geheimnisvoller Körner und zauberkundiger Macht über die Natur? Ganze kriegstüchtige Heerscharen oder einige wenige Männer, die bei den unternehmungslustigen Jägern dankbare Aufnahme fanden? Noch immer wird die Frage ernsthaft unter den Prähistorikern diskutiert. Sich jeden Tag satt essen zu können, auch dann, wenn das Wild fast verschwunden war, Herr über den Hunger zu werden! Welch herrliche Zukunft!«[32] Die Neuankömmlinge brachten aber nicht nur die Kenntnis des Körneranbaus und neue Begräbnissitten mit; außerdem und nicht zuletzt erschienen mit ihnen jene neuen Götter, wie wir sie ähnlich auch aus dem alten Orient und aus den altmediterranen Kulturen kennen: Fruchtbarkeitsgottheiten, in deren Zentrum sich stets eine chtonisch orientierte weibliche Gestalt findet, die das Prokreative schlechthin symbolisiert.
Infolge der revolutionierenden Folgen der neuen Kulturtechnik des Ackerbaues veränderte sich auch das soziale Gefüge der Region grundlegend[33]; es entstanden Dörfer, Grabstätten und Kultzentren[34] mit Bauwerken von z. T. imponierendem Ausmaß.[35] Die archäologischen Funde aus dieser Epoche deuten insgesamt gesehen auf die friedliche, stetige und einheitliche[36] Entwicklung einer seßhaft gewordenen bäuerlichen Bevölkerung hin[37], die bis etwa zum Beginn des 2. vorchristlichen Jahrtausends andauert. Um diese Zeit bricht eine gewaltige Unruhe über Norddeutschland und den skandinavischen Raum herein: Von Osten her drängen in immer neuen Wellen fremde Stämme nach Europa hinein, es beginnt die Einwanderung der Indogermanen und damit ein neuer Abschnitt in der Geschichte.[38]

Ernst Wahle[39] hat die mit dieser Völkerverschiebung allergrößten Stils zusammenhängenden soziokulturellen Fakten ausgezeichnet dargestellt, so daß ich seine diesbezüglichen Ausführungen – vermehrt um einige Äußerungen anderer Autoren zum Thema – hier zugrunde legen möchte: »Vielleicht ist es kein Zufall, daß die Ausbreitung der Indogermanen über große Teile Europas gerade in dieser Zeit erfolgt. Nicht etwa, daß ihnen die Kenntnis eines Metalles eine Überlegenheit verleiht; auch die neolithischen Bauern Mitteleuropas besitzen das Kupfer und verwenden es in den bescheidenen, durch seine geringe Härte gezogenen Grenzen. Doch dürfte von der Wende zum zweiten vorchristlichen Jahrtausend an die bäuerliche Zivilisation in den größten Teilen Europas – sehen wir von den nördlicheren Breiten ab – bekannt sein; und da diese Bauernvölker kaum irgendwo in der Lage sind, den Indogermanen nachhaltigeren Widerstand entgegenzusetzen, so liegt allein schon in ihrem Vorhandensein für die Indogermanen ein besonderer Anreiz zur Ausdehnung ihrer Macht.«
Unterbrechen wir Ernst Wahle hier für einen Augenblick, um uns Alexander Rüstow[40] zuzuwenden, der zu den sozialen Auswirkungen der Überlagerung, jener »Religion zu Pferde«[41], ausführte: »Durch den Vorgang der Überlagerung wurden zum ersten Male in der Weltgeschichte menschliche Sozialgebilde in ihrem inneren Aufbau auf Blutvergießen und Gewalt gegründet.«[42] »Bis zur Überlagerung hatten Menschen auf die Dauer stets nur in Gemeinschaft gelebt, zwar keineswegs in kommunistischer Gütergemeinschaft oder in mechanischer Gleichheit, aber in naturgemäß gewachsener, freiwilliger, auf gegenseitiger Anerkennung beruhender Hierarchie . . . Denn eben dieser Schritt von der Gemeinschaft zur Gesellschaft ist eine der schicksalsvollen Folgen der Überlagerung.«[43] Diese Stellungnahme wird durch das Beispiel des Eindringens der Indogermanen in die bäuerliche Megalithkultur in hervorragender Weise verdeutlicht. Wie Wahle fortfährt, sehen die Indogermanen »in diesen seßhaften Ackerbauern willkommene Knechte, welche ihnen gerade die Feldarbeit abnehmen, die ihnen ihrer ganzen inneren Einstellung nach nicht liegt; so wandern sie in die Siedlungsgebiete dieser Bauernvölker und treten hier als die neuen Herren auf«. »Die mit solcher Ausbreitung verbundenen Überschichtungsvorgänge wahrscheinlich kriegerischer Natur dürften die Ausbildung besonderer Herrschaftsformen, die man ruhig schon als Königtum bezeichnen kann, zumindest stark gefördert haben.«[44] Die Frage, ob die Indogermanen ursprünglich primär Viehzüchter waren oder eine Art bäuerlicher Schwendwirtschaft betrieben, war lange Zeit hindurch ein Streitpunkt der Fachwelt; inzwischen geht die allgemeine Meinung dahin, daß sie »eine verhältnismäßig leicht bewegliche Bevölkerung mit einer größeren Bedeutung der Viehzucht

gegenüber dem Ackerbau waren . . . Ein Überwiegen der Viehzucht darf aber auf jeden Fall angenommen werden«[45], weshalb man die Einwanderer zuweilen als »Weidebauern« charakterisiert hat.

Die Indogermanen kamen von Osten.[46] Die berühmte Frage nach ihrer »Urheimat« hat lange Zeit hindurch die Forschung bewegt; insbesondere im »Dritten Reich« hatte die von offiziellen Stellen geförderte (und schließlich geforderte) Meinung den Vorrang, diese Urheimat sei Norddeutschland. Davon sind sowohl Linguistik wie Prähistorie inzwischen abgerückt. Man sucht den Ausgangspunkt der indogermanischen Wanderungen heute im mittleren bis südlichen Teil des heutigen Rußlands.[47] Ernst Wahle führt aus, daß diese indogermanische Heimat die Haltung großer Herden gestattet, »welche der Stolz ihres Besitzers sind und im Mittelpunkt seines Denkens stehen.[48] Die Notwendigkeit ihrer Bewachung und Verteidigung fördert den kriegerischen Sinn der heranwachsenden Jugend. In den Formen des gesellschaftlichen Lebens und in den religiösen Anschauungen spiegeln sich diese Einstellung und dieser ganze Gedankenkreis natürlich wider[49]; wird der Ackerbau auch in dem unumgänglich notwendigen Maße geübt, so erfreut er sich doch im Gegensatz zu der Viehzucht keiner besonderen Achtung. Umfang und Wertschätzung dieser Viehhaltung bestimmen also das Bild; denn die Tiere selbst sind hier dieselben wie bei den neolithischen Bauern, und hier wie da wird das Rind auch vor den vierrädrigen Wagen gespannt. Nur ein Unterschied in dem Bestand an Haustieren ist vorhanden, und gerade ihm kommt eine weitreichende Bedeutung zu; die Indogermanen sind im Besitze des Pferdes, welches die Bauern des Neolithikums in Mitteleuropa noch nicht als Haustier kennen. Werden die Indogermanen durch den Besitz an Herden zu einer kriegerischen Haltung geführt, so gestattet dies Haustier, welches man vor einen zweirädrigen Streitwagen spannt, die durch jene Einstellung gegebene Überlegenheit über die Bauern gründlich auszunutzen. Kein Wunder, daß dieses Tier besonders geschätzt wird, bei festlichen Spielen in Erscheinung tritt und den Überirdischen als Opfer besonders angenehm ist. So sind die Indogermanen in der Lage, bei ihrer Ausbreitung nach Westen die seßhaften Bauern zu unterwerfen, die sie hier vorfinden . . . Überall begleitet das einfache, gern mit einer Streitaxt ausgestattete Grab diese Wege, und deutlich bestimmt es den Bestattungsbrauch der Folgezeit . . . Aus demjenigen Zweig der Streitaxtleute, welcher von dem Gebiet der großen Steingräber Besitz ergreift, geht die Fundprovinz der nordischen Bronzezeit hervor. Die Sitte des megalithischen Familiengrabes gehört jetzt der Vergangenheit an. Die neuen Herren des Landes setzen sich also durch; indem sich aber das Gebiet der älteren nordischen Bronzezeit weitgehend mit demjenigen der Megalithgräber deckt, kommt doch die große Bedeutung der bodenständigen Bevölkerung für die Heranbildung der neuen Erscheinung zum Ausdruck.«

Denn die nichtindogermanische bäuerliche Vorbevölkerung, auf welche die Einwanderer in Nord- und Westdeutschland und in Skandinavien trafen, war offenbar widerstandsfähiger als die meisten anderen Gruppen, die indogermanische Stämme bei ihren Wanderungen zu überrollen pflegten und deren soziales und kulturelles Leben sie bis zur Unkenntlichkeit an die indogermanische Eigenart anähnelten.

P. W. Schmidt[50] spricht nicht mit Unrecht von megalithischen »Freibauern«, auf welche die Einwanderer in unseren Regionen stießen und die sich ihnen nicht so leicht unterwarfen: »Ein so starkes und zahlreiches Freibauerntum hat es bei keinem anderen Volk der Indogermanen gegeben, auch nicht bei den Kelten; ihm gegenüber mußte der indogermanische Kriegeradel auch deshalb in seiner Geltung merklich zurücktreten, weil es hier im Norden keine Steppen gab, auf denen er den Reichtum seiner Herdenzucht hätte fortführen können. Auch er wird deshalb seßhaft, sucht Grundbesitz zu bekommen, legt seine Herrenhöfe an und betreibt Ackerbau, allerdings meist mit Knechten und Hörigen oder mit Bauern im Lehensverhältnis. Er ist aber nicht stark genug, um den Bauern, besonders aber den Freibauern, alles Land wegzunehmen und es ihnen als bloßes Lehen zurückzugeben . . . Zum Unterschied von anderen indogermanischen Völkern, wo die immer neuen Rassen und Völkermischungen an der Heerstraße der Wanderungen es selten zu einer neuen, harmonischen, dauerhaften Mischrasse[51] kommen ließen, konnte hier auf den nordischen Halbinseln und Inseln der Prozeß der Mischung in langen Jahrhunderten ungestört sich vollziehen und zu einem neuen Volksganzen mit weitgehender rassischer Vereinheitlichung gelangen.« Allerdings zeigt das Ergebnis dieser Mischung »manches Widerspruchsvolle und Auffällige germanischen Wesens, in dem je länger je mehr die bäuerlichen Elemente sich durchsetzen, ohne je die indogermanische Lebensanschauung der Hirtenkrieger völlig zu verdrängen . . . So entsteht das seltsame Bild von Bauern, die es doch stets unruhig zu Kriegen und Wanderungen drängt[52], . . . die lieber auswandern und sich mit dem Nachbar herumschlagen, als etwa den reichen Urwald zu roden«.[53]

So stellt sich uns das Resultat dieser Völkervermischung – die Germanen – als »ein Amalgam von vorindogermanisch, vermehrt um indogermanisch«[54] dar, wobei regional betrachtet die Ostsee »nicht eine Trennungslinie, sondern ein Bindeglied herstellte«.[55] Dieser letztere Umstand zeigt die Wichtigkeit der Seefahrt (zumindest der Küstenschiffahrt) für den Verschmelzungsprozeß der beiden Bevölkerungsgruppen, und hierin liegt – von der Fachforschung bisher einer umfassenderen Untersuchung kaum gewürdigt – eine mögliche Ursache dafür, daß gerade in diesem Gebiet den Indogermanen eine vollständige Unterjochung der vorgefundenen autochthonen Kulte nicht gelang. Denn als ursprünglichen Steppenbewohnern fehlte den Indogermanen anfänglich das Verhältnis zum Meer, die alteingesessenen Megalithiker hingegen sahen sie im Besitz der Schiffsbaukunst und nautischer Kenntnisse.[56] Wo man weder zu Wagen noch zu Fuß noch zu Pferde mehr weiterkonnte, da war für ein Schiff die Welt noch lange nicht zu Ende. Das Erlebnis des Meeres muß die Einwanderer fasziniert haben. Die hintereinander in endloser Reihe auftauchenden und wieder verschwindenden Wogen mit ihren schäumenden Gischthäuptern erinnerten sie an das Bild der riesigen wildbemähnten Pferdeherden im Inneren Eurasiens, weshalb wohl die poetische Sprache sowohl der Griechen wie der Nordgermanen von den Wogen als Pferden und von Schiffen als Reittieren spricht. Der sternbesäte Himmel und der endlos wirkende Kreis des Horizonts sind auf hoher See ebenso eindrucksvoll wie in der Steppe; hier wie dort kann das Auge bis an die Grenzen reichen, die die eigene Sehkraft ihm setzt. So übertrugen die Einwanderer die unstete, nomadisierende Lebensweise ihrer Vorfahren bald und mit Begeisterung auf das neue Element, das sie sich rasch untertan machten.[57] Doch hierzu benötigten sie die Hilfe der Alteingesessenen: Ein Schiff zwar kann man sich vielleicht noch mit Gewalt aneignen; zum Erlernen der für seine Führung unabdingbaren nautischen Künste jedoch bedarf man der Unterweisung durch Erfahrene, wobei man mit Zwang nichts erreicht. So ergab sich anstatt eines unüberbrückbaren Antagonismus schließlich eine Symbiose; aus Feinden wurden Gleichberechtigte, und zur Bekräftigung dieses Paktes, von dem die Mythe noch weiß, werden Njörd der Reiche, der in einem Palast wohnt, der »Schiffszaun« heißt, sowie sein Sohn Freyr, der ein Wunderschiff besitzt, das immer günstigen Wind hat und sowohl über See wie über Land segeln kann, in den Kreis der indogermanischen Asengötter aufgenommen.

Vor diesem historischen und soziokulturellen Hintergrund, wie er sich aus steinzeitlichem Jägertum, Megalithkultur und indogermanischer früher Herrenkultur aufbaut, müssen wir die eingangs dargestellte Mythe vom »Wanenkrieg« sehen, um ihre religiöse und soziologische Aussage richtig zu würdigen.[58]

### *c. Die Wanen-Religion*

Wenden wir uns nun zuerst der Religion der Megalithkultur, d. h. der »Wanen-Religion« zu, so fällt ihre große Ähnlichkeit mit viel weiter südlich beheimateten Religionsvorstellungen auf.

Wir finden nämlich als ihre wichtigsten Bestandteile folgende Elemente:

Überwiegen weiblicher Gottheiten[59], hohe Stellung der Frau in Kult- und Zauberwesen[60], Vorstellungen vom sterbenden und wiederauferstehenden Gott, der als Sohn-Gatte der im Zentrum stehenden Göttin angesehen wird (hiermit verbunden die Kultfeier der »Heiligen Hochzeit«)[61], sakrales Königtum[62], ferner kultische Umfahrten von Götterbildern, die auf Wagen oder Schiffsschlitten befestigt sind[63], außerdem Menschenopfer (nicht selten durch Versenkung)[64], sowie rituellen Königsmord[65], Steinsetzungen zu kultischen – vielleicht kalendarischen – Zwecken[66] und den Glauben an ein Fortleben nach dem Tode als lebender Leichnam[67] in festgefügten steinernen Familiengräbern.[68]

### *d. Die Asen-Religion*

In allen ihren Einzelelementen weist die Asen-Religion strukturelle Ähnlichkeit mit anderen indogermanischen Religionen auf[69], und unverkennbar ist sie keine reine Bauernreligion. Gestirnskult bzw. der Glaube an einen Himmelsgott, der personal als Vaterfigur und sozial als Sippenhäuptling vorgestellt wird[70], die Verherrlichung kriegerischer Tugenden (Odin gilt als Erfinder der keilförmigen Schlachtordnung)[71] und die im Kult deutlich spürbare Inklination zu Tieren, die als typische Herdentiere von Nomaden anzusprechen sind (Ziege, Schaf und vor allem das Pferd)[72], machen wesentliche Unterschiede zwischen der Asen- und der Wanen-Religion aus. Wo in ersterer sexuelle Kultpraktiken auftreten, sollen sie nicht, wie im Brauch der Heiligen Hochzeit in der Wanen-Religion, die Fruchtbarkeit des Bodens fördern, sondern sie betonen den Zusammenhalt, ein Einswerdenkönnen von Mensch und Tier, ja recht eigentlich sogar die größere »Kraft« des Tieres als Träger numinoser Wirkmächtigkeit.[73] Wie bei den meisten Nomadenvölkern war bei den einwandernden Indogermanen der Zusammenhalt der Familie besonders stark und eng, und dies Ideal der Einheit der Sippe wird später, als die Asen-Religion sich immer mehr durchsetzte, zum bezeichnendsten Zug germanischer Religiosität schlechthin.[74]

### *e. Die subarktische Komponente der germanischen Religion*

Die germanische Religion läßt sich in ihrer Totalität kaum verstehen, wenn man nicht neben der Wanen- und Asen-Religion auch noch ihrer dritten konstitutiven Komponente Beachtung schenkt, die in eine weit frühere Epoche zurückreicht als die beiden bisher erwähnten. Es handelt sich um die sog. »subarktische« Komponente[75], zu der alle jene religiösen Gestalten, Kultpraktiken und Glaubensinhalte gerechnet werden müssen, die zur Zeit des Eindringens der Indogermanen nach Europa dort bereits mit den Elementen der Megalith- bzw. Wanen-Religion verschmolzen waren und ihrerseits der alten steinzeitlichen Jägerschicht angehören. Ihre Spuren finden sich im gesamten subarktischen Gürtel Eurasiens, d. h. in einem Bereich, der sich von Island bis Kamtschatka erstreckt. Wesentliches Element der Religiosität dieser Schicht ist neben einer magischen Weltschau, in der noch »alles zu allem« werden kann[76], die schamanistische Religionskategorie[77] samt allen ihren Ausprägungen[78], der Glaube an einen »Herrn der Tiere« vom Artgeist-Typ[79], weibliche Gottheiten, die sich als Geburtsgöttinnen um das Gedeihen sowohl von Kindern wie von jungen Tieren kümmern (Artemis-Typ)[80] und an zahlreiche Orts- und Sondergottheiten (nicht selten im Sinne von Krankheitsdämonen).[81] Außerdem dürften manche zum Teil noch heute praktizierte Sitten, die vor allem mit den Bereichen von Jagd und Fischerei zusammenhängen, auf dies subarktische Substrat aus der Epoche der Jäger- und Sammlerbevölkerung der ausgehenden Steinzeit zurückgehen.[82]

Zur subarktischen Komponente der germanischen Religion, die während der Megalith-Zeit mit der Wanen-Religion verschmolz, gehört gleichfalls die ursprünglich schamanistische Praktik des bereits erwähnten Seidr-Zaubers, den Freya, die Wanengöttin, beherrscht und später an Odin weitergibt. Der Seidr ist für diese Untersuchung von ganz besonderer Wichtigkeit, und wir werden uns mit dieser Zauberkunst deshalb bald näher zu beschäftigen haben.

### 3. Zusammenfassung dieses Kapitels

Unverkennbar entsprechen die drei verschiedenen Komponenten der germanischen Religion, wie sie sich spätestens den frühen christlichen Missionaren darstellte, drei verschiedenen Bevölkerungs- bzw. Besiedelungsschichten des später als »Germanien« bezeichneten geographischen Raumes.[83]

Die Bestandteile der subarktischen Komponente sind nach Fußfassen der Wanen-Religion[84] teils in diese eingegangen und im Verlauf dieses Prozesses umgeformt worden, teils gehören sie nurmehr zum Bereich der privaten Frömmigkeit, teils sind sie zur bloßen Zauberei abgesunken.

Die Wanen-Religion hat sich nicht überall von der indogermanischen Asen-Religion verdrängen lassen.[85] Sie mußte freilich manche Abstriche und Uminterpretationen in Kauf nehmen, um weiterbestehen zu können.[86] Ihre Bedeutung scheint jedoch mancherorts bis zur Christianisierung derjenigen der Asen-Religion gleichwertig geblieben zu sein, was wohl auf den in ihr dominierenden (und für das Bauerntum unverändert wichtigen) Aspekt der Fruchtbarkeit zurückzuführen ist[87], den vor allem die Wanen-Göttin Freya repräsentiert, neben Odins Gattin Frigg die angesehenste weibliche Gottheit im germanischen Pantheon.[88]

Von den männlichen Göttern zeigen alle als »Asen« gekennzeichneten typisch indogermanische Züge, d. h. sie haben Entsprechungen in anderen indogermanischen Göttergestalten. Einzig Loki (der zwar nominell als Ase gilt, dies aber nicht infolge von Verwandtschaft, sondern wegen seiner in alten Zeiten mit Odin geschlossenen Blutsbruderschaft) bildet davon eine Ausnahme: er gehört deutlich der subarktischen Schicht der germanischen Religion an. Njörd und Freyr sind als Wanen[89] Fruchtbarkeitsgötter und haben Beziehungen zu See und Schiffahrt. Gegenstand der germanischen Volksreligion im offiziellen Sinne, wie sie in den größeren Tempeln gepflegt wurde, sind zumeist Odin, Thor und Freyr gewesen; letzterer wurde, seiner Natur als Gott der Fruchtbarkeit gemäß, ithyphallisch dargestellt.[90]

Der Kult einer weiblichen Gottheit[91] (worüber Tacitus noch berichten konnte) war in der frühen Missionszeit schon nicht mehr bekannt; es gab aber immer noch ein weibliches Priesterinnentum[92] von beachtlichem Einfluß, dessen Funktionen Elemente aus allen drei Komponenten der germanischen Religion zeigten.

Als die für unsere Fragestellung relevante Komponente der germanischen Religion erweist sich die subarktische bzw. schamanistische, die daher im nächsten Kapitel einer gründlichen Analyse unterzogen werden soll.

## Anmerkungen

1 Dieser Begriff wird verstanden und im folgenden benutzt im Sinne der Definition von Gustav Mensching: »In den Volksreligionen ist tragendes Subjekt eine vitale Gemeinschaft. Religiöse und vitale Gemeinschaft decken sich hier also. Die Volksgemeinschaft ist Religionsgemeinschaft, und es gibt keine spezifisch religiösen Gemeinschaften neben jener« (vgl. Gustav Mensching: *Die Religion,* Stuttgart 1959, S. 20 f.).

2 Wir folgen hier den Ausführungen von Jan de Vries: *Altgermanische Religionsgeschichte,* Bd. II.: Die Religion der Nordgermanen. Berlin u. Leipzig 1937, S. 3–15; zur Datierung wurde die Zeittafel aus Eric Graf Oxenstiernas bereits mehrfach erwähntem Werk *Die Nordgermanen* herangezogen. Nach seinen Angaben dürfen wir die fraglichen Epochen wie folgt ansetzen: Ende der Eiszeit in Norddeutschland bzw. Südskandinavien: ca. 9000 v. Chr. Steinzeit: bis ca. 1500 v. Chr. Bronzezeit: 1500–500 v. Chr. Skandinavische Eisenzeit: 500 v. Chr. – 1060 n. Chr. Keltische (vorchr.) Eisenzeit: 500–0 v. Chr.

3 Vgl. Johannes Haller und Heinrich Dannebauer: *Der Eintritt der Germanen in die Geschichte,* Berlin 1957, S. 19: »Die sog. Runen, mit denen in der Literatur viel Unfug getrieben wird, sind keine germanische Schöpfung, sondern aus der Fremde entlehnt und nur zu kurzen Inschriften und als Zauberzeichen verwendet worden.« Zum Runenproblem vgl. auch Hermann Güntert: *Der Ursprung der Germanen,* Heidelberg 1934, S. 102.

4 Walter Baetke: *Art und Glaube der Germanen,* Hamburg 1934, S. 19 f., versichert, daß im Gesamtbefund eine große Zahl der Isländersagas ihrem wesentlichen Gehalt nach echt sind im Sinne des Germanentums, und daß auch in den übrigen, mit ganz wenigen Ausnahmen, das Heidentum das Christliche überwiegt.

5 Saxo Grammaticus' *Dänengeschichte* entstand seit 1185. Hier handelt es sich um Buch V, Abschn. 154.

6 Übersetzungen der beiden Werke Snorris: *Die jüngere Edda,* herausgegeben und übertragen von Gustav Neckel und Felix Niedner, Sammlung »Thule«, Bd. 20, Neuausgabe Düsseldorf/Köln 1966, S. 120; Snorris Königsbuch (Heimskringla), übertragen von Felix Niedner, Sammlung »Thule«, Bd. 14, Neuausgabe Düsseldorf/Köln 1965, S. 28 f.

7 O. Almgren: *Nordische Felszeichnungen als religiöse Urkunden,* Frankfurt 1934.

8 Franz Rolf Schröder: Germanentum und Alteuropa. In: *Germanisch-Romanische Monatsschrift,* 22. Jg., Heidelberg 1934, S. 157 ff., 180 f.

9 Jan de Vries, op. cit., S. 282, 345 f.

10 Karl J. Narr: Deutschland in Ur- und Frühgeschichtlicher Zeit. In: Leo Just (Hrsg.): *Handbuch der deutschen Geschichte,* Bd. I.: Deutsche Geschichte bis zum Ausgang des Mittelalters, Konstanz 1957, S. 63.

11 Rudolf Otto: *Gottheit und Gottheiten der Arier,* Gießen 1932, S. 105.

12 Jan de Vries, op. cit., S. 203; Hermann Oldenberg: *Die Religion des Veda,* Stuttgart u. Berlin 1923, S. 215 ff.

13 Martin Ninck: *Wotan und germanischer Schicksalsglaube,* Jena 1935, S. 214;

Herbert Kühn: Besprechung der Ausstellung ›Götterwelt der Bronzezeit‹ im Nieders. Landesmuseum in der ›FAZ‹ v. 19. 4. 1967.

14 Heimskringla, Kapitel 4. Zitiert nach Franz Rolf Schröder: Die Germanen. In: *Religionsgeschichtliches Lesebuch,* Nr. 12, Tübingen 1929, S. 23 f.

15 *Die Edda,* Bd. II.: Götterdichtung und Spruchdichtung. Übertragen von Felix Genzmer. Neuausgabe Düsseldorf/Köln 1963, S. 36 f.

16 Zitiert nach Franz Rolf Schröder, *Religionsgeschichtliches Lesebuch,* S. 48.

17 Har = Kenningar für Odin.

18 Zitiert nach Franz Rolf Schröder, *Religionsgeschichtliches Lesebuch,* S. 24.

19 Alois Closs: Besprechung von Jan de Vries': Altgermanische Religionsgeschichte. Bd. II: Die Nordgermanen. 2., völlig neubearbeitete Aufl. Berlin 1957. In: *Anthropos,* Bd. 54. 1959, S. 593 ff: »Das zentrale Kulturgeschichtliche Problem der germanischen Götterwelt bleibt nach wie vor der Gegensatz zwischen den mehr weiblich orientierten Wanen und den männlich betonten Asen und der Mythos von einem zwischen ihnen wegen vordringlichen Weiberwesens von den Wanen her ausgebrochenem Kampf.«

20 Auf die glücklicherweise überholten Spekulationen der naturmythologischen Schule soll hier nicht mehr eingegangen werden. Vgl. dazu Jan de Vries: *Forschungsgeschichte der Mythologie,* Freiburg/München 1961; Walter Baetke: *Art und Glaube der Germanen,* op. cit., S. 38 f.

21 Hermann Schneider: *Die Götter der Germanen,* Tübingen 1938, S. 17: »Der Name (der sehr mannigfach erklärt worden ist) bedeutet vielleicht die Gewohnten, die Eingesessenen.«

22 Die Bezeichnung »Indogermanen« stammt aus dem linguistischen Bereich und wurde erst später auch als Sammelname für die rassisch und kulturell ähnlichen Völkergruppen benutzt, die indogermanische Idiome redeten. Man hat das kritisiert, und als bessere Bezeichnung »Indoeuropäer« vorgeschlagen, außerdem ging man zur Benutzung solcher Namen über, die sich auf die prähistorischen Relikte dieser Völker bezogen, z. B. Schnurkeramiker, Streitaxtleute, Einzelgräbervolk. Neuerdings wurde von Marija Gimbutas: Die Indoeuropäer: Archäologische Probleme. In: Anton Scherer (Hrsg.): *Die Urheimat der Indogermanen,* Darmstadt 1968, S. 555, für die Elemente indogermanischer Sonderart der Name »Kurgan-Kultur« eingeführt. Wir bleiben hier bei dem Namen »Indogermanen«, weil er der älteste und bekannteste dieser Völkerstämme ist.

23 Der französische Mythenforscher und Indogermanist Georges Dumézil folgert aus dem Umstand, daß den Indogermanen, als sie nach Europa eindrangen, der Ackerbau bereits bekannt war, daß eine Auseinandersetzung mit anschließender Versöhnung und Verschmelzung zwischen Hirtenkultur einerseits und Bauernkultur andererseits bereits erfolgt sein müsse, ehe die indogermanische Expansion begann (Vgl. Georges Dumézil: *L' idéologie tripartie des Indo-Européens,* Brüssel 1958). Dies ist als Faktum unbestreitbar, da die Indogermanen ja in der Tat Kenntnisse des Ackerbaues bereits besaßen. Es ändert aber nichts an dem durch die prähistorischen Funde und linguistischen Untersuchungen erwiesenen Umstand (insbesondere auf erstere nimmt Dumézil in seinen Werken außergewöhnlich wenig Bezug), daß die indogermanischen Einwanderer in Nordwest- und Nordeuropa auf eine ihnen fremde Vorbevölkerung mit eigenständiger Kultur und einer von der

indogermanischen in vielem (z. B. Legalität der Geschwisterehe) abweichenden Sozialordnung gestoßen sind, eben die meist als »Megalithleute« bezeichnete Gruppe. Für die Theorien von Dumézil haben sich vor allem der Germanist Jan de Vries (in: *Forschungsgeschichte der Mythologie,* op. cit., S. 357 f.; ders.: *Die geistige Welt der Germanen,* Darmstadt 1964, S. 160 f.) sowie der Volkskundler Otto Höfler (vgl. seine Einleitung zu Georges Dumézil: *Loki.* Darmstadt 1959, S. XI–XV) eingesetzt, während der Religionswissenschaftler Alois Closs (in: Besprechung von Jan de Vries: *Altgermanische Religionsgeschichte,* Bd. II, Berlin 1957. In: *Anthropos,* Bd. 54, 1959, S. 594 f) und der Indogermanist Anton Scherer (in: Indogermanische Altertumskunde [seit 1956]. In: *Kratylos,* Jg. X, Heft 2. Wiesbaden 1965, S. 21 f) demgegenüber eine mehr skeptische Haltung einnehmen.

24 Es ist leider unmöglich, die zu diesem gewaltigen Problemkomplex existierende Literatur hier auch nur annähernd zu berücksichtigen. Die folgende Auswahl wurde insbesondere im Hinblick auf prähistorische Ergebnisse und Gesichtspunkte zusammengestellt: Franz Rolf Schröder: *Altgermanische Kulturprobleme,* Berlin u. Leipzig 1929; ders.: Germanentum und Alteuropa. In: *Germanisch-Romanische Monatsschrift,* Jg. 22, Heidelberg 1934, bes. S. 157 ff.; Hermann Güntert: *Der Ursprung der Germanen,* Heidelberg 1934; Ernst Sprockhoff: *Die nordische Megalithkultur.* In: *Handbuch der Urgeschichte Deutschlands,* 3, Berlin u. Leipzig 1938, S. 151 ff.; Anton Scherer: Das Problem der indogermanischen Urheimat vom Standpunkt der Sprachwissenschaft. In: *Archiv für Kulturgeschichte,* Bd. 33, Marburg/Lahn 1951, S. 3 ff.; Ernst Wahle: *Deutsche Vorzeit,* 2., völlig durchgearbeitete Aufl., Basel 1952; Eric Graf Oxenstierna: *Die Nordgermanen,* Stuttgart 1957; Emil Breitinger, Josef Haekel, Richard Pittioni (Hrsg.): *Theorie und Praxis der Zusammenarbeit zwischen den anthropologischen Disziplinen,* Horn (Österr.) und New York 1961; Anton Scherer: Indogermanische Altertumskunde (seit 1956). In: *Kratylos,* Jg. X, Heft 2, Wiesbaden 1965; einen vorzüglichen Überblick über die Entwicklung der Indogermanenforschung vermittelt die Aufsatzsammlung: Anton Scherer (Hrsg.): *Die Urheimat der Indogermanen,* Darmstadt 1968, worin der Beitrag von Marija Gimbutas: Die Indoeuropäer: Archäologische Probleme, den neuesten Stand der Forschung repräsentiert.

25 Karl J. Narr: Deutschland in ur- und frühgeschichtlicher Zeit. In: Leo Just (Hrsg.): *Handbuch der deutschen Geschichte,* Bd. I.: Deutsche Geschichte bis zum Ausgang des Mittelalters, Konstanz 1957, S. 30 ff.; Hermann Güntert: *Ursprung der Germanen,* op. cit., S. 62 f.; Franz Rolf Schröder: *Germanentum und Alteuropa,* op. cit., S. 165.

26 Alois Closs: Die altgermanische Religion. In: Erich Kleineidam und Otto Kuß (Hrsg.): *Die Kirche in der Zeitenwende,* Paderborn 1935, S. 120–173, bes. S. 124.

27 Oxenstierna, op. cit., S. 11 f.

28 Güntert, *Ursprung der Germanen,* op. cit., S. 98.

29 Oxenstierna, op. cit., S. 13.

30 Karl Josef Narr: *Urgeschichte der Kultur,* Stuttgart 1961, S. 313 f.

31 Karl Josef Narr: *Urgeschichte der Kultur,* op. cit., S. 314 f.

32 Oxenstierna, *Nordgermanen,* op. cit., S. 12.

33 Auf ausgeprägt matriarchale Züge der Megalithkultur, die nach der indogermanischen Überlagerung langsam schwinden, wies neben Hermann Güntert: *Ursprung der Germanen,* op. cit., S. 178, besonders hin Dominik Wölfel: Die Religionen des vorindogermanischen Europa. In: F. König (Hrsg.): *Christus und die Religionen der Erde,* Bd. I, Wien 1951.

34 Horst Kirchner: Die Menhire in Mitteleuropa und der Menhirgedanke. In: Akademie der Wissenschaften und der Literatur, Abhandlungen der geistes- und sozialwissenschaftlichen Klasse, Jg. 1955, Heft 9.

35 Beispielsweise in Stonehenge und ähnlichen Steinsetzungen in der Normandie. Diese Anlagen dienten vermutlich kalendarischen Zwecken, die für den Beginn von Aussaat und Feldbestellung wichtig waren. Vgl. hierzu Ernst Wahle: Ur- und Frühgeschichte im mitteleuropäischen Raum. In: Bruno Gebhardt (Hrsg.), *Handbuch der deutschen Geschichte,* Bd. I.: Herbert Grundmann (Hrsg.): Frühzeit und Mittelalter. Stuttgart 1954, S. 1–76, bes. S. 26.

36 Ernst Wahle: *Ur- und Frühgeschichte im mitteleuropäischen Raum,* op. cit., S. 30 f.

37 Walther Schulz: Staat und Gesellschaft in germanischer Vorzeit. In: *Vorzeit,* Bd. 4, Leipzig 1926, S. 15.

38 André Varagnac (Hrsg.): *Der Mensch der Urzeit,* op. cit., S. 404; Oxenstierna, *Nordgermanen,* op. cit., S. 13–15.

39 Ernst Wahle: *Deutsche Vorzeit,* op. cit., S. 61 f.

40 Alexander Rüstow: *Ortsbestimmung der Gegenwart. Eine Universalgeschichtliche Kulturkritik,* 3 Bde. Hier: Bd. I.: *Ursprung der Herrschaft,* Erlenbach–Zürich 1950.

41 Alexander Rüstow, op. cit., S. 127.

42 Alexander Rüstow, op. cit., S. 95.

43 Alexander Rüstow, op. cit., S. 109.

44 Karl Josef Narr: *Deutschland in ur- und frühgeschichtlicher Zeit,* op. cit., S. 62.

45 Karl Josef Narr: *Deutschland in ur- und frühgeschichtlicher Zeit,* op. cit., S. 45 f.; Johannes Haller und Heinrich Dannenbauer: *Der Eintritt der Germanen in die Geschichte,* Berlin 1957, S. 19.

46 Anton Scherer: *Indogermanische Altertumskunde,* op. cit., S. 9: »Ob die Indogermanisierung, die schließlich in jüngerer Zeit zur historischen Verteilung der indogermanischen Sprachen führte, mehr durch kompakte Auswandererwellen oder durch Infiltration verhältnismäßig kleiner Scharen erfolgte, läßt sich nicht sicher sagen.«

47 Vgl. nebst den in Anm. 24 dieses Kapitels erwähnten Werken, die alle die Urheimat-Frage mitbehandeln, auch Karl Josef Narr: *Deutschland in ur- und frühgeschichtlicher Zeit,* op. cit., S. 46; Alfons Nehring: Die Problematik der Indogermanenforschung. In: *Würzburger Universitätsreden,* Heft 17. Würzburg 1954, S. 13 f.

48 Vgl. hierzu auch Hermann Güntert, *Ursprung der Germanen,* op. cit., S. 103 sowie Tacitus: *Germania,* Kap. 5.

49 Ernst Meyer: Die Indogermanenfrage. In: Anton Scherer (Hrsg.): *Die Urheimat der Indogermanen,* op. cit., S. 614, 260 f stellt in diesem Hinblick insbesondere die Familienordnung heraus: Die soziale Ordnung der indoger-

manischen Familie ist patriarchalisch orientiert. Die Stellung der Kinder wird nach der Abkunft vom Vater bestimmt, die »patria potestas« erstreckt sich auf alle Mitglieder, die im Verband der oft sehr zahlreichen Großfamilie leben. Sie ist als Institution gemeinindogermanisch und umfaßt als Rechtsbegriff alles, was der familienväterlichen Gewalt unterstellt ist. Dies beweisen die indogermanischen Verwandtschaftsnamen, die ursprünglich nicht den Grad der Verwandtschaft bezeichnen, sondern die Stellung des Individuums innerhalb des Rechtsaufbaues der Großfamilie. Bezeichnungen für Verwandte der Frau fehlen, da zu ihnen – als Angehörigen einer anderen Großfamilie – keine Rechtsbeziehungen bestanden.

50 Wilhelm Schmidt: *Rassen und Völker in Vorgeschichte und Geschichte des Abendlandes,* 2 Bde., Luzern 1946. Bd. I., S. 291 ff.

51 Eine solche stellen die späteren Germanen ganz ohne Zweifel dar, wenn auch bei ihnen ein schmaler langschädeliger, der nordischen Rasse nahestehender Typ zu überwiegen scheint. Vgl. Karl Josef Narr, *Deutschland in ur- und frühgeschichtlicher Zeit,* op. cit., S. 45; Johannes Haller und Heinrich Dannenbauer, *Eintritt der Germanen in die Geschichte,* op. cit., S. 13; Oxenstierna, *Nordgermanen,* op. cit., S. 14; Franz Rolf Schröder, *Germanentum und Alteuropa,* op. cit., S. 171–176; Hermann Güntert, *Ursprung der Germanen,* op. cit., S. 73–96. Des Tacitus Meinung, die Germanen seien »von Anbeginn ein eigenes, unvermischtes und sich selbst nur ähnliches Volk« gewesen, versteht sich nach Alois Closs: *Die altgermanische Religion,* op. cit., S. 134, »recht gut aus der glücklichen Eignung der Cromagnonrasse zur Mischung mit dem nordischen Element. Die Bemerkung des Tacitus (Kapitel 2 der Germania), die Germanen seien jedenfalls die Urbewohner des Landes, ist in Anbetracht des Umstandes, daß sie damals bereits seit 2000 Jahren in Germanien ansässig waren, durchaus begründet.«

52 Vgl. Tacitus' *Germania,* Kap. 13–15.

53 Hermann Güntert, *Ursprung der Germanen,* S. 107.

54 Dominik Wölfel, *Die Religionen des vorindogermanischen Europa,* op. cit., S. 168.

55 Oxenstierna, *Nordgermanen,* op. cit., S. 15.

56 Linguistische Spuren eines vorindogermanisch-alteuropäischen Substrats beziehen sich bezeichnenderweise vornehmlich auf solche Worte, die mit Termini aus dem Ackerbau und der Schiffahrt bzw. Wörtern für damit zusammenhängende Tätigkeiten in Verbindung stehen. Vgl. u. a. Anton Scherer, *Indogermanische Altertumskunde,* op. cit., S. 7; Hermann Güntert, *Ursprung der Germanen,* op. cit., S. 104 f., 108, 148.

57 Ernst Wahle, *Ur- und Frühgeschichte im mitteleuropäischen Raum,* op. cit., S. 42.

58 Dies um so eher, als man nach Alois Closs: Ethnologische Bestimmung des Altgermanentums. In: Emil Breitinger, Josef Haekel, Richard Pittioni (Hrsg.): *Theorie und Praxis der Zusammenarbeit zwischen den anthropologischen Disziplinen,* op. cit., S. 177, heute bei Naturvölkern immer mehr den historischen Wert von Einwanderungssagen zu schätzen gelernt hat.

59 Die Ynglingarsaga, Kap. 10, berichtet über Freya, daß sie einst als einzige unter den Göttern geherrscht habe; zur Ankunft des Kults der Magna Mater aus dem alten Orient in Westeuropa vgl. Johannes Maringer: *Vorgeschicht-*

*liche Religion,* Zürich/Köln 1956, S. 314 f.; zur Bedeutung weiblicher Gottheiten der fraglichen Epoche: Oxenstierna, *Nordgermanen,* op. cit., S. 55 f.; Bruno Gebhardt (Hrsg.): *Handbuch der deutschen Geschichte,* Bd. I.: Herbert Grundmann (Hrsg.): Frühzeit und Mittelalter. Teil I: Ernst Wahle : Ur- und Frühgeschichte im mitteleuropäischen Raum, Stuttgart, 1954, S. 27. Reste eines stark von maternalen Elementen beeinflußten Denkens bei den Germanen drücken sich in der hervorgehobenen Stellung des Mutterbruders aus, die schon Tacitus (in ›Germania‹, Kap. 20) erwähnte, außerdem finden sich noch spurenhaft Erinnerungen an die enge Verbindung zwischen Bruder und Schwester, die beim Göttergeschlecht der Wanen bis zur Heirat reichte; vgl. etwa die Strophe im Hávamàl der Edda Nr. 146–63 bei Franz Rolf Schröder: *Die Germanen. Religionsgeschichtliches Lesebuch,* Tübingen 1929, S. 69: »Das weiß ich als achtzehntes, was ich niemals eine Maid noch eines Mannes Frau lehren werde, – das Beste ist stets, was nur einer weiß, das stehe als letztes im Lied – außer der einzigen, die mich umarmt und meine Schwester ist.«

60 Jan de Vries, *Altgermanische Religionsgeschichte, Nordgermanen,* op. cit., S. 254; Folke Ström: *Diser, Nornor, Valkyrjor,* Stockholm 1954, S. 99–102.

61 Vgl. Karl Helm: *Die Entwicklung der germanischen Religion,* Heidelberg 1926, S. 315, 368 f.; Arne Runeberg: *Witches, Demons and Fertility magic,* Helsingfors 1947, S. 245–249; Ernst Wahle: *Ur- und Frühgeschichte im mitteleuropäischen Raum,* op. cit., S. 27: »Der germanische Balder ist niemand anderes als der orientalische Tammuz«; Jan de Vries: *Nordgermanen,* op. cit., S. 269; Helmer Ringgren und Ake v. Ström: *Die Religionen der Völker,* Stuttgart 1959, S. 400.

62 Vgl. Folke Ström: *Diser, Nornor, Valkyrjor,* op. cit., S. 99 ff.

63 Vgl. Martin Ninck: *Wodan und germanischer Schicksalsglaube,* op. cit., S. 213–215; Ernst Wahle: *Ur- und Frühgeschichte im mitteleuropäischen Raum,* op. cit., S. 15, 27; Herbert Kühn: *Der Aufstieg der Menschheit,* Frankfurt/M. 1955, S. 106 f., 110 f.; Jan de Vries, *Nordgermanen,* op. cit., S. 114 f.; Karl J. Narr: *Deutschland in ur- und frühgeschichtlicher Zeit,* op. cit., S. 63; Werner Danckert: *Unehrliche Leute. Die verfemten Berufe,* Bern und München 1963, S. 99 ff., bes. S. 105–115 über das Fortleben dieser Kultumzüge aus germanischer Zeit bis ins Mittelalter und ihre letzten Relikte im modernen Karneval.

64 Alois Closs: *Die altgermanische Religion,* op. cit., S. 127; Ernst Wahle: *Ur- und Frühgeschichte im mitteleuropäischen Raum,* op. cit., S. 27; Walter Baetke: *Art und Glaube der Germanen,* op. cit., S. 29 f.

65 Jan de Vries, *Nordgermanen,* op. cit., S. 118, 143.

66 Johannes Maringer: *Vorgeschichtliche Religion,* Zürich und Köln 1956, S. 314; Karl J. Narr: *Deutschland in ur- und frühgeschichtlicher Zeit,* op. cit., S. 39–41.

67 Ernst Wahle: *Ur- und Frühgeschichte im mitteleuropäischen Raum,* op. cit., S. 27.

68 Nach Jan de Vries, *Nordgermanen,* op. cit., S. 91, hat man eine Erinnerung an die megalithischen Grabbauten in der germanischen Vorstellung der Hölle finden wollen. Das Wort (verbunden mit Hel, der Herrin des Totenreichs) bedeutet »unterirdisches Gemach«, würde also auf das Megalith-

Sippengrab durchaus passen. – Zur megalithischen Grabsitte vgl. ebenfalls: Wilhelm Schmidt: *Rassen und Völker in Vorgeschichte und Geschichte des Abendlandes,* op. cit., S. 284; Ernst Wahle: *Ur- und Frühgeschichte im mitteleuropäischen Raum,* op. cit., S. 26; Johannes Maringer: *Vorgeschichtliche Religion,* op. cit., S. 313; Alois Closs: Neue Problemstellungen in der germanischen Religionsgeschichte. In: *Anthropos,* Bd. XXIX, 1934, S. 492 ff.

69 Alois Closs: Neue Problemstellungen in der germanischen Religionsgeschichte, op. cit., S. 482 ff.; ders.: *Die altgermanische Religion,* op. cit., S. 136; Wilhelm Schmidt: *Rassen und Völker in Vorgeschichte und Geschichte des Abendlandes,* op. cit., S. 283; Ernst Wahle: *Ur- und Frühgeschichte im mitteleuropäischen Raum,* op. cit., S. 30 ff.; Jan de Vries: *Nordgermanen,* op. cit., S. 386–396.

70 Alois Closs: *Die altgermanische Religion,* op. cit., S. 134 ff., 145 ff.; Ernst Wahle: *Ur- und Frühgeschichte im mitteleuropäischen Raum,* op. cit., S. 32, 39 ff.; Wilhelm Grönbech: *Kultur und Religion der Germanen,* 5. unveränderte Aufl., Stuttgart 1954, Bd. I., S. 190–194; Wilhelm Schmidt: *Rassen und Völker in Vorgeschichte und Geschichte des Abendlandes,* op. cit., S. 283 ff.; Anton Scherer (Hrsg.): *Die Urheimat der Indogermanen,* op. cit., S. 262.

71 Die Sitte des Speerwurfs über das feindliche Heer, womit Odin in der Mythe den Krieg gegen die Wanen einleitet, ist typisch indogermanisch. Vgl. D. Cizevskij in: *Aus zwei Welten,* s'Gravenshage 1957, S. 17–28. Wie das Versenken bzw. Ertränken in der Wanen-Religion dominiert, so in der Asen-Religion als bevorzugte Form des Menschenopfers das Henken, möglichst an Bäume. Da die so Geopferten (auch Selbstmörder) das gleiche glorreiche Schicksal im Jenseits wie die im Kampf gefallenen Krieger erwartete, war diese Todesform besonders numinos aspektiert (vgl. Diskussion bei v. Hentig: *Die Strafe,* Bd. I., op. cit., S. 247 ff.) und dürfte in Verbindung mit der in ganz Eurasien bekannten Opferform des Erstickens zu sehen sein. (Vgl. Jan de Vries: *Nordgermanen,* op. cit., S. 125 f.).

72 Ernst Wahle: *Ur- und Frühgeschichte im mitteleuropäischen Raum,* op. cit., S. 30–32, 41; über den Glauben an Geisterpferde mit drei oder acht Beinen noch in der deutschen Folklore im Vorstellungskomplex der ja gleichfalls mit Odin verbundenen »Wilden Jagd« berichtet Otto Höfler: *Kultische Geheimbünde der Germanen,* Bd. I., Frankfurt/M. 1934, S. 46–55.

73 Im Mittelpunkt dieser Vorstellungen steht vor allem das Pferd, und auch hier verbinden sich Kulte Germaniens mit solchen anderer indogermanischer Völker, aber auch ugrischen und anderen mittelasiatischen Riten. Einen kurzen Überblick bietet Jan de Vries: *Nordgermanen,* op. cit., S. 97 f., 282 f. Unzweifelhaft hat im Mittelpunkt derartiger Kulte ursprünglich sexueller Kontakt zwischen einem Hengst und einer Frau gestanden.

74 Gustav Mensching: *Die Religion,* Stuttgart 1959, S. 29 ff.; Wilhelm Grönbech: *Kultur und Religion der Germanen,* op. cit., Bd. I., bes. S. 279-292.

75 Vgl. Ausführungen hierzu bei Alois Closs: *Die altgermanische Religion,* op. cit., S. 124 f.; ders.: Besprechung von Jan de Vries: Altgermanische Religionsgeschichte, Bd. I., Berlin 1956, in: *Anthropos,* Bd. 51, 1956, S. 771–775, bes. S. 773 f.

76 Gustav Mensching: *Die Religion,* op. cit., S. 22 f.: »In allen für ihn bedeutsamen Dingen wittert der Frühzeitmensch ein geheimes und eigentliches Leben, das mehr ist als das vitale Leben, ein Numinosum, das zu erhalten, zu gewinnen oder zu steigern das zentrale Anliegen aller Stammesangehörigen ist. Die Konturen der Außenwelt haben noch nicht die starre Unveränderlichkeit gewonnen wie im Wirklichkeitsbewußtsein des Kulturmenschen. Es ist also ein völlig anderes Wirklichkeitsbewußtsein, von dem aus das Denken und Handeln erfolgt. Alles kann zu allem werden, wie in unseren Träumen auch.« Dieser Glaube an ein mögliches Einswerden mit anderen Lebewesen richtet sich in jener Epoche zumeist auf Tiere (vgl. Jan de Vries, *Nordgermanen,* op. cit., S. 96 f.); »durch mimische Nachahmung der Bewegungen und des Verhaltens des Körpers erwirbt man dessen Natur und setzt sich in den Besitz der ganzen, großen, körperreichen Seele – oder zieht sie jedenfalls halbwegs in sich hinein« charakterisiert Wilhelm Grönbech in: *Kultur und Religion der Germanen,* Bd. I., S. 185 diesen Vorgang einer magischen Identifikation mittels äußerer Imitation. Zum gleichen Komplex ebenso Dominik Schröder: Zur Struktur des Schamanismus. In: *Anthropos,* Bd. 50, 1955, S. 848–881; Gisela Bleibtreu-Ehrenberg: Homosexualität und Transvestition im Schamanismus, op. cit., S. 207 ff.

77 Alois Closs: Ethnologische Bestimmung des Altgermanentums. In: *Theorie und Praxis der Zusammenarbeit zwichen den anthropologischen Disziplinen,* op. cit., S. 186: »Die Germanen haben ausgiebigen Anteil an den sog. ethnologischen Religionskategorien, auch des Schamanismus, wobei man sich immer wieder in erster Linie an der Gestaltung dieser Formen in der arktischen Welt zu orientieren hat.« Ders. auf S. 187: »In allem zeigt sich aber auch ein hohes Eigengepräge, insbesondere am Schamanismus, der in der Herbeiführung der Ekstase besteht, um mit der Geisterwelt in Verbindung zu treten . . .«

78 Hierzu gehört die Fähigkeit zum Gestaltwandel, mittels dessen man sich mit einem andersgearteten Wesen (Tier oder Frau) zu identifizieren sucht (vgl. hierzu Jan de Vries: *Nordgermanen,* op. cit., S. 349 f.; Wilhelm Grönbech: *Kultur und Religion der Germanen,* Bd. I., op. cit., S. 200–214, bes. 212 ff., 214; Gisela Bleibtreu-Ehrenberg: Homosexualität und Transvestition im Schamanismus, op. cit., S. 109 ff.); ferner die Vorstellung von Hilfsgeistern in Form von Zaubertieren (vgl. Jan de Vries: *Nordgermanen,* op. cit., S. 46) und der Glaube an eine Wiederbelebung des ganzen Tieres aus seinen Knochen, wie er z. B. in einer von Thors Böcken berichteten Geschichte deutlich wird (vgl. Folke Ström: *Loki. Ein mythologisches Problem,* Göteborg 1956, S. 30). In einer leider unveröffentlichten Dissertation von W. Muster: Der Schamanismus in der Saga und im deutschen Brauch, Graz 1947, finden sich zahlreiche schamanistische Relikte aufgezeichnet, die an der einstigen eminenten Bedeutung dieser ethnologischen Religionskategorie keinen Zweifel lassen.

79 Vgl. Johannes Maringer: *Vorgeschichtliche Religion,* op. cit., S. 308–311; in der prähistorischen Kultur Europas dominierte diese Gestalt als Hirschgott, der später einige seiner Züge auf den wanischen Gott Freyr übertrug. Auch im Sonnenkult, der später eine enge Verbindung zum Pferd zeigt, haben vorher Hirsche eine Rolle gespielt. In Volkslied und Märchen tritt der Hirsch

bis zur Gegenwart als Zaubertier auf, als »St. Hubertus-Hirsch« wurde er zum Begleittier des für die Jägerei zuständigen christlichen Ressortheiligen (nach: Franz Rolf Schröder: *Skadi und die Götter Skandinaviens,* Tübingen 1941, S. 139–141; Carl Clemen: *Urgeschichtliche Religion,* I. Teil, Bonn 1932, S. 131 ff.; Alois Closs: *Die altgermanische Religion,* op. cit., S. 125; Jan de Vries, *Nordgermanen,* op. cit., S. 266).

80 »Entsprechend der kulturellen Entwicklung des Nordens haben die Gottheiten des Ackerbaues wie überhaupt des bäuerlichen Lebensbereiches die älteren Gottheiten der Jagd, des Waldes und der Wildnis zurückgedrängt oder diese auch öfter in sich aufgenommen. Das wichtigste Beispiel ist die Göttin Skadi.« (Vgl. Franz Rolf Schröder: *Skadi und die Götter Skandinaviens,* op. cit., S. 139). Skadi darf als eine nordische Variante der Diana angesehen werden. Vgl. auch Alois Closs: *Die altgermanische Religion,* op. cit., S. 125.

81 Manche dieser sehr alten numinosen Wesen haben sich im Volksglauben noch viele Jahrhunderte halten können. Beispiele bringen u. a.: Will-Erich Peuckert: *Deutscher Volksglaube des Spätmittelalters,* Stuttgart 1942; Anton Mayer: Erdmutter und Hexe. In: *Historische Forschungen und Quellen,* 12. Heft, München und Freising 1936; Alfred Lehmann: *Aberglaube und Zauberei,* Stuttgart 1925.

82 Johannes Maringer: *Vorgeschichtliche Religion,* op. cit., S. 311: »Diese arktische Jägerkultur und -religion lebt über die vorgeschichtliche Zeit hinaus bis weit in die geschichtliche Zeit und z. T. bis in unsere Gegenwart hinein im nördlichen Eurasien fort.« Wir finden ihre Relikte jedoch auch noch in unserer eigenen Heimat. Der Hl. Pirmin (gestorben 754) eiferte in einer Predigt dagegen : »Man soll euch nicht mehr, wie Hirsche und alte Frauen (Altweiberfastnacht!) verkleidet, die Straßen laufen sehen. Das ist eine zu jeder Zeit unwürdige Sache, selbst zur Zeit des Karnevals; ihr sollt nicht an die Kräfte der magischen Sprüche glauben. Ein guter Christ muß sich aller dieser dämonischen Gesänge, der Tänze, der Spiele und Komödien, die ihr treibt, enthalten.« Gegen die Tiermasken wandte sich schon ein päpstlicher Erlaß aus dem 6. Jahrhundert an die Angelsachsen: »Wenn jemand an den Kalenden des Januars (um das Mitwinterfest) sich in eine Hirschhaut oder Kalbshaut steckt, das heißt als wildes Tier sich verkleidet und sich in die Felle der Haustiere vermummt und Tierköpfe aufsetzt: wer sich so in Tierfelle verwandelt, der soll drei Jahre lang Buße tun, weil er dämonisch ist.« (Nach der äußerst aufschlußreichen und wertvollen Studie von Werner Dankert: *Unehrliche Leute. Die verfemten Berufe,* op. cit., S. 171.) In diesen Karnevalsbräuchen haben sich sowohl der Gestaltwandel in Tiere (mittels Tierkostüm) als auch der Geschlechtswechsel (Transvestition in – meist alte – Frauen) erhalten, die wir als Elemente der schamanistischen Verwandlungsideologie kennen.

83 Wilhelm Schmidt: *Rassen und Völker in Vorgeschichte und Geschichte des Abendlandes,* op. cit., S. 282, schreibt über die germanische Religion: »Diese These von der Einheitlichkeit dieser Religion ist schon jetzt stark erschüttert und wird ganz fallengelassen werden müssen.« Vgl. auch den weitgefaßten Überblick bei Franz Rolf Schröder: *Germanentum und Alteuropa,* op. cit.

84 Johannes Maringer: *Vorgeschichtliche Religion,* op. cit., S. 313, spricht dem – mit der Wanen-Religion verbundenen – Megalithglauben jener Epoche geradezu die Expansionskraft einer Weltreligion zu.

85 Ernst Wahle: *Ur- und Frühgeschichte im mitteleuropäischen Raum,* op. cit., S. 42: »Die Vereinigung der zwei sehr verschiedenen Komponenten, einer neolithisch-bäuerlichen von mitteleuropäischer Prägung mit den in ihr Gebiet gelangten Zweigen halbnomadischer Indogermanen, ist ein durchaus einmaliger Vorgang.« Zur Einheitlichkeit des Megalithglaubens vor Ankunft der Indogermanen in Europa vgl. D. J. Wölfel: Die Religionen des vorindogermanischen Europa. In: E. König (Hrsg.): *Christus und die Religionen der Erde,* Bd. I, Wien 1951, der ein von den patriarchalen Indogermanen aus dem Osten her überschichtetes alteuropäisches Substrat mit matriarchaler Struktur nachweist.

86 Alois Closs: *Die altgermanische Religion,* op. cit., S. 138: »Das indogermanische Göttererbe gewann am Ende der Steinzeit auch im Nordwestwinkel Europas eine Stätte, wo es sich eigenartig entfalten konnte. Aber es stieß auch dort auf fremde Götter, und so wie zwischen Einheimischen und Eroberern erst ein kulturelles Gleichgewicht herzustellen war, so auch zwischen den alten und den neuen Göttern ein religiöses. Der Vorgang führte weder zu einer Vernichtung noch zu einer Unterdrückung, sondern, wie der Mythus sagt, zu einem ›Friedensschluß‹ . . . Für die kulturhistorische Beurteilung ist von entscheidendem Wert die Erkenntnis, daß die germanischen Quellen selber sowohl die grundsätzliche Verschiedenheit von Asen und Vanen bezeugen als auch die Verdrängung letzterer durch die ersteren.«

87 Vgl. hierzu Hermann Schneider: *Die Götter der Germanen,* Tübingen 1938, S. 214 f.: »Wir gewinnen den Eindruck: hier ist ein ganz besonderer Bezirk des germanischen Glaubens. Man hat außerhalb Schwedens mannigfach daran Anstoß genommen, und noch Saxo schilt auf diese abscheulichen und weibischen Bräuche . . . Die Berichte sind jung und gehässig . . . Aus dem Nebel dieser unklaren Berichte tritt ein Zug etwas deutlicher hervor: im Dienst dieses Gottes führte man Tänze auf, die wohl mit der vanischen Geschlechtervertauschung spielten oder sonst ausschweifend waren. Der geschlechtliche Verkehr Freys mit seinen Priesterinnen scheint eine feste Vorstellung gewesen zu sein.« Jan de Vries: *Nordgermanen,* op. cit., S. 127 schreibt zu diesem Komplex: »Saxo erzählt mit Entrüstung, daß zum Opfergelage zu Uppsala weibische Körperbewegungen, Schauspiele und Glockengeklingel gehörten (Saxo V., 154); die Verhöhnung ist Sache des eifernden Mönches, aber die Ausgeburt seiner üppigen Phantasie ist seine Bemerkung nicht. Auch in Griechenland ist die Tragödie aus den tiefsinnigen Riten des Fruchtbarkeitskultes erwachsen; weshalb sollte sich nicht ein Gleiches bei den Germanen ereignet haben?«

88 Freya, die Wanengöttin, hat möglicherweise ihrerseits manche Züge der älteren, wohl jägerischen Skadi aufgenommen. In einer frühchristlichen isländischen Spottstrophe wird sie als Hündin bezeichnet, die bellt; Skadis typische Begleittiere waren Wölfe (vgl. hierzu: Konrad Maurer: *Die Bekehrung des norwegischen Stammes zum Christentume,* Bd. I, München 1855, S. 399; Werner Dancker: *Unehrliche Leute,* op. cit., S. 182 ff.). Freya ist die Gattin des rätselhaften Od (›Sammlung Thule‹, Bd. XX, 1966, Gylfis Betö-

rung, S. 80), der vielleicht selbst eine Hypostase Odins darstellt (nach Hermann Schneider: *Die Götter der Germanen,* op. cit., S. 190 f.).

89 Jan de Vries: *Nordgermanen,* op. cit., S. 279: »Die Wanen bilden eine geschlossene Gruppe; dazu gehören nur Njörd, Freyr und Freya, also typische Fruchtbarkeitsgötter.« Die Namen der Wanen-Götter bedeuten ungefähr alle dasselbe, nämlich Herr oder Herrin (vgl. Hermann Schneider: *Die Götter der Germanen,* op. cit., S. 17).

90 Dem Nebeneinanderbestehen von Wanendienst und Asen-Religion entsprach die Scheidung der Tempelanlagen in die Freystempel, welche für den kultischen Umzug eingerichtet waren, und die Thorstempel, in denen die Vereinigung einer größeren Anzahl von Menschen beim Opfermahl möglich war (nach Ernst Wahle: *Ur- und Frühgeschichte im mitteleuropäischen Raum,* op. cit., S. 53); beim Opferfest von Uppsala wurden Menschenopfer sowohl in der wanischen Form des Versenkungsopfers dargebracht wie in der asischen des Hängeopfers, und zwar innerhalb derselben Tempelanlage. Hierin kommt das Verschmelzen von Wanen- und Asen-Religion zum Ausdruck, das keineswegs ein bloßer Synkretismus gewesen ist.

91 Vgl. hierzu P. V. Glob: *Die Schläfer im Moor,* op. cit., S. 131 ff.; Ernst Wahle: *Ur- und Frühgeschichte im mitteleuropäischen Raum,* op. cit., S. 39 f.

92 Jan de Vries, *Nordgermanen,* op. cit., S. 123; Gustav Neckel: *Altgermanische Kultur,* Leipzig 1925, S. 71, 116, 118; Johannes Haller und Heinrich Dannenbauer: *Der Eintritt der Germanen in die Geschichte,* op. cit., S. 22 f.

# *III. Kapitel*
# Der Seidr – eine schamanistische Praktik

## 1. Der Schamanismus als archaische Religionskategorie

Unter Schamanismus versteht man eine Form des Kontaktes mit dem Numinosen, die noch weithin in einem magisch bestimmten Weltbild befangen ist und insofern zu den Frühzeit-Religionen der Menschheit zählt. »Der Frühzeitmensch tritt der Welt nicht wie der moderne Mensch ›objektiv‹ gegenüber, sondern er projiziert seine Gefühle und Wertungen in die Außenwelt hinein. Die Welt ist so, wie sie gefühlt wird. Und auf Grund der erlebten Einheit vermag der Mensch – wie im Traum – von innen her diese sogenannte Außenwelt zu beherrschen und zu gestalten.«[1]

Meister einer solchen Beherrschung und Gestaltung ist in der hier behandelten archaischen Religionskategorie der Schamane, den seine besonderen psychischen Fähigkeiten zur Mittlerrolle zwischen seiner Gemeinde und dem Numinosen prädestinieren.

Als das typologische Merkmal[2], wodurch die verschiedenen Frühzeit-Religionen miteinander verbunden sind, soll hier die Tendenz herausgestellt werden, sich mit den numinosen Gestalten, von denen Hilfe erwartet wird, wesenhaft zu identifizieren. Diese Identifikations-Tendenz beschränkt sich als solche zwar nicht auf die Frühzeit-Religionen allein (wir finden sie, zumindest als ethisches Postulat, ja auch etwa in der Forderung der ›Nachfolge Christi‹ und ebenfalls im Buddhismus, wo zur Zurücklegung des – geistigen – Weges ermuntert wird, den der Meister vor den Jüngern beschritten hatte); sie tritt dort aber viel ausgeprägter hervor als in entwickelteren Religionen. Die Identifikation kann in den Frühzeit-Religionen durchaus verschiedene Ausprägungen zeigen: sie kann total sein oder lediglich gradweise auftreten, sie kann einen mehr spirituellen Charakter haben (was im Schamanismus oft der Fall ist, wenn auch nicht immer), sie kann aber auch sehr direkte Formen annehmen: Endokannibalismus (vor allem das Essen des Hirns, worauf viele prähistorische Schädelfunde hindeuten) ist selbstredend ebenfalls eine Form der Identifikation, nämlich mit den verstorbenen Verwandten und Stammesmitgliedern.[3]

Bei der totalen Identifikation wird im Bereich der schamanistischen Religionskategorie die eigene Persönlichkeit – wenn auch nur temporär – aufgegeben und ausgelöscht; insofern findet hier ein tiefreichender Seinswandel statt, eine vollständige Verwandlung der Schamanenpersönlichkeit für die Zeit der Ekstase. Dominik Schröder stellt denn auch in der sehr instruktiven Auswertung seiner Feldforschungen die Definition auf: »Der Schamanismus ist eine institutionelle und formgebundene ekstatische Verbindung des Menschen mit dem Jenseits im Dienste der Gemeinschaft.« Er bezeichnet den Schamanismus als »im wesentlichen eine Kunst der Verwandlung«[4] und fährt fort: »Die Verwandlung hat aber kein anderes unmittelbares Ziel als die Gestaltung der Schamanenperson, des Trägers der schamanistischen Tätigkeit. Diese Gestaltung geht nach Maßgabe der ekstatischen Natur von einem jenseitigen Agens aus (Schutzgeist) . . . Durch die Wanderung dringt entweder die Seele ins Jenseits vor (Seelenreise) oder das Jenseits steigt zum Menschen herab (Besessenheit). Beides besagt eine Vereinigung von Diesseits und Jenseits in der Person des Schamanen, sei es ein einfacher Kontakt oder eine vollständige Fusion. Mit der Vereinigung ist aber auch eine Verwandlung gegeben, entweder als verähnlichende Umgestaltung in ein höheres Selbst oder als eine gänzliche Identifikation mit dem jenseitigen Gegenüber.«[5]
Kompetente Fachwissenschaftler der Gegenwart sind sich heute einig, daß der Schamanismus als archaische Religionskategorie[6] alt ist und in prähistorischen Jäger- bzw. Wildbeuterkulturen des Paläolithikums wurzelt[7], wofür u. a. auch der Umstand spricht, daß Kulte und religiöse Anschauungen, die strukturell mit dem eurasischen Schamanismus übereinstimmen, auch in der Neuen Welt existieren. Die Einwanderer, die vor 20 000 Jahren über die damals noch bestehende Landbrücke der heutigen Beringstraße von Asien aus nach Amerika vordrangen, brachten diese ältesten Elemente der eurasischen religiösen Vorstellungswelt in ihre neue Heimat bereits mit.[8]
Die in der Fachwelt seinerzeit vieldiskutierte Frage, ob Männer oder Frauen im schamanistischen Ritual dominiert hätten, dürfte aufgrund der steinzeitlichen Funde dahingehend zu entscheiden sein, daß beide Geschlechter daran teilhatten, jedes jedoch auf dem Bereich, der ihm auch im täglichen Leben am nächsten lag und der auf der jägerisch-wildbeuterischen geschlechtlichen Arbeitsteilung beruhte.
Dabei widmeten sich die Frauen einem Kult, der um Fruchtbarkeit bzw. das Gedeihen von Kindern und jungen Tieren, um die Mutterschaft, aber auch um den Tod zentriert war[9] und worin Frauenstatuetten numinose Wesen repräsentierten, die als Trägerinnen des Chtonisch-Prokreativen aufzufassen sind. Es bleibt offen, ob sie Ahnmütter oder bereits Gotthei-

ten analog dem späteren Artemis-Typ darstellten oder ob wir in ihnen (für welche Ansicht gute Gründe sprechen[10]) schon Vorformen der später so überragenden Gestalt der ›Magna Mater‹ erblicken dürfen. Der Kontakt mit diesen weiblichen numinosen Wesen (ob der ausgeformte Begriff der Göttin hier schon verwendet werden sollte, bleibt wie gesagt offen) und ihren Kultdienerinnen scheint, wenn wir das aufschlußreiche ethnologische Material aus dem Schamanismus der jüngeren Vergangenheit zur Klärung hinzuziehen, in Form der Identifikation letzterer mit ersteren vonstatten gegangen zu sein, und zwar mittels Besessenheitszuständen. Ein überaus häufig verwendeter Terminus für die Schamanin, die von einer weiblichen numinosen Gestalt besessen wird, ist ›Mund‹, ›Stimme‹, ›Sprachrohr‹ u. ä. Darin kommt sehr deutlich die Bedeutung des Kontaktes als einer Willensübermittlung des jenseitigen Agens zum Ausdruck. Hierauf deuten auch die Zeremonien und Riten, die dem Besessenwerden voraufgehen; sie bestehen nämlich durchweg in Handlungen, die ein Herbeikommen bzw. die Anwesenheit des Numinosen bewirken sollen. Und während der Wille und das Bewußtsein der besessenen Schamanin völlig ausgeschaltet sind, äußert das jenseitige Agens durch ihren Mund seine Wünsche, Ratschläge und Prophezeiungen. Die Besessenheit dient also letztlich dem Ziel, im Interesse der ganzen Gemeinde oder zugunsten besonders gefährdeter einzelner (z. B. Kranker) den Willen des überlegenen numinosen Wesens zu erfahren, um sich danach einzurichten. Sie ist demnach eine Art Divination. Zu den Vorbereitungen, die den Eintritt der Besessenheit herbeiführen und erleichtern sollen, gehört in erster Linie Musik (durch Rasseln, Trommeln, aber auch Saiteninstrumente) und weiterhin sehr langanhaltendes, bis zur schließlichen Raserei gesteigertes Tanzen der Schamanin, wobei dann die Besessenheit einsetzt. Während des Tanzes singt man auch; z. T. tut es die Schamanin selbst, z. T. die Teilnehmer der Seance.

Schamanistische Kulte, in denen eine weibliche Gottheit im Mittelpunkt steht, die sich während der Besessenheit ihrer weiblichen Medien durch deren Mund äußert, gibt es von Sibirien bis Indonesien, und in der Vergangenheit sind sie noch viel weiter verbreitet gewesen.

Die Interpretationen weiblicher Besessenheitszustände durch die Betroffenen wirken bescheiden: Wo es sich nicht um eine totale Besessenheit mit einer fast durchweg gleichgeschlechtlichen, also weiblichen Gottheit handelt, wird die Besessenheit mit einem männlichen jenseitigen Agens sexuell gedeutet, d. h. als Liebesverhältnis, nicht selten aber auch als regelrechte eheliche Verbindung, als ›Geisterheirat‹. Hierbei spielt ein Umstand eine Rolle, der in der ethnologischen Literatur die Bezeichnung ›Erwählungsmoment‹ besitzt. In ihm drückt sich aus, daß die Schamanin selbst sich nicht erklären kann, warum ausgerechnet sie in Besessenheitszustände verfällt und in deren Verlauf mit nicht selten unheimlichen Wesen Kontakt bekommt, wodurch ihr ganzes ferneres Leben verändert wird. So kann sie ihre neue Erlebniswelt nur deuten, indem sie eine Auserwählung ihrer Person durch Geistwesen annimmt, gegen deren Willen nichts zu machen ist.[11]

Entsprechend den Aufgaben des Mannes als Jäger im Rahmen der geschlechtlichen Arbeitsteilung identifizierte sich der männliche Schamane der Frühzeit offenbar vorwiegend mit jenen numinosen Mächten, die über einen erfolgreichen Ausgang der Jagd entschieden und einen fortdauernd reichen Wildbestand sicherten.[12] Wo in geschichtlicher Zeit auf das Nachahmen von Tieren bezogene schamanistische Bestrebungen in Sibirien von Europäern noch beobachtet werden konnten, wurde die Identifikation mittels der Anlegung sog. ›Tierkostüme‹ bewerkstelligt. Meist imitierte man Bär oder Hirsch, manchmal auch Vögel; es liegen aber Gründe für die Annahme vor, daß das Vogelkostüm ursprünglich eine eher weibliche Domäne gewesen zu sein scheint.[13] Darstellungen, von denen offen bleiben muß, ob sie den ›Herrn der Tiere‹ selbst zeigen sollen oder aber Bildnisse von Schamanen in Tierkostümen sind, finden sich in beachtlicher Menge bereits in steinzeitlichen Höhlenzeichnungen.[14]

Auch für diese Form der Identifikation läßt sich eine Interpretation im Sinne von Besessenheit nicht ausschließen. Das entsprechende männliche Zustandsbild ist aber zwangsläufig anders als das der weiblichen Besessenheit. Denn da Tiere nicht sprechen können, muß jemand, der sich durch Imitation ihrem Wesen angeähnelt zu haben glaubt, diesen Kontakt mit der Tierseele auf andere Weise darstellen. Das Herumtappen in der Tiervermummung, das möglichst naturgetreue Nachahmen des arttypischen Verhaltens der jeweils imitierten Tiergattung und ein damit verbundenes gelegentliches Erschrecken der Zuschauer wirkte jedoch auf die europäischen Beobachter meist so, als sei den Verkleideten der Sinn ihres Tuns nicht mehr recht klar, und das Ganze schien auch die Zuschauer kaum mehr besonders zu bewegen. Das spricht dafür, daß solche Riten in der jüngeren Vergangenheit, während man sie noch hier und da antraf, doch schon recht obsolet und weitgehend sinnentleert gewesen sein müssen. Die schamanistische Zielsetzung, die der Tierverkleidung zugrunde lag, ist allerdings eindeutig: »Die menschlichen Grenzen und falschen Maßstäbe vergessend, fand man durch die rechte Nachahmung tierischen Benehmens in Schritt, Atmen und Schrei eine neue Lebensdimension; man fand wieder die Spontaneität, die Freiheit, die ›Sympathie‹ mit allen kosmischen Rhythmen und damit Seligkeit und Unsterblichkeit.«[15]

Eine andere Form männlicher Identifikationsbestrebungen mit Tierseelen (und mit hoher Wahrscheinlichkeit die eigentlich ursprüngliche) manifestiert sich im Glauben an ›Werwölfe‹ (in Asien ›Wertiger‹); hierbei leben die Betroffenen in der Überzeugung, sich zu gewissen Zeiten für eine oder mehrere Nächte leiblich in die genannten wilden Tiere zu verwandeln bzw. verwandeln zu müssen, weil der ›Geist‹ des Tieres von ihnen Besitz ergreift. Märchen und Sagen vieler Völker berichten, daß solche Männer auf durchaus tiermäßige Weise in manchen Zeitabschnitten ihres Lebens andere Leute zu beißen oder teilweise sogar regelrecht zu zerfleischen pflegten. Ob indes Männer etwa in einem Zustand geistiger Umnachtung tatsächlich so gewütet haben, darüber fehlen zuverlässige Berichte (unzuverlässige, weil kaum nachprüfbare, gibt es in der ethnologischen Literatur in keineswegs geringer Anzahl[16]).

Das religiöse Inventar der schamanistischen Religionskategorie ist (oder vielmehr war noch in der jüngeren Vergangenheit) so reichhaltig, daß man gelegentlich die Meinung geäußert hat, der Schamanismus sei wohl eigentlich nichts weiter als ein Auffangbecken für halb oder ganz mißverstandene religiöse Ideen, die zu den eurasischen Wildbeuter- und Jägervölkern aus den schon entwickelteren frühen südlichen Stadt- bzw. Hochkulturen eingesickert seien.[17] Und in der Tat muß man unter den Begriff der schamanistischen Religionskategorie erstaunlich viele Einzelelemente subsumieren, die, läßt man das konstituierende Moment des Versuchs einer Kontaktaufnahme mit einem übermächtigen numinosen Agens mittels jener Imitation, die bis zur Identifikation führen soll, außer acht, heterogen bis geradezu synkretistisch anmuten. Dieser Eindruck schwindet aber, führt man sich vor Augen, daß nur ganz außerordentlich wenige Individuen die – hier religiös nutzbar gemachte und hochgeschätzte – physische Eignung zur Besessenheit haben, ohne die der erstrebte Jenseitskontakt nicht gelingen kann. Folglich greift man nur zu häufig zu Surrogaten: wo echte Besessenheitszustände sich nicht einstellen, täuscht man sie vor und bereichert die Seance überdies mit religiösem Lehngut.

Neben den Geisteskrankheiten (Epilepsie und Schizophrenie), die bekanntermaßen zu Paroxismen oder Katalepsie führen können und mit optischen und akustischen Sinnestäuschungen verbunden auftreten (die in einer magisch bestimmten Glaubenswelt allerdings als Manifestationen von Geistern empfunden werden), spielt die Macht der Tradition, die zur Autosuggestion solcher Zustände und psychischen Erlebnisse führen kann, sicherlich eine bedeutende Rolle. Wenn die Besessenheit nicht eintritt und auch nicht der kataleptische Zustand des leblos Auf-dem-Boden-Liegens, der gleichfalls häufig als ein Indiz für erfolgenden Jenseitskontakt gilt (man glaubt, der Schamane reise nun mit seiner Seele ins Jenseits zu dem, wie Dominik Schröder sich ausdrückt, ›einfachen Kon-

takt‹ mit dem numinosen Agens), entwickelt der Schamane als Ersatz eine mimische Darstellung einer Jenseitsreise, in der die Anfänge eines kultischen Dramas ganz eigener Art liegen. Das abgehackte Sprechen des Mediums während seiner Besessenheit wird durch – oft virtuos beherrschten – Ventriloquismus ersetzt; solche Symptome, die typisch für kataleptische Zustände sind (Unempfindlichkeit gegen große Hitze, die Fähigkeit, sich verwunden zu lassen, ohne zu bluten, das Steifwerden des Körpers bis zur Bretthärte u. ä. mehr), und die im echten Besessenheitszustand wirklich auftreten, werden höchst geschickt markiert.[18]
Manche Bestandteile des Schamanismus, wie er sich Beobachtern am Ende des vorigen bzw. zu Anfang dieses Jahrhunderts zeigte, sind sicher tatsächlich aus südlicher gelegenen Hochkulturen importiert (z. B. einige kosmologische und kosmogonische Ideen, deren Herkunft auf den Alten Orient deutet). Ebenso wurden wohl auch religiöse Vorstellungen benachbarter Viehnomaden übernommen, besonders solche der Turkvölker (so vielleicht die manchmal geübte Sitte, vor der Seance ein Tieropfer darzubringen). Ein wichtiges Requisit bei der Vortäuschung von Besessenheit und Katalepsie sind allerlei Rauschgifte. Einheimisch ist dabei neben dem möglichen Gebrauch verschiedener Nachtschattengewächse wohl nur das Fliegenpilzessen, vielleicht außerdem das Einatmen verbrannter Hanfkörner.[19] In der jüngeren Zeit begann dann der Branntwein eine verhängnisvolle Rolle zu spielen. Zu den wichtigsten Hilfsmitteln des Schamanen gehören Rhythmus-Instrumente, in Eurasien fast stets Trommeln. Der Trommelschlegel wird als das ›Reittier‹ bezeichnet, auf dem der Schamane ins Jenseits gelangt (in diesem poetischen Bild ist deutlich die Rolle der Musik als des Mediums erfaßt, das zur Ekstase verhelfen kann). Hilfsgeister – meist tierische – sind überhaupt im Schamanismus recht wichtig; während seiner Sitzungen unterhält sich der Schamane mit ihnen und verdolmetscht ihre fiktiven Antworten seinen Zuhörern.
Weil die Aufgaben des Schamanen sozialer Natur sind (vorwiegend Krankenheilungen in Form von Wiedereinfangen der durch böse Geister entführten Seele des Leidenden und das Wahrsagen über für die Gemeinschaft bedeutsame Fragen), war seine Stellung innerhalb der Stammesgemeinschaft zumal in Sibirien, wo viele kleine Jägervölker über ein ausgebildetes Häuptlingstum gar nicht verfügten, stets wichtig und hochgeachtet. Der Schamane konnte für seine Leute durchaus segensreich wirken, konnte sie aber auch tyrannisieren und durch unsinnige Ratschläge ins Unglück stürzen, was allerdings niemals ihm, sondern lediglich den ihn leitenden Geistern angelastet wurde. Seine Mittlerfunktion zwischen dem Numinosen, zu dem nur er Kontakt aufnehmen konnte, und den anderen Stammesmitgliedern hob ihn weit über sie hinaus.

Im schamanistischen Glauben finden sich Ansätze zur Herstellung der ›Unio mystica‹[20], und zwar insofern, als der Schamane auf dem Höhepunkt der Ekstase seine Persönlichkeit aufgibt, um so Raum für die Artikulationen eines jenseitigen numinosen Agens zu bieten[21], denn: »Die Ekstase ist der Endpunkt der im mystischen Leben sich vollziehenden Entpersönlichung.« Doch ist dies – man könnte vielleicht sagen prämystische – Element im Schamanismus nie von jener strikten Weltabkehr und Geringschätzung des täglichen Lebens samt seinen Freuden und Pflichten begleitet, das für die hohe Mystik etwa des christlichen Mittelalters oder buddhistischer Heiliger typisch ist. Auch sind diese Momente der Entpersönlichung ja immer nur temporär. Lebenslängliche Zurückgezogenheit in mystischer Entrückung wäre für einen Schamanen undenkbar, da er den Kontakt zum Jenseits meist gerade im Interesse seiner Patienten aufnimmt, die selbstverständlich so auch das Publikum der Seancen bilden.[22] Man gewinnt aber den Eindruck, als sei es gerade dieser prämystische Kern schamanistischen Glaubens, aus dem gelegentlich eine Höher- und Weiterentwicklung dieser archaischen Religionskategorie möglich wurde.[23]

Man muß diese höheren Entwicklungsformen hier allerdings nicht näher behandeln, da sie nicht unmittelbar mehr zu dem Problemkomplex gehören, dem unser Interesse gilt. Um so wichtiger ist es, jetzt auf ein weiteres Phänomen einzugehen, das mit der schamanistischen Besessenheit untrennbar verknüpft ist, nämlich dem der sog. Transvestition, die bis zu einem vorgetäuschten, vom betreffenden Individuum aber fest geglaubten ›Geschlechtswechsel‹ führen kann. Dabei fühlen (meist jüngere) Männer das unwiderstehliche Verlangen, weibliche Kleidung anzulegen und u. U. sogar die soziale und im krassesten möglichen Fall auch die sexuelle weibliche Rolle anzunehmen. Dies gilt jedoch in der Meinung des Stammes nur dann als statthaft bzw. überhaupt möglich, wenn man anschließend im ›geschlechtsgewandelten‹ Zustand Schamane wird. Denn der transvestitische Drang wird traditionellerweise auf den Befehl von Geistern zurückgeführt, und da sich darin nach schamanistischem Glauben unverkennbar eine starke Inklination des Betroffenen für den Verkehr mit dem Jenseits manifestiert, hält man es für naturgegeben, daß er zu schamanisieren beginnt, was ihm übrigens die Geister auch meist ausdrücklich befehlen. Transvestitische Schamanen glauben sich – ebenso wie ihre weiblichen Kolleginnen – nicht selten mit einem als männlich gedachten Geist ehelich verbunden (›Geistergatte‹), der ihnen bei allen schamanistischen Seancen hilft und dessen Sprachrohr sie sind. Ist die Transvestition total, d. h. übernimmt der Betreffende auch die soziale und sexuelle Geschlechtsrolle und gibt männliche Tätigkeiten auf, gilt er fortan in seiner Gruppe klassifikatorisch als Frau. Deshalb wird auch die

Ehe, die er eventuell mit einem anderen Mann (meist einem sehr nahen Verwandten) eingeht, ganz nach den gleichen Riten vollzogen wie die übrigen Hochzeiten. Mythen berichten davon, daß transvestitische Schamanen in früheren Epochen sogar Kinder zur Welt gebracht hätten, so groß sei die Macht der Geister über sie gewesen. Generell war die zauberische Geschlechtsumwandlung ein im eurasischen Raum recht verbreitetes Märchenmotiv. Sexuell agieren transvestitische Schamanen als – passive – Homosexuelle.[24]

Ihr Prestige ist wahrscheinlich das höchste für einen Schamanen erreichbare schlechthin, wozu nicht zuletzt der Glaube der Stammesgenossen beiträgt, daß sein ›Geistergatte‹ dem transvestitischen Schamanen in allem und jedem helfe und jede Nichtachtung oder gar Beleidigung seines Schützlings bald und auf unvorhersehbare Art räche. Hiermit ist dem von den Geistern Auserkorenen ein ausgezeichnetes Instrument der Erpressung in die Hände gegeben, das solche Männer gelegentlich skrupellos gebrauchen, wobei sich ihre prätendierte Weiblichkeit als lediglich aufgesetzt und zutiefst unecht, als reines Mittel zum Zwecke der Befriedigung von Machtgelüsten und Geltungsdrang erweist.[25]

Wir irrten jedoch, wollten wir diese Züge des transvestitischen Schamanen überbetonen. Wir dürfen uns vor allem über die wahren Ursachen der Transvestition keiner Täuschung hingeben, die bei äußerlich gleicher Symptomatik recht verschieden sein können. Ake Ohlmarks[26] und viele andere Forscher (vor allem solche, die den Schamanismus in Sibirien noch als einigermaßen intakte Institution studieren konnten) haben zwar die große Bedeutung von Geisteskrankheiten für die schamanistische Besessenheit betont. Und es dürfte wohl zum gegenwärtigen Zeitpunkt kaum Zweifeln unterliegen, daß jemand, der ›Stimmen hört‹ (typisch für weibliche Besessenheit), der sich zu bestimmten Zeiten in ein Tier verwandelt glaubt und demgemäß benimmt (Werwolfsglaube, Berserkertum und Verwandtes), und ebenso der, welcher sich durch ›Geister‹ einem (selbstredend stets nur eingebildeten[27]) ›Geschlechtswechsel‹ unterworfen glaubt, nicht als im psychiatrischen Sinne gesund bezeichnet werden kann. Auch die überall zu beobachtende häufige Erblichkeit des Schamanenamtes hängt sicher mit dem Vorliegen erblicher Dispositionen für Nervenkrankheiten zusammen.[28] Dennoch wäre es falsch, die schamanistische Vorstellungswelt als ausschließlichen Tummelplatz für Geisteskranke und/oder Betrüger aufzufassen. Die Dinge liegen – insbesondere, was das Phänomen der Transvestition angeht – erheblich komplizierter.

Denn bei dem Drang zur Annahme der weiblichen sozialen und sexuellen Rolle muß nicht zwangsläufig eine geistige Verfassung vorliegen, deren Analyse man eher dem Aufgabenbereich der Psychiatrie zuzuweisen geneigt ist.[29] Wir finden nämlich viele Anzeichen dafür, daß dort, wo eine Kultur Männern, die sich aus welchen Gründen auch immer in das traditionelle Schema der speziell in Wildbeuter- und Jägerkulturen äußerst starren geschlechtlichen Arbeitsteilung nicht einpassen wollen oder können, für neutrale Zwischenlösungen keinen Raum läßt, diese als Ausweg die Transvestition wählen, um sich wenigstens so in das soziale Gefüge ihrer Gemeinschaft einordnen zu können.[30] Wo Frauen angesehenere Schamanen sind als Männer[31], kann ein Anreiz zur Transvestition allein bereits aus diesem Grund gegeben sein. Es lassen sich also selbst bei einer ganz kurzen Analyse als Motivation für den ›Geschlechtswandel‹ Geisteskrankheit, zufälliges Nicht-imstande-Sein zur Erfüllung der festgelegten männlichen Tätigkeit innerhalb der geschlechtlichen Arbeitsteilung und schlichter Ehrgeiz aufzeigen; würde man die Analyse ausdehnen, ergäbe sich ein noch bunteres Bild. Für unsere Überlegungen reicht es jedoch schon aus, die oben angeführten drei möglichen Gründe für die Transvestition dargelegt zu haben.

Das lange in der Schamanismus-Diskussion als quasi ›heißes Eisen‹ umgangene Thema des Zusammenhangs zwischen einer vom psychologischen Standpunkt aus abnormalen Geistesverfassung einerseits und den anerkanntermaßen wichtigen sozialen Funktionen andererseits[32], die solchen zweifellos zumindest zeitweilig geistesgestörten Individuen von ihrer Gemeinschaft bevorzugt zugewiesen werden (und die sie meist auch zufriedenstellend ausfüllen), hat Andreas Lommel[33] einer Klärung nahegebracht. In seiner Deutung der psychischen Antriebskräfte, aus denen die gruppenpsychologische und -soziologische Wirkmächtigkeit des Schamanentums erwuchs, führt er u. a. aus: Der Schamanismus sei in einer Zeit entstanden, in der sich der Mensch seiner Umwelt gegenüber unterlegen fühlte und deshalb den Lebenskampf mit geistigen Mitteln zu führen begann. Dabei verfiel er darauf, einer außergewöhnlichen seelischen Verfassung als quasi Voraussetzung zum Überleben besonderes Gewicht beizumessen, und hierauf beruht die Urform des Schamanismus. Schamane kann nur werden, wen die Geister dazu auserwählen. In ihnen sind die Bilder der Psyche des Betroffenen zu erblicken; die Manifestationen seines eigenen Ich, die er jedoch mangels Distanz zu sich selbst nicht als solche zu erkennen vermag und von denen er sich also überwältigt fühlt. Ihre Anforderungen treiben ihn immer tiefer in geistige Verwirrung und körperliche Krankheit; sein Zustand wird lebensgefährlich. Kann er aufgelöst werden, so hat man es mit einem ernst zu nehmenden Todes- und Wiedergeburtserlebnis zu tun. Der Heilungsprozeß wird durch eine unbewußte Aktivierung der Bildkräfte des Kranken in Gang gesetzt und gelingt nur, wenn der Kranke das oft unerwünschte und gefürchtete Schamanenamt auf sich nimmt. Der Frühmensch scheint hier einen geradezu zwangsläufigen Weg zur Heilung gewisser Depressionen gefunden zu haben, indem er den durch eine bestimmte ›Seelenkonstruktion‹ eines Wiedergeburtserlebnisses gewiesenen Ausweg aus einem pathologischen Zustand beschritt. Dabei ist es die Gestaltung und Formung der traditionell vorhandenen Vorstellungen und Bilder, die den Schamanen nach seiner anfänglichen psychischen Schwächesituation – der Geisteskrankheit – zu seiner Funktion führt. Typisch hierfür sind die häufige Wiederherbeiführung des Trancezustandes, die ständige Neuaktivierung der Bilder der betreffenden Mythologie, eine beträchtliche künstlerische Produktivität, die Selbstheilung aus einer Psychose durch diese Aktivität und die heilende Handlung. Lommel betont sehr zu Recht, es sei durch nichts bewiesen, daß der Frühzeitmensch gesund oder gesünder gewesen sei als der zivilisierte, vor allem müsse man sich seine Anfälligkeit für verschiedene Formen geistiger Krankheiten als ungewöhnlich groß vorstellen. Psychosen, Neurosen, Wahnvorstellungen, Massenwahn u. ä. seien bei Naturvölkern recht häufig. All diese Zustände kann der Schamane kraft seiner neugewonnenen Fähigkeiten heilen, sobald er sie in sich selbst überwunden hat. Aus dieser Heilfähigkeit resultiert seine hohe soziale Bedeutung und gesellschaftliche Position.

## 2. Herkunft, Technik und Zwecke des Seidr

Ein in allen germanischen Sprachen in gleicher Weise gebrauchtes Wort für den Begriff Zauber ist nicht belegt[34], dennoch findet sich in einigen germanischen Sprachen eine Bezeichnung, die wie ein Oberbegriff für solche Kenntnisse und Praktiken wirkt, die den Menschen zauberische Ausblicke auf seine Zukunft erlangen lassen. Dies Wort lautet ›Seidr‹.[35] Etymologische Vergleiche von Seidr mit ähnlichen Wörtern aus anderen indogermanischen Sprachen meinen ihrer Tendenz nach stets zauberische Handlungen; ihre wörtliche Bedeutung weist jedoch gewisse Unterschiede auf.[36] Da eine indogermanische Wortwurzel ›sei, si‹ = ›binden‹ existiert, gilt Seidr häufig als Bindezauber, ohne daß dafür allerdings weitere Beweise erbracht werden könnten. Nicht zu übersehen waren dagegen andere Charakteristika dieser Art des Zaubers.
Schon im vorigen Jahrhundert hatte man erkannt, daß der nordische Seidr eine Form des Schamanismus gewesen sein muß.[37] Spätere Untersuchungen bestätigten das[38], und die Dissertation von Dag Strömbäck leitete ihn in gerader Linie vom lappischen Schamanismus ab, wobei gewisse Einflüsse aus weiter entfernteren Regionen (z. B. des altaischen

Schamanismus) nicht ausgeschlossen wurden[39]; tatsächlich weist Strömbäcks Untersuchung jedoch ihrer Materialdarreichung nach eine mindestens ebenso große Verwandtschaft zwischen nordischem Seidr und eurasischem Schamanismus im allgemeinen auf wie zwischen Seidr und lappischem Schamanismus im besonderen, obwohl er selbst den lappischen Einfluß für am wichtigsten und nachhaltigsten hält.

Natürlich lag es wegen der historisch bekannten engen Kulturkontakte zwischen Germanen und Lappen recht nahe, den Seidr als quasi lappische Entlehnung aufzufassen.[40] Einen Hinweis hierauf glaubte man bei Tacitus zu finden. Er erwähnt am Ende seines 45. Kapitels der *Germania* den – vermutlich im nördlichen Schweden ansässigen – Stamm der »Sitonen« und schreibt dazu: »An die Suionen reihen sich die Völkerstämme der Sitonen an. Im übrigen ihnen ähnlich, unterscheiden sie sich durch den einen Umstand, daß ein Weib die Herrschaft hat. So tief sind sie nicht nur unter die Freiheit, sondern selbst unter die Knechtschaft noch hinabgesunken.« Wer diese Sitonen waren, ist bis heute völlig ungeklärt. Wenn Tacitus sie mit den im gleichen Kapitel 45 behandelten Suionen kulturell in etwa gleichstellt, so fällt es schwer, sie zu den ein Kapitel weiter erwähnten (als noch sehr primitiv geschilderten) ›Fenni‹ zu zählen, unter denen man – vielleicht – die Lappen zu verstehen hat, obgleich auch dies unsicher ist.[41] (Denn der Stamm ›Finn-‹ erscheint in südskandinavischen Ortsnamen, wo Lappen nachweislich nie gelebt haben.) Die taciteische Bemerkung, die Sitonen würden von einer Frau beherrscht, steht zudem mit der vaterrechtlich bestimmten Familienordnung der Lappen in Widerspruch. Andererseits bedeutet ›Sitones‹ eigentlich ›Zauberer‹ und wird oft mit ›Seidr‹ in Zusammenhang gebracht[42], und: »Von der Existenz eines Amazonenvolkes im hohen Norden haben wir ... auch durch Adam v. Bremen (De situ Daniae, Cap. 222: Gothi habitant usque ad Bircam, postea longis terrarum spatiis regnant Sveones usque ad terram feminarum; vgl. auch Cap. 224, 228) reichliche Kunde, und es liegt nahe, diese Tatsache mit dem altn. und agls. Namen der Finnen: altn. Kvenir, agls. Cwénas (Cwénsae in Alfreds Orosius = Bottnischer Meerbusen) zusammenzubringen, indem man diese Wörter zu got. qêns ›Weib‹ stellt.«

Für unsere Untersuchung ist die Frage, ob der Seidr entlehntes Kulturgut darstellt oder nicht, durchaus relevant. Ich bin – besonders wegen der dominierenden Stellung der Frau im Seidr – der Meinung, daß es sich bei der fraglichen ›Entlehnung‹ eher um die Beeinflussung der sich langsam ausbildenden späteren germanischen Religion durch den Glauben einer jägerischen Vorbevölkerung gehandelt haben könnte, die später ihrerseits Impulse an die Wanen-Religion abgegeben hat und bei der eine Gestalt etwa vom Artemis-Typ besonders verehrt wurde, wodurch bei den Gewährsleuten des Tacitus der Eindruck entstanden sein mag, die

Sitonen würden von einer Frau beherrscht. Von dieser Annahme abgesehen (die selbstverständlich über den Grad einer Hypothese nicht hinausgeführt werden kann) bedarf es jedoch einer germanischen Entlehnung des Seidr speziell von oder gar ausschließlich über die heutigen Lappen keineswegs, denn »man darf den Schamanismus wohl als ein Merkmal der nordeurasischen Urkulturen betrachten«[43], wozu selbstverständlich auch der später germanische Raum gerechnet werden muß.[44]
Die Zauberutensilien, die zur Ausübung des Seidr gehörten, sind den aus dem sibirischen Schamanismus bekannten in mancher Hinsicht ähnlich, weichen aber auch in verschiedenen Punkten davon ab. Wichtigstes Utensil der Zauberhandlung ist der Seidsessel (oder besser Seidhochsitz), worauf die oder der Zaubernde während der Seance thront. Dieser Sitz hat vier Beine und ist höher als ein normaler Sessel; die genaue Höhe geht aus den Quellen nicht hervor. Eine ähnliche Sitzgelegenheit ist aus dem sibirischen Schamanismus nicht bekannt.[45] Ferner bedarf die Schamanin zur Heranlockung ihrer Hilfsgeister des Gesangs (in festgefügten Strophen), den nicht sie selbst ausführt, sondern andere. Manchmal gehörten solch einem Hilfschor bis zu 30 Personen an, jugendliche Mädchen und Burschen.[46] Von den weiteren Bestandteilen des Seidr muß noch der (Zauber-)Stab genannt werden, ohne daß dessen Verwendung recht deutlich wird.[47] Ein trommelähnliches Musikinstrument findet sich nur einmal (in der Lokasenna) erwähnt.[48] Zu den Fähigkeiten eines Seidrkundigen gehörte der Gestaltwandel in Tiere und die zauberische ›Auffahrt‹;[49] vielleicht hat der Zauberstab hierbei (wie später bei den Hexen die Besen) als ›Reittier‹, d. h. als Hilfsgeist gedient. Darüber läßt sich aber aus den Quellen leider nur wenig Sicheres entnehmen. Andererseits sind gerade die genannten Züge für den sibirischen Schamanismus gesichert, so daß – nicht zuletzt auch wegen des Auftauchens ganz derselben Ideen in der späteren mittelalterlichen Folklore – wir hier gleichfalls eine Ähnlichkeit zwischen Seidr und sibirischem Schamanismus konstatieren dürfen. Der Seidr konnte wahlweise im Haus oder im Freien abgehalten werden. Meist fand er nachts statt, und gelegentlich war er mit einem Tieropfer verbunden.[50] Manchmal zauberten mehrere Leute gemeinsam, wobei es sich praktisch stets um Mitglieder derselben Familie handelte.
Die Seidr-Zauberei konnte verschiedenen Zwecken dienen.[51] Odin erfuhr mittels dieser Kunst Zukünftiges, fügte damit den Menschen aber auch Tod, Krankheit oder anderes Unglück zu. Man konnte mit Seidr sogar einem Menschen seinen Verstand rauben, um ihn einem anderen zu geben (Seelenraub); auch übte man Seidr, um einen Feind nirgends Ruhe finden zu lassen oder einen Fluch über einen König zu legen. Dessenungeachtet konnte Seidr jedoch auch durchaus Nützliches bewirken: Näm-

lich jemand eisenfest machen oder während einer Hungersnot auf zauberische Weise einen Sund mit Heringen füllen. Eine wichtige Domäne des Seidr war das Wettermachen. Meist wollte man dabei durch eine Wetteränderung einem gehaßten Feind Schaden zufügen.[52]
Bezeichnenderweise galt als das einzige zuverlässige Gegenmittel, wodurch ein bösartiger Seidr aufgehoben werden konnte, eine Zauberart, die als typisch asisch bezeichnet werden muß, nämlich die Kunst des Runenritzens.[53] Bezüglich ihrer moralischen Bewertung bestand zwischen Seidr einerseits und dem sog. ›Galdr‹ sowie dem Runenzauber andererseits ein tiefgehender Unterschied, den man wohl, wenn auch vielleicht etwas zu generalisierend, als den zwischen schwarzer und weißer Magie bezeichnen könnte.[54] Unter ›galdr‹ verstand man ein ›Besprechen‹ oder vielleicht eher ›Besingen‹; das Wort ist von dem Zeitwort galan abgeleitet, das ›singen‹ bedeutet und besonders auf Vogelstimmen angewandt wurde.[55] Gelegentlich wird von Zauberern gesagt, sie übten ihren Seidr, indem sie dabei Galdr hersagten;[56] darin kommt eine Vermischung der beiden sonst so streng getrennten Begriffe zum Ausdruck, die schwer deutbar ist. Vielleicht galt einst auch der Seidr als nicht so verwerflich (und vorwerfbar), wie in der verhältnismäßig späten Epoche, woraus uns die Quellen berichten.
Bei dem einzigen ausführlichen Bericht, der uns über Vorbereitung und Ablauf einer Seidr-Sitzung überliefert ist, findet sich übrigens nicht das geringste, wogegen irgendwelche Einwände erhoben werden könnten. Diese Sitzung wurde im 13. Jahrhundert auf einem Hof in Grönland abgehalten, weil Robben- und Walfang fehlgeschlagen waren und in dem Gebiet außerdem eine Viehseuche wütete. Wie es Sitte war, lud der reichste Bauer der Gegend eine weithin bekannte ›Völva‹[57] ein, um Auskunft zu erhalten, wie lange die traurige Zeit noch dauern werde. Die Frau hieß Thorbjörg und war die einzige Überlebende von neun Schwestern, die sich alle, gleich ihr, auf die Seidr-Zauberei verstanden hatten. Bei ihrer Ankunft trug Thorbjörg folgende Tracht[58]: Einen mit Gürtel versehenen blauen Mantel, der bis zum Saum hin mit Steinen besetzt war. Um den Hals hatte sie Glasperlen, auf dem Kopf eine Kappe aus schwarzem Lammfell, die mit Katzenfell ausgefüttert war. Ihr Seidr-Stab war mit Messing eingelegt, den Knauf dieses Stabes zierten Steine. Am Gürtel trug sie ein Feuerzeug und den Lederbeutel, in dem sie ihre Zauberdinge verwahrte (›Medizinbeutel‹). Als Kost wurde ihr Grütze aus Ziegenmilch zubereitet, dazu ein Ragout aus den Herzen aller jener Tiere, von deren Art es auf dem Bauernhof Exemplare gab. (Dieser Zug spricht dafür, daß mit Hilfe einer solchen besonderen Speise die Kraft all der vorhandenen Tiere der Zauberin bei ihrer in Angriff zu nehmenden Aufgabe im Sinne von Hilfsgeistern beistehen soll.) Nachdem sie sich

ausgeruht hatte, wurde einen Tag darauf der Seidr-Hochsitz für sie hergerichtet, auf dem ein mit Hühnerfedern gefülltes Kissen lag. (Diese Federn dürften eine den Tierherzen adäquate Funktion gehabt haben.) Alsdann befahl Thorbjörg, ihr Frauen zu verschaffen, die sich auf solche Zauberlieder verstünden, wie sie zur Ausübung des Seidr nötig seien und die ›Vardtlokur‹ (›Geisteranlockung‹) hießen. Leider fand sich niemand unter den Frauen, bis eine gewisse Gudrid erklärte: »Ich bin weder zauberkundig noch eine Wahrsagerin, aber meine Pflegemutter Halldis lehrte mich auf Island solche Zauberlieder, die sie Vardtlokur nannte.« Darüber war die Völva befriedigt, Gudrid gab aber zu bedenken, sie sei Christin und glaube daher kaum, daß diese Lieder, von ihr gesungen, bei dem Zauber helfen könnten. Auf allgemeines Drängen erklärte sie sich schließlich aber doch bereit, die Vardtlokur vorzutragen. Die anderen Frauen bildeten einen Kreis, und Thorbjörg nahm auf ihrem Seidr-Hochsitz Platz. Dann sang Gudrid das Lied so schön und gut, daß niemand von den Anwesenden jemals eine so schöne Stimme glaubte gehört zu haben. (Die Schönheit selbst böser Seidr-Gesänge wird übrigens stets hervorgehoben. Es scheint damit etwas Betörendes gemeint zu sein.) Die Völva dankte ihr für das Lied und sagte, viele Geister seien während des Gesanges hergekommen und hätten an dem Lied Gefallen gefunden, die sich vorher von ihr abgewandt und keinen Gehorsam hätten leisten wollen. Sie sagte auch: »Mir sind jetzt viele Dinge deutlich sichtbar, die vorher mir und anderen verborgen waren. Ich kann jetzt sagen, daß die Schwierigkeiten nicht länger als den Winter über dauern und im Frühjahr eine Besserung eintreten wird. Auch die Seuche, die lange geherrscht hat, wird wider Erwarten rasch besser werden . . .« Danach gingen die Leute zu ihr hin, und ein jeder fragte nach dem, was er vor allem wissen wollte. »Sie war gut in ihren Aussagen, und wenig ging fehl von dem, was sie sagte«, heißt es in dem Bericht abschließend.

Durch ihn wurde eine schamanistische Sitzung geschildert, wie sie sich – mit geringen Modifikationen – ebensogut irgendwo in Mittelasien hätte abspielen können: Die Hilfsgeister der Schamanin werden vom Gesang einer helfenden Person herbeigelockt, und noch während des Gesanges erkennt die Schamanin kraft der numinosen Anwesenheit jener Geistwesen Dinge, die ihr vorher verborgen waren. Unter Hilfsgeistern haben wir hier zweifellos Tierseelen zu verstehen. Sie manifestieren sich erstens in den Herzen aller Tiere, die es auf dem Hof gibt, zu dessen Wohl die Sitzung veranstaltet wurde. Zweitens sind sie aber auch – durch ihr Fell – in der Mütze der Völva repräsentiert (sie war zweifarbig und bestand aus Lamm- und Katzenfell). Die Wichtigkeit gerade der Kopfbedeckung als Bestandteil des jeweiligen Schamanenkostüms wird auch für den sibirischen Schamanismus betont.[59] Drittens muß man als Hilfsgeister

Vogelseelen herbeigewünscht haben. Denn es kann kaum als Zufall abgetan werden, daß das Sitzkissen der Völva auf ihrem Hochsitz mit Hühnerfedern gefüllt war (ein Kissen aus Wolle hätte ihrer Bequemlichkeit sicher ebensogut gedient, wenn es eben nur darum gegangen wäre; zudem weist die ausdrückliche Erwähnung dieser Füllung darauf hin, daß es damit eine ganz bestimmte Bewandtnis gehabt haben muß). In der knappen Schilderung dieser Sitzung sind also die beiden für den Schamanismus konstitutiven Elemente – Besessenheit mittels Inkorporation und Seelenreise mittels Hilfsgeistern – deutlich nachweisbar. Die Inkorporation durch das Essen von Herzen ist eine sehr direkte Form der Identifikation; sie wird uns auch noch häufiger begegnen und dürfte in der erwähnten Sitzung zu den Vorbereitungen auf den eigentlichen Seidr gehört haben, womit die Völva sich für ihre Aufgabe auch körperlich in einen Zustand zu versetzen sucht, der sich von dem normalen im Sinne einer Anreicherung und Erweiterung der ganzen Persönlichkeit unterscheidet. In dem Kissen aus Hühnerfedern kann ein – wenngleich verschlüsselter – Hinweis auf eine mit Hilfe von Vogelattributen bewerkstelligte symbolische Auffahrt gesehen werden, auf die ja auch der Seidr-Hochsitz selbst hinweist, auf welchem das Kissen obenauf liegt, denn anders dürfte seine besondere Höhe kaum zu interpretieren sein. Und auch die helfenden Menschen (als Publikum, ohne das eine Sitzung nicht abgehalten werden kann) sind da.

Eine Zusammenstellung des Begriffs ›Seidr‹ mit dem von Tacitus erwähnten Volk der Sitonen scheint insofern sinnvoller als jene mit der zwar an sich praktisch weltweit verbreiteten Knotenmagie,[60] von der sich aber gerade im Schamanismus – verglichen mit den in ihm dominierenden Ideen – nur recht wenig findet.[61] Und auch die depravierende, verweiblichende Wirkung, die Seidr-Ausübung als solche auf männliche Schamanen gehabt haben soll und die in den nordischen Quellen zwar stets als Faktum erwähnt, aber nie erklärt wird, läßt sich nur verstehen, wenn man den Seidr als einst spezielle Domäne der Frau bzw. einer weiblichen Gottheit samt ihren Kultdienerinnen betrachtet.[62]

### 3. Die Bedeutung der Frau im Seidr

»Wie bei den Westgermanen, wofür die Bußordnungen[63] sprechen, liegt auch bei den Nordgermanen der Zauber vor allem in den Händen der Frau, wenn auch vielfach Zauberer erwähnt werden.«[64] »Auf jeden Fall führen uns die in den Texten beschriebenen Seidrsitzungen immer eine seidkona, eine spákona (›Hellseherin, Prophetin‹) vor«,[65] und: »Überhaupt ist in den weitaus meisten Nachrichten von Seidr-Seancen die agierende Person eine Frau.«[66] Die Texte lassen in der Tat keinen Zweifel an der Dominanz des Weiblichen in dieser schamanistischen Praktik, und sie stimmen in dieser Hinsicht mit vielen Beobachtungen bei anderen eurasischen Stämmen und Völkern überein.[67] Ake Ohlmarks[68] bezeichnet die Rolle der Frau denn auch geradezu als das Hauptproblem der schamanistischen Phänomenologie.

Folke Ström[69] faßt die Fruchtbarkeitsgöttin Freya in ihrem finsteren Aspekt (die chtonische weibliche Zentralfigur der Megalithreligion trug deutlich ambivalente Züge) als Repräsentantin des Seidr auf. Wie wir bei Snorri hörten, stammte die Seidr-Kunst der Asen ja ursprünglich von dieser Wanengöttin her: »In der Welt der Götter also ist der seidr durch eine Frau aufgekommen und wird nur von Frauen betrieben. Wir dürfen mit Bestimmtheit annehmen, daß durch diese Beschränkung des seidr auf Frauen im nordischen Götterstaate die Verhältnisse in der menschlichen Gemeinschaft während der heidnischen Zeit widergespiegelt werden.«[70] »In den verhältnismäßig seltenen Fällen, wo Männer tatsächlich seidr betreiben, spielen Frauen zumindest als beteiligte Personen häufig eine Rolle, und zwar entweder insofern, als sie die Kunst zusammen mit der männlichen Person ausüben, oder in der Weise, daß sie den Mann den seidr gelehrt haben . . . In der Gesamtheit der Literatur der seidr-Quellen sind als agierende Hauptpersonen etwa doppelt so viele Frauen wie Männer erwähnt, und in ausführlicheren oder besseren Quellen ist die Hauptperson fast immer eine Frau.«[71]

In der Götterwelt besitzt Freya ein sog. ›Falkenhemd‹, das Loki sich für seine Unternehmungen manchmal ausborgt: Dann erkennt man den Gott im Vogelkleide nurmehr an seinen Augen. Eigentümerin des ›Vogelkostüms‹ bleibt freilich stets die Wanengöttin. Über Schwanen- und Krähenhemden verfügen auch die Valkyrjen, die sie nach Belieben an- und ablegen können, um so je nachdem als Vögel oder Mädchen zu erscheinen;[72] die Vorstellung ist als Märchenmotiv ja noch heute allbekannt. Wir sehen hier deutlich die mittels eines in den Quellen direkt als Kleidungsstück bezeichneten Vogelgewandes durchgeführte tiermenschliche Wesensverwandlung, die für eine bestimmte Form des Schamanismus typisch ist. Bemerkenswert erscheint auch, daß auch im germanischen Raum, ebenso wie in Sibirien bzw. den prähistorischen Funden die Vogelverwandlung eine speziell weibliche Domäne darstellt. Es findet sich im germanischen Glauben aber auch noch eine weitere, urtümlicher wirkende und an die Besessenheit durch Tierseelen erinnernde Form des zauberischen Gestaltwandels, nämlich im Sinne der ›Seelenreise‹: Dabei liegt der Betreffende im Tiefschlaf (der schamanistischen Katalepsie),

während seine Seele (oder sein tierisches alter ego, das läßt sich nicht klar unterscheiden) in der auch äußerlich sichtbaren Gestalt eines Tieres umherstreift. Diese beiden Arten des Gestaltwandels galten im germanischen Glauben als antagonistisch, wobei der Gestaltwandel mit Bewußtlosigkeit und Seelenreise als moralisch einwandfrei aufgefaßt wurde, der mittels Seidr betriebene aber nicht.[73]
Die moralische Einschätzung der Seidr-Zauberei ist eben durchgängig niedrig gewesen. Seidr-Zauberinnen, selbst wenn sie mit großem Gefolge auftraten, wurden geringschätzig ›armseliges altes Weib‹ oder ›unselige Zauberin‹ genannt.[74] Diese Einstellung scheint aber vergleichsweise jüngeren Datums gewesen zu sein (ohne daß freilich dabei bereits christliche Einflüsse wirksam gewesen sein könnten). Denn: »That the seidr had not yet, in spite of its ›turpitude‹ departed very far from contemporary forms of higher religion, may, on the other hand, be seen from the fact that the women to whom it was taught, are called gydjur.[75] The difference between a priestess and a witch or magician seems to be very slight.«[76]
Das Phänomen des ›Absinkens‹ der öffentlichen Bewertung schamanistischer Praktiken angesichts von Kulten höherer Religionen ist im Schamanismus überall zu beobachten und wird uns noch beschäftigen; offensichtlich ist in den betreffenden Situationen der Schamanismus in der allgemeinen Wertschätzung deshalb gesunken, weil die höhere (meist Volks) Religion als attraktiver empfunden wurde und daher mehr Gläubige fesselte, nicht jedoch, weil der Schamanismus als solcher ent- bzw. ausgeartet wäre. Dieser Umstand nämlich – der ja gar nicht selten beobachtet worden ist – pflegt die von der Seance ausgehende Faszination nicht zu schmälern. Das vorliegende Material aus dem germanischen Raum spricht eher dafür, daß es der Sieg der Asenreligion gewesen ist, der die mit der Wanenreligion eng verbundene Seidr-Zauberei, die durch Frauen ausgeübt wurde, schließlich suspekt erscheinen und ihre moralische Bewertung immer mehr absinken ließ.

## 4. Zauberausübung durch männliche Götter in der Asen-Religion

Wenngleich uns in der Mehrzahl der Fälle von weiblichen Seidr-Ausübenden berichtet wird, so kann man doch gerade aus den Überlieferungen, die von den Seidr-Künsten der männlichen Asengötter Odin und Loki handeln, den schamanistischen Charakter des nordischen Seidr besonders gut ersehen. Wir müssen diesen beiden daher einige Aufmerksamkeit schenken, was speziell für den noch zur subarktischen Komponente der germanischen Religion gehörenden Loki aufschlußreich ist, mit dessen Charakterschilderung ich daher beginnen will.

*a. Loki als Meister des Gestaltwandels*

In den Quellen[77] kommt neben ›Loki‹ der Name ›Loptr‹ am häufigsten vor; seine Bedeutung ist weniger dunkel als die von ›Loki‹. Denn die Verbindung zwischen ihm und ›lopt‹ (›Luft‹) ist evident. Loptr bedeutet ›der durch die Luft Fahrende‹[78], und die Form ›Loki‹ ist möglicherweise nur eine Kose- oder Abkürzungsform von Loptr.[79] Im Mythenmaterial findet diese Deutung zuverlässige Stützung, denn ›Loptr‹ ist zweifellos eine sehr passende Bezeichnung für jemanden, der so häufig wie Loki entweder mit Hilfe von Freyas Falkengewand oder auf andere Weise durch die Lüfte reist.[80] Die Fähigkeit (und Neigung) zu derlei Unternehmungen ist für die Figur des Loki geradezu konstitutiv und stellt ein wichtiges Indiz für seine Schamanennatur dar.[81] Loki ist kultlos[82] und wird »unter die Asen gezählt, ohne genau genommen zu ihnen zu gehören; er lebt mit ihnen und heißt gelegentlich ›der Ase namens Loki‹, ›der boshafte Ase› usw.«[83] In Snorris Bericht[84] heißt es über ihn: »Zu den Asen rechnet man auch noch jenen, den einige den Streitbringer der Asen, den Urheber alles Truges und den Schandfleck der Götter und Menschen nennen. Er heißt Loki oder Loptr, sein Vater Fárbauti – ein Riese –, seine Mutter Laufey oder Nál, seine Brüder sind Býleistr und Helblindi. Loki ist schmuck und schön von Aussehen, doch böse von Gemütsart, äußerst mannigfaltig im Auftreten. Er besitzt eine allen überlegene Schlauheit, Abgefeimtheit nennen wir sie, und listige Mittel für jeden Zweck. Er brachte die Asen fortwährend in schwere Verlegenheiten und befreite sie daraus oft durch listige Anschläge. Seine Frau heißt Sigyn, beider Sohn Nari oder Narfi. Loki hatte noch mehr Kinder. In Riesenheim lebte eine Riesin Angrboda, von ihr bekam Loki drei Kinder, das erste ist der Fenriswolf, das zweite . . . die Midgartschlange, das dritte ist Hel.« In den ebenfalls von Snorri aufgezeichneten Kenningarn[85], die auf Loki anspielen, sind – unter vielen anderen – die folgenden beiden für uns von besonderem Interesse: ›Frühjahrsgefährte oder Bankgenosse Odins und der Asen‹, ›Sleipnirs Verwandter‹. (Man beachte im letzteren Kenning die schamhafte Umschreibung, eigentlich müßte es statt ›Verwandter‹ unstreitig ›Mutter‹ heißen!) Diese Hinweise beleuchten aufgrund der in den Mythen berichteten Episoden, die für unsere Untersuchung wichtig sind, zwei Stationen in Lokis Laufbahn: Er hat in seiner Jugend mit Odin, dem späteren Hauptgott des germanischen Pantheons, Blutsbrüderschaft geschlossen, und er hat sich (nachdem er sich in eine rossige Stute verwandelt hatte) mit dem Zauberhengst

Svadilferi[86] gepaart und daraufhin das berühmte Geisterpferd zur Welt gebracht, den dann an Odin verschenkten achtbeinigen[87] Sleipnir.
Loki besitzt – gleich Odin – die schamanistische Fähigkeit zum Gestalts- und Geschlechtswechsel. So verwandelt er sich in eine Fliege, Robbe, Stute, einen Lachs und bringt eigenartige Wesen zur Welt, »die im allgemeinen für die Götter bedrohlich sind (den Fenriswolf, die Große Schlange, Hel; auch Odins Pferd Sleipnir). Er hat eine besondere Schwäche für die Verwandlung in eine Frau oder ein Tierweibchen samt den dazugehörigen physiologischen Konsequenzen«.[88] In der Lokasenna, auf die ich im Zusammenhang mit Odin eingehen werde, wirft jener Loki vor, daß er als Magd acht Winter unter der Erde verbracht und dort Kühe gemolken und Kinder geboren habe;[89] als Magd begleitete er Thor auf dessen Fahrt zu dem Riesen Thrym, und als Riesenweib saß er in einer Berghöhle und wollte allein von allen Wesen den Tod Baldrs nicht beweinen.[90] In der sog. ›Kleinen Voluspa‹[91] findet sich ein weiterer interessanter Hinweis auf diese Wesenseigentümlichkeiten Lokis; dort heißt es in Strophe 11:

»Ein Frauenherz aß,
als ers fand, Loki,
halbgeröstet
vom Holz der Linde;
schwanger ward Loptr
vom schlimmen Weibe:
auf die Erde kamen
die Unholde so.«

Wenn hier Loki durch das Essen eines Hexenherzens schwanger wird, so handelt es sich dabei um die Übertragung einer Kraft bzw. Eigenschaft, die der Eigentümerin dieses Herzens, dem ›schlimmen Weib‹, eignete. Dieser Zug ist in der schamanistischen Gedankenwelt verbreitet, obzwar augenscheinlich schon früh obsolet geworden und nur noch in Spuren greifbar. In den Herzen hatten wir bereits den Kraftsitz der tierischen Hilfsgeister in der grönländischen Seidr-Beschreibung erblickt. Gegen die mittels des Essens von Herzen gewonnene zauberische Kraft wettert noch der frühmittelalterliche Indiculus; es handelt sich dort um Menschenherzen.[92] Eine verwandte Vorstellung begegnet übrigens in der griechischen Mythologie: Dionysos-Zagreus, der Sohn des Zeus, wurde von den Titanen getötet, die ihn zerrissen und seine Glieder verzehrten. Athene rettete aber das Herz und brachte es Zeus, der es verschlang; aus dem Herzen wurde dann von Zeus ein neuer Dionysos geboren.[93] Schwangerschaft bei Männern infolge des Essens von Tierfleisch ist in

Eurasien als Märchenmotiv bekannt.[94] An die Möglichkeit einer durch Hexen bewirkten Geschlechtsverwandlung hat man noch im Mittelalter geglaubt.[95]

Die fesselnde Figur des Loki hat begreiflicherweise zu vielen Deutungen herausgefordert. Als man die vordergründigen Erklärungsversuche der Naturmythologie hinter sich gelassen hatte, die die Asen als Personifikation des Feuers verstanden (weil ›Loki‹ entfernt an ›Lohe‹ gemahnt und aufgrund weiterer, ebensowenig brauchbarer Zusammenstellungen), wurden vor allem die drei folgenden Interpretationen vorgetragen.

Diese erste Deutung, Loki sei ein Trickster[96], ist zuerst von F. van der Leyen gegeben worden.[97] Sie wurde später von Jan de Vries[98] aufgegriffen und ausgebaut. Leider ist der Autor unter dem Eindruck des Werks[99] von Georges Dumézil[100] dann jedoch[101] davon abgegangen, indem er sich Dumézil anschloß, der Loki als ›Prometheustyp‹ erklärte und typologisch einer ähnlichen Gestalt aus dem kaukasischen Sagenkreis zuordnet. Hiergegen hat insbesondere Folke Ström[102] Einspruch erhoben, weil eine solch rein strukturelle Übereinstimmung »weder einen geschichtlichen Zusammenhang, noch einen gemeinsamen Prototyp, weder Mythenwanderung noch -entlehnung« voraussetzt und höchstens durch eine Ähnlichkeit hinsichtlich der indogermanischen Sozialstruktur im allgemeinen erklärbar wird. Demgegenüber betonte Alois Closs[103] mehr den Zusammenhang zwischen den Wesensmerkmalen Lokis und dem Typ des paläoarktischen Schamanen. Ich halte gleich ihm die (hiermit unschwer zu verbindende) Trickster-Interpretation der Gestalt des Loki für die am meisten befriedigende.

Jan de Vries hatte in einem früheren Werk[104] Loki als androgyne Fruchtbarkeitsgottheit interpretiert, wobei er leider die Begriffe Androgynität (soviel wie Hermaphroditismus, d. h. Doppelgeschlechtlichkeit) und Bisexualität (d. h. sexuelle Inklination zu Männern und ebenso zu Frauen) nicht recht auseinanderhielt; von beidem kann überdies bei Loki gar keine Rede sein. Denn seine Fähigkeit, das Geschlecht zu wechseln (ebenso wie seine Götternatur in die eines Tieres) beruht auf der schamanistischen Begabung zum Gestaltwechsel, was de Vries entging. Es läßt sich bei Loki sogar nicht einmal so etwas wie eine ›mythische Bisexualität‹ feststellen: »Das ist mit Sicherheit eine irreführende Analogie.«[105]

Lokis Tricksterwesen findet eine Bestätigung in dem Umstand, daß er es ist, der den Göttern fast alle ihre wertvollen Besitztümer verschafft hat, freilich auf höchst unehrenhafte Art, nämlich eben durch Lügen und üble Tricks.[106] Diese Wertgegenstände umfassen so wichtige Objekte wie Thors Wurfhammer und Odins Speer. Und die Wehrburg der Asen konnte schließlich nur vollendet werden, weil Loki das Zauberpferd des Baumeisters, den Swadilferi, in Gestalt einer Stute von der Arbeit weglockte. Lokis Anschläge – so sehr sie von Fall zu Fall Anlaß zu ernsten Mißhelligkeiten geben – bewirken also zuweilen auch durchaus Positives. Die bemerkenswerte Form allerdings, in der das geschieht, ist ganz tricksterмäßig: nämlich durch gebrochene oder im nachhinein uminterpretierte Versprechen oder Wetten, durch Lug und Trug, durch Übertölpelung Gutgläubiger. Wenn die Mütter von Trickstern nicht selten als Jungfrauen[107] gelten, die auf zauberische Weise geschwängert wurden, so paßt dazu recht gut die Deutung der Mutter des Loki (Laufey) als einer Zauberfrau, die vom Sturmwind geschwängert wurde.[108] Die Fähigkeit zum Geschlechtswandel ist bei Trickstern im naturvölkischen Bereich ebenfalls nicht unbekannt.[109]

Lokis Satanisierung ist offenbar ein Produkt der nordischen Spätzeit. Nach der Christianisierung mag die Volksetymologie ›Loki = Lucifer‹ wohl noch in dieser Richtung verstärkend gewirkt haben. Doch selbstredend ist es ein Unding, Loki vom christlichen Teufel abzuleiten.[110] Das Absinken Lokis zur Figur eines ausgesprochenen Bösewichts hat wohl aber auch noch eine andere Ursache, mit der wir uns im Zusammenhang mit den schamanistischen Aspekten in der Gestalt Odins befassen müssen.

### *b. Odin als Schamane und Seelengeleiter*

Über das Wesen des germanischen Götterhäuptlings gibt die Etymologie seines Namens völlige Klarheit. »Die Namensform ist altnordisch Odenn, altsächsisch und angelsächsisch Wöden, langobardisch Wödan, althochdeutsch Wotan, Wuotan . . . Nebenher läuft eine kürzere Bildung: Odr im Altnordischen, Wöde im Niederdeutschen und Wuote im Oberdeutschen. Odr, oder nach gewöhnlicher Übertragung nordischer Namen Od, heißt Freyas Gemahl . . . Wode, Wuote aber sind die Namensformen, unter denen der Gott bei deutschsprachigen Stämmen bis heute fortlebt. Der kürzeren Namensform entspricht genau das altnordische Nomen odr, welches als Adjektiv oder als Substantiv vorkommt. Adjektivisch ergeben die Stellen . . . die Bedeutung ›wütend, rasend, wild, zornig, heftig, gewaltsam, hurtig, rasend schnell‹ (gebraucht vom Sturmwind, von Unwetter, von der erregten See, vom Feuer, von wilden oder scheugewordenen Tieren, vom Menschen im Affekt und im Rausch) entsprechend gotisch wöds ›besessen, geisteskrank‹ . . . Schon Adam von Bremen (um 1070) erklärte: ›Wodan id est furor‹.«[111] Halten wir diese Etymologie fest, so scheinen uns die Argumente mancher Autoren, die Odins Natur als im Grunde schamanistisch erklären, nicht nur vertretbar, sondern beinahe unabweisbar.

Um uns über diese Frage mehr Klarheit zu verschaffen, wäre es allerdings

wünschenswert, das Alter der Odinsverehrung im germanischen Raum festzustellen. Gestalten, die Odin sein könnten – die speertragenden Gottheiten der bronzezeitlichen Felsbilder –, mögen schon zur Zeit der indogermanischen Einwanderung nach Nordwestdeutschland bzw. Südskandinavien verehrt worden sein. Allerdings bezeugen diese Bilder nur, daß es schon damals einen speertragenden Gott gab, nicht aber, daß dies tatsächlich Odin war.[112] Die Ortsnamenforschung hat erwiesen, daß es nur vergleichsweise wenige Orte gibt, die in ihrer Bildung Anklänge an den Odinsnamen besitzen, so daß dies jedenfalls als Hinweis darauf gewertet werden könnte, daß Odins Verehrung als Hauptgott erst recht spät einsetzte, etwa zur Hochblüte der Wikingerepoche. Oder war Odin als Gott zwar bekannt, aber anfangs kultlos und ohne eigene Heiligtümer? Diese Fragen lassen sich mit letzter Sicherheit nicht entscheiden; ihre jeweilige Beantwortung hat schließlich immer davon abgehangen, wie der betreffende Befürworter der einen oder anderen Theorie die Gestalt dieses Gottes persönlich auffaßte.
Für ein hohes Alter Odins tritt neben Georges Dumézil[113] und Folke Ström auch Jan de Vries ein: »Die Persönlichkeit dieses Gottes ist . . . viel zu kompliziert, um durch eine einfache, sogar sehr späte Entlehnung erklärt werden zu können; sie weist im Gegenteil auf eine weit zurückreichende Entwicklung im skandinavischen Norden hin.«[114] Sehr wichtig sind für eine Entscheidung über das Alter Odins im germanichen Bereich natürlich seine indogermanischen Parallelen[115], denn sie machen deutlich, daß eine Gestalt ähnlich der seinen schon verehrt worden sein muß, ehe die indogermanischen Stämme ihre südrussischen Weidegründe verließen und sich dabei trennten.
Für jünger, d. h. nicht für bronzezeitlich, sondern erst seit etwa dem 1. vorchristlichen Jahrhundert datierend, wird die Odinsverehrung vor allem von Anhängern der klassischen Kulturkreislehre gehalten, wie sie sich insbesondere in den Schriften Pater W. Schmidts darstellte.[116] Hierbei bringt man die Einführung des Odinsglaubens in Zusammenhang mit dem damaligen Eindringen vermutlich thrakischer Reitervölker aus dem pontischen Raum bis nach Ostdeutschland.[117] Den Beweis für die Einführung Odins erst in jener Epoche erblickt man in dessen Wesensverwandtschaft mit dem Hermes der Thraker.[118] Dabei werden allerdings die zahlreichen schamanistischen Aspekte Odins, die u. a. Alois Closs sehr klar herausgestellt hat[119], gerade von diesem Autor jedoch noch im Sinne der Schamanismus-Theorie von Pater Schmidt gesehen. Letztere muß aber inzwischen als überholt angesehen werden, weil sie von unrichtigen Prämissen ausging. Nach ihr sollte nämlich der Schamanismus eine Kultform sein, die aus Hackbaukulturen erwuchs, die irgendwo in Hinterindien situiert vorgestellt wurden und in denen Mutterrecht herrschte. Im

Rahmen seiner mit Recht umstrittenen Urmonotheismus-Theorie[120] wertete Pater Schmidt den Schamanismus als religiöse Verfallsform, während wir heute davon ausgehen, daß es sich bei ihm um eine Frühform numinosen Erlebens handelt. Allerdings räumt Alois Closs ein, daß es Schamanismus auch schon vor jener thrakischen Einflußzeit bei den Germanen gegeben habe.[121]
So bleibt die Herleitung des Odinskultes aus thrakischer Berührung letztlich rein hypothetisch, zumal ja die bedeutsamste Ähnlichkeit zwischen Hermes und Odin – ihre gemeinsame Funktion als Seelengeleiter – als ausgesprochen schamanistische Aufgabe bezeichnet werden darf.[122] Aus dem Führer der Seelen wurde im Norden ein Herr des Totenheeres,[123] und so konnte Odin in der Wikingerära schließlich als Kriegs- bzw. Kriegergott schlechthin aufgefaßt werden, der die Seelen der Gefallenen sammelt, um mit ihnen beim Weltende gegen die Mächte der Finsternis zu kämpfen.[124] Wenn er gleichzeitig als Dichtergott gilt, so läßt sich auch von da aus eine Parallele zu jenen verwandten Aspekten des Schamanismus ziehen, wovon schon die Rede war. Verstärkt wird dieser Eindruck noch, zieht man in Betracht, daß im Germanischen das Dichten eng verwandt mit seherischer Schau gewesen ist[125]; in vielen eddischen Liedern ist eine klare Grenze zwischen heilig und profan praktisch gar nicht zu ziehen. Für ein hohes Alter einer Gestalt wie der Odins schon im indogermanischen Pantheon spricht übrigens der Umstand, daß sich »auch im griechischen Altertum der adlige Führer nicht nur durch Tapferkeit, sondern auch durch Beredsamkeit auszeichnen sollte«.[126] Ganz die gleiche Idealvorstellung findet sich nun im alten skandinavischen Norden. Wenn wir also annehmen, es habe ein Weg vom ekstatischen Schamanen bis zum Gott der adligen Sänger geführt, so implizieren wir gleichzeitig, daß dieser Weg lang gewesen sein muß – vermutlich mindestens zwei Jahrtausende lang. Gewisse andere Züge Odins wirken so überaus altertümlich, daß man den Eindruck gewinnt, in ihnen begegne uns die Vorstellung dieses Gottes in einer von der späteren stark abweichenden Frühform. Das ist z. B. dort der Fall, wo Odin als Pferd angerufen wurde[127] oder gar als Wallach.[128] Es fällt schwer, sich vorzustellen, diese Entwicklung von einer pferdegestaltigen Gottheit zu einem als Vater aller Götter und Menschen gedachten Gott könne sich innerhalb nur weniger Jahrhunderte ausgeformt haben.
Je höher wir darum das Alter dieses Gottes im germanischen Raum ansetzen, um so wahrscheinlicher wird eine kontinuierliche Entwicklung seines Charakters, der sich uns gegen Ende der vorchristlichen Epoche ja als ziemlich abgeschlossen darstellt. Wesensmerkmale, die den Gott noch auf einem Niveau zeigen, das in der Wikingerära schon als seiner unangemessen erachtet worden ist, hafteten aber dennoch weiter an ihm. Hierzu

zählt besonders all das, was mit seinen Seidr-Künsten und vielen Gestalt- und Geschlechtsverwandlungen zusammenhängt und ihn auf eigenartige Weise mit Loki in Beziehung setzt und verbunden zeigt.

### *c. Gemeinsame Wesensmerkmale bei Odin und Loki*

Die besten Belege für Odins Seidr-Zauberei und außerdem für eine ehemals sehr feste Verbindung zwischen ihm und Loki besitzen wir in der ›Lokasenna‹.[129] »Ort der Handlung ist die Halle des Meergottes Ägir, wo die Götter zum Gastmahl versammelt sind. Loki spielt die Rolle des unwillkommenen Gastes, der den Festfrieden stört . . . und die versammelten Götter zum Gegenstand seiner beißenden und ehrenrührigen Lästerungen macht. Thor ist nicht anwesend, erscheint aber später und bekommt sein beschiedenes Teil von der Galle Lokis. Angesichts der Drohung, von Thors Hammer zerschmettert zu werden, hält Loki es für gut, das Feld zu räumen . . . Die Handlung des Gedichtes selbst ist also gering; der wesentliche Inhalt besteht . . . darin, daß Loki jedem Einzelnen der Anwesenden Beschuldigungen für moralische Versündigungen ins Gesicht schleudert.«[130]
Als man Loki, der nicht eingeladen worden war, bei seinem Eintritt keinen Platz anbietet, wendet er sich an Odin mit den Worten (Strophe 9):

»Gedenke, Odin,
daß wir in alten Tagen
beide das Blut mischten!
Bier genießen
wolltest du nimmermehr,
wärs nicht uns beiden gebracht!«

Dieser Appell an die alte Blutsbruderschaft fruchtet; Odin gebietet, für Loki Platz zu machen.[131] Doch der Streit nimmt dennoch seinen Lauf, und bald (Strophe 21) wirft Odin Loki Wahnsinn vor, weil er in seinen Herausforderungen zu weit gehe. Loki antwortet darauf mit Vorwürfen anderer Art (Strophe 22):

»Schweig doch, Odin!
Gar schlecht verteiltest du
zwischen Kriegern das Kampfeslos:
gabst du doch oft,
dem du nicht geben solltest,
– dem Feigeren Erfolg.«

Daraufhin wird auch Odin persönlich (Strophe 23):

»Wisse, wenn ich gab,
dem ich nicht geben sollte,
dem Feigeren Erfolg, –
acht Winter warst unter der Erde du
als Melkerin und Magd.«[132]

Loki aber kontert mit demselben Vorwurf (Strophe 24):

»Doch von dir erzählt man,
daß du gezaubert hast
und zu Samsey Seidwerk triebst:
In Zauberers Gestalt
zogst du durchs Volk;
schamlos scheint mir das.«[133]

An dieser Stelle greift die Asengöttin Frigg ein, um weiteren Enthüllungen vorzubeugen (Strophe 25):
»Eure schlimmen Erlebnisse solltet ihr den Männern niemals erzählen; was ihr beiden Asen in den Tagen der Vorzeit getrieben habt; alte Geschichten soll man nicht wieder aufrühren!«[134] Nach weiteren Auseinandersetzungen mit anderen Göttern und Göttinnen greift Loki Freya wegen ihrer inzestuösen Beziehungen zu Freyr an, worauf Njörd, der Vater jener beiden, in Strophe 33 erklärt: »Das hat wenig zu bedeuten, wenn sich Frauen einen Gatten oder Buhlen oder beides nehmen, aber das ist unerhört, daß der weibische Ase hergekommen ist, und der hat Kinder geboren.«[135] Ab Strophe 57 tritt Thor auf und treibt Loki durch seine Drohungen, ihn zu zerschmettern, schließlich aus dem Saal; dabei redet er ihn in jeder Strophe als einen ›ergi-Treiber‹ an.[136]
Dieser Vorwurf haftet gleicherweise an Loki wie an Odin, die sich also in dieser Hinsicht eigentlich nichts vorzuwerfen haben. Als Seidr-Zauberer wird direkt nur Odin genannt. Der Abscheu etwa Njörds oder Thors gerade diesem Verhalten gegenüber spricht deutlich aus, wogegen er sich richtet: Gegen Geschlechtsverwandlung, Zauberei und weibliche Tätigkeiten, sofern sie von Männern verrichtet werden. Daß das Phänomen der ›Umkleidung‹, der Transvestition, hierbei ein wesentliches Element darstellt, erfährt man aus einem anderen Lied, in dem sich Thor sehr widerwillig und schließlich nur notgedrungen als Frau verkleidet, um durch diese List seinen von den Riesen gestohlenen Hammer wiederzuholen. Es handelt sich um das Thrymlied, und in Strophe 17 weist Thor das Ansinnen, sich als Frau, gar als Braut zu verkleiden, erst einmal unmutig von sich[137]:

»Da sagte Thor,
der trutzstarke:
›Weibisch nennen mich
Wanen und Asen,
laß ich mich binden
mit Brautlinnen!‹«

D. h., er befürchtet, für ›arg‹ gehalten zu werden, sofern er die Verkleidung mitmacht. In der Strophe 24 der Lokasenna schließlich finden sich alle Elemente der Seidr-Zauberei vereint: Odin schlug auf trommelartige Holzdeckel, wie es die Zauberinnen zu tun pflegten, er trat auch sonst ganz wie ein Zauberer auf und verhielt sich also ›nach Art eines Argen‹. Denn »nur als Frauen, als Volur, treten uns die entgegen, welche seidr betreiben und dabei auf trommelartige Geräte schlagen, und daß Odin, ein Mann, sich ebenso wie eine Frau benommen hat, ist eine abscheuerregende Ausnahme, die als grobe Unmännlichkeit bewertet wird«.[138] Mircea Eliade[139] nimmt gleichfalls an, daß »diese Art Magie eine Spezialität der Frauen war; aus diesem Grund wurde sie als ›eines Mannes unwürdig‹ betrachtet«. Odins Belehrung durch die Göttin Freya über die Kunst des Seidr besitzt chinesische Parallelen. Denn die Fähigkeit zum magischen Flug war nach Eliade[140] im alten China ursprünglich eine Domäne der Frauen und wurde von ihnen den legendären Kaisern der Vorzeit übermittelt, was als Anzeichen eines alten chinesischen Matriarchats gedeutet wird.[141] Doch nicht nur als Hexer, sondern auch als veritabler Hexenmeister erweist sich Odin, wie der 10. Spruch in den ›Zaubersprüchen‹ der Edda beweist[142]:

»Ein zehntes kann ich, wenn Zauberweiber
im Fluge durchfahren die Luft:
Bewirken kann ichs, daß sie wenden den Pfad,
nach Hause, der Hüllen beraubt!«

Unter den ›Hüllen‹ ist die jeweilige Verkleidung (wohl in Tierleiber) der Zauberweiber zu verstehen, d. h. Gestaltwandel.
Da Odin, wie zu Beginn des Kapitels schon dargelegt wurde, auch diese Kunst des Gestaltwandels in Tiere beherrscht, liegen – und zwar sowohl phänomenologisch wie strukturell betrachtet – so viele Ähnlichkeiten zwischen ihm und Loki vor, daß einige Autoren letzteren für partiell geradezu identisch mit Odin erklärt haben.[143] Diese Ähnlichkeit kommt nicht aufs Konto der eddischen Dichter, sondern: »Sie fanden die Ähnlichkeit vor, trachteten sie zu verhüllen oder übernahmen sie, selbst befremdet. Alte Wesensverwandtschaft war der Grund.«[144] Folke Ström

geht sogar so weit, Loki für eine Hypostase Odins zu erklären. Diese Entwicklung sei parallel mit dem Aufstieg des Letzteren zum Hauptgott vor sich gegangen, und zwar vermutlich während der Wikingerzeit. Loki habe damals alle Züge Odins übernommen, die mit dessen Würde als Göttervater nicht mehr zu vereinbaren waren.[145] Man muß Ström zustimmen, wenn er diese Entwicklung als Prozeß versteht; widersprechen muß man ihm allerdings, wenn er aus dem Umstand, daß Loki (infolge der Blutsbrüderschaft mit Odin) ein echtes Mitglied des Götterkreises ist, ableitet, er könne schon deswegen kein Trickster sein, da es zur ›Prämisse‹ des Tricksters gehöre, in der Götterwelt als Eindringling zu erscheinen und sich aus »mythischer Halbwelt« dorthin emporzuschwingen.[146] Wenn Ström weiter ausführt, gerade durch seine verräterische Handlungsweise versetze Loki sich in eine Stellung, »die ihn der Gesellschaft der Götter entfernt«, so haben wir eben darin das Typische des Tricksters vor uns, der so häufig die schlechtere Hälfte, gewissermaßen das negative Prinzip des seiner eigentlichen Natur nach göttlichen Zwillingspaares verkörpert.[147]

Akzeptieren wir die Trickster-Interpretation, so wirkt das Seidr-Treiben Odins in jener durch die Lokasenna beschworenen fernen Vergangenheit weniger befremdlich. Lokis später als Blutsbrüderschaft gedeutete Beziehung zu Odin (Blutsbrüderschaft galt bekanntlich als Substitut für Blutsverwandtschaft) könnte einstmals ein echtes Brüderverhältnis gewesen sein. Die Trickster-Theorie steht auch nicht, wie Jan de Vries in der 2. Auflage seiner ›Nordgermanen‹ im Anschluß an Georges Dumézil annimmt, im Gegensatz dazu, daß sich im Sagenschatz einiger indogermanischer Restvölker im Kaukasus Gestalten finden, die Loki strukturell ähneln: Diese Ähnlichkeit kann durchaus bestehen, ohne daß der Loki der Asen auf die Figur des Übeltäters der Narten-Sippe zurückgeführt werden müßte. Im Gegenteil, gerade die Vorstellung eines sozusagen ›positiven Helden‹ als Göttervater bzw. -häuptling fordert die Herausbildung eines negativen Gegentypus direkt heraus, da der als schlechthin gut empfundene Gott schwerlich für die unleugbaren mannigfachen Übel in der Welt und im Menschengeschick verantwortlich zu machen ist. Eine derartige Entwicklung hängt vielmehr mit der Ausformung der Idee eines ausschließlich ›guten‹ Gottes zusammen. Auch Jahwes Gestalt war eine solche Entwicklung nicht fremd, denn Satan wurde erst verhältnismäßig spät konzipiert, und zwar ganz offensichtlich deshalb, weil man es als unerträglich empfand, das Böse in der Welt ebenso wie das Gute allein auf Jahwe zurückführen zu müssen.[148]

Einen Beweis im strengeren Sinne für die Richtigkeit dieser oder jener Meinung müssen freilich alle genannten Verfechter der diskutierten Theorien über die Gründe der positiven Beziehungen zwischen Odin und

Loki einerseits sowie beider Vorliebe für Gestalts- und Geschlechtswechsel andererseits schuldig bleiben, da selbstredend jegliche Möglichkeit zur historischen Verifikation fehlt. Andererseits »gibt es auch die Möglichkeit paläoanthropologischer Hypothesenbildung« dort, wo sich nichts mehr historisieren läßt[149], und zwar dann, wenn wir annehmen, daß die Verhältnisse im Pantheon immer auch die in der jeweiligen menschlichen Gesellschaft widerspiegeln und von jener interpretierend verteidigt werden: »Quer durch alle analysierten Gemeinschaftsformen der Volksreligionen hindurch lassen sich Entsprechungen zwischen soziologischen und religiösen Vorstellungen beobachten«.[150] Im Rahmen der germanischen Volksreligion aber war für einen Gott, der gut und böse zugleich war, durchaus kein Raum, zumal ja (vermutlich im Rückgriff auf die ältere Wanen-Religion) der König nur dann als Herrscher akzeptiert wurde, sofern er ›Heil‹ besaß, d. h. bei allen seinen Unternehmungen erfolgreich war und überdies während seiner Regierungszeit im Land Friede herrschte und reiche Ernten wuchsen; man machte den König ja sogar für gutes oder schlechtes Wetter verantwortlich.[151] Je höher darum Odin stieg, desto tiefer mußte Loki sinken, bis er schließlich zu jenem ›Schandfleck der Götter und Menschen‹ geworden war, den Snorri schildert und dessen Schändlichkeit nicht zum Geringsten auf seiner alten schamanistischen Neigung zu ›ergi‹ beruhte, die Odin »in den Tagen der Vorzeit«, wie Frigg sich in der Lokasenna ausdrückte, allerdings mit ihm gemein gehabt hatte.

## 5. ›Ergi‹ als Folge männlicher Seidr-Zauberei

### *a. Die Naharvalen-Frage*

In der schon mehrfach erwähnten aufschlußreichen Studie von Horst Kirchner *Ein archäologischer Beitrag zur Urgeschichte des Schamanismus* findet sich auf S. 277 folgende Bemerkung: »Nicht nur wird in der Überlieferung schamanistischer Völker nicht selten eine Frau als erster Schamane bezeichnet und können Frauen vielerorts in diesem Kreise noch heute die Funktionen eines solchen ausüben, sondern auch im historischen Schamanismus sind so bezeichnende Elemente wie etwa die z. B. für Skythen und Germanen bezeugte Transvestition schwerlich anders zu erklären.«

Dieser Hinweis scheint die hier vertretene Auffassung von der Herleitung der Transvestition im germanischen Raum aus schamanistischen Kulten zu stützen, aber bedauerlicherweise trügt der Schein, weil die dabei von

Kirchner anvisierte ›Transvestition‹ als solche nicht zweifelsfrei überliefert ist und überdies, sofern man sie trotz erheblicher Bedenken doch als einmal vorhanden gewesen annimmt, sicher nichts mit Schamanismus zu tun gehabt hat. Zur Richtigstellung dieses zählebigen Irrtums müssen wir uns im folgenden kurz mit seinen Ursachen auseinandersetzen.

Der Stamm, um den es geht, sind die Naharvalen, und die Quelle, die dem als ›Transvestition‹ gedeuteten Umstand zugrunde liegt, ist eine Nachricht aus Kapitel 43 in Tacitus' *Germania.* Dort heißt es[152]: »Bei den Naharvalen wird ein Hain mit altem Gottesdienst gezeigt: Ihn leitet ein Priester mit weiblicher Tracht (praesidet sacerdos muliebri ornatu). Man erzählt von Göttern, die man nach römischer Auffassung Castor und Pollux nennen würde. Diesen entspricht das Wesen ihrer göttlichen Macht; sie heißen Alken (alcis). Es gibt keine Bilder von ihnen, keine Spur fremdländischen Glaubens; man verehrt sie aber wie Brüder, wie Jünglinge.«

Diese Stelle hat vielen Germanisten Kopfzerbrechen gemacht, da der ›sacerdos muliebri ornatu‹ in die Gesamtkonzeption des germanischen Priesterwesens schlechterdings einfach nicht hineinpaßt.[153] Es sind daher verschiedene Theorien zur Erklärung dieser singulären Sitte gebildet worden, die durch ziemlich vollständige Unklarheit darüber, was man sich eigentlich unter den ›alcis‹ vorzustellen habe, nicht verständlicher wird. Bei der betreffenden Stelle handelt es sich durchaus um ein Beispiel für das, was eingangs als ›membra disiecta‹ in der Berichterstattung des Tacitus charakterisiert worden ist. Aus der Fülle der Deutungen greife ich einige typische Stellungnahmen heraus.

So setzt Graf Oxenstierna[154] Darstellungen der berühmten Goldhörner von Gallehus[155] mit der taciteischen Nachricht über ›weiblich gekleidete Priester‹ bei den Naharvalen in Beziehung, weil auf einem der Goldhörner ein langhaariger, bärtiger Priester in langwallendem Gewand mit einem Goldhorn in der Hand abgebildet ist. Er nimmt an, dies Horn habe Pferdeblut enthalten und die ›alcis‹ des Tacitus seien Elche oder Hirsche. In Anbetracht der Tatsache, daß sich nicht klären läßt, was ›alcis‹ nun wirklich bedeutet hat[156], bleibt diese Interpretation recht angreifbar. Außerdem erklärt sie ja in keiner Weise, warum der opfernde Priester denn weibliche Tracht benötigt. Thede Palms Deutung zielt mehr auf eine Erklärung der ›alcis‹; bezüglich der Priester begnügt er sich mit dem lapidaren Schluß[157]: »Weshalb diese Priester in weiblicher Tracht auftraten, wissen wir nicht.«[158] Zu einer sprachwissenschaftlichen Klärung neigt Eugen Fehrle[159]: »Ein Stamm des wandalischen Volkes sind nämlich die Hasdingi. Ihr Name wird in Verbindung gebracht mit dem altnordischen Wort haddr = langes Frauenhaar.« Für die Edlen dieses Stammes – und natürlich auch für ihre Priester – sei langes Haar obligatorisch gewesen.

Diese Ansicht war (in Anlehnung an Müllenhoff) schon früher von E. A. Philippson[160] ausgesprochen worden; unter dem ›weiblichen Schmuck‹ müßte demnach das lange ›Frauen‹-Haar der Hasdingenherrscher zu verstehen sein. Für diese Hypothese sprechen Namen historischer oder pseudohistorischer Wandalenkönige, »die wie Namen für Doppelgötzen klingen« und die auf dioskurenähnliche Götter zurückverweisen könnten. Jan de Vries[161] stimmt dieser Deutung vorsichtig zu, gibt jedoch zu bedenken, daß dann, wenn mit ›muliebri ornatu‹ wirkliche Frauentracht gemeint sein sollte, an den Einfluß vorderasiatischer Religionen auf die Naharvalen gedacht werden müsse, da dieser Stamm zu den am weitesten nach Osten vorgeschobenen gehörte.[162]
Bedenkt man, daß wir im Zeugnis des Salvianus einen unwiderlegbaren Beweis dafür in Händen haben, daß die wandalischen Stämme[163] Transvestiten ablehnten, so wirkt die taciteische Mitteilung wohl dann glaubhafter, wenn wir die betreffende Stelle nicht mit ›weiblicher Tracht‹ übersetzen, sondern mit ›weibliche Haartracht‹. Zudem bedeutet ›ornare‹ im Lateinischen üblicherweise nicht ›kleiden‹, sondern ›schmücken‹, und zwar sowohl im Sinne von ›aufputzen‹ als auch von ›ehren‹, und es kommt übrigens außerdem geradezu als ›frisieren‹ vor, so daß hier ›sacerdos muliebri ornatu‹ besser durch ›Priester mit weiblicher Haartracht‹ übersetzt werden sollte. Der Text jedenfalls zwingt zu einer anderslautenden Übertragung nicht. Man hat sich eben nur daran gewöhnt, die Naharvalenpriester als ›weiblich gekleidet‹ aufzufassen, so wenig Sinn das im Zusammenhang mit einem Kult von dioskurenähnlichen Gottheiten gibt, da solche sonst nirgends von einer weiblichen oder transvestitischen Priesterschaft betreut werden.[164]
Ich möchte die Naharvalen-Frage deshalb hier wegen der dargestellten Bedenken auf sich beruhen lassen und nicht als Beleg oder gar zu einer Erklärung transvestitischen Verhaltens bei den Germanen heranziehen.

### *b. Etymologie von ›ergi‹ und verwandten Ausdrücken und Begriffen*

Bei Snorri[165] lesen wir über Odins Seidr-Kunst: »Doch mit derart geübter Zauberei ist soviel Ärgernis verbunden[166], daß die Männer sich schämten, sie zu treiben. So lehrte man diese Kunst die Tempelpriesterinnen.« Die Worte des Urtextes lassen nicht den geringsten Zweifel, daß hier ein ganz eindeutiges Abhängigkeitsverhältnis vorliegt: Die ›Argheit‹ folgte aus dem Seidrtreiben, das Zaubern war es, das die moralische Depravierung bewirkte, und zwar – was gleichfalls aus Snorris Text zu entnehmen ist – nur bei Männern. Wir müssen uns jetzt fragen, worin das moralisch Herabziehende, näherhin: Verweiblichende im Seidr denn bestanden haben kann und wollen uns damit in diesem Abschnitt beschäftigen.

Glücklicherweise besitzen wir nicht nur Hinweise auf eine befriedigende Antwort, sondern sogar eine solche Fülle davon, daß sie hier gar nicht ausgeschöpft werden kann[167], weshalb an der Richtigkeit jener Antwort, die sie uns geben, kaum Zweifel bleibt. Ich möchte nun im folgenden die wichtigsten Worterklärungen des ›ergi‹-Komplexes aufzeigen und diese Überlegungen dann von der reinen Etymologie zu einer Interpretation weiterführen, die verständlich machen wird, warum alles mit diesem Fragenkreis Zusammenhängende von den germanischen Stämmen so strikt abgelehnt worden ist.
»In den lebenden germanischen Sprachen ist das Wort arg nebst Ableitungen ziemlich häufig, und zwar ist seine Bedeutung im Nndl. und im Mhd. ›schlecht in moralischer Hinsicht‹ mit verschiedenen Bedeutungsschattierungen. Der engl. Schriftsprache geht das Wort ab, lebt aber noch in nördlichen Mundarten im Sinne von ›feige, träge‹. Diese Bedeutungen sind noch so ziemlich dieselben, in denen ags. earg gebraucht wurde, so daß das vereinzelte Dialektwort einen recht alten Zustand erhalten hat.«[168] ›Ergi‹ (jene Zustandsweise, die vom Seidrtreiben herrührt) geht auf ›arg‹ zurück, das Wort bedeutet im Altnordischen bzw. -isländischen unzüchtiges Betragen, insbesondere passive Homosexualität.[169] Der Begriff der Argheit, ›yrhde‹, wovon das angelsächsiche Recht spricht[170], deckt sich inhaltlich mit der ›ignavia‹ des taciteischen Berichts. Der Ausdruck weist auf Heerflucht bzw. Fahnenflucht im moderneren Sinne hin und reicht seinem Alter nach weit hinter die Völkerwanderungszeit zurück. Auch im Langobardischen galt das Wort als überaus anstößig; zudem näherte es sich dort gleichfalls der Bedeutung von ›feige‹; denselben Sinn hat ›aragan‹ im Spanischen und ›arka‹ im Finnischen.[171] ›Argafas‹ bedeutete im Altnordischen eine unfaire, feige Angriffsweise.[172] Abgeblaßt erscheint dasselbe Wort als ›arga-fas‹ später im Sinne von ›Narretei‹.[173] Der Ergi-Treiber (›argr‹) benimmt sich unzüchtig im Zusammenhang mit Zauberhandlungen, und das Wort Arglist braucht man im Hinblick auf magische Künste[174], wobei es folgerichtig erscheint, daß ›argr‹ nach der Christianisierung ein beliebtes Epitheton des Teufels wurde. ›Ergi‹ bei Frauen ist an Wahnsinn grenzende Geilheit und Brunst, bei Männern Perversität und Verweiblichung.[175] Nach der Christianisierung wurde das Wort in zunehmendem Maß nurmehr für ›feige, unmännlich‹ gebraucht, und das zugehörige Substantiv wurde schließlich zum gängigen Schimpfwort; es charakterisierte dann auch den Ehebrecher. Als der Ausdruck auch als Schimpfwort verblaßte, bezeichnete er nurmehr den Verlust oder das Fehlen der Manneseigenschaften, wie Tapferkeit und Energie.[176] Schließlich wurde ›arg‹ geradezu von den Theologen beschlagnahmt, und der auf Unsittliches abzielende Sinn geriet in der Literatur langsam in Vergessenheit: ›Arg‹ bezeichnete theologisch die

›improbitas‹ schlechthin, und von hier aus war der Schritt zu dem allgemein qualitativ ›schlecht‹, ›schlimm‹ nicht mehr weit. So wurde das Wort recht farblos und konnte endlich nurmehr eine starke Negation ausdrükken.[177] Sein ehemaliger Sinn muß jedoch im Volke stets noch vage bewußt geblieben sein. Luther, der in seinen Schriften bekanntlich auf eine volkstümlich-allgemeinverständliche Ausdrucksweise Wert legte, verwendet ›ärgerlich‹ im gleichen Sinne wie ›anstößig‹: ›Sich ärgern‹ bedeutet ›Anstoß nehmen‹.[178] Und wenn ein Stück, ein Buch, eine Rede oder eine Veranstaltung ›ärgerniserregend‹ ist, so gilt das heute noch weithin als absolut zureichender Grund, um gegen die betreffende Sache prohibitiv vorzugehen. Wir dürfen also sagen, daß ›arg‹ seine ursprüngliche Bedeutung von ›sittlich untragbar‹ sowohl in der Amts- wie in der Umgangssprache im Deutschen noch erstaunlich ungemindert behalten hat.

Mit arg und ergi muß altisländisch ›ragr‹ lautlich und semasiologisch engstens zusammengestellt werden, und zwar im Sinne einer Metathesis, was durch das altisländische Schimpfwort ›rass-ragr‹ wahrscheinlich gemacht wird: »Die Metathesis der beiden Kompositionsglieder mag man als eine im Zorn hervorgesprudelte Affektform oder als einen Euphemismus für das verpönte ars-argr ansehen.«[179] Als Grundbedeutung von ragr wird entsprechend argr gleichfalls ›geil‹ und ›pervers‹ angenommen. Hervorzuheben ist, daß ragr als Schimpfwort in der Edda meist in direkter Rede an eine zweite Person vorkommt (beispielsweise in der Lokasenna in bezug auf Loki). Auf Deutsch heißt das Wort etwa ›Arschficker‹.

Wenden wir uns nach der Etymologie nun der Interpretation solcher Worte wie ›ergi‹, ›arg‹ und ›ragr‹ zu und suchen wir festzustellen, wie sie überhaupt zu jenem negativen Bedeutungsinhalt gekommen sein können, den sie in derart übereinstimmender Weise zeigen. Was machte ›ergi‹ so arg?

»Gewisse Zauberhantierungen hatten . . . etwas Verächtliches an sich wegen der Unmännlichkeit oder Perversität, mit der sie verbunden waren (von der wir übrigens nicht wissen, worin sie bestand).«[180] Nach der Christianisierung wirft der Christ dem zaubernden und opfernden Heiden ergi vor: »es ist der Vorwurf, der auch sonst dem Zauberer gemacht wird, ohne daß wir klar sehen, aus welchem Grunde.«[181] Folke Ström[182] gebührt das Verdienst, diese sonderbaren Umstände erstmals einer Klärung nähergebracht zu haben. Er entwickelt seine Beweisführung, indem er von Lokis Bezeichnung der Seidr-Betätigung Odins (Lokasenna, Strophe 24) als ›args adal‹ ausgeht und schreibt: »Das ist ein sehr kräftiger Ausdruck; er bedeutet eine Beschuldigung des ergi, der für einen Mann herabsetzendste Ausdruck, über den der altnordische Wortschatz verfügte.

Er zielt auf Odins bekannte Erfahrung in der Kunst des seidr's und auf ›seine Fähigkeit, in ekstatischem Zustande Ausflüge in verschiedenen Gestalten zu unternehmen‹ (Strömbäck, As, S. 26), ab. Überhaupt bilden seidr und Gestaltwechsel eine intime Verbindung in diesem Komplex von Vorstellungen ... Der Umstand, daß Weiblichkeit bei einem Manne – und es gilt gewiß nicht nur für Loki – als ergi (args adal) charakterisiert wird, deutet auf einen Zusammenhang mit dem seidr und mit dessen Ausübung verbundenen Eigenheiten«. Ström stellt weiter heraus, daß »diese Kunst, die offenbar unter dem Schutze der Göttin Freya gestanden hat, für ganz legitime Zwecke benutzt worden und ursprünglich eine zum Kult der Göttin gehörende Praxis gewesen« sei. »Verächtlich wurde der seidr erst, wenn er von Männern betrieben wurde. Er wurde für eine tief unmännliche Hantierung gehalten, was ich als eine Folge davon erklärt habe, daß der seidr ursprünglich zu einer exklusiv weiblichen Kultordnung gehört habe. Er wurde nämlich nicht nur als unmännlich betrachtet, er zeugte auch von einem weiblichen Charakter in tieferem Sinn, von einer Veranlagung gleichbedeutend mit Homosexualität, mit sexueller Perversität. Die Belege für diese Anschauung sind zahlreich, und sie kommen auch in den Urteilen über Odin zum Vorschein ... Wenn unsere Annahme richtig ist, daß der seidr eine als spezifisch weiblich angesehene Beschäftigung gewesen ist, liegt die Folgerung nahe, daß Seidmänner ihre Kunst in Frauenausstattung betrieben haben. Es ist nicht schwer, in anderen Kulturkreisen Gegenstücke zu finden.« Ströms recht akzeptable Deutung erhält zusätzliches Gewicht durch die Feststellung, daß die weibliche Verkleidung (die Transvestition) gleichgesetzt wurde mit einer Körperverwandlung[183]: Ebenso wie das Anlegen eines ›Vogelhemdes‹ Fähigkeiten und Eigenschaften eines Vogels verleiht, nämlich z. B. Fliegenkönnen, so verleiht das Anlegen weiblicher Tracht einem Mann Eigenschaften und Fähigkeiten einer Frau, nämlich z. B. Gebärenkönnen.

Gestaltwechsel und Geschlechtswechsel müssen dementsprechend als Manifestationen ein- und derselben Vorstellung verstanden werden, und zwar im Sinne der schamanistischen Verwandlungsideologie, wie sie zu Anfang dieses Abschnitts in Anlehnung an die Definition von Dominik Schröder dargestellt wurde.

Für die Stringenz dieses Schlusses besitzen wir glücklicherweise auch einen sprachlichen Beweis. Die indogermanische Wortwurzel ›ergh‹ = ›schütteln, erregen, beben‹[184], wovon die oben besprochenen Wörter ›ergi‹, ›arg‹, ›argr‹ usw. abzuleiten sind, hat Entsprechungen in Sanskrit (›bebt, tost, stürmt‹), Griechisch (›tanze, hüpfe, springe, bebe‹), Avestisch (›arg, abscheulich‹) und Litauisch (›lüstern, sinnlich‹); die breite Streuung des analogen Bedeutungsinhalts quer durch Eurasien hin zeugt davon,

daß wir es hier mit einem durchaus konformen Vorstellungskomplex zu tun haben, dem die gemeinindogermanische Verständnislosigkeit gegenüber dem transvestitischen Besessenheitsschamanen mit seinen Exaltationen, Ekstasen und sexuellen Kapricen zugrunde liegt.
Daraus ergibt sich, daß der Seidr unmöglich indogermanischenUrsprungs gewesen sein kann. Denn man darf es wohl als psychologische Unmöglichkeit ansehen, daß gerade indogermanische Stämme mit ihrer übersteigerten, zum Teil direkt verkrampft wirkenden Hochschätzung kriegerischer Eigenschaften einem Kult gehuldigt haben sollten, als dessen primäre Folge bei männlichen Teilnehmern eine angeblich bis ins Physiologische reichende Verweiblichung galt. Es läßt sich jetzt auch klären, warum ergi für so abscheulich und depravierend gehalten wurde: weil alles damit Zusammenhängende mit dem indogermanischen Kriegerideal absolut nicht vereinbar war.

### *c. Seidr und Wanen-Religion*

Die durch die Quellen gesicherten Tatsachen, daß einerseits weibliche Gottheiten in der Wanen-Religion mindestens ebenso sehr verehrt wurden wie männliche und andererseits auch im Seidr dominierten, haben manche Autoren zu dem Schluß geführt, der Seidr sei seiner Herkunft nach nicht nur eng mit dem Wanenglauben verbunden, sondern überhaupt wanischen Ursprungs.[185] Dafür gibt es freilich höchstens indirekte Belege. So hörten wir z. B. bei Snorri, daß die Tempelpriesterinnen, die man den Seidr lehrte, gydjur hießen; diese gydjur hatten aber auch mit dem Kultus gewisser damals schon anscheinend obsoleter Steinheiligtümer zu tun, die ihrerseits sicherlich zur Megalithreligion gehören.[186] Njörd, der Wanengott, spricht sich allerdings in der Lokasenna ziemlich unzweideutig gegen Lokis ergi-Treiben aus, während er den Vorwurf der – wanischen – Geschwisterehe so wenig als solchen zu empfinden scheint, daß er nicht einmal darauf eingeht. Diese Einstellung spricht eigentlich nicht für eine Integration des ergi-Komplexes in die offizielle Wanen-Religion, und wenn man gelegentlich liest[187], ›Geschlechtervertauschung‹[188] sei wanisch, dann verweist der betreffende Autor nicht selten zum Beweis dafür auf die Naharvalen-Frage, was hier, wie im vorigen Abschnitt schon dargestellt, aber leider kaum weiterhilft.
Häufiger wird als Beleg für den Zusammenhang zwischen ergi bzw. seidr und Wanen-Religion erwähnt, daß die großen Kultfeste in Uppsala offenbar ausgesprochen sexuelle Züge besessen haben, obgleich wir (infolge der Prüderie der davon berichtenden christlichen Missionare) uns leider nur mit Andeutungen darüber begnügen müssen. »So erwähnt Adam von Bremen (IV 27) ›obszöne‹ Lieder bei den Opferfeiern« (ne-

niae, quae in eius modi ritu libationis fieri solent, multiplices et inhonestae, ideoque melius reticendae), und Saxo erzählt im 6. Buch seiner *Dänischen Geschichte* von dem Recken Starkad, der sieben Jahre auf dem Hof der Söhne Frös – der Gott ist auch hier in euhemeristischer Weise zu einem schwedischen König geworden – zu Uppsala geweilt hat, daß er vor der Zeit der Opfer die Hauptstadt verlassen habe, weil er, wenn er länger dort geblieben wäre, »die weibischen Körperbewegungen und den Bühnenlärm der Schauspieler hätte mitansehen und das weibliche Klappern der Glocken hätte mitanhören müssen, was ihm ein Greuel war«. Mag Saxo auch dabei an die Spielleute (ioculatores) gedacht haben, die seit dem 12. Jahrhundert mehr und mehr auch im Norden mit ihren Possen und Akrobatenkünsten Eingang fanden, so weisen die ›weibischen Körperbewegungen‹ usw. doch mit Bestimmtheit auf ursprünglich sexuelle Tänze und dgl. beim Opferfest zurück.[189] Die Angaben der beiden christlichen Missionare über das alle neun Jahre stattfindende Opferfest in Uppsala ergänzen einander und bestätigen sich dadurch gegenseitig[190], lassen aber leider die wichtige Frage offen, wie Starkads Ablehnung der immerhin öffentlich geübten und geduldeten Kultbräuche aufzufassen ist. Gegen ein Opferfest für Frieden und Fruchtbarkeit kann er schwerlich grundsätzliche Einwände gehegt haben. Wenn ihn etwas störte, dann muß es der ausdrücklich genannte Umstand gewesen sein, daß hier ›weibische Körperbewegungen‹ von Männern ausgeführt wurden, was bei der allgemeinen Einschätzung von ergi nicht zu verwundern braucht. (Wären diese Tänze von Frauen vorgeführt worden, wäre es sinnlos, ihre Bewegungen ausdrücklich als ›weibisch‹ zu charakterisieren; die Stelle gibt nur dann einen Sinn, wenn die Darsteller Transvestiten waren.) Warum allerdings das ›Klappern von Glocken‹ als weibisches bzw. weibliches Geräusch verstanden wird, ist nicht ohne weiteres einsichtig. Die Frage klärt sich aber, zieht man in Betracht, welch enorme Wichtigkeit Lärminstrumente, und zwar vorzugsweise Rasseln, Klappern und Trommeln, im Schamanismus spielen und daß ihr Geläute eines der Medien ist, wodurch der Schamane sich beim Tanzen in Ekstase versetzt. Derartige Tänze waren sicher nicht das Zentrum des Festes; dies wurde vielmehr – abgesehen von den Tier- und Menschenopfern – durch Wagenumfahrten und Opfermahlzeiten gebildet. Wenn wir das Auftreten tanzender, musizierender Transvestiten im Rahmen von Kultfesten, die zu entwickelteren Religionen gehören, d. h. meist volksreligiösen Gottheiten gewidmet sind, als Überrest obsolet gewordener schamanistischer Rituale deuten, so finden sich hierfür adäquate Beispiele aus vielen anderen Gebieten, wo einst schamanistischer Glaube geherrscht hat, und zwar insbesondere aus solchen, wo eine weibliche Gottheit resp. deren Priesterinnen im Mittelpunkt des Festes stehen.[191] Wenn dergleichen in

Uppsala noch geduldet wurde – obwohl manche Leute, wie das Beispiel des Starkad beweist, so etwas höchst anstößig fanden –, so kommt darin zweierlei zum Ausdruck: Einmal der beträchtliche Unterschied zwischen chtonisch orientierter Wanen-Religion, wo sexuelle Praktiken, man möchte sagen: schlechthin als Positiva gewertet wurden, und coelarer Asen-Religion, wo man, wenn überhaupt, sexuelle Riten höchstens noch in privaten Hauskulten übte.[192] Und ferner darf man daraus schließen, daß sich ein überwiegend wanischer Glaube in Südschweden noch bis zur Christianisierung hin in so beträchtlichem Grade gehalten haben muß, daß sich unter seiner Protektion noch Relikte der schamanistischen Glaubenskategorie ungeachtet ihrer grundsätzlichen Ablehnung durch die Asen-Religion in begrenztem – womöglich nur auf das Fest beschränktem – Umfang halten konnten.[193]

Einen klaren Beweis für den wanischen Ursprung des Seidrs bieten uns diese Beispiele jedoch nicht. Die Transvestition beim Opferfest von Uppsala wirkt angesichts dessen, was wir im übrigen von diesem Fest wissen, unmotiviert und isoliert, und ganz sicher war sie nicht für den wanischen Glauben konstitutiv, in dem der hieros-gamos-Komplex sowie die kultische Umfahrt dominierten.

### *d. Seidr und Asen-Religion*

Wenn man von Odins Seidr-Künsten absieht, so läßt sich zwischen Asengöttern und Seidr keine Beziehung feststellen außer allgemeiner und grundsätzlicher Ablehnung. Dasselbe gilt – wiederum mit Ausnahme Odins – für Transvestition: Falls ein Asengott sich schließlich doch einmal zur Verkleidung in eine Frau entschloß, dann nur im Sinne einer Kriegslist.[194]

Wir müssen nun diese negative Beziehung ebenso zu begreifen versuchen, wie die – vergleichsweise – positivere zwischen Seidr und Wanen-Religion. Dabei stößt man auf einen eigenartigen Zusammenhang zwischen Seidr, ›ergi‹ und Roßkulten, der eigentlich eine gründlichere Untersuchung erforderte, als sie hier geboten werden kann, und der zwar von der Forschung zur Kenntnis genommen worden ist (da die Textstellen zu unübersehbare Bezüge darauf geben), dessen tiefere Ursachen einer Analyse jedoch noch harren.[195] Was im folgenden dargelegt wird, sollen daher lediglich einige Hinweise sein, die wenigstens auf die Verbindung von ergi und Pferden etwas Licht werfen können.

Im germanischen Raum ist meist Odin der Gott, der mit dem Pferd in mannigfacher Weise verbunden erscheint.[196] Einen offiziell geübten Kultbrauch – von den eigentlichen Pferdeschlachtungen und dem kultischen Verzehr des Pferdefleisches sowie dem Aufhängen von Pferdekadavern

an Opferbäumen z. B. beim Opfer von Uppsala abgesehen –, der um das Pferd selbst als numinoses Tier zentriert ist, kann man nicht mehr feststellen. Es existiert jedoch ein Beleg dafür, daß sich etwas dergleichen in einem während der Wikingerepoche schon als veraltet aufgefaßten hauskultlichen Brauch erhalten hat, worüber uns die sog. ›Völsi‹-Strophen berichten.
Sie tun das im Rahmen einer Erzählung, die im 13. oder 14. Jahrhundert spielt und deren Held der christliche norwegische König Olaf der Heilige ist. Die Erzählung lautet[197]: »In den Tagen des Heiligen Olaf wohnten auf einem fernen Hofe des nördlichen Norwegen Bauer und Bäuerin, Sohn und Tochter, Knecht und Magd; die wußten nicht um den rechten Glauben. Einmal zu Ende des Herbstes war der fette Lasthengst gestorben, und man wollte nach heidnischem Brauch sein Fleisch zur Nahrung bereiten. Als man ihm die Haut abzog, schnitt ihm der Knecht das Zeugungsglied ab und wollte es aufs Feld werfen. Aber der Sohn des Bauern ergriff es, ging damit in die Stube, wo die Frauen waren, und zeigte es. Die Magd lachte auf, die Bauerntochter sagte, er solle das scheußliche Ding wegwerfen. Die Frau aber nahm den Volsi, trocknete ihn, hüllte ihn in ein Leintuch und legte Lauch und andere Kräuter dazu, damit er nicht faule . . . und bewahrte ihn in einer Kiste auf.[198] Gemeinsam mit ihren Hausgenossen verehrte sie fortan den Volsi wie einen Gott: allabendlich brachte sie ihn in die Stube, dort wurde er von einem zum anderen gereicht und jeder von ihnen sprach eine Strophe.« Als König Olaf einst durch die fragliche Gegend kam, hörte er von dem heidnischen Brauch und wohnte mit zwei Gefährten unerkannt dem Kult des Völsi bei. Als auch ihm das Kultobjekt zur Verehrung gereicht wurde, warf er den Völsi dem Hofhunde vor, gab sich zu erkennen und bekehrte die Leute zum Christentum. Obgleich diese Rahmenerzählung sehr wie eine christlich missionierende Legende wirkt, zeigen die Völsi-Strophen doch, daß er sich hierbei um einen hochaltertümlichen Kult gehandelt haben muß. Nach der Sammlung ›Thule‹[199] lauten die Strophen in ihrer Gesamtheit folgendermaßen:
»Die Bäuerin nimmt den Völsi aus dem Tuche, legt ihn dem Bauern in den Schoß und spricht:

›Gehegt bist du, Wölsi,
und gehütet wohl,
in Linnen gehüllt
und mit Lauch gestärkt.
Nimm an, Mörnir,
die Opfergabe!
Hier nun, Bauer,
nimmt hin den Wölsi!‹

Den Bauern ließ das ziemlich gleichgültig; er nahm ihn jedoch und sprach:

›Nicht weiter würde,
wenn mein Wunsch gölte,
dieses Opfer
Abends gebracht.
Nimm an, Mörnir,
die Opfergabe!
Sohn des Bauern,
sieh den Wölsi!‹

Der Bauernsohn ergriff den Wölsi und hob ihn hoch; er schwenkte ihn seiner Schwester zu und sprach:

›Bringt den Stößel
vor Brautjungfern!
Die sollen abends
ihn anfeuchten.
Nimm an, Mörnir,
die Opfergabe!
Du Haustochter,
nimm hin den Wölsi!‹

Ihr behagte das recht wenig; sie mußte sich aber doch der Haussitte fügen, faßte ihn ganz zaghaft an und sprach:

›Das schwör ich bei Gefjon
und den Göttern allen:
ich fasse den roten
Rüssel nicht gern.
Nimm an, Mörnir,
die Opfergabe!
Knecht meiner Eltern,
nimm an den Wölsi!‹

Der Knecht ergriff ihn und sprach:

›Ein Brot deuchte
viel besser mich
als dieser Wölsi
an Werktagen.
Nimm an, Mörnir,
die Opfergabe!
Dienstmagd des Hofes,
drücke den Wölsi!‹

Die Magd faßte ihn sehr zärtlich, drückte ihn an sich, tätschelte ihn und sprach:

›Nicht wollt ich mich
dawider sperren,
lägen wir zwei
zur Lust vereint.
Nimm an, Mörnir,
die Opfergabe!
Grim, unser Gast,
ergreif den Wölsi!‹

Finn (einer der Begleiter des Königs) nahm ihn und hielt ihn vor sich; darauf sprach er:

›Ich lag gar oft
vor Landzungen,
zog behende
hoch das Segel.
Nimm an, Mörnir,
die Opfergabe!
Grim, Genosse,
ergreif den Wölsi!‹

Er gab ihn darauf Thormod (dem zweiten Begleiter des Königs); der nahm ihn und sah sich sehr genau an, wie der Wölsi gestaltet war, darauf lächelte er und sprach:

›Nie zuvor sah ich,
ob fern ich zog,
solch Gebilde
über Bänke wandern.
Nimm an, Mörnir,
die Opfergabe!
Du, Hauptgrim, auch
nimm hin den Wölsi!‹

Der König nahm ihn und sprach:

›Steuerer war ich
und Stevenhauptmann
und Anführer
alles Volkes.
Nimm an, Mörnir, die Opfergabe!
Hund des Hauses,
hüte das Opfer!‹

Damit warf er ihn auf den Fußboden hin; der Hund aber packte ihn sofort. Aber als die Alte das sah, flog alles an ihr; sie brauste mächtig auf und sprach:

›Wer ist der Mann,
mir unbekannt,
der Hunden gibt
heiliges Opfer?
Durch Türritze schlüpf ich
und Torangel,
wüßt ich zu retten
die Weihegabe.
Leg dich, Lärix,
laß mich ihn nehmen!
Verschling ihn nicht,
schändliches Vieh!‹

Da warf der König seine Verkleidung ab, und sie erkannten ihn. Er lehrte sie darauf den rechten Glauben, und mit Gottes Gnade nahmen sie ihn an, und der König ließ sie durch seinen Hofpfaffen taufen.«
Diese Strophen sind religionswissenschaftlich von hohem Interesse, weil sich ähnliche Bräuche auch in anderen indogermanischen Gebieten finden, wovon ich hier lediglich zwei herausgreifen möchte. Ein Roßkult, mit dem der geschilderte Brauch der Völsi-Verehrung am ehesten zusammengestellt werden kann, ist das indische Aśvamedha.[200] Dabei wurde ein junger Hengst, nachdem man ihn ein Jahr lang in sakraler Weise gehegt hatte, mittels Überwurf von leinenen Decken erstickt.[201] Sobald der Tod des Tieres feststand, kroch die Hauptfrau des opfernden Königs (das Aśvamedha war so aufwendig, daß es nur von Königen dargebracht zu werden pflegte) unter die Tücher und versuchte, das Glied des verendeten Pferdes in die Scheide einzuführen, um so einen rituellen Beischlaf mit dem Tier wenigstens zu versuchen bzw. zu markieren. Die obszönen Wechselreden, die währenddessen von den Priestern und den anderen Frauen des Königs gewechselt wurden, lassen keinen Zweifel daran, daß das Opfer ausdrücklich zum Zwecke des sexuellen Kontaktes zwischen Menschenfrau und numinosem Tier veranstaltet worden ist: Die Kinderlosigkeit, die für das Königtum eine Gefahr darstellte und meist den Anlaß zu diesem Opfer bildete, sollte durch den heilbringenden Kontakt aufgehoben werden. – Ein weiterer auf indogermanischem Gebiet bekannter Brauch, nämlich die Riten, unter denen das römische ›Oktoberroß‹ getötet wurde, läßt sich gleichfalls mit den Völsi-Strophen in Verbindung bringen.[202] Im Frühling und Herbst wurden in Rom zu Ehren des Mars Pferderennen veranstaltet. Bei dem im Oktober »wurde

das rechte Pferd des siegenden Gespanns dem Gott auf dem Marsfeld geopfert; der Hals des Pferdes wurde mit einem Brotkranz ›für das Wachsen der Ernte‹ geschmückt, das Blut wurde gesammelt und von den Vestalen aufbewahrt, während der Kopf und der Schwanz abgehauen und in die regia, den alten Königspalast, gebracht wurden. Der Sinn dieser alten Riten ist dunkel.«[203] Hier scheint jedoch höchstens eine entfernte Beziehung zum Völsi-Kult zu bestehen, es sei denn, man fasse den abgeschnittenen Pferdeschweif als Substitut für das Pferdeglied auf. Bemerkenswert bleibt immerhin, daß der römische und der skandinavische Brauch beide im Herbst geübt wurden; das Aśvamedha mußte dagegen im Februar oder März dargebracht werden.

Stig Wikander hat aufgrund sehr subtiler linguistischer Untersuchungen[204] die Theorie aufgestellt, während der indo-iranischen Gemeinschaftsperiode der Indogermanen habe die Bezeichnung für die Mitglieder der Jungmannschaft (im Sinne eines lokalen Männerbundes) soviel wie ›Liebhaber, junge ausschweifende Leute, Bräutigam‹ oder aber ›Hengst‹ gelautet; die erotisch getönten Termini sind übrigens eindeutig heterosexuell zu verstehen. Gewisse Vergleiche mit Erscheinungen aus dem germanischen Raum, die auf Verbindungen zwischen Initianden und Pferden zu deuten scheinen, haben sowohl Otto Höfler[205] als auch Lily Weiser[206] herausgearbeitet. Selbstredend steht in Germanien wie auch im alten skandinavischen Norden immer Odin im Mittelpunkt solcher Zusammenschlüsse. Pferdegottheiten trifft man im indogermanischen Gebiet häufig an (wenn auch selbstverständlich nicht nur dort)[207], und betrachten wir Odins sonst rätselhaften Beinamen ›Wallach‹ unter diesem Aspekt, so wird er verständlicher: der kastrierte Hengst war der Gott, der geopfert worden war. Und als Arbeitshypothese läßt sich die Überlegung anstellen, ob nicht bei den Indogermanen auf einer relativ alten Stufe, während diese Stämme noch nicht getrennt waren, der Hengst als Repräsentation des männlichen Prinzips schlechthin gegolten haben könnte.

Damit kommen wir zu der Frage, wer das in den Völsi-Strophen angeredete, anscheinend göttliche Wesen namens ›Mörnir‹ gewesen sein mag, dem der Pferdephallus als ›Opfergabe‹ ausdrücklich von jedem der Hausbewohner nacheinander dediziert wurde. Folke Ström hat nachgewiesen[208], daß es sich dabei um die Göttin Skadi gehandelt hat, die er als ›winterlichen Aspekt‹ der Göttin Freya versteht. Es spricht allerdings auch nichts dagegen, Morn-Skadi als eine eigenständige, ältere Gottheit der jägerisch-subarktischen Schicht anzusehen, deren Wesen freilich später mit dem der Wanen-Göttin Freya verschmolz. Denn: »Entsprechend der kulturellen Entwicklung des Nordens haben die Gottheiten des Ackerbaues wie überhaupt des bäuerlichen Lebensbereichs die älteren Gottheiten der Jagd, des Waldes und der Wildnis zurückgedrängt oder diese auch öfter in sich aufgenommen. Das wichtigste Beispiel ist die Göttin Skadi.«[209] Dieser nordischen Göttin also wurden Phalli geopfert; im Fall der Völsi-Strophen haben wir nur den Beleg für einen Pferdephallus, aus früheren Zeiten vielleicht aber auch solche von Menschen. Denn auf den bereits erwähnten Goldhörnern von Gallehus finden sich Abbildungen nackter Männer ohne Geschlechtsteile, was sicherlich als indirekter Hinweis auf vermutlich kultische Kastration gedeutet werden darf.[210] Parallelen zum altorientalischen Kult der Kybele und anderen weiblichen Gottheiten, deren Zahl auch z. B. in Indien nicht klein ist[211], drängen sich auf: deutlich wird aber nicht minder, daß der Kult und die ganze Konzeption einer solchen Göttin mit der Zielsetzung des indischen Aśvamedha kaum mehr etwas zu tun hat. Wir können den nordischen Völsi-Kult darum nur verstehen, wenn wir ihn als einen Teil jenes Verschmelzungsprozesses auffassen, wie er sich zwischen jägerisch-wanischer Religion einerseits und indogermanischer Asen-Religion andererseits in vorgeschichtlicher Zeit abgespielt hat: Göttin und Opferweise blieben bestehen (bezeichnenderweise nurmehr in einem vermutlich ziemlich allgemein als obskur angesehenen Hauskult[212] bei einfachen Bauern), als Opferspender aber figurierte das in der Asen-Religion für besonders numinos gehaltene Pferd, d. h. der Hengst.

Für eine derartige Verschmelzung zweier zwar jeweils um Pferde zentrierter Kulte, die aber dies Tier jeweils gänzlich verschieden auffaßten, gibt es zumindest noch einige weitere Indizien. Dazu gehört z. B. der bekannte steinzeitliche Grabfund von Ulltorpa in Schonen, der fast stets mit indogermanischen Pferdeopfern zusammengestellt wird[213], obgleich die Art der Opferung dort durchaus nichtindogermanischen Typs ist: Denn das Opfertier wurde nicht erstickt, sondern getötet, indem man in die Stirnnaht des Schädels einen Feuersteindolch hineintrieb. Dies Ritual entspricht völlig der Opferweise der alten Magyaren. Da »wilde Pferde vom Atlantischen Ozean bis in die Mongolei«[214] verbreitet gewesen sind, besteht durchaus die Möglichkeit, daß der frühe Fund aus dem Schlamm der Ulltorpa von einem geopferten Wildpferd herrührt.[215] Während der letzten Eiszeit sind Wildpferde in Europa vorwiegend in Form der Treibjagd erbeutet worden[216], indem man sie gegen einen steil abstürzenden Felsen zutrieb und durch Feuer hinabscheuchte. Norwegische Namen wie rŷsseberg für Felsen, von denen Pferde hinabgestürzt wurden, werden als ›Erinnerungen an Pferdeopfer‹ gedeutet[217]; diese Opferart wäre dann aber eine genaue Fortsetzung der steinzeitlichen Jagdmethode und offensichtlich präindogermanisch, da die früheste historisch greifbare Epoche, die für die indogermanische Einwanderung in Europa in Betracht kommt, erheblich später liegt. Andere Belege für die Opferung von Pferden im später germanischen Raum tragen gleichfalls unindogermanische

Züge.[218] Noch bis etwa 1820 wurde im räto-romanischen Gebiet der Schweiz im Frühling an eine Vegetationsgottheit ein Füllenopfer dargebracht.[219] In der Provinz Brabant wurde zu vorrömischer Zeit bei den Nerviern eine Göttin Epona verehrt, die dort ein Heiligtum besaß und als Schirmherrin der Pferde angesehen wurde. 1874/1875 hat man in dem Ort Asse Elewijt über hundert Fragmente kleiner Terrakotta-Figürchen von Pferden ausgegraben, die als ex-voto-Gaben an die Göttin gedeutet worden sind.[220] Eine solche Göttin könnte, ebenso wie Skadi im Norden, zu den weiblichen Gottheiten vom Artemis-Typ gehören und ihre Schirmherrschaft über die Pferde nach Art einer Jagdgöttin wahrgenommen haben. Ich hatte Göttinnen dieses Typs bereits als durch ambivalente Züge gekennzeichnet beschrieben: sie können sowohl gütig wie grausam und blutdürstig sein, und oft sind sie sowohl Geburts- wie Todesgöttinnen. Hierzu paßt das häufige Erscheinen gerade des Pferdes im germanischen Gebiet als Totentier, ja geradezu als Personifizierung der Hel selbst, der Unterweltsgöttin, die ihrerseits als Tochter des Loki gilt. Als jener Gott, der im Umkreis des Todes am häufigsten zusammen mit dem Pferd auftritt, wurde Odin schon genannt. Er ist der Anführer der ›wilden Jagd‹, des Heeres der Toten, die auf Gespensterpferden reiten.

Dieser ganze Komplex läßt sich schwerlich aus rein indogermanischem Glauben herleiten, da dort das Pferd als coelar aspektiertes Geschöpf den Sonnenwagen zieht, und die – bekanntlich ursprünglich als Pferdepaar gedachten – Dioskuren als Helfer und Schützer der Menschen gelten, d. h. der ganze mit dem Pferd verbundene religiöse Vorstellungskreis bei den Indogermanen in keiner Weise chtonische Züge trägt.[221] Bedeutsam scheint allerdings, daß in den offenbar voneinander vielfach und in entscheidender Weise abweichenden Pferdekulten doch jeweils Frauen bzw. eine weibliche Gottheit im Mittelpunkt standen, was für einen Verschmelzungsprozeß beider Bräuche eine günstige Voraussetzung bot.

Nach diesem Exkurs wird es uns leichter fallen, dem anfangs erwähnten eigenartigen Zusammenhang zwischen ergi und Pferden auf den Grund zu kommen. Erinnern wir uns: Sexueller Kontakt zwischen einem Mann als passivem Partner und einem Hengst als aktivem, das galt als ergi in höchster Potenz. Diese schon vom Anatomischen her abstruse Vorstellung, die übrigens ihresgleichen auf der Welt sonst nicht hat, deutet, zumal wenn ein solcher Vorwurf gleichzeitig im selben Atem mit Verweiblichungsverdacht geäußert wird, eindeutig darauf hin, daß ein entsprechender Sexualkontakt – analog dem Aśvamedha – einst eine von Frauen geübte Kultsitte gewesen ist. Ziehen wir nun in Betracht, welche nicht unbedeutende Rolle transvestitische Schamanen innerhalb der jägerischen Komponente der germanischen Religion stellenweise spielten (noch im Opfer von Uppsala ist ihr Auftreten zu vermuten), so dürfen wir schließen, daß sie auch im Kult von Jagdgöttinnen in der ausgehenden Steinzeit Funktionen hatten, vermutlich infolge der Anähnelungstendenzen des transvestitischen Schamanen an die Frau als Besessenheitsschamanin. In der Periode der Ausbreitung der megalithischen Wanen-Religion ging der Anteil solcher Kulttransvestiten vermutlich langsam zurück. Infolge der großen sexuellen Toleranz, die die Wanen-Religion mit anderen Fruchtbarkeitsreligionen teilte, wurde die Möglichkeit zur Transvestition aber nicht ganz unterdrückt. Kultische Transvestition mag eine Voraussetzung für kultische Kastration gewesen sein, für welche letztere wir ebenfalls Belege haben. Insgesamt gesehen bietet dies Bild erstaunliche Ähnlichkeit mit altorientalisch-mediterranen Religionen, und daß man diese Seite der germanischen Religion in der Forschung stets recht vernachlässigt hat, rührt nicht zuletzt von dem idealisierenden Ausgangspunkt der germanischen Forschung her, der Romantik, die alles Vergangene zu einer unwahrhaftigen Erhabenheit hochzustilisieren tendierte (so wurden etwa auch die durchaus erwiesenen germanischen Menschenopfer häufig geradezu geleugnet).

Eine andere Seite des uns beschäftigenden Problems wurde bisher nicht berührt. Es handelt sich dabei um die für diese Untersuchung konstitutive Frage des Zusammenhangs zwischen der Ächtung der männlichen Homosexualität einerseits und der notorischen germanischen Geringschätzung der Frau andererseits. Denn die soziale Einschätzung der Frau[222] ist in der Wanen-Religion anders gewesen als in der später dominierenden Asen-Religion. Wenn man von der schon erwähnten Voraussetzung ausgeht, daß die Zustände im Pantheon stets die auf der Erde widerspiegeln, so dürfte die soziale Stellung der Frau in der Wanen-Periode ziemlich hoch gewesen sein; vielleicht war sie in mancher Hinsicht der des Mannes sogar überlegen. Sie muß jedenfalls genug Selbstbestätigung und Prestige geboten haben (vielleicht speziell auf dem Gebiet des Tempeldienstes oder ähnlichem), um einigen Männern die Rolle der Frau als wünschenswerter denn die eigene Geschlechtsrolle erscheinen zu lassen. Nur so läßt sich das Weiterbestehen der Institution der Transvestition auch innerhalb der Wanen-Religion interpretieren. Je weiter jedoch die Asen-Religion vordrang, desto stärker setzten sich die indogermanischen Vorstellungen des Kriegerideals als absoluter Richtschnur für das Ausfüllen der männlichen Rolle durch. Männer, die in sexuell getönten Wanen-Kulten die Rolle der Frauen einnahmen, standen zu jenem extrem stark als Wert empfundenen Männlichkeitsideal in so schreiendem Widerspruch, daß sie auf die indogermanischen Krieger sowohl herausfordernd (da die von ihnen geglaubte und verteidigte Wertordnung auf den Kopf stellend) wie verächtlich wirken mußten. Unfähig, die Wertakzente[223]

einer ihnen fremden Kultur richtig einzuschätzen, diskriminierten sie die Kulttransvestiten daher auf ethnozentrische Weise: Wer es ablehnte, ein Krieger zu sein, den konnte nur ein einziges Motiv dazu bestimmen, nämlich eine geradezu abgründige Feigheit, folgerte man.
In Snorris Edda wird berichtet[224], woher die zaubertreibenden Menschen stammen. Dabei bilden die als ›seidberender‹ Bezeichneten eine Gattung für sich. In der ›Sammlung Thule‹ wird dieser Ausdruck etwas farblos mit ›Seidtreibende‹ übersetzt. Auf welche Vorstellungen er wirklich zurückgeht, haben E. Noreen[225] und Dag Strömbäck[226] durch linguistische Vergleiche herausgearbeitet, wobei ersterer die enge (und als obszön aufgefaßte) Verbindung von ergi und Pferden aufzeigte, während letzterer unter Hinzuziehung auch von rezenteren Dialektformen zu einer Hauptbedeutung von ›Seyd vulvae‹, ›weibliche Geschlechtsteile‹ gelangte. Beides sind Erklärungen, die die starke sexuelle Komponente im Seidr betonen. Überdies gibt es in zahlreichen indogermanischen Sprachen verwandte Worte, die die Grundbedeutung von ›tragen‹ haben, sowie Ableitungen davon, die vielfach im Sinne von ›gebären‹ benutzt werden (die Klangähnlichkeit von ›gebären‹ und ›berender‹ ist kein Zufall), ferner von ›hervorbringen‹ und ›schwanger sein‹. Im Russischen hat sich sogar geradezu die Bedeutung ›die Trächtige‹ (von Stuten) erhalten.[227] Wenn wir vermuten, die Seidr treibenden Männer seien wegen der als notorisch aufgefaßten Verbindung von Seidr und ergi quasi als ›Stuten‹ angesehen worden, dann wird das durch die sprachlichen Hinweise gestützt; und wenn man ›Seidberender‹ (Plural) sinngemäß mit ›Seid-Trächtige‹, ›vom Seidr-Treiben-Schwangere‹ übersetzt, dann kommt man wohl der hinter dem Wort stehenden konkreten Vorstellung[228] so nahe, wie das bei den schließlich doch verhältnismäßig dunklen Überlieferungen der fraglichen Quellen nur möglich ist.
Diese Quellen behandeln einen Zusammenhang zwischen Seidr und ergi meist als feststehende Tatsache. Einzelheiten erfährt man jedoch nie direkt; sie lassen sich lediglich aus den übrigen berichteten Charakteristika des Seidr erschließen. Dies beharrliche Schweigen darüber, wie ergi sich denn nun im Seidr zeigt, ist jedoch bereits selbst ein Indiz, nämlich dafür, daß der ganze Komplex schon damals einem Tabu unterlag. In diesem Tabu manifestierten sich die Wertvorstellungen und die schließliche Dominanz der Asen- über die Wanen-Religion bzw. die in letztere integrierten, noch älteren jägerisch-schamanistischen Kultformen, wozu auch die Transvestition gehört hat.

»Der Gedanke an die Möglichkeit einer Vertauschung des Geschlechts hat die Phantasie vieler Völker beschäftigt und sich gemäß der jeweils verschiedenen Geltung der beiden Geschlechter und des Geschlechtlichen überhaupt in Mythos und Volksglaube niedergeschlagen. Anormale Bildungen der Natur und irrtümliche Beobachtung derselben mögen dieser Vorstellung immer neue Nahrung geliefert haben ...«, wobei »der Volksglaube sich ... vorwiegend mit der Verwandlung eines Mannes in ein Weib beschäftigt und diesen Geschlechtswechsel als eine Strafe oder Untat überirdischer Wesen, als eine Schande der Unnatur oder schlechthin als Schimpf, Scherz oder Wunder verwendet ... Der Glaube an die Möglichkeit zauberischen Geschlechtswechsels stellt sich im Norden zu dem Gestaltentausch- und Werwolfsglauben.«[229] Da ich mit Alois Closs[230] die Ansicht teile, daß der Versuch sich lohnt, bestimmten Problemen der germanischen Religion wie z. B. dem des Geschlechtswandels auf ethnologischem Wege näherzukommen und außerdem für den Glauben an zauberischen Geschlechtswechsel gerade im Bereich der schamanistischen Religionskategorie Eurasiens Beispiele in überreichem Umfang nachzuweisen sind[231], glaube ich dem Phänomen des ergi im Seidr am besten gerecht zu werden, wenn man den Seidr als ursprünglich schamanistische Praktik auffaßt und ergi als Folge der Transvestition, wie sie als Manifestation einer magischen Weltschau auch im Schamanismus anderer eurasischer Gebiete nicht selten vorkam.

Die Vorbereitungen für den Seidr pflegten einen Abend vor der eigentlichen Sitzung stattzufinden, woraus sich schließen läßt, daß während dieser voraufgehenden Zeremonien, über die wir leider so gut wie nichts wissen[232], jene Dinge praktiziert worden sein könnten, die Außenstehenden eine Verbindung von Seidr und ergi gegeben scheinen ließen. Welcher Art diese Präliminarien waren, läßt sich nur vermuten; Folke Ström nimmt an[233], daß Seidmänner ihre Kunst in Frauenausstattung betrieben hätten. Das allein wäre auch meines Erachtens bereits ein für altnordische Begriffe völlig zureichender Grund, dabei ›ergi‹ zu mutmaßen.[234] Jene Verbindung zwischen Seidr und Pferden, wie sie in den linguistischen Untersuchungen zum ergi-Begriff so eindeutig hervortritt, wird durch unsere Quellen sonst nicht belegt. Hierfür scheinen jedoch Beziehungen zu einem wanischen Fruchtbarkeitskult konstitutiv gewesen zu sein, der mit (prä?)germanischen Pferdeopfern zusammenhing. »In diesem Komplex bilden Beschuldigungen des seidr's, des ergi und obszöner, sexueller Anspielungen, die auf vermeintlichen Beischlaf mit Pferden auslaufen, eine unzertrennliche Einheit. Das Infamierende traf hauptsächlich den passiven Part in einer derartigen Verbindung, mit anderen

Worten den, der die weibliche Rolle spielte. Etwas derartiges war ergi in höchster Potenz. Wenn ein Mann als Mähre, die sich mit einem Hengst paart, geschildert wird, so war das gleichbedeutend damit, daß man hingestellt wurde als der Prototyp eines unmännlichen, verweichlichten, passiv homosexuellen Individuums ... Die Infamie, die an den Männern haftete, die sich mit diesen Riten befaßten, mag gegen den Hintergrund der hier angedeuteten Verhältnisse gesehen werden.«[235]

Diese Charakterisierung Folke Ströms trifft den Kern der Diffamierung des Seidrs, sofern er von Männern getrieben wurde, ausgezeichnet. Seine Erklärung verdeckt dabei jedoch eine Diskrepanz: Entsprechende Riten, die irgendwie mit einem (wie auch immer gearteten) Pferdekult zusammenhängen oder auch nur darauf hindeuten könnten, kommen in den über Seidr berichtenden Quellen einfach nicht vor. Wo einmal anschaulich über Seidrveranstaltungen erzählt wird[236], bietet sich uns vielmehr das Bild einer echten schamanistischen Sitzung nebst allen dazugehörigen Begleitumständen. Ich möchte daher die Vermutung aussprechen, daß die Diskriminierung gegen den Seidr weniger auf einer Ablehnung solcher Seancen schlechthin beruhte, sondern sich gegen jedwedes homosexuell-transvestitische Element im Kult richtete, gleichgültig, ob es sich um jägerisch-schamanistische oder wanisch-volksreligiöse Bräuche handelte. An letzteren, in denen sexuelle Riten zur Beförderung der Fruchtbarkeit im Mittelpunkt standen, könnten sich neben Frauen auch Kulttransvestiten beteiligt haben, in deren Stand[237] man eine Weiterbildung der Institution des transvestitischen Besessenheitsschamanen erblicken darf.

Zu Anfang dieses Kapitels habe ich zu zeigen versucht, welche hochbedeutsame Funktion im Schamanismus die Fähigkeit und Neigung des Schamanen zur Identifikation mittels Imitation hat. Diese Fähigkeit besteht selbstverständlich unabhängig von ihren jeweiligen Objekten; diese können wechseln, ohne daß sich im Grunde sowohl am Akt des Schamanierens wie auch an dessen Ziel etwas ändert. Es wurde ebenfalls darauf hingewiesen, daß im Schamanismus als einer ursprünglich archaischen und in der Frühzeit wohl sehr weit verbreiteten Religion ein prämystisches Element steckt, und bekanntlich ist es für den Mystiker weniger wichtig, in die Betrachtung welcher Gottheit er sich versenkt, als daß ihm während dieser Versenkung die Herstellung der ›Unio mystica‹ mit seinem Meditationsobjekt gelingt. Ähnlich ist es für den Schamanen nicht von entscheidender Wichtigkeit, welche Gottheit es ist, zu der seine Seele in ekstatischer Jenseitsreise aufbricht oder mit der er sich bis zur Besessenheit identifiziert; absolut entscheidend aber ist, daß seine in der Ekstase oder Besessenheit erreichte erlebnishafte Begegnung mit dem Heiligen[238] gelingt. Insofern ist der Schamanismus sehr offen für religiö-

ses Lehngut verschiedenster Provenienz, und zwar um so mehr, je intensiver sein Kontakt zu einer Volksreligion wird. Seine Auseinandersetzung damit besteht meist einfach darin, daß er die Götter der betreffenden Volksreligion – im Sinne neuer Objekte von Ekstase und Besessenheit – in die schamanistische Identifikationsbestrebungen mit hineinnimmt. Da die schamanistische Beziehung zu Geistern beim Besessenheitsschamanen häufig als Liebesverhältnis oder als Ehe aufgefaßt wird, bieten sich stark sexuell akzentuierte Gottheiten, wie sie in der Wanen-Religion dominierten, besonders leicht als neue Identifikationsobjekte schamanistischer Besessenheit und Ekstase an. Weil aber die Transvestition im Schamanismus als ›Befehl von Geistern‹ und damit als legitim und die Seance fördernd angesehen worden ist, stand einer Kultausübung von Männern in einem eigentlich exklusiv weiblichen Kultdienst seitens der schamanistischen Grundvorstellungen nichts im Wege, so daß der Schamane sich ohne Schwierigkeiten ins Kultleben der neuen Volksreligion integrieren lassen konnte. Vielleicht trat dabei zur Transvestition noch die kultische Kastration, die im ursprünglichen Schamanismus unbekannt ist, weil man glaubt, daß die Geister selbst den Geschlechtswechsel auch in anatomischer Hinsicht bewerkstelligen können.
Im Verlauf des Vordringens und schließlichen Sieges der Asen-Religion aber wurde die transvestitische Identifikation als untragbar diskriminiert und infolgedessen wahrscheinlich extrem selten, so daß wir keine direkte Nachricht über einen Mann haben, der den Seidr in Frauenausstattung ausgeübt hätte. Lediglich die germanischen Mythen über Lokis und Odins diesbezügliche Eskapaden legen nahe, daß auch während der Epoche der Asen-Religion die Transvestition im Seidr noch vorkam, wenngleich man sie für ›ergi‹ hielt.
Später hat man in Island auf ergi bezügliche Anwürfe unter dem Oberbegriff ›ykí‹ zusammengefaßt[239]; der Ausdruck bedeutet ›Übertreibung‹, ›Unmögliches‹. Daran zeigt sich klar, daß man sich derlei im Grunde überhaupt nicht mehr realiter vorstellen konnte. Logischerweise hätte man demnach über solche Vorwürfe achselzuckend hinweggehen können. Das aber war keineswegs der Fall: sie zählten vielmehr zu den schwersten nur denkbaren und der so Beleidigte durfte seinen Beleidiger auf der Stelle totschlagen, ohne dafür belangt werden zu können, d. h. mit vollem Konsensus aller. So setzte man sich voll abergläubischer Scheu auf der einen und juristischer Rationalität auf der anderen Seite mit dem Problem des Geschlechtswechsels auseinander, vor dem man sich noch fürchtete, obgleich man nicht mehr daran glaubte.
Während der letzten vorchristlichen Jahrzehnte haben »die Gestalten, die die Nachtseite des Lebens verkörpern«, in der germanischen Vorstellung eine Bedeutung bekommen, die ihnen während der Blüte der Asenreli-

gion und auch vorher wohl kaum zukam: »Es geht eine Welle von Weltangst und Grauen über den germanischen Menschen dahin . . . Mit dem Eintritt der Germanen in die Völkerwanderung, mit der ersten Berührung zwischen ihnen und der außergermanischen Welt beginnt ›Midgards Untergang‹, und in demselben Augenblick erweist sich die Ohnmacht seiner Götter . . . Die germanische Religion hat zunächst versucht, durch Weiterbildung aus eigenem und durch Übernahme fremden Gutes der neuen Lage gerecht zu werden. Sie hat dabei eine außerordentlich große schöpferische und amalgamierende Kraft bewiesen . . .« Aber: »Eine im Leben der Menschen bewährte Antwort auf die großen Existenzfragen, die die neue Lage an die Germanen stellte, hat auch die umgeformte, weitergebildete germanische Religion nicht geben können.«[240] Weltangst und Furcht vor der persönlichen Zukunft[241] jedoch bilden einen günstigen Nährboden für jede Art von Aberglauben. Darum »wimmelt es im 10. Jahrhundert in Norwegen förmlich von Zauberern«[242], und das gleiche gilt kurz vor der Christianisierung auch für andere skandinavische Gebiete. Denn die Magie war im täglichen Leben der Leute schließlich wichtiger geworden als die asische Volksreligion, die auf die drängenden Fragen der Gegenwart keine oder nurmehr resignierende Antworten zu bieten vermochte. Der Seidr aber hatte seinen religiösen (d. h. frühreligiös-magischen) Charakter weitgehend verloren und war zur rein magischen Praktik abgesunken.[243] Daraus erklärt sich auch, warum man ihn damals fast stets als bösartigen Schadenszauber aufgefaßt hat, obwohl unsere Quellen auch von durchaus harmlosen Seidr-Sitzungen berichten. Er war nun nicht länger mehr nur mit einem moralisch-ethnozentrischen ›Ärgernis‹ (ergi) verknüpft, sondern bildete Züge aus, die als entschieden sozialschädlich bezeichnet werden müssen: Aus dem zwischen Menschen und Gottheiten vermittelnden, heilbringenden Schamanen und Trickster war ein ›Neiding‹ geworden.

1 Gustav Mensching: *Die Religion,* op. cit., S. 23.
2 Zum Begriff der Typologie der Religion vgl. Gustav Mensching: *Die Religion,* op. cit., S. 77–81.
3 Es soll an dieser Stelle darauf verzichtet werden, weitere Beispiele für das typologische Merkmal der Identifikation in Frühzeit- und anderen Religionen aufzuweisen, da diese Aufgabe eine eigene Arbeit erfordern würde.
4 Dominik Schröder: Zur Struktur des Schamanismus. In: *Anthropos,* Bd. 50, 1955, S. 862.
5 Dominik Schröder: Zur Struktur des Schamanismus, op. cit., S. 879.
6 Karl J. Narr: *Urgeschichte der Kultur,* op. cit., S. 148.
7 Vgl. dazu: Horst Kirchner: Ein archäologischer Beitrag zur Urgeschichte des Schamanismus. In: *Anthropos,* Bd. 47, 1952, S. 244–286; Hans Findeisen: *Schamanentum, dargestellt am Beispiel der Besessenheitspriester nordeurasischer Völker,* Stuttgart 1957; Mircea Eliade: *Schamanismus und archaische Ekstasetechnik,* Zürich und Stuttgart 1956; ders.: Recent works on Shamanism. A review article. In: *History of Religions,* Vol. 1, No. 1, Chicago 1961.
8 Mircea Eliade: Recent works on Shamanism, op. cit., S. 166 ff. bringt Beispiele für das Auftreten von Schamanismus aus den folgenden Regionen: Sibirien und Mongolei, Nord- und Südamerika, Südostasien, Ozeanien, Lappland, Finnland, Estland, Ungarn, dem alten skandinavischen Norden, dem antiken Griechenland und dem alten Iran, aus Indien, Tibet, China, Korea und Japan.
9 Der so oft anzutreffende Umstand, daß Besessenheit speziell von den Geistern resp. Seelen verstorbener Anverwandter hervorgerufen wird, könnte vielleicht aufgrund einer schon früh zu den weiblichen Obliegenheiten und kultischen Pflichten der Frau gerechneten Fürsorge auch gegenüber bereits verstorbenen Angehörigen entstanden sein. In den wildbeuterischen bzw. jägerischen Frühkulturen war die Frau weit ortsgebundener als der Mann, da ihr Wirken stets auf und um bestimmte fixe Plätze der Umgebung zentriert war (z. B. gleichbleibend ergiebige Sammelgründe, Wasserstellen, das Feuer usw.). Aus der älteren Steinzeit ist nun erstmals die Sitte der sog. ›Hausbestattung‹, d. h. Beerdigung der Toten unter dem Wohnplatz, berichtet, die bei Naturvölkern der Gegenwart als Ausdruck besonderer Verbundenheit mit den Toten gilt, wofür man sie sicherlich auch in der Frühzeit halten darf. Wenn sich der Ruheplatz der Toten direkt unter dem Wohn- und Schlafplatz der Familie und nahe dem Feuer befunden hat, liegt der Gedanke an eine besonders enge Verbindung zwischen ihnen und den Frauen, die täglich bei diesem Feuer und also in viel engerer räumlicher Nähe zu den Toten als die Männer beschäftigt waren, wohl nicht fern. Daß die Hausbestattung auch für eine schließlich erfolgte Konzeption weiblicher Gestalten als Stamm- und Ahnmütter oder Ortsgottheiten von Bedeutung gewesen sein mag, ist selbstverständlich nur zu vermuten, erscheint jedoch von den gegebenen Voraussetzungen aus eher möglich als fraglich.
10 Nach Walter Dostal: Ein Beitrag zur Frage des religiösen Weltbildes der frühesten Bodenbauer Vorderasiens. In: *Archiv für Völkerkunde,* Bd. 12, Wien 1957, S. 54–109 erscheint es nicht wesensfremd, »wenn mit dem

entscheidenden Schritt der Menschheit von Wildbeutertum und Jagd zum Bodenbau den weiblich aufgefaßten höheren Wesen der Wildbeuterreligion nun auch die Herrschaft über einige als wesensverwandt empfundene Domänen des durch den wirtschaftlichen Wandel modifizierten Weltbildes übertragen wurde«.

11 Zu diesem Problemkomplex vgl. L. J. Sternberg: Die Auserwählung im sibirischen Schamanismus. In: *Zeitschrift für Missionskunde und Religionswissenschaft,* Bd. 50, Basel 1935, S. 239 ff.

12 Hans Findeisen: *Schamanentum, dargestellt am Beispiel der Besessenheitspriester nordeurasischer Völker,* op. cit., S. 199 nimmt an, in prähistorischen Zeiten sei der Schamane von Tierseelen besessen gewesen.

13 Nicht selten treten die weiblichen Statuetten der paläolithischen Funde vergesellschaftet mit Vogelfigürchen auf, was Horst Kirchner (in: Archäologischer Beitrag zur Urgeschichte des Schamanismus, op. cit., S. 277) als Hinweis auf ihre Zugehörigkeit zur schamanistischen Glaubenskategorie wertet, in der die oft vogelgestaltige Schamanenmutter einen wichtigen Platz einnimmt. Ein weiteres Indiz hierfür könnte die – vogelartige – Gestaltung der Gesichtspartie kleiner irdener Frauenstatuetten sein, wie sie aus Funden des 3. Jahrtausends v. Chr. aus Rußland bekannt sind (vgl. die Abbildung auf S. 6 [Bildteil] des Ausstellungskatalogs: Historische Schätze aus der Sowjetunion, 2. Aufl., herausgegeben vom Gemeinnützigen Verein Villa Hügel e. V., Essen 1967).

14 Vgl. neben Horst Kirchner: Ein archäologischer Beitrag zur Urgeschichte des Schamanismus, op. cit., auch Herbert Kühn: *Das Erwachen der Menschheit,* Frankfurt/M. 1954, S. 161.

15 Nach Waldemar Bogoras: *The Chukchee,* Part II.: Religion. In: Publications of The Jesup North Pacific Expedition, Vol. VII. (Memoirs of the American Museum of Natural History) New York und Leiden 1907, S. 449–457; Mircea Eliade: *Schamanismus und archaische Ekstasetechnik,* op. cit., S. 428 f.

16 Einzelheiten bei Helmut Straube: Die Tierverkleidungen der afrikanischen Naturvölker, op. cit.

17 Vgl. Richtigstellung bei Mircea Eliade: *Schamanismus und archaische Ekstasetechnik,* op. cit., S. 181, bes. S. 462 f.

18 Waldemar Bogoras: *The Chuckchee,* Part II.: Religion, op. cit.; Mircea Eliade: *Schamanismus und archaische Ekstasetechnik,* op. cit., S. 246 f.; Ake Ohlmarks: *Studien zum Problem des Schamanismus,* op. cit., S. 136.

19 Mircea Eliade: *Schamanismus und archaische Ekstasetechnik,* op. cit., S. 213: »Die Ekstase durch Pilzvergiftung ist in ganz Sibirien bekannt«; S. 381: »Die Bedeutung des Hanfrauschs wird andererseits durch die riesige Verbreitung unterstrichen, welche das iranische Wort durch ganz Zentralasien erfahren hat.«

20 Zum Höhepunkt mystischen Erlebens in der Unio mystica vgl. Gustav Mensching: *Die Religion,* op. cit., S. 117 f.

21 F. Heiler: *Das Gebet,* 5. Aufl. 1923, München, S. 259.

22 Hinzu kommt, daß dem Schamanen andere Menschen bei seinen Bemühungen um Erreichung der Trance oft behilflich sind, sowohl Männer wie Frauen. Ake Ohlmarks (*Studien zum Problem des Schamanismus,* op cit., S. 309) charakterisiert deren Tätigkeit: »Das geschieht durch Singen, Räu-

cherung, praktische Hilfsdienste verschiedener Art, Ermunterung oder endlich durch kraftverleihende Anwesenheit einer wissenskundigen Schamanenfrau. Singen oder Schreien stehen dabei nicht an letzter Stelle und sind, wenigstens bei Lappen, Jukagiren, Tschuktschen, westgrönländischen und asiatischen Eskimos mit Beispielen belegt. Fast überall dürfen die Frauen in gleicher Weise wie die Männer mit dabei sein und bilden mit diesen zusammen eine die Seance fördernde und von teilnehmendem Interesse erfüllte Zuhörerschaft.«

23 Eine sorgfältige Analyse könnte z. B. im tibetischen Buddhismus durchaus eine mit der vorbuddhistischen Bön-Religion zusammenhängende schamanistische Glaubensschicht herausarbeiten, deren Einfluß auf die ganz eigenartige Ausprägung buddhistischer Vorstellungen in Tibet nicht ohne Einfluß gewesen sein dürfte.

24 Umfangreiche Literaturangaben bei: Gisela Bleibtreu-Ehrenberg: Homosexualität und Transvestition im Schamanismus, op. cit., S. 222 f.

25 Äußerst bezeichnende Beispiele von amerikanischen transvestitischen Schamanen bei R. E. Latcham: Ethnology of the Araucanos. In: *The Journal of the Royal Anthropological Institute of Great Britain and Ireland,* Vol. 39, London 1909, S. 334–370.

26 Ake Ohlmarks: *Studien zum Problem des Schamanismus,* op. cit., bes. S. 1–58 (mit Angabe der russischen Quellen).

27 Davon abgesehen kommen natürlich gelegentlich auch Fälle von Hermaphroditismus vor, die, weil sie Mischformen männlicher und weiblicher Geschlechtsmerkmale zeigen, als im Gange befindliche zauberische ›Geschlechtsumwandlung‹ gedeutet werden.

28 S. A. Tokarew: *Die Religion in der Geschichte der Völker,* Berlin 1968, S. 217.

29 Vgl. zum Auftreten von Transvestismus bei Männern in Europa insbesondere die folgenden Arbeiten: Hans Bürger-Prinz, H. Albrecht und Hans Giese: Zur Phänomenologie des Transvestitismus bei Männern. In: *Beiträge zur Sexualforschung,* 2. Aufl., 3. Heft, Stuttgart 1966; Claus Overzier: Beitrag zur Kenntnis des männlichen Transvestitismus. In: *Zeitschrift für Psychotherapie,* 6. Jg., Stuttgart 1956, S. 84 ff.

30 Beispiele bei: J. M. van der Kroef: Transvestitism and the religious Hermaphrodite in Indonesia. In: *Journal of East Asiatic Studies,* Vol. III, No. 3, Manila 1954, S. 259; G. Devereux: Institutionalized Homosexuality of the Mohave Indians. In: *Human Biology,* 9. Baltimore 1937, S. 517; N. Oestreich-Lurie: Winnebago Berdache. In: *American Anthropologist,* 55, 1953, S. 709; Ruth Benedict: *Urformen der Kultur,* Hamburg 1955, S. 201; T. H. Lewin: *Wild Races of South-Eastern India,* London 1870, S. 255.

31 Vgl. M. Czaplicka: *Aboriginal Siberia,* Oxford 1914, S. 243 ff.

32 Ake Ohlmarks: *Studien zum Problem des Schamanismus,* op. cit., S. 6.

33 Andreas Lommel: Der Schamanismus. In: *Bild der Wissenschaft,* 3. Jg., Heft 10, Stuttgart 1966, S. 793–803.

34 Richard Jente: Die mythologischen Ausdrücke im altenglischen Wortschatz. In: *Anglistische Forschungen,* Heft 56, Heidelberg 1921, S. 120. Das deutsche Wort ›Zauber‹ findet seine Entsprechung im angelsächsischen teafor ›roter Ocker‹, rote (Zauber-)Farbe; Ableitungen davon weisen auf ›malen, zeichnen‹ (Ernst Alfred Philippson: *Germanisches Heidentum bei*

*den Angelsachsen,* Leipzig 1929, S. 208 f). Schon Jakob Grimm vermutete, die rote Farbe sei bei zauberischen Handlungen, z. B. dem Runenritzen, verwandt worden (*Deutsche Mythologie,* 4. Aufl., S. 862 f.); die Verwendung des Ockers im Totenbrauchtum könnte ein Substitut für ursprüngliche Opferung von Menschen oder Tieren resp. ihres Blutes am Grab darstellen (Carl Clemen: *Urgeschichtliche Religion,* I. Teil, Bonn 1932, S. 27 ff.).

35 Otto Schrader: *Reallexikon der indogermanischen Altertumskunde,* Bd. II., Berlin 1929, S. 146.

36 Man stellt neben ›Seidr‹ z. B. folgende Ausdrücke: lit. ›saitas‹ = Zeichendeuterei, Orakel (Hugo Gehring: Über Weissagung und Zauber im nordischen Altertum. In: *Abhandlungen zur nordischen Philologie,* Kiel 1902, S. 25); ags. ›sidsa‹ = eine Art Behexung (Ernst Alfred Philippson: *Germanisches Heidentum bei den Angelsachsen,* op. cit., S. 209). Da die idg. Wurzel sei, si die Bedeutung von ›binden‹ hat (Matthew H. Volm: *Indoeuropäisches Erbgut in den germanischen und slavischen Sprachen,* Wiesbaden 1962, S. 24), nehmen andere Autoren (Julius Pokorny: *Indogermanisches etymologisches Wörterbuch,* Bd. I., Bern und München 1959, S. 891; Richard Jente: *Die mythologischen Ausdrücke im altenglischen Wortschatz,* op. cit., S. 281) als Grundbedeutung von ›Seidr‹ eine Art Bindezauber bzw. Knotenmagie an. Eine weitere Etymologie stellt ›Seidr‹ zu skr. ›saman-‹ = gesungenes Lied, Gesang (vgl. Hugo Gehring: *Über Weissagung und Zauber im nordischen Altertum,* op. cit., S. 25; Paul Herrmann: *Das altgermanische Priesterwesen,* Jena 1929, S. 37), was von Mircea Eliade (*Schamanismus und archaische Ekstasetechnik,* op. cit., S. 457 f.) mit stichhaltigen Argumenten stark in Zweifel gezogen wurde. Aus dem Westgermanischen sind als eine Matronen- oder Göttinnentrias die ›Matronis Saitchamiabus‹ bekannt (vgl. Sigmund Feist: *Germanen und Kelten in der antiken Überlieferung,* Baden-Baden 1948, S. 43; Julius Pokorny: *Indogermanisches etymologisches Wörterbuch,* op. cit., S. 892); dabei handelt es sich um Gottheiten, die ›durch Zauber ihre Gestalt ändern können‹ (Siegfried Gutenbrunner: *Die germanischen Götternamen der antiken Inschriften,* Halle/Saale 1936, S. 163 f.). Einen Zusammenhang mit ›sieden‹, d. h. kochen und ›Seidr‹ vermutete bereits Jakob Grimm (*Deutsche Mythologie,* Göttingen 1835, S. 583); diese Deutung wurde von Dag Strömbäck mit neuem Vergleichsmaterial aus Skandinavien wieder aufgenommen (in: *Seyd,* op. cit., S. 121). Angesichts der genannten verschiedenen und einer nicht genannten, aber noch erheblich größeren Anzahl weiterer Deutungsmöglichkeiten (vgl. Strömbäck: *Seyd,* op. cit., S. 120 f.) des Wortes ›Seidr‹ von der etymologischen Seite aus kann man Dag Strömbäck (*Seyd,* op. cit., S. 120) nur zustimmen, wenn er sie insgesamt für weitgehend ›dunkel‹ erklärt.

37 Vgl. Literaturübersicht bei Ake Ohlmarks: Arktischer Schamanismus und nordischer Sejdr. In: *Archiv für Religionswissenschaft,* Bd. 36, Leipzig und Berlin 1939, S. 171 ff.; ders.: *Studien zum Problem des Schamanismus,* op. cit., S. 310–318.

38 Vgl. Horst Kirchner: Ein archäologischer Beitrag zur Urgeschichte des Schamanismus, op. cit., S. 146 f.; Jan de Vries: *Nordgermanen,* op. cit., S. 69 ff.

39 Dag Strömbäck: *Sejd,* op. cit., bes. Schlußzusammenfassung ab S. 194–206.

40 Paul Hermann: *Das altgermanische Priesterwesen,* op. cit., S. 46, 51; Karl Helm: *Die Entwicklung der germanischen Religion,* Heidelberg 1926, S. 361.

41 Vgl. hierzu: Hugo A. Bernatzik (Hrsg.): *Die Große Völkerkunde,* Bd. I.: Europa, Afrika. Leipzig 1939, Artikel: Die Finno-ugrischen Völker, von Robert Bleichsteiner, S. 161: »Es ist ungewiß, ob die Finnen des 1. und 2. Jahrhunderts n. Chr. wirklich schon finnische Stämme im heutigen Sinn (etwa Lappen) waren oder ob es sich um andere nichtgermanische Bewohner Skandinaviens und seiner Nachbargebiete handelt, deren Benennung die Nordgermanen auf die später mit ihnen in Beziehung tretenden heutigen Finnen übertrugen«.

42 Otto Schrader: *Reallexikon der indogermanischen Altertumskunde,* Bd. I., Berlin 1917–23, S. 312.

43 Jan de Vries, *Nordgermanen,* op. cit., S. 71.

44 Bei Vergleichen zwischen Seidr und sibirischem Schamanismus sollte man sich stets vor Augen halten, daß wir letzteren nur aus den Schilderungen europäischer Reisender während – hochgerechnet – der letzten 250 Jahre kennen, der Seidr, wie er uns in den Sagas und der Edda entgegentritt, aber rund 1000 Jahre älter ist. Zweifellos hat der sibirische Schamanismus während der Vergangenheit viele Züge, die wir heute als für ihn typisch kennen, erst angenommen, und andere abgelegt, die wir folglich auch nicht kennen können.

45 Eine Art Hochsitz, auf dem während der Sitzung auch mehrere Schamaninnen Platz nehmen können, existierte allerdings im noch recht urtümlich wirkenden Schamanismus der Araukaner (vgl. Mircea Eliade: *Schamanismus und archaische Ekstasetechnik,* op. cit., S. 128). Vgl. auch Diskussion der Frage bei Ake Ohlmarks: *Studien zum Problem des Schamanismus,* op. cit., S. 346.

46 Paul Herrmann: *Das altgermanische Priesterwesen,* op. cit., S. 48; Dag Strömbäck (*Sejd,* op. cit., S. 193 f.) verweist auf ähnliche Chöre von ›neun reinen Mädchen und neun reinen Jünglingen‹ im jakutischen Samanismus.

47 Paul Herrmann: *Das altgermanische Priesterwesen,* op. cit., S. 48; Hugo Gehring: *Über Weissagung und Zauber im nordischen Altertum,* op. cit., S. 25; Jan de Vries: *Nordgermanen,* op. cit., S. 70.

48 Vgl. dazu Ake Ohlmarks: *Studien zum Problem des Schamanismus,* op. cit., S. 349; Dag Strömbäck: *Sejd,* op. cit., S. 24 f.

49 In Snorris Königsbuch (›Heimskringla‹), Sammlung ›Thule‹, Bd. 14, S. 32 lesen wir über Odins diesbezügliche Kräfte: »Wollte Odin seine Gestalt wechseln, dann lag sein Körper wie schlafend da oder tot, er selbst aber war ein Vogel oder ein wildes Tier, ein Fisch oder eine Schlange. Er konnte in einem Augenblick in ferne Länder fahren in seinen oder anderer Angelegenheiten.«

50 Konrad Jarausch: Der Zauber in den Isländersagas. In: *Zeitschrift für Volkskunde,* N. F., Bd. I., (39. Jg.), Berlin und Leipzig 1930, S. 237 ff., bes. S. 266.

51 Wir folgen hier der Darstellung von Jan de Vries, *Nordgermanen,* op. cit., S. 70.

52 Hugo Gehring: *Über Weissagung und Zauber im nordischen Altertum,* op. cit., S. 20; durch Zauberei konnten auch in Westgermanien Stürme erregt werden, gegen welchen Glauben sich kirchliche Stellen mit Eifer wendeten

(vgl. Wilhelm Boudriot: *Die altgermanische Religion in der amtlichen kirchlichen Literatur des Abendlandes vom 5. bis 11. Jahrhundert,* Bonn 1928. Unveränderter reprographischer Nachdruck Bonn 1964, S. 64, der annimmt, hier handle es sich um südgallische Einflüsse). Ein Vergleich mit adäquaten nordischen Ideen erweist jedoch den durchaus germanischen Ursprung eines solchen Glaubens.

53 Vgl. Paul Herrmann: *Das altgermanische Priesterwesen,* op. cit., S. 45: »Einst kamen Männer in ein Haus, wo Zauberer ihr Wesen trieben. Sie sahen den auf vier Stützen aufgerichteten Schemel; einer kroch unter ihn und ritzte dort einen schadenden Gegenzauber ein, der den Seid zerstörte. Als sich die Zauberer auf den Schemel stellten, brachen sie mit ihm zusammen, und Wahnsinn erfaßte sie so, daß sie sich im Walde in Sümpfe und Abgründe stürzten.« Hier hat der Gegenzauber also bewirkt, daß sich die Zaubernden quasi selbst bestrafen, – und zwar durch Hineinstürzen in Sümpfe oder Abgründe, was genau dem Verfahren entspricht, das der Volksglaube als angemessene Strafe für ihre Zauberei ansah.

54 So Konrad Maurer: *Die Bekehrung des Norwegischen Stammes zum Christentume,* Bd. II., op. cit., S. 147.

55 Jan de Vries, *Nordgermanen,* op. cit., S. 52: »Man darf daraus schließen, daß die magischen Lieder mit einer hellen, vielleicht zum Falsett neigenden Stimme gesungen wurden; die Vogelstimme war auch deshalb geeignet zum Geisterverkehr, weil Vögel eine sehr verbreitete Seelenepiphanie sind und auch von den Toten geglaubt wurde, daß sie einen gellenden Laut ausstoßen. Daß diese Vortragsweise allgemeingermanisch ist, beweist die südgermanische Überlieferung . . . Beim galdr wurde wahrscheinlich auch eine bestimmte Versform gebraucht.«

56 Jan de Vries, *Nordgermanen,* op. cit., S. 50.

57 Diese Bezeichnung ist von dem ›völr‹ abgeleitet, dem Zauberstab, den die Völva immer bei sich hat.

58 Die folgende Darstellung ist – mit unwesentlichen Kürzungen – entnommen aus: Franz Rolf Schröder: Die Germanen. In: *Religionsgeschichtliches Lesebuch,* Nr. 12, Tübingen 1929, S. 66 ff.

59 Mircea Eliade: *Schamanismus und archaische Ekstasetechnik,* op. cit., S. 402–405.

60 Hermann Güntert: *Der Ursprung der Germanen,* op. cit., S. 52 f., führte zu dieser Frage u. a. aus: »Der gefährlichste Feind auf diesem Forschungsgebiet ist der Wortanklang. Zweifellos gibt es in Sprachen, die sicher völlig unverwandt sind, ähnlich klingende Wörter mit ähnlicher oder derselben Bedeutung. Zufall täuscht da also einen Zusammenhang vor, der tatsächlich nicht besteht . . . Sprachwissenschaft ist Geistes- und Kulturwissenschaft; sie darf nie beim bloß Formalen des äußeren Lautgewandes und seiner Geschichte stehen bleiben . . . Bloße Grammatik, auch vergleichende Grammatik, ist keine Sprachwissenschaft.«

61 Vgl. auch Mircea Eliade: *Schamanismus und archaische Ekstasetechnik,* op. cit., S. 400: ». . . der Symbolismus der ›Bindung‹ reicht über den eigentlichen Schamanismus in jeder Hinsicht hinaus; einzig in den Hexenkünsten der ›Knoten‹ und ›Bande‹ begegnet man gewissen Ähnlichkeiten mit der schamanistischen Magie.«

62 Jan de Vries, *Nordgermanen,* op. cit., S. 71, schreibt zur Frage der Dominanz der Frau im Seidr: »Wenn Strömbäck die Vermutung ausspricht, daß es ursprünglich, auch bei den altaischen Völkern, Weiber gewesen sind, die diese ekstatischen Bräuche geübt haben, so wird das durch die Überlieferungen bei den arktischen Stämmen nicht wahrscheinlich gemacht.« Hierzu ist als Kritik anzumerken, daß altaische Überlieferungen nicht wohl durch arktische gestützt oder gestürzt werden können; Strömbäck hat seine Feststellung zudem nicht nur aufgrund des altaischen Vergleichsmaterials, sondern unter Hinzuziehung auch vieler anderer eurasischer Stämme getroffen, die noch durch zahlreiche weitere gestützt werden können (vgl. Bleibtreu-Ehrenberg: Homosexualität und Transvestition im Schamanismus, op. cit.).

63 Vgl. hierzu Wilhelm Bondriot: *Die altgermanische Religion in der amtlichen kirchlichen Literatur des Abendlandes vom 5. bis 11. Jahrhundert,* Bonn 1928, S. 52 f. Jene dort erwähnten ›Parzen‹, die den Leuten einen Gestaltwechsel in Werwölfe ermöglichen, waren sicherlich Zauberfrauen, die über die Fähigkeit zum Gestaltwechsel verfügten und diese auch auf andere übertragen konnten.

64 Johannes Hoops: *Reallexikon der germanischen Altertumskunde,* Bd. IV., Straßburg 1918, S. 580.

65 Mircea Eliade: *Schamanismus und archaische Ekstasetechnik,* op. cit., S. 368.

66 Ake Ohlmarks: *Studien zum Problem des Schamanismus,* op. cit., S. 340 f.; vgl. dazu die Beispiele bei Strömbäck: *Sejd,* op. cit., S. 17–107, die Ohlmarks bei seiner Auszählung zugrunde legte.

67 Vgl. M. Czaplicka: *Aboriginal Siberia,* op. cit., Kap. 12, S. 243 ff.

68 Ake Ohlmarks: *Studien zum Problem des Schamanismus,* op. cit., S. 3.

69 Folke Ström: *Diser, Nornor, Valkyrjor,* op. cit., S. 100.

70 Ake Ohlmarks: *Studien zum Problem des Schamanismus,* op. cit., S. 339.

71 Ake Ohlmarks: *Studien zum Problem des Schamanismus,* op. cit., S. 342, mit vielen Beispielen.

72 Adolf Bastian: *Die Rechtsverhältnisse bei verschiedenen Völkern der Erde,* Berlin 1872, S. 311.

73 Vgl. die an einen sibirischen Schamanenwettkampf erinnernde Auseinandersetzung zwischen zwei Repräsentanten dieser beiden Richtungen in der Sage von Rolf Krake (Finnur Jónsson [Hrsg.]: Hrólfs saga kraka og Bjarkarimur, udgivne for Samfund til Udg. af gammel nordisk Litteratur [32], Kobenhavn 1904), kommentiert von Ake Ohlmarks: *Studien zum Problem des Schamanismus,* op. cit., S. 329.

74 Jakob Grimm: *Deutsche Mythologie,* op. cit., S. 637.

75 Paul Herrmann: *Das altgermanische Priesterwesen,* op. cit., S. 16: Die Bezeichnung ›Gudjo‹ (altnordisch ›Gydja‹) kann sowohl die Göttin als auch die Priesterin meinen.

76 Arne Runeberg: *Witches, Demons and Fertility magic,* Helsingfors 1947, S. 7.

77 Einen chronologischen Überblick über die Quellen bietet Jan de Vries: *The Problem of Loki,* Helsinki 1933, S. 23 ff.

78 Vgl. Folke Ström: *Loki. Ein mythologisches Problem,* Göteborg 1956, S. 68 f.

79 Axel Olrik: Myterne om Loke. In: *Festskrift till H. F. Feilberg,* 1911, S. 573 ff., 591.

80 Georges Dumézil: *Loki,* Darmstadt 1959, S. 13.

81 Mircea Eliade: *Schamanismus und archaische Ekstasetechnik,* op. cit., S. 234, über die Seance im tungusischen Schamanismus: »Der Schamane wird sehr ›leicht‹ und bringt es fertig, mit seinem Kostüm, das manchmal 30 kg wiegt, in die Luft zu springen; der Patient spürt kaum, wie der Schamane über seinen Körper geht ... – Folgen der magischen Levitations- und ›Flug‹-Kraft«. S. 425: Auch im alten China war ›Leichtigkeit‹ ein wichtiges Charakteristikum der mit Schamanismus zusammenhängenden Phänomene. – In Ostfriesland nannte man die mittelalterlichen Hexen auch ›de lichte Lue‹, d. h. leichte, schwebende Leute (nach: Adolf Wuttke: *Der deutsche Volksaberglaube der Gegenwart,* Berlin 1869, S. 141). Der Glaube, daß Hexen ›nichts wiegen‹ war während der Hexenverfolgungen so verbreitet, daß das Gewogenwerden auf einer geeichten Waage als ›Hexenprobe‹ figurierte.

82 Karl Helm: *Die Entwicklung der germanischen Religion,* Heidelberg 1926, S. 374; Jan de Vries, *Nordgermanen,* op. cit., S. 307.

83 Goerges Dumézil: *Loki,* op. cit., S. 122.

84 Sammlung Thule, Bd. XX, Düsseldorf/Köln 1966, S. 76 f.

85 Sammlung Thule, Bd. XX, Düsseldorf/Köln 1966, S. 143 f.

86 Der Name bedeutet soviel wie ›schmählicher Zug‹ (nach Jan de Vries, *Nordgermanen,* op. cit., S. 301).

87 Mircea Eliade: *Schamanismus und archaische Ekstasetechnik,* op. cit., S. 433: »Das achtbeinige Pferd ist typisch schamanisch.«

88 Georges Dumézil: *Loki,* op. cit., S. 123; Jan de Vries: *The Problem of Loki,* op. cit., S. 215: »A dim recollection of this myth is still preserved in the Faroese popular tradition according to which Loki himself avowed that he underwent different transformations, but that the worst experience, he ever had, had been, when he as a mare was pregnant by Grani.«

89 Sammlung Thule, Bd. II., Düsseldorf/Köln 1963, S. 54, Str. 23; Georges Dumézil: *Loki,* op. cit., S. 44 f.; 68–74; der hier im Altnordischen gebrauchte Ausdruck ›kýr molkande‹ dürfte (nach Hugo Gehring [Hrsg.: B. Sijmons]: *Kommentar zu den Liedern der Edda,* Halle/Saale 1927, S. 288) eher ›eine milchgebende Kuh‹ als eine ›Kuhmelkerin‹ meinen, obwohl eine sichere Entscheidung unmöglich ist, da wir die Mythe, auf die damit angespielt wird, nicht kennen, und von der Grammatik her beide Lesarten möglich sind.

90 Sammlung Thule, Bd. XX., op. cit., S. 107 f.; Sammlung Thule, Bd. II., 1963, S. 11 ff.

91 Sammlung Thule, Bd. II., 1963, S. 46.

92 Albin Saupe: Der Indiculus superstitionum et paganiarum, ein Verzeichnis heidnischer und abergläubischer Gebräuche und Meinungen aus der Zeit Karls des Großen, aus zumeist gleichzeitigen Schriften erläutert. In: *Programm des Städtischen Realgymnasiums zu Leipzig,* Programm Nr. 551, Leipzig 1891, S. 33.

93 Helmut Ringgren u. Ake v. Ström: *Die Religionen der Völker,* Stuttgart 1959, S. 340.

94 Vgl. Waldemar Jochelson: Religion and Myths of the Koryak. In: *Memoirs of the American Museum of Natural History,* Leiden/New York 1905, S. 324 (Tale 219); weitere Beispiele bei Jan de Vries: *The problem of Loki,* op. cit., S. 217–220.

95 Alfred Lehmann: *Aberglaube und Zauberei,* Stuttgart 1925, S. 119; *Hand-*

*wörterbuch des deutschen Aberglaubens,* Bd. 3, Berlin/Leipzig 1930/31, S. 752–755.

96 Josef Haekel: Religion. In: *Lehrbuch der Völkerkunde,* herausgegeben von Leonhard Adam und Hermann Trimborn, 3. umgearbeitete Aufl., Stuttgart 1958, S. 55, bietet eine umfassende Charakterbeschreibung des Tricksters: »Kulturheroen (Transformer, Heilbringer) können als Einzelgestalt, als antagonistisches Zwillingsbrüderpaar (das von einer auf geheimnisvolle Weise geschwängerten Jungfrau geboren wurde) oder als Gruppe (Urzeitwesen, Demas) auftreten. Vielfach ist der Kulturheros mit dem Stammvater der Menschheit identisch. Die Taten der Kulturheroen bestehen u. a. in der Umformung der Welt bzw. Neuschöpfung nach der Sintflut, im Herbeischaffen der Kulturgüter und dem Bekämpfen von Ungeheuern. Oft zeigt der Heros ein sehr zwiespältiges Wesen, indem er neben seiner positiven Seite sich auch als Trickster, d. h. als Schalk, Betrüger und Tölpel gibt.«

97 F. van der Leyen: *Die Götter und Göttersagen der Germanen,* München 1909, S. 222 f.

98 Jan de Vries, *Nordgermanen,* op. cit., S. 308.

99 Auf diese Meinungsänderung geht näher ein Alois Closs: Buchbesprechung des Werks von Anna Brigitte Rooth: Loki in Scandinavian Mythology, Lund 1961, sowie Besprechung von Jan de Vries: Altgermanische Religionsgeschichte, Bd. II., 2., völlig neu bearbeitete Aufl., Berlin 1957. In: *Anthropos,* Bd. 54, 1959, S. 593 ff.

100 Georges Dumézil: *Loki,* op. cit., bes. S. 219 ff.

101 Nämlich in der – in Anm. 191 dieses Kapitels erwähnten – 2., völlig neubearbeiteten Auflage seines zweibändigen Werkes *Altgermanische Religionsgeschichte,* Berlin 1957, wo er seine eigenen früheren Deutungen zugunsten der Version von Dumézil völlig aufgibt.

102 Folke Ström: *Loki. Ein mythologisches Problem,* op. cit., S. 5 ff.

103 Alois Closs: Bibliographica. In: *Anthropos,* Bd. 58, 1963, S. 589 f: »Loki fußt in der früharktischen Religionsentwicklung.«

104 Jan de Vries: *The Problem of Loki,* op. cit., S. 215–223.

105 Folke Ström: *Loki. Ein mythologisches Problem,* op. cit., S. 70.

106 Sammlung Thule, Bd. XX: Skaldensprache, 1966, S. 179 ff.; Jan de Vries: *The Problem of Loki,* op. cit., S. 254 ff., 271 ff.

107 D. h. klassifikatorisch als ›unverheiratete Frauen‹ galten; mit Unberührtheit hat diese Vorstellung nichts zu tun.

108 Vgl. diese Deutung bei Folke Störm: *Loki. Ein mythologisches Problem,* op. cit., S. 49.

109 Vgl. C. G. Jung et al.: *Der göttliche Schelm,* Zürich 1954, S. 122.

110 Karl Helm: *Die Entwicklung der germanischen Religion,* op. cit., S. 374.

111 Martin Ninck: *Wodan und germanischer Schicksalsglaube,* Jena 1935, S. 30 f.

112 Karl Helm: Wodan. Ausbreitung und Wanderung seines Kults. In: *Gießener Beiträge zur deutschen Philologie,* Nr. 85, Gießen 1946, S. 35.

113 Georges Dumézil: *L'idéologie tripartie des Indo-Européens,* Brüssel 1958.

114 Jan de Vries: *Nordgermanen,* op. cit., S. 199.

115 Vgl. Rudolf Otto: *Gottheit und Gottheiten der Arier,* Gießen 1932, S. 58–65; Jan de Vries: *Nordgermanen,* op. cit., S. 203; Stig Wikander: *Der arische Männerbund,* Lund 1938, S. 73 ff.

116 P. W. Schmidt: *Rassen und Völker in Vorgeschichte und Geschichte des Abendlandes,* op. cit., S. 286 ff.

117 Karl J. Narr: *Deutschland in ur- und frühgeschichtlicher Zeit,* op. cit., S. 64 f.: »Die Herkunft aus dem pontischen Raum läßt auch eine annähernde ethnische Bestimmung möglich werden. Nach alten Traditionen werden dort von den archäologisch unmittelbar danach deutlich faßbar werdenden Skythen die Kimmerier verdrängt, ein anscheinend eng mit den Thrakern verbundenes, vorwiegend iranisches Reitervolk, das im 8. Jahrhundert über den Kaukasus nach Süden vorstieß und Kleinasien und Assyrien bedrohte und teilweise verheerte. Es liegt nahe, die . . . europäischen Funde als die andere, nach Westen gerichtete und durch schriftliche Quellen nicht bezeugte Seite dieser Entladung zu interpretieren.«

118 Alois Closs: *Ethnologische Bestimmung des Altgermanentums,* op. cit., S. 177.

119 Alois Closs: *Die altgermanische Religion,* op. cit., S. 137 f.; ders.: Die Religion des Semnonenstammes. In: *Die Indogermanen- und Germanenfrage,* herausgegeben von Wilhelm Koppers. Wiener Beiträge zur Kulturgeschichte und Linguistik, Jg. IV, 1936, Salzburg/Leipzig, S. 665 ff.

120 P. Wilhelm Schmidt: *Der Ursprung der Gottesidee,* Bd. IX–XII., Münster 1949–1955, bes. Bd. XI, S. 469 ff., 638 ff., XII, S. 637 ff., vgl. auch: Bd. III, 1931, S. 336 ff., 497; Bd. V, 1934, S. 806 f., 892; Bd. VI, 1935, S. 141, 193 ff. – In Bd. IX wird der Schamanismus als Institution innerhalb einer anderen Religion definiert (also nicht als eigenständige Religion). Rahmen und theoretische Basis des ›Ursprungs‹ werden von der Kulturkreislehre gebildet, nach der soziologische Zustände als ziemlich konstant gelten, eine inzwischen überholte Auffassung, gegen die sich vielleicht am nachdrücklichsten Wilhelm E. Mühlmann ausgesprochen hat (Wilhelm E. Mühlmann: *Methodik der Völkerkunde,* Stuttgart 1938, S. 201; ders.: *Geschichte der Anthropologie,* Frankfurt/M./Bonn 1968, S. 207, 209).

121 Alois Closs: *Die Religion des Semnonenstammes,* op. cit., S. 667: »Wir haben . . . eine solche ältere Stufe, die sich aber vom Wodanismus deutlich unterscheidet, an den mit dem Eichengotte verbundenen Seherinnen festgestellt . . . Der Ethnologe weiß, daß auch sonst oft verschiedene Schichten des Schamanismus, die nicht unmittelbar auseinander hervorgehen, zu beobachten sind.«

122 Mircea Eliade: *Schamanismus und archaische Ekstasetechnik,* op. cit., S. 227 ff.

123 Odins Funktion als Totengeleiter betont insbesondere Otto Höfler: *Kultische Geheimbünde der Germanen,* Bd. I., Frankfurt 1934; ebenso Hermann Schneider: *Die Götter der Germanen,* op. cit., S. 190; Jan de Vries: *Nordgermanen,* op. cit., S. 202 ff.

124 Jan de Vries: *Nordgermanen,* op. cit., S. 173–180, 185.

125 Vgl. dazu z. B. die Wortverwandtschaft von odr »Dichtung«, ags. wöd »Gesang, Laut«, altir. faith »Dichter«, lat. vates »Seher, gottbegeisterter Sänger« (nach Martin Ninck: *Wodan und germanischer Schicksalsglaube,* op. cit., S. 30 f.).

126 Jan de Vries: *Nordgermanen,* op. cit., S. 168 f., 180 ff.

127 Jan de Vries: *Nordgermanen,* op. cit., S. 179 ff.

128 Otto Höfler: *Kultische Geheimbünde der Germanen,* op. cit., S. 179 f.

129 Sammlung Thule, Bd. II., 1963, S. 51 ff. – ›senna‹ bedeutet an. ›Schimpfreden‹, ›Schelte‹, ›Lästerungen‹; eingedeutscht heißt diese Versdichtung der Edda demnach ›Lokis Scheltreden‹.

130 Folke Ström: *Loki. Ein mythologisches Problem,* op. cit., S. 16.

131 Folke Ström: *Loki. Ein mythologisches Problem,* op. cit., S. 48: Lokis Verhältnis zu Odin ist offenbar konstitutiver und wirkt seiner Art nach fester und positiver als das zu anderen Göttern. »Auffallend ist, daß keine Mythe überliefert ist, die von einem persönlichen Gegensatz oder einem feindlichen Handel zwischen Loki und Odin erzählt.«

132 Diese Strophe ist in der ›Sammlung Thule‹ zu frei übersetzt. Hier die wörtliche Übertragung (nach Folke Ström: *Loki. Ein mythologisches Problem,* op. cit., S. 17): ›Acht Winter warst du in der Unterwelt, als Weib Kühe melkend, du hast sogar Kinder geboren; so etwas wird als schändliche Unmännlichkeit erachtet‹ (d. h. als ›ergi‹).

133 Auch diesmal ist die Übertragung der ›Sammlung Thule‹ zu blaß. Hier der wörtliche Text (nach Franz Rolf Schröder: *Die Germanen,* Tübingen 1929, S. 37 ff.): ›Aber du triebst, sagt man, auf Samsey Zauberei und schlugst auf die (Zaubertrommel) wie die Wahrsagerinnen; in Gestalt eines Zauberers zogst du durch das Menschenvolk, und ich dächte, das sei die Art eines weibischen Mannes‹ (nämlich ›ergi‹). – Josef Weisweiler: Beiträge zur Bedeutungsentwicklung germanischer Wörter für sittliche Begriffe. In: *Indogermanische Forschungen,* Bd. 41, Berlin/Leipzig 1923, Teil I.: S. 13 ff., Teil II.: S. 304 ff., äußert auf S. 19 die Vermutung, der Text – ›vitka liki‹ – meine hier tatsächlich: ›in Gestalt einer Zauberin‹ ebenso: Hugo Gehring: Kommentar zu den Liedern der Edda, op. cit., S. 289 f.

134 Übertragung nach Franz Rolf Schröder: *Die Germanen,* op. cit., S. 37 f.

135 Übertragung nach Franz Rolf Schröder: *Die Germanen,* op. cit., S. 37 ff.

136 Vgl. Georges Dumézil: *Loki,* op. cit., S. 44 f.

137 Sammlung Thule, Bd. II., 1963, S. 13.

138 Ake Ohlmarks: *Studien zum Problem des Schamanismus,* op. cit., S. 339 f.

139 Mircea Eliade: *Schamanismus und archaische Ekstasetechnik,* op. cit., S. 368.

140 Mircea Eliade: *Schamanismus und archaische Ekstasetechnik,* op. cit., S. 418.

141 In China läßt sich nach Eliade das Aufsteigen des Schamanen zum Staatsgründer nachweisen, da magische Fähigkeiten sowohl Autorität über die Menschen wie Jurisdiktion über die Natur bedeuteten.

142 Alfred Lehmann: *Aberglaube und Zauberei,* op. cit., S. 98.

143 Jan de Vries: *Nordgermanen,* op. cit., S. 253–281, bes. 276 f.

144 Hermann Schneider: *Die Götter der Germanen,* op. cit., S. 230.

145 Folke Ström: *Loki,* op. cit., S. 74, 80–95.

146 Folke Ström: *Loki,* op. cit., S. 21.

147 Jan de Vries: *Nordgermanen,* op. cit., S. 307 f: »Wenn wir nun beobachten, daß in mehreren primitiven Religionen die Gestalten von Kulturbringer und Betrüger auf zwei Personen verteilt sind, so läßt sich aus einer solchen Spaltung die Einseitigkeit des Loki erklären. Er steht dann als Trickster dem Heilbringer Odin zur Seite und teilweise gegenüber.«

148 Vgl. Gustav Mensching: *Gut und Böse im Glauben der Völker,* Stuttgart 1950, S. 85: »Man ertrug es nicht mehr, daß Jahve, wie es am Anfang geschah, als Urheber des Guten und des Bösen angesehen wurde. So spaltete

sich die einheitliche Gottesmacht in eine positive und eine negative, deren jede in einem personalen Träger verkörpert gedacht wird, in Jahve und dem Satan.«

149 Wilhelm E. Mühlmann: *Geschichte der Anthropologie,* op. cit., S. 207.

150 Gustav Mensching: *Soziologie der Religion,* 2., neubearbeitete u. erw. Aufl., Bonn 1968, S. 75.

151 Gustav Mensching: *Soziologie der Religion,* op. cit., S. 60 ff.

152 Übersetzung nach Eugen Fehrle: *Publius Cornelius Tacitus' Germania,* München und Berlin 1944, S. 51.

153 Das kommt recht deutlich zum Ausdruck in Stellungnahmen wie z. B. der folgenden von Hermann Schneider (in: *Die Götter der Germanen,* op. cit., S. 167): »War zu jeder Zeit die ›Ärge‹ (zu arg), die widernatürliche Unzucht, dem Germanen das Unbegreiflichste aller Laster, und rechnete er es schon dahin, wenn ein Mann Weiberkleider trug, jenen naharvalischen Priestern blieb sicher jeder Vorwurf fern.« – Man fragt sich, woher der Verfasser diese Sicherheit nahm; auch die Überlegung, daß jene Priester »natürlich nur bei bestimmten Gelegenheiten so auftraten« (so Thede Palm: Der Kult der Naharvalen. In: *Archiv für Religionswissenschaft,* Bd. 36, Leipzig und Berlin 1936, S. 398 ff., bes. 402) ist ein reines Verlegenheitsargument.

154 Eric Graf Oxenstierna: *Die Nordgermanen,* op. cit., S. 87 ff.

155 Hierbei handelt es sich um zwei große goldene Hörner, die gegen 425 in Skandinavien entstanden sein mögen und in Gallehus/Dänemark 1639 und 1734 gefunden wurden. Leider wurden beide 1802 aus der königlichen Kunstkammer in Kopenhagen gestohlen und eingeschmolzen; es existieren nur noch 2 Kupferstiche von den darauf befindlichen Darstellungen. Diese Stiche sind natürlich für die Forschung ungleich weniger aufschlußreich, als es beim heutigen Stand der Frühgeschichte die Originale hätten sein können. – Die Hörner konnten unten mit einem Pfropf verschlossen werden, so daß man sie als Trinkgefäße benutzen konnte. Wurde der Pfropf entfernt, ließ sich darauf auch blasen.

156 Das Wort wird häufig nicht als lateinisch betrachtet (wo es zweifellos ›Elch‹ bedeutet), sondern man hält es für germanisch und bringt es mit pferdegestaltigen Göttern in Zusammenhang, was gut zu der Idee der Dioskuren passen würde (vgl. u. a. Thede Palm: *Der Kult der Naharvalen,* op. cit., S. 401).

157 Thede Palm: *Der Kult der Naharvalen,* op. cit., S. 398–405, bes. S. 403.

158 Magnus Olsen hob 1914 bezüglich der ›Frauenkleidung‹ der Priester auf angebliche lappische Parallelen ab; bei den Lappen gibt es aber keine Transvestition, und noch viel weniger einen Kult, den man mit einiger Berechtigung mit dem der ›alcis‹ vergleichen könnte (Magnus Olsen: Hedenske kultminder 248. Skrifter utg. av Vid. Selsk. i. Kristiania. Hist.-filos. Kl. 1914, 4, nach: Thede Palm: *Der Kult der Naharvalen,* op. cit., S. 401 f.).

159 Eugen Fehrle: *Publius Cornelius Tacitus' Germania,* op. cit., S. 118 ff.

160 Ernst Alfred Philippson: *Germanisches Heidentum bei den Angelsachsen,* Leipzig 1929, S. 172–176.

161 Jan de Vries: *Nordgermanen,* op. cit., S. 186 ff.

162 Vgl. hierzu jedoch Thede Palm: *Der Kult der Naharvalen,* op. cit., S. 398: »Aber so weit man die Wohnsitze der Naharvalen unter den übrigen Vandalen überhaupt mit irgendwelcher Bestimmtheit festlegen kann, hat

man diese im heutigen westlichsten Posen annehmen müssen, in der Gegend zwischen dem mittleren Lauf der Oder und der Weichsel, nahe der Warthe. Ein orientalischer Einfluß ist aber hier, wo die natürlichen Verkehrswege offenbar zur Ostsee führten, sehr unwahrscheinlich.«

163 Nach Ernst Alfred Philippson: *Germanisches Heidentum bei den Angelsachsen,* op. cit., S. 173, gehörten die Naharvalen zum Stammesverband der Lugier = Wandalen.

164 Transvestitische Priester treten so gut wie immer als Kultdiener weiblicher Gottheiten auf, wie das reiche ethnologische Material, aber auch die einschlägigen Belege aus der Antike zeigen.

165 Sammlung Thule, Bd. XIV., 1965, S. 32 f.

166 Vgl. Josef Weisweiler: *Beiträge zur Bedeutungsentwicklung germanischer Wörter für sittliche Begriffe,* op. cit., S. 19: Wörtlich heißt diese Edda-Stelle ›fylgir svá mikil ergi‹.

167 Die mit Abstand beste Darstellung der Etymologie von ›ergi‹ und verwandten Ausdrücken findet sich bei Josef Weisweiler: *Beiträge zur Bedeutungsentwicklung germanischer Wörter für sittliche Begriffe,* op. cit., S. 16–29.

168 Josef Weisweiler: *Beiträge zur Bedeutungsentwicklung,* op. cit., S. 16.

169 Jan de Vries: *Nordgermanen,* op. cit., S. 71 f.

170 Vgl. Karl v. Amira: *Die germanischen Todesstrafen,* op. cit., S. 74.

171 Josef Weisweiler: *Beiträge zur Bedeutungsentwicklung,* op. cit., S. 22.

172 Josef Weisweiler: *Beiträge zur Bedeutungsentwicklung,* op. cit., S. 24.

173 Werner Danckert: *Unehrliche Leute. Die verfemten Berufe,* op. cit., S. 121.

174 Josef Weisweiler: *Beiträge zur Bedeutungsentwicklung,* op. cit., S. 16, 19, 24.

175 Josef Weisweiler: *Beiträge zur Bedeutungsentwicklung,* op. cit., S. 21.

176 Josef Weisweiler: *Beiträge zur Bedeutungsentwicklung,* op. cit., S. 23.

177 Josef Weisweiler: *Beiträge zur Bedeutungsentwicklung,* op. cit., S. 24 f.

178 Friedrich Kluge: *Etymologisches Wörterbuch der deutschen Sprache,* Berlin 1967, S. 29.

179 Josef Weisweiler: *Beiträge zur Bedeutungsentwicklung,* op. cit., S. 27 f.

180 Gustav Neckel: *Altgermanische Kultur,* Leipzig 1925, S. 116 f.

181 Konrad Jarausch: Der Zauber in den Isländersagas. In: *Zeitschrift für Volkskunde,* N. F., Bd. I., (39. Jg.), Berlin/Leipzig 1930, S. 237 ff., bes. 238.

182 Folke Ström: *Loki. Ein mythologisches Problem,* op. cit., S. 69 ff.

183 Josef Weisweiler: *Beiträge zur Bedeutungsentwicklung,* op. cit., S. 18.

184 Julius Pokorny: *Indogermanisches etymologisches Wörterbuch,* Bd. I., Bern/München 1959, S. 339.

185 Vgl. etwa Folke Ström: Diser, nornor, valkyrjor, op. cit., S. 99 ff.; ferner Werner Danckert: *Unehrliche Leute. Die verfemten Berufe,* op. cit., S. 115; Karl Helm: *Die Entwicklung der germanischen Religion,* op. cit., S. 361.

186 Jan de Vries: *Nordgermanen,* op. cit., S. 107, 123.

187 Hermann Schneider: *Die Götter der Germanen,* op. cit., S. 26: »Geschlechtsvertauschung ist vanisch«, ebenso S. 215.

188 Der Ausdruck ist irreführend; zu einer Vertauschung gehörte, daß nicht nur Männer sich in Frauen verkleiden, sondern umgekehrt auch Frauen in Männer. Unsere Quellen liefern hierauf jedoch nicht den geringsten Hinweis. Gemeint ist offensichtlich Geschlechtswechsel, der auf das männliche Geschlecht als Transvestiten beschränkt bleibt.

189 Franz Rolf Schröder: *Skadi und die Götter Skandinaviens,* op. cit., S. 150 f.

190 Paul Hermann: *Die Heldensagen des Saxo Grammaticus,* II. Teil. Leipzig 1922, S. 432.

191 Vgl. Gisela Bleibtreu-Ehrenberg: Homosexualität und Transvestition im Schamanismus, op. cit., S. 217 ff.

192 Hierüber Näheres im nächsten Abschnitt.

193 Arne Runeberg: *Witches, Demons and Fertility magic,* Helsingfors 1947, S. 5 f.: Gräber aus der dänischen Bronzezeit, deren Beigaben zeigen, daß sie die Ruhestätten von Zauberern und Zauberinnen gewesen sind, lassen darauf schließen, daß dieser Personenkreis damals nicht so verachtet gewesen sein kann wie in späteren Perioden.

194 Helmer Ringgren und Ake v. Ström: *Die Religionen der Völker,* op. cit., S. 400: »Wie Vishnu bei der Herstellung des Unsterblichkeitstrankes die Dämonen dadurch verblendete, daß er die Gestalt einer schönen Frau annahm, so besiegt Thor Thrym dadurch, daß er sich als Freia verkleidet.« Vgl. auch die ähnliche Täuschung im Helgilied (in: *Sammlung Thule,* Bd. I., 1963, S. 152).

195 Anscheinend ist es der teilweise durchaus ›obszöne‹ Charakter der betreffenden Bräuche, der eine solche Analyse bislang verhindert hat: das diesbezügliche Tabu ist nicht nur sehr alt, sondern auch noch guterhalten. – Hiervon machen auch die sonst gründliche Behandlung der Rolle des Pferdes bei den Indogermanen durch Alois Closs: *Ethnologische Bestimmung des Altgermanentums,* op. cit., S. 170–173 sowie sämtliche dort angeführten Schriften leider keine Ausnahme.

196 Otto Höfler: *Kultische Geheimbünde der Germanen,* Bd. I., Frankfurt 1934, Kapitel ›Pferdeopfer‹, S. 143 ff. hat diesen Komplex in dankenswert ausführlicher Weise beschrieben und insbesondere Odins Beziehungen zum Totenreich, zu kultischen Geheimbünden und zu Pferdedämonen einer älteren Schicht dargelegt.

197 Nach Franz Rolf Schröder: *Germanentum und Hellenismus,* Heidelberg 1924, S. 40 f.

198 Nach Jan de Vries: *Nordgermanen,* op. cit., S. 41, sind Flachs und Lauch weit über das skandinavisch-germanische Gebiet verbreitete Zaubermittel zur Stärkung des Guten und zur Abwehr von bösen Kräften. Lauch soll auch Gedeihen und Gesundheit bedeuten.

199 *Sammlung Thule,* Bd. II., 1963, S. 185–187.

200 S. hierzu: Willibald Kirfel: Der Aśvamedha und der Purusamedha. In: *Beiträge zur indischen Philologie und Altertumskunde,* Walter Schubring zum 70. Geburtstag, Hamburg 1951, S. 39–50; W. Koppers: Pferdeopfer und -kult bei den Indogermanen. In: *Wiener Beiträge zur Kulturgeschichte und Linguistik,* Bd. IV, Salzburg/Leipzig 1936, S. 282–410; Shrikrishna Bhave: *Die Yagus des Aśvamedha,* Stuttgart 1939; Alfred Hillebrandt: Ritualliteratur. Vedische Opfer und Zauber. In: *Grundriß der indoarischen Philologie und Altertumskunde,* III, 2, Straßburg 1897, S. 152.

201 Vgl. Jan de Vries: *Nordgermanen,* op. cit., S. 126.

202 Helmer Ringgren und Ake von Ström: *Die Religionen der Völker,* op. cit., S.148, 210.

203 Helmer Ringgren und Ake von Ström: *Die Religionen der Völker,* op. cit., S. 358 f.

204 Stig Wikander: *Der arische Männerbund,* Lund 1938, bes. S. 21 ff., 107 ff.

205 Otto Höfler: *Kultische Geheimbünde der Germanen,* op. cit., S. 143 ff.

206 Lily Weiser: *Altgermanische Jünglingsweihen und Männerbünde,* op. cit., S. 81; über altindische Parallelen: Leopold von Schröder: *Mysterium und Mimus im Rigveda,* Leipzig 1908.

207 Kay Birket-Smith: *Geschichte der Kultur,* 2. Aufl., Zürich 1948, S. 165: »Spuren von Pferdekult und Pferdeopfern finden sich im ganzen indo-europäischen Gebiet und müssen hier vom indo-europäischen Urvolk herstammen – ein Beweis für dessen enge Beziehungen zu den östlichen Steppenkulturen.« Reste präindogermanischer Pferdeopferungen bzw. -kulte gibt es allerdings dort auch, man sollte sich daher vor einer Verallgemeinerung nach dem Muster ›wo Pferdeopfer, da Indogermanen‹ vorsehen.

208 Folke Ström: *Diser, nornor, valkyrjor,* op. cit., S. 99 ff.

209 Franz Rolf Schröder: *Skadi und die Götter Skandinaviens,* op. cit., S. 139; interessante Parallelen finden sich bei W. Dostal: Ein Beitrag zur Frage des religiösen Weltbildes der frühesten Bodenbauer Vorderasiens. In: *Archiv für Völkerkunde,* 12, Wien 1957, S. 54–109, bes. 77, 88.

210 Werner Danckert: *Unehrliche Leute. Die verfemten Berufe,* op. cit., S. 195. Übrigens wurde auch der gallische Merkur stets ohne Geschlechtsteile dargestellt.

211 Vgl. die gute Zusammenstellung derartiger Göttinnen aus der Antike und dem Alten Orient, aber auch dem Indien der jüngeren Vergangenheit bei N. M. Penzer: *The Ocean of Story* (Übers.), Vol. III, Appendix II, London 1925.

212 Jan de Vries: *Nordgermanen,* op. cit., S. 123.

213 Fritz Flor: Die Indogermanenkunde in der Völkerkunde. In: *Festschrift Hirt,* I. Teil, S. 122 ff.

214 Kay Birket-Smith: *Geschichte der Kultur,* op. cit., S. 166.

215 Vgl. Carl Clemen: *Urgeschichtliche Religion,* op. cit., S. 105.

216 Vgl. Herbert Kühn: *Das Erwachen der Menschheit,* op. cit., S. 78, 106 f.

217 Jan de Vries: *Nordgermanen,* op. cit., S. 98.

218 Ernst Alfred Philippson: *Germanisches Heidentum bei den Angelsachsen,* op. cit., S. 200 f.: »Einfach ist die Erklärung für den Umzug des hobby-horse im Frühling (Fastnachtsrößlein), der nach dem Volksglauben das Gras wachsen macht (s. Mannhardt, *Wald- und Feldkulte,* I., S. 540). Nach dem großen Frühjahrsopfer zogen sich die Teilnehmer die Pferdehäute über und vollführten eine kultische Prozession zur Beförderung der Fruchtbarkeit (E. K. Chambers: *The Mediaeval Stage,* I, pp. 142, 258). Der heutige Brauch ist eine lustige Erinnerung an das frühere Opferfest.« Durchaus vorindogermanisch wirken ebenfalls die von Otto Höfler: *Kultische Geheimbünde der Germanen,* op. cit., S. 178–181, beschriebenen skandinavischen Holzgötzen in Pferdegestalt, die in Schweden noch z. T. bis ins vorige Jahrhundert hinein in den Höfen als Hausgottheiten verehrt wurden, wogegen die Kirche dann einschritt. Diese Götzen bringt Höfler in Verbindung mit einer nordischen Führerin des Totenheeres namens Guro Rysserova, und solche pferdegestaltigen Götzen wurden manchmal geradezu als ›Stute‹ bezeichnet. Höfler

schreibt dazu: »Hierbei ist nun zu bedenken, daß Göttinnen dieser Art, wie z. B. die Percht, in der Regel durch verkleidete Männer dargestellt werden.«

219 Aus: *Bündner Jahrbuch,* 4. 1948, S. 107–124.

220 *Anthropos,* Bd. 56, 1961, S. 957 f.

221 Hermann Brunnhofer: *Urgeschichte der Arier in Vorder- und Centralasien,* Bd. II., Leipzig 1893, S. 10.

222 Selbstverständlich tangiert dieser Aspekt das vielerörterte Problem des ›germanischen Mutterrechts‹; ohne hier dazu näher Stellung zu nehmen, soll nur angemerkt werden, daß mutterrechtliche Erscheinungen bei einem sonst vaterrechtlich orientierten Volk darauf hinzuweisen pflegen, daß sich zwei Völker mit unterschiedlichen Gesellschaftsordnungen vereinigt oder übereinandergeschichtet haben.

223 Hermann Trimborn: Von den Aufgaben und Verfahren der Völkerkunde. In: Leonhard Adam und Hermann Trimborn (Hrsg.): *Lehrbuch der Völkerkunde,* Stuttgart 1958, S. 17 f.

224 *Sammlung Thule,* Bd. XX., 1966, Gylfaginning, S. 53.

225 Erik Noreen: Studier i fornvästnordisk diktning. In: *Upps. Univ. arsskr.,* Bd. 1–3, 1921–23, hier: Bd. 2, 1922, S. 48.

226 Dag Strömbäck: *Seyd,* op. cit., S. 29–31.

227 Matthew H. Volm: *Indoeuropäisches Erbgut in den germanischen und slavischen Sprachen,* Wiesbaden 1962, S. 30.

228 Stig Wikander: *Der arische Männerbund,* op. cit., S. 3: »Ursprüngliche Bedeutungen sind niemals abstrakt.«

229 B. Kummer: Geschlechtswechsel, Geschlechtsverwandlung. In: *Handwörterbuch des deutschen Aberglaubens,* Bd. 3, Berlin/Leipzig 1930/31, S. 752–755.

230 Alois Closs: Neue Problemstellungen in der germanischen Religionsgeschichte. In: *Anthropos,* Bd. XXIX, 1934, S. 477 ff., bes. 493.

231 Vgl. Ernst Klein: Der Ritus des Tötens bei den nordischen Völkern. In: *Archiv für Religionswissenschaft,* Leipzig und Berlin 1930, Bd. 28, S. 166 f., bes. 178; man kennt Transvestitengräber jener Region bereits aus der Steinzeit (nach: Karl Jettmar: Zum Problem der tungusischen Urheimat. In: *Kultur und Sprache,* IX, 1952, S. 490); vgl. ferner Adolf Bastian: Amazonentum. In: *Zeitschrift für Ethnologie,* Bd. II, Berlin 1870, S. 185.

232 Alfred Lehmann: *Aberglaube und Zauberei,* op. cit., S. 104.

233 Folke Ström: *Loki. Ein mythologisches Problem,* op. cit., S. 72.

234 Reste der vorindogermanischen Kulttransvestition dürften die vielen Fastnachtsbräuche sein, in denen die ›Braut‹ traditionellerweise von einem Burschen dargestellt wird. Vgl. dazu Otto Höfler: *Kultische Geheimbünde der Germanen,* op. cit., S. 177; Richard Wolfram: Robin Hood and Hobby Horse. In: *Wiener prähistorische Zeitchrift,* Bd. 19, 1932, Wien, S. 357 ff., bes. 372.

235 Folke Ström: *Loki. Ein mythologisches Problem,* op. cit., S. 72 f.

236 Etwa in der Erzählung über Gudrid bei Franz Rolf Schröder: *Die Germanen,* op. cit., S. 66 ff., oder in der Geschichte von König Frodis Gastmahl, *Sammlung Thule,* Bd. XXI, 1966, S. 225 ff., wo z. B. das typisch schamanistische Gähnen während der Seance beschrieben wird, das bekanntlich auch im europäischen Spiritismus häufig beim Medium auftritt.

237 Um einen Stand hat es sich bei der besprochenen Personengruppe in der Vergangenheit tatsächlich oft gehandelt, vgl. dazu die Belege bei N. M. Penzer: *The Ocean of Story,* op. cit., sowie bei Gisela Bleibtreu-Ehrenberg: Homosexualität und Transvestition im Schamanismus, op. cit. Selbst aufgeklärte, sonst nicht mehr im brahmanischen Denken befangene Inder geben nur ungern und zögernd zu, daß es auch im Indien der Gegenwart noch durchaus zahlenmäßig erhebliche Reste dieses Standes gibt, der sich größtenteils durch homosexuelle Prostitution (Rest der alten Kultprostitution) oder aber auch durch profanisierte Tätigkeiten ernährt, die früher kultischen Bezug hatten. In Indien ist die Verbindung solcher heute fälschlich als ›Eunuchen‹ oder ›Kastraten‹ bezeichneter Menschen mit Göttinnen der Fruchtbarkeit noch besonders eng. Hierzu eine Meldung aus der Jetztzeit, die zeigt, daß die Probleme der Gegenwart auch vor dieser Gruppe nicht Halt machen. Im *Spiegel* Nr. 33/1969 vom 11. 8. 69 findet sich S. 130 folgende Meldung: »Kastraten im nordindischen Staat Uttar Pradsch singen neuerdings bei festlichen Anlässen Protest-Songs gegen Empfängnis-Verhütungsmittel. Grund: Die Eunuchen verdienen sich ihren Lebensunterhalt durch Singen bei Hochzeits- und Geburtsfeiern und befürchten nun, daß die Kontrazeptiva die Zahl ihrer Kunden und damit ihre Einnahmen verringern.« Darüber hinaus dürfte für diesen Protest wohl noch ein ›ideologischer‹ Anlaß vorliegen: Für Menschen, die sich als Sprachrohr und Medium einer Fruchtbarkeitsgottheit fühlen, kann es wohl kaum eine schlimmere Frustration geben, als wenn ihren Bemühungen um eine zahlreiche Kinderschar bei ihren Gläubigen (denn dies Ziel bezweckte der Gesang bei Hochzeiten und Geburten eigentlich) durch Kontrazeptiva unwirksam gemacht werden.

238 Gustav Mensching: *Die Religion,* op. cit., S. 18: »Religion ist erlebnishafte Begegnung mit dem Heiligen und antwortendes Handeln des vom Heiligen bestimmten Menschen.«

239 Heinrich Brunner: *Deutsche Rechtsgeschichte,* Bd. II., 2. Aufl., neubearbeitet von Claudius v. Schwerin, Berlin 1958, S. 868.

240 Hanns Rückert: *Die Christianisierung der Germanen,* Tübingen 1932, S. 20 ff.

241 Jan de Vries: *Nordgermanen,* op. cit., S. 346 f.

242 Paul Herrmann: *Das altgermanische Priesterwesen,* op. cit., S. 51.

243 Gustav Mensching: *Das Wunder im Glauben und Aberglauben der Völker,* Leiden 1957, S. 75: »Wenn man unter Religion, wie wir es auf Grund des in der Religionsgeschichte bei aller Mannigfaltigkeit noch einmütig bezeugten religiösen Lebens tun, erlebnishafte Begegnung des Menschen mit dem Heiligen und antwortendes Handeln des vom Heiligen bestimmten Menschen versteht, dann liegt Aberglaube immer dann vor, wenn in den Vorstellungen und Praktiken jene religiöse Grundbeziehung zum Heiligen aufgegeben wurde und die ursprünglich numinosen Mächte, denen man in Ehrfurcht und Scheu durch die verschiedenen konkret irdischen Phänomene hindurch begegnete, zu geheimnisvollen Kräften wurden, die an jene Phänomene naturhaft gebunden sind, und mit denen man daher mit Hilfe jener krafthaltigen Erscheinungen nach eigenem Belieben magisch manipulieren kann.«

# *IV. Kapitel*
# Interdependenzen zwischen religiösen Werten und sozialen Normen bei den Germanen

## 1. Der Schadenszauberer als ›Neiding‹

### *a. Der Neiding*

Ehe wir untersuchen können, wie sich die Transformation vom Schamanen zum bösartigen Schadenszauberer und Neiding entwickelt hat, müssen wir feststellen, was unter diesem Begriff zu verstehen ist. Wer war bzw. wurde auf Grund welcher Handlungen zum Neiding? Die Frage läßt sich zunächst juristisch beantworten, wenn auch nur partiell.
»Schwere Missetaten waren Meinwerke; vor allem heimlich begangene. Der Täter galt als Neiding, als verabscheuungswürdiger Mensch. Meinwerke waren: Mord, Diebstahl, nächtliche Brandstiftung, ferner alle Taten, die die Rechtsgüter der Gemeinschaft verletzten (Landesverrat, Überlaufen, Heerflucht, Nichtbefolgung des Aufgebots und widernatürliche Unzucht).«[1] Ferner rechneten dazu solche Untaten, die eine Beleidigung der Götter enthielten, wie Verletzung eines höheren Friedens (des Ding-, Heer-, Tempelfriedens und dergleichen oder eines besonderen Festfriedens), Hausfriedensbruch und Gräberraub, Schadenszauberei, endlich »alle von sittlicher Verkommenheit zeugenden ›Meintaten‹, wie Bruch eines Treuegelöbnisses, widernatürliche Unzucht, Akte gemeiner Feigheit«[2], d. h. Handlungen, »die einer sittlich verwerflichen Gesinnung entspringen«.[3]
Mit diesen rechtshistorischen Aussagen sind die im strafrechtlichen Sinne typischen Neidingswerke umrissen, die inneren Antriebe der Neidingschaft jedoch nur vage angedeutet. Denn was bedeutet ›sittliche Verkommenheit‹, ›sittlich verwerfliche Gesinnung‹, da wir diese Haltung ja nur an unseren eigenen gegenwärtigen, daher zwangsläufig zeitbezogenen und ethnozentrischen Wertmaßstäben messen können? Der Neidingsbegriff läßt sich nur dann richtig interpretieren, wenn wir fragen, warum bestimmte Handlungen als sittlich verkommen betrachtet wurden und welche Motivationen dieser germanischen Auffassung zu Grunde gelegen haben könnten. Einen ersten Hinweis darauf kann uns allerdings die

Tatsache geben, daß zur Neidingstat unbedingt Heimlichkeit gehörte.[4] Selbstverständlich hängt der nordische ›nid‹ mit unserem ›Neid‹ zusammen; der Begriff ist aber damals in einem weit umfassenderen Sinne zur Kennzeichnung einer der gesamten übrigen Menschheit gegenüber malevolenten Haltung des Neidings benutzt worden. Immerhin zählt noch die christliche Terminologie die Einstellung des Neidens zu den Totsünden, und manches spricht in der Tat dafür, daß infolge von Zusammenhängen, die Helmut Schoeck[5] einer sehr gründlichen Analyse unterzogen hat, dem Neid und der Neidabwehr insbesondere bei Naturvölkern eine gesellschaftliche Rolle zukommt, die wir häufig übersehen, weil wir dem Neid in unserer eigenen Gesellschaft nur eine nebensächliche Bedeutung zuzumessen geneigt sind. Schoeck weist an zahlreichen überzeugenden Beispielen aus Kulturen des naturvölkischen Bereichs nach, daß primär der Schadenszauberer als Neider gilt, ja daß dessen ganze Bosheit, so verschiedenartig sie sich auch jeweils äußern mag, im Grunde einzig seinem Neid entspringt. Und dieser Neid richtet sich nicht etwa darauf, etwas, das andere haben (seien es nun materielle oder immaterielle, gegebenenfalls sogar eingebildete Güter, seien es persönliche physische oder psychische Eigenschaften anderer Menschen) selbst zu bekommen bzw. es jenen, die es besitzen, wegzunehmen, sondern er greift über dies vor Augen liegende Ziel weit hinaus. Denn der Neiding handelt nach dem Grundsatz: Was ich nicht habe, das soll auch niemand anderes besitzen. Deshalb blockiert er – sofern seine Umwelt glaubt, daß er über genügend magische Macht verfügt, um den Beneideten real zu schaden – nach Kräften soziale, religiöse und auch wirtschaftliche Veränderungen innerhalb dieser Umwelt, weil ja alle aus solchen Veränderungen resultierenden förderlichen Innovationen anderen Leuten etwas einbringen bzw. sie zu Verhaltensweisen stimulieren könnten, wozu er von sich aus existentiell unfähig ist. Die Folge ist Stagnation, und hieraus leitet sich die Sozialschädlichkeit des Neidings ebenso her wie aus der stets in ihm lebenden Tendenz, seinen übelwollenden Gedanken durch entsprechende Taten Nachdruck zu verleihen, worin speziell die Bösartigkeit des Schadenszauberers liegt. »Genauso wie die Naturvölker, deren Furcht vor dem bösartigen Zauber ihrer Stammesgenossen diesen ausnahmslos Neid als Motiv zuschreibt, weisen die europäischen Sprichwörter immer wieder darauf hin, wie leicht der passive Neider zum aggressiven Verbrecher wird.[6] Dem Neidischen ist es nicht genug, auf Schicksalsschläge beim Nachbarn zu warten und sich dann zu freuen (diese Schadenfreude wird ihm in zahlreichen Sprichwörtern bescheinigt), sondern er hilft dem Schicksal nach . . . Neid macht Leichen. Neid sucht böse Wege.«[7] Dementsprechend ist der nordische Neiding »fast einem Unhold gleichgesetzt« worden, »der jedenfalls nur Schaden stiftet und andere in das sichere Verderben hineinreißen kann«, was sich vor allem auf seine Blutsverwandten bezieht, die im Fall des Zauberers entweder genauso neidisch sind wie er und mitzaubern oder aber ihn aus dem Sippenverband ausstoßen.[8] Unter Neidingschaft verstanden die Nordleute die Auflösung der »inneren Eigenschaft, die das Individuum gleichzeitig zum Mann und zum Verwandten macht«.[9] Dieser seelische Zustand wurde als anormal, als krankhaft empfunden und der böse Wille damit als etwas Substantielles, das anstecken kann: ein weiterer Grund, den Neiding zu meiden wie ein unberechenbar gefährliches Tier, z. B. den Wolf, mit dem er oft verglichen wird.[10] Wie jener wird der, der eine Neidingstat getan hat, in den Wald gewiesen: Er ist fortan friedlos.[11]

*b. Die Friedlosigkeit*

»Die Acht oder Friedlosigkeit war das Todesurteil über den Abwesenden«; der Geächtete heißt ›des Todes schuldig‹ und ›hat sein Leben verwirkt‹.«[12] »Die Rechtsordnung ist für ihn nicht vorhanden, er ist exlex, angelsächsisch ûtlah, mittelniederdeutsch uutlagh, nordisch utlagr. Wie die Fehde die Feindschaft einer zur Rache berechtigten Sippe, so bedeutet die Friedlosigkeit die Feindschaft allen Volkes.«[13] »Jeder hatte die Pflicht, den Friedlosen festzunehmen und vor Gericht zu schleppen oder ihn selbst zu töten.«[14] »Daher darf ihn niemand unterstützen, beherbergen und nähren. Er ist vogelfrei und muß im Walde Schutz suchen gleich dem Wolfe.«[15] »Aber das ist nur die eine Seite der Friedlosigkeit. Der Friedlose ist nicht nur ausgestoßen, sondern er ist geradezu der Feind seiner Genossen geworden.«[16]

Verfolgt man die Entwicklung der Friedlosigkeit rückwärts, so zeigt sich, daß der gerichtlichen ›Friedloslegung‹ der Zeit kurz vor der Christianisierung und später eine Epoche voraufgegangen sein muß, wo die Strafe der Ächtung darin bestand, daß man dem ›Neiding‹ (oder dem, den man dafür hielt) das Verbleiben innerhalb seiner sozialen Gruppe schlicht unmöglich machte. Eine dafür noch bei vielen Naturvölkern übliche Verfahrensweise ist das Wegtreiben des Betreffenden durch Steinwürfe; der Übergang zur Steinigung ist fließend. Aber selbst wo sich der Geächtete davor retten konnte, erwartete ihn über kurz oder lang der Tod: »Unter primitiven Verhältnissen gibt es keine Individuen, nur eine Gruppe, die sich aus Mitgliedern zusammensetzt. Riesen, Menschenfresser usw. können einsam für sich leben. Alle gewöhnlichen Menschen können sich nur vereint der Übermacht der Naturkräfte tierischer, menschlicher und gespenstischer Feinde erwehren. Nur aus dem Zusammensein kommt Schutz und das Gefühl der Sicherheit . . . Damit wird die erzwungene Trennung von der Gruppe nicht nur zur tödlichen Gefahr,

sondern auch zum tiefen seelischen Trauma. Während heute mit vieler Mühe eine künstliche Lebenserschwerung, Strafe genannt, aufgebaut werden muß, war die Aufgabe der Urzeit leichter. Die Gruppe brauchte nur ihre schützende Hand von dem Delinquenten abzuziehen, um ihn in Lebensgefahr zu stürzen. Sowie für den Friedlosen eine hilfreiche Ordnung der Solidarität nicht mehr bestand, war den ringsum lauernden Kräften der Zerstörung freie Bahn gelassen.« Und was hätte tödlicher sein können als der nordische Wald, der harte Winter, der die wilden Tiere so angriffswütig, den Menschen so schwach machte?[17]
So ist es schwer möglich, Friedlosigkeit und Todesstrafe im Lauf der Betrachtung genau voneinander zu scheiden: »Die Identifikation des Friedlosen mit dem Toten« drückt sich aber darin aus, daß der Friedlose wie ein ›toter Mann‹ betrachtet wird.[18] Dem entspricht, daß »der Friedlose nicht nur bußlos und straflos getötet werden« konnte, sondern »er galt auch für bürgerlich tot; er vermochte im Zustande der Friedlosigkeit weder ein rechtes Eheweib noch echte Kinder zu gewinnen; er verlor sein Vermögen, die Vermögens- und die Gerichtsfähigkeit«[19], denn »mit der Friedloslegung eines Verbrechers war nach den altgermanischen Rechten immer die Einziehung seines Vermögens verbunden«[20] bzw. die Zerstörung dessen, was nicht eingezogen werden konnte. »Der Friedlose hat die Blutsfreundschaft verwirkt. Die Frau wird rechtlich als Witwe, die Kinder werden rechtlich als Waisen angesehen.«[21] Die soziale Ächtung, die z. B. im Falle einer Verurteilung wegen eines Sittlichkeitsdeliktes der Bestrafung resp. dem Prozeß noch in der Gegenwart auf dem Fuß zu folgen pflegt, wird in einer höchst aufschlußreichen Reminiszenz an längst vergessene, viel schlimmere Bestrafungen ›la mort civile‹ und ›civil death‹ genannt; im deutschen nennt man diesen Zustand ›bürgerlich tot sein‹.[22]

### *c. Zauberei und Kriminalität*

Schadenszauberei gehörte zu den typischen Neidingstaten; das Zaubern jedoch hängt sprachlich aufs engste mit Ausdrücken für Pflanzenkunde und Giftmischerei zusammen.[23] Daraus darf man auf eine sehr ausgedehnte Tätigkeit der Zauberer als Giftmischer schließen[24]. Mit anderen Worten: Der Begriff der Zauberei schloß den der Giftmischerei in sich ein.[25] So wurde die verbrecherische Vergiftung eines Menschen nicht unter dem Gesichtspunkt des Mordes beurteilt, sondern sie stellt sich als eine durch ihre bösen Folgen als solche gekennzeichnete Zauberei dar. Diese magische Auffassung des Giftmordes ist etwas genuin Germanisches gewesen und »nicht etwa erst durch Einwirkung des römischen Rechts bei unseren Vorfahren heimisch geworden, wenn auch gerade in römischen Rechtsanschauungen diese Auffassung Bedeutung hat. Die hier vorliegende Verwandtschaft der Anschauungen hat wohl vielmehr ... ihre Ursache in der Gleichartigkeit der zu Grunde liegenden primitiv religiösen Anschauungen, die von beiden Völkern wohl schon in der gemeinsamen indogermanischen Urzeit entwickelt worden sind.«[26]

In allen vorhandenen Quellen klingt immer wieder die Überzeugung durch, nicht das Verbrechen an sich mache die Neidingstat aus, sondern darüber entscheide die Art, wie es vollbracht wurde. Will man alle inzwischen erwähnten diesbezüglichen Gesichtspunkte auf einen Nenner bringen, dann kommt man zu dem Schluß: Alles, was an Delikten heimlich, d. h. hinter dem Rücken der Gruppe der Mitmenschen und unter Umgehung ihres Konsensus oder ihres Mitwissens passierte, tendierte dahin, als Neidingswerk angesehen zu werden. Nicht jede offenkundig rechtswidrige Handlung galt ja deshalb schon als Neidingstat.[27] ›Mord‹ war ursprünglich nur die heimlich verübte Tötung eines Menschen, nicht etwa das, was wir heute darunter verstehen, und erst die Heimlichkeit der Ausführung machte die Aneignung fremden Eigentums zum Diebstahl. »Zauberei ist soviel wie geheimnisvolles Wirken unter Herbeiziehung böser Kräfte. Sexuelle Abnormität ist ebenfalls ein dem normalen Gefühl und Verständnis widerstrebendes, folglich auch geheimnisvolles Verbrechen.[28] Was nun Diebstahl und heimlichen Mord betrifft, wurden sie auch tatsächlich in der Praxis, noch jüngerem Volksglauben nach, oft in so hohem Grade von magischen Handlungen begleitet, daß man sie kaum ohne Zauberei möglich glaubte. Wem es gelang, nächtlich Schlösser aufzubrechen und, ohne von den Hunden bemerkt zu werden oder jemanden zu wecken, einen Diebstahl zu vollführen, mußte wohl ›mehr können als andere‹, ebenso: wer es über sich brachte, unschuldiges Blut heimlich zu vergießen, bei dem war etwas nicht geheuer. Ihm half oder zwang eine böse Macht zu solcher Tat. Der Neiding war also nicht nur im allgemeinen ›entartet‹ (und wohl gar nicht in irgendeinem rassenbiologischen Sinne, was v. Amira doch vorauszusetzen scheint), er war ein Mensch böser, dämonischer Art, der entweder freiwillig dem Bösen nachgegangen oder unfreiwillig von bösen Mächten in Besitz genommen, d. h. besessen war ... Diese Entartung ist oft angeboren, zeigt sich oft durch physische Merkmale«[29], und sogar »die Seele des Neidings nach ihrer Trennung vom Leibe erweist sich als aus der Art geschlagen«[30], d. h. sie wird zum Wiedergänger und Gespenst.

Hiermit kommt man zum eigentlichen Kern des Neidingsphänomens: Der Neiding ist seiner Natur nach kein Mensch, sondern gehört zu der Spezies von Wesen (sie treten im Germanischen unter vielen verschiedenen Namen auf), die Midgard bedrohen. Als Dämon oder Troll, als wiedergängerischer lebender Leichnam, als Besessener erschreckt und schädigt er die Menschen. Seine Feindschaft gegen sie ist ganz einfach

darin begründet, daß er nicht zu ihnen gehört: seine wahre Heimat ist Utgard. Darum wird jemand durch eine bestimmte Tat auch nicht eigentlich zum Neiding, sondern durch die Vollbringung, durch das ›Über sich – Bringen‹ einer solchen Tat kommt mit erschreckender Plötzlichkeit an den Tag, daß er schon immer kein rechter Mensch gewesen sein kann: Die Tat selbst bewirkt seine Neidingschaft nicht, sie beweist sie nur.
Soziologisch interpretiert, erweist sich der Neiding als Angehöriger einer out-group, vor der die Mitglieder der fraglichen in-group sich fürchten und den sie deshalb ablehnen. Das Unheimliche, Unbegreifliche seines Wesens war es, das jemanden zum Neiding stempelte, gleichgültig, ob es in irgendwelchen körperlichen Anomalien begründet war oder in psychischen Merkmalen. Als unheimlich empfand man jedoch bereits alle Züge, die vom Durchschnitt in irgendwie absonderlicher Weise abwichen.[31] Derart gewissermaßen ›gekennzeichnete‹ Individuen pflegte man zu meiden, und in ihrer Isolation wurden sie dann wohl oft zu tatsächlich sozialschädlichen Elementen. Aus dem Sündenbock, dessen angeblich oder wirklich schädigende Aktivitäten für alle Mißhelligkeiten verantwortlich gemacht wurden, die der Gemeinschaft begegneten, entwickelte sich auf diese Weise folgerichtig der wirklich Kriminelle.

### *d. Vom Schamanen zum Schadenszauberer*

Als die eigentliche einstige Aufgabe des Besessenheitsschamanen kann die Wahrnehmung ordnender Funktionen innerhalb seiner Gruppe angesehen werden, da die Schamanen »eine Art von Mittlern darstellen zwischen den übernatürlichen Mächten und den Menschen«.[32] Die spätere Reduktion ihres Wirkens auf den Schadenszauber ist demnach als markantes Symptom des Ausklingens, des Sterbens der schamanistischen Frühreligion generell zu bewerten, das notwendig eintreten mußte, als sich das überwiegend von der Asen-Religion bestimmte germanische Götterpantheon ausbildete und nicht mehr die »magische Lenkung der Welt von Innen heraus«[33] im Mittelpunkt des religiösen Denkens stand, sondern die Sippe. Doch »es gibt etwas wie ein ›Gesetz der Erhaltung‹ auch auf dem Gebiete der Religionsgeschichte: was einmal da war in der Welt der Religion, das erhält sich irgendwo und irgendwie und oft unter kaum erkennbarer Verkleidung. So ist kein Zweifel möglich, daß dieses Primitivelement sich erhält und immer wieder sichtbar wird im Bereich einer grundsätzlich anders eingestellten Religionswelt.«[34] Diese Erhaltung kann auf zweierlei Weise vor sich gehen: In Form abergläubischer Praktiken oder aber durch Hineinnahme der frühreligiösen Elemente in eine sich ausbildende Volksreligion.
Das Absinken magisch-religiöser Handlungen zur rein abergläubischen

Praktik, die »von der religiös-gläubigen Beziehung zum Numinosen gelöst ist und durch vorschriftsmäßige Verwendung einer Reihe von kraftgeladenen Mitteln mit einer der Naturkausalität übergeordneten Notwendigkeit erwünschte Zwecke verwirklicht«[35], ist keineswegs auf den germanischen Raum beschränkt, sondern eine verbreitete religionssoziologische Erscheinung. Außerdem findet man derartige Riten, die keinerlei Bezug mehr zum Heiligen haben, dafür aber durch die Abwicklung komplizierter magisch-mechanistischer Techniken durchaus egoistische (und in der Mehrzahl gemeingefährliche) Zwecke erfüllen sollen, nicht nur in Universal-[36], sondern auch in Volksreligionen. Als typisches Beispiel sei hier die Hexe von Endor genannt[37]; auch die Veden bieten zahlreiche Belegstellen, in denen Schadenszauberei in den härtesten Wendungen verdammt wird und wo der dessen Beschuldigte empört gegen solche ehrenrührige Vorwürfe Front macht.[38] In der chaldäischen Volksreligion beklagt sich der Gläubige bei seinen göttlichen Schutzpatronen über die Nachstellungen von Hexen, an deren Existenz also offenbar noch fest geglaubt wurde.[39]

Bei diesen Fällen einer gewissermaßen ›negativen Konservierung‹ frühreligiösen Gutes, das zum Aberglauben absank, stehen nun sowohl die Praktiken selbst als auch die damit befaßten Zauberer und Zauberinnen in striktem Gegensatz zur herrschenden Sozialordnung, gelten als Randfiguren und haben ihren gesellschaftlichen Bezugspunkt in unmittelbarer Nachbarschaft des Kriminellen. Denn die Angehörigen dieser Personengruppe werden »offiziell nicht anerkannt und wirken nicht im Dienst und zum Nutzen der Allgemeinheit, sondern nur in privaten Interessen: darum ist auch niemand davor geschützt, von ihrer geheimen Kunst betroffen zu werden«.[40]

Anders liegen die Dinge, wenn frühreligiös-magische Praktiken und Vorstellungen positiv konserviert und in eine Volksreligion mit hineingenommen werden, wo sie gelegentlich sogar zu integrierenden Bestandteilen aufsteigen können. So sind in einigen Regionen Asiens und auch im germanischen Gebiet Europas deutlich schamanistische Vorstellungen sehr weitgehend mit der später herrschenden Volksreligion verschmolzen, was u. a. dafür spricht, daß letztere zwar jeweils von außen angeregte, aber von der Masse der Gläubigen dann selbständig weitergebildete Religionen gewesen sind. Denn die Voraussetzungen für einen solchen Verschmelzungsprozeß sind unabdingbar gemeinsame soziale Normen, jene aber entstehen am ehesten dort, wo sowohl gemeinsame Interessen als auch Kommunikation über diese existieren[41], d. h. in einem geographischen Raum, dessen Bevölkerung ethnisch ziemlich homogen ist und über dieselben Kulturtraditionen verfügt. Umgekehrt zeigt die im vorigen Kapitel dargestellte Ablehnung des transvestitischen Besessenheitsschamanen durch die Asen-Religion (die selbstredend auch eine Volksreligion gewesen ist, nämlich eine typisch indogermanische), daß bei ethnischer und kultureller Überlagerung solche Elemente der Frühreligion rigoros ausgeschieden werden, die sich mit den importierten religiösen Werten der neuen Herren nicht vertragen, weshalb wir in der Edda zwar noch einige Bestandteile der Wanen-Religion finden, nicht mehr jedoch solche, die im asischen Sinne diskriminierend waren (z. B. Geschwisterehe, Glaube an eine hundegestaltige Freya, u. ä.) und die schamanistische Komponente aus dem religiösen Leben bis auf Reste (wie etwa den Transvestitentänzen beim Opfer von Uppsala) so gut wie völlig verschwand bzw. in den sozialen und religiösen Untergrund abgedrängt wurde.

Im Verlauf dieses Absinkens mußte zwangsläufig auch die soziale Stellung des Schamanen dubios und suspekt werden: Sie sank im gleichen Maße ab wie die religiöse Schicht, die er repräsentierte, womit ein erheblicher Prestigeverlust verbunden war. Dieser Verlust drängte zum kompensatorischen Aufbau einer neuen gesellschaftlichen Rolle: Der des Zauberers, in der zwar nicht das ehemalige Prestige erhalten, wohl aber durch ein anders akzentuiertes ersetzt wurde. Gleichzeitig wandelten sich notwendig und verhängnisvoll die Mittel, womit dies Prestige sich erhielt. Da der Glaube der Gemeinschaft an die magischen Kräfte des Schamanen und seinen Kontakt mit dem Jenseits mehr und mehr schwand, weil ein neuentstehendes Götterpantheon und überhaupt neu und anders verstandenes religiöses Empfinden ihn absorbierten, schwand die Wirksamkeit dieser seiner Kräfte selbstredend gleichfalls dahin. An dem Punkt der Entwicklung aber wurde der ehemalige Schamane zum Schadenszauberer, der dem Glauben seiner zahlenmäßig zusammengeschrumpften Klientenschar gelegentlich durch Gift nachhalf. Das schließt nicht aus, daß der zaubernde Giftmischer selbst geglaubt haben mag, sein Gift wirke etwa nur deswegen, weil es dem ahnungslosen Opfer unter Einhaltung bestimmter fixer Regeln (Hersagen von Zaubersprüchen, Vergabe nur an bestimmten Tagen und zu bestimmten Zeiten usw.) verabfolgt wurde. Im Sinne des Schadenszauberers bedeutete das Gift lediglich eine ›Verstärkung‹ des Zaubers, dessen ›unfehlbare‹ Wirkung sein Selbstgefühl hob.

Es bedarf keiner Erläuterung, daß zu einer solchen Einstellung vorwiegend neurotische und sozial gestörte Menschen neigen mußten, deren Absonderlichkeiten sie zu Randexistenzen einer Gemeinschaft machten, deren Werte und Normen nicht oder nurmehr teilweise die ihren waren. Wir müssen uns aber fragen, ob nicht diese eben erwähnte Gemeinschaft selbst sehr wesentlich dazu beigetragen hat, daß Zauberer nicht nur allgemein gesprochen als üble Subjekte galten, sondern daß vor allem immer wieder Zauberer auftraten, obgleich doch ihre Position so gefährlich und sozial negativ aspektiert gewesen ist. Begreifen wir das Zauberwesen, wie es sich in den Angriffen der Edda gegen Seidr und Verwandtes ausdrückt, als Manifestation der Aktivität einer Subkultur, dann fällt es leichter, diese scheinbar paradoxen Verhältnisse zu durchschauen. Gegenüber einer so hochgradig konformen Haltung nämlich, wie sie gerade die Internalisierung der indogermanischen Wertvorstellungen forderte, bot sich die Chance der Entwicklung einer davon entschieden abweichenden Subkultur geradezu als Alternativposition an.[42] Hinzu kommt, daß andererseits die konforme Menge der Bevölkerung für eine ›erschwerte Umkehrbarkeit‹ des einmal als ›abweichend‹ definierten Verhaltens schon sorgt: Den betreffenden Personen wird ihre negative Rolle nicht nur von den herrschenden Wertvorstellungen anderer zugeteilt, sondern sie werden an diese auch in mannigfacher Weise gefesselt. Derartige Rollen tendieren fast zwangsläufig dazu, zu Kristallisationspunkten nonkonformer Subkulturen zu werden. Ein wesentlicher Gesichtspunkt dieser Problematik ist natürlich auch, daß der Gesellschaft daran gelegen ist, ein gewisses Maß an Konflikt aufrechtzuerhalten. Dies gilt selbstverständlich in besonderem Umfange, sofern sich – wie im vorliegenden Fall einer ethischen Überlagerung – durch das feindselige Verhalten der Mitglieder einer Gruppe gegenüber Mitgliedern einer anderen, unterlegenen und als out-group angesehenen Gruppe die Kommunikation zwischen den Mitgliedern der Eigengruppe verstärkt. »Das heißt, gemeinsame Gruppennormen veranlassen jedes Gruppenmitglied zu einem bestimmten Verhalten, z. B. sich feindselig gegenüber den Mitgliedern einer anderen ethnischen Gruppe zu verhalten. Durch solches Verhalten wird jedem Mitglied der jeweiligen Gruppe ›angezeigt‹, daß das entsprechende Verhalten von den gemeinsamen Normen vorgeschrieben ist. Auf solche Weise unterstützen sich Gruppenmitglieder gegenseitig in ihrem feindseligen Verhalten«[43], wodurch ihr eigener Gruppenzusammenhalt wächst. Für kleine, aber militante Erobergruppen in einem unterworfenen Land bietet sich diese Haltung gegenüber der autochthonen Bevölkerung bzw. deren religiösen und kulturellen Werten und Normen sogar geradezu zwangsläufig an, weil nur dadurch der akuten Gefahr einer raschen ethnischen und kulturellen Absorption durch die zwar besiegte, aber numerisch überlegene einheimische Gruppe begegnet werden kann.[44]

### *e. Die Bestrafung des Schadenszauberers*

»Es unterliegt keinem Zweifel, daß die Hexerei ebenso wie die legitime Magie von den Naturvölkern tatsächlich ausgeübt wird, wenn auch nicht in dem Umfange, wie die Völker es offenbar selber annehmen.«[45] Die Reaktion der Germanen und Nordleute war in dieser Hinsicht dem Verhalten von Naturvölkern durchaus adäquat: ihre Zauberfurcht war enorm. Denn »die Zauberei wird regelmäßig als etwas Widernatürliches und Unheimliches betrachtet und als eine frevelhafte Überschreitung der dem Menschen von der Natur angewiesenen Schranken verabscheut; auch die Zauberer und die klugen Weiber werden darum lieber mit den Unholden als mit den lichten Göttern in Verbindung gebracht«.[46]

Der Zauberer kann zwar unschädlich gemacht werden, »aber weil er so giftig ist, muß seine Zerstörung mit der größten Sorgfalt vorbereitet und ausgeführt werden, so daß man nach der Tat mit der Überzeugung nach Hause gehen kann ... daß er ganz und gar von der Erde ausgelöscht worden ist. Die Menschen versuchten, ihn zu Staub zu verbrennen, einen Steinhügel über ihn zu häufen, ihn mit einem Pfahl in die Erde festzuspießen oder ihn weitab vom Lande zu ertränken – keine Sicherheitsmaßregel ist zu umständlich.«[47] Dabei haben grundsätzlich die Strafen, die über den Schadenszauberer verhängt werden, »einen anderen Charakter als die, welche den Mörder seines eigenen Stammesgenossen treffen. Das ganze Volk, die eigenen Verwandten miteinbegriffen, teilt die Furcht, das Entsetzen, die Entrüstung, welche sonst nur die geschädigte Familie und diese nicht einmal in solchem Maße empfindet. Die Tat und der Schuldige finden keine Verteidiger, das ganze Volk will und fordert ihre Bestrafung.«[48] Diese allgemeine und einhellige Empörung hat ihre Ursache darin, daß eine solche Gemeinschaft alle Delikte, die in ihrer Mitte verübt werden, nach dem Grad ihrer Schädlichkeit gegenüber der Allgemeinheit beurteilt.[49] Wenn nun »die Saga in dem Wesen und Verhalten der Zaubermenschen so vielfach die Züge hervorhebt, die sie als Störenfriede der Gemeinschaft erscheinen lassen mußten, so wird sie damit eine wesentliche Seite der alten Verhältnisse tatsächlich treffen«.[50] Wir müssen darum die Ablehnung, Isolation und – als ultima ratio der Unschädlichmachung – die Tötung des Schadenszauberers vor allem unter diesem Aspekt zu verstehen suchen, obwohl ihre Verfolgung dem modernen Menschen als nichtswürdiger Ausbruch primitiver Lynchjustiz gegen quasi Hilflose erscheint. Damit aber werden wir den Verhältnissen in einer Gesellschaft nicht gerecht, die von unserer eigenen in doch erheblichem Umfange abweicht und geraten in Gefahr, unsererseits ethnozentrische Werturteile zu produzieren.

Weil »Mensch sein und in menschlicher Gesellschaft leben ein und dasselbe ist«[51], bedeutet »die höchste Strafe überall Ausschluß aus dem Zusammenleben der Menschen in dem betreffenden Geltungsbereich der Normen durch Ausstoßen, Verbannen oder Töten«.[52] Schon die bloße Nachbarschaft von Zauberern wurde nur ungern geduldet[53], aber »die

Empörung bricht doch im allgemeinen erst aus, wenn eine wirkliche Schandtat geschehen ist . . . Geschädigte wenden sich an den Goden oder einen sonstigen Großen, zu deren Pflichten es gehört, gegen die Übeltäter einzuschreiten; der Mächtige greift selbst durch und schafft sich die Schädlinge vom Hals. Die tatsächlichen Machtverhältnisse entscheiden darüber, welcher Weg im Einzelfall eingeschlagen wird. Eine gerichtliche Vorladung zur Einleitung eines ordentlichen Verfahrens wird nötig, wo ein Gode die Betreffenden beschützt. Ein solches Schutzverhältnis besteht häufig und erschwert dann natürlich ein Eingreifen. Wird die Lage bedenklich, so läßt der Mächtige seinen Schützling fallen. Nur ausnahmsweise wird er selber in dessen Schicksal verstrickt . . . Wenn ein Vorgehen verabredet wird, gefallen sich die jüngeren Sagas darin, die Schwierigkeiten stark zu betonen, die ihm im Wege stehen. Sie ergeben sich daraus, daß der Bedrohte alle seine Künste spielen läßt, um sich zu retten. Er verblendet seinen Verfolgern die Augen, stumpft ihre Waffen, läßt seine gefallenen Genossen weiterkämpfen und bedient sich der Hilfe zauberhafter Untiere. Schlimmer ist es noch, wenn er gegen seine Feinde unwiderstehlichen Zauber entfesselt, der deren ganzes Lebensglück vernichtet . . . Der gewöhnliche Weg, sich von lästigem Zauberpack zu befreien, ist der, es aus dem Gau zu verweisen. Das kann auf Grund eines Schiedsspruches oder auch ohne rechtliche Formalitäten geschehen. Wenn die Zauberer sich schlimmere Schandtaten haben zu schulden kommen lassen, werden sie ohne weiteres getötet. Sie werden gesteinigt oder ertränkt . . . Kommen sie einem Feind vor die Klinge, so pflegen sie feige zu entfliehen. Ihr Gegner setzt ihnen nach, bis er sie einholt und tötet. Gern erzählt die Saga auch, daß sie eine schmähliche Wunde davontragen. Wenn sie sehen, daß es kein Entrinnen mehr gibt, stürzen sie sich in einem Sumpf oder eine Schlucht . . . Dem Sterbenden schickt man einen Fluch nach, daß er nicht wieder zu Kräften kommen möge. Es kommt aber auch vor, daß eine Hexe vor Raserei in ihrem Zauberzustand stirbt, als sie ihre Pläne durchkreuzt sieht . . .«[54]

Sowohl die Steinigung[55] als auch das Versenken in Sumpf und Moor, wobei auf den Verurteilten noch Dornen gehäuft wurden oder aber anschließend eine Pfählung erfolgte[56], gelten allgemein als hochaltertümliche Strafarten.[57] Bei beiden ist fraglich, ob man das reichlich umständliche Verfahren der Hinrichtungsweise als Vorsichtsmaßregel gegen eine mögliche Selbstbefreiung des Delinquenten auffassen soll oder ob eher die Furcht vor dem Wiedergehen des Getöteten als ›lebender Leichnam‹ dafür ausschlaggebend gewesen sein könnte. Für letztere Theorie finden sich in der Edda zahlreiche Belegstellen, die ihrerseits wiederum durch viele Beispiele aus anderen germanischen Gebieten zu stützen sind.[58] Die Vorstellung des lebenden Leichnams bedeutet im Grunde eine Leugnung bzw. ein Nichterfassen des Todeserlebnisses, und das spricht für ihr erhebliches Alter. Vermutlich ist dieser Glaube Bestandteil der Megalith-Religion gewesen und man hat sich die Verstorbenen im großen Sippengrab noch irgendwie lebendig weiterlebend vorgestellt, wenn auch lebendig auf eine eigenartige und furchterregende Weise.[59] Glaubte man (wie z. B. regelmäßig nach dem womöglich noch gewaltsamen Tod eines Schadenszauberers) Grund zur Furcht vor feindlichen Attacken des lebenden Leichnams zu haben, lag es nahe, dieses Mittelding zwischen Kadaver und Dämon noch einmal zu vernichten, und zwar so restlos und endgültig wie möglich. Wilhelm Grönbech, der feinsinnige Interpret der germanischen Kultur und Religion, hat geschildert, zu welchen Mitteln man im Verlauf solcher Anstrengungen griff: »Es war vielleicht besser, den Spuk rein körperlich zu binden, indem man Steine auf ihn häufte oder einen Pfahl durch ihn stieß, oder ihn auf irgendeine Außenschäre brachte, wo die viele Feuchtigkeit seine Beweglichkeit hindern mußte. Aber oft genug geschah es, daß alle Vorsichtsmaßregeln vergebens waren, wie durchgreifend sie auch ausgeführt wurden. Dann wurde Zerstörung auf Zerstörung gehäuft, vielleicht wurde erst der Kopf abgehauen, dann der ganze Körper verbrannt und die Asche in die See gestreut – in der Hoffnung, so die Seele zu Atomen zu zerstäuben, die so klein wären, daß sie faktisch nicht vorhanden wären. Aber das Aufhören des Daseins selbst, als letzter und entscheidender Gegensatz zum Leben, wurde nie ganz erreicht. Gedanke und Hand stießen den Gegenstand bis an eine gewisse Grenze hinaus und ließen ihn im Nebel versinken; aber dieser Nebel war doch schließlich nichts als Vergessenheit.«[60]

Das Verbrennen des Zauberers, wovon schon einige Male die Rede war, ist keineswegs eine Erfindung des Christentums, das hier wie so häufig wenig originell germanische Brauchmuster adaptierte und zum jeweiligen Eigengebrauch modifizierte.[61] Als sichernde Maßnahme gegen übelwollende Tote, zu denen in erster Linie der Schadenszauberer und Neiding gezählt wurde, stellte die Verbrennung vielmehr eine recht altertümliche Vollziehungsart der Todesstrafe dar.[62] Das berühmteste Beispiel einer prächristlichen Massenverbrennung von Zauberern ist die Geschichte vom Tod Rögnvald Geradebeins.[63] Sie lautet:

»Erich Blutaxt gedachte Oberkönig über alle seine Brüder zu werden, und das wünschte auch sein Vater, König Harald. Vater und Sohn lebten viel zusammen. Rögnvald Geradebein herrschte über Hadeland. Er lernte Zauberkünste[64] und wurde ein Hexenmeister. Aber König Harald haßte die Zauberer. In Hardanger wohnte ein Hexenmeister namens Vitgeir. Der König sandte Botschaft zu ihm und hieß ihn die Zauberei lassen. Der aber erwiderte mit diesem Spruch:

›Wer staunt drob,
daß *wir* zaubern,
Bäuerinnen- und Bauernblut,
Hext Rögnvald Geradebein doch,
Haralds hoher Sohn,
in Hadeland!‹[65]

Als aber König Harald diesen Ausspruch hörte, da zog auf sein Geheiß Erich Blutaxt nach dem Oberland und kam nach Hadeland. Er verbrannte seinen Bruder Rögnvald in dessen Hause mit achtzig Zauberern, und diese Tat pries man sehr.«

Der Enkel Rögnvald Geradebeins, Eyvind Quelle, fand das gleiche Schicksal, das ihm allerdings von dem christlichen König Olaf bereitet wurde. Dieser ließ Eyvind samt seinem ganzen Zauberergefolge in eine Halle einladen und mit starken Getränken bewirten; als sie trunken waren, zündete man die Halle von außen an. Alle außer Eyvind Quelle selbst verbrannten, er aber rettete sich durch eine Dachluke. Aber im Frühjahr darauf wurde er von Olaf doch gefangen und mit seinem neuen Gefolge auf eine Schäre gebracht, die während der Flut unter Wasser stand, wo sie alle ertranken. Diese Schäre aber hieß seitdem die ›Trollschäre‹.[66]

An letzterem Beispiel wird deutlich, daß man, nachdem das Verbrennen nicht half (der Zauberer schafft es irgendwie, sich zu retten), stärkere Mittel zur Anwendung brachte, die nicht selten jedoch auch dann für zweckmäßig gehalten wurden, wenn der Zauberer wirklich verbrannt worden war. Dann pflegte man nämlich häufig anschließend seine Asche in fließendes Wasser zu streuen, damit sie davon weggeschwemmt werde, so daß sein Körper sich nun unmöglich wieder aus seinen Bestandteilen zusammensetzen und auferstehen konnte.[67] Doch selbst das half nicht immer: In der Erzählung über den bösen Thorolf bei Snorri[68] wird die Leiche des Übeltäters nach dessen Tod verbrannt und später, um die Spukerei des lebenden Leichnams zu beenden, die Asche in die See gestreut. Aber immer noch ist der Tote nicht endgültig vernichtet. Er taucht als Stier wieder auf, tötet noch einen Menschen und versinkt schließlich im Moor. Es hatte nämlich eine Kuh die Steine beleckt, an denen von der Asche des Verbrannten etwas hängen geblieben war; davon wurde sie trächtig und gebar das zauberische Bullenkalb, in dem die Seele des Toten aus der Asche noch einmal lebendig bzw. wirksam werden konnte.

Nach dem, was in den letzten beiden Kapiteln über die verschiedenen Formen der Identifikation in Frühreligionen erläutert wurde, muß der

Glaube an eine mögliche Wiedererstehung als Folge einer direkten Einverleibung des verbrannten Körpers (ähnlich wie im Falle des durch Essen eines verbrannten Hexenherzens schwanger gewordenen Loki) als Nachklang absolut archaischer Vorstellungen verstanden werden.
Danach ist die Seele des Toten weniger etwas Spirituelles als eine andere, eben nachtodliche Ausprägung seines Selbst, nicht geradezu materiell, aber doch auch nicht unstofflich, kurzum ein Wesen, für das unser Begriff des Gespenstes noch am treffendsten ist. Dies wesenhaft Substantielle aber haftet nicht nur an dem lebenden Leichnam selbst, sondern es ›klebt‹ irgendwie auch an allen seinen ehemaligen irdischen Besitztümern und hat sie in gefährlicher Weise infiziert. Deswegen verfiel das Hab und Gut eines gewaltsam getöteten Neidings der Wüstung; seine Möbel wurden zerhackt, sein Haus angezündet: »Wüstung ist also Geistervertreibung.«[69] »Um die Welt zu erhalten, muß der Mensch alle Zauberer mit ihren Häusern und all ihren Gütern zerstören und vernichten. Die Grenze, die die Zauberer von dem Menschengeschlecht trennt, ist so scharf, weil sie unabhängig ist von jeder oberflächlichen Sonderung zwischen schwarz und weiß; sie kann nie verwischt werden . . . Er ist gehaßt, weil er seine Künste im Geiste der Dunkelheit und Abgeschlossenheit ausübt; er ist ein Fremder, der außerhalb der Umzäunung des Friedens steht, und deshalb sind seine Taten jedenfalls voll von Ungeheurem, und wenn sie außerdem eine unheimliche Grausamkeit bezeugen, so sind diese Eigenschaften nur eine notwendige Offenbarung der Natur seines Willens.«[70]

## 2. Das germanische Kriegerideal

### *a. Das Ideal*

Die isländischen Sagas und Snorris Königsbuch[71] vermitteln uns aufschlußreiche Hinweise darauf, welche Eigenschaften man zur Zeit ihrer Niederschrift an einem Manne am meisten schätzte:

»Manche Tugenden des Leibes und der Seele, von der Schwimmkunst bis zur Dichtkunst, lobte man und pflegte man; aber sie konnten fehlen, ohne daß der Mann verächtlich wurde. Was man aber verlangte und was, wo es über das gewöhnliche Maß hinausging, in allererster Linie die Bewunderung weckte, war der Komplex von Eigenschaften, die den Krieger ausmachen . . . ein gewisser Grad von Waffentüchtigkeit und der

Fähigkeit, Menschenblut zu vergießen, wird von den Sagas so vorausgesetzt wie das Lesen und Schreiben in einem heutigen Bürgerroman. Der Mann, dem jene Fähigkeit zu mangeln scheint und der sich dann zu tapferer Tat erhebt, ist eine wirksame Figur: einer, der diese Erwartung dauernd täuschte, wäre nicht einmal als komische Gestalt in unseren Sagas aufzufinden. Das männliche Ideal des Kriegers herrscht so einseitig, daß es dem des Dichters, des Rechtskundigen, des Geschäftsmannes einen ganz schmalen Raum läßt; auch würden diese Typen, sobald sie Feigheit in der Abwehr bekundeten, ohne Gnade entwertet . . . Das Erste war, daß Einer sich und die Seinen schützen konnte in dieser Welt voll Gefahren. Daraus folgten die mehr aggressiven Eigenschaften. Die Züge, die dem Mitglied einer friedlichen Gesellschaft Wert geben, standen bescheiden hinter jenen Notwendigkeiten zurück.«[72]

Die Germanen sind nicht der einzige indogermanische Stammeszweig, der diesem Ideal huldigte; sie teilten es vielmehr mit praktisch allen übrigen anderen indogermanischen Völkern, insbesondere aber mit Hellas und dem vedischen Indien. Und hier wie dort entsprach dem Hang der Männer zum abenteuernden Kriegerleben ein unbesiegbarer Tatendrang der Götter. Wohin diese Stämme auf ihren Wanderungen gerieten, überall führten sie unter betonter Herausstellung des Kriegerideals die Herrschaftsform der frühen Herrenkultur[73] ein. Aber während etwa in Griechenland und in Indien das sehr einseitige Kriegerideal nach einer archaisch anmutenden Periode der Dominanz überwunden bzw. von verfeinerter Lebensweise, Philosophie und einer transzendenteren Religionsauffassung abgelöst wurde, fehlt dergleichen Entwicklung in Germanien so gut wie völlig.[74] Dieser Tatsachen müssen wir stets eingedenk sein, wollen wir die germanischen Rechtsauffassungen nicht gänzlich mißverstehen.

Noch bis lange nach der Christianisierung hat man ›Recht‹ in Germanien völlig unreflektiert und selbstverständlich als das Recht des Stärkeren aufgefaßt.[75] »Der Gerichtsgang war eine stilisierte Fehde«[76], und »damit wurde der physische Kampf zum Rechtsinstitut«.[77] Wich ein Mann einer solchen Auseinandersetzung aus, so bekannte er sich allgemeinem Dafürhalten nach selbst und von vornherein als der geringere der beiden Kontrahenten. Damit jedoch verlor er ›sein Recht‹, er bekam eventuell einen Neidings-Namen und mußte für den Schaden auch noch den Spott einstecken. Wer aber als Neiding galt, der konnte darum gar nicht vor Gericht gefordert werden oder dort als Kläger erscheinen, weil seine Neidingschaft ihn ja von vornherein als ›nicht satisfaktionsfähig‹ auswies.

War ein Mann zu alt oder zu krank, um ›sein Recht zu holen‹, so war er dabei auf die Hilfe seiner Sippe angewiesen, aus deren Reihen ihn jemand vertreten konnte.[78] Dasselbe galt ausnahmslos für alle Frauen, gleichgültig, ob Mädchen oder verheiratete Frau. Die Frau war zu schwach, um einem Mann gegenüber zur Waffe zu greifen, und deshalb wurde es für eine schwere Neidingstat erachtet, wenn ein Mann sie schlug oder sonstwie attackierte. Diese Ausnahmestellung der Frau in einer Welt, wo sonst jeder halbwegs bösartige Wortwechsel schon zum Totschlag führen kann, ist gelegentlich so aufgefaßt worden, als dokumentiere sich darin eine besonders ›hohe‹ Position der Frau in Germanien. Dies ist ein Irrtum, der Ursache und Wirkung miteinander verwechselt: Die Position der Frau war bei den Germanen sicher nicht höher als die des Mannes, aber sie war grundlegend anders. Tatsächlich entspringt ihre Unverletzlichkeit lediglich aus ihrer offenkundigen Wehrunfähigkeit. In späteren Zeiten, als die Blutrache vom Bußgeld abgelöst wurde, haben sich diese Anschauungen noch darin niedergeschlagen, daß Frauen (und ebenso Geistliche!) für unfähig erklärt wurden, Bußen zu nehmen und zu geben, was damit begründet wurde, daß sie »an keinem Mann Rache nehmen und kein Mann an ihnen«.[79] Die Bewunderung für eine Frau oder ein Mädchen steigt dort am höchsten, wo sie Mannestaten vollbringen oder sich gar mutiger verhalten als die anwesenden Männer.[80] Und solchen Männern, die nicht hart genug auftreten (sich z. B. mit einer fälligen Blutrache Zeit lassen), halten energische Frauen vor: »So wie ihr seid, hättet ihr die Töchter eures Vaters sein sollen und hättet verheiratet werden müssen!«[81] Denn ein Mann zu sein, das ist ein Synonym für ›Krieger sein‹.

Da Zauberei grundsätzlich sozusagen aus dem Hinterhalt operiert und der offenen Auseinandersetzung auszuweichen sucht, gaben sich Helden nur selten damit ab und wollten ihre Erfolge einzig ihrer eigenen Kraft verdanken[82], »ja wir lesen sogar, daß ein Sohn sich von dem eigenen Vater lossagte, weil sich dieser mit der übel berufenen Sache abgegeben hatte«.[83] Nicht zuletzt aus Widerwillen gegen den offenen Zweikampf greift der Zauberer germanischem Gefühl nach zur Zauberei (ein Widerwille, durch den eo ipso bereits Neidingschaft begründet wurde); er ist für den Kampf zu schwach und zu ängstlich, und das heißt: zu unmännlich.

Diese krasse Einteilung der Menschen allein nach dem Kriterium ihrer Wehrhaftigkeit, wo die einzig allgemein anerkannte Moral identisch ist mit der Kampfmoral, zeigt die Germanen als Angehörige einer Gesellschaftsordnung, die jener der indogermanischen Hirtenkrieger noch recht nahe steht. Ihre Normen und Werte trotzen darum einem Vergleich mit den unseren, obgleich diese nicht denkbar sind ohne jene. Doch »es ist etwas in der Haltung des Nordländers dem Leben gegenüber, das unsere Zutraulichkeit auf den ersten Blick erfrieren läßt, und wenn dieser

Kälteschauer heutzutage nicht mehr so tief empfunden wird, ist es hauptsächlich die romantische Literatur des neunzehnten Jahrhunderts, der wir diese Gefälligkeit verdanken. Mit einer Liebe, die oft allzu entgegenkommend und allzu einsichtslos war, haben die Dichter und Historiker die starken und eigensinnigen Züge der Sagamänner und -frauen geglättet und diese herben Gestalten zu allgemein anerkannten Helden und Liebhabern abgetönt. Die alten Charaktere sind unmerklich modernisiert worden in der Absicht, sie angenehmer zu machen. Die Härte und Unversöhnlichkeit der Nordländer wird hier von ihrem Heroismus und Edelmut überschattet und nur stillschweigend als Begrenzung zugelassen, während in Wirklichkeit diese Eigenschaften in dem eigentlichen Wesen ihrer Kultur begründet waren.«[84]

### *b. Die Wirklichkeit*

Das herrschende Kriegerideal der Germanen teilte eine sehr wesentliche Eigenschaft mit anderen Idealen anderer Völker: Es war das Ideal einer herrschenden Elite. Infolgedessen wurde es natürlich selten einmal rein verwirklicht und nahm in der Person irgendeines bedeutenden Mannes personifiziert Gestalt an. Was wir aus der Edda von den Ansichten und Meinungen der damaligen Durchschnittsmenschen hören, die nicht zu der exklusiven Gruppe der durch Geburt Begünstigten zählten, weicht jedenfalls nicht selten ziemlich davon ab. Außerdem war die Möglichkeit zur Verkörperung dieses Ideals faktisch an den Stand der Adligen gebunden; sie allein verfügten über genügend Macht und Muße, um ihm nachzuleben.

»Bei den Germanen herrschte keine Gleichheit; es gab Vornehme und Geringe, Reiche und Arme, Herren und Knechte«,[85] und dementsprechend ausgeprägt war die feine Abstufung der sozialen Rangordnung. Im Alltag manifestierte sie sich »in Spott über den Niedriggeborenen, Staunen über die Gaben des Emporkömmlings und am allerstärksten in der unmittelbaren Ehrerbietung der Freien gegen Männer mit Tradition«. Denn »für Nordländer war hohe Geburt das einzige Anrecht auf Ehre und Ruhm oder im tieferen Sinne die einzige Bedingung, die dem Mann ermöglichte, jene Tüchtigkeit und jenes Selbstbewußtsein zu besitzen, die Ehre und Ansehen voraussetzten«.[86]

Im Rahmen dieses ausgeprägten Standesdenkens haftete dem Ehrgefühl des einzelnen »viel Herdenhaftes« an. »Man ist im hohen Grade abhängig von dem Urteil der Menschen und insofern gebunden, unfrei. Zugleich aber ist die Persönlichkeit nicht so weit differenziert, daß sich eine fühlbare und dauernde Spaltung hätte bilden können zwischen der Meinung der anderen und dem eigenen sittlichen Selbstbewußtsein. Den

Standpunkt: ›Mögen sie mich für feige halten – ich weiß es besser!‹ hielt der Mensch nicht fest; über kurz oder lang verschmolz seine eigene Schätzung mit der communis opinio: wenn er dann in deren Sinne handelte, war es nicht aus moralischem Zwang, gegen die bessere Überzeugung, sondern weil sein Inneres die Anklage der Menge bejahte.«[87]
So erweist sich der Held, der dem Kriegerideal so weit wie möglich zu entsprechen sucht, als überaus konformistisch, und die einfachen Bauern und Knechte, die dies Ideal bejahen, obgleich sie persönlich nie und nimmer imstande sein konnten, es zu verkörpern, waren das in noch viel höherem Grade. Vor diesem sozialen Hintergrund hebt sich die Gestalt des Zauberers als greller Kontrast ab: Er war Individualist. Und der moralische Mut, den er dazu aufbringen mußte (es war vermutlich häufig gleichzeitig auch der Mut der Verzweiflung über die hoffnungslose Situation des lebenslänglichen ›underdogs‹), war erheblich größer als der rein physische Mut, den der Repräsentant des Kriegerideals benötigte, um jenen, das eigene Gegenbild, das seine Art der Existenz dauernd in Frage stellte, auszulöschen, damit die Welt wieder ›heil‹ werde.

## 3. Die negative Bewertung von ergi und Seidr in der Schelte

### *a. Der Begriff der ›Schelte‹*

Für die typische Art der Beleidigung durch solche Worte, die als Injurien bezeichnet werden, hat Jakob Grimm den Begriff der ›Schelte‹ geprägt. Hierunter sind im Germanischen jedoch nicht nur Schimpfworte zu verstehen, sondern auch ehrenrührige Verdächtigungen, Verleumdungen und die schon erwähnten ›ýki‹, d. h. beleidigende Übertreibungen bzw. Unmöglichkeiten.[88] Die Bußen, die auf einigen dieser Scheltworte standen, gehörten zu den schwersten schlechthin und waren eingebettet in ein mit großer Strenge gehandhabtes juristisches System von Gewohnheitsrecht und auf dem Thing beschlossenen Einzelverordnungen, dessen letzte Ursachen sich einer rationalen Deutung entziehen.
Ihm zugrunde liegt nämlich die noch durchaus magische Vorstellung, daß einerseits die Beschimpfung eines Feindes dessen Kraft schwächt[89] und andererseits die über einen Menschen ausgesprochenen Behauptungen die verhängnisvolle Macht besitzen, sich in dessen Seele einzunisten und ihn von dort aus im Sinne des Behaupteten zu verändern[90], sofern nicht schleunigst Gegenmaßnahmen ergriffen werden: »Wenn keine Ehre für die Kränkung geholt würde, konnte in der kleinen Wunde sozusagen eine

Blutvergiftung entstehen ... Wurde ein Mann Dieb oder Feigling genannt – was er nicht war – ... in jedem Fall mußte er, wenn er seine Würde behalten wollte, vollen und ganzen Ersatz für die Anschuldigung eintreiben.«[91] Böse Worte durch böse Worte zu vergelten, half in solchen Fällen gar nichts; es gab für derartiges nur eine Rache, die Rache in Blut.

Ein Mann nämlich, der es unterließ, eine dieser schweren, absichtlichen Kränkungen zu rächen, gab ihnen damit stillschweigend Recht. Das aber war soviel wie ein wortloses Eingeständnis, ein Neiding zu sein.[92] Denn ein Mann, der Schande an sich haften läßt, gilt nichts mehr bei den übrigen Männern und wird in Zukunft auch in anderen Angelegenheiten nicht mehr unter dem Schutz der Gesetze stehen: »Wird ein Mann feige geschimpft, und rächt er sich nicht durch Herausforderung und Sieg, so ist er feige und rechtlos. So heißt es sowohl im Süden wie im Norden.«[93]

### *b. Unsühnbare und sühnbare Schmähungen*

»Gewisse Schmähungen, so der Feigheit«, schrieb Heinrich Brunner[94], »geben nach isländischem Recht die Befugnis zu sofortiger Tötung und haben, wenn im Rechtsweg geltend gemacht, die Verurteilung zum Waldgang zur Folge«, d. h. Friedlosigkeit. Jakob Grimm konstatierte: »ehrenrührigster schimpf im alterthume war der vorwurf der feigheit«[95], wobei er allerdings den in der Folge gern tradierten Kunstgriff anwandte, ›arg‹ als ›feige‹ im modernen Sinn des Wortes zu interpretieren, wodurch sich die zweifellos als heikel empfundene Diskussion der Bedeutung homosexuellen Verhaltens im germanischen ›alterthume‹ elegant umgehen ließ. Selbstredend ist auch die ›Feigheit‹ bei Brunner bei korrekter Übersetzung tatsächlich ›Argheit‹. Hugo Gering kommentierte diesen Begriff wissenschaftlich redlicher, indem er erklärte: »›Die art oder das kennzeichen eines weibischen menschen, besonders eines solchen, der sich wie ein weib zur unzucht gebrauchen läßt,‹ ... das ist die eigentliche bedeutung des ajd. argr oder ragr, des ärgsten schimpfwortes, das die nordische zunge kannte; nach isländischem rechte hatte der so gescholtene das recht, den beleidiger auf der stelle zu töten, ohne verpflichtet zu sein, wergeld zu zahlen.«[96]

Es ist klar, daß man aus dieser schwersten überhaupt nur möglichen Ahndung schließen kann, wie die ethische Bewertung der durch die ›Schelte‹ vorgeworfenen homosexuellen Betätigung selbst eingeschätzt worden ist, nämlich extrem negativ.[97] Nach der ›Graugans‹, einem kurz nach der Christianisierung aufgezeichneten isländischen Gesetzesbuch, das noch sehr weitgehend von prächristlichen Auffassungen beherrscht wird, waren die drei Schmähworte, die zu der obenerwähnten sofortigen

Tötung des Beleidigers berechtigten, die Ausdrücke ragan, strodinn und sordinn, welche aktiv und passiv homosexuelles Verhalten bezeichneten.
Neben der unsühnbaren Schelte kannten die nordischen Gesetze noch solche, die durch sog. ›volle Mannesbuße‹ gesühnt werden konnte; gelegentlich stand auf ihnen gleichzeitig eine zeitlich begrenzte Friedloslegung. Hierin bahnt sich gegenüber der alten, ungleich härteren Auffassung bereits eine gewisse Abmilderung an, die zweifellos das Verdienst der christlichen Religion war. Sühnbare Beleidigungen dieser Art wurden als ›Vollrechtsworte‹ bezeichnet[98], und zu ihnen rechneten z. B. einige ›ýki‹: etwa wenn man von einem Manne erzählte, daß er jede neunte Nacht ein Weib sei oder daß er Kinder geboren habe oder daß er ein Zauberer-Freund sei. Jan de Vries meint[99], in diesen ýki lebe die Erinnerung an ältere Epochen nach, als sie eben noch keineswegs für ›unmögliche Übertreibungen‹ gehalten wurden: »Man hat gewiß geglaubt, daß ein Mann sich in ein Weib verwandeln konnte, denn häufig heißt es, daß dies jede neunte Nacht stattfindet; in der Magie ist die Neunzahl ja sehr häufig.« Neuntägige oder neunjährige Perioden kenne zudem auch der Werwolfsglaube.
Nach dem alten Gulathingsgesetz[100] waren Vollrechtsworte die Beschuldigungen, als Mann ein Kind geboren zu haben, sich homosexuell mißbrauchen zu lassen[101], jemand mit einer Stute oder einem trächtigen Tier zu vergleichen, einen freien Mann Hündin oder Hure, Sklave oder Seid-Mann zu schelten. Auch im Birkinselrecht[102] findet sich die Beschuldigung, ein Zauberer oder Homosexueller zu sein (kallar ragann) als Vollrechtswort verzeichnet. Das Frostothingsrecht[103] nennt als Vollrechtsworte die Schmähung, nachgewiesenermaßen passiv homosexuell zu sein sowie den Vergleich eines Mannes mit einem weiblichen Tier, während der Vergleich mit einem männlichen nur ein Halbrechtswort und damit vergleichsweise unerheblicher ist. Bei den Vollrechtsworten galt in den nordischen Gesetzen im allgemeinen die Regelung: Wollte der Beleidiger seine Schmähung nicht mit einer Ehrenerklärung zurücknehmen und außerdem mit voller Mannesbuße sühnen, so griff Friedloslegung Platz.
Die schwedischen Rechte[104] stimmen bezüglich derjenigen Schmähungen, die als Vollrechtsworte galten, im wesentlichen mit den norwegischen überein. In den angelsächsischen Gesetzen und dänischen Gildensatzungen[105] wird die Schelte mehr summarisch abgehandelt, indem man als Vollrechtsworte die Bezeichnung ›Neiding‹ erwähnt oder ganz allgemein von schändlichen Schimpfworten spricht. Dagegen werden im salfränkischen Recht[106] wiederum bestimmte Beleidigungen als besonders gravierend einzeln aufgeführt, deren Büßung nach Schwere abgestuft ist.

Dabei war die Buße für die Beschuldigung passiver Homosexualität bemerkenswerterweise um das Vierfache niedriger als jene für die Verleumdung, ein Zauberer zu sein. Auch in den langobardischen Gesetzen[107] sowie in den altspanisch-gotischen Rechten war der Vorwurf homosexuellen Verhaltens (si argam clamaverit) mit einer Buße aus der Welt zu schaffen, falls der Beleidiger die Schmähung mit einer Ehrenerklärung zurücknahm; anderenfalls kam es nach langobardischem Recht wie im Norden zum Zweikampf.

*c. Beispiele germanischer ›Schelte‹*

Zu den eddischen Scheltgedichten im Stil der Lokasenna gehören die schmähenden Wechselreden, die zwischen den Kriegern Sinfjötli und Gudmund im Jüngeren Helgilied[108] hin und her gehen, um die beiden vor dem Kampf in die richtige Stimmung zu bringen. Diese recht altertümlich anmutenden Strophen, deren Inhalt gelegentlich als ›nicht deutlich‹ bezeichnet wird[109], lassen sich unschwer interpretieren, wenn man zugrunde legt, daß beide Männer sich darin alles vorwerfen, was im Hinblick auf das indogermanische Kriegerideal als moralisch anrüchig galt und daher vorzüglich geeignet war, den Gegner in Wut zu bringen.
Sinfjötli, der dem Helden Helgi als Gefolgsmann dient, beginnt die Scheltreden:

*Strophe 33:*

Sinfjötli rief –
Zur Raa stieg auf
ein roter Schild,
der Rand war golden –,
er war ein Recke,
der reden konnte,
und wohlgewandt
im Wortstreite:

*Strophe 34:*

»Sag' heut Abend,
wenn du Säue tränkst
und Futter holst
für Hündinnen,
daß die Ylfinge
von Osten kamen,
gierig nach Kampf,
vor Gnipalund!

*Strophe 35:*

Hier kann Hödbrodd
Helgi treffen,
den Feind der Flucht,
in der Flotte Mitte,
ihn, der oftmals
Aare speiste,
wenn du an der Mühle
Mägde küßtest.«

In diesen Strophen wird Gudmund als Gefolgsmann des Hödbrodd, der Helgis Feind ist, also vorgeworfen, gewohnheitsmäßig niedere Knechtsarbeit zu verrichten und Liebesspiele mit Mägden dem Männerkampf vorgezogen zu haben. Er gibt darauf zurück:

*Strophe 36:*

»Schlecht kennst du, Fürst,
Vorzeitsagen,
da du zu Unrecht
Edlinge schmähst.
Gegessen hast du
Grauwolfs Speise
und deines Bruders
Blut vergossen,
sogst oft Wunden
mit eiskaltem Mund,
strichst allverhaßt
zur Aashalde.«

Damit streitet Gudmund erst einmal ab, daß Sinfjötli überhaupt Kenntnisse vergangener Verhältnisse haben kann, da er ja offenkundig Leute schmäht, die alles andere als unedel sind. Aber, und das ist die literarisch feine Wendung der Strophe, das ist ganz natürlich: Denn Sinfjötli ist ja eigentlich gar kein Mensch, sondern ein Wolf, der im Wald ›Wolfsleckerbissen‹ genossen (so lautet die wörtliche Übersetzung), vielleicht gar seinen eigenen Bruder umgebracht und jedenfalls nach Leichenfleisch gesucht hat. Diese Bemerkungen verfehlen ihre Wirkung nicht. Sinfjötli geht deshalb zu schlimmeren Verdächtigungen über und stellt in den folgenden Strophen 37–39 Gudmunds Männlichkeit in Frage, indem er ihm ›ergi‹ imputiert:

*Strophe 37:*

»Walküre, schlimmes
Scheusal, warst du,
unheimlich, arg,
bei Allvater:
Unfriede gab's
bei den Einherjern,
widrige Dirne,
um deinetwillen.

*Strophe 38:*

Wölwa warst du
auf Warinsey,
voll von Ränken,
erfandest Trug.
Du mochtest keinen
Krieger zum Mann,
so sagtest du,
als Sinfjötli.

*Strophe 39:*

Du brachtest zur Welt
der Wölfe neun
zu Saganes,
die Sinfjötli zeugte.«

Diese Strophen sind mindestens im gleichen Umfange als ›locus classicus‹ für die tatsächliche Bedeutung von ergi anzusehen wie die Lokasenna; hier finden sich nämlich auf engstem Raum alle damit verbundenen Vorstellungen nicht nur vereint, sondern aus dem Sinngehalt der ganzen Scheltrede heraus auch erklärt. In Strophe 37 behauptet Sinfjötli erst einmal, Gundmund habe als Walküre zwischen den Einherjern in Walhall Unfriede gestiftet, was bedeuten soll, er habe sie als mannstolles Frauenzimmer gegeneinandergehetzt und eifersüchtig gemacht. In Strophe 38 führt er den Gedanken weiter: Nicht nur als Walküre war Gudmund ein Weib, er trat auch als seidtreibende Zauberin auf und schuf dabei Blendwerk. In Gestalt dieser Zauberin erklärte er sogar öffentlich, keinen anderen zum Manne zu wollen als ausgerechnet den Krieger Sinfjötli, d. h. den Sprechenden selbst. Diese überraschende Wendung, der Geschmähte habe seinerzeit – als Weib oder wie ein Weib – seinen gegenwärtigen Kampfgegner sexuell begehrt, mußte natürlich höchst beleidigend wirken. Doch damit nicht genug: Gudmund hat Sinfjötli nicht nur begehrt, sondern auch wirklich Kinder von ihm bekommen, nämlich neun (!) Wölfe (sehr passend, da Sinfjötli ja als Wolf charakterisiert wurde), zu deren Vaterschaft der Sprecher sich ausdrücklich und unbefangen bekennt. Darin liegt ein Zug, der von den Interpreten bislang übersehen worden ist. Ganz offensichtlich fühlt Sinfjötli sich beim Herübersingen dieser Strophen von einem Schiff zum anderen dem Gudmund überlegen. Eine sexuelle Beziehung wie die von ihm erwähnte, die mit ergi verbunden war, muß also vor allem für den passiven bzw. ›weiblichen‹ Teil schmachvoll gewesen sein, näherhin demnach nicht für den Erzeuger, sondern ›die‹ Gebärerin. Für den aktiven Partner hingegen galt derartiges quasi als Sieg, womit die Mannheit eines Gegners endgültig überwunden, ja geleugnet werden konnte. Gudmund jedoch zeigte sich der Herausforderung gewachsen.

*Strophe 40:*

»Nicht warst du Vater
der Fenriswölfe,
aller Erzeuger,
ich ahn es wohl:
gründlich entmannten
bei Gnipalund
Thursenmädchen
zu Thorsnes dich.

*Strophe 41:*

Bei Steilwänden lagst du,
Stiefsohn Siggeirs,
als Wolf heulend
im Wald draußen;
alles Unheil
über dich kam:
die Brust durchbohrtest
dem Bruder du,
rings berüchtigt
durch ruchlose Tat.«

Mit Strophe 40 stellt Gudmund – ein Pendant zur Bezichtigung des ergi durch seinen Gegner – Sinfjötlis Potenz grundsätzlich in Frage und erklärt, jener könne gar nicht der Erzeuger der erwähnten Wölfe gewesen sein, da er bereits vorher durch Riesenmädchen entmannt worden sei, was natürlich eine große Schmach war. In der nächsten Strophe wiederholt er lediglich bereits Bekanntes, weshalb sie etwas abfällt. Bemerkenswert darin ist aber die Erwähnung von Steilwänden, deren Fuß als Lieblingsplatz eines Wolfs bezeichnet wird. Diese Steilwände waren es nämlich, von denen herab man Pferde und andere jagdbare Tiere hinabstürzte, und deshalb pflegten Wölfe an solchen Plätzen zu lauern und auf leichte Beute zu hoffen. Strophe 42 trägt keine Überschrift, ihrem Inhalt nach hat sie aber eindeutig wieder Sinfjötli gesprochen[110], ebenso wie Strophe 43. Sie lauten:

*Strophe 42:*

»Zu Brawöll warst du
die Braut Granis,
mit goldnem Gebiß,
konntest gut rennen.
Ritt manches Mal
dich müde da,
gehetzt unterm Bügel,
Bergungetüm.«

*Strophe 43:*

»Als zuchtloser Knecht
zeigtest du dich,
da du noch Gullnirs
Geißen molkest,
ein andersmal
als Imds Tochter,
Lumpenfetzen!
– Willst du noch mehr?«

Hier wird in Strophe 42 Gudmund mit einer Stute verglichen; die Bemerkungen darüber, wie häufig diese von dem Sprecher Sinfjötli ›müde geritten‹ wurde, umschreiben selbstredend Sexualverkehr, wobei Sinfjötli sich (wie bereits in den Strophen 37–39) als der männlich-überlegene Teil der Verbindung hinstellt. Strophe 43 hingegen fällt (ähnlich wie die Strophe 41 von Gudmund) ab, da sie lediglich schon Erwähntes wiederholt: Dort wird Gudmund einmal als Knecht bezeichnet, der sich mit Frauenarbeit abgeben muß, zum anderen als heruntergekommenes Weib. Die stereotype Wendung: »Willst du noch mehr?« begegnet in der Voluspa und auch an anderen Stellen der *Edda.* In Strophe 44 antwortete Gudmund noch einmal auf Sinfjötlis schmähende Herausforderung:

*Strophe 44:*

»Zuvor will ich
am Wolfssteine
Raaben dein Fleisch
zum Fraß geben,
eh ich Futter hole
für Hündinnen
und Eber tränke;
mit Unholden zank!«

Bei dieser Antwort greift der Sprecher auf die erste Herausforderung seines Gegners in Strophe 34 zurück, gleichzeitig fällt er aber auch aus der Rolle, denn die letzte Zeile der Strophe zeigt, daß der Wortstreit anfängt, ihm zu dumm zu werden: er hat keine Lust mehr, sich weiter mit ›Unholden‹ (d. h. Werwölfen wie Sinfjötli) herumzustreiten. Und mit dieser Strophe endet denn auch die Scheltrede; Helgi greift ein und macht Sinfjötli klar, daß er zu weit gegangen sei. Danach beginnt der eigentliche Kampf.

Die Vorwürfe, die sich die beiden Kontrahenten in dieser ›Schelte‹ machen, zeigen gegensätzliche und jeweils durchaus charakteristische Züge. Die Charakteristika, derentwegen Sinfjötli geschmäht wird, beziehen sich einzig auf seine Werwolfsnatur. Er hat im Wald als Wolf geheult, sucht und frißt Aas und tötete – gewissermaßen als ›vargr‹, d. h. als Mensch, der sich nicht menschlich, sondern wölfisch aufführt – seinen eigenen Bruder, was als Delikt gesetzlich Waldgang zur Folge hatte.

Daher ist er tatsächlich ›Wolf‹ sowohl im Sinne der Gesetze wie nach der menschlichen Sittenordnung und ›in Wirklichkeit‹ daher eben gar kein Mensch, sondern einer jener Werwolf-Unholde, die ihre recht eigentliche Wolfsnatur hinter einer Menschengestalt verbergen. Daß er entmannt wurde, leuchtet nicht nur im Sinne der Saga ein, auf die angespielt wird, sondern auch unter dem Gesichtspunkt, daß Kastration im Norden als Ablösung bzw. Abmilderung der Todesstrafe fungiert hat. Gudmund dagegen zeigt die Scheltrede in mehreren Gestalten. Als Knecht, der niedrige Arbeiten tun muß, die mit weiblichen Tieren zu tun haben (Hündinnen füttern, Säue tränken, Geißen melken), als mannstolles Zauberweib und als Gebärerin von Untieren, als brünstige Stute. All diese Attribute zusammengenommen ergeben gewissermaßen ergi im höchsten Grade; sie illustrieren, wie man sich den Mann, der ›die Art des Argen‹ hatte, damals vorstellte. Der Bezug dieses Ideenkomplexes zum Bereich des Kultes und der Zauberei ist evident.[111]

Die Scheltrede wirkt wie ein viel älteres Einschiebsel in das Helgilied. Daß solche Schelte zu ›heißem Haß‹ (so Helgi in Strophe 45) anspornen konnte, beweist das höchst Beleidigende eben dieser Art Bezichtigungen und erklärt gleichzeitig ihre unstreitige Beliebtheit.

Übrigens wird der schmähliche Vergleich eines Mannes mit einer Stute in der Schelte nicht selten gerade in Fällen gebraucht, wo er mehr auf Wunschdenken der Schmähenden beruht als auf den allergeringsten Anzeichen unmännlichen Verhaltens bei den Gescholtenen. Das zeigt recht gut eine isländische Spottstrophe[112], die auf folgenden Vorfall anspielen sollte: Ein isländisches Schiff war in Dänemark gescheitert, und die Dänen hatten die gesamte Ladung als Strandgut mit Beschlag belegt, wobei ein Vogt des Dänenkönigs Harald namens Birger der Anstifter gewesen war. Obgleich die Isländer bei dieser Affäre keine besonders heldenhafte Rolle spielten, kehrten sie den Sachverhalt in ihrer Spottstrophe einfach um, um ihr angekratztes Selbstbewußtsein aufzupolieren, und dichteten:

»Harald auf Marnens Mähre,
Mörder der Wenden, kam, hört' ich,
– Wachs glich er, erweichtem, –
Wütig als Hengst südher.
Vor ihm eilte – alle
An dies Spiel sah'n da:
Himmels Macht ihn hemmte –
Hu! Birger als Stute.«

Der Dänenkönig wird hier gekennzeichnet als ›Mörder‹ und als ›Hengst‹, während der Vogt einfach als brünstige Stute hingestellt wird. Was der Strophe an Originalität fehlt, ersetzt sie schlicht durch Obszönität bzw. braucht letztere – ein echt asisch-indogermanischer Zug – als moralisch abwertendes Argument.
Die Furcht davor, als weibisch zu gelten, konnte auch beim Verfluchen Dienste leisten. So lautet ein Vers in dem berühmten ›Fluch der Busla‹[113], womit eine Zauberin einen König davon abzuhalten sucht, ihren Schützling zu bestrafen: »Rosse sollen dich schänden.« Diese Drohung steht neben anderen Übeln wie Impotenz und Krankheit und bewirkt schließlich den gewünschten Erfolg, indem der König den – übrigens schuldigen – Gefangenen freigibt.
Mit in den Bereich der Schelte hinein gehörte das Aufrichten sog. ›Neidstangen‹, das die isländische ›Graugans‹ entschieden verbot[114] und unter Strafe stellte. In der Skaldengeschichte von Björn und Thord (zweier Dichter, die sich – ursprünglich eines Mädchens wegen – bitterlich haßten)[115] heißt es darüber: »Es wird weiter berichtet, daß auf dem Grenzrain Thords sich etwas vorfand, das keineswegs auf Besserung ihrer Freundschaft deutete. Es waren zwei Männer, der eine hatte einen blauen Hut auf dem Haupte. Sie standen vornübergebeugt, der eine vorn, der andere hinten. Man sagte, das wäre ein böser Streich, und das Los keines der beiden, die da ständen, wäre gut, böser noch dessen, der zuvörderst stände. Thord dünkte dies Vorgehen und diese Beleidigung übel, daß man in seinem Bezirke eine Hohnstange errichtet hatte. Er schob das Björn zu . . . So ritt er im Frühjahr darauf mit sechzig Mann zu Björn und lud ihn wegen der Errichtung der Hohnstange und wegen der Spottweise aufs Allthing. Ihre Freunde aber redeten auf sie ein, sie sollten sich zu Hause aussöhnen, ehe sie eine so häßliche Sache vor das Allthing brächten . . .« Bei dieser Neidstange handelt es sich nicht um einen einzigen Gegenstand, sondern um zwei, die man sich etwa wie Vogelscheuchen vorzustellen hat und deren Körperhaltung offensichtlich einen homosexuellen Akt darstellen sollte. So etwas konnte nun schwerlich mit dem Streit der beiden Skalden direkt zu tun haben, darin manifestierte sich vielmehr nichts als der unreflektierte Versuch, jemandem, den man haßte, Schlechtes anzuhängen, und zwar ohne Rücksicht auf den darin steckenden Wahrheitsgehalt, was, wie die bisher gebrachten Beispiele zeigen, eben den besonderen Charakter der Schelte ausmachte, in der meist ein gut Teil ›ýki‹ enthalten war.
Schließlich konnte das Wort ›arg‹ »unter Umständen ohne Rücksicht auf seinen eigentlichen Bedeutungsinhalt auf einen Menschen als Schimpfwort angewandt werden«.[116] In der von Paulus Diaconus erzählten Anekdote (VI 24) vom Streit zwischen dem Herzog Ferdulf und dem Schult-

heißen Argait hat das Wort diese Stufe der Entwicklung erreicht. Der Bericht (Mon. Germ. hist.: scriptores rerum Langobardicarum et Italicarum saec. VI–IX, p. 172 seq.) ist kurz folgender: Der Schultheiß Argait hatte slavische Räuberbanden auf ihrer Flucht nicht mehr erreichen können. Der hierüber ergrimmte Herzog Ferdulf schilt ihn: »quando tu aliquid fortiter pacere poteras, qui *Argait* ab arga nomen deductum habes?« Cui ille maxima stimulatus ira, ut erat vir fortis, ita respondit: »sic vellit deus, ut non antea ego et tu, dux Ferdulfe, exeamus de hac vita, quam cognoscant alii, quis ex nobis magis est *arga!*« Schon einige Tage später bietet sich dem Argait die Gelegenheit, Ferdulfs ehrabschneiderische Behauptung zu widerlegen. Im entscheidenden Augenblick ruft er dem Herzog zu: »memento, dux Ferdulf, quod me esse *inertem et inutilem* dixeris et vulgari verbo *arga* vocaveris! nunc autem ira dei veniat super illum, qui posterior e nobis ad hos Sclavos accesserit!« Dann stürmt er den steilen Berg hinan und führt so den Herzog mit dem ganzen Heer und sich selbst in den Tod. Das Bemerkenswerte an dieser Anekdote ist, daß der Schultheiß sehr wohl wußte, daß der Fürst ihn bloß untüchtig und unfähig schelten wollte, aber dennoch den ›gemeinen Ausdruck‹ arg so übelnahm, daß er auf tödliche Rache sann. Ebenso eigenartig reagierte aber bei der von Argait herbeigesehnten Mutprobe nun auch seinerseits der Herzog: Als Argait ruft, jetzt solle der Zorn Gottes über den kommen, der sich später als der andere auf die Feinde stürze, da folgt er diesem Appell an seine Mannhaftigkeit wie unter einem unwiderstehlichen Zwang ins eigene Verderben. Das erinnert sehr an die nordische Herausforderung: »Sei du jedermanns Neiding, wenn du nicht mit mir kämpfst!«, die wie eine kräftige Zauberformel wirkte.[117]
Die Konfrontation der sozusagen klassischen nordischen Schelte mit dem christlichen Sinn einer neuen Epoche bietet eine Begebenheit aus dem Wirken des ersten christlichen Missionars in Island, eines Sachsen namens Friedrich, und dessen Begleiter und Beschützer Thorwald Kondranssohn. Bischof Friedrich trug, den kirchlichen Vorschriften entsprechend, keinen Bart und keine Waffen und wird als schwächlich geschildert. Überdies kam sein Ornat den Isländern, die christliche Geistliche bis dahin nicht gesehen hatten, ausgesprochen weibisch vor. Die beiden Missionare hatten sich bereits fünf Jahre lang nicht ganz erfolglos in Island um die Verbreitung des neuen Glaubens bemüht, als sie auf den unglücklichen Einfall kamen, ihn auf einem Allthing öffentlich zu bekennen und zu predigen, was selbstverständlich seitens der Goden zu heftiger Abwehr führte. Einige führende Leute gaben Dichtern Geld, damit sie Spottstrophen auf die beiden dichteten, und eine davon lautete (und zwar wenig originell, da in deutlicher Anlehnung an Strophe 39 des vorhin erwähnten Jüngeren Helgiliedes): »Neun Kinder hat der Bischof getra-

gen, ihrer aller Vater ist Thorwald.« Daraufhin zog Thorwald mit seiner Sippe aus und schlug die beiden verantwortlichen Dichterlinge tot, wozu er gesetzlich berechtigt war. Als der Bischof ihn fragte, warum er das getan habe, antwortete Thorwald: »Ich ertrug es nicht, daß sie uns weibisch[118] nannten!« Aus der Antwort des Bischofs aber spricht bereits der Geist einer neuen Zeit. Denn er sagte[119]: »Das war eine geringe Geduldsprobe, wenn sie auch darin gelogen haben, daß du Kinder habest, und du hast ihre Worte auf die schlimmere Art ausgelegt[120], denn wohl könnte ich deine Kinder tragen, wenn du welche hättest; nicht sollte ein Christenmensch selbst seine Rache nehmen, wenn er auch gehässig geschmäht werden sollte, vielmehr um Gottes willen Verleumdungen und Beleidigungen ertragen.«

## 4. Ergebnis dieses Kapitels

Wenn wir soziale Normen als das Verhalten auffassen, das in einer bestimmten Gruppe unter bestimmten Umständen erwartet wird[121], und Werte als bestimmte Vorstellungen verstehen, »die einer Gesellschaft im ganzen mehr oder weniger bewußt zu eigen sind und die das Verhalten in gewissem Ausmaß bestimmen«[122], so erweist sich die soziale Tatsache der Ablehnung des aus der Gestalt des transvestitischen Besessenheitsschamanen hervorgegangenen Schadenszauberers seitens der Germanen als Ergebnis von Interdependenzbeziehungen zwischen ihren geglaubten religiösen Werten einerseits und ihren sozialen Normen andererseits.[123] Denn »eine soziale Tatsache ist jede mehr oder minder festgelegte Art des Handelns, welche die Fähigkeit besitzt, auf den Einzelnen einen äußerlichen Zwang auszuüben«[124], und der in den Quellen faßbare Zwang zur Ächtung dieser als unheimlich und gleichzeitig als unmoralisch empfundenen Individuen muß allgemein und beträchtlich gewesen sein. Weil es nun »unmöglich ist, das Urteil über ein soziales Faktum vom Studium und Verständnis seiner historischen Entstehung zu trennen« und überdies »die soziologische Analyse ... darauf ausgerichtet ist, nicht Ideen, sondern handelnde Menschen als das letzte Movens des historischen Gesellschaftsprozesses sichtbar zu machen«[125], läßt sich diese Einschätzung nur dann verstehen, wenn man sie als Ergebnis einer ethnischen, religiösen und politischen Überlagerung der alteuropäischen Bevölkerung durch die indogermanischen Eroberer begreift. Insofern ist sie nichts anderes als eines der vielen Elemente indogermanischen ›normalen Handelns‹[126], vermittelst dessen die Anpassung einer Gesellschaft an die Umwelt vonstatten ging[127]; Nomadenkulturen pflegen auch bei nichtindogermanischen Völkern Ideale kriegerischer Gesinnung und verwandte

Tugenden hervorzubringen, womit gleichzeitig die Ablehnung derjenigen Männer verbunden ist, die eine solche Haltung aus welchen Gründen auch immer für sich persönlich verwerfen. Diese Ideale konnten sich nur darum als soziale Voraussetzungen im später germanischen Raum durchsetzen, weil es die maßgeblichen Leute waren, die sie anerkannten[128] und die ganz anders strukturierte Wertwelt der Megalithepoche gegenüber der Asen-Religion der Eroberer immer mehr in den Hintergrund geriet. Da sich die normative Geringschätzung der transvestitischen Besessenheitsschamanen bzw. der aus ihnen hervorgegangenen Kulttransvestiten kaum »aus dem Nichts« entwickelt haben kann[129], muß sie letzten Endes infolge der gegen sie gerichteten Aktivitäten entstanden sein: Die Pönalisierung eines sozialen und sexuellen Verhaltens bei Männern, das dem von Frauen angeähnelt war, widersprach den Normen der indogermanischen Einwanderer so sehr, daß sie sich durch diese Nichtbeachtung zu Sanktionen gegenüber Renitenten herausgefordert fühlen mußten. Diese ethnozentrische Reaktion hat ausgesprochen sittenbildend gewirkt, zumal aufgrund der gesellschaftlichen Entwicklung die transvestitischen Kultpersonen zu Randpersönlichkeiten wurden und dann in der Folge manche der sozial negativen Eigenschaften wirklich entwickelten, die ihnen anfangs die Abneigung der Eroberer lediglich nachgesagt haben mag. Ihre schließliche Kennzeichnung als ›Neidinge‹, d. h. als ›Nicht-Menschen‹, die man ungestraft totschlagen darf, ja soll, stellt nichts anderes dar als die bis zum logischen Ende durchgesetzte indogermanische Einstellung zu dem ganzen Problemkomplex, worin sich Zauberei, Kult weiblicher Gottheiten, sexuelle Riten und Agrarmysterien innig verquickt hatten. Wie untrennbar die Zauberei durch Männer mit dem Verdacht weiblich-passiven Sexualverhaltens verknüpft war, zeigt in den Quellen die begriffliche Nähe des Seidr zu ›ergi‹.

Das hohe Alter dieser Vorstellungen erweist sich durch zwei Umstände, die bislang nie recht gesehen worden sind. Einmal äußert es sich in der Tatsache, daß die gravierendsten Beziehungen, die die ›Schelte‹ kennt, bei aller Unnachsichtigkeit ihrer Bestrafung doch als ›ýki‹ betrachtet werden, d. h. als Beschuldigungen, an deren reale Möglichkeit bereits vor der Christianisierung niemand mehr wirklich glaubt. Ferner ergibt sich durch die im letzten Abschnitt erwähnten Ahndungsbefugnisse im Falle derart schwerer ›Schelte‹, daß diese nach Einführung des Christentums merklich reduziert werden: Das Recht auf sofortigen Totschlag des Beleidigers bzw. dessen Verurteilung zur mit der Todesstrafe praktisch identischen Friedlosigkeit wird zu Geldbußen abgemildert, die zwar immer noch recht hoch sind, gegenüber der traditionellen – und offensichtlich einst normativ vorgeschriebenen – Reaktion jedoch unbedingt als weitaus geringere Strafe erscheinen.

## Anmerkungen

1 Nach Hermann Conrad: *Deutsche Rechtsgeschichte,* Bd. I.: Frühzeit und Mittelalter. 2., neubearbeitete Aufl., Karlsruhe 1962, S. 49 ff.

2 Nach Richard Schröder und Eberhard v. Künßberg: *Lehrbuch der deutschen Rechtsgeschichte,* 7. Aufl., Berlin/Leipzig 1932, S. 80.

3 Claudius v. Schwerin: *Grundzüge der deutschen Rechtsgeschichte,* Berlin und München 1950, S. 29.

4 Heinrich Brunner: *Deutsche Rechtsgeschichte,* Bd. I., 3. Aufl., Berlin 1961, S. 212.

5 Helmut Schoeck: *Der Neid. Eine Theorie der Gesellschaft,* Freiburg und München 1966.

6 Schoeck betrachtet den Neid als biologisch verankert und sucht seine Ursache in der Geschwistereifersucht, der Furcht, zu wenig Nahrung zu bekommen und vielleicht verhungern zu müssen. Diese Deutung erklärt gleichzeitig, warum stets nur Menschen beneidet werden, die in sozialer Nähe zum Neider leben, d. h. Gleichgestellte.

7 Helmut Schoeck: *Der Neid,* op. cit., S. 24.

8 Jan de Vries: *Die geistige Welt der Germanen,* Darmstadt 1964, S. 50.

9 Wilhelm Grönbech: *Kultur und Religion der Germanen,* op. cit., Bd. I., S. 105.

10 Claudius v. Schwerin: *Grundzüge der deutschen Rechtsgeschichte,* op. cit., S. 29.

11 Die mit beträchtlichem Gedankenreichtum geführte Diskussion darüber, ob diese Delikte in den Bereich des von v. Amira definierten ›sakralen Strafrechts‹ der Germanen fallen (wie z. B. bei Rudolf His: *Das Strafrecht der Friesen im Mittelalter,* Leipzig 1901, S. 166) scheinen mir am Kern des Problems vorbeizuführen, wie überhaupt rein juristische Abgrenzungen und Definitionen den Tatbeständen im naturvölkischen Bereich einfach nicht gerecht werden können. Ob es bei den Germanen ein ›sakrales Strafrecht‹ gab, ist für das Phänomen des Neiders irrelevant. Statt eines an abgelegener Stelle vollzogenen sakralen Strafrituals scheint es sich bei der Tötung von Neidingen eher um echte, d. h. spontane Lynchjustiz gegenüber solchen Tätern gehandelt zu haben, die uralten Angstreaktionen entsprach. Mit Sicherheit gilt dies für den Schadenszauberer.

12 Werner Danckert: *Unehrliche Leute,* op. cit., S. 9.

13 Heinrich Brunner: *Deutsche Rechtsgeschichte,* Bd. I, op. cit., S. 166.

14 Hans Fehr: *Deutsche Rechtsgeschichte,* Berlin 1948, S. 16.

15 Claudius v. Schwerin: *Grundzüge der deutschen Rechtsgeschichte,* op. cit., S. 29; Heinrich Brunner: *Deutsche Rechtsgeschichte,* Bd. I., op. cit., S. 167: »Eine gemeinsame Bezeichnung des Friedlosen war warc, warg, wörtlich soviel wie der Würger, der Wolf. Wargus heißt der Friedlose im ältesten salischen Volksrecht. Vearg nennen die Angelsachsen den zum Galgen oder zur Acht verurteilten Missetäter. Als warc erscheint der Teufel in dem althochdeutschen Gedichte vom Weltuntergang und warag ist dem Verfasser des Heliand der Verräter Judas, da er sich entleibt. Im Altnordischen bedeutet vargr einerseits den Wolf, andererseits den Friedlosen. Eine angelsächsische Quelle sagt von dem Friedlosen, er trage ein Wolfshaupt.« Lily

Weiser-Aall: *Zur Geschichte der altgermanischen Todesstrafe und Friedlosigkeit,* op. cit., S. 222: »In der Lombardei hatte die Behörde für Friedlosigkeitsangelegenheiten ein Wolfsbild als Abzeichen.« S. 220: »Der Wolf ist von alters her in den griechischen und italienischen Religionen und bei den Germanen das Tier der Fremden, Verbannten und aus dem heimischen Bereiche Ausgestoßenen.« Vgl. auch die indogermanischen Parallelen bei: Matthew H. Volm: *Indoeuropäisches Erbgut in den germanischen und slavischen Sprachen,* op. cit., S. 49.

16 Rudolf His: *Das Strafrecht der Friesen im Mittelalter,* Leipzig 1901, S. 176.

17 Hans v. Hentig: *Die Strafe,* Bd. I, op. cit., S. 95.

18 Lily Weiser-Aall: *Zur Geschichte der altgermanischen Todesstrafe und Friedlosigkeit,* op. cit., S. 225.

19 Heinrich Brunner: *Grundzüge der deutschen Rechtsgeschichte,* 7. Aufl., München/Leipzig 1921, S. 192.

20 Franz Rickenbacher: *Das Strafrecht des alten Landes Schwyz,* Leipzig 1902, S. 31.

21 Heinrich Brunner: *Deutsche Rechtsgeschichte,* Bd. I, op. cit., S. 167.

22 Lily Weiser-Aall: *Zur Geschichte der altgermanischen Todesstrafe und Friedlosigkeit,* op. cit., S. 225.

23 Otto Schrader: *Reallexikon der indogermanischen Altertumskunde,* op. cit., Bd. II, S. 679; Ernst Alfred Philippson: *Germanisches Heidentum bei den Angelsachsen,* op. cit., S. 208.

24 Richard Jente: *Die mythologischen Ausdrücke im altenglischen Wortschatz,* op. cit., S. 273 f.

25 Wilhelm Eduard Wilda: *Das Strafrecht der Germanen,* op. cit., S. 962, 967.

26 Hans Vordemfelde: Die germanische Religion in den deutschen Volksrechten. In: *Religionsgeschichtliche Versuche und Vorarbeiten,* Gießen 1923, S. 131 f.

27 Karl v. Amira: *Grundriß des germanischen Rechts,* op. cit., S. 143 ff.

28 Ernst Klein hat mit dieser Bemerkung für die in Rede stehende Epoche vollkommen Recht. Daß dies freilich auch 1930 noch wie eine Selbstverständlichkeit hingeschrieben werden konnte, zeigt einmal mehr, wie konstant die diesbezügliche indogermanische Auffassung in unserem Kulturbereich sich erhalten hat.

29 Ernst Klein: *Der Ritus des Tötens bei den nordischen Völkern,* op. cit., S. 177 ff.

30 Karl v. Amira: *Die germanischen Todesstrafen,* op. cit., S. 65 ff.

31 Hierzu gehörten auch sexuelle Abnormitäten, wie z. B. Zwitter. Vgl. die Darstellung bei E. Maass: Eunuchos und Verwandtes. In: *Rheinisches Museum für Philologie,* N. F., Bd. 74, Frankfurt/M. 1925, S. 432 ff.

32 Gustav Mensching: *Soziologie der großen Religionen,* Bonn 1966, S. 31.

33 Gustav Mensching: *Die Religionen und die Welt,* Bonn 1949, S. 31.

34 Gustav Mensching: *Die Religionen und die Welt,* op. cit., S. 31.

35 Gustav Mensching: *Das Wunder im Glauben und Aberglauben der Völker,* Leiden 1957, S. 72.

36 Zum Begriff der Universalreligion vgl. Gustav Mensching: *Die Religion,* op. cit., S. 51 ff.; ders.: *Das Wunder im Glauben und Aberglauben der Völker,* op. cit., S. 59.

37 Vgl. 1. Samuel 28, 3–15.

38 Hermann Brunnhofer: *Urgeschichte der Arier in Vorder- und Centralasien,* op. cit., S. 209–212 bringt eine Übersetzung von Rigv. VII, 104, woraus 2 typische Strophen hier wiedergegeben seien: Strophe 17: »Das Weib, das in der Nacht als Eule umgeht, das seinen Leib durch Zaubertrug sich abstreift, sie fahr' hinunter in der Tiefen Tiefe, der Opfersteinklang töte doch die Rakshas!« (Rakshas sind Dämonen.) Strophe 15: »Ich will noch heute den Tod, wenn ich ein Zaubrer, wenn ich nur eines Menschen Tod verschuldet! Zerrissen doch zehn Männer den in Stücke, der fälschlich zu mir sprach: ›Du bist ein Zaubrer!‹«

39 Alfred Lehmann: *Aberglaube und Zauberei,* op. cit., S. 51 f. bringt entsprechende Beispiele: »Weil die Zauberin mich bezaubert hat, die Hexe mich verflucht hat, weint mein Gott und meine Göttin über mich.« Oder: »Wer bist du, Zauberin, in deren Herzen das Wort meines Unglücks wohnt, von deren Zunge mein Verderben stammt, aus deren Lippen meine Vergiftung entspringt, deren Fußstapfen der Tod folgt? Ich verfluche deinen Mund, ich verfluche deine Zunge, ich verfluche deine unruhig blitzenden Augen, ich verfluche deine wirksamen Hände, ich binde deine Hände hinter dich!«

40 Alfred Lehmann: *Aberglaube und Zauberei,* op. cit., S. 40.

41 Theodore M. Newcomb: *Sozialpsychologie,* op. cit., S. 535.

42 Die hier dargelegten Gedanken gehen auf einige kritische Überlegungen in dem Sammelwerk von Howard S. Becker (Hrsg.): *The Other Side,* New York 1964, zurück.

43 Theodore M. Newcomb: *Sozialpsychologie,* op. cit., S. 536.

44 Einen beinahe politischen Aspekt dieses Fragenkreises wollen wir hier nur andeuten: Da der Schamanismus in Jägerkulturen zu Hause ist, deren Überleben von einem gleichbleibend hohen Wildbestand abhängt, sind Schamanen durchziehenden Nomadenhorden, die das Wild ausrotten oder vergrämen, niemals freundlich gesinnt. Den heftigsten Widerstand fand z. B. Tschingis Chan in Gestalt eines Schamanen, dessen Aktivität unterworfene Völker jahrelang zum Aufstand anstachelte (vgl. Garma Sandschejew: Weltanschauung und Schamanismus der Alaren-Burjaten. In: *Anthropos,* Bd. 23, 1923, S. 983). Die oben geschilderte Subkultur, in deren Mittelpunkt der Schadenszauberer steht, könnte zu einem sehr frühen Zeitpunkt mit einer Gruppe politischer Gegner der indogermanischen Eindringlinge identisch gewesen sein.

45 Alfred Lehmann: *Aberglaube und Zauberei,* op. cit., S. 40.

46 Konrad Maurer: *Die Bekehrung des norwegischen Stammes zum Christentume,* Bd. I, op. cit., S. 146.

47 Wilhelm Grönbech: *Kultur und Religion der Germanen,* Bd. I, op. cit., S. 340.

48 S. R. Steinmetz: *Ethnologische Studien zur ersten Entwicklung der Strafe,* Groningen, S. 326.

49 Vgl. hierzu Gustav Mensching: *Soziologie der großen Religionen,* op. cit., S. 32.

50 Konrad Jarausch: *Der Zauber in den Isländersagas,* op. cit., S. 244.

51 Gottfried Eisermann: Allgemeine Soziologie. In: Gottfried Eisermann (Hrsg.): *Die Lehre von der Gesellschaft,* 2. Aufl., op. cit., S. 56.

52 Robert Bierstedt: *The Social Order,* New York, Toronto, London 1957, S. 183 ff.

53 Nach Jordanes Getica 121 ff. (in: Wilhelm Capelle [Hrsg.]: *Das alte Germanien,* op. cit., S. 353) jagte der gotische König Filimer die Zauberinnen seines Stammes in die Einsamkeit, weil sie ihm ›verdächtig‹ vorkamen. Später glaubte man, diese Frauen hätten dort mit Geistern das verderbliche Volk der Hunnen gezeugt.

54 Konrad Jarausch: *Der Zauber in den Isländersagas,* op. cit., S. 244 ff.

55 Andreas Heusler: *Das Strafrecht der Isländersagas,* Leipzig 1911, S. 36; Gustav Neckel: *Altgermanische Kultur,* Leipzig 1925, S. 47, 116.

56 Hierzu Hans v. Hentig: *Die Strafe,* Teil I, op. cit., S. 328 f. mit zusätzlichen Parallelen aus dem deutschen Mittelalter, und Rudolf His: Der Totenglaube in der Geschichte des germanischen Strafrechts, Rektoratsrede vom 15. Oktober 1928. In: *Schriften der Gesellschaft zur Förderung der Westfälischen Wilhelms-Universität zu Münster,* Heft 9, Münster 1929, S. 3 ff. mit Belegen über das Pfählen angeblicher Wiedergänger noch in diesem Jahrhundert; ebenso P. V. Glob: *Die Schläfer im Moor,* op. cit., S. 58, und Will-Erich Peuckert: *Deutscher Volksglaube des Spätmittelalters,* Stuttgart 1942, S. 111; nach Rudolf Much: *Die Germania des Tacitus,* op. cit., S. 214, lebt die Erinnerung an das Versenken des Feiglings in ›Kot und Sumpf‹ fort in Fischarts ›Flöhhatz‹ 228: ›Denn welcher stirbet gleich vor schrecken, den soll man mit kükat bedecken‹.

57 Die Geschichte von Jarl Hakons schaurigem Ende beweist allerdings, daß die Steinigung auch in christlicher Zeit noch vorkam: Als der Jarl von seinem eigenen Knecht an den christlichen König Olaf verraten worden war, schlug man ihm das Haupt ab, ebenso aber dem verräterischen Knecht. Daraufhin brachte man die beiden Häupter zur Richtstätte, und »nun ging das ganze Heer herzu, schrie laut und steinigte die Häupter. Sie riefen, dort sollte Neiding mit Neiding zum Henker fahren. Darauf schickte man hinauf nach Guldalen und ließ den Rumpf des Toten holen. Sie schleppten ihn dort fort und verbrannten ihn.« (Nach ›Sammlung Thule‹, Bd. XIV., 1965, S. 258).

58 Carl Clemen: *Urgeschichtliche Religion,* op. cit., S. 22: »Schon im Altpaläolithikum finden sich Spuren für den Glauben an den ›lebenden Leichnam‹, d. h. die Leichen sind teilweise gefesselt begraben geworden. Als Grund dafür darf angenommen werden, daß man die Wiederkehr der Toten und die Belästigung der Lebenden durch sie verhindern will, und die nach Tacitus (Germania 12) bei unseren Vorfahren übliche Sitte, gewisse Verbrecher unter Reisig zu begraben, wird denselben Zweck gehabt haben, desgleichen der bis in die Neuzeit vorkommende Brauch, Selbstmörder mit einem Pfahl durch die Brust an den Boden zu heften.« Mannigfache Belege über ähnliche Grabsitten bringt E. Maaß: *Die Lebenden und die Toten,* op. cit., S. 207.

59 Die Unheimlichkeit der toten ›Hügelbewohner‹ schildert sehr plastisch das Herwörlied der *Edda* (›Sammlung Thule‹, Bd. I., 1963, S. 210 ff.).

60 Wilhelm Grönbech: *Kultur und Religion der Germanen,* Bd. I, op. cit., S. 354.

61 Über das Verbrennen als prächristliche Zaubererstrafe vgl. u. a. Hans Vordemfelde: *Die germanische Religion in den deutschen Volksrechten,* op. cit., S. 148 f.; Heinrich Brunner: *Deutsche Rechtsgeschichte,* 3. Aufl., Bd. I,

Berlin 1961, S. 246; Wilhelm Eduard Wilda: *Das Strafrecht der Germanen,* op. cit., S. 100 ff., 504.

62 So u. a. Jan de Vries: *Nordgermanen,* op. cit., S. 66 f.; Claudius v. Schwerin: *Grundzüge der deutschen Rechtsgeschichte,* op. cit., S. 30; Rudolf His: *Deutsches Strafrecht bis zur Karolina,* München und Berlin, 1928, S. 56: »Auch beim Feuertod, der besonders bei Zauberern und Hexen Anwendung fand, spielt der Gedanke des Schutzes mit hinein: der gefährliche Mensch wird zu Asche verbrannt und die Asche in fließendes Wasser geworfen oder in den Wind gestreut, damit gar kein Rest von ihm übrig bleibt.« Auch die früher behandelte Edda-Stelle aus der Voluspa gehört in diesen Zusammenhang: Die Asen hatten die wanische Erzzauberin dreimal verbrannt, »und dennoch lebte sie«.

63 ›Sammlung Thule‹, Bd. XIV, 1965, S. 124. ›Geradebein‹ war ein Spottname. Rögnvalds Beine waren (›typisches‹ Symptom der Neidingschaft!) verkrüppelt.

64 Ake Ohlmarks: *Studien zum Problem des Schamanismus,* op. cit., S. 342: »Erlernt von einer Frau hat der einzige große seid-Mann in der Überlieferung den Seidr; es ist Rognvaldr rettilbeini, der unglückliche Sohn Haraldr hárfagris, und der hat nach Historia Norwegiae diese Kunst von einer in Hadsland wohnenden Zauberin übernommen. Von Rognvald wiederum werden seine 80 seidmenn sowie wohl auch Vitgeirr im seidr unterwiesen. In denselben Zusammenhang gehören Eyvind kelda, Rognvalds Enkel, und seine Mannen. Letzten Endes leitet sich also bei allen diesen die seidr-Kunst her von einer Frau, der fitonissa, die Rognvalds Pflegemutter gewesen war.« Vgl. auch: G. Storm.: *Monumenta Historica Norwegiae,* Kristiania 1880, S. 104 f.

65 Die deutsche Sprache eignet sich weniger für die Übersetzung derartiger Kurzverse. Deshalb hier als Ergänzung die englische Übertragung von Arne Runeberg: *Witches, Demons and Fertility Magic,* op. cit., S. 10:
»That is little
that we make seidr,
children of carls
and carlings,
since Rognvaldr makes seidr
Rettilbeini,
Harald's proud son,
in Hadeland.«

66 ›Sammlung Thule‹, Bd. XIV, 1965, S. 269 f.

67 Nach v. Hentig: *Die Strafe,* Bd. I, op. cit., S. 303, läßt man dem Verbrennen als Nachakt noch das Versenken der Asche in fließendes Wasser folgen. Rudolf His: *Deutsches Strafrecht bis zur Karolina,* op. cit., S. 56, interpretiert diesen Akt ebenso wie das vorherige Verbrennen als Sicherung gegen ein Auferstehen des lebenden Leichnams. Ebenso Paul Fischer: *Strafen und sichernde Maßnahmen gegen Tote im germanischen und deutschen Recht,* Düsseldorf 1936, S. 15: »Das, was die Todesstrafe des Verbrennens von den anderen Todesstrafen unterscheidet, ist die völlige Vernichtung des Täters. Lediglich ein Häufchen Knochen und Asche blieb zurück . . . Selbst der Aschenrest mußte vernichtet, aus der Welt geschafft werden. Man will den

Schwerverbrecher endgültig aus der Menschengemeinschaft entfernen . . . man schürte das Feuer, bis der Täter völlig zu Asche zerfiel, und streute dann die Asche in alle Winde oder auch in fließendes Wasser.« Entsprechende Belege bieten auch Karl v. Amira: *Die germanischen Todesstrafen,* op. cit., S. 161, 166 f., und Hugo Gering: Weissagung und Zauber im nordischen Altertum. In: *Abhandlungen zur nordischen Philologie,* Kiel 1902, S. 22, sowie Rudolf His: *Der Totenglaube in der Geschichte des germanischen Strafrechts,* op. cit., S. 10.

68 ›Sammlung Thule‹, Bd. 7, Jena 1920, S. 85 ff.

69 Hans v. Hentig: *Die Strafe,* Bd. I, op. cit., S. 87; ebenso Heinrich Brunner: *Deutsche Rechtsgeschichte,* op. cit., S. 169 f.

70 Wilhelm Grönbech: *Kultur und Religion der Germanen,* Bd. I, op. cit., S. 251.

71 ›Sammlung Thule‹, Bd. XIV, 1965.

72 Andreas Heusler: *Das Strafrecht der Isländersagas,* op. cit., S. 27.

73 Vgl. Hermann Trimborn: Zur Entstehung der Herren- und Hochkultur. In: *Saeculum,* Bd. 9, Freiburg/Brsg. und München 1958. S. 282–292.

74 Die zahlreichen Gründe dafür können hier aus Raummangel nicht diskutiert werden; als einer der vermutlich bedeutsamsten sei jedoch die rapide Klimaverschlechterung gegen Ende der Bronzezeit genannt. Graf Oxenstierna schreibt dazu u. a.: »Dieser Einbruch muß auf die Leute der Bronzezeit, welche sonnige und trockene Sommer und lange und milde Herbste gewohnt waren, wie eine Katastrophe gewirkt haben. Nicht so . . . daß sie Skandinavien räumten und nach Zentraleuropa auswanderten, denn für solche Völkerverschiebung liegen keine Anzeichen vor. Wohl aber so, daß sie ihre alten Siedlungsräume verlassen und ihre Landarbeit umstellen mußten . . . Damit brach die soziale Gliederung der Bronzezeit zusammen. Die gehobene Herrenschicht, die wir in den stattlichen Hügeln mit prächtigen Waffen beigesetzt finden, konnte ihre Überlegenheit nicht mehr entfalten. Weder Handel noch Krieg wurden entscheidend, auch nicht irgendeine Feudalherrschaft, sondern ausschließlich die unermüdliche Landarbeit, die fleißige Feldbestellung . . . Alle Männer an die Arbeit. Keiner konnte mehr Herr, Händler oder Fürst spielen.« (Eric Graf Oxenstierna: *Die Nordgermanen,* op. cit., S. 7–29).

75 Ein geradezu schlagendes Beispiel für diese Auffassung bietet die Darstellung der Christianisierung des Nordens durch Olaf Tryggvissohn, der später den Beinamen ›der Heilige‹ erhielt (›Sammlung Thule‹, Bd. XIV, 1965, S. 199–317) und den Nordländern den neuen Glauben ebenso gewaltsam und blutig aufzwang wie Karl der Große seinerzeit den heidnischen Sachsen.

76 Andreas Heusler: *Das Strafrecht der Isländersagas,* op. cit., S. 103.

77 Karl v. Amira: *Grundriß des germanischen Rechts,* op. cit., S. 167.

78 Karl v. Amira: *Grundriß des germanischen Rechts,* op. cit., S. 106 f.

79 Wilhelm Grönbech: *Kultur und Religion der Germanen,* Bd. I, op. cit., S. 95.

80 So z. B. im ›Herwör-Lied‹ (in: ›Sammlung Thule‹, Bd. I., 1963, S. 210 ff.).

81 Wilhelm Grönbech: *Kultur und Religion der Germanen,* Bd. I, op. cit., S. 110.

82 Paul Hermann: *Das altgermanische Priesterwesen,* op. cit., S. 46; Karl Helm: *Die Entwicklung der germanischen Religion,* op. cit., S. 361.

83 Hugo Gering: *Über Weissagung und Zauber im nordischen Altertum,* op. cit., S. 12.

84 Wilhelm Grönbech: *Kultur und Religion der Germanen,* Bd. I, op. cit., S. 32.

85 Johannes Haller und Heinrich Dannenbauer: *Der Eintritt der Germanen in die Geschichte,* op. cit., S. 22.

86 Wilhelm Grönbech: *Kultur und Religion der Germanen,* Bd. I, op. cit., S. 300.

87 Andreas Heusler: *Das Strafrecht der Isländersagas,* op. cit., S. 241.

88 Wilhelm Eduard Wilda: *Das Strafrecht der Germanen,* op. cit., S. 785: »Yki: exaggeratio, hyperbole, von auka, angels. eacan, alth. authôn, lat. augere.«

89 Jan de Vries: *Nordgermanen,* op. cit., S. 51.

90 Nach Wilhelm Grönbech: *Kultur und Religion der Germanen,* Bd. I, op. cit., S. 100, war der terminus technicus für solche zwingenden Worte ›frýjuord‹. Durch sie drückte man seinen Glauben an die Mängel des Betreffenden in dieser oder jener Beziehung aus.

91 Wilhelm Grönbech: *Kultur und Religion der Germanen,* Bd. I., op. cit., S. 84.

92 Hierauf weist u. a. ein nordisches Sprichwort hin: »Der Sklave rächt sich, der Arge nie« (Nach: Andreas Heusler: *Das Strafrecht der Isländersagas,* op. cit., S. 56). Das bedeutet: Sogar der niedrig geborene Sklave spürt das Bedürfnis nach Rache, aber das Kennzeichen des Argen ist es gerade, zur Rache zu feige zu sein.

93 Wilhelm Grönbech: *Kultur und Religion der Germanen,* Bd. I, op. cit., S. 98.

94 Heinrich Brunner: *Deutsche Rechtsgeschichte,* op. cit., S. 868.

95 Jakob Grimm: *Deutsche Rechtsaltertümer,* Bd. II, 4. vermehrte Aufl., Leipzig 1922, S. 206, mit Beispielen aus vielen germanischen Gebieten, wobei leider notorisch ›arg‹ mit ›feige‹ übersetzt wird.

96 Hugo Gering: *Kommentar zu den Liedern der Edda,* op. cit., S. 289.

97 Vgl. dazu Karl v. Amira: *Die germanischen Todesstrafen,* op. cit., S. 75, wo diese Frage angeschnitten wird.

98 Nach Wilhelm Eduard Wilda: *Das Strafrecht der Germanen,* op. cit., S. 786 f., existierten außerdem daneben ›Halbrechtsworte‹, die lediglich durch die Hälfte einer vollen Mannesbuße zu sühnen waren und anscheinend auch nur, sofern sie gegenüber einem Höherstehenden geäußert worden waren, während die zwischen sozial Gleichgestellten nicht als strafbar galten.

99 Jan de Vries: *Nordgermanen,* op. cit., S. 91.

100 Rudolf Meißner: *Norwegisches Recht. Das Rechtsbuch des Gulathings,* Weimar 1935, S. 123. Auf S. 27 wird, und zwar unter den kirchlichen Verordnungen, im Anschluß an das Verbot heidnischer Opfer verfügt: »Alles Schandwerk ist uns auch verboten, daß keiner sich mit Vieh vermengen darf.« Dem Täter wird Kastration und Landesverweisung angedroht; das mißbrauchte Tier soll in die See gestürzt werden.

101 Wilhelm Eduard Wilda: *Das Strafrecht der Germanen,* op. cit., S. 788, übersetzt diese unzweideutige Stelle verschämt und unklar durch ›Sodomiterei treiben‹; dies ist ein Beispiel dafür, daß er Homosexualität und Zoophilie entweder nicht auseinanderhalten kann oder auseinanderhalten will, um die Theorie aufrechterhalten zu können, da bei den Germanen zwar Sodomie erwähnt worden sei, nicht aber Päderastie, beweise dies, daß Strafbestimmungen gegen Homosexualität nicht existiert hätten. Dabei ist der nächstfolgende Satz (nach der o. a. Übersetzung von Meißner) absolut eindeutig: »Da mag er ihn auch deshalb wie den friedlosen Mann für diese Worte, die ich nun aufgezählt habe, töten, wenn er sie durch Zeugen feststellt.«

102 Rudolf Meißner: *Stadtrecht des Königs Magnus Hakonarson für Bergen. Bruchstücke des Birkinselrechts und Seefahrerrechts der Jónsbók,* Weimar 1950. Beschuldigung der Zauberei: S. 105, Nr. 25; S. 65, Nr. 3; S. 349, Nr. 26; S. 379, Nr. 22; S. 401, Nr. 60; Beschuldigung der Homosexualität (kallar ragann): S. 347, Nr. 24; S. 379, Nr. 19; S. 437, Nr. 108. Vergleich mit einem trächtigen Tier: S. 345, Nr. 22; S. 379, Nr. 18. Bemerkenswert ist eine auf Berserker-Sitten zurückweisende Bestimmung des Stadtrechtes von Bergen dahingehend, daß Männer sich nicht beißen dürften (s. S. 89, Nr. 16).

103 Rudolf Meißner: *Norwegisches Recht. Das Rechtsbuch des Frostothings,* Weimar 1939, S. 193 ff., Nr. 35.

104 Claudius v. Schwerin: *Schwedische Rechte. Älteres Westgötalag, Uplandslag,* Weimar 1935, S. 35. Im Uplandslag (Abschnitt ›Von Ehe, Inzest und Ehebruch‹, § 8) S. 89 wird Zoophilie mit der Strafe des Lebendigbegrabens geahndet; sie trifft Täter und Tier. Als Kläger tritt der Tierhalter auf, er hat die Strafe auch zu vollziehen. Ein geschickter Trick dieser Rechtsbestimmung sagt, der Kläger könne dem Täter das Leben lassen, sofern dieser eine hohe Buße zahle. Auf diese Art (und wohl z. T. auch, weil der Kläger hier gleichzeitig als Henker aufzutreten hatte) wollte man diese altertümliche Todesstrafe abmildern, indem man dem Kläger für Milde eine finanzielle Belohnung in Form der Buße zusicherte.

105 Karl August Eckhardt: *Gesetze der Angelsachsen,* Göttingen 1958, S. 33; Wilhelm Eduard Wilda: *Das Gildenwesen im Mittelalter,* Halle 1831, S. 122, 130, 132 ff., 139, 140 ff., 144.

106 Karl August Eckhardt: *Die Gesetze des Merowingerreiches,* Bd. I: Pactus legis Salicae: Recensiones Merovingicae, Göttingen 1955, S. 95 ff.; ders.: *Die Gesetze des Karolingerreiches,* Weimar 1953, S. 59 ff.

107 Franz Beyerle: *Die Gesetze der Langobarden,* I: Edictus Rothari, Witzenhausen 1962, S. 81; Entsprechendes galt auch in den altspanisch-gotischen Rechten (vgl. Eugen Wohlhaupter: *Altspanisch-gotische Rechte,* Weimar 1936, S. 49, 191).

108 ›Sammlung Thule‹, Bd. I, 1963, Das Jüngere Helgilied, S. 167 ff., 33–46.

109 Vgl. Besprechung bei Otto Höfler: *Kultische Geheimbünde der Germanen,* op. cit., S. 176 ff.

110 S. auch Otto Höfler: *Kultische Geheimbünde der Germanen,* op. cit., S. 178.

111 Die Vermutung Otto Höflers in: *Kultische Geheimbünde der Germanen,* op. cit., S. 172 ff., mit dem Namen Gudmund verbinde sich die Erinnerung an eine alte Pferdegottheit, die in Form von Holzschnitzwerken dargestellt wurde und die man gelegentlich auch als Stute auffaßte, ist sehr ansprechend. Diese Gottheit scheint auch mit Bereichen der Fruchtbarkeit zu tun gehabt zu haben und hat Verbindungen zum Korn und zu Mühlen. Es scheint sich hier um Reste eines präindogermanischen Pferdekults zu handeln.

112 ›Sammlung Thule‹, Bd. XIV, 1965, S. 235.

113 ›Sammlung Thule‹, Bd. II., 1963, S. 183.

114 Andreas Heusler: *Isländisches Recht. Die Graugans,* Weimar 1937, S. 406, Nr. 237.

115 ›Sammlung Thule‹, Bd. IX., 1964, S. 99.

116 Josef Weisweiler: *Beiträge zur Bedeutungsentwicklung germanischer Wörter für sittliche Begriffe,* op. cit., S. 21 f.

117 Wilhelm Grönbech: *Kultur und Religion der Germanen,* Bd. I, op. cit., S. 100. Hier kurz der Inhalt der Anekdote auf Deutsch: Ferdulf vermutet, natürlich im Jähzorn und um seinen Unterführer ›fertig‹ zu machen, jener sei wohl deshalb mit den Aufrührern nicht fertig geworden, da er seinen Namen Argait von ›arga‹ (nämlich eben untüchtig, feige) habe. Argait wird daraufhin (zumal er keineswegs ein Feigling war, sondern in dem Fall bloß Pech gehabt hatte) ebenfalls wütend und antwortet, Gott möge geben, daß sie beide nicht früher ihr Leben aushauchten, bis sich herausgestellt habe, wer von beiden ›feiger‹ (›magis est arga‹) sei. Und bei der nächsten kriegerischen Auseinandersetzung, an der die beiden teilnehmen, ruft Argait Ferdulf zu: »Erinnere dich, Hauptmann Ferdulf, daß du mich untüchtig und unfähig genannt und mit dem ehrabschneiderischen Wort ›arga‹ bezeichnet hast! Nun möge der Zorn Gottes über denjenigen kommen, der sich nach mir (d. h. ohne mein mutiges Draufgängertum) auf diese Sklaven stürzt!«

118 Vgl. Josef Weisweiler: *Beiträge zur Bedeutungsentwicklung germanischer Wörter für sittliche Begriffe,* op. cit., S. 28: ›kolludo okkr raga‹.

119 Konrad Maurer: *Die Bekehrung des Norwegischen Stammes zum Christenthume,* Bd. I, op. cit., S. 218.

120 D. h. im Sinne der Unterscheidung von Voll- und Halbrechtsworten als Vollrechtswort.

121 George Caspar Homans: *Theorie der sozialen Gruppe,* 2. Aufl., Köln u. Opladen 1965, S. 135.

122 René König: *Soziologie,* Frankfurt/M. 1958, S. 42.

123 Vgl. George Caspar Homans: *Theorie der sozialen Gruppe,* op. cit., S. 137: »Unsere Normen sind Ideen. Sie sind selbst keine Verhaltensformen, sondern Auffassungen der Menschen darüber, wie das Verhalten sein sollte.«

124 Emile Durkheim: *Die Regeln der soziologischen Methode,* Neuwied 1961, S. 38.

125 Gottfried Eisermann: Soziologie und Geschichte. In: René König (Hrsg.): *Handbuch der empirischen Sozialforschung,* Bd. I, 2. Aufl., Stuttgart 1967, S. 626.

126 Gottfried Eisermann: Allgemeine Soziologie. In: Gottfried Eisermann (Hrsg.): *Die Lehre von der Gesellschaft,* 2. Aufl., op. cit., S. 123: »Unter normalem Handeln wollen wir . . . ein Handeln verstehen, das man von einer Person oder einer Gruppe von Personen unter gegebenen gesellschaftlichen Umständen erwartet.«

127 Vgl. René König: *Soziologie,* op. cit., S. 42, der in diesem Zusammenhang auf die vielen kulturellen Selbstverständlichkeiten hinweist, die zum Verständnis eines sozialen Geschehens von entscheidender Bedeutung sind.

128 Vgl. George Caspar Homans: *Theorie der sozialen Gruppe,* op. cit., S. 140: »Die sozialen Voraussetzungen (Werte) gelten, weil eine große Anzahl von Leuten sie anerkennt, und aus keinem anderen Grunde.«

129 George Caspar Homans: *Theorie der sozialen Gruppe,* op. cit., S. 138: »So ist es z. B. klar, daß sich Normen nicht aus dem Nichts verwirklichen, sondern aus ausgeübten Aktivitäten entstehen . . . Ist erst einmal eine Norm aufgestellt, so übt sie eine Rückwirkung auf die Gruppe aus.«

# *V. Kapitel*
# Tendenzen der Beurteilung homosexuellen Verhaltens von der Christianisierung bis zum Beginn der Ketzer- und Hexenverfolgungen

## 1. Die römische Gesetzgebung

Die innige kulturelle Verflechtung spätantiken und frühchristlichen Gedankengutes hat es mit sich gebracht, daß in letzteres manche Tendenzen Eingang gefunden haben, die ursprünglich im Christentum nicht angelegt waren, nach Fußfassen der christlichen Bewegung in Rom jedoch als selbstverständlich übernommen und bald als unstreitiger Teil der christlichen Lehre selbst betrachtet worden sind. Weil dies auch für den Zusammenhang zwischen römischer und frühchristlicher Bewertung homosexuellen Verhaltens, insbesondere der Päderastie, zutrifft (ein Umstand, der der Fachwelt immer bekannt gewesen, von einer breiteren Öffentlichkeit aber meist nicht zur Kenntnis genommen, wenn nicht überhaupt geleugnet worden ist), muß der Untersuchung der kirchlichen Bestimmungen des Christentums bezüglich homosexuellen Verhaltens eine Kurzdarstellung der entsprechenden römisch-vorchristlichen Gesetze voraufgehen. Dies scheint vor allem deshalb unumgänglich, weil letztere, soweit sie erhalten geblieben waren, von den christlichen Kaisern sogar dem Wortlaut nach in die christliche Gesetzgebung mit hineingenommen worden sind.

### *a. Vorchristliche Regelungen*

Das vorindogermanische Substrat, das linguistisch meist in Form von Ortsnamen erkennbar wird, ist in Italien zur Zeit der indogermanischen Einwanderung dort ebenso uneinheitlich gewesen wie die Einwandererwellen selbst. In Sizilien und Süditalien bestand es aus der gleichen mediterranen Bevölkerung, wie sie auch auf den ägäischen Inseln, in Griechenland[1] und an den Küsten Kleinasiens zu finden war, d. h. aus den Pelasgern. In Genua, dem Seealpengebiet und Oberitalien lebten die Ligurer und in Mittelitalien die vermutlich aus Kleinasien stammenden Etrusker, deren Sprache bekanntlich immer noch Rätsel aufgibt, kaum jedoch indogermanisch ist.[2] Von den griechischen Pelasgern weiß man[3], daß in ihrer – zusammenfassend noch nicht dargestellten – Glaubenswelt Transvestiten eine kultische Rolle gespielt haben, und ähnliche Beispiele aus Italien existieren gleichfalls.[4] Was die Etrusker anbelangt, so bieten uns die römischen Schriftsteller genügend Hinweise darauf, daß bei jenen Transvestismus und Homosexualität eine zwar unerklärte, aber nicht unbeträchtliche Rolle gespielt haben.[5] Es dürfte also eine mehr literarische Version sein, wenn Cicero[6] im Fall des Dionys von Sizilien das in Mode kommen homosexuellen Verhaltens auf griechischen Einfluß zurückführt, da die Römer derlei praktisch seit Gründung ihrer Stadt ja gleichsam vor der eigenen Haustür hatten.

Freilich ist in seiner Überlegung ein wahrer Kern: Die Einführung der Homosexualität sozusagen auf den Flügeln der griechischen Poesie und Philosophie bot zur Annahme der neuen Sitte eine schmeichelnde Motivation – die der höheren Bildung und vornehmen Lebensart – gerade zu der Zeit, als die Römer sich ihrer angestammten und bewährten Bauerngrobheit sacht zu genieren begannen. Eine Volkssitte wie in Sparta und Athen hat die Homosexualität, vor allem die Päderastie, jedoch in Rom nie werden können, weil die religiösen und kulturellen Voraussetzungen dazu fehlten, und daher zeigt sich – und zwar besonders in jenen gehobenen Kreisen, wo man bewußt griechische Sitte anzunehmen suchte – ein eigenartiger und unangenehmer, für die römischen Verhältnisse aber typischer Zug: In puncto Homosexualität ist alles erlaubt – aber nur mit Sklaven.[7] Und moralische Billigung hat weder die Päderastie im engeren noch die Homosexualität im weiteren Sinne in Rom jemals besessen.[8]

Für den altrömischen Kult wurde Reinheit verlangt, worunter auch Keuschheit zu verstehen war. Sexuelle Riten, wie sie in manchen altrömischen Volksfesten zur Beförderung des Ackerbaues gelegentlich noch bis in die Kaiserzeit fortlebten, waren streng heterosexuell orientiert. Hermaphroditen und Verwandtes erschienen den Römern monströs und grauenerregend; ihr Auftreten galt als extrem schlimmes Vorzeichen.[9] Eine gewisse Änderung dieser Einstellung bahnte sich an, als man fremde Gottheiten zu importieren begann. Der Zweite Punische Krieg, als Hannibal vor den Toren der Stadt stand, bedeutete eine Vertrauenskrise für die alten römischen Götter. Man führte deshalb um 217 v. Chr. die zwölf olympischen Götter (unter römischen Bezeichnungen) ein; außerdem wurde 204 v. Chr. auf Anraten der Decemvires ein Steinidol nach Rom gebracht, das die kleinasiatische Kybele symbolisierte. Ihr von Kastraten (die als Kulttransvestiten und -prostituierte fungierten) ausgeübter Kult wurde allerdings nicht als recht würdig angesehen, und Römer durften anfangs nicht daran teilnehmen.[10] Später änderte sich das, und Juvenal

beklagt in seiner Zweiten Satire[11] bitter die damit verbundene Verweichlichung ehemals tapferer Männer: »Oh Vater der Roma, sage, woher kam solch ein Verderben zu Latiums Hirten?« Dem Dichter graut vor den Zeremonien, worin sich Kastrierte, als Bräute verkleidet, anderen Männern durch förmlichen Ehevertrag vermählen. Das erscheint ihm so schrecklich, daß er den Leser fragt: »Würd' es denn mehr dir grauen und als größeres Wunder erscheinen, falls ein Weib ein Kalb und ein Rind ein Lämmchen gebärte?« Was hier als so abscheulich und, wenn man die Worte unvoreingenommen auf sich wirken läßt, sogar als irgendwie numinose Angst bzw. Scheu erregend dargestellt wird[12], ist vor allem der vorgebliche Geschlechtswechsel der Kultausübenden. Gern verglich man Männer, die derlei Neigungen zeigten, mit weiblichen Tieren, ganz wie im germanischen Norden.[13] Übrigens ist der damals aufkommende Ausdruck ›obszön‹ für geschlechtliche Ausschweifungen seinem eigentlichen Sinne nach ein Wort aus der sakralen Sphäre und leitet sich von ›scaeva‹ her, d. h. ›Vorzeichen‹[14]; der Bezug auf Sexuelles ist demnach nicht ursprünglich, sondern zeigt, daß eigentlich sakral Gemeintes von den Römern als Unsittliches mißverstanden worden ist, wie es später bei Kontakten der europäischen Kolonialtruppen mit Kulten exotischer Völker gleichfalls beinahe regelmäßig zu passieren pflegte.
Die Art verbaler Beleidigungen, die wir im Germanischen als ›Schelte‹ erwähnten, war von den römischen Rednern zu einer hohen Kunst entwickelt worden. Darin spielte die Bezichtigung homosexuellen Verhaltens eine sehr bedeutende Rolle, wobei »pervertierte Sexualität vorgeworfen wird durch die Ausdrücke cinaedus, pathicus, homo effeminatus und die Übertragungen der Bezeichnungen der weiblichen Prostitution auf Männer«.[15] Auch dies zeigt, daß homosexuelles Verhalten für römische Begriffe etwas Unrühmliches war. Wenn man dennoch – besonders in der Spätzeit – von der einstigen Haltung abwich (wenngleich die betreffenden Gesetze nie ausdrücklich außer Kraft gesetzt worden sind), ist das ebensowenig verwunderlich, wie daß man auch entsprechende Verfügungen zum Schutz der weiblichen Keuschheit nicht mehr achtete, obgleich auch sie nicht direkt und öffentlich abgeschafft wurden. Ich möchte auf die soziokulturellen Ursachen dieser Entwicklung, die im übrigen ja auch weithin bekannt sind, nicht näher eingehen; erwähnt werden soll lediglich der in diesem Zusammenhang so sehr wichtige und meist übersehene Umstand, daß die Institution der Sklaverei bei der Entwicklung der importierten griechischen Päderastie zum römischen Laster eine wahrscheinlich ausschlaggebende Rolle gespielt hat, weil es dem gnaden- und gedankenlosen Mißbrauch des Mitmenschen seitens der ›beati possidentes‹ praktisch unlimitierte Möglichkeiten bot. Ja es lud geradezu dazu ein, nun mit Menschen, die laut Definition keine mehr

waren, Dinge anzustellen, die bis dahin durch Gesetz mit Menschen zu tun untersagt gewesen waren.

Und damit komme ich auf die im I. Kapitel aufgeworfene Frage zurück, woher eigentlich so zahlreiche römische Autoren der vorchristlichen Zeit ihren Abscheu gegen das bei ihnen ›verbreitete Laster‹ gehabt haben mögen, da sie kaum Anhänger der israelitischen Volksreligion gewesen sein dürften und es – außer anderen und verwandten indogermanischen Religionen – in ihrem geographischen Gesichtskreis keine Religion gegeben hat, die homosexuelles Verhalten mißbilligte. Ganz im Gegenteil: die pelasgische Vorbevölkerung Italiens akzeptierte und pflegte transvestitische Kulte, der den Römern bekannte Vordere Orient ebenfalls, und dasselbe dürfen wir auch für Ägypten bzw. Nordafrika annehmen. Die Antwort liegt auf der Hand: Die Römer mißbilligten homosexuelles Verhalten aus demselben Grunde, weshalb auch die Germanen es verachteten, nämlich weil es sich mit ihrem Männlichkeitsideal nicht vereinen ließ. (Bezeichnenderweise waren alle Worte aus der römischen ›Schelte‹, die auf Homosexualität Bezug nahmen, Schimpfworte für den passiven Teil, und das Übel des Kybelekults lag nicht in der dort geübten Homosexualität, sondern entstand infolge der mit ihr zwangsläufig verbunden geglaubten Effemination der Teilnehmer.) Denn während die Griechen der Ansicht waren, daß homosexueller Kontakt einen Jungen männlicher mache[16] und die Taifalen und Kelten das gleiche geglaubt zu haben scheinen, fürchteten Römer und Germanen, er werde verweiblichend wirken. Diese zwei diametral entgegengesetzten Einstellungen zu ein und demselben Verhalten bei Völkern, die alle unzweifelhaft indogermanischen Ursprungs waren, ist eine höchst interessante Erscheinung, deren Erhellung freilich nur durch einen umfassenderen Vergleich der Beurteilung homosexueller Betätigung bei verschiedenen Völkerfamilien möglich ist, der jedoch über das Anliegen dieses Buches weit hinausginge und daher hier unterbleiben soll. Man kann aber festhalten, daß es eine quasi ›gemeinindogermanische‹ Haltung gegenüber dem Phänomen der Homosexualität – im Gegensatz zur Meinung der ›völkischen‹ Kreise des deutschen Kaiserreichs sowie der Nazi-Autoren – durchaus nicht gegeben hat. Etwas derartiges existierte hingegen bezüglich der Beurteilung effeminierten Wesens: Denn in der Verurteilung weiblicher Tendenzen bei einem Mann sind alle indogermanischen Völker, von denen man diesbezügliche Nachrichten überhaupt zuverlässig zusammenstellen kann, denkbar einig. Bemerkenswert ist aber eben die Diskrepanz zwischen den Methoden, durch die man einer Verweichlichung und Verweiblichung auszuweichen suchte: Im einen Fall ist es die strike Ablehnung homosexuellen Verhaltens, im anderen gerade dessen Kultivierung.

Die nicht selten in Laienkreisen anzutreffende Meinung, im antiken Rom habe es keinerlei Gesetze gegen Homosexualität gegeben, beruht denn auch schlicht auf Nichtwissen. Wenn ich nun im folgenden auf die betreffenden Regelungen eingehe, so müssen wir uns immer bewußt bleiben, daß keine davon sich auf Sklaven bezog, weil Sklaven im Imperium Romanum als ›res‹ galten und man einer Sache gegenüber kein ethisch-moralisches Verhalten an den Tag zu legen brauchte. Die große Masse der männlichen Prostituierten Roms aber, die Bordellinsassen, wovon die Satiriker sprechen und mit denen die Komödie umspringt sowie die endlose Menge abgestuft Unfreier, womit die Caesaren und Mächtigen des Reiches sich umgeben konnten, wenn ihnen der Sinn danach stand, sie alle wurden anders behandelt und betrachtet als der Freigeborene, der ›vir vere Romanus‹.

Ihn schützte im jugendlichen Alter bis zu siebzehn Jahren die väterliche Hauszucht, die von eigenhändiger Tötung bis zur Verweisung aufs Land[17] reichte; der terminus technicus für das Verbrechen der Päderastie an einem jungen Freigeborenen war ›stuprum cum masculo‹.[18] Im Heer wurde Homosexualität disziplinarisch durch die Strafe des ›supplicium fustuarium‹ geahndet[19], der Prügelstrafe mit oft tödlichem Ausgang. Gegen den homosexuellen Mißbrauch eines Freien konnte auch im ädilisch-comitialen Verfahren eingeschritten werden. Mehrere solcher Fälle werden von Valerius Maximus mitgeteilt[20]; in einem verübte ein wegen Schändung eines Freien Verhafteter im Gefängnis Selbstmord, um der Strafe zu entgehen, ein Umstand, der es für Theodor Mommsen wahrscheinlich machte, daß schon früh ein Gesetz über die Zulässigkeit eines Kriminalverfahrens wegen Päderastie bestand.[21] Der älteste überlieferte derartige Prozeß hat im Jahr 326 v. Chr. stattgefunden.[22] Fand sich kein Kläger oder befand man die anstehenden Vorfälle für weniger schwer, kam es zur zensorischen Rüge.[23] »Da die Strafgesetzgebung erst in Fluß kam, als die quaestiones perpetuae gebildet und Gesetzgeber und Richter verschiedene Personen wurden, können wir ein Strafgesetz über die widernatürliche Unzucht überhaupt nicht vor dem Ende des zweiten Jahrhunderts v. Chr. erwarten.«[24] Gegen Ende der Republik bzw. zur frühen Kaiserzeit tritt uns nun solch eine Bestimmung in Gestalt der – nur bruchstückhaft überlieferten – Lex Scantinia entgegen.[25] Danach wurde Päderastie mit der sehr beachtlichen Geldbuße von 10 000 Sesterzen belegt. Die Verhängung einer reinen Geldstrafe erklärt sich aus der Tendenz der Republik, durch Entziehung finanzieller Mittel die politische Aktivität eines Bürgers einzuschränken; Geldbußen galten daher selbst in schweren Fällen als ausreichend.[26] Die Strafe traf in erster Linie den, der einen Freigeborenen mißbraucht hatte, möglicherweise auch den Mißbrauchten selbst. Außerdem ist nicht völlig klar, ob die Lex Scantinia sich nur auf minderjährige Freie oder aber auf jeden Freien bezog.[27]

Die Lex Julia[28] ergänzte die Lex Scantinia um eine Bestimmung bezüglich Kuppelei und setzte die Strafbarkeit der Päderastie offenbar bereits voraus. Eine Strafverschärfung, vermutlich gleichfalls unter Augustus, ist durch die ›Sentenzen‹ des berühmten römischen Juristen Julius Paulus überliefert. Freilich ist es heute zweifelhaft geworden, ob Paulus wirklich der Autor dieser kleinen Schrift mit dem Charakter eines Elementarbuches gewesen ist.[29] Für uns ist diese Frage belanglos, weil es uns lediglich auf den Einfluß der ›Sententiae‹ ankommt, der beträchtlich gewesen ist, da die römische Zentralbürokratie der späteren Jahrhunderte von der Echtheit und Güte des Buches überzeugt war und es daher in der Praxis viel benutzt wurde. Später sprach auch Konstantin sich in einem Erlaß von 327 oder 328 ausdrücklich für seine Echtheit aus, rühmte seine Klarheit und juristische Korrektheit und wies alle Zweifel an seiner Verwertbarkeit in der gerichtlichen Praxis zurück. Die byzantinischen Juristen haben es für Justinians ›Digesten‹ benutzt, aber anscheinend nicht für die ›Institutionen‹ des Corpus iuris civilis.[30] In den ›Sentenzen‹ finden sich drei Stellen, die sich mit Homosexualität befassen: Wer einen Freien vergewaltigt, wird geköpft[31]; wer seiner eigenen Schändung zustimmt, muß durch Abgabe seines halben Vermögens gestraft werden und darf über den größeren Teil seiner verbleibenden Güter keine testamentarischen Verfügungen treffen[32]; ferner: Wer einen freigeborenen Jungen durch List und Überredung und mit Hilfe bestochener Helfershelfer zur Schändung zu entführen sucht, wird beim vollendeten Verbrechen geköpft, beim Versuch mit Deportation auf eine Insel bestraft, die korrupten Helfer erleiden die Todesstrafe.[33]

### *b. Christliche Gesetze*

Nach der Einführung des Christentums als Staatsreligion wurde im Jahre 326 unter den Kaisern Constantius und Constans folgende Bestimmung erlassen: »Wenn ein Mann nach Art einer Frau ›heiratet‹ und die Männlichkeit verleugnet, was erstrebt er denn, wenn das Geschlecht seine Bedeutung verliert, wenn es sich um ein Verbrechen handelt, wovon man besser nichts wüßte, wenn Venus in eine andere Form verwandelt wird, wenn Liebe gesucht und nicht gefunden wird? Wir ordnen an, daß die Gesetze, ausgerüstet mit dem Schwert der Rache, aufgerichtet werden, damit die jetzt oder in Zukunft Schuldigen unter die ausgesuchtesten Strafen gestellt werden.« Diese Bestimmung war wohl dazu angetan, die während der letzten beiden Jahrhunderte fast in Vergessenheit geratenen älteren Gesetze wieder ins Gedächtnis der Menge zurückzurufen. Sie wurde später in den Codex Justinianus[34] aufgenommen, wodurch sie überliefert ist.

Das Edikt, dem wir uns nun zuwenden müssen, stellt in gewisser Hinsicht eine wichtige Wendemarke in der Entwicklung der Bestrafung homosexuellen Verhaltens dar, weshalb es um so bedauerlicher ist, daß über sein Hineingeraten in die Quelle, wo es sich findet, keine eindeutige Klarheit zu erreichen ist. Es handelt sich um ein Schreiben im Namen der drei Caesaren Valentinian, Theodosius und Arcadius aus dem Jahr 390 an den römischen Vicarius namens Orientius, der die Caesaren in der Regierung der Stadt Rom vertrat. Der Text lautet: »Man kann nicht länger dulden, daß die Stadt Rom, die Mutter aller Tugenden, durch Kontakt mit den verweichlichten Effeminierten befleckt und dadurch die alte derbe Kraft des Volkes gebrochen wird. Daher ist deine Praxis zu loben, daß du alle, die die lasterhafte Gewohnheit haben, den männlichen Körper, der für die Frau eingerichtet ist, dadurch herabzuwürdigen, daß sie Geschlechtsverkehr mit einem anderen (Mann) haben und sich in nichts von den Frauen unterscheiden, festnimmst, wie die Ungeheuerlichkeit dieses Verbrechens es verlangt, und daß du sie aus allen Männerbordellen – es bringt mich in Verlegenheit, das auszusprechen – herausholen läßt, und daß sie angesichts allen Volkes ihr Verbrechen öffentlich in den Flammen büßen sollen, damit alle erkennen, daß die Behausung der männlichen Seele allen heilig sein soll, und daß keiner ohne Gefahr der Todesstrafe auf das Geschlecht eines anderen Mannes ausgehe (d. h. mit diesem sexuell verkehre), der sein eigenes (männliches) auf schimpfliche Weise verloren hat.«[35] Dies Edikt steht in einem Werk mit dem Titel ›Collatio legum Mosaicarum et Romanarum‹[36], in dem jemand in ein bereits vorhandenes juristisches Werk als Zusätze die jeweiligen mosaischen Bestimmungen zum Vergleich beigefügt hat. Dieser Autor ist unbekannt; seine juristische Vorlage enthielt Exzerpte aus klassischen Juristenschriften und kaiserlichen Konstitutionen. Die benutzte Schrift klassischer Autoren war aber schon vor Hinzufügung der mosaischen Gesetze von nachklassischer Hand überarbeitet worden. Von den kaiserlichen Konstitutionen sind im allgemeinen nur der Codex Gregorianus und Hermogenianus benutzt. Lediglich eine einzige Konstitution ist aus anderen, und zwar späteren Quellen geschöpft, nämlich die obenerwähnte, und ganz sicher ein späterer Zusatz, was u. a. auch aus ihrer Stellung – am Schluß eines Titels, wo man gern Zusätze anbrachte – hervorgeht. Über die Herkunft des Edikts sind mannigfache Überlegungen angestellt worden, die vor allem auf den Versuch einer Klärung der Frage hinausliefen, wann dieser Zusatz in die ›Collatio‹ eingefügt worden sein könnte. Daß diese Konstitution aus dem Codex Theodosianus stammt, auf den ich gleich eingehen werde, ist unwahrscheinlich, da weder der Text wortwörtlich noch die Anreden mit den entsprechenden Stellen im Codex Theodosianus übereinstimmen. Der Text des Edikts erscheint übrigens auch in den paulinischen ›Sentenzen‹, wo er mit Sicherheit gleichfalls ein späterer Zusatz ist, was sich aus dem eben erwähnten Umstand ergibt, daß sich Kaiser Konstantin in seinem Erlaß aus dem Beginn des vierten Jahrhunderts für die Brauchbarkeit der ›Sententiae‹ aussprach (die also damals schon vorhanden waren), während das fragliche Edikt erst im Jahr 390 erlassen worden ist. Möglicherweise ist es sogar aus dem westgotischen, jedoch teilweise auf dem gleich zu besprechenden Codex Theodosianus beruhenden ›Breviarium‹, das etwa um 505 entstand, in die ›Collatio‹ übernommen worden. Fest steht, daß es sich bei ihm um einen nachklassischen Zusatz handelt, aber dennoch muß das Edikt als solches kein Phantasieprodukt sein. Es scheint vielmehr aus dem kaiserlichen Aktenarchiv zu einem bestimmten Zweck ausgegraben worden zu sein, und zwar aus dem weströmischen Archiv, denn dorthin ist das Edikt (als dienstliches Schreiben) dem Orientius zugegangen.[37]

Wir müssen nun auf die Version des Edikts von 390 eingehen, wie sie in den Codex Theodosianus Aufnahme fand. Dieser Codex wurde im Jahr 438 von dem oströmischen Kaiser Theodosius publiziert und war ein Gesetzbuch, das 438 auch im Westreich veröffentlicht wurde; es stellte eine reine Sammlung der ›Leges Generales‹ von Konstantin bis Theodosius dar. Im Ostreich wurde es 529 durch den Codex Justinianus abgelöst; durch seine Gültigkeit in Italien bis etwa 554 gelangten Teile des Codex Theodosianus jedoch in die Lex Romana Visigothorum (das vorhin erwähnte sog. ›Breviarium‹). Nachdem dieses westgotische Gesetz speziell für die unterworfenen nichtgotischen Bevölkerungsteile dann aber Gesetzeskraft erhalten hatte, wurde der Codex auch im Westgotenreich außer Kraft gesetzt.[38] Was die uns interessierenden Gesetze angeht, so enthält er die bereits genannte Bestimmung von Constantius und Constans aus dem Jahr 326 sowie das Edikt von Valentinian, Theodosius und Arcadius, diesmal aber verkürzt und verallgemeinernd, sowie den Kommentar dazu, daß dies Gesetz keiner Interpretation bedürfe. Es lautet hier: Alle, die die schändliche Angewohnheit haben, den männlichen Körper, der für die Frau eingerichtet ist, dadurch herabzuwürdigen, daß sie Geschlechtsverkehr mit einem anderen (Mann) haben – wie man sieht, unterscheiden sie sich in nichts von den Frauen –, sollen ein derartiges Verbrechen angesichts allen Volkes öffentlich in den Flammen büßen.[39]

Der oströmische Kaiser Justinian hat freilich dies Edikt in seinen berühmten Codex nicht aufgenommen, der ab 529 im oströmischen Reich als einziges weltliches Gesetz galt. Der ›Codex Justinianus‹ stellt eine bloße Auswahl von Gesetzen dar, die von den kaiserlichen Beratern nach Gesichtspunkten der Geeignetheit und Praktikabilität ausgewählt worden waren. Sie sind getrennt nach ›Institutionen‹ (wodurch eine Art Grundriß des Rechts zu verstehen ist, worin sich aber auch bereits verschiedene Gesetze verzeichnet finden) und den sog. ›Digesten‹ (nämlich ausgewählten ›klassischen‹ Gesetzen und Verordnungen der vorchristlichen und christlichen Kaiser, während republikanische Gesetze dagegen von der Aufnahme in den Codex ausdrücklich ausgeschlossen waren); außerdem enthält das Werk unter dem Titel ›Novellen‹ noch die von Justinian selbst erlassenen Gesetze.[40] In den Institutionen finden sich in etwas abweichendem Wortlaut, aber gleichem Sinne die schon bei Paulus in den ›Sentenzen‹ angegebenen Strafen verzeichnet, und zwar als Bestimmungen des julischen Ehegesetzes[41]; derselben Herkunft sollen die in den Digesten[42] erwähnten Strafandrohungen gegen Kuppelei (sowohl im Fall verbotener heterosexueller Beziehungen wie im Fall von Homosexualität) sein, ebenso jene gegen die Schändung von Witwen, Jungfrauen und Knaben. Ferner wird in den Digesten[43] die bereits erwähnte Bestimmung aus den paulinischen Sentenzen gegen die Fortführung eines Jungen zwecks Schändung erwähnt, wenn auch mit etwas anderen Worten, wobei wesentlich ist, daß die Strafen die gleichen geblieben sind, das Gesetz aber nicht mehr ausdrücklich betont, daß es sich auf junge Freigeborene beziehe.

Sehr aufschlußreich sind die beiden justinianischen Novellen, die sich mit homosexuellem Verhalten befassen.[44] Novelle Nr. 77 entstand im Jahr 538, und in ihrer Einleitung spricht Justinian ganz allgemein von der Wichtigkeit des sittlich guten Lebens und der Liebe Gottes zu den Menschen und seinem Willen, den Gestrauchelten, wenn sie bereuen, zu verzeihen. Dann geht der Kaiser ins Konkrete und schreibt im ersten Kapitel der Novelle: »Da aber einige, durch teuflische Einwirkung befangen, sich in die gröbsten Ausschweifungen stürzen und Dinge, welche selbst der Natur zuwider sind, vornehmen, so rufen wir auch ihnen zu, daß sie die Furcht vor Gott und den künftigen Urteilsspruch desselben im Sinne haben und von solchen teuflischen und unerlaubten Ausschweifungen abstehen sollen, damit sie nicht wegen solcher frevelhaften Handlungen den gerechten Zorn Gottes erfahren und nicht die Städte mit ihren Bewohnern zu Grunde gehen. Denn wir werden durch die heiligen Schriften belehrt, daß wegen solcher frevelhaften Handlungen mit den Menschen zugleich auch die Städte vernichtet worden sind. § 1. Da aber einige außer dem Angegebenen auch noch gotteslästerliche Reden führen und Eide bei Gott schwören, wodurch sie Gott zum Zorne auffordern, so rufen wir auf gleiche Weise auch diesen zu, daß sie sich solcher gotteslästerlicher Reden und des Schwörens beim Haar und Haupt und solcher ähnlicher Reden enthalten sollen. Denn wenn Lästerungen, welche gegen Menschen geschehen, nicht ungeahndet gelassen werden, so verdient noch vielmehr der eine Strafe zu erleiden, welcher Gott selbst lästert.

Darum ermahnen wir alle diese, daß sie sich der genannten Vergehen enthalten, und die Furcht vor Gott im Herzen haben, und denen nachstreben sollen, welche sittlich gut leben. Denn wegen solcher Vergehen entstehen Hungersnot, Erdbeben und Pest, und darum ermahnen wir sie, sich der angegebenen unerlaubten Handlungen zu enthalten, damit sie nicht ihr Seelenheil verlieren. Denn wenn auch nach dieser unserer Verordnung sich noch solche finden sollten, welche bei eben denselben Vergehen beharren, so werden sie erstlich sich selbst der Liebe Gottes unwürdig machen, sodann aber auch die in den Gesetzen ausgesprochenen Strafen erleiden. § 2. Wir haben nämlich den ruhmwürdigen Praefectus der Kaiserstadt beauftragt, diejenigen, welche bei den angegebenen unerlaubten und frevelhaften Handlungen auch nach dieser unserer Verordnung beharren, fesseln zu lassen und der höchsten Strafe (Todesstrafe) zu unterwerfen, damit nicht in der Folge des Übersehens solcher Vergehen sowohl die Stadt als der Staat durch solche frevelhaften Handlungen Schaden leide. Denn wenn auch nach dieser unserer Warnung jemand solche Menschen finden und verbergen sollte, so wird er auf gleiche Weise von Gott, dem Herrn, verdammt werden. Auch der Praefectus selbst wird, wenn er jemanden finden sollte, der so etwas begeht, und die Strafe gegen ihn nicht nach unseren Gesetzen vollzieht, erstlich dem Urteil Gottes unterliegen, sodann aber auch unseren Unwillen erfahren.«

Novelle Nr. 141 wurde zur österlichen Fastenzeit des Jahres 559 verkündet, sie lautet: »Einleitung. Wir bedürfen zwar stets der Milde und Güte Gottes, jetzt aber am meisten, da wir ihn durch die Menge unserer Sünden zum Zorn gereizt haben. Nun hat er zwar gedroht und gezeigt, was wir wegen unserer Sünden verdienen, aber er ist mild gewesen und hat seinem Zorn Einhalt getan, in Erwartung unserer Reue, da er nicht den Tod von uns Sündern will, sondern Bekehrung und Leben. Es ist daher nicht recht, wenn wir alle den Reichtum der Güte, der Geduld und der Langmuth des gnädigen Gottes verachten, auf daß wir nicht durch unser hartes und reueloses Herz auf uns täglich Zorn auf Zorn häufen, vielmehr wollen wir alle uns der schlechten Begierden und Handlungen enthalten, vorzüglich mögen dies aber diejenigen tun, welche in einer verabscheuungswürdigen und Gott mit Recht verhaßten verruchten Handlungsweise verfault sind; wir meinen nämlich die Schändung von Mannspersonen, welche manche gottloser Weise vorzunehmen wagen, indem Mannspersonen mit Mannspersonen schändliche Dinge vollziehen.

Erstes Kapitel. Denn wir wissen, durch die heilige Schrift belehrt, welche gerechte Strafe Gott denen, die einst in Sodom wohnten, wegen dieser wahnsinnigen fleischlichen Vermischung zugefügt hat, so daß jene Gegend bis jetzt in ungelöschtem Feuer brennt, indem Gott uns dadurch belehrt, daß wir jene frevelhafte Handlungsweise verabscheuen sollen. Wir wissen ferner, was der göttliche Apostel hierüber sagt, und was die Gesetze des Staates darüber festsetzen. Daher müssen alle, welche Gottesfurcht haben, sich einer solchen gottlosen und frevelhaften Tat enthalten, welche nicht einmal bei den Tieren sich findet, und diejenigen, welche sich nicht so etwas bewußt sind, müssen sich auch in Zukunft davor bewahren, diejenigen aber, welche in dieser Leidenschaft schon verfault sind, müssen nicht bloß in Zukunft davon abstehen, sondern auch gehörig bereuen, vor Gott niederfallen, dem glückseligsten Patriarchen ihren Fehler anzeigen, und ein Heilmittel empfangen, und sollen nach dem, was geschrieben steht, die Frucht der Reue tragen, damit der gnädige Gott nach dem Reichtum seines Erbarmens auch uns seiner Gnade würdige und wir alle für die Rettung der Reuigen danken. Und wir haben unseren Obrigkeiten befohlen, auch jetzt diese zu verfolgen, um Gott zu versöhnen, der mit Recht auf uns zürnt. Und indem wir nun unseren Blick auf die ehrwürdigen und heiligen Tage richten, bitten wir den gnädigen Gott, daß diejenigen, welche sich in dem Kot dieser gottlosen Handlungsweise wälzen, so sehr Reue empfinden mögen, daß sie uns keine andere Veranlassung zur Strafe geben; wir sagen aber allen miteinander, welche sich eines solchen Vergehens bewußt sind, vorher, daß, wenn sie nicht davon abstehen, sich dem glückseligsten Patriarchen nicht entdecken und für ihr Heil Sorge tragen, indem sie Gott wegen dieser frevelhaften Handlungen während des heiligen Festes versöhnen, sie sich härtere Strafen zuziehen und in Zukunft keiner Verzeihung würdig sein werden. Denn es wird die Untersuchung der Sache und die Bestrafung derjenigen, welche sich innerhalb des heiligen Festes nicht entdeckt haben, oder bei dieser gottlosen Handlungsweise beharren, weder erlassen noch verabsäumt werden, damit wir nicht durch die hierbei begangene Nachlässigkeit Gott zum Zorn gegen uns anreizen, wenn wir uns nicht um eine so frevelhafte und verbotene Handlungsweise bekümmern, welche geeignet ist, den gütigen Gott zum Verderben aller zu reizen. Dies soll unseren Bürgern von Constantinopel bekannt gemacht werden. Gegeben zu Constantinopel den 15. März im 32sten Jahre der Regierung des Kaisers Justinianus, im 18ten Jahre nach dem Consulate des Basilius, V. Cl.«

Diese Novellen sind hier so ausführlich zitiert worden, weil darin die ›Sodom-Mythe‹ ihren Ursprung hat, die demnach Justinians persönliche Erfindung darstellt. Beide Novellen sowie die vorerwähnten weiteren Bestimmungen des Codex Justinianus dienten verschiedenen Zwecken: Einmal sollten sie der aufgeschreckten Bevölkerung von Konstantinopel Sündenböcke (Gotteslästerer und Homosexuelle) präsentieren, deren übles Betragen die damals zahlreichen Erdbeben und schweren Pestwellen – als Manifestationen von Gottes Zorn – hervorgerufen haben sollte. Ferner eigneten sich derlei Gesetze hervorragend als politische Waffen, denn »Knabenschändung war das Verbrechen derjenigen, denen kein anderes nachgewiesen werden konnte«.[45] »Da dieses Laster heimlicher Art ist, so haben sich zuweilen Gesetzgeber verführen lassen, es auf die bloße Aussage eines Kindes zu bestrafen, wodurch denn freilich der Verleumdung Thür und Fenster geöffnet wird. Prokop sagt, Justinian habe wider dieses Laster ein absonderliches Gesetz bekannt machen lassen. Er habe, sagt er, wider die Angeklagten ohne Unterschied den Prozeß eröffnen lassen, ihr Verbrechen möge neuer oder älter, als das Gesetz, gewesen seyn. Die Aussage eines einzigen Zeugen, zuweilen wohl eines Kindes, oder eines Sklaven sey zur Bestrafung hinlänglich gewesen, absonderlich wenn es entweder Reiche, oder Leute von der grünen Parthei betroffen habe.«[46] Der milde, versöhnliche Tenor der Novellen, der so häufig und so unvermittelt von Drohungen unterbrochen wird, um dann wieder in unerträglich überheblichen Predigerstil zu verfallen, kann über ihre wirkliche Zweckbestimmung nicht hinwegtäuschen, die Prokop richtig deutete und die weitgehend politischer Art gewesen ist. Selbstredend wird dadurch nicht ausgeschlossen, daß Justinian selbst glaubte, was er verkündete. Aber diese Annahme schließt die Anwendungsmöglichkeit solcher Gesetze gegen persönliche und politische Gegner ja nicht aus, sondern ein.

### *c. Ergebnis dieses Abschnitts*

Wie sich in den folgenden Abschnitten dieses Kapitels zeigen wird, nehmen viele Autoren auf die römische – besonders auf die christlich-römische – Gesetzgebung gegen homosexuelles Verhalten Bezug, und daher ist es angebracht, festzuhalten, welche Aussagen man denn nun tatsächlich aus diesen erhaltenen Gesetzen gewinnen kann.
Ganz offensichtlich ist der Wille zu einer strikten Ahndung homosexuellen Verhaltens im Hinblick auf Prävention am deutlichsten in der Lex Scantinia und den ihr vorausgehenden – ziemlich fragmentarisch überlieferten – Bestimmungen bzw. Bräuchen der römischen Hauszucht zu finden, wenn nicht überhaupt einzig dort. Es handelte sich dabei um die Epoche, während der in der römischen Republik die angestammten Ideale etwa im Sinne des älteren Cato noch vergleichsweise stabil waren. In der Kaiserzeit hingegen änderten sich, und zwar anfangs wohl in Verbindung mit der Einführung asiatischer Kulte, sowohl die alten Moralbegriffe wie auch die Bestrafung der Abweichungen von ihnen: Die Strafen wurden nominell zwar höher, kamen aber unzweifelhaft erheblich

seltener zur Anwendung und wenn, dann nicht selten zweckentfremdet und mißbräuchlich. Zeitgenössische Schriften wie bereits die Komödien des Plautus und später die Gedichte von Catull, nicht zuletzt auch das Satyrikon des Petronius zeigen, wie gänzlich die altrömische Sittenstrenge aus dem Gedächtnis der Bevölkerung entschwunden war. Allerdings darf nicht übersehen werden, daß ebendiese Moral ein Spezifikum Altroms gewesen ist und die umliegenden, großenteils ethnisch von Nichtrömern, oft sogar von Nichtindogermanen bewohnten Bereiche, die durch den schnellen Aufstieg des römischen Stadtstaates diesem einverleibt wurden, besagte Moral in keiner Weise teilten. Ihr inniges Verständnis für homosexuelle Prostitution und ebenso für das den Römern so anstößige Phänomen der Transvestition dürfte auf eigenen adäquaten Kultvorstellungen beruht haben, die infolge der großen religiösen Toleranz der Römer unangetastet fortbestanden, wenngleich sie selbstredend umgeformt wurden. Wie wenig jedoch die offizielle Moral selbst in der spätesten Kaiserzeit homosexuelle Praktiken für ethisch tragbar hielt, beweisen die geradezu zwanghaft hervorsprudelnden diesbezüglichen Beschuldigungen, Verdächtigungen, höhnischen Anwürfe und anzüglichen Anspielungen bei praktisch jeder politischen Auseinandersetzung, und zwar selbst zwischen Leuten, von denen nicht nur der Volksmund wußte, daß sie den Lastern, die sie ihren Gegnern vorwarfen, selbst gewohnheitsmäßig huldigten.
Wir haben es hier offensichtlich mit einer doppelten Moral in dem Sinne zu tun, daß die alten Sittenvorstellungen aus prinzipieller Anhänglichkeit an die Vergangenheit tradiert wurden, während sie gleichzeitig ständig mit den neuen gesellschaftlich relevanten Wertvorstellungen (z. B. der Wichtigkeit des politischen Einflusses, des Reichtums, der Machtausübung und der Genußbefriedigung usw.) kollidierten. Sicherlich ist bei alledem ein gut Teil Heuchelei im Spiel gewesen; das ändert aber nichts an der befremdlichen Tatsache, daß homosexuelle Praktiken und homosexuelle Prostitution zu den Hauptlastern der Stadt zählten und praktisch öffentlich und völlig ungeniert betrieben wurden, während gleichzeitig stoische Philosophen asketische Theorien über die traurige Gebundenheit der Seele an den sterblichen Leib predigten, das Gedächtnis der alten Gesetze durch sporadische Anwendung seitens der Kaiser nicht nur wachgehalten, sondern sogar durch den Erlaß neuer aktualisiert wurde, berühmte Juristen diese Gesetze zitierten und in Lehrbüchern festhielten und zahllose Eltern sich die größte Mühe gaben, ihre Söhne vor Verführern zu schützen. Sinnvoll deuten lassen sich diese Verhältnisse jedenfalls nur, wenn man sie als Relikte einer einstmals streng abschätzigen Beurteilung homosexuellen Verhaltens während der ersten Jahrhunderte der Republik versteht, wie sie ähnlich auch andere indogermanische Stämme

hegten und die nie gänzlich der Vergessenheit anheimfiel, obgleich man sich persönlich nicht mehr durch sie gebunden fühlte.
Mit der Christianisierung kamen – z. T. als Folge jener asketischen Leibfeindlichkeit, die das Christentum keineswegs selbst hervorgebracht hat, sondern die es von der Philosophie der ausgehenden vorchristlichen Antike als Erbteil übernahm – die alten römischen Ideale der Keuschheit wieder zu Ehren und wurden in die christliche Lehre eingeschmolzen, wo sie bald integrierende Bestandteile bildeten. Im Christentum als einer Religion der Gotteskindschaft und der Liebe freilich ließ sich für tödliche Leibesstrafen keinerlei Motivation finden; für sie muß man daher nach Ursachen suchen, die nicht im religiösen, sondern im weltlich-politischen Bereich liegen: Justinians Umdeutung der Sodom-Geschichte diente dem propagandistischen Zweck, dem Volk für die Heimsuchungen durch Naturkatastrophen und Seuchen Sündenböcke zu liefern. Seine entsprechenden Gesetze waren Waffen gegen persönliche und politische Gegner. Durchaus betont werden soll nochmals das Faktum, daß die einzige Fundstelle für eine Erwähnung der Todesstrafe des Verbrennens wegen eines mit Homosexualität verbundenen Deliktes – jener Brief der drei Caesaren aus dem Jahr 390 nach Rom an Orientius – vor der erstmaligen Erwähnung der Sodom-Geschichte als angeblicher Strafe für homosexuelles Verhalten datiert, also in keinem Zusammenhang damit steht, und Justinian seinerseits, obgleich die Sodom-Version gewissermaßen seine persönliche Erfindung darstellt, als Strafe Enthauptung vorsah, nicht aber Verbrennung der Delinquenten, und das fragliche Edikt in seinem eigenen Codex keine Aufnahme fand.

## 2. Die kirchlichen Bestimmungen

### *a. Zur Bedeutung der asketischen Tendenzen im Frühchristentum*

Für das unleugbare Vorhandensein starker asketischer Tendenzen im frühen Christentum darf man nicht ausschließlich die christliche Lehre verantwortlich machen. Sie lassen sich vielmehr sehr weitgehend auf die Seelenvorstellungen der vorchristlichen Antike zurückführen, woher sie das Christentum als kulturelles Erbe übernahm; weiterhin gehen sie auf die um die Zeitenwende im mediterranen Kulturraum verbreitete Vorstellung eines nahe bevorstehenden Weltendes zurück. Nur wenn wir diese beiden Einflußquellen in unsere Betrachtung der evidenten Leibfeindlichkeit bzw. Askeseneigung der frühen Christen miteinbeziehen, werden wir der Versuchung entgehen, solche Tendenzen als neurotischen Selbstzweck zu verkennen.

Platon hat in seinem berühmten Beispiel vom Wagenlenker die menschliche Seele in drei verschiedene Bereiche eingeteilt (Kopf, Brust und Unterleib), wovon nur der erste, das Logistikon, teil an den unvergänglichen Werten des Guten und Schönen, der Wahrheit und der Einsicht habe. Auch ist das Logistikon allein unsterblich bzw. wird als Logistikon eines anderen Leibes wiedergeboren (Reinkarnation); die zwei anderen Bereiche der Seele schwinden mit dem Tod des Individuums unwiederbringlich dahin. Sie repräsentierten den begehrenden Anteil (Unterleib) und den mutvollen (Brust); beide erachtet Platon als nicht bedeutend genug, um zur Unsterblichkeit irgend beizutragen. Insonderheit gilt das für den im Unterleib, speziell in den Geschlechtsorganen lokalisierten Bereich der Begehrlichkeit, der, wie Platon im ›Gastmahl‹ darlegte, höchst geeignet ist, das Logistikon von seinen höheren Zwecken abzulenken und daher möglichst unterdrückt werden sollte.[47] Für die sich in dieser Seelenvorstellung manifestierende Nichtachtung körperlicher bzw. sinnlicher Bedürfnisse bietet Platon allein die Erklärung an, alle Leidenschaften seien geeignet, die Seele von ihrem einzig wahren Ziel, der Vereinigung (›Schau‹) mit dem unendlich Schönen abzuziehen, die eben nur mit Hilfe des Logistikon zu bewerkstelligen sei. Daß sich in dieser Auffassung stark mystisch gefärbte Ideen zeigen, liegt auf der Hand, und nicht selten lesen sich die platonischen Dialoge wie die Ausführungen eines indischen Asketen derselben Epoche. Werden bei Platon die Existenzbekundungen der beiden ›unteren‹ Seelenbereiche auch nicht geradezu als böse und schlecht aufgefaßt, so hat man ihnen doch vorsichtig und wachsam entgegenzutreten, und wenn sie dem Logistikon auch nicht direkt feindlich gegenüberstehen (sie sollen ja vielmehr von ihm gelenkt werden), so besteht zwischen jenen und diesem doch immerhin ein merklicher Antagonismus.

In der stoischen Philosophie, vor allem bei Poseidonios, wirkten die platonischen Gedankengänge fort. Die Seele galt der Stoa als Repräsentantin der nichtmateriellen menschlichen Eigenschaften, und sie wird nunmehr als etwas vom Leib durchaus Verschiedenes und existentiell Unterscheidbares aufgefaßt. Vermutlich hat man sich die Seele dennoch irgendwie räumlich-stofflich gedacht, zwar unsichtbar, aber fähig, den menschlichen Körper zu verlassen und zwar besonders nach Eintreten des Todes. Denn allein mit ihr hat der Mensch am Ewigen teil, dem denn auch all ihre moralisch positiv bewerteten Bestrebungen zu gelten haben. »Die Wirkungen Poseidonios' erstrecken sich über Cicero, Seneca und viele andere bis in den Neuplatonismus hinein, der manches Detail fortführt. Noch die Schrift ›Über die Natur des Menschen‹ des christlichen Bischofs Nemesios von Emesa (5. Jahrhundert) verrät seinen Einfluß.«[48]

Sechs Jahrhunderte nach Platon (205–270 n. Chr.) entwickelte Plotin, der Begründer des Neuplatonismus, aus der platonischen Dreiteilung der menschlichen Seele die Vorstellung, der Mensch bestehe aus Leib, Seele und Geist. Die Seele stehe dabei zwischen Leib und Geist, sie solle zu letzterem aufsteigen, denn das Geistigere sei das Wirklichere und Wirksamere. Das Hinabsteigen zum Materiellen hingegen führe zu Seinsarmut und Kraftlosigkeit, Dunkelheit und Kummer. Der bei Platon nur angedeutete Antagonismus zwischen Geist und Materie wird also bei Plotin zu einer Doppelpoligkeit, Leib und Seele zu einem Gegensatzpaar. Die Aktivitäten der Seele sollen sich nicht auf Leibliches richten, sondern auf das Denken zielen, um Teilhabe am Geistigen zu erwerben. Damit wird die Askese zum Weg der Seelenverwirklichung. Plotin lehrte, als höchster Ursprung sei die Gottheit aufzufassen, deren oberste Ausstrahlung der Weltgeist (Logos) als Träger der Ideen (im platonischen Sinne) auch gleichzeitig der Schöpfer aller Seelen sei.

Unter dem Einfluß dieser Lehren hat sich der Sündenbegriff des frühen Christentums geformt, und ganz besonders stark sind davon solche seiner moralischen Bedenken geformt und beeinflußt worden, die sich auf Unmäßigkeit im Essen, Trinken und Sexuellen bezogen. Es ist also »sachlich falsch, die Eigenart des Christentums in allerlei Lehren über Gott und Welt oder in angeblich neu vom Christentum aufgestellten moralischen Forderungen zu sehen. Gerade für alle diese mehr sekundären Dinge läßt sich nicht stelten zeigen, daß sie durchaus nicht einmalig sind, sondern zu den typischen Ausdrucksformen auch der außerchristlichen Religionswelt gehören.«[49]

Die antike Philosophie hat ebenso wie später das Christentum die Verbindung mit dem Absoluten gesucht, doch bei den Philosophen besaß jenes impersonalen Charakter (z. B. das platonische ›Ur-Schöne‹), im christlichen Glauben aber wurde das Absolute personal als Vatergott vorgestellt, und der unterschiedliche Sündenbegriff beider Ideenwelten beruht auf diesem Unterschied. Platons Werke zeigen überall Beziehungen zu Mythen und Märchen, seine schöne bilderreiche Sprache, die wortgewaltig das Unsagbare umkreist, ist die des Mystikers, der (zutiefst egoistisch) das Absolute in sich selbst finden will, und dem alles – selbst die Liebe eines anderen Menschen und zu einem anderen Menschen – nur Mittel und Weg dazu ist. Darum kann ein Mißerfolg auf diesem geistigen Weg auch immer nur ihn selbst treffen; Abweichen vom Weg der Askese ist deshalb nicht Sünde, sondern Torheit. Ganz anders im Christentum: Mit der Taufe ist zwischen irgendeinem Menschen und dem personalen Absoluten eine lebenslange gegenseitige Beziehung gestiftet, eine ›alternative Bindung‹.[50] Sündhaftigkeit im christlichen Sinne manifestiert sich daher zunächst nicht als Abweichung von etwelchen moralischen Vorschriften, sondern als Abwendung von Gott, als Gottesferne, und damit als Bruch der Bindung an das Absolute. Wenn das Christentum ›Abkehr von der Welt‹ forderte, dann hieß das soviel wie: Abkehr von allem, was von Gott trennen kann. Selbstverständlich ist der Bezug zwischen dieser Vorstellung und der der prächristlichen Philosophen, leibliche Genüsse hielten den Menschen auf seinem Weg zum Absoluten nur auf und seien deshalb tunlichst zu vermeiden, gegeben und unübersehbar, durch die Akzentverschiebung auf die Ebene des Personalen unterscheiden die beiden Gedankengänge sich aber fundamental. Denn der Christ braucht zur Erlösung nicht ein ganzes Leben (oder gar mehrere) voller Askese und moralischer Selbstkritik, sondern ihm wird seine eingeborene Sündhaftigkeit (die hier wie dort als dem Menschen von Geburt aus anhaftend betrachtet wird, wenn die Erklärungen dafür, warum das so sei, auch verschieden sind) allein durch den einmaligen Akt der Taufe genommen. Danach kann er ein normales weltliches Leben führen, unter einer Bedingung: Hinfort nicht mehr zu sündigen. Diese Bedingung ist sehr wichtig, weil die Taufe zwar von allen Verfehlungen reinigt, die vor ihrer Spendung begangen wurden bzw. in der menschlichen Natur angelegt vorgestellt werden, sie ist aber kein Freibrief für die Zukunft.

Zu der als Erbe der antiken Philosophie vom Christentum übernommenen Leibfeindlichkeit im Sinne eines Antagonismus zwischen Körper und Seele tritt im Frühchristentum noch ein weiteres, verstärkendes Askesemotiv hinzu, die oben bereits erwähnte eschatologische Erwartung des Weltendes bzw. die Erwartung der Ankunft des ›Reichs Gottes‹. »Das Bewußtsein dieses geheimnisvoll überweltlichen Gottesreiches erfüllte Jesu Denken und das der frühen Christenheit. In der zeitgeschichtlich bedingten Form der eschatologischen Erwartung liegt indessen die überzeitlich gültige Erfahrung der Unbedingtheit Gottes und seines Anspruchs, vor dem alle weltlichen Werte und Bindungen genauso unwesentlich werden wie angesichts eines unmittelbar bevorstehenden Weltendes. Das Reich ist die von Gotteskräften gestaltete Lebens- und Weltwirklichkeit, die einst durch Gott vollendet wird am Ende der Tage, das man bald erwartete.«[51] Nach dem Glauben des Frühchristentums stand also dem Menschen nicht etwa unbefristet Zeit zur Verfügung, an der Entwicklung seiner Seele zu arbeiten (vielleicht sogar über die Länge eines einzigen Menschenlebens hinaus, wenn man den Gedanken der Wiederverkörperung miteinbezieht), sondern er mußte sich mit diesem schwierigen Werk beeilen. Nach Jesu Tod wurde zwar in Form der Parusieerwartung das Weltende, vor dem man sich fürchtete, in langsam

immer weitere zeitliche Ferne gerückt, aber das Problem verlor dadurch im Prinzip nichts an Aktualität, da man nun den eigenen leiblichen Tod als Zeitpunkt des erwarteten Seelengerichts zu empfinden begann. Für die ersten Christen war das Sakrament der Taufe identisch mit der göttlichen Zusicherung, ›gerettet‹ zu sein, d. h. beim baldigen Weltende nicht gänzlich vernichtet zu werden. Viele haben wohl geglaubt, diesen Zeitpunkt des ›jüngsten Gerichts‹ noch in ihrem leibhaftigen Dasein erleben zu müssen. Insofern mußte die Taufe als tröstliche, beruhigende Garantie dafür, von den Schrecken eines als quasi kosmische Katastrophe vorgestellten Weltendes wenigstens für die eigene Person nichts fürchten zu müssen, als übergroße Gnade empfunden werden.
Für die ersten Christen hat sich die Frage nach der Vergebung solcher Verfehlungen, die nach der Taufe begangen wurden, anders gestellt als späterhin: Wer angesichts des nahenden Weltendes und obwohl er die Taufe begehrt hatte, wieder sündigte und damit bewies, daß ihm an der durch dies Sakrament gestifteten Beziehung zu seinem rettenden Gott nichts lag, für den standen die Aussichten für die Rettung (nämlich das Überleben) seiner Seele schlecht. Askese im Frühchristentum diente daher vor allem dem Zweck, die Segnung der Taufe, nämlich die Sündenvergebung und damit die Erlösung, nicht zu verspielen. Was nun mit den Menschen zu geschehen hatte, die auch nach der Taufe wieder sündigten, ist eine Frage, die sich begreiflicherweise schon sehr früh stellte. Einige der ersten Antworten darauf stammen von dem Apostel Paulus, den seine ausgedehnte Missionstätigkeit dauernd mit diesem Problem konfrontierte.
Wenn wir im folgenden die Briefstellen im Neuen Testament betrachten, wo gegen homosexuelles Verhalten Stellung genommen wird, dann zeigt sich, daß darin die Problematik der Gottesferne – verursacht durch Abfall von den bei der Taufe gegebenen Gelöbnissen – sowie die zur Vermeidung dieser als Katastrophe empfundenen Situation geeigneten Verhaltensweisen des einzelnen und Maßnahmen der ganzen Gemeinde durchaus im Mittelpunkt stehen.

### *b. Bestimmungen gegen homosexuelles Verhalten im Alten und Neuen Testament*

Bevor Paulus ihre nationale Gebundenheit löste, war die Jüngergemeinde Jesu zur jüdischen Sekte geworden[52] und hielt sich dementsprechend mit Selbstverständlichkeit an die mosaischen Gesetze, wozu auch die gegen homosexuelles Verhalten zählten. Ich möchte letztere deshalb kurz beleuchten, ehe ich zu den Briefstellen im Neuen Testament übergehe.
Bei Mose 1.19 steht der Bericht über das aggressive Verhalten der

Einwohner von Sodom gegenüber den beiden fremden Besuchern Lots, der in der Stadt selbst nicht daheim ist, sondern ein ›Zugewanderter‹. Abends umringen die Einheimischen sein Haus und lärmen: »Wo sind die Männer, die zu dir gekommen sind diese Nacht, führe sie zu uns heraus, daß wir sie erkennen!« Theologischerseits pflegt diese Stelle neuerdings als ein Bruch des Gastrechts interpretiert zu werden: Über die Einwohner einer Stadt, die sich so verhalten, bricht das Strafgericht Gottes herein.[53] Diese Interpretation scheint nicht recht befriedigend, führt man sich vor Augen, daß die Zerstörung der Stadt von Gott ja bereits beschlossen war, ehe der ganze Vorfall sich ereignete. Doch derlei Überlegungen führen uns durchaus nicht weiter, wenn wir herausfinden wollen, was dieser Bericht über die Zerstörung Sodoms mit der späteren europäischen Übung, Homosexuelle auf Scheiterhaufen zu verbrennen, zu tun haben könnte. Es gibt weder im Alten noch im Neuen Testament irgendwelche Hinweise darauf, daß die Todesstrafe des Verbrennens – die europäische Strafe für Schadenszauberer – zur Ahndung homosexuellen Verhaltens geboten wird.

Die Verbote homosexuellen Verhaltens im Alten Testament stehen bekanntlich in den mosaischen Gesetzen. 3. Mose 18.22 heißt es: »Du sollst nicht bei Knaben liegen wie beim Weibe; denn es ist ein Greuel.« Vers 29 nimmt darauf noch einmal Bezug und sagt: »Denn welche diese Greuel tun, deren Seelen sollen ausgerottet werden von ihrem Volk.« Mose 20.13 wiederholt das Verbot und gibt gleichzeitig als Ahndung die Todesstrafe an: »Wenn jemand beim Knaben schläft wie beim Weibe, die haben einen Greuel getan und sollen beide des Todes sterben; ihr Blut sei auf ihnen.« Eine präzise Angabe der Strafart fehlt; man darf aber schließen, daß die am Ende des 20. Kapitels angegebene Strafe der Steinigung für alle innerhalb dieses Kapitels erwähnten Verfehlungen angesetzt ist, also auch für den homosexuellen Verkehr. Daß dies spezielle Verbot sich vor allem gegen die bei den Kanaanitern übliche homosexuelle Tempel- bzw. Kultprostitution richtete, erhellt daraus, daß es sich in unmittelbarer Nachbarschaft der gegen diesen ›Götzendienst‹ gerichteten Verbote befindet.[54]

Die Briefstellen des Neuen Testaments hingegen ringen mit ganz anderen Problemen. Liest man sie unvoreingenommen, dann lassen sie sich gar nicht anders verstehen denn als Warnungen vor den die Askese hindernden und die Gnadengabe der Taufe gefährdenden Versuchungen der Welt, mit der man nicht verbunden sein kann, ohne sich von Gott abzuwenden. Homosexuelles Verhalten stellt dabei nur eine mögliche Verfehlung unter vielen anderen dar, es wird auch nicht als strafwürdiger als jene geschildert. Römer 1,20 f. schreibt Paulus sehr erbittert über die Menschen, die wußten »daß ein Gott ist, und haben ihn nicht gepriesen als einen Gott noch ihm gedankt, sondern sind in ihrem Dichten eitel geworden; und ihr unverständiges Herz ist verfinstert. Da sie sich für weise hielten, sind sie zu Narren geworden und haben verwandelt die Herrlichkeit des unvergänglichen Gottes in ein Bild gleich dem vergänglichen Menschen und der Vögel und der vierfüßigen und kriechenden Tiere. Darum hat sie auch Gott dahingegeben in ihrer Herzen Gelüste, in Unreinigkeit.« Und zu derlei gehört auch homosexuelles Verhalten, wenn nämlich (Vers 27) »die Männer haben verlassen den natürlichen Brauch des Weibes und sind aneinander erhitzt in ihren Lüsten und haben Mann mit Mann Schande getrieben und den Lohn ihres Irrtums (wie es denn sein sollte) an sich selbst empfangen«. Vers 32 schließt resigniert: »Sie wissen Gottes Gerechtigkeit, daß, die solches tun, des Todes würdig sind, und tun es nicht allein, sondern haben auch Gefallen an denen, die es tun.« Aus diesem Satz haben viele Laien gefolgert, Paulus habe für Homosexualität die Todesstrafe gefordert; wäre das richtig, müßte er sie auch für die im gleichen Brief angeprangerten Untugenden, z. B. Geiz und Unvernunft, gefordert haben, da seine Aussagen im letzten Satz ja ganz allgemein gehalten sind. Bis zu dieser Behauptung hat sich bis jetzt allerdings keiner derjenigen verstiegen, die Paulus gern als verantwortlich dafür erklären, daß in unserem Kulturbereich die Homosexualität so negativ beurteilt wird. Was für eine Art ›Tod‹ Paulus meinte, erhellt aus dem 2. Kapitel (Römer 2,5): »Du aber nach deinem verstockten und unbußfertigen Herzen häufest dir selbst den Zorn auf den Tag des Zorns und der Offenbarung des gerechten Gerichtes Gottes, welcher geben wird einem jeglichen nach seinen Werken«, nämlich »Preis und Ehre und unvergängliches Wesen« den Guten, aber »Trübsal und Angst über alle Seelen der Menschen, die da Böses tun«. Der Tod, von dem gesprochen wird, ist der Tod des Leibes und der Seele am Tage des Gerichts, der bald erwartet wird; das ›unvergängliche Wesen‹ aber ist das Gerettetwerden der Seelen der Guten an ebendemselben Tag des Gerichts. Und der ›Lohn‹, den die Bösen – und darunter auch die Homosexuellen – an sich selbst empfangen, dieser Lohn des ›Irrtums‹, der in Wahrheit ein Stehen auf der falschen Seite ist, ist jener Tod des Leibes und der Seele, den eben alle die erleiden werden, die ihre Seele nicht – durch Taufe bzw. Übertritt zum Christentum – retten wollen oder aber nach der Taufe rückfällig werden. Kurzum, Paulus spricht von Problemen der Seele, nicht von solchen des Strafrechts. In seinem Brief an die Korinther (1. Korinther 6,9 f.) beschwört er jene: »Wisset ihr nicht, daß die Ungerechten werden das Reich Gottes nicht erben? Laßt euch nicht verführen! Weder die Hurer noch die Abgöttischen noch die Ehebrecher noch die Weichlinge noch die Knabenschänder noch die Diebe noch die Geizigen und die Trunkenbolde noch die

Lästerer noch die Räuber werden das Reich Gottes erben.« In diesen Worten liegt die Lehrmeinung des Apostels darüber, wessen Seelen beim Tag des Gerichts Chancen zu überleben haben und welche nicht; eine Aufforderung, Homosexuelle zu töten, kann man selbst mit viel Phantasie darin nicht entdecken. Dasselbe gilt für den 1. Brief an Timotheus (1. Timotheus, 1,10); darin wird erklärt, daß Knabenschänder zu den schlechten Menschen gehörten, deren Treiben der heilsamen Lehre des ihm anvertrauten Evangeliums zuwider sei. Die vierte Stelle im Neuen Testament, wo in etwa auf homosexuelles Verhalten Bezug genommen wird, ist der Brief des Judas. Dort wird vor Gottlosigkeit gewarnt: »Ich will euch aber erinnern, die ihr dies ja schon wisset, daß der Herr, da er dem Volk aus Ägypten half, das andere Mal umbrachte, die da nicht glaubten. Auch die Engel, die ihr Fürstentum nicht bewahrten, sondern verließen ihre Behausung, hat er behalten zum Gericht des großen Tages mit ewigen Banden in der Finsternis. Wie auch Sodom und Gomorra und die umliegenden Städte, die gleicherweise wie diese Unzucht getrieben haben und nach einem anderen Fleisch gegangen sind, zum Beispiel gesetzt sind und leiden des ewigen Feuers Pein.« Wo von ›ewigem Feuer‹ gesprochen wird, kann es sich schlechterdings nur um eine Seelenstrafe im Jenseits handeln, wofür ja auch die Erwähnung der gefallenen Engel zuvor spricht.
Zusammenfassend muß festgehalten werden, daß es ein Ding der Unmöglichkeit ist, aus den angeführten Stellen eine Forderung des Neuen Testaments zur leiblichen Bestrafung Homosexueller durch Verbrennung herauszulesen. Der Mann, der die Sodom-Geschichte als erster in den Dienst eines Gesetzes gegen homosexuelles Verhalten stellte – Justinian –, das unter bestimmten Umständen die Todesstrafe vorsah, hat denn auch eine Motivation dazu geliefert, die zwar sehr geschickt an den eigentlich religiösen Kern der christlichen Abneigung gegen homosexuelles Verhalten rührt, ihn aber nicht eigentlich in den Mittelpunkt der Diskussion stellte. Er argumentierte ja in seinen bereits erwähnten Novellen Nr. 77 und 141 unter Bezug auf die Sodom-Geschichte, homosexuelles Verhalten sei eine Gefahr für die ganze Menschheit, weil wegen solcher Verbrechen gegen Gottes Willen, dem solche Laster bekanntlich ein Greuel seien, oftmals Hungersnot und Seuchen und sonstige Katastrophen über die Menschen kämen. Wer in solchen lasterhaften Gewohnheiten verharre, solle getötet werden, damit nicht der Staat durch die göttliche Rache Schaden leide. Diese Vorstellung erwächst also keineswegs aus Besorgnis um die Gefährdung der Seelen derjenigen, die in diesen Lastern verharren, sondern sie stellt sich vielmehr dar als ein Mittelding zwischen sanitärer Maßnahme und allgemeinem Bevölkerungsschutz.[55] Sicherlich ist der Zweck besonders der zur Fastenzeit

herausgebrachten Novelle 141 auch darin zu sehen, daß der Bevölkerung der Hauptstadt irgendwelche plausiblen Ursachen für die zahlreichen Seuchen und Naturkatastrophen der letzten Jahre geboten werden mußten, um sie zu beruhigen; man sollte übrigens dabei nicht vergessen, daß die Novelle 77 nicht nur Homosexuelle, sondern vor allem Gotteslästerer anspricht. Hätte sich im Neuen Testament auch nur der geringste Anknüpfungspunkt für die Forderung weltlicher Bestrafung homosexuellen Verhaltens finden lassen, so wäre sie den scharfsinnigen juristischen Beratern des Kaisers sicher nicht entgangen. Daß er statt dessen eine ganz neue Version bot, die mit der bisherigen kirchlichen Handhabung der Buße bei Fällen von Homosexualität durchaus nicht in Einklang stand, ist ein schlagender Beweis dafür, daß kirchliche Stellen damals gar nicht daran dachten, die Todesstrafe für Homosexualität zu verlangen.

### *c. Synodalbeschlüsse*

Da der Apostel Paulus sich eindeutig gegen Homosexualität als ein die Rettung der Seele sehr gefährdendes Fleischesvergehen ausgesprochen hatte und überdies die altrömischen Gesetze dagegen wieder in Kraft getreten waren, wenn auch in modifizierter Form[56], wiesen die Kirchenväter im Rahmen ihrer allgemeinen Ermahnungen an die Gläubigen u. a. stets auch auf den lasterhaften Charakter dieses sexuellen Verhaltens hin.[57] Die Sündhaftigkeit der Homosexualität als solcher ist nie in Zweifel gezogen worden, ebensowenig wie die des Sexualverkehrs zwischen Mann und Frau, sofern sie nicht miteinander verheiratet waren.[58] Doch obgleich homosexuelle Praktiken als schwere Sünden betrachtet wurden, hat man sie – bis auf noch zu erwähnende unerhebliche Ausnahmen – nicht leiblich gestraft, sondern beschränkte sich auf reine Kirchenbußen. In mehreren Synoden[59] äußerten sich die Bischöfe zu den geistlichen Strafen, die bei homosexuellen Verfehlungen je nach deren Schwere angebracht schienen und legten entsprechende Kirchenstrafen fest. Denn die Festlegung moralisch-rechtlicher Vorschriften gehörte zu den wichtigsten Aufgaben solcher Synoden schlechthin.[60]

Der Canon LXXI der Synode von Elvira (im Jahr 306)[61] sagt unter der Überschrift ›De stupratoribus puerorum‹: »Päderasten werden auch auf dem Totenbette nicht mehr zur Communion zugelassen.« Diese Bestimmung ist sehr hart, verschließt sie doch dem Sünder selbst bei Reue und nach Buße die Möglichkeit zur Seelenrettung. Wahrscheinlich ist an Unbußfertige dabei gedacht, aber der Canon sagt das nicht ausdrücklich.

Die oft im Zusammenhang mit der Buße homosexuellen Verhaltens erwähnte Synode zu Ancyra (in 314)[62] bezieht sich expressis verbis

ausschließlich auf Zoophilie und nicht auf Homosexualität; der Irrtum entstand wohl bei neueren Autoren daher, weil bereits damals die anfänglich klar getrennten Begriffe der Homosexualität und der Bestialität ineinander überzugehen begannen.[63]
In der Synode von Tours im Jahre 567[64] wurden Maßnahmen festgelegt, wodurch man homosexuelles Verhalten zu verhindern hoffte, das selbstverständlich nicht selten besonders in den Klöstern auftrat, da einerseits das enge Zusammenleben vieler Männer und andererseits die ständigen kirchlichen Warnungen vor der Frau als großer Versucherin homosexuelle Entgleisungen der Mönche mit sich bringen mußten. Die Synode faßte ihre Verordnungen in 27 Canones zusammen; Nr. 14 davon lautet: »Kein Priester oder Mönch darf mit einem anderen in einem Bett schlafen, um allen bösen Verdacht zu verhüten; auch dürfen die Mönche nicht einzeln oder zu zweit in besonderen Zellen wohnen, sondern müssen alle gemeinsam in einer Schola (dormitorium) unter Aufsicht des Abtes oder Propstes schlafen. Dabei sollen abwechselnd zwei bis drei wachen und vorlesen, während die anderen sich erholen.«
Die Synode von Toledo von 693, auf die sich spätere Bußbücher oft direkt beziehen, bietet, was die Synoden anbelangt, den einzigen Fall der Vorschrift einer körperlichen Strafe bei Homosexualität. Es heißt dort[65]: »Das Umsichgreifen der Sodomiterei macht strenge Strafen notwendig. Begeht ein Bischof, Priester oder Diakon diese Sünde, so wird er abgesetzt und auf ewig exiliert. Außerdem bleibt das alte Gesetz in Kraft[66], wonach jeder derartige Sünder aus aller Gemeinschaft mit den Christen ausgeschlossen, mit Ruten gepeitscht, schmählich des Haares beraubt und exiliert werden soll. Haben sie nicht hinlänglich Buße getan, so darf ihnen auch auf dem Totenbett die Kommunion nicht gereicht werden.« Wir haben hier einen Rest der altrömischen Prügelstrafe für Homosexualität vor uns. Was die Bestimmung betrifft, daß nur dem wirklich Bußfertigen auf dem Totenbett die Kommunion gespendet werden dürfe, so impliziert das gleichzeitig eine lebenslange Bußzeit[67], was zeigt, als was für eine schwere Sünde homosexuelles Verhalten angesehen wurde. Freilich sind die Auffassungen der spanischen Kirche schon immer sehr streng gewesen, und es wird nicht recht klar, ob diese harte Buße nur dann eintreten soll, wenn es sich bei dem Sünder um einen Geistlichen handelt.
Auf der Synode von Rheims im Jahr 1049 stand der Fall des Bischofs Hugo von Langres auf der Tagesordnung, dem – nebst vielen angeblichen anderen, z. T. abenteuerlichen Verbrechen – auch Sodomie zur Last gelegt wurde. Die Angelegenheit war zu verworren, um geklärt werden zu können; jedenfalls kam im Zusammenhang mit den Anklagen gegen Langres zur Sprache, daß man Sodomiten mit Exkommunikation zu belegen pflegte[68], wobei nicht deutlich wird, ob dabei an lebenslange

Exkommunikation gedacht ist, d. h. auch die Sterbesakramente verweigert werden sollten.
Rund zweihundert Jahre vorher war die Bußpraxis des täglichen Lebens offenbar von weniger strikten Auffassungen bestimmt gewesen. Denn die Reformsynode von Paris im Jahre 821 verfügte in ihrem 4. Kapitel[69]: »Geistliche, welche die Sünden gegen die Natur nicht mit den durch die Canones vorgeschriebenen Strafen belegen, sollen besser unterrichtet und angehalten werden, ihre Poenitentialbücher zu beseitigen.« Über letztere hatte es schon in Kapitel 32 geheißen: »Die Bußen derselben sind oft viel leichter als die canonisch verordneten. Die Bischöfe sollen sie deshalb einziehen lassen und die unwissenden Priester über die richtigen Bußen belehren.« Unter ›durch die Canones vorgeschriebenen Strafen‹ sind z. B. die von Toledo und Ancyra zu verstehen. Was die ›leichteren Bußen‹ der Poenitentiale betrifft, so werden wir uns mit ihnen in den nächsten Abschnitten noch intensiv zu befassen haben.
In London fand 1102 eine Synode statt, auf der in Nr. 28 der veröffentlichten Canones noch einmal festgelegt wurde[70]: »Sodomie wird mit Exkommunikation etc. bestraft«, eine Verfügung, die gerade angesichts der Milde der angelsächsischen Bußbücher einerseits und der in England damals herrschenden allgemeinen Sittenlosigkeit notwendig gewesen zu sein scheint, jedoch mit dem harmlosen, aber vieldeutigen Zusatz ›etc.‹ anderen, nämlich weniger strengen Bußen doch wieder den Weg bahnte.

### *d. Vom Wesen der Buße*

Die altchristliche Bußordnung ist aus dem moralischen Heroismus der ersten Christen erwachsen; sie entstammt einer Zeit, als es noch eine Ausnahme darstellte, wenn ein Christ die Taufgnade durch erneute schwere Verfehlungen verscherzte.[71] Die in solchen Fällen zur Anwendung kommende Kirchenbuße galt anfangs – ebenso wie die Taufe – als unwiederholbar. Daher war ihr Empfang mit erheblichen lebenslangen Folgen für den Büßer verbunden. Außerdem war die Buße – wenn auch nicht das Geständnis der Verfehlungen, die sie erforderlich gemacht hatten – öffentlich und daher für den armen Sünder eine fürchterliche seelische Belastung, worin selbstredend der Sinn dieser Öffentlichkeit lag. Denn an der Art der Buße, ihrer Schwere und Länge und dem Verhalten des Geistlichen gegenüber dem Büßer konnte die Gemeinde wenn auch zwar nicht dessen Vergehen selbst entnehmen, wohl aber dessen Natur (z. B. Vorliegen einer Todsünde), und so trat zu dem persönlichen Schuldgefühl und der Gewissensnot des Betreffenden noch die öffentliche Schmach.
Der Büßer befand sich daher im Grunde in einer für den Durchschnitts-

menschen untragbaren sozialen und psychischen Lage, und so kam es schließlich dazu, daß man nurmehr beim Priester wegen Exkommunizierung und Gewährung einer angemessenen Buße vorstellig wurde (denn um die Buße mußte gebeten werden, und mit ihrer Auferlegung war erst einmal die Exkommunikation fällig), sofern man sich dem Tode nahe glaubte. Junge Leute, die in schweren Krankheiten die sog. ›Krankenbuße‹ erhielten, mußten nach ihrer Genesung ihr ganzes Leben als Büßer verbringen, und Geistliche rieten jungen Menschen daher geradezu davon ab, um Bußgewährung zu bitten, da das damit verbundene schwere Leben für jüngere Leute erfahrungsgemäß nicht durchzuhalten war. Der Eintritt in den Büßerstand (es ist in der Tat von einem solchen ›Stand‹ die Rede, woraus der lebenslängliche Status des Büßers deutlich erhellt) glich mit der Zeit immer mehr dem Eintritt in den geistlichen Stand. Gleichzeitig nahmen immer weniger Menschen die Last der Buße auf sich, wodurch sich die öffentliche Meinung in ihrer Beurteilung solcher Menschen wandelte und man sie endlich fast wie Heilige verehrte. Normalerweise wurde jetzt die Buße mehr und mehr bis zum Lebensende aufgeschoben. Selbst wo bei ärgerniserregenden groben Vergehen die Exkommunikation angewandt wurde, sah man oft von den Forderungen der entsprechenden Kirchenbuße ab und begnügte sich mit freiwilligen Bußleistungen leichterer Art.

Eine Reform des Bußwesens war nur durchführbar, wenn man vom Prinzip der Unwiederholbarkeit und Lebenslänglichkeit jedweder Buße abging. Diesem Desiderat entsprachen die seit dem 8. Jahrhundert in Gebrauch kommenden sog. Poenitentiale oder Bußbücher, in denen in mehr oder weniger sinnvoller Zusammenstellung eine große Anzahl bußwürdiger Verfehlungen samt zugehörigen Bußen aufgezeichnet waren. Sie entstammen dem Einfluß der damals in großem Stil missionierenden irischen Priester, die ihre angestammten Bußübungen auf den Kontinent verpflanzten.

Die keltische Kirche nahm wegen ihrer Abgeschlossenheit in Kultfragen und Disziplin eine jahrhundertealte Sonderstellung ein, wozu gehörte, daß sie die Institution der – anfangs grundsätzlich öffentlichen – Kirchenbuße mit ihrer Unwiederholbarkeit und kirchenrechtlichen lebenslangen Verpflichtung nicht kannte. Die Buße hatte in Irland stets privaten Charakter gehabt. »Ihr ›Empfang‹ besteht in der Beicht, in der Übernahme der vom Priester festzusetzenden Genugtuung und abschließend in der Rekonziliation. Er hat weder diffamierende noch überhaupt rechtliche Folgen und ist allen jederzeit freigestellt. Die Quellen für das keltische Bußwesen gehen bis ins 6. Jahrhundert zurück. Sie liegen im wesentlichen vor in den im Inselreich beheimateten Bußbüchern, die zum Gebrauch für die Beichtväter in kasuistischer Form für alle möglichen

Vergehen schwerer oder leichterer Art genau bestimmte Bußen angeben (Tarifbuße). Im Gegensatz zu den canonischen Bestimmungen der Konzilien und Päpste sind sie nur von privater Autorität und haben ihr Gewicht lediglich in dem Ansehen ihrer Verfasser, ähnlich den sog. ›kanonischen Briefen‹ der altchristlichen Ostkirche.«[72] Die angelsächsischen Bußbücher haben ihre Satzungen von Irland übernommen und zu eigenen berühmt gewordenen Poenitentialen zusammengestellt.
Im Vordergrund der Bußforderungen der Poenitentiale steht das mit Gebet verbundene Fasten, so daß paenitere in den Bußbüchern ohne weiteres fasten bedeutet. Es läßt verschiedene Grade zu, sowohl in der Abstinenz von gewissen Speisen und Getränken wie in der Einschränkung des Essens und Trinkens auf ein geringes Maß: Fasten »bei Wasser und Brot«, Verzicht auf Fleisch, feste Speisen, Wein; strengeres Fasten an bestimmten Wochentagen (feriae legitimae) und Jahreszeiten (drei Quadragesimen). Für Blutvergießen und Unzuchtssünden wird in der Regel während der Bußzeit die Enthaltung vom ehelichen Verkehr und der Verzicht auf das Tragen von Waffen verlangt, für einzelne ganz schwere Vergehen neben den anderen Bußwerken noch die Verbannung (peregrinatio perennis). Auch das Almosen ist selbstverständlich nicht vergessen. Die Dauer der Buße ist abgestuft nach der Schwere der Vergehen und auch in den einzelnen Bußbüchern verschieden.[73] Die einzelnen Bußleistungen erhalten ihren Wert entsprechend der dabei nötigen Selbstverleugnung. So kommt es zu der Übung, eine längere, milde Buße durch eine kürzere, aber härtere zu ersetzen (indem man z. B. das Fasten zum Hungern steigerte). Ein besonderer Bußbrauch (der sich bald zum Mißbrauch steigerte) war die Möglichkeit der sog. Redemptionen, deren Sinn ursprünglich gewesen war, die Buße den persönlichen Umständen des Sünders anzupassen. Ein Kranker konnte z. B. vielleicht nicht fasten, und da bot sich als am meisten geeignetes Ablösungsmittel der Fastenbuße das Almosengeben an. Bedenklich wurde das Redemptionssystem allerdings, als man dazu überging, jedwede Buße für durch Almosen oder andere Gaben an die Kirche ablösbar zu halten. Schließlich kam es sogar soweit, daß es statthaft wurde, sich gegen Bezahlung von anderen in seiner persönlichen Buße vertreten zu lassen.[74]
Die Folge für die Praxis war, daß die an sich ziemlich harten Bußen der keltisch-angelsächsischen Herkunft im Vergleich zu den sozusagen klassischen canonischen Bußen, die auf den Synoden und Konzilien festgelegt worden waren, ziemlich milde waren, wodurch das Bußsystem praktikabler war als das canonische, das schließlich dazu geführt hatte, daß die Leute während ihres Lebens gar nicht mehr büßten, sondern nurmehr auf dem Totenbett.
Durch die Missionstätigkeit irischer Mönche seit Columban breitete sich

das keltisch-angelsächsische Bußwesen auch auf dem Kontinent aus, und zwar besonders im Frankenlande, obgleich seine Einführung nicht ganz reibungslos verlief.[75] Einen deutlichen Beweis für seine Neuerungen liefern die seit der zweiten Hälfte des achten Jahrhunderts auftretenden fränkischen Poenitentiale, »bezüglich deren Entstehung und Abhängigkeitsverhältnisse wir dank der geleisteten gründlichen Forschungsarbeit heute ziemlich klar sehen. Sie sind aus drei Quellen geflossen: 1. dem kanonischen Material, hauptsächlich entnommen der in Gallien rezipierten Sammlung des Dionysius und den Verordnungen gallisch-merowingischer Synoden – iudicia canonica, 2. den keltischen Satzungen – iudicia Cummeani, 3. den angelsächsischen Satzungen – iudicia Theodori«.[76] Die Einführung der keltisch-angelsächsischen Bußbücher in Franken entsprach offenbar einem echten Bedürfnis; einmal ergänzten ihre kasuistischen Angaben die oft summarischen der canonischen Bußsätze, und ferner gaben sie dem Geistlichen die Möglichkeit zu größerer Milde bei der Festlegung der Bußen, und zwar nicht nur bezüglich des Bußmaßes, sondern mehr noch im Hinblick auf die neueingeführte Möglichkeit der Redemptionen, die ja in der lebenslangen canonischen Buße nicht vorgesehen war.[77] Selbstredend brachte ihre Übernahme deshalb aber auch, verglichen mit den früheren Verhältnissen, eine Minderung der kirchlichen Zucht und eine gewisse Verwilderung des Bußwesens überhaupt mit sich[78], weshalb die schon genannte Reformsynode von Paris und noch mehrere andere sich direkt für die Abschaffung der Bußbücher und die uneingeschränkte Rückkehr zu den canonischen Bußen einsetzten. Aber obgleich einige neue und systematische Zusammenstellungen der canonischen Bußen eigens zum Zwecke des Ersatzes der üblich gewordenen Poenitentiale geschaffen wurden, waren die Verhältnisse doch stärker als der Reformwille. Denn die alten Bußbücher überlebten die Reform nicht nur, sie wurden sogar noch durch neue vermehrt. Mit der Einführung der Beichte mit anschließender Absolution verringerte sich jedoch später der praktische Wert der Bußbücher[79], obgleich die Synoden des 16. und 17. Jahrhunderts noch »in der Absicht, die Handhabung der Bußdisziplin mit den canones in Einklang zu bringen und die Willkür der Beichtväter zu beschränken, sehr häufig verordnen, daß die sacerdotes und confessarii die canones poenitentiales kennen« müßten.[80]

### *e. Die Vorschriften der Bußbücher*

In praktisch allen erhaltenen Bußbüchern finden sich Bußen für Ehebruch, Homosexualität, Zoophilie, Selbstbefriedigung, Inzest u. ä. sog. ›Fleischesvergehen‹ angegeben, die stets einen zeitlich begrenzten Ausschluß von der Kommunion nach sich ziehen.[81] Im folgenden soll auf

entsprechende Bestimmungen einiger wichtiger Poenitentiale eingegangen werden, wobei ich mit den keltischen und angelsächsischen beginne, dann die von diesen beeinflußten fränkischen behandele und zum Schluß die canonischen Bußordnungen kurz vorstellen möchte.[82]
Die vier ältesten keltischen Bußordnungen sind walliser Herkunft[83] und entstammen dem frühen 6. Jahrhundert; sie fallen bereits durch extreme Unterschiedlichkeit der angegebenen Bußen auf. *The Preface of Gildas on Penance* gibt an: Für Sodomie sowohl wie für natürliche Unzucht drei Jahre Buße; ist der Betreffende von niederem Rang, muß er den Brotkonsum einschränken. Außerdem erfolgt noch der Hinweis, die Väter hätten in diesen Fällen für einen Presbyter zwölf Jahre und für einen Diakon sieben Jahre Buße angeordnet. *The Synod of North Britain* verordnet ebenfalls eine dreijährige Buße für Unzucht ohne Rücksicht darauf, ob sie homosexuell oder heterosexuell war. Handelt es sich bei dem Sünder um einen Diakon, soll er ein Jahr in Abgeschlossenheit und ein halbes Jahr bei den Brüdern im Kloster seine Buße ableisten; ein Priester büßt zwei Jahre lang. Die Synode *of the Grove of Victory* verordnete für Bestialität zweieinhalbjährige Buße, für Sodomie ›in its various forms‹ vier, drei oder zwei Jahre je nach Schwere des Falles. Das *Book of David* jedoch gibt in Nr. 5 seiner Bestimmungen an: Wer mit einer Klosterfrau oder mit einer Ehefrau, mit einem Tier oder einem Mann Unzucht verübt, muß für immer der Welt entsagen und in Gott seiner Buße leben.
Die Satzungen des Poenitentiale Vinniai stammten aus dem 6. Jahrhundert und sind zum größten Teil in die späteren Bußbücher übergegangen. Dies ist das früheste irische Bußbuch.[84] Es schreibt bei Analverkehr zwischen Jungen zwei Jahre Buße vor, zwischen Männern bei Mundverkehr drei Jahre. Falls es sich um gewohnheitsmäßiges Verhalten handelt, steigt die Buße auf sieben Jahre; bei Rückfällen soll der Ratschluß des Priesters über eine angemessene Buße entscheiden.
Das Bußbuch von St. Columbanus[85] entstand vermutlich um 608; es stammt wohl nicht von Columban selbst. In ihm wird für Sodomie eine zehnjährige Buße vorgeschrieben, von der die ersten drei bei Wasser und Brot zugebracht werden sollen und die weiteren sieben ohne Fleisch und Wein. Außerdem darf der Betreffende niemals mehr mit einem anderen Mann zusammenleben. (Letztere Vorschrift begegnet uns später sehr häufig, was darauf hinweist, daß solche Bußanordnungen oft für das Mönchsleben gedacht worden sind.) Dies Bußbuch sieht ferner bei Selbstbefleckung oder Verkehr mit einem Tier zwei Jahre Buße vor; in schwereren Fällen drei.
Das Bußbuch von Cummean ist ein sehr komprimiertes Werk, das vermutlich gegen 660 entstand[86] und wegen seiner Reichhaltigkeit die

späteren fränkischen Poenitentiale stark beeinflußt hat. Wesentliche Teile daraus wurden mit den angelsächsischen Bußordnungen, die unter dem Namen des griechischen Erzbischofs Theodor von Canterbury erhalten sind, und anderen Quellen zum sog. Excarpus Cummeani (›Pseudo-Cummean‹) zusammengefaßt, der in Manuskripten seit dem achten Jahrhundert erhalten ist. Das Bußbuch von Cummean verordnet bei Sodomie sieben Jahre Buße, bei Schenkelverkehr zwei, bei Bestialität ein Jahr, bei Onanie dreimal je 40 Tage bzw. wenn der Sünder ein Geistlicher ist, ein Jahr; falls es sich um ein Kind bis 15 Jahre handelt, genügt eine Buße von einmal 14 Tagen. Mundverkehr wird mit vier Jahren sowie dauernder Ortsverweisung gebüßt. Die Bußordnung des ›Pseudo-Cummean‹[87] gibt ähnliche, im Durchschnitt aber etwas härtere Bußen an; so soll während der ersten drei Jahre der siebenjährigen Buße für Sodomie lediglich Wasser und Brot genossen werden, während man sich in den nächsten vier von Wein und Fleisch zu enthalten hat. Die Bußen der Kleriker sind durchweg erheblich strenger als die der Laien.

Das *Bigotian Penitential* stammt vermutlich aus dem 7. Jahrhundert[88] und verordnet summarisch: Wer häufig mit Männern oder Tieren Sexualverkehr hat, büßt zehn Jahre lang. Schenkelverkehr zieht eine Buße von zwei Jahren nach sich, Mundverkehr beim ersten Mal vier Jahre, sofern gewohnheitsmäßig betrieben jedoch sieben Jahre. Jungen zwischen zwölf und zwanzig Jahren, die dieselben Sünden begangen haben, sollen ›nach anderen‹ nur die Hälfte der Bußen durchmachen, jüngere noch kürzere.

Das altirische Bußbuch von Binchy, das gegen Ende des 8. Jahrhunderts entstand[89], befaßt sich insbesondere mit jugendlichen Sündern: Kleine Jungen, die miteinander den Coitus imitieren, büßen 20 Tage, Meßdiener, die mit Tieren verkehren, einhundert Nächte, ebensolange bei Schenkelverkehr. Ein Zehnjähriger, der von anderen geschändet wurde, tut sieben Tage Buße, falls er dem Akt zustimmte, jedoch zwanzig Nächte.

Von den angelsächsischen Bußbüchern erreichte das dem Erzbischof Theodor zugeschriebene die größte Verbreitung und beeinflußte auch die späteren kontinentalen Poenitentiale stark.[90] Die Autorschaft Theodors ist jedoch zweifelhaft; möglicherweise entstand das Bußbuch erst im 9. Jahrhundert im fränkischen Reich. Seine Bußen für mit Homosexualität verbundene Sünden zeichnen sich durch erhebliche Verschiedenheit aus. Wer oft mit Männern oder Vieh verkehrt, büßt zehn Jahre, wer ›Sodomie treibt‹, sieben Jahre. Wenn zwei Männer miteinander Unzucht treiben, beträgt ihre Buße zehn Jahre, handelt es sich noch um Jungen, genügen anfangs zwei Jahre, im Wiederholungsfalle vier. Bei Schenkelverkehr geht die Buße von einem bis zu drei Jahren. Diese divergierenden

Anordnungen können unmöglich auf ein und denselben Autor zurückgehen. Bemerkenswert ist bereits in dieser frühen Epoche die sprachliche Unsicherheit in der Bezeichnung der einzelnen Delikte; ›Sodomie‹ und ›Unzucht‹ sollen anscheinend verschiedene Arten des homosexuellen Verkehrs bezeichnen.
Eine »kritische und geordnete Zusammenstellung der theodorischen Satzungen«[91] wollte der Verfasser eines Bußbuchs bieten, der sich ›discipulus Umbrensium‹ nennt; das Werk entstand nicht vor Mitte des 8. Jahrhunderts und ist eine ziemlich rohe Zusammenstellung verschiedener, von Theodor in Gemeinschaft mit anderen englischen Bischöfen auf Synoden festgestellter Bußnormen, dessen Verbreitung wohl beschränkt war.[92] Seine Bestimmungen bezüglich Homosexualität lauten: Wer oft mit Männern oder Tieren Unzucht treibt, büßt zehn Jahre, wer ein Tier koitiert, fünfzehn Jahre, wer nach seinem zwanzigsten Lebensjahr mit einem Mann koitiert, ebenfalls; wenn zwei Männer zusammen Unzucht treiben, sollen sie zehn Jahre Buße tun. Sodomiten büßen sieben Jahre. In dieser Kompilation kommt das Konfuse und Kasuistische der Bußnormen deutlich zum Ausdruck; ihre verschiedenen Längen deuten auf zahlreiche Quellen hin. In der vorliegenden Art boten sie dem Geistlichen zur Angabe einer hohen oder geringeren Buße ziemlich viel Spielraum, was vielleicht gerade beabsichtigt war.
Umfangreicher als das letztgenannte Bußbuch sind zwei weitere angelsächsische Poenitentiale, die sich – gleichfalls zu Unrecht – mit den Namen berühmter Männer schmückten[93], nämlich das Poenitentiale Bedae und das Poenitentiale Egberti. Beides sind verworrene Kompilationen aus älteren angelsächsischen Materialien, die etwa um 800 entstanden. Das Poenitentiale Bedae sieht für mit Homosexualität verbundene Sünden vor: Sodomiten büßen vier Jahre lang, falls es sich um eine Gewohnheit handelt, sieben Jahre; kleine Jungen, die man dazu gezwungen hat, sieben Tage, falls sie einverstanden waren, zwanzig Tage lang. Das Poenitentiale Egberti ist voller Ersatzbestimmungen, wenngleich sich für die mit Homosexualität verbundenen Sünden keine solchen angegeben finden, wohl aber eine gewisse Unsicherheit in der Angabe der Bußnorm, die bis zur Willkür reicht: Wer als Bischof gewohnheitsmäßig Sodomie treibt, büßt vierzehn Jahre, ein Presbyter zwölf, ein Diakon zehn, ein Kleriker sieben, ein Laie fünf Jahre. Für ›Sodomie‹ büßt man zehn Jahre, falls es oft geschah, ›manche‹ schrieben auch nur sieben Jahre oder bloß ein einziges vor. Schenkelverkehr wird mit einem Jahr, im Wiederholungsfalle mit zwei Jahren gebüßt, Bestialität erfordert eine zehnjährige Buße, aber ›manche‹ sagten, nur sieben oder nur drei oder nur eines, während bei einem Jungen einhundert Tage Buße ausreichend sind.

Der sog. Egbertsche und Bedasche Exkarpsus sind wiederum Ableitungen aus den entsprechenden Poenitentialen, von unbekannten Kompilatoren etwa in der zweiten Hälfte des 9. Jahrhunderts zusammengestellt und voller haarsträubender Redemptionsvorschriften, in denen der Laxismus quasi legitimiert wird; überdies erweckt die Einteilung der schweren und leichten Vergehen Befremden: Gewohnheitsmäßige Sodomie eines Bischofs gilt als läßliche Sünde! Im übrigen unterscheiden sich die dort angegebenen Bußen für den uns hier beschäftigenden Komplex von Bußverordnungen kaum von ihren Vorbildern in den Poenitentialen Bedae und Egberti, so daß wir hier nicht darauf eingehen müssen.[94]
Wenn wir nun zu den Poenitentialen fränkischer Herkunft übergehen, so müssen wir zuerst ein Schriftstück berücksichtigen, das kein Bußbuch im bisher erörterten Sinne ist, sondern im Zusammenhang mit der Synode von Liftinae (um 743) steht, da es mit ihren Canones zusammen überliefert ist.[95] Es handelt sich bei dem Papier um die sog. ›Allocutionen‹ an das Volk, die in mehrere Stücke gegliedert sind. Der ersten dieser Anreden an Klerus und Volk stellt der Verfasser die Verse aus Ezechiel 3,17–20 voran, um darzutun, daß der Redner nicht schweigen dürfe. Anschließend warnt er vor Fleischesvergehen aller Art, d. h. vor inzestuösen Ehen, Ehebruch, Bigamie, Päderastie, Sodomie und ähnlichen. Ob die Allocutionen auf der betreffenden Synode entworfen wurden, bleibt unklar, ebenso, ob ihre Verwendung häufig bzw. regelmäßig erfolgt ist. (Die Sitte, bußwürdige Vergehen in Form von Warnungen an hohen Feiertagen dem Volk in der Kirche in Erinnerung zu bringen, bestand freilich noch lange.)
Wenden wir uns nun den eigentlichen Bußbüchern des Frankenlandes zu und gehen dabei von jenen aus, deren Datierung die früheste ist. Sie zeigen in Aufbau und angegebenen Bußmaßen soviel Ähnlichkeit mit den keltisch-angelsächsischen Poenitentialen, daß ihre Verfasser mindestens z. T. missionierende irische Mönche gewesen sein müssen, die ihre daheim gültigen Bußtarife auf ihren neuen Wirkungskreis übertrugen. Das gilt besonders für das Poenitentiale Parisiense, das vermutlich Anfang des 8. Jahrhunderts im fränkischen Raum entstand.[96] Es bringt detaillierte Vergehensangaben und verschieden hohe Bußen: Sodomiten, falls es sich um Bischöfe handelt, sollen vierzehn Jahre lang büßen, Presbyter zwölf, Diakone neun, Subdiakone acht, Kleriker sieben, Laien fünf Jahre und außerdem nie mehr mit einem anderen zusammen schlafen. Wenn zwei Geistliche fleischliche Unzucht miteinander verüben, müssen sie fünfzehn Jahre lang von aller Fleischnahrung abstehen; bei Mundverkehr tritt siebenjährige Buße ein, bei Schenkelverkehr einjährige, im Wiederholungsfalle zweijährige. Treiben Knaben miteinander Unzucht, büßen sie zwei Jahre, Männer drei, Kleriker fünf. Ist ein kleiner Junge von einem

größeren dazu gezwungen worden, büßt er vierzig Tage. Folgende Bestimmung aber schlägt den zuerst genannten ins Gesicht: Wer als Sodomit oder mit Vieh sündigt, büßt im einmaligen Fall drei Jahre, tut er es gewohnheitsmäßig, ebenfalls drei Jahre mit dem Zusatz, nie mehr mit einem anderen zusammen schlafen zu dürfen.

Anfang des 8. Jahrhunderts entstand in Franken das sog. Poenitentiale Capitula Judiciorum. Bezüglich der für homosexuelles Verhalten angesetzten Bußen zeichnet es sich durch sehr unterschiedliche Bußtarife und die Hinzufügung von Begründungen aus[97], z. B.: Wer ordiniert ist und sich mit dem Verbrechen der Sodomie befleckt, diesem Gott so verhaßten und verwünschten Laster, daß sogar eine ganze Zivilisation deshalb durch Feuer und Schwefel umgestürzt wurde, büßt als Bischof fünfundzwanzig Jahre, als Presbyter zwanzig, als Diakon fünfzehn, als Subdiakon vierzehn; Kleriker und Laien büßen zwölf Jahre lang. Aber: ›Manche‹ legten auch weniger fest, nämlich für den Presbyter fünfzehn Jahre, den Diakon vierzehn, den Subdiakon zwölf, für Kleriker und Laien zehn Jahre. In schweren Fällen soll der Sünder sieben, fünf oder drei Jahre seine Buße unter Aufsicht durchführen. Die angegebenen Tarife für die verschiedenen homosexuellen Verhaltensweisen unter Jungen werden sehr milde angesetzt und nur in Tagen veranschlagt. Darauf folgt wiederum eine umständliche und konfuse Darlegung, wer dergleichen verübe, der gehöre unter wilde Bestien und Hunde und sei nicht würdig, unter Christenmenschen zu leben, ehe er nicht ›mit Tränen und in der Furcht Gottes‹ fünfzehn Jahre lang gebüßt habe. Spätere Angaben desselben Bußbuchs beziehen sich auf das angelsächsische Poenitentiale des Theodor und verordnen: Bei Sexualverkehr unter Männern zehn Jahre Buße, fand derlei häufig statt, schwanken die Angaben zwischen zehn und sieben Jahren. Doch ›wegen der menschlichen Unvollkommenheit‹ und ›nach allgemeinem Dafürhalten‹ sprächen ›andere‹ auch von nur drei Jahren Buße, im Fall der Bestialität von fünf. Knaben, die miteinander Unzucht treiben, sollen verprügelt werden (hier haben wir den ersten Fall der körperlichen Strafe in den deutschen Bußbüchern). Im allgemeinen sind die in der Folge angegebenen Bußen für derartige kindliche Vergehen aber milde; so muß z. B. ein Junge, der ›mit Vieh sündigt‹, lediglich zehn Tage lang büßen.

Das Bußbuch der St. Gallener Handschrift[98] ist das Werk eines Kopisten, der die verschiedensten Poenitentiale aufgenommen hat, die durchweg dem 8. Jahrhundert entstammen, während der Codex selbst im 9. entstand. Hiernach sollen Männer, die miteinander Unzucht verüben, zehn Jahre lang büßen, falls es mit Vieh geschieht, fünfzehn Jahre lang. Es werden aber auch die dem keltischen Bußrecht entstammenden und z. T. erheblich milderen Bußen erwähnt, so für Schenkelverkehr beim ersten

Mal ein Jahr, bei Analverkehr und falls es sich um Knaben handelt, zwei Jahre; Männer müssen dafür schon sechs Jahre Buße leisten. Im Gewohnheitsfalle soll die Entscheidung dem Geistlichen überlassen sein. Lippenverkehr erfordert drei Jahre Buße, wird er gewohnheitsmäßig geübt, vier Jahre.

Das Poenitentiale Burgundense ist im fränkischen Reich ungefähr um die Mitte des 8. Jahrhunderts entstanden. Es ist eine kleine, durchaus planlose Sammlung, die teils Exzerpte, teils Stücke in ihrer historisch originalen Gestalt enthält.[99] Für homosexuelles Verhalten ordnet es an: Wer hurt wie die Sodomiten, büßt zehn Jahre lang, drei davon bei Wasser und Brot, und darf niemals mehr zusammen mit einem anderen schlafen.

Gleichfalls aus dem 8. Jahrhundert stammt das fränkische Poenitentiale Floriacense[100], dessen Wortlaut bezüglich der Buße homosexuellen Verhaltens mit dem des Poenitentiale Burgundense fast wörtlich übereinstimmt.

Die Entstehung des Merseburger Bußbuchs wird auf die Mitte des 9. Jahrhunderts datiert.[101] Der unbekannte Kompilator hat aus fränkischen Quellen geschöpft und nannte für Homosexualität dieselbe Buße wie das Poenitentiale Burgundense; falls jedoch ein Bischof Sodomie treibt, erhöht sie sich von zehn auf vierzehn Jahre. Ähnlich harte Bußen werden für niedere Geistliche angesetzt. Dann jedoch widerspricht sich das Bußbuch selbst und erkennt dem Laien, entgegen der ersten Vorschrift, nur fünf Jahre Buße zu, mit dem Zusatz, danach nie mehr zusammen mit einem anderen schlafen zu dürfen. Weitere Vorschriften bringen wieder schwerere Bußen: Wenn zwei Geistliche zusammen fleischliche Unzucht treiben, müssen sie sich zur Buße fünfzehn Jahre lang aller Fleischnahrung enthalten. Mundverkehr zieht sieben Jahre Buße nach sich, mit dem Hinweis jedoch, daß ›andere‹ sagten: ›bis zum Lebensende‹. Schenkelverkehr erfordert ein Jahr Buße, im Wiederholungsfalle zwei, Achselverkehr bei Knaben zwei Jahre, bei Männern drei.

Gleichfalls aus dem 9. Jahrhundert stammt das fränkische Poenitentiale Arundel[102], das bei Schenkelverkehr zwischen Männern beim ersten Fall ein Jahr Buße, im Wiederholungsfalle drei Jahre und bei Gewohnheitsmäßigkeit sieben Jahre Buße anordnet.

Der Verfasser des Poenitentiale Vindoborense war vermutlich ein missionierender schottischer Mönch, der in der zweiten Hälfte des 9. Jahrhunderts schrieb und zu den canonischen Satzungen noch solche aus dem Bußbuch Cummeani hinzufügte.[103] Über Homosexualität wird dort angegeben: Wer nach Art der Sodomiten Unzucht treibt, büßt zehn Jahe lang, drei davon bei Wasser und Brot, und er darf nie mehr zusammen mit einem anderen schlafen.

Anfang des 11. Jahrhunderts besaß das 19. Buch der in dieser Zeit von

Burchard von Worms verfaßten Canonensammlung ›magnum Decretorum volumen‹ größte Bedeutung. Es trägt den Namen ›corrector‹ und ist separat von den übrigen Büchern der Sammlung weitverbreitet gewesen. In seinem 5. Kapitel werden Einzelheiten der ›fornificatio‹ bis in alle Details aufgeführt. Für die einzelnen Fälle sind Bußtarife angegeben, ferner erscheinen sie in der Frageform der ›Ordo‹, was eine damals aufkommende Neuerung darstellte, weshalb der ›corrector‹ auch in seiner formalen Gestaltung stark von den bis dahin üblichen Poenitentialen abweicht. Was Burchard – dessen Autorschaft nicht unbestritten geblieben ist – an Quellen zitiert, ist meistens falsch.[104] In diesem schon als Beichtspiegel zu bezeichnenden Werk heißt es: »Hast du Unzucht getrieben wie die Sodomiten, d. h. mit einem Mann anal oder mit einer Jungfrau von hinten verkehrt nach Art der Sodomiten? Falls du verheiratet bist und hast es einmal oder zweimal verübt, mußt du zehn Jahre lang an bestimmten Wochentagen (feriae legitimae) Buße halten, einen davon nur bei Wasser und Brot. Falls du es gewohnheitsmäßig getan hast, mußt du auf diese Art zwölf Jahre lang büßen. Falls du mit einem Mitbruder dies fleischliche Verbrechen begangen hast, mußt du eine solche Buße fünfzehn Jahre lang einhalten.« Weitere Fragen betreffen intimste Details der verschiedenen Spielarten homosexuellen Verkehrs und können in der angegebenen Quelle nachgelesen werden; durch die Eigenart der Ordo und die Tarifbußc einerseits und den Perfektionsdrang der Bußbuchautoren andererseits entstand hier unfreiwillige Pornographie.

Unklar wirkt eine anscheinend Homosexualität betreffende Bestimmung des quellenmäßig mit dem ›corrector‹ zusammenhängenden Poenitentiale Laurentianum[105], daß zwölf Jahre büßen müsse, wer durch den weiblichen Koitus mit einem Mann sündige.

Gleichfalls vom ›corrector‹ abhängig ist die ›Summa de judiciis omnium peccatorum‹. Sie entstand im 11. Jahrhundert in Franken, hatte nicht unbedeutende Verbreitung und wollte wohl weniger ein Bußbuch als eine Sammlung von Bußcanones sein.[106] Bezüglich der Bußen für homosexuelles Verhalten führt sie die bei Cummean und Theodor erwähnten an, außerdem verordnet sie unter der Überschrift ›Eiusdem capituli‹: Wer mit Vieh oder mit Männern als Sodomit sündigt, büßt sieben Jahre lang, der Verheiratete zehn Jahre. Im Fall der Gewohnheitsmäßigkeit büßen Verheiratete fünfzehn Jahre, ›andere‹ bestimmten: zwölf Jahre. Falls es sich um einen verheirateten Diener handelt, soll er eine tüchtige Tracht Prügel bekommen (hier tritt zum zweitenmal eine Körperstrafe für Homosexualität auf) und außerdem drei Jahre lang büßen. Kleriker sollen ihres Amtes enthoben werden. Mundverkehr büßt man mit sieben Jahren, ›nach Ansicht anderer bis zum Lebensende‹. Ferner greift dies Poenitentiale die Vorschriften des ancyranischen Konzils wieder auf und nimmt zudem noch Bezug auf das unten behandelte sog. ›poenitentiale Romanum‹. Für Befleckung mit einem Tier oder einem Mann wird bis zum Alter von zwanzig Jahren eine Bußzeit von fünfzehn Jahren angesetzt, geschieht dergleichen nach dem zwanzigsten Lebensjahr, steigt die Buße bei Verheirateten auf fünfundzwanzig Jahre, während derjenige, der sich nach Erreichung des fünfzigsten Jahres so vergeht, die Kommunion erst auf dem Totenbett wieder empfangen darf.

Die letztgenannte Sammlung geht in ihren z. T. sehr strengen Bußverordnungen auf die alten canonischen Bestimmungen zurück, die man, nachdem infolge der eingeführten Tarifbußen allzugroße Laxheit eingerissen war, durch generelle Abschaffung der Bußbücher wieder herzustellen gesucht hat. Die Reformsynode von Paris aus dem Jahr 829 zur Zeit König Ludwigs des Frommen hatte direkt in ihrem Canon Nr. 34 erklärt: Sünden wider die Natur sollten entsprechend den canonischen Bestimmungen behandelt werden und nicht wie in den Bußbüchern, da diese viel zu leichte Bußen auferlegten.[107] Als Reaktion gegen die vielen als unecht empfundenen Bußbücher entstand darum zwischen 817 und 831 das oben erwähnte Poenitentiale Romanum. Sein Autor ist Halitgar, Bischof von Cambrai[108], der behauptete, seine Zusammenstellung sei einem römischen Archiv entlehnt (daher der Name); diese Behauptung muß jedoch zu den Falsifikationen des Zeitalters des Pseudo-Isidor gezählt werden.[109] Jedenfalls gab der Bischof sich alle Mühe, die Laxheit des Tarifbußenwesens mit seinen Ausnahmen, Lauheiten und Vieldeutigkeiten auszuschalten, was deutlich auch in den hohen Bußsätzen für homosexuelles Verhalten zum Ausdruck kommt: Falls ein Kleriker Sodomie treibt, büßt er zehn Jahre, drei davon bei Wasser und Brot; ein Laie büßt dafür sieben Jahre. Wo Halitgar auf die Synode von Ancyra ausdrücklich Bezug nimmt, verfälscht er sie in einer für die uns interessierenden Zusammenhänge bemerkenswerten Art; er schreibt nämlich ›Über jene, die in unvernünftiger Weise Unzucht treiben[110], d. h. sich mit Vieh vermischen oder mit Männern beflecken‹. In der herangezogenen Synode ist aber über Sodomie im Sinne von Homosexualität gar nicht verhandelt worden, sondern man sprach ausdrücklich von ›Vermischung mit dem unvernünftigen Vieh‹. Halitgars dazu angeführte Bußen decken sich im wesentlichen mit denen der davon abhängigen ›Summa de judiciis omnium‹, die bereits abgehandelt wurde.

Die angemessene canonische Buße für die als am schwersten betrachteten Fleischesvergehen wie Sodomie, Bestialität und Inzest scheint allgemein fünfzehn Jahre betragen zu haben. Diese Länge gibt z. B. schon um 383 der Heilige Basilius in seinem Briefwechsel mit dem Heiligen Georg an[111], worauf man sich später nicht selten berief. Ähnlich lange Bußzeiten verordnet das Poenitentiale Casinense[112], das zwar bereits zwischen 700

und 750 entstand und Verbindungen zu den angelsächsischen Bußbüchern zeigt, jedoch auch viele alte, auf griechische Synoden zurückgehende Bestimmungen aufweist. Danach büßt ein Bischof, der Sodomie treibt, fünfundzwanig Jahre, fünf davon bei Wasser und Brot und unter Aufsicht, ein Presbyter zwölf Jahre, drei bei Wasser und Brot, ein Mönch und Diakon büßen zehn Jahre, drei davon bei Wasser und Brot. Für Laien sind die Bußen durchaus geringer, nämlich sowohl für Sodomie wie für Inzest und Bestialität fünfzehn Jahre oder zwölf, oder drei oder eines, offenbar je nach Schwere des Falles.
Aus dem 11. Jahrhundert ist das sog. Poenitentiale Fulberti überliefert, als dessen Autor der Bischof Fulbert von Chartres gilt (um 1028); insofern darf man auch dies Bußbuch als Dokument der canonischen kirchlichen Bußdisziplin betrachten.[113] Danach soll derjenige, der Sodomie oder Bestialität getrieben hat, sieben Jahre Buße tun, im Gewohnheitsfalle aber vierzehn.
Auf eine systematische Zusammenstellung der ›sententiae Patrum‹, aller entsprechenden Canones und Decretales ist hier bewußt verzichtet worden, da sie in Sammlungen wie z. B. der erwähnten des Halitgar ohnehin eingearbeitet sind[114] und überdies eine auch nur annähernd vollständige Darstellung der Bußbestimmungen gegen homosexuelles Verhalten in den erhaltenen Poenitentialen weder beabsichtigt noch möglich war. Die hier erwähnten Verordnungen sollten vielmehr bloße Beispiele für die kirchliche Bußdisziplin bezüglich solcher ›Fleischesvergehen‹ sein, wobei es vor allem wichtig schien, zu zeigen, daß körperliche Strafen nur in ganz bestimmten Ausnahmefällen[115] zur Anwendung kamen und der Sünder im übrigen bei vorhandener Reue und dem Willen zur Buße grundsätzlich immer in die kirchliche Gemeinschaft zurückkehren durfte, d. h. zur Kommunion wieder zugelassen wurde.[116]

## 3. Die gefälschten Kapitulare des Benedictus Levita

### *a. Der Fälscher und seine Motive*

Schon in merowingischer Zeit sind im fränkischen Reich vereinzelt theokratische Gedankengänge in dem Sinne nachweisbar, daß die Könige ihr Volk nicht nur in weltlichen, sondern auch in geistlichen Dingen leiten sollen[117], und unter Karl dem Großen erreichte diese Entwicklung ihren Höhepunkt. Doch bereits unter Ludwig dem Frommen zeigt sich ein merkliches Vordringen der kirchlichen Gewalt, »die in Nikolaus I. einen zielbewußten Vertreter und in den etwa gleichzeitigen Fälschungen der Kapitulariensammlung des Benedictus Levita, den pseudoisidorischen Dekretalen und den Capitula Angilramni eine literarische Stütze«[118] fand.

Bei der im Westen des Reiches vermutlich um 848 bis 850 und angeblich von einem Leviten aus Mainz namens Benedikt verfaßten Kapitulariensammlung handelt es sich großenteils um Fälschungen im Interesse der Kirche. »Sie berührt sich durch diese Tendenz mit den ungefähr gleichzeitigen pseudoisidorischen Dekretalen«[119], denn »mit ihm hebt um 847–857 jene im westfränkischen Raum beheimatete Schule von Rechtsschriftstellern an, welche auf Fälschung des überlieferten Rechts in großartigem Maßstab und im Dienst kirchlicher Tendenzen ausgeht«.[120] Es besteht sogar Grund für die Annahme, daß die nach der Mitte des 9. Jahrhunderts auftauchende sog. Pseudo-isidorische Dekretalen-Sammlung auf denselben Autor zurückgeht, der unter dem Namen des Fälschers Benedictus Levita bekannt geworden ist und dessen schriftstellerische Tätigkeit die Darlegung der Superiorität der Geistlichkeit über die Laien und deren demütige Unterwerfung unter jene zum Hauptziel hatte. Levita versuchte das damalige klerikale Reformprogramm durch die »Erdichtung neuer, dasselbe bekräftigender Rechtssätze auf den Namen des allgefeierten Karls des Großen wirksamer zu machen«.[121]

Während in merowingischer Zeit die rechtskräftigen Verordnungen der fränkischen Könige und Hausmeier verschiedene Namen trugen, bezeichnete man sie in karolingischer einheitlich als ›Capitularia‹.[122] Da eine amtliche Sammlung dieser Kapitularien nicht existierte, entsprach die private Zusammenstellung der noch vorhandenen durch einen Privatmann, den Abt Ansegius von Fontanella in der Diözese Rouen, einem dringenden Bedürfnis. Ein Beweis dafür, wie schlimm es um die Bewahrung der Kapitularien zu seiner Zeit bereits stand, ist die Tatsache, daß seine Sammlung lediglich insgesamt 29 Nummern von Kapitularien Karls, Ludwigs und Lothars umfaßte. Ansegius teilte sie in vier Bücher ein und fügte in einem Anhang Mitteilungen über verloren gegangene Kapitularien an. Sein Werk wurde im fränkischen Reich viel benutzt und gewann binnen kurzer Zeit das Ansehen einer amtlichen Sammlung; schon 829 zitierte Ludwig seines Vaters und seine eigenen Kapitularien nach Ansegius. Die hohe Wertschätzung, in der die Sammlung stand, machte der Fälscher Benedictus sich zu Nutze, indem er sein Machwerk für eine Ergänzung dieser Sammlung ausgab.[123] Sein verarbeitetes Material entstammte aber nicht den wirklichen Kapitularien fränkischer Könige, sondern wurde teils römischen Rechtsquellen (Codex Theodosianus, Breviarium Alaricianum, den Novellen Justinianus und den Sentenzen des Paulus), teils dem bairischen und dem westgotischen Volksrecht, teils

kirchenrechtlichen Quellen (Sammlungen von Canones und Decretalen, Beichtbüchern, Kirchenvätern und der Bibel) entnommen. »Soweit der Verfasser echte Kapitularien benutzte, zog er manche Stücke heran, die Ansegius nicht kannte, gab aber, wo es ihm paßte, nicht den wörtlichen, sondern einen umgestalteten Text. Ebenso verfuhr er mit den übrigen Vorlagen in willkürlicher Weise . . . Eine bewußte Fälschung beging der Verfasser der Sammlung, insofern er Rechtssätze erdichtete, die er in keiner der benutzten Quellen vorfand, und insofern er Rechtssätze, die im weltlichen Recht keine oder doch nur örtlich beschränkte Geltung hatten, für Rechtssätze des fränkischen Reichs ausgab. Die Tendenz des Werkes ging dahin, die kirchlichen Gewalten durch Erhebung über die weltliche Macht von der letzteren unabhängig zu machen . . . Als die Reichseinheit in Trümmer gegangen war, stieg der Einfluß des Laienadels und war keine Hoffnung mehr vorhanden, die steigenden kirchlichen Ansprüche auf dem Wege der weltlichen Gesetzgebung durchzusetzen. Man griff daher zu dem Auskunftsmittel, die kirchlichen Wünsche auf dem Wege der Fälschung zur Geltung zu bringen, indem man die entsprechenden Rechtssätze als Kapitularien einschmuggelte.«[124]
Die Beziehungen der Sammlung zum Erzbistum Mainz sind erdichtet und zwar speziell zum Zweck der Irreführung des Lesers; vermutlich stammte der Fälscher aus Westfranken.[125] Sein Machwerk wurde bald für echt gehalten. Karl der Kahle zitierte es arglos als Sammlung der Kapitularien seiner Vorgänger, schließlich genoß die Sammlung hohes Ansehen und gewann über die Grenzen des westfränkischen Reiches hinaus Einfluß. Erst 1836 hat D. F. H. Knust[126] nachgewiesen, daß es sich dabei um eine raffinierte und skrupellose Fälschung gehandelt hat. Aber Knust schrieb lateinisch, was der Verbreitung seiner Entdeckung nicht eben förderlich war.

### *b. Die Fälschung und ihre Bedeutung*

Die uns interessierenden angeblichen Kapitulare der Fälschung, die irgendwie auf homosexuelles Verhalten Bezug nehmen, scheinen in gewisser Hinsicht in der bereits erwähnten Pariser Reformsynode aus dem Jahr 829 ihren Ausgangspunkt zu haben. Die Teilnehmer dieser Synode richteten nämlich an Ludwig den Frommen und seinen Sohn Lothar ein Schreiben (das mit den Papieren der Synode überliefert ist, dabei aber keineswegs, wie gelegentlich irrtümlich angenommen wurde, einen Teil ihres in Canones zusammengefaßten Ergebnisses darstellt), worin im zweiten Kapitel folgendes dargelegt wurde[127]: Das allgemeine gegenwärtige Unglück sei tatsächlich als verdiente Strafe Gottes aufzufassen. (Es war damals zwischen 823 und 828 fast die ganze spanische Mark verlorengegangen, als rebellische fränkische Vasallen sich mit den Mauren verbündet hatten, und außerdem brachte das Jahr 828 wiederum verstärkte Normannen- und Bulgarenangriffe, deren sich das Reich kaum erwehren konnte.) Diese ganzen Unglücke aber, so erläuterte das Schreiben, seien die Folge der vielen Sünden, die man auf sich geladen habe, namentlich aber der Päderastie und Bestialität, aber auch noch der zahlreichen Reste des Heidentums im Lande. (Hierfür wurden mannigfache Beispiele erwähnt.) Der Brief enthielt noch weitere Punkte, in denen sich die auf der Synode versammelten Geistlichen teils selbst anklagten, teils den König um Hilfe bei der Abstellung von Mißbräuchen baten, teils seine Großen für allerhand Mißstände verantwortlich machten. In Kapitel 17 wurde gegen den immer noch vorhandenen Brauch der Blutrache polemisiert.

An diese Gedankengänge knüpft Benedict in seinem Abschnitt 21 unter der Überschrift ›De diversis malorum flagitiis‹ an[128], indem er schreibt (erstmalige Übertragung dieses Stückes sowie aller im folgenden genannten aus dem Lateinischen[129] ins Deutsche durch mich):

»Es gibt allerdings Verüber verschiedener Übeltaten, die das göttliche Gesetz verwirft und verdammt, wegen deren unterschiedlichen Verbrechen und Schandtaten sogar die Allgemeinheit von Hungersnot und Pestilenz heimgesucht, der Bestand der Kirche geschwächt und das Reich gefährdet wird. Wir stellen uns dieser Schlechtigkeit entgegen, die in heiligen Schriften schon genugsam verwünscht worden ist, denn wir halten es für eine notwendige Voraussicht, aufs neue zu ermahnen und darauf hinzuweisen, daß es sich ziemt, sich in dieser Hinsicht überhaupt vorzusehen. Gibt es doch beispielsweise die Verüber verschiedener Befleckungen, die mit Männern oder mit Vieh auf mannigfache, verschiedenste Art und Weise zusammenkommen und so die unvergleichliche Milde des gütigsten Gottes zu Bitterkeit aufreizen, und zwar um so schlimmer, als sie sich dabei gegen die Natur versündigen: infolge dieses Verbrechens sind nämlich ganze Städte von himmlischem Feuer verbrannt und vom Schlund der Hölle verschlungen worden. Und 40 000 oder noch mehr aus dem Stamme Benjamin wurden deshalb durch das Schwert ihrer Brüder getötet. Aus diesen weiteren Beweisen augenscheinlicher göttlicher Rache erhellt, wie verabscheuungswürdig und verflucht bei der göttlichen Majestät dies Laster ist.«

Außerdem finden sich in demselben Abschnitt, getreu der Überschrift, noch Hinweise auf verschiedene weitere ›Übel‹, vor allem Relikte der prächristlichen germanischen Religion. In der Reihenfolge der einzelnen Punkte seiner ›Ermahnung‹ folgt der Fälscher deutlich dem erwähnten

Brief der Pariser Synode, außerdem ist die Ähnlichkeit seiner Ausführungen mit den beiden vorerwähnten justinianischen Novellen natürlich nicht zufällig: vermutlich ging schon die fragliche Synode hiervon aus. Noch in einer anderen Hinsicht ähnelt dies Stück dem Schreiben der Synode, nämlich insofern, als gegen homosexuelles Verhalten und Bestialität zwar polemisiert, jedoch keine spezielle Strafe dafür gefordert wird.
Das zweite Stück der von Benedict gefälschten Kapitulare trägt die Nr. 143 und die Überschrift: ›Über schändliche Verbrechen, derentwegen schon Reiche erschüttert wurden, auf daß man sich durchaus davor hüte‹. Es lautet:

»Unter der für Sakrilegien geltenden Strafe verbieten wir gänzlich und allgemein das gewaltsame Eindringen in Kirchen, die Verwüstung und Beraubung derselben, Bedrängung gegenüber Priestern und den anderen Dienern Gottes und Torturen und Unrecht aller Art gegen sie, ferner allen Menschen beiderlei Geschlechts Ehebrüche, Unzucht, sodomitische Ausschweifungen, Inzeste und alle illegitimen Ehen, ebenso unerlaubte Totschläge, Meineid, falsches Zeugnis und alles Unerlaubte, dessentwegen, wie wir wissen, nicht nur Königreiche und Könige, sondern auch Menschen, die darin verharrten, umgekommen sind. Doch weil wir und unsere Nachkommen aber mit Gottes Hilfe und durch die Verdienste der Heiligen und der Diener Gottes, die zu rühmen und zu preisen wir besorgt waren und sind, bis auf den heutigen Tag Königreiche und Gebiete erworben und viele Siege davongetragen haben, so müssen wir alle mit höchstem Eifer dafür sorgen, daß wir wegen der obengenannten schändlichen und schmutzigen Ausschweifungen dieser Siege und Gebietserwerbungen nicht verlustig gehen, was ferne von uns sei. Denn viele Länder, die gewaltsames Eindringen in kirchliche Belange, Verwüstungen und Besitzergreifungen, Torturen gegen die Priester und die übrigen Diener Gottes, ihre Bedrängung oder irgendwelche sonstigen Ungerechtigkeiten, oder auch die schon genannten unerlaubten Dinge und Ehebrüche oder sodomitische Ausschweifung oder sodomitischen Verkehr mit Dirnen geduldet haben, die waren weder in weltlichen Kriegen tapfer noch im Glauben standhaft. Und wie Gott Verübern solcher Untaten rächende Strafe durch die Sarazenen und andere Völker zustoßen ließ, das geht aus der Lektüre all ihrer Taten hervor. Und wenn wir uns nicht hiervor hüten, dann wird zweifellos Ähnliches über uns kommen, weil Gott all' diese Dinge straft. Daher soll ein jeder unserer Untertanen wissen, daß, wer eines dieser Vergehen schuldig befunden und überführt wird, aller Ehren, die er eventuell hat, verlustig gehen soll, daß er bis zur angemessenen Besserung und Genugtuung durch öffentliche Buße in den

Kerker geworfen und daß er von aller Gemeinschaft der Gläubigen ausgeschlossen wird. Gar sehr nämlich muß man sich vor jener Grube hüten, in die, wie wir wissen, andere gefallen sind.«

Was Benedictus im Namen Karls des Großen hier verordnet, ist nichts anderes als die alte canonische Kirchenbuße nebst damit verbundener zeitlicher Exkommunikation, und insofern hält er sich trotz seiner ungebührlichen Verallgemeinerungen noch einigermaßen im Rahmen des Herkömmlichen. Nicht aber ist dies der Fall bei der nun folgenden dritten Fälschung[130] Nr. 160 unter der Überschrift ›Über die Verüber verschiedener Übeltaten‹, deren erster Teil fast wörtlich mit dem der ersten Fälschung übereinstimmt. Doch wo jener endet, geht dieser weiter, und zwar wie folgt:

»Wir wissen nämlich, daß das römische Gesetz, das aller menschlichen Gesetze Mutter ist, verlangt, daß Vollbringer solcher Verbrechen verbrannt werden. Wir künden also euch allen nachdrücklich an, auch allen euren Angehörigen und denen, die bei euch Diener oder Untertanen sind, und lehren euch, sich dessen zu enthalten, bei Gottes Urteil und eurer Treue zu uns, und daß ihr auf keine Weise mit denen, die das tun, in Worten und Taten übereinstimmt. Denn, wie der Apostel ankündigt, wer dies tut, wird das Reich Gottes nicht erlangen. Denn es ist Zeit, daß ihr die Menge des untergehenden Volkes schont, die, indem sie dem Beispiel des sündigen römischen Kaisers folgte, in den Brunnen des Todes gefallen ist. Denn wie viele wir durch ein gutes Beispiel zum himmlischen Leben hinführen oder denen wir durch ein schlechtes Beispiel zum Untergang vorausgehen, für all' diese werden wir ohne Zweifel von dem ewigen Richter Strafe oder Lohn erhalten. Wenn nämlich unser Volk, sowie es durch diese Provinzen gerüchteweise verlautet, uns in Frankreich und in Italien verunreinigt wird, und zwar da noch von den Heiden selbst her Verunreinigung da ist, wenn es unter Verachtung der rechtmäßigen Ehen mit Ehebruch und Ausschweifungen nach Art der Sodomiter einen schlechten Lebenswandel führt, dann muß man annehmen, daß aus solchem unzüchtigen Verkehr Unedle und Degenerierte hervorgehen und solche, die der Wollust völlig hingegeben sind, und daß schließlich das gesamte Volk zum Schlechteren und Unedleren herabsinkt und daß es endlich weder im weltlichen Kriege tapfer, noch im Glauben standhaft, noch vor den Menschen ehrbar, noch Gott gefällig erscheinen wird. So wie das anderen Völkern in Spanien, der Provence und Burgund widerfahren ist, die sich von Gott entfernten, bis der allmächtige Richter für solche Vergehen, die aus der Außerachtlassung von Gottes Gesetz herrühren, rächende Strafe durch die Sarazenen über sie kommen und sie diesen dienen ließ. Und es ist zu bemerken, daß in jenem Verbrechen eine andere, entsetzliche Ruchlosigkeit verborgen steckt, nämlich Menschenmord, denn wenn jene liederlichen Frauenzimmer, seien es klösterliche oder weltliche, in Sünden solche Kinder geboren haben, die in Sünden empfangen wurden, dann töten sie diese oft zum größten Teil, indem sie nicht die Kirchen Christi mit Söhnen anfüllen, sondern die Gräber mit Toten und die Hölle mit elenden Seelen sättigen. Fern sei es, daß ihr für solche Dinge umkommt und wir zugleich mit dem Reiche fallen, oder der Ruhm des ganzen Reiches zugrunde gehe. Denn aus dem Vorhergehenden wissen wir, was denen, die solchem nachstreben, widerfahren kann, wenn nicht Vorsorge getroffen wird. Besser ist es auch für uns, solche Dinge zu entbehren, als mit ihnen zu Fall zu kommen und als daß das Reich von den Heiden vernichtet oder in Besitz genommen wird. Wir wünschen, daß ihr wißt, daß jeder, der als Täter oder als freiwillig Zustimmender erkannt wird, von uns gemäß dem obenerwähnten römischen Gesetz bestraft werden soll.«

Die Bedeutung der Fälschungen des Benedictus Levita für die fernere Entwicklung der Strafbestimmungen gegen homosexuelles Verhalten kann schwerlich überschätzt werden, weshalb wir ihren Inhalt einer kurzen Analyse unterziehen müssen. Über die zur ›Additio secunda‹ gezählte erste Fälschung mit der Überschrift Nr. 21: ›De diversis malorum flagitiis‹ wurde schon gesprochen; sie ist wohl das vergleichsweise unwichtigste der drei Machwerke, mit denen wir uns hier speziell zu beschäftigen haben. In der Nr. 143 ›Über schändliche Verbrechen usw.‹ findet sich schon erheblich mehr Relevantes, und zwar gleich zu Anfang im ersten Satz. Dort werden ›unter der für Sakrilegien geltenden Strafe‹ (was nichts anderes bedeutet als eine schwere, womöglich lebenslange Kirchenbuße) allerlei gegen die Kirche und die Geistlichkeit gerichtete Aktivitäten sowie diverse Fleischesvergehen verboten, wogegen an sich sachlich nichts einzuwenden wäre, wenn man die klerikale Meinung der damaligen Zeit über derlei in Betracht zieht und von dem Umstand, daß es sich um eine Fälschung handelt, einmal absieht. Eine sachliche Verfälschung, weil völlig ungerechtfertigte Verallgemeinerung stellt jedoch die Begründung dar, die Benedictus bietet: »dessentwegen, wie wir wissen, nicht nur Königreiche und Könige, sondern auch (!) Menschen, die darin verharrten, umgekommen sind«. Hier nimmt der Fälscher die Sodom-Mythe Justinians auf, weitet sie aber geradezu ungeheuerlich aus: Nicht nur homosexuelles Verhalten ist es jetzt, das den Untergang »nicht nur von Königreichen und Königen, sondern auch von Menschen« verursacht hat, sondern unterschiedslos jedwede gegen Kirche und Priesterschaft gerichtete Aktivität, jegliches unter den Begriff der fornicatio fallende

Fleischesvergehen und außerdem noch so allgemeine Delikte wie Totschlag und Meineid. Daran schließt sich eine eigenartige weitere Begründung: Um die von den Karolingern bisher erreichten Gebietserwerbungen, die durch »viele Siege« erlangt wurden, nicht zu gefährden, sei es die staatsbürgerliche Pflicht der Untertanen, sich der genannten Verbrechen zu enthalten. Darauf folgt der Hinweis, daß Länder, deren Einwohner sich in dieser Richtung nicht rechtzeitig vorgesehen hätten, inzwischen von den Sarazenen (Mauren) besiegt und unterworfen worden seien. Damit wird eine Erklärung für den Verlust der spanischen Mark geboten; überdies wird durch die nichtlogische Kausalitätsverknüpfung »wo Unzucht, da Verlust von Ländern« jedes sexuelle Verhalten, das nicht der christlichen Zucht entspricht, nicht etwa, wie bisher, schlichtweg als Sünde, sondern im politischen Sinne als Hochverrat eingestuft. Und weil nicht mehr von der Sünde als einer Schuld des einzelnen geredet wird, der, wie der Apostel so klar gesagt hatte, »seinen Lohn an sich selbst empfängt«, sondern vom »Verüber solcher Übeltaten« als von einem quasi Staatsfeind, dessen Handlung automatisch Gottes Zorn in einem Umfang hervorrufe, der sich nur in katastrophalen Dimensionen austoben kann, bekommt der konstruierte Zusammenhang einen eigenartigen, fast magischen Zug, der nichts mehr mit Religion und auch nichts mit politischer Weisheit zu tun hat. Die Möglichkeit, daß Gott mit den Sündern Erbarmen hat und keine Vernichtung will, »sondern Reue und Leben«, wie Justinian immerhin noch konzediert hatte, scheint dem Autor völlig aus dem Gesichtsfeld entschwunden zu sein: Er stellt das Auftreten von Sündern und das daraufhin erfolgende Aufbrausen des göttlichen Zorns wie einen mechanisch ablaufenden, unhemmbaren Automatismus dar. Der Text bringt manche Vorstellungen, die sinngemäß auch in den Poenitentialen zu finden sind; hierzu gehört z. B. der für unsere heutigen Sexualvorstellungen etwas unverständliche »sodomitische Verkehr mit Dirnen«, worunter man sich heterosexuellen Analverkehr oder auch einfach irgendeine Art des heterosexuellen Geschlechtsverkehrs vorzustellen hat, der in einer anderen als der von der Kirche erlaubten Koitusstellung vollzogen wurde. Die »illegitimen Ehen«, von denen gesprochen wird, sind z. B. solche, die zwischen Leuten geschlossen wurden, die über dasselbe Kind Pate gewesen waren, woraus die Kirche früh den seltsamen Begriff der »spiritualen Blutsverwandtschaft«[131] konstruiert hatte und die als ebenso verboten galten wie die unter engsten Verwandten, d. h. praktisch dem Inzest gleichgestellt waren.

Die dritte Fälschung des Benedict, mit der wir uns befassen müssen, ist die für unsere Untersuchung wichtigste. Ihre Einleitung deckt sich mit dem Text der ersten, gegen Homosexualität und Bestialität gerichteten, so gut wie völlig[132], daran aber schließt sich dann unmittelbar der Satz: »Wir wissen nämlich, daß das römische Gesetz, das aller menschlichen Gesetze Mutter ist, verlangt, daß Vollbringer solcher Verbrechen verbrannt werden.« Der Autor meint das Edikt aus dem Jahr 390, und zwar anscheinend in seiner ursprünglichen Fassung. Im Text der drei Caesaren an den römischen Vicarius Orientius erscheint die Stadt Rom als »Mutter aller Tugenden«, hier ist daraus das »römische Gesetz, das aller menschlichen Gesetze Mutter ist« geworden. »Bei Gottes Urteil und eurer Treue zu uns« (d. h. als zuverlässige Untertanen, die nicht wollen, daß das Reich durch den Zorn Gottes ›umgestürzt‹ wird) werden die Leute ermahnt, sich solcher Handlungen zu enthalten. Das Rekurrieren auf die Untertanentreue (und komplementär dazu die Vorstellung der Sündhaftigkeit als quasi Hochverrat) begegnete uns schon in der zweiten Fälschung. Im nächsten Satz zeigt Benedict, daß er zwar skrupel-, nicht aber respektlos ist, denn er zitiert die betreffende Stelle des 1. Korintherbriefes korrekt. Der Sinn des dann folgenden Satzes ist unverständlich, vielleicht ist mit dem bösen Imperator, dessen Volk im Brunnen des Todes umkam, Nero gemeint. Im folgenden Satz wird das theokratische Element, das während des Regiments Karls des Großen tatsächlich eine gewisse Rolle gespielt hat, zum Ausdruck gebracht. Mit der anschließend erwähnten »Verunreinigung, die noch von den Heiden her da ist«, können sowohl Reste der germanischen wie der römischen Volksreligion gemeint sein; der Schluß des viel zu langen Satzes, der logisch alles zu wünschen übrig läßt, ist nur mittels Interpretation verständlich. Benedict meint, daß aus unzüchtigem Verkehr notwendig »Unedle und Degenerierte« hervorgehen müßten, was sich schließlich auf den physischen und psychischen Zustand des gesamten Volkes negativ auswirken müsse. Hier kommt er jenen merkwürdigen rassistischen Theorien über Degeneration und Entartung nahe, die erst ein Jahrtausend später recht zum Zuge kommen sollten: Wer derlei tut, der übt Verrat an der »Volkskraft«, so daß er nachher anderen Völkern (selbstredend solchen, denen er sonst überlegen gewesen wäre) nicht mehr entgegenstehen kann, sondern unter deren Botmäßigkeit gerät. Anschließend folgt der wohl der Beichtpraxis entstammende Seufzer, wieviele Abtreibungen illegitimer Geschlechtsverkehr mit sich bringe. Und dann schlägt der Autor einen jener merkwürdigen logischen Haken, die ansatzweise auch schon in Justinians Novellen konstatierbar waren, wenn er erklärt: »Denn aus dem Vorhergehenden wissen wir, was denen, die solchem nachstreben, widerfahren kann, wenn nicht Vorsorge getroffen wird.« Wir haben hier eine weitere Ausweitung vor uns, denn Benedict ging ja anfangs – entsprechend der Sodom-Mythe – von homosexuellem Verhalten als Ursache göttlichen Zorns aus und merkte dann noch allerlei andere Fornifikationsfälle als ähnlich schlecht an; plötzlich aber wird, und zwar gerade im Hinblick auf die letztgenannten Delikte, die gar nichts mit Homosexualität zu tun haben, sondern recht gewaltsam darunter subsumiert wurden, auch Tod in den Flammen angedroht. Die Vorstellung aber, infolge »solcher Dinge« (nämlich ganz allgemein wegen Unzucht überhaupt) könne das Reich von den Heiden vernichtet oder in Besitz genommen werden, ist logisch von der Sodom-Mythe nicht ableitbar, selbst wenn man unterstellt, daß Benedict persönlich an sie geglaubt haben sollte. Hier liegt also faktisch eine vierfache Fälschung vor: Erstens wird die Verordnung als echtes karolingisches Kapitular ausgegeben, was sie nicht war; zweitens wird ein vorhandener original römischer Gesetzestext als fränkisches Recht ausgegeben, was sachlich den Tatsachen nicht entsprach; drittens wird der Inhalt dieses römischen Gesetzes enorm und weit über seine eigentliche Aussage hinaus ausgeweitet, indem nun nicht nur für homosexuelles Verhalten der Feuertod angedroht wird, sondern ebenso gegenüber praktisch sämtlichen denkbaren Unzuchtsfällen und sogar auch als Ahndung jeglicher Aktivität gegen die Kirche oder gegen Geistliche; und viertens werden als Manifestationen göttlichen Zorns bzw. göttlicher Rache nicht mehr lediglich Naturkatastrophen, Seuchen und Hungersnöte erwähnt, sondern der ganze Fragenkomplex überraschend politisiert, indem die Niederlagen, die die Karolinger in Spanien erlitten hatten, nicht auf ihre echten Ursachen (nämlich einerseits Unfähigkeit, andererseits Verrat) zurückgeführt wurden, sondern auf metaphysische, d. h. den ›Zorn Gottes‹. Denn tatsächlich besagt der Satz: »Besser ist es auch für uns, solche Dinge zu entbehren, als mit ihnen zu Fall zu kommen und als daß das Reich von den Heiden vernichtet oder in Besitz genommen wird« nichts anderes, als: »Nicht die Unfähigkeit unseres Königs, nicht die Feigheit unserer Truppen, nicht die Übermacht der Gegner, nicht der Verrat unserer abtrünnigen Vasallen haben uns die Kriege der letzten Jahre verlieren lassen, nein: Das Mädchen von nebenan, das Unzucht treibt, der Mann auf dem einsamen Waldhof, der Sodomit sein soll, die unkeusche Witwe, die ihr Wittum nicht heilig hält, diese Leute sind es, die für den verlorenen Krieg verantwortlich sind, denn um ihrer Schlechtigkeit willen hat Gott ihn uns verlieren lassen!« Hier werden nicht nur Sündenböcke erfunden, sondern auch die Religion pervertiert und das soziale Zusammenleben der Menschen mit Vorbedacht und System vergiftet. So erweist sich Benedictus Levita als einer der legitimen Väter jener verblendeten hochmittelalterlichen Jurisprudenz, die später im Rahmen des Inquisitionsprozesses für Jahrhunderte die Logik und die Gerechtigkeit aus den Gerichtshöfen verbannten.

### *c. Erfolg der Fälschung durch Anknüpfung an vorchristliche Rechtsbräuche*

Habe ich die Fälschungen des Levita bis jetzt als im strafrechtlichen Sinne kriminelle Handlungen bezeichnet, so erweisen sie sich, sobald man ihre Betrachtung über den rein juristischen Kern hinaus auf die zeitgeschichtlichen und volksreligiösen Hintergründe hin untersucht, als durch standespolitische Interessen bedingte Anknüpfungen an vorchristliche Rechtsbräuche – während gleichzeitig die Reste germanischen Heidentums voller scheinheiliger Entrüstung angeprangert werden – und damit als Leugnung jener christlichen Grundhaltung, die bis dahin sowohl in den echten karolingischen Kapitularen als auch in den kirchlichen Bußbüchern zum Ausdruck gekommen war.

Kaum hundert Jahre vorher hatte sich eben jener große König, in dessen Namen die gefälschten Kapitulare in Umlauf gebracht wurden, mit Nachdruck gegen die heidnische Strafe des Verbrennens ausgesprochen. Diese Sitte bestand in vorchristlicher Zeit gegen bestimmte Delinquenten bzw. solche Leute, die man gewisser Vergehen gegen die Gemeinschaft schuldig wähnte, und zwar nicht nur in Skandinavien, sondern ebenso in Deutschland.[133] Der Glaube nämlich, daß Hexen beiderlei Geschlechts Menschen, namentlich deren Herzen, zu fressen pflegen, war ja in den tieferen Schichten der germanischen Volksreligion sehr verbreitet; »daher begann man sie zur Abhaltung dieses Unglücks zu verbrennen und auch ihr Fleisch zu essen«[134], und zwar letzteres, um sich die magischen Kräfte der Zauberer selbst einzuverleiben und dadurch gewissermaßen wieder in den Schoß der Allgemeinheit zurückzubefördern. Im ›Indiculus superstitionum‹, der etwa aus dem Jahre 743 stammt,[135] findet sich die Vorschrift Nr. 30: »De eo, quod credunt, quia femine lunam comendet, quod possint corda hominum tollere iuxta paganos«, welche Worte verbieten, nach Heidenart zu glauben, daß Frauen, weil sie dem Monde befehlen, Herzen der Menschen (aus deren Körpern) herausnehmen könnten, (um sie zu essen). Dieser Glaube, der weniger zur germanischen Volksreligion als zu der ihr voraufgegangenen magisch bestimmten Frühreligion gehört, kommt auch in einem Gesetz der salischen Franken (714–911) zum Ausdruck[136], wo es heißt: »Wenn eine Hexe einen Mann verzehrt und überführt wird, werde sie zu 8000 Pfennigen gleich 200 Schillingen verurteilt.« Zauberei und der damit oft gleichgesetzte Giftmord[137] wurden nach einer Bestimmung des wolfenbüttelschen Codex' des salischen Gesetzes mit dem Tod durch Verbrennen bestraft: »Wenn einer einem anderen Kräuter gibt, daß er stirbt, werde er 200 Schillinge zu schulden verurteilt oder dem Feuertode überantwortet.«[138] Daß diese Bräuche heidnisch, d. h. auf jeden Fall vorchristlich waren, geht aus dem

Gesetz Nr. 376 des Edictus Rothari (etwa um 643) hervor, das in wünschenswerter Unmißverständlichkeit verordnet[139]: »Daß sich keiner unterstehe, eine fremde Aldin oder Magd als Hexe zu töten! Denn für den christlichen Verstand ist es nicht glaubhaft oder auch nur möglich, daß ein Weib einen lebendigen Menschen in sich hineinschlingen kann. Wagt hinfort jemand solch verbotene und abscheuwürdige Tat zu tun und tötet eine Aldin (wegen Hexerei), so zahlt er ihrem Stand gemäß 60 Schillinge und für seine Schuld überdies 100 Schillinge, halb an den König, halb an den Herrn der Aldin. Handelt es sich um eine Magd, so zahlt er ihrem Stand gemäß, je nachdem, ob es eine vom Hausdienst oder eine bäuerliche war; und zudem für die Schuld 60 Schillinge, halb an den König, halb an den Herrn der Magd. Hat ihm der Richter aber solche Übeltat befohlen, so zahle der die Strafe aus der eigenen Tasche.« Besonders aus dem letzten Satz geht hervor, daß die Tötung der Schadenszauberer in vorchristlicher Zeit Gesetz gewesen ist, denn offenbar hielten sich manche Richter noch immer an diesen alten Rechtsbrauch. Den besten Beweis dafür aber liefert Karl der Große selbst in seinem etwa aus den Jahren 775 bis 790 datierenden Kapitular für die Sachsen[140], das lautet: »Wer vom Teufel verblendet nach der Gewohnheit der Heiden glaubt, es sei jemand eine Hexe (Mann oder Frau) und fresse Menschen und diese Person deshalb verbrennt oder ihr Fleisch durch andere essen läßt, der soll mit dem Tode bestraft werden.« In diesen vorchristlichen Rechtssitten gegen den Schadenszauberer kommt die Anschauung zum Ausdruck, daß jene vollständig vernichtet werden müssen, um endgültig unschädlich zu sein[141]; nicht selten ist zu diesem Zweck auch der Leichnam eines besonders ›unruhigen‹ Toten verbrannt worden (was Karl der Große gleichfalls bei Todesstrafe verbot), obgleich die übliche vorchristliche Begräbnisart die Hügelbestattung gewesen ist.[142]
Nun hat nach dem Volksglauben zu den von Schadenszauberern bevorzugten Aktivitäten gegen die Gesellschaft das Hervorrufen schlechten Wetters und damit das Verderben der Ernte gehört, was zu Hungersnöten führen konnte, ferner machte man sie für bei Mensch und Vieh auftretende Seuchen verantwortlich.[143] Man glaubte, daß ihre nichteigentlich menschliche, sondern eher trollhafte, unholde Natur sie aus schierer Bosheit zu solchen Übeltaten treibe. Inwiefern die Figuren des Zauberers und der Zauberin mit sexuellen Kulten in Zusammenhang gebracht wurden, die schon nach der asischen Auffassung bzw. nach dem Glauben der vor der Christianisierung herrschenden offiziellen germanischen Volksreligion als im Grunde despektierlich und unpassend galten, wurde bereits früher eingehend erläutert und ebenso auf den alten Zusammenhang zwischen vermuteter oder erwiesener ›Argheit‹ bei Männern und Feigheit bzw. Verräterei hingewiesen.

All diese Vorstellungen waren zu der Zeit, als Benedictus seine Fälschungen in Umlauf setzte, noch virulent, wie wir gerade aus seinen eigenen Ausfällen gegen die Reste des Heidentums entnehmen können. Es ergibt sich überdies auch aus dem schon zitierten ›Indiculus superstitionum‹, zahlreichen echten karolingischen Kapitularen, entsprechenden Gesetzen aus germanischen Volksrechten sowie einer nicht kleinen Zahl diesbezüglicher Verordnungen der Bußbücher. Und den sich in diesen keineswegs überwundenen und z. T. noch durchaus magischen Vorstellungen manifestierenden Ängsten und abergläubischen Praktiken des Volkes gab Benedictus mit seinen Hinweisen, welche Sündenböcke für Hungersnot, Seuchen und durch Verräterei verlorene Kriege verantwortlich seien, gar keine neue Richtung, sondern lediglich eine neue Erklärung, eine gewissermaßen zeitgemäßere. Ihrer Tendenz nach sind seine uns hier beschäftigenden drei Fälschungen deshalb nicht nur unchristlich, sondern vorchristlich.
Das erklärt die befremdliche Selbstverständlichkeit, womit ihre Annahme und alsbaldige gerichtliche Praktizierung erfolgte, obgleich diese nicht nur mit der bis zur Pariser Reformsynode kirchlicherseits geübten milden Bußpraxis absolut unvereinbar war, sondern auch mit der viel strengeren canonischen.[144] Ebenso spricht für die hier skizzierten Zusammenhänge der Umstand, daß man in solchen Gegenden (nämlich vorzugsweise in Norddeutschland bzw. Friesland und Holland), wo man während der vorchristlichen Epoche Delinquenten der fraglichen Kategorie im Moor zu versenken oder aber lebendig zu begraben oder zu ertränken pflegte, auch späterhin bei dieser Praxis blieb, die zur Rechtfertigung angebotene Sodom-Mythe aber übernahm und den Hinweis auf die vom römischen Recht vorgeschriebene Strafe entweder ignorierte oder außer der Feuerstrafe auch die genannten anderen Strafarten zur Anwendung kommen ließ.[145]
Wenn nationalsozialistische Autoren wie Klare und Eckhardt herausstellten, bei den fraglichen Fälschungen handle es sich um ›Verfremdung‹ germanischen Rechtsempfindens durch die Vorschriften der Kirche, so zeigen sie damit nur, daß sie Levita unmöglich gelesen haben können.[146] Solche Angriffe zumal gegen die Kirche des ersten Jahrtausends beruhen im allgemeinen auf Unkenntnis der Entwicklung des Christentums im Abendland, das freilich nach dem Jahr 1000 (und zwar selbstredend infolge der getäuschten Parusieerwartung) einen tiefgreifenden Wandel im Sinne einer steigenden Verweltlichung durchmachte, der es schließlich zur Bildung der Kirche als Institution führte, die mit den Zielen, Idealen und Glaubensvorstellungen des frühen Christentums kaum noch mehr als den Namen gemeinsam hatte. Außerdem brachte die Verpflanzung der christlichen Lehre nach Europa ein Verblassen ihrer orientalischen Ele-

mente der Mystik und Weltabgewandtheit mit sich. Bereits der ›Heliand‹, jenes niederdeutsche Bekehrungslied in Stabreimen aus dem 9. Jahrhundert, zeigt ein Christusbild, das man gerechterweise nur als »zu Propagandazwecken bewußt verfälscht« bezeichnen kann. Tatsächlich war die Botschaft des Evangeliums »keineswegs die alleinige Quelle aller geltenden Normen, sondern griechische und römische Antike sowie germanisches Stammesrecht haben ebenfalls ihre starken Spuren hinterlassen. In vielen Stücken haben sie das biblische Erbe völlig verdrängt und verschüttet.«[147] Zu diesem verlorenen Erbe gehört nicht zuletzt der bewußte Wille zur Humanität, der das frühe Christentum auszeichnete[148] und wovon die spätere Haltung kirchlicher Repräsentanten erschreckend absticht.

## 4. Weltliche Rechte

### *a. Die Spärlichkeit der Bestimmungen germanischer Volksrechte gegen Homosexualität*

Wenn man von den gefälschten karolingischen Kapitularen absieht, finden sich Gesetze gegen Homosexualität in den frühen germanischen Volksrechten lediglich an drei Stellen, auf die ich unten eingehen werde. Über diese Spärlichkeit haben manche Rechtshistoriker eine gewisse Verwunderung nicht unterdrücken können[149], zumal ja für die Zeit vorher und nachher unzweideutige Beweise der Existenz solcher gesetzlicher Bestimmungen vorliegen. Wir dürfen nun feststellen, daß derartige Vorschriften in den meisten überlieferten Volksrechten deswegen fehlen, weil sie sich in reicher Fülle in den um dieselbe Zeit allgemein benutzten Bußbüchern befinden und von dort her ebenso große Wirksamkeit entfaltet haben, als wären sie durch weltliche Gesetzgebung geboten worden, ja vielleicht noch größere. Jedoch mit einem Unterschied: Die in den Poenitentialen angesetzten Bußen für homosexuelles Verhalten sind ganz erheblich milder als die germanischen Rechtsbräuche oder die römischen Gesetze. Darin kommt die segensreiche Praxis der frühen Kirche zum Ausdruck, die starren und oft sinnlos grausamen Sitten des germanischen Rechtslebens abzumildern und statt der Todesstrafe abgestufte Wergeldzahlungen zu begünstigen, was bereits im Hinblick auf die ›Schelte‹ näher erläutert wurde.[150] (Das System des Bußtarifs irisch-angelsächsischer Herkunft hängt begrifflich ganz offensichtlich mit dem System der Zahlung von Wergeld bei weltlichen Delikten zusammen[151].)

### b. Das Gesetz des Gulathings

Begreiflicherweise findet sich das kompromißlos härteste Gesetz gegen Homosexualität ebendort, wo man es zuerst suchen würde, nämlich im am spätesten christianisierten germanischen Norden, in Norwegen. Es lautet: Wenn zwei Männer sich zur Leibeslust vermengen und werden darin erkannt und überwiesen, da sind sie beide friedlos ohne Zulassung der Buße. Und wenn sie es leugnen, obgleich es ortsbekannt ist, da mögen sie es ableugnen mit dem Eisentragen. Und wenn sie in der Sache überwiesen werden, da hat der König ihr Vermögen zur Hälfte, und der Bischof zur Hälfte.[152] Praktisch hat sich also seit der Vorzeit hier nichts geändert: Die Täter sind friedlos, was der Todesstrafe gleichkommt, und ihr Vermögen wird eingezogen, was der Wüstung entspricht. Bedenkt man, daß zu der Zeit Totschlag schon durchaus sühnbar gewesen ist und man darunter viele Fälle subsumieren konnte, die wir heute schlankweg Mord nennen würden, für die aber damals eine Abgeltung durch Wergeldzahlung möglich war, so handelte es sich um ein extrem strenges Gesetz.[153]

### c. Westgotische Rechte

Betrachten wir nun die westgotische Gesetzgebung, so müssen wir zuerst das schon mehrfach erwähnte ›Breviarium‹ des Königs Alarich II. behandeln, das um 505 als ›Lex Romana Visigothorum‹ für die nichtgotische Bevölkerung des Westgotenreiches in Kraft trat.[154] Es bestand aus Konstitutionen des Codex Theodosianus, späteren Kaisernovellen, den Sentenzen des Paulus und ähnlichen Materialien[155]; seine Redaktoren waren wahrscheinlich Römer. Es galt bis zum Jahr 654, als König Reckessvind es zugunsten des von ihm erlassenen Gesetzbuches außer Kraft setzte. Die Herkunft der darin enthaltenen Bestimmungen gegen Homosexualität ist unklar. Vielleicht entstammt sie dem Codex Theodosianus[156], womit sie weitgehend übereinstimmt. Es besteht jedoch auch die in Abschnitt 1.b. dieses Kapitels erwähnte Möglichkeit, daß die Redaktoren des Breviariums ein ihrem und ihrer gotischen Herren Rechtsgefühl entsprechendes altes römisches Edikt aus den Archiven der Stadt Rom ausgruben und der Lex Romana Visigothorum einfügten, aus der es etwas später in die Collatio gelangte, und zwar mit vollständigem Text. Die im Codex Theodosianus erwähnte Bestimmung ginge dann zwar auf dieselbe Quelle zurück (das tatsächlich in 390 erlassene Edikt), enthielte aber nicht dessen Urtext, da sie eine verkürzte Fassung bietet. Weitere Rechtsverordnungen westgotischer Könige weisen mildere Strafen auf. So ordnet das Edikt Chindasvinds (641–49)[157] Kastration und Ausstoßung aus der christlichen Gemeinschaft an.[158] Ein späteres Edikt König Egicas[159] bestätigt diese Strafe und außerdem die schon erwähnten Strafandrohungen des Konzils von Toledo, wo außer der Kirchenbuße noch das schimpfliche Scheren des Haupthaares und die öffentliche Auspeitschung geboten worden waren, worin sich ein Rest des römischen ›supplicium fustuarium‹ erhalten haben dürfte. Denn in Gebieten wie Spanien, wo sich seit seiner Einverleibung in das römische Imperium das Rechtsleben schrittweise anhand des römischen Vulgarrechtes und auf der Grundlage von zum Teil noch älteren römischen Rechten entwickelt hatte, blieben die alten römischen Gesetze, soweit sie nicht mit den neuen christlichen in Widerspruch standen, in solchem Umfange gültig, daß man diesbezüglich eher von einer Rechtskontinuität als von einer besonders frühen Rezeption sprechen darf.[160]

### *d. Friesisches Recht*

Das friesische Landrecht, das wohl noch ins 11. Jahrhundert gehört, gebietet, daß ein der Sodomie Überführter die Wahl zwischen den Strafen der Selbstentmannung, des Lebendigbegrabens und der Verbrennung bei lebendigem Leibe haben solle[161], wobei nicht recht klar wird, ob mit ›Sodomie‹ Homosexualität oder Bestialität gemeint ist. Vermutlich galt diese Strafe aber für beide Deliktarten. In der friesischen Schelte wenigstens wird neben den Schimpfworten ›merenhier, koienhier‹ (d. h. auf sexuellen Verkehr mit Pferden bzw. Kühen hinweisenden Bezeichnungen) auch der Ausdruck ›menenhier‹ erwähnt, der eindeutig Homosexualität meint.[162] Die Kastration ist in diesem Gesetz vermutlich ebenso als Substitut der Todesstrafe aufzufassen wie im westgotischen. Da auf sie bei der makabren Wahl, die man dem unglücklichen Delinquenten offenließ, wohl durchweg die Entscheidung gefallen sein dürfte, haben wir es auch hier mit dem Willen der Gesetzgeber zu einer gegenüber früheren Zeiten und Bräuchen größeren Milde zu tun. Über die Feuerstrafe braucht nach dem im letzten Abschnitt Erläuterten nichts hinzugefügt zu werden; was die dritte Wahlmöglichkeit, das Lebendigbegraben, angeht, so tritt uns darin eine der prächristlichen germanischen Strafarten für derartige Delikte entgegen, die übrigens in Schweden für Bestialität angedroht war.[163]

## 5. Exkurs: Literarische und volkskundliche Quellen

### *a. Beurteilung homosexuellen Verhaltens in der Dichtung*

Ohne tiefer in die Materie einzudringen, soll zum Abschluß dieses Kapitels noch kurz auf die vereinzelte Behandlung des Themas der Sodomie[164] in der Literatur des uns beschäftigenden Zeitabschnitts eingegangen werden.

Einige Autoren haben sich der nicht unbeträchtlichen Mühe unterzogen, entsprechende Stellen aus dem zeitgenössischen damaligen Schrifttum Deutschlands, Englands und Frankreichs auszuziehen und mitzuteilen.[165] Sie sind durchweg entweder moralisierenden oder satirischen Inhalts. Vornehmlich in den englischen Werken kommt zum Ausdruck, daß man dort homosexuelles Verhalten als absolute Novität ansah. Recht bemerkenswert ist eine in der Zusammenstellung von Dümmler[166] mitgeteilte Anekdote aus Frankreich, die der Briefsammlung des bekannten Bischofs Ivo von Chartres aus dem 11. Jahrhundert entstammt: In einem Schreiben an den päpstlichen Legaten Hugo von Lyon beschwerte er sich bitter darüber, daß der Erzbischof Radulf von Tours nach dem Tode des Bischofs Johann von Orleans zu dessen Nachfolger eine völlig unwürdige Persönlichkeit, einen gewissen Johann, befördert habe, von dem der König Philipp ihm ganz öffentlich bezeugt habe, »quod praedicti Ioannis – d. h. des verblichenen Bischofs v. Orleans – succubus fuerit«. Dies sei in dem Bistume und in den benachbarten Orten so bekannt, daß dieser Johann von den übrigen Domherren mit dem Namen einer berüchtigten Buhlerin ›Flora‹ genannt worden sei. Nur aus Furcht vor dem Erzbischof und dem mit diesem verbündeten König wage niemand, wider ihn Anklage zu erheben. Überall aber würden bereits Spottverse auf ihn gedichtet und öffentlich gesungen. Ähnlich beklagte Ivo sich auch in einem gleichzeitigen Brief an Papst Urban II., doch vergeblich: Johann blieb unangefochten im Besitz seines im Bett erdienten Bistums. Diese Anekdote schien berichtenswert, um zu zeigen, daß die für die hohe Geistlichkeit in den Poenitentialen angegebenen Bußtarife (für den Bischof, der gewohnheitsmäßig Sodomie treibt, durchschnittlich 25 Jahre) nicht aus schierem Perfektionsdrang dort aufgenommen worden sind, sondern weil solche Fälle sich leider gelegentlich wirklich ereigneten.

Die von de Rougemont[167] ausgesprochene Vermutung, in der französischen Troubadour-Dichtung fänden sich homosexuelle Elemente, müßte durch detaillierte Untersuchungen abgestützt werden, wirkt jedoch nicht unglaubhaft, zumal merkwürdigerweise in nicht wenigen Minne-Liedern die Anrede an die ›Dame‹ nicht die weibliche, sondern die männliche Form benutzt: ›mi dominus‹ oder ›senhor‹. Die von de Rougemont

angenommenen Zusammenhänge zwischen Ausbreitung der Troubadour-Dichtung und dem gleichzeitig in derselben Region mächtig erstarkenden Katharertum könnten die Entwicklung eigenartiger, halb sinnlicher, halb spiritueller Vorstellungen begünstigt haben, wie sie im maurischen Sufismus Spaniens auftraten. Oft jedenfalls wirkt die weibliche Charakterisierung der ›Dame‹ so allgemein, daß sie auf quasi jede schöne Edeldame passen könnte und jeder Individualität entbehrt. An wen aber richtet sich das Liebesgedicht dann in Wirklichkeit? »Und noch etwas Bezeichnendes: Arnault Daniel und der Italiener Guinizelli, die zu den Troubadouren gehören, die die Schönheit ihrer ›Dame‹ am feurigsten preisen, erscheinen in Dantes Gesang XXIV des Fegefeuers unter den Sodomiten!«[168]
Wir begegnen bei Dante Sündern, die wegen ihrer Homosexualität verdammt sind, zuerst im VII. Kreis der Hölle, 3. Ring. In diesem Kreis nämlich werden die Gewalttätigen bestraft, und zwar den entsprechenden Ringen gemäß gradweise; im 3. diejenigen, die gegen Gott Gewalt übten. Homosexuelle gehören nach Dante dorthin, weil Homosexualität gegen die Natur verstößt, die »eine Tochter des göttlichen Geistes« ist. (Hier findet man die bekannte katholische Gleichsetzung ›natürlich = richtig = moralisch‹ bereits voll ausgeformt.) Die Strafe der Sodomiten in Dantes Hölle besteht darin, daß sie dauernd auf glühendem Sand gehen müssen. Entsprechend Dantes Glauben leiden die Sodomiten, weil sie das göttliche Gesetz verlacht haben und von tierischen Gelüsten eingenommen waren; weil aber die Vernunft »über dem Tier« steht, ist dergleichen gleichzeitig ein Gewaltakt gegen Gott, der den Menschen mit Verstand begabte.
Als antiker literarischer Topos erscheint die Päderastie in der Literatur der Humanisten, die für das 12. und 13. Jahrhundert eine gewisse unübliche – wohl auf den hohen Klerus und humanistische Kreise beschränkte – erotische Unbefangenheit ausweist. Ernst Robert Curtius hat entsprechende Quellen angegeben und kurz kommentiert[169]; da dieser Literaturzweig auf einen verschwindend kleinen Kreis Hochgebildeter beschränkt war und keinerlei Einwirkungen auf das geistliche oder weltliche Recht hatte, geschweige denn auf die Vorstellungen des ›gemeinen Volkes‹, kann seine Behandlung hier vernachlässigt werden.
Aus Deutschland sei noch folgendes Beispiel erwähnt. Bei dem berühmten elsäßischen Dichter Johann Fischart (1546–1590) findet sich in seinem satirischen Werk »Flöhhatz«[170] ein Vers, der – worauf als erster Jakob Grimm hingewiesen hat[171] – eine Erinnerung an das Versenken im Moor als Feigheitsstrafe darstellt und also peripher noch in den hier interessierenden Zusammenhang gehört. Er lautet: »Dan welcher stirbet gleich vor schrecken, den soll man mit Kükat bedecken.« Von dieser

Strafart handelt außerdem ein von Jakob Grimm mitgeteiltes mittelalterliches Sprichwort[172]: »man sprichet wer von vorhten stirbet, daz der im selber daz erwirbet, daz man in sol in mel begraben.« ›Mel‹ bedeutet nach Grimm soviel wie Staub, Kehrricht, d. h. Abfall.
Positive Stellungnahmen zur Homosexualität gibt es bis zur Neuzeit nicht.[173]

*b. Reste temporärer kultischer Transvestition im Karneval*

Als wir uns im III. Kapitel mit Fragen der kultischen Transvestition im germanischen Raum befaßten, erwähnte und erläuterte ich die Belege, die dort für diese sehr alte und wohl schon während der Epoche der Asenreligion obsolet gewordene Institution existieren. Transvestition kann, wie sich zeigte, lebenslang oder lediglich temporär sein, und es fällt leicht, einzusehen, warum es ihren Gegnern gelang, die lebenslange so zu ächten und zu verpönen, daß sie praktisch ausstarb: Nötig dazu war im Grunde lediglich ein konsequentes und so hartes Vorgehen gegen ihre Repräsentanten, daß der vorgebliche Geschlechtswechsel lebensgefährlich wurde.
Ganz anders stand es um die temporäre Transvestition, die offensichtlich an eine bestimmte Jahreszeit gebunden[174] und gleichfalls kultisch bedingt war und an der sich so zahlreiche Männer beteiligt haben müssen, daß es schlechterdings nicht anging, sie allesamt zu verfolgen. Deshalb konnte sich dieser Brauch bis in die Gegenwart im Karneval erhalten, obgleich selbstverständlich immer wieder – besonders kurz nach der Christianisierung im frühen Mittelalter – kirchlicherseits versucht wurde, ihn abzustellen. Die Zugehörigkeit dieser Form des Gestaltwandels zur schamanistischen Glaubenskategorie kommt übrigens nicht zuletzt in der gleichzeitigen ›Verwandlung‹ anderer Teilnehmer des Karnevalstreibens in Tiere (Hirsche) zum Ausdruck.
Als Beispiel eines Verbots dieser Sitte sei die Bestimmung Nr. 88 des Poenitentiale Valicellanum aus der ersten Hälfte des 8. Jahrhunderts erwähnt[175], wo es heißt: »Wer sich an den Kalenden des Januars, was viele tun, wie die Heiden in Hirsche oder Vetteln verkleidet, umhertreibt, soll drei Jahre büßen, weil das etwas Dämonisches ist.« Fast die gleiche Verordnung findet sich schon in der sog. trullanischen Synode von Constantinopel aus dem Jahr 692, die in ihrem Canon Nr. 62 unter allerhand Resten heidnischen Aberglaubens an erster Stelle die Kalendenfeste mit ihrem Brauch, sich in das entgegengesetzte Geschlecht zu verkleiden[176], verbietet. Dasselbe tat die Synode von Rom im Jahr 721. Noch früher, nämlich in 585, gebot der Canon 1 der Synode von Auxerre: »Niemand darf am 1. Januar nach heidnischer Art sich in

Vetteln oder Hirsche verkleiden oder diabolische Neujahrsgeschenke machen.« Den meist mit drei Jahren angegebenen Bußsatz hat für diese kultischen Transvestitionen Burchard von Worms auf 30 Tage ermäßigt.[177]
Es lohnt an dieser Stelle, kurz auf die Bedeutung des Wortes ›Vettel‹ einzugehen (der Sinn des Gestaltwandels in den während der früheuropäischen Jägerkultur numinos hochrelevanten Hirsch bedarf keiner weiteren Erläuterung). Die Bedeutung von ›Vettel‹ jedoch ist nach dem Grimmschen Wörterbuch[178] nicht unmittelbar von dem lateinischen ›vetula‹ (›eine Alte‹) ableitbar. Vermutlich versteckt sich dahinter vielmehr ein lautlich an ›vetula‹ anklingendes, aber germanisches Wort mit einem Sinn, der auf ein weibliches Wesen deutet, das sich unzüchtig benimmt und mit Zauberei und Musikmachen (›fideln‹) befaßt. Alt kann, aber muß es nicht sein.[179] Sogar Hinweise auf Anales stecken in dem Wort. Stellen wir uns nun einmal einen Mann vor, der sich als ›liederliches Frauenzimmer‹ verkleidet hat bzw. so benimmt und auf einem Instrument Musik macht, dann haben wir das typische Bild eines Kulttransvestiten bzw. transvestitischen Schamanen vor uns. Was freilich davon im Karneval, sogar im gegenwärtigen, übrig geblieben ist, stellt weiter nichts dar als eine Travestie, und so ist es höchstwahrscheinlich auch im 6. Jahrhundert schon gewesen, sonst hätte später Burchard gewiß eine höhere Buße für derartige temporäre Transvestitionen angesetzt. Man wollte auch wohl weniger der Verkleidung als solcher[180] begegnen, als der ganzen Sitte des heidnischen Kalendenfestes überhaupt (»weil es etwas Dämonisches ist«).

## 6. Ergebnis dieses Kapitels

Als Ergebnis dieses Kapitels kann festgestellt werden, daß die Todesstrafe für homosexuelles Verhalten durch Verbrennen in die frühmittelalterliche Gesetzgebung durch eine bewußte Fälschung hineingekommen ist und ihrerseits nicht auf dem mosaischen Recht beruht (das als Strafe für dies dort gleichfalls als Delikt betrachtete Sexualverhalten die Steinigung vorsah), sondern durch Rekurrierung auf das Edikt der drei Caesaren von 390 konzipiert wurde, wie es in der ›Collatio‹ erhalten ist.
Die als Motivation dazu bemühte ›Sodom-Mythe‹ ist die persönliche Erfindung Justinians, der entsprechende Gesetze seinem Codex einmal zur Bekämpfung sonst nicht zu fassender persönlicher und politischer Gegner einfügte, und zum anderen, weil er der durch Naturkatastrophen

und Seuchen geängstigten Bevölkerung seiner Hauptstadt für diese Heimsuchungen irgendwelche Sündenböcke präsentieren mußte, um Unruhen zu vermeiden. Es kann nicht ausgeschlossen werden, daß Justinian von der ›Schuld‹ seiner Sündenböcke selbst überzeugt war.

Bei dem Fälscher Levita ist dies hingegen kaum anzunehmen. Seine gefälschten Kapitulare weiten den in der Sodom-Mythe umrissenen angeblichen Mechanismus zwischen homosexuellem Verhalten und dem Ausbruch göttlichen Zorns so sehr und auf so divergierende Delikte aus, daß der Autor schwerlich geglaubt haben kann, damit noch im Rahmen der Vorschriften der Bibel zu bleiben. Benedictus Levita gelang es, in sehr geschickter Weise vorchristliche, genuin germanische Ressentiments gegen Schadenszauberer und Leute mit abweichendem Sexualverhalten zu mobilisieren und letzere mit Personengruppen, die er als Sündenböcke für Hungersnot, Seuchen und verlorene Kriege hinstellte, wesensmäßig zu identifizieren, was für Jahrhunderte nicht nur zu einer Prolongierung des germanischen Vorurteils gegen Transvestismus und homosexuelles Verhalten führte, sondern dies Vorurteil durch die Anbietung einer Motivation aus der neuen und als überlegen angesehenen christlichen Religion sogar noch beträchtlich verstärkte.

Bemerkenswert dabei ist, daß das die Feuerstrafe androhende gefälschte Kapitular nur in solchen Fällen von den weltlichen Gerichten zur Anwendung zu kommen pflegte, wo auch nach vorchristlich-germanischem Rechtsbrauch die Feuerstrafe am Platz gewesen wäre: Nämlich bei angeblicher Zauberei, beim Giftmord (der als eine spezielle Spielart der Zauberei galt) und bei der mit diesen beiden Delikten durch den Neidingsbegriff verbundenen Sodomie. Denn keinem Gericht ist es eingefallen, etwa jemand wegen ›Unzucht‹ schlechthin zu verbrennen (z. B. wegen vorehelichen Geschlechtsverkehrs) oder deshalb, weil er irgend etwas gegen die Institution der Kirche oder die Geistlichkeit gesagt oder getan hätte, worauf es dem Fälscher freilich wohl in allererster Hinsicht angekommen ist.

Bei den drei genannten Deliktarten aber wird seit Levita wieder regelmäßig und unreflektiert die Verbrennungsstrafe angewandt, obgleich dies Verfahren mit der bis dahin geübten Bußpraxis der Kirche in schreiendem Widerspruch stand und mit ihrem in fast tausend Jahren entwickelten Bußbegriff völlig unvereinbar war.

**Anmerkungen**

1 Zu den religiösen Vorstellungen der vorgriechischen Pelasger vgl. Fritz Kern: Die Welt, worein die Griechen traten. In: *Anthropos,* Bd. 24, 1929.

2 Hans Krahe: Die Indogermanisierung Griechenlands und Italiens, Zwei Vorträge, Heidelberg 1949.

3 Vgl. etwa die Einzelheiten in Ernst Buschor: Das Schirmfest. In: *Jahrbuch des deutschen archäologischen Instituts,* Bd. XXXVIII/XXXIX, Berlin und Leipzig 1925, S. 128 ff.

4 Vgl. z. B. die eigenartigen Züge des rätselhaften ›Catamitus‹ bei M. Mayer: Mythistorica III: Catamitus.' In: *Hermes. Zeitschrift für class. Philologie,* Berlin 1892, Bd. 27, Heft 4, S. 510–515.

5 Karl Otfried Müller: *Die Etrusker,* Stuttgart 1877, S. 50 ff., 262, 353.

6 Cicero, Marcus Tullius: *Tusculanische Gespräche,* Buch V, Kap. 20: »habe-ret etiam more Graeciae quosdam adulescentis amore coniunctos«. (Lipsiae MCMVI)

7 Das genaue Gegenteil dazu stellten die originalen griechischen Verhältnisse dar, wo ja gerade der sexuelle Kontakt eines erwachsenen Freien mit einem heranwachsenden freien Jungen Brauch war.

8 Vgl. die ausführlichen Darstellungen nebst Belegen, Beispielen und Quellenangaben in: M. H. E. Meier: Artikel ›Päderastie‹. In: I. S. Ersch und I. G. Gruber (Hrsg.): *Allgemeine Encyklopädie der Wissenschaften und Künste,* 3. Section, O–Z, 9. Theil, Leipzig 1837, S. 149–189, bes. S 151 f.; Wilhelm Rein: *Das Criminalrecht der Römer von Romulus bis auf Justinianus,* Leipzig 1844, bes. 3. Abschn., 2. Kap., S. 864 ff. Die beiden Schriften sind absolut nicht veraltet, sondern stellen das Ausführlichste und Objektivste dar, was im deutschen Sprachraum zu dem Thema geschrieben worden ist, was einer der Gründe dafür sein mag, daß sie so selten zitiert werden.

9 Sprechende Beispiele für diese Einstellung, die sich übrigens mit der anderer indogermanischer Stämme völlig deckt, finden wir bei Livius: *Römische Geschichte,* Buch XXXIX, Cap. 22: »Von mehreren Orten meldete man abscheuliche Mißgeburten, von Menschen und Tieren. Im Sabinischen wurde ein Kind geboren, von dem man nicht wußte, ob es männlichen oder weiblichen Geschlechts sei ... Man fand noch ein anderes, 16 Jahre alt, ebenfalls ungewissen Geschlechts. Alle diese Erscheinungen hielt man für grauenvolle Unregelmäßigkeiten, für Fehlgriffe der bei der Erzeugung des einen Geschlechts sich in das andere verirrenden Natur. Als besondere Unglückszeichen verabscheute man Zwitter und ließ sie sogleich ins Meer auswerfen, wie man noch vor kurzem ... eine ebenso schauderhafte Zwittergeburt im Meer versenkt hatte.« In Buch XXXIX, Cap. 22, heißt es: »Um dieselbe Zeit wurde auch aus Umbrien gemeldet, man habe einen beinahe zwölfjährigen Zwitter entdeckt. Mit Abscheu sich dagegen verwahrend, gab man den Befehl, dies Ungetüm (monstrum) schleunigst aus Roms Gebiet zu tilgen und zu töten.« In Buch XXVII, Cap. 37, wird berichtet, daß in einem ähnlichen Fall die herbeigerufenen Zeichendeuter das betreffende Geschöpf für ein abscheuliches und abstoßendes Monstrum erklärten, »das man vom römischen Boden verbannen und, fern aller Berührung mit dem festen Land, im tiefen Meer versenken müßte. So steckte man es lebend in eine Kiste, fuhr

mit ihm aufs offene Meer und warf es über Bord.« Die Denker der Stoa haben später versucht, solche Menschen irgendwie medizinisch einzuordnen und wandten sich gegen deren Tötung, wenngleich der Aberglaube nicht restlos zum Verschwinden gebracht werden konnte. (Nach K. Reinhardt in: Pauly-Wissowa [Hrsg.]: *Realencyclopädie der classischen Altertumswissenschaft,* Bd. 22, 1, Stuttgart 1953, Sp. 822.) Sogar Seneca hat die Tötung von Mißgeburten als etwas ganz Selbstverständliches propagiert: »Wir vermeiden die tollen Hunde, wir bringen die bösartigen und wilden Ochsen um, wir senken den Stahl in das kranke Vieh, damit nicht die Herde angesteckt wird, wir vernichten die Mißgeburt und wir versenken die Kinder, wenn sie schwach und wider die Natur gebildet sind, ins tiefe Wasser.« (Aus: *De ira,* Buch I, 15.) Der Hermaphroditen-Kult einer ästhetisierenden Oberschicht in der Spätantike, aus dem später die Gnosis lebhafte Impulse empfangen hat, ist ein Produkt des damals vorherrschenden religiösen Synkretismus. (Vgl. Marion Luckow: Die Homosexualität in der literarischen Tradition. In: *Beiträge zur Sexualforschung,* Heft 26. Stuttgart 1962.)

10 Vgl. Helmer Ringgren und Ake v. Ström: *Die Religionen der Völker,* op. cit., S. 364 f.

11 Juvenal, Decimus Junius: *Satiren.* Übersetzt von W. Hertzberg und W. S. Teuffel, Stuttgart 1886, S. 15 f.

12 Es handelt sich dabei um ein irrationales Schauen, das als Abglanz jenes ›Mysterium tremendum‹ (vgl. Gustav Mensching, *Die Religion,* op. cit., S. 377) angesprochen werden kann, welches hier den Beobachter angesichts eines fremden religiösen Kultes packt, dessen Gottheit Forderungen stellt, die ihm unbegreiflich sind (Kastration der Kultausübenden).

13 Vgl. Ilona Opelt: *Die lateinischen Schimpfwörter und verwandte sprachliche Erscheinungen,* Heidelberg 1965, S. 175: »Heliogabal hieß wegen seiner Ausschweifungen catula, Hündin, und sein Leichnam wurde wie ein toter Hund durch die Straßen geschleift.«

14 Vgl. A. Thierfelder: Obscaenus. In: *Festschrift F. Jacoby,* Leiden 1956, S. 98, 106.

15 Ilona Opelt: *Die lateinischen Schimpfwörter und verwandte sprachliche Erscheinungen,* op. cit., S. 155, mit einer Fülle bemerkenswerter Beispiele.

16 Vgl. die Bemerkungen bei H. Michell: *Sparta,* Cambridge 1952, S. 194–197.

17 Vgl. M. H. E. Meier: Artikel ›Päderastie‹, op. cit., S. 150; Valerius Maximus: *Sammlung merkwürdiger Reden und Taten.* Übersetzt von Friedrich Hoffmann. Stuttgart 1829. Buch VI, Abschnitt 5 ff. (S. 367).

18 Vgl. W. Kroll in: Pauly-Wissowa (Hrsg.): *Realencyclopädie der classischen Altertumswissenschaft,* Bd. 11, 1, Stuttgart 1921, S. 906. Der Ausdruck bedeutet ›Schändung eines Mannes‹ schlechthin und nicht etwa irgendeine spezielle Form des homosexuellen Verkehrs.

19 Polybios: *Geschichte.* Übersetzt von A. Haakh. 2 Bd., Stuttgart 1862. Buch VI, Cap. 37 (in Bd. I., S. 42): »Der Strafe der Stockschläge unterliegt, wer im Lager gestohlen, desgleichen wer falsch gezeugt hat, sowie jeder junge Mann, welcher unnatürlicher Wollust schuldig befunden worden, endlich auch der, welcher dreimal wegen derselben Verfehlung eine Strafe erlitten hat.«

20 Valerius Maximus: *Sammlung merkwürdiger Reden und Taten,* op. cit.; M. H. E. Meier: Artikel ›Päderastie‹, op. cit.

21 Theodor Mommsen: *Römisches Strafrecht,* Leipzig 1899, S. 703 f.

22 Nach Wilhelm Rein: *Das Criminalrecht der Römer von Romulus bis auf Justinianus,* op. cit., S. 864.

23 Vgl. den Bericht bei Livius: *Römische Geschichte,* op. cit., Buch 39, Cap. 42.

24 Friedrich Wachenfeld: *Homosexualität und Strafgesetz,* Leipzig 1901, S. 14.

25 Münzer: Artikel ›Scantinius‹. In: Pauly-Wissowa (Hrsg.): *Realencyclopädie der classischen Altertumswissenschaft,* 2. Reihe, Stuttgart 1921, Bd. 2, 1. Sp. 352 f.; zur Lex Scantinia außerdem: Joh. Frid. Christ: *Historia legis Scantiniae,* Halle und Magdeburg 1726; Theodor Mommsen: *Römisches Strafrecht,* op. cit., S. 703 f.

26 Hierin kommt in etwa die bei indogermanischen Stämmen häufige Vorstellung zum Ausdruck, ein solcher Mann sei nicht würdig, stimmberechtigt am öffentlichen Leben teilzunehmen, wie sie sich ähnlich in Germanien durch Friedlosigkeit, in Griechenland (falls ein erwachsener Freigeborener sich prostituierte) durch Atimie, in Indien durch Ausstoßung aus der Kaste manifestierte.

27 Vgl. den bei Theodor Mommsen: *Römisches Strafrecht,* op. cit., S. 704, angeführten Ausspruch Senecas: »impudicitia in ingenuo crimen est«, womit der Stand der Freigeborenen generell angesprochen wäre.

28 Nach D. S. Bailey: Artikel ›Homosexualität‹. In: Hans v. Camphausen (Hrsg.): *Die Religion in Geschichte und Gegenwart,* 3. Aufl., III. Bd., Tübingen 1959, Sp. 441 ff., entstand die ›Lex Julia de adulteris‹ gegen etwa 17 v. Chr. Vgl. auch: Theodor Mommsen: *Römisches Strafrecht,* op. cit., S. 704; Friedrich Wachenfeld: *Homosexualität und Strafgesetz,* op. cit., S. 15.

29 Noch Theodor Mommsen in: *Römisches Strafrecht,* op. cit., S. 793, zweifelt daran nicht. Heute spricht die herrschende Auffassung jedoch das Werk dem Paulus ab und nimmt an, daß ein nachklassischer Jurist das Buch vorwiegend oder ausschließlich aus Schriften von Julius Paulus zusammengestellt habe.

30 Vgl. Paul Krüger: *Geschichte der Quellen und Literatur des Römischen Rechts,* München und Leipzig 1912; Fritz Schulz: *Geschichte der römischen Rechtswissenschaft,* Weimar 1961, S. 213–217.

31 E. Seckel et B. Kuebler: *Iurisprudentiae anteiustinianae reliquias,* S. 543 ff.: Pauli sententiarum ad filium libri quinqe. Lipsiae MCMXI. Liber II, Titulus 26: De Adulteriis, 12.

32 E. Seckel et B. Kuebler: *Iurisprudentiae anteiustinianae reliquias,* op. cit., S. 62: Liber II, Titulus 26, De Adulteriis, 13.

33 E. Seckel et B. Kuebler: *Iurisprudentiae anteiustinianae reliquias,* op. cit., S. 120: Liber V, Titulus 4: De Iniuriis, 14.

34 Paulus Krueger (Ed.): *Corspus iuris civilis,* Vol. II.: Codex Iustinianus, Berolini 1892, S. 376: Ad. Lex Julia de adulterium, VIIII, 9, 30.

35 Johannes Baviera (Ed.): Mosaicarum et romanarum legum collatio. In: *Fontes iuris Romani anteiustiniani,* Pars altera, Florentiae 1940, S. 556 f.: Titulus V: De stupratoribus, III.

36 Über die ›Collatio‹ im allgemeinen vgl. Fritz Schulz: *Geschichte der römischen Rechtswissenschaft,* op. cit., S. 394–397.

37 Vgl. dazu die Ausführungen und weiteren Quellenangaben bei Fritz Schulz: *Geschichte der römischen Rechtswissenschaft,* op. cit., S. 97–100, nach welchem Werk die strittigen Zusammenhänge hier erläutert wurden.

38 Fritz Schulz: *Geschichte der römischen Rechtswissenschaft,* op. cit., S. 398 ff.; Artikel: Codex Theodosianus, von Jörs in Pauly-Wissowa (Hrsg.): *Realencyclopädie der classischen Altertumswissenschaft,* Bd. 4, 1, Stuttgart 1900, S. 170 ff.

39 Theodor Mommsen: *Theodosiani Libri XVI cum constitutionibus sirmondianis,* Berolini MDCCCCV. S. 448: Ad legem Iuliam de adulteriis, VIIII, 7, 6 und S. 447: Ad legem Iuliam de adulteriis, VIII, 7, 3.

40 Fritz Schulz: *Geschichte der römischen Rechtswissenschaft,* op. cit., S. 359; F. Dölger: Artikel über Justinian in: *Lexikon für Theologie und Kirche,* 2. Aufl., Bd. 5, Freiburg/Brsg. 1960, S. 1227 ff.; Artikel von Jörs über den Codex Justinianus in: Pauly-Wissowa (Hrsg.): *Realencyclopädie der classischen Altertumswissenschaft,* Bd. 4, 1, Stuttgart 1900, S. 167 ff.

41 Theodor Mommsen et Paulus Krueger (Hrsg.): *Corpus iuris civilis,* Vol. I.: Institutiones. Edition: Paulus Krueger. Digesta. Edition: Theodor Mommsen, retractavit: Paulus Krueger. Berolini MCMLIV (1954). Institutiones, IV, 18, 4, S. 55.

42 Theodor Mommsen et Paulus Krueger (Hrsg.): *Corpus iuris civilis,* op. cit., Digesta, S. 846: XLVIII, 5, 9 und S. 850: XLVIII, 5, 35, 1.

43 Theodor Mommsen et Paulus Krueger (Hrsg.): *Corpus iuris civilis,* op. cit., Digesta, S. 836: XLVII, 11, 1, 2.

44 Die Übersetzung ist entnommen: Carl Eduard Otto, Bruno Schilling, Carl Friedrich Ferdinand Sintenis (Hrsg.): *Das Corpus Iuris Civilis,* Bd. 7: Novellen des Justinian, Leipzig, 1933. S. 380 f.: Novelle 77, S. 699–701: Novelle 141.

45 Eduard Gibbon: *History of the Decline and Fall of the Roman Empire,* London 1782–88, Bd. 8, Kap. 20.

46 Aus den ursprünglich mit den Farben blau, grün, weiß und rot gekennzeichneten Wettkampf-Parteien der circensischen römischen (und später auch byzantinischen) Rennwagen-Mannschaften hatten sich quasi-politische Gruppierungen entwickelt, wovon die Grünen und Blauen am angesehensten waren und sich erbittert auch außerhalb der Arena bekämpften, von ihren Anhängern lebhaft unterstützt. Justinian war ein fanatischer Protektor der ›Blauen‹. Eine gute neuere Übersetzung bietet Otto Veh: *Prokop von Caesarea: Anekdota. Geheimgeschichte des Kaiserreichs von Byzanz,* München 1970, bes. S. 103 f.

47 Ihre Vollendung erreichte die platonische Eroslehre im ›Phaidon‹; wer darin – wie es in Laienkreisen trotz jahrzehntelangen Protestes der Fachphilosophen immer noch mit Beharrlichkeit geschieht – nichts als eine Verherrlichung der Homosexualität erblickt, der liest seinen Platon wohl wie die Zeugen Jehovas die Bibel. Vgl. zu dem Fragenkreis Hans Eibl: *Delphi und Sokrates,* Salzburg 1949, bes. S. 282 ff.; Josef Pieper: *Was heißt philosophieren?,* München 1948, S. 88 ff.

48 Wilhelm Hehlmann: *Geschichte der Psychologie,* Stuttgart 1963, S. 24.

49 Gustav Mensching: *Die Religion,* op. cit., S. 54.

50 Diese Bindung »wird im Christentum verstanden als Alternative zwischen Gott und Welt bzw. Mammon, der der Repräsentant der bindenden Weltmächte ist: ›Niemand kann zwei Herren dienen, entweder er wird den einen hassen und den anderen lieben, oder er wird dem einen anhangen oder den

anderen verachten. Ihr könnt nicht Gott dienen und dem Mammon‹ (Matth. 6,24). Die vom Christentum verkündigte und hergestellte Bindung an Gott und die damit gegebene Verlegung des Schwerpunktes auf diese Beziehung schließt Wertschätzung weltlicher Werte keineswegs aus, sondern ein als notwendige Folge jener Bindung« (Gustav Mensching: *Die Religion,* op. cit., S. 58).

51 Gustav Mensching: *Die Religion,* op. cit., S. 57.

52 Gustav Mensching: *Die Religion,* op. cit., S. 58.

53 Vgl. Adolf Köberle: Deutung und Bewertung der Homosexualität im Gespräch der Gegenwart. In: *Der homosexuelle Nächste. Ein Symposion,* Hamburg 1963, S. 43.

54 Die Abneigung der Juden gegen Homosexualität, insbesondere homosexuelle Prostitution, ist religiös-kultisch bedingt gewesen. Vgl. statt vieler anderer Stimmen hierzu Hans-Joachim Schoeps: Überlegungen zum Problem der Homosexualität. In: *Der homosexuelle Nächste,* op. cit., S. 90: »So wissen wir heute auch, daß die Päderastie in der Form sakraler Tempelprostitution seit dem 14. Jahrhundert v. Chr. zum kanaanäischen Kultritual gehört hat. Die Hierodulen oder Tempelprostituierten wurden mit dem Gottesattribut ›die Heiligen‹ bezeichnet. Nach Rash Shamra Fragm. 8252 waren Kedeshim (Lustknaben) und Kohanim (Priester) in Ugarit einander gleichgestellt. Sie gehörten zum Tempelpersonal und hatten einen höheren Rang als Tempeldiener, Sänger, Türhüter usw. Die Kedeshim sind geradezu als eine legitime Priesterzunft im Dienste der Göttin Ashera, Gattin Baals, zu betrachten. Das ist der wirkliche Grund, daß die Päderastie, die den Israeliten nur im Zusammenhang sakraler Prostitution der Fruchtbarkeitskulte ihrer Umwelt bekannt war, zurückgewiesen und als todeswürdiges Verbrechen gebrandmarkt worden ist. Für Jahwe ist solche Sakralisierung des Geschlechtlichen ein Greuel.«

55 Überschreitung der Gebote Gottes wird als Gehorsamsverweigerung betrachtet, der Gottes – blinden – Zorn hervorruft. So schrieb Justinian (in bezug auf ganz andere Delikte, nämlich Mädchenraub, Ehebruch, Wucher und Mord): »Es ist nicht Unmenschlichkeit, sondern der höchste Grad der Menschlichkeit, durch die Bestrafung Weniger Viele zu retten« und ermahnt seine Präfekten, in dergleichen Fällen unangebrachte Milde zu unterlassen und streng nach den Gesetzen vorzugehen. (Nach C. E. Otto, B. Schilling und C. F. Sintenis [Hrsg.]: *Corpus Iuris Civilis,* Bd. 7: Novellen, op. cit., S. 223).

56 Nach Theodor Mommsen: *Römisches Strafrecht,* op. cit., S. 703 f., haben noch christliche Autoren wie Tertullian um 200 die Lex Scantinia und Lex Julia erwähnt.

57 Vgl. die Zusammenstellung bei Franz Hettinger: *Apologie des Christentums,* Freiburg/Brsg. 1885, S. 278.

58 Die Bußbücher sind voller Vorschriften, die sich auf den heterosexuellen Verkehr beziehen und z. B. Abweichungen von der als normal betrachteten Koitusstellung als teilweise ebenso bußwürdig erklären wie Bestialität. Die Askeseneignung des Christentums war eben allgemein, und nur dann, wenn man diejenigen Verfügungen, die sich auf Homosexualität beziehen, aus dem Zusammenhang mit anderen Stellen reißt, wo für gleichfalls als sündhaft

angesehene sexuelle Betätigungen ebenso schwere Bußen erwähnt sind, bekommen sie ein Gewicht, das ihnen in Wahrheit gar nicht zukommt. Das schlimmste Fleischesvergehen, das die Bußordnungen kannten, war auch nicht die Homosexualität, sondern Sexualverkehr zwischen einem Geistlichen und einer Nonne, da in einem solchen Fall gleich zwei Menschen ihre Keuschheitsgelübde brachen.

59 Zum Synodalrecht in dem uns speziell interessierenden europäischen Raum vgl. Hans Barion: *Das fränkisch-deutsche Synodalrecht des Frühmittelalters,* Amsterdam 1963.

60 Hans Barion: *Das fränkisch-deutsche Synodalrecht des Frühmittelalters,* op. cit., S. 161.

61 Carl Joseph v. Hefele: *Conciliengeschichte.* Nach den Quellen bearbeitet. 2. Aufl., Bd. I., Freiburg/Brsg. 1873, S. 187.

62 Carl Joseph v. Hefele: *Conciliengeschichte,* op. cit., S. 235.

63 Bei Durchsicht der Bußbücher gewinnt man den Eindruck, daß diese Gleichsetzung darauf zurückzuführen ist, daß man Bestialität als anstößiger empfand und den Ausdruck ›Sodomie‹ (der ja von der Stadt Sodom abgeleitet ist, wo es sich eindeutig um Homosexualität gehandelt hatte) schließlich für beide Vergehen benutzte, die man endlich auch unter dem Oberbegriff ›Verbrechen wider die Natur‹ zusammenfaßte. Später wurde dann der Sodomie-Begriff selbst als so ärgerniserregend empfunden, daß man von Sünden sprach, »die gar nicht genannt werden könnten«, was dann die Beurteilung, was denn nun eigentlich gerade gemeint sein sollte, recht erschwert.

64 Carl Joseph v. Hefele: *Conciliengeschichte,* 1. Aufl., Bd. III, Freiburg/Brsg. 1858, S. 20 f.

65 Carl Joseph v. Hefele: *Conciliengeschichte,* 2. Aufl., Bd. III, Freiburg/Brsg. 1877, S. 351.

66 Man scheint auf ein westgotisches weltliches Gesetz anzuspielen, jedenfalls was die Scherung des Haupthaares angeht.

67 Auf den Begriff der Buße wird im nächsten Abschnitt eingegangen.

68 Carl Joseph v. Hefele: *Conciliengeschichte,* 2. Aufl., Bd. IV, Freiburg/Brsg. 1879, S. 729 f.

69 Carl Joseph v. Hefele: *Conciliengeschichte,* 2. Aufl., Bd. IV, Freiburg/Brsg. 1879, S. 821.

70 Carl Joseph v. Hefele: *Conciliengeschichte,* 2. Aufl., Bd. V, Freiburg/Brsg. 1886, S. 269.

71 Die hier dargelegten Gedankengänge entstammen größtenteils dem Werk von Bernhard Poschmann: *Die abendländische Kirchenbuße im Ausgang des christlichen Altertums,* München 1928, S. 300 ff.

72 Nach Bernhard Poschmann: *Buße und letzte Ölung,* Freiburg 1951, S. 66.

73 Bernhard Poschmann: *Buße und letzte Ölung,* op. cit., S. 67.

74 Vgl. Bernhard Poschmann: *Buße und letzte Ölung,* op. cit., S. 68: »Wohin das Prinzip der Stellvertretung, das für den Fall eigener Behinderung eine gewisse Berechtigung haben mochte . . . praktisch führte, zeigt die Anweisung in der Bußordnung des Königs Eadgar aus der 2. Hälfte des 10. Jahrhunderts, wie ein Magnat durch eine entsprechende Zahl zum Fasten gedungener Männer seine siebenjährige Buße in drei Tagen erledigen könne . . .«

75 Bernhard Poschmann: *Buße und letzte Ölung,* op. cit., S. 70 f.
76 Bernhard Poschmann: *Buße und letzte Ölung,* op. cit., S. 71.
77 Vgl. H. J. Schmitz: *Die Bußbücher und die Bußdisziplin der Kirche,* 2 Bde., Bd. I: Mainz 1883, Bd. II: Düsseldorf 1898; hier: Bd. II, S. 116 f.
78 Vgl. F. W. H. Wasserschleben: *Die Bußordnungen der abendländischen Kirche,* Halle 1851, S. 77 ff.
79 Bernhard Poschmann: *Buße und letzte Ölung,* op. cit., S. 73 ff.
80 F. W. H. Wasserschleben: *Die Bußordnungen der abendländischen Kirche,* op. cit., S. 97 f..
81 Diese Bestimmungen hatten keine strafrechtlichen, wohl aber soziale Folgen, bestimmte doch die Synode von Toledo, die um etwa 400 stattfand, in Nr. 15 ihrer Canones: »Mit einem Exkommunizierten darf niemand verkehren« (nach: Carl Joseph v. Hefele: *Conciliengeschichte,* Bd. II., op. cit., S. 79).
82 Zum neuesten Stand der Forschungen über das Bußwesen vgl. C. Vogel: Le péché et la pénitence. In: *Pastorale du péché.* Aus: Bibliothèque de la Théologie. Série II. Théologie Morale. Vol. 8. Tournai 1961. Chapitre III, S. 148 ff.
83 Ludwig Bieler: *The Irish Penitentials,* Dublin 1963. With an Appendix by D. A. Binchy: The old-irish Penitential (S. 258 ff.), bes. S. 61 ff., 67, 69, 71.
84 Ludwig Bieler: *The Irish Penitentials,* op. cit., S. 75, Nr. 2; Bernhard Poschmann: *Buße und letzte Ölung,* op. cit., S. 66.
85 Ludwig Bieler: *The Irish Penitentials,* op. cit., S 101.
86 Ludwig Bieler: *The Irish Penintentials,* op. cit., S. 6 f., 115.
87 H. J. Schmitz: *Die Bußbücher und die Bußdisziplin der Kirche,* Bd. II., op. cit., S. 587, 608 f.
88 Ludwig Bieler: *The Irish Penitentials,* op. cit., S. 10, 221.
89 D. A. Binchy: The old-irish Penitential. In: Ludwig Bieler: *The Irish Penitentials,* op. cit., S. 264.
90 Bernhard Poschmann: *Buße und letzte Ölung,* op. cit., S. 66; H. J. Schmitz: *Die Bußbücher und die Bußdisziplin der Kirche,* Bd. I., op. cit., S. 510 ff., 526.
91 Bernhard Poschmann: *Buße und letzte Ölung,* op. cit., S. 67.
92 H. J. Schmitz: *Die Bußbücher und die Bußdisziplin der Kirche,* Bd. II., op. cit., S. 510, 545 ff.
93 Bernhard Poschmann: *Buße und letzte Ölung,* op. cit., S. 67; H. J. Schmitz: *Die Bußbücher und die Bußdisziplin der Kirche,* Bd. I., S. 565, 575, 579.
94 H. J. Schmitz: *Die Bußbücher und die Bußdisziplin der Kirche,* Bd. II., op. cit., S. 651 ff., 655, 660, 663 f., 666.
95 C. J. v. Hefele: *Conciliengeschichte,* 2. Aufl., Bd. III., op. cit., S. 501, 512 ff.
96 H. J. Schmitz: *Die Bußbücher und die Bußdisziplin der Kirche,* Bd. I., op. cit., S. 677 ff., 691.
97 H. J. Schmitz: *Die Bußbücher und die Bußdisziplin der Kirche,* Bd. II., op. cit., S. 204 ff., 212 f., 223, 224, 227, 228.
98 H. J. Schmitz: *Die Bußbücher und die Bußdisziplin der Kirche,* Bd. II., op. cit., S. 174 ff., 180, 183, 185; vgl. dazu auch das Poenitentiale Sangallense simplex, ebendort, S. 345, 347.
99 H. J. Schmitz: *Die Bußbücher und die Bußdisziplin der Kirche,* Bd. II., op. cit., S. 317, 320, 322.

100 H. J. Schmitz: *Die Bußbücher und die Bußdisziplin der Kirche,* Bd. II., op. cit., S. 339, 341, 344.

101 H. J. Schmitz: *Die Bußbücher und die Bußdisziplin der Kirche,* Bd. II., op. cit., S. 356 f., 359, 367; Emil Friedberg: *Aus deutschen Bußbüchern,* Halle 1868, S. 15, 46 f.

102 H. J. Schmitz: *Die Bußbücher und die Bußdisziplin der Kirche,* Bd. I., S. 436, 453.

103 H. J. Schmitz: *Die Bußbücher und die Bußdisziplin der Kirche,* Bd. II., S. 348 f., 351.

104 H. J. Schmitz: *Die Bußbücher und die Bußdisziplin der Kirche,* op. cit., Bd. I., S. 762 ff.; Bd. II., S. 402, 435 f.; zur ›Ordo‹: Bd. I, S. 741.

105 H. J. Schmitz: *Die Bußbücher und die Bußdisziplin der Kirche,* Bd. I., op. cit., S. 788.

106 H. J. Schmitz: *Die Bußbücher und die Bußdisziplin der Kirche,* Bd. II., op. cit., S. 468 f., 501.

107 Carl Joseph v. Hefele: *Conciliengeschichte,* 2. Aufl., Bd. IV., Freiburg/Brsg. 1879, S. 51 f.

108 H. J. Schmitz: *Die Bußbücher und die Bußdisziplin der Kirche,* op. cit., Bd. I., S. 465 ff., 475 f.; Bd. II., S. 280, 294.

109 Bernhard Poschmann: *Buße und letzte Ölung,* op. cit., S. 72.

110 Aus der Vermischung mit dem unvernünftigen Vieh ist also hier bereits eine ›unvernünftige‹ Vermischung schlechthin geworden; aus der ›unvernünftigen‹ wurde später eine ›irreguläre‹ und auf diesem Wege entstand der Begriff der ›Widernatürlichkeit‹, der sich aus dem der ›Unvernünftigkeit‹ entwickelt hat. Früh neigte ja bereits die Scholastik dazu, das ›Vernünftige‹ mit dem ›Natürlichen‹ (und insofern Gottgewollten) in eins zu setzen, woraus sich schließlich der verkehrte Naturrechtsbegriff insbesondere bei dem Jesuiten Suarez entwickelt hat (vgl. dazu Franz Böckle [Hrsg.]: *Das Naturrecht im Disput,* Düsseldorf 1966).

111 H. J. Schmitz: *Die Bußbücher und die Bußdisziplin der Kirche,* Bd. I., op. cit., S. 41.

112 H. J. Schmitz: *Die Bußbücher und die Bußdisziplin der Kirche,* Bd. I., op. cit., S. 393, 403, 408, 747.

113 H. J. Schmitz: *Die Bußbücher und die Bußdisziplin der Kirche,* Bd. I., op. cit., S. 767, 773.

114 F. W. H. Wasserschleben: *Die Bußordnungen der abendländischen Kirche,* op. cit., S. 79 f.; Bernhard Poschmann: *Buße und letzte Ölung,* op. cit., S. 72.

115 Diese Fälle sind nämlich, wenn man sie im Zusammenhang mit den anderen Bußbestimmungen betrachtet, die keine Körperstrafen nennen, Sonderfälle, die mildernde Umstände verlangen: Beim Kind ist die Körperstrafe hier nicht geistliche Strafe im Sinne einer Buße, sondern eine Erziehungsmaßnahme; beim Leibeigenen ist sie eine Maßnahme der Hauszucht, wie sie ähnlich noch im vorigen Jahrhundert bei uns im Rahmen der sog. ›Gesindeordnung‹ möglich gewesen wäre. In beiden Fällen aber büßen die Sünder erheblich geringere Bußen als andere, sozusagen ›vollverantwortliche‹ Mitglieder der Kirchengemeinschaft.

116 Vgl. Carl Joseph v. Hefele: *Conciliengeschichte,* 2. Aufl., Bd. I., op. cit., S. 750: »Die Synode von Laodicea in Phrygien, die zwischen 343 und 381

stattfand, gab in ihrem 2. Canon eine in diesem Hinblick unmißverständliche Anordnung: ›Daß Sünder verschiedener Art, wenn sie ausdauerten im Gebet des Bekenntnisses und der Buße und sich von dem Bösen gänzlich abgewandt haben, nachdem ihnen nach Maßgabe ihres Falles eine Bußzeit bestimmt war, aus Rücksicht auf das Mitleid und die Güte Gottes wieder in die Gemeinschaft eingeführt werden sollen.‹«

117 Hans Barion: *Das fränkisch-deutsche Synodalrecht des Frühmittelalters,* op. cit., S. 260 ff.

118 Claudius von Schwerin: *Grundzüge der deutschen Rechtsgeschichte,* op. cit., S. 94.

119 Claudius von Schwerin: *Grundzüge der deutschen Rechtsgeschichte,* op. cit., S. 56.

120 Karl von Amira: *Grundriß des germanischen Rechts,* op. cit., S. 21.

121 Paul Hinschius: Geschichte und Quellen des kanonischen Rechts. In: Franz von Holtzendorff: *Encyklopädie der Rechtswissenschaft,* 3. Aufl., Leipzig 1877, S. 139.

122 Heinrich Brunner: Geschichte und Quellen des deutschen Rechts. In: Franz von Holtzendorff: *Encyklopädie der Rechtswissenschaft,* op. cit., S. 174.

123 Heinrich Brunner: *Deutsche Rechtsgeschichte,* Bd. I., Leipzig 1887, S. 383.

124 Heinrich Brunner: *Deutsche Rechtsgeschichte,* op. cit., S. 384 ff.

125 Heinrich Brunner: *Deutsche Rechtsgeschichte,* op. cit., S. 386.

126 D. F. H. Knust: Commentatio de collectionis huis fontibus. In: Georg Heinrich Pertz: *Monumenta Germanicae historica,* Tom. II., Hannover 1837. Pars altera: Capitularia spuria. S. 19–39.

127 Carl Joseph v. Hefele: *Conciliengeschichte,* Bd. IV, op. cit., S. 51 f.

128 Ferdinand Walter: *Corpus iuris Germanici Atiqui,* Berlin 1824, Bd. II, Cap. XXI: Capitularium additio secunda. Abschnitt 21: De diversis malorum flagitiis. S. 786 f., Capitularium additio secunda.

129 Georg Heinrich Pertz: *Monumenta Germanicae historica,* Tom. II., op. cit., Buch III, Nr. 143, S. 111.

130 Ferdinand Walter: *Corpus iuris Germanici Antiqui,* Tom. II., op. cit., Capitularium additio quarta, S. 858 f.: Abschnitt 160: De patratoribus diversorum malorum.

131 Vgl. dazu D. S. Bailey: *Mann und Frau im christlichen Denken,* Stuttgart 1963, S. 145 f.

132 Die in der ersten und dritten Fälschung auftauchende Bemerkung von den »40 000 oder noch mehr aus dem Stamme Benjamin«, die durch die Schwerter ihrer Brüder umkamen, entstammt dem Alten Testament, Buch der Richter, Kap. 19–21 und scheint mir weniger aus fälschender Absicht denn aus Mangel an Bibelfestigkeit des Autors in seine Darlegungen geraten zu sein. Bei der betreffenden Erzählung, die gewisse Anklänge an die Sodom-Geschichte enthält, handelt es sich faktisch um den Mord an einer Frau, der höchst blutig gerächt wird.

133 Nach Theodor Mommsen: *Römisches Strafrecht,* op. cit., S. 643, übrigens auch in Rom, wo der Schadenszauberer, der maleficus, samt seinen Zauberbüchern verbrannt wurde.

134 Carl Joseph v. Hefele: *Conciliengeschichte,* 2. Aufl., Bd. III., op. cit., S. 511.

135 Vgl. Albin Saupe: Der Indiculus superstitionum et paganiarum, ein Ver-

zeichnis heidnischer und abergläubischer Gebräuche und Meinungen aus der Zeit Karls des Großen, aus zumeist gleichzeitigen Schriften erläutert. In: *Programm des Städt. Realgymnasiums zu Leipzig,* Programm Nr. 551, Leipzig 1891, S. 34; Wilhelm Boudriot: *Die altgermanische Religion in der amtlichen kirchlichen Literatur des Abendlandes vom 5. bis 11. Jahrhundert,* Bonn 1928, S. 18 f.

136 Karl August Eckhardt: *Die Gesetze des Karolingerreiches,* I.: Salische und ribuarische Franken, Weimar 1934, S. 99, Nr. 67, 3.

137 Vgl. Karl August Eckhardt: *Sachsenspiegel. Landrecht in hochdeutscher Übertragung,* Hannover 1967. II. § 7: »Welcher Christenmensch ungläubig ist oder mit Zauberei umgeht oder mit Giftmischen und dessen überführt wird, den soll man auf dem Scheiterhaufen verbrennen.«

138 Hans Vordemfelde: Die germanische Religion in den deutschen Volksrechten. In: *Religionsgeschichtliche Versuche und Vorarbeiten,* Gießen 1923, S. 148; Karl August Eckhardt: *Lex Salica,* Weimar 1953, S. 141, § 25; Wilhelm Eduard Wilda: *Das Strafrecht der Germanen,* op. cit., S. 100 f.; Karl August Eckhardt: *Die Gesetze des Merowingerreiches,* Bd. I., Göttingen 1955, S. 67 ff.

139 Franz Beyerle: *Die Gesetze der Langobarden,* I.: Edictus Rothari, Witzenhausen 1962. S. 80, Nr. 376.

140 Alfredus Boretius: *Capitularia Regnum Francorum,* Tom. I., Hannover 1881, S. 68 ff., Nr. 26: Capitulatio de Partibus Saxoniae, Nr. 6.

141 Hans Vordemfelde: *Die germanische Religion in den deutschen Volksrechten,* op. cit., S. 149.

142 Alfredus Boretius: *Capitularia Regnum Francorum,* op. cit., Nr. 7, Nr. 22; Wilhelm Boudriot: *Die altgermanische Religion in der amtlichen kirchlichen Literatur des Abendlandes vom 5. bis 11. Jahrhundert,* op. cit., S. 49.

143 Quellen und Belege hierzu bietet das nächste Kapitel.

144 Vgl. Karl v. Amira: *Die germanischen Todesstrafen,* op. cit., S. 33: Annales Bertiniani, zu 846: Quodam die junior cum equa coiens repertus judicio Francorum vivus incendio crematur. Für einen jungen unausgereiften Menschen wäre selbst anhand canonischer Bußen eine sehr lange und harte Buße in diesem Fall unüblich gewesen.

145 Vgl. Heinrich Brunner: Überblick über die Geschichte der französischen, normannischen und englischen Rechtsquellen. In: Franz v. Holtzendorff (Hrsg.): *Encyclopädie der Rechtswissenschaft,* op. cit., S. 229 ff.: »Aus der Verschmelzung römischer und germanischer Bevölkerung hatten sich in Frankreich zwei scharf geschiedene Nationalitäten gebildet ... Mit der Verschiedenheit der Sprache concurriert eine Verschiedenheit des Rechts ... Das Recht der nördlichen Landschaften war ein rein germanisches und wurde erst später durch Einrichtungen des römischen und kanonischen Rechts modifiziert.« Lebendig begraben und Ertränken waren häufige Sodomiestrafen (nach Rudolf His: *Das Strafrecht des deutschen Mittelalters,* op. cit., Bd. I., S. 498). Der Verbrennung des Schadenszauberers folgte in der prächristlichen Epoche als Nachakt gelegentlich das Ausstreuen der Asche in fließendes Wasser, um eine Wiederkunft des ›lebenden Leichnams‹ unter allen Umständen zu verhindern. Dieser Brauch wird in christlicher Zeit bei Sodomiten, Zauberern und Giftmischern, später bei religiösen Ketzern nicht

nur beibehalten, sondern bildet schließlich einen Bestandteil der regulären Hinrichtung, was die Kontinuität des ganzen Vorstellungskomplexes unterstreicht (Quellen, Beispiele und Belege u. a. bei: Hans Fehr: *Deutsche Rechtsgeschichte,* Berlin 1948, S. 154; Hans von Hentig: *Die Strafe,* op. cit., S. 302 ff.; Jakob Grimm: *Deutsche Rechtsaltertümer,* op. cit., S. 283; nach Bernhard Stern: *Geschichte der öffentlichen Sittlichkeit in Rußland,* Berlin 1907, galt Sodomie im alten Rußland als Folge von Aberglauben (S. 53), die Leichen von bösen Zauberern mußte man ins Wasser oder in Schluchten werfen, das Wasser vertreibt ihre Zauberkraft (S. 55), Ketzer wurden nicht nur verbrannt, sondern auch ertränkt (S. 173). – Die magische Vorstellung vom Bösen als etwas Substantiellem war so lebendig, daß selbst die Akten von Sodomie-, Zauber- und Ketzerprozessen verbrannt werden mußten (nach Hans v. Hentig: *Die Strafe,* op. cit., S. 68), und die gleiche Idee liegt der Furcht zugrunde, den Namen der als Untat empfundenen Handlung zu nennen, weshalb Sodomie später oft ›die stumme Sünd‹ heißt oder man von Verbrechen spricht, die man nicht beim Namen nennen könne: »Denn selbst im Namen der Untat lebte noch etwas von ihrer verderblichen Kraft«, wie v. Hentig richtig feststellt.

146 Bei Klare kann man dessen ziemlich sicher sein, während diese stupid-einseitige Auffassung bei dem gelehrten Karl August Eckhardt völlig unbegreiflich wirkt und wohl nur durch Überanpassung an den damaligen ›Zeitgeist‹ unseligen Angedenkens erklärlich ist.

147 Siegfried Keil: *Sexualität. Erkenntnisse und Maßstäbe,* Stuttgart und Berlin 1966, S. 50.

148 Humanisierungstendenzen des Rechts waren freilich schon spürbar, noch ehe das Christentum Reichsreligion wurde; sie entstammten der Stoa (nach Fritz Schulz: *Geschichte der römischen Rechtswissenschaft,* op. cit., S. 377).

149 Vgl. etwa Karl v. Amira: *Die germanischen Todesstrafen,* op. cit., S. 74; Friedrich Wachenfeld: *Homosexualität und Strafgesetz,* op. cit., S. 19 f.

150 Nach Claudius v. Schwerin: Deutsche Rechtsgeschichte, Leipzig und Berlin 1915, S. 173 gehörte zu den Anwürfen, die den Vorwurf unehrlicher Missetaten umfaßten, im Mittelalter neben Zauberei, Lüge, unehelicher Geburt, Ketzerei auch widernatürliche Unzucht. Die falsche Anklage war nur dann strafbar, wenn sie sich auf derlei schwere Vorwürfe bezog (vgl. dazu auch vom gleichen Autor: *Germanische Rechtsgeschichte,* Berlin 1943, S. 215). Ein gutes Beispiel hierfür bietet der ›Schwabenspiegel‹ (Karl August Eckhardt: *Schwabenspiegel.* Kurzform. II.: Landrechtsteil. Göttingen 1961, S. 34, 174 a), wo die falsche Anschuldigung, jemand sei homosexuell oder zoophil oder ein Ketzer, mit dem Tod auf dem Rad bedroht wird. Eine interessante Zwischenstellung zwischen germanischem Rechtsbrauch und christlicher Beeinflussung desselben bietet eine Bestimmung des Freisinger Rechtsbuchs aus dem Jahr 1328. Darin heißt es, daß bei der Beschuldigung, jemand sei homosexuell, derjenige, der die Beschuldigung aussprach, gegen den von ihm Beschuldigten zum Zweikampf antreten muß, falls er für seine Behauptung keine Zeugen hat. Siegt er darin, gilt der Beschuldigte, ganz wie im prächristlichen germanischen Recht, als schuldig und verfällt dann der üblichen Strafe des Verbrennens. Geht der Kampf jedoch umgekehrt aus, so kostet das den lügnerischen Ankläger nicht mehr, wie nach germanischem

Recht, den eigenen Kopf, sondern nur eine Hand, und zwar mit einer bezeichnenden Begründung: »Das ist deswegen festgesetzt, weil er es um der Reinheit der Christenheit willen getan hat.«

151 So Bernhard Poschmann: *Buße und letzte Ölung,* op. cit., S. 67 f.

152 Rudolf Meißner: *Norwegisches Recht. Das Rechtsbuch des Gulathings,* op. cit., S. 30.

153 Freilich wird die Friedlosigkeit auch noch in einer Glosse zum *Sachsenspiegel,* Buch III, Art. 24 bei Homosexualität angedroht: »Dagegen aber sind andere, welche sich schwerer verwirken als Oberhurer, und die so unnatürliche Unkeuschheit treiben, das ist, die Sodomiter und Gomorrer, Mörder und Räuber dergleichen. Diese sind an allen Enden friedlos.« (Zitiert nach C. E. Jarcke: *Handbuch des gemeinen deutschen Strafrechts,* Bd. III., Berlin 1830, S. 173 ff.)

154 Claudius v. Schwerin: *Grundzüge der deutschen Rechtsgeschichte,* Berlin und München 1950, S. 63 ff.

155 Über Einzelheiten seiner Zusammenstellung s. Heinrich Brunner: *Deutsche Rechtsgeschichte,* op. cit., S. 510–516.

156 Heinrich Brunner: *Deutsche Rechtsgeschichte,* op. cit., S. 512 ff.

157 Karolus Zeumer: *Leges Visigothorum,* Hannoverae et Lipsiae 1902, S. 163. III, 5, 4.

158 Die Kastration steht hier anstelle der Todesstrafe und läßt insofern auf eine gewisse Humanisierungstendenz des Rechts schließen. Ebenso konnte sie auch den Zweck verfolgen, eine Wiederholung der Tat zu verhüten (nach Hermann Conrad: *Deutsche Rechtsgeschichte,* op. cit., S. 172).

159 Karolus Zeumer: *Leges Visigothorum,* op. cit., S. 165. III, 5. 7.

160 Claudius v. Schwerin: *Grundzüge der deutschen Rechtsgeschichte,* op. cit., S. 51.

161 Karl v. Richthoven: *Friesische Rechtsquellen.* Neudruck der Ausgabe von 1840: Aalen 1960. S. 409: Sendrecht, § 17; vgl. dazu auch: Rudolf His: *Das Strafrecht der Friesen im Mittelalter,* Leipzig 1901, S. 197.

162 Nach Karl v. Richthoven: Verwys und Verdam. In: *Altfriesisches Wörterbuch,* Göttingen 1840, zitiert nach: Rudolf His: *Das Strafrecht der Friesen im Mittelalter,* op. cit., S. 333.

163 Claudius v. Schwerin: *Schwedische Rechte. Älteres Westgotalag, Uplandslag,* Weimar 1935, S. 89: Von Ehe, Inzest und Ehebruch.

164 Es wäre falsch, hier einen anderen Ausdruck als ›Sodomie‹ zu benutzen. Die Autoren der damaligen Epoche sahen homosexuelles Verhalten als Laster an und gaben ihm einen abschätzigen Namen, dessen Nennung allein bereits Abscheu erregen sollte.

165 E. Dümmler: Zur Sittengeschichte des Mittelalters. In: *Zeitschrift für deutsches Alterthum und deutsche Literatur,* N. F. Bd. 10, 2. u. 3. Heft, Berlin 1879, S. 256 ff.; Alwin Schulz: *Das höfische Leben zur Zeit der Minnesänger,* Bd. I., Leipzig 1879, S. 454–456; J. S. P. Tatlock: *The legendary History of Britain,* Berkeley and Los Angeles 1950, S. 352–355.

166 Der Briefwechsel wurde herausgegeben in Paris im Jahre 1610; hier handelt es sich um die Briefe Nr. 66 und 67.

167 Denis de Rougemont: *Die Liebe und das Abendland,* Köln und Berlin 1966, S. 118–121.

168 Denis de Rougemont: *Die Liebe und das Abendland,* op. cit., S. 119.

169 Ernst Robert Curtius: *Europäische Literatur und lateinisches Mittelalter,* Bern 1954, S. 123 ff.

170 Johann Fischart: *Ausgewählte Werke.* Herausgegeben von Adolf Hauffen. Stuttgart 1892, Bd. I., S. 10.

171 Jakob Grimm: *Deutsche Rechtsaltertümer,* Bd. II., op. cit., S. 277.

172 Jakob Grimm: *Deutsche Rechtsaltertümer,* Bd. II., op. cit., S. 276.

173 Marion Luckow: Die Homosexualität in der literarischen Tradition (Diss.). In: *Beiträge zur Sexualforschung,* Heft 26. Stuttgart 1962.

174 Kultische Transvestition im Rahmen des Volksbrauchs gibt es in Asien heute noch vor allem beim Neujahrsfest des Mondjahres; ein ähnliches Datum könnte den ›Kalenden des Januars‹ zugrunde gelegen haben. Anhaltspunkte für die Existenz eines alten germanischen Mondjahres existieren jedenfalls (vgl. Otto Siegfried Reuter: *Germanische Himmelskunde,* München 1934, passim).

175 H. J. Schmitz: *Die Bußbücher und die Bußdisziplin der Kirche,* Bd. I., op. cit., S. 311.

176 Carl Joseph v. Hefele: *Conciliengeschichte,* Bd. III., 2. Aufl., op. cit., S. 328, 338.

177 H. J. Schmitz: *Die Bußbücher und die Bußdisziplin der Kirche,* Bd. I., op. cit., S. 312; vgl. dazu auch Werner Danckert: *Unehrliche Leute. Die verfemten Berufe,* op. cit., S. 171; Georg Buschan: *Das deutsche Volk in Sitte und Brauch,* Stuttgart, Berlin u. Leipzig 1922, S. 66.

178 Johann und Wilhelm Grimm: *Deutsches Wörterbuch.* Bearbeitet von Rudolf Meißner, 12. Bd., II. Abteilung. Leipzig 1951, Sp. 24–26.

179 Auf diesen Punkt weist der Umstand hin, daß unsere heutige Umgangssprache dort, wo der Ausdruck noch benutzt wird, beharrlich von der ›alten Vettel‹ redet, was, wäre das Wort wirklich gleichbedeutend mit ›vetula‹, einen unsinnigen Pleonasmus ergäbe.

180 Das Verbot der Transvestition im 5. Mose 22,5 scheint auf diese frühen Abschaffungsversuche keinen Einfluß gehabt zu haben; übrigens richtet es sich seinerseits gegen genau dasselbe Phänomen: Nämlich gegen die Kulttransvestition im Dienste der kanaanitischen Göttin Astarte, deren Repräsentanten Jahve selbstverständlich ›ein Greuel‹ sind.

# *VI. Kapitel*
# Die Pönalisierung der Homosexualität im Rahmen der Ketzer- und Hexenprozesse des Mittelalters

## 1. Vorbemerkungen zu diesem Kapitel

War homosexuelles Verhalten durch die gefälschten Kapitulare des Benedictus Levita in Deutschland auch nach dem neuen und einflußreichen christlichen Recht der Franken wieder zu einem mit der Todesstrafe zu ahndenden Delikt geworden, so hat doch seine Subsumierung unter das im 14. und 15. Jahrhundert gewissermaßen neugeschaffene Verbrechen der Hexerei im Sinne eines ketzerischen, quasi-religiösen Glaubens zu jener immensen Ausweitung – und allgemeinen Bekanntheit – des Sodomie-Begriffs geführt, welche die alte Ächtung der Homosexualität noch wesentlich verstärkt und bis in die Gegenwart erhalten hat.

Die Analyse der Vorgänge, die dazu geführt haben, muß vor allem das Einsetzen der Hexenverfolgung selbst betrachten, weil sonst die neuen Ideen, die zu einer solch aberwitzigen Ausweitung des Sodomie-Begriffs führten, gar nicht verständlich sind. Und um zu einer Erklärung des Hexenbegriffs zu gelangen, ist es erforderlich, die Bekämpfung der Katharer und Waldenser durch die Inquisition in die Analyse miteinzubeziehen, da sich hieraus erst die Vorstellung einer ›Hexensekte‹ entwickeln konnte.

Wir müssen deshalb in den nächsten beiden Abschnitten dieses Kapitels zunächst die südfranzösischen Ketzerprozesse und die Ausformung des eigentlichen Hexenbegriffs betrachten und können erst im vierten Abschnitt, der ohne die beiden vorhergehenden nicht verständlich wäre, auf die Ausweitung und nochmalige Verfälschung des Sodomie-Begriffs eingehen, was dann schließlich zu dem eigentlichen Thema zurückführt.

## 2. Einfluß der südfranzösischen Ketzerprozesse auf die Entstehung des Hexenwahns

### *a. Gründung der Inquisition zur Bekämpfung von Katharern und Waldensern*

Sektiererische Bestrebungen sind im ersten Jahrtausend der abendländischen Kirche zwar nicht selten aufgetreten, fanden aber im allgemeinen so geringe Verbreitung, daß die Kirche ihrer im Westen leicht Herr wurde (im Osten stieß die Bekämpfung zumal des Arianismus freilich auf größere Schwierigkeiten). Seit dem Jahr 1000 trat hierin jedoch ein Wandel ein, der durch das Ausbleiben des damals für diesen Zeitpunkt fest erwarteten Weltendes verursacht worden ist[1] und die Autorität der Kirche in ihren Grundfesten erschütterte[2], weshalb die Sektenbildung sprunghaft zunahm. Die größte der so entstehenden Sekten war die von Byzanz, näherhin aus Bulgarien importierte Bewegung der Katharer (›die Reinen‹).[3] In ihrem Glauben dominierte eine dualistische Auffassung, die dem Teufel Macht über die Welt zuschrieb und Elemente des Manichäismus in sich trug, den die Kirche schon vor Jahrhunderten verdammt hatte.[4] Das bestärkte das Papsttum in dem bald als gebieterische Forderung der Stunde empfundenen Streben, die katharische Sekte gewaltsam auszurotten, nachdem sich in einer fast hundertjährigen und auf unterschiedlichem Niveau geführten Diskussion herausgestellt hatte, daß die Katharer ›unbelehrbar‹ waren.

Bis 1183 hatte man zwischen den Irrlehren unterschieden und nur die von größerer Bedeutung mit Strafen belegt. Nun jedoch wurde unter Papst Lucius III. der Gedanke zur Geltung gebracht, daß jedes Dogma auf der Autorität der Kirche, dem Papsttum, beruhe, daher also auch die geringste Abweichung von der Kirchenlehre eine Verleugnung dieser päpstlichen Autorität und insofern Häresie sei und daß deswegen alle Arten von Häresie gleich fluchwürdig und gleich strafbar seien.[5] Weil bei dem durch die Katharer kultivierten dualistischen Begriff der beiden ›Reiche‹[6] Gottes und des Teufels die Idee nahelag, bei dieser neuen schweren Bedrohung der Einheit der Kirche trete erstmals in der Geschichte der Sektenbildung Satan selbst auf den Plan, kam hierfür nach kirchlichem Dafürhalten nur die allerhöchste Strafe, nämlich der Feuertod, als Ahndung in Betracht. Und weil das Papsttum in der durch die Katharer betriebenen emsigen Missionsarbeit insbesondere in Südfrankreich eine bisher nie dagewesene Bedrohung seiner Autorität sah, betrachtete man auch die Verfolgung und Bestrafung der Häretiker als eine ausschließlich dem Papst bzw. seinen Legaten zu- und unterstehende Aufgabe. Ihre Erfüllung vertraute man der Inquisition an, die eigens zu diesem Zweck gegründet wurde.[7]

Ein Papst nach dem anderen sandte in der Folgezeit Inquisitoren in die von den Häretikern durchsetzen Provinzen Südfrankreichs und der französischen Pyrenäen. Im 12. Jahrhundert nahm man auch die Verfolgung einer anderen, von den Katharern grundlegend verschiedenen Sekte, den Waldensern, auf.[8] Innocenz III. und Gregor IX. predigten den Kreuzzug gegen die beiden Sekten[9]; eine Bulle von 1233 zeigt, daß sich unter den Vorwürfen, die ihren Anhängern gemacht werden, genau die gleichen Anklagen finden, die die Römer einst den Anhängern der Bacchanalien und später den ersten Christen vorgeworfen hatten und die diese selbst, als das Christentum zur Staatsreligion avanciert war, nacheinander sämtlichen in dessen Rahmen auftretenden Häretikern vorgeworfen hatten: Die Betreffenden trieben fürchterliche Unzucht aller erdenklichen Art, schlachteten kleine Kinder und äßen gemeinschaftlich deren Fleisch, um sich gegenseitig zur Verschwiegenheit zu verpflichten[10], welche Anklagen ihren absurden Charakter durchaus nicht verlieren, zieht man in Betracht, daß die in Sekten nicht ohne gute Gründe geübte Schweigepflicht eine gewisse Rolle dabei gespielt haben mag.[11] Als Novität aber warf man Katharern und Waldensern die Verehrung des Teufels an Gottes Statt vor; der Abtrünnige gebe sich dem Bösen durch einen dubiosen Kuß zu eigen[12], er müsse die Sakramente verhöhnen und sich überhaupt einer durchgehenden Kultivierung all dessen befleißigen, was die katholische Kirche verbot. Daß der katharische und besonders der waldensische Glaube für diese Anschuldigungen kaum auch nur äußerliche Anhaltspunkte bot, fiel dabei nicht ins Gewicht.
Viele der Katharer, die es ablehnten, ihrer Überzeugung untreu zu werden und die man nun (eine Verballhornung) ›Ketzer‹ nannte[13], gingen lachend in den Tod, da ihnen nach ihrer Lehre im Jenseits eine freudevolle Auferstehung winkte. Die frühesten Katharerverfolgungen fanden übrigens im Rhein-Main-Gebiet statt, wohin der Glaube durch Kaufleute gelangt war; die in Südfrankreich folgten kurz darauf. Nach zwanzigjähriger, überaus blutiger Tätigkeit der Inquisition jedoch waren beide Sekten überall so gut wie ausgerottet.[14]
Hierzu hatte die von päpstlicher Seite betriebene Verdrängung des alten Akkusationsprozesses durch den Inquisitionsprozeß maßgeblich beigetragen. Dieser war auf dem Prinzip der Denunziation aufgebaut und der Denunziant mußte – entgegen der Handhabung im Akkusationsprozeß – keinerlei Unannehmlichkeiten befürchten, falls seine Anzeige sich als unwahr, als Verleumdung erwies. Obgleich dies Vorgehen geradezu eine Einladung zum Ausleben der niedrigsten Rachegelüste persönlichster Art war, vermochte sich das Volk anfangs nur ungern auf die neue Prozeßordnung umzustellen, die seinem Rechtsgefühl widersprach. Doch die Inquisitionsprediger drohten dort, wo überhaupt keine Denunziationen

einliefen, ganzen Gemeinden mit Kollektivexkommunikation, da man fest annahm, daß quasi überall irgendwo Ketzer versteckt wären. Manche um ihr Seelenheil Besorgte gaben daher schließlich doch irgendwelche vagen Vermutungen zu Protokoll, was den Inquisitoren auch vollauf genügte, denn Innocenz III. hatte 1215 den Gebrauch der Tortur bei Ketzern kanonisch geregelt, und falls man nur irgendwelche Namen ins Protokoll bekam, besorgte die Folter den Rest. Und dann, nachdem es der Inquisition gelungen war, die südfranzösischen und rheinischen Ketzer auszurotten, trat sie in ein neues Kapitel ihrer bluttriefenden Geschichte ein.

### *b. Aufkommen der Vorstellung einer Hexensekte*

Um 1264 befaßte sich die Inquisition damit, in Languedoc die letzten Reste der Waldenser aufzuspüren und zu vertilgen, und dort fand auch der erste Hexenprozeß statt, dem bald weitere in Carcassone und Toulouse folgten. Hier gestand 1272 eine angesehene 56jährige, möglicherweise geistesgestörte Frau, die im Verlauf eines Ketzerprozesses ins Verhör genommen worden war, sie triebe schon seit Jahren mit dem Teufel Unzucht, besuche nächtliche Orgien und habe vom Satan ein Kind, ein Monstrum, empfangen, zu dessen Fütterung sie nächtens kleine Kinder gestohlen habe.[15] Die Aussage dieser Frau, die anscheinend ohne Anwendung der Folter erfolgte, hat vielleicht der Entwicklung des Hexenwahns in seiner späteren Ausprägung einen ersten Anstoß gegeben. Hinzu kam noch das schon halb vergessene Wissen um die sog. ›Vauds‹ oder ›Vaads‹ in Savoyen, vermutlich uralten Versammlungsplätzen der Bergbevölkerung[16], die bei den Geständnissen in den sich in der Folgezeit entwickelnden Zauber- und Hexenprozessen langsam wichtig und als diejenigen Orte bezeichnet wurden, an denen die ›Sabbathe‹ der neuen Sekte der Hexen sich abspielen sollten, von deren angeblichem Treiben man mit wachsendem Entsetzen Kenntnis zu nehmen anfing.

Fünfzig Jahre später, um 1335, fand in Toulouse ein Prozeß statt, in dem die Übertragung von Ketzerversammlung auf Hexensabbath bereits komplett ist. Wie die Protokolle ergeben[17], konnte nur unter heftiger Anwendung der Folter herausgebracht werden, was denn nun eigentlich auf solchen Zusammenkünften geschehe. Das heißt nichts anderes, als daß die Denunzierten so lange gequält wurden, bis sie in etwa antworteten, was die Inquisitoren zu hören erwarteten. Das zutage tretende monströse Gebilde des Hexensabbaths enthält beinahe vollständig das reiche Inventar des Ketzersabbaths, wie ihn die Inquisitoren von Ketzerprozessen der gleichen Gegend von früher her zu kennen glaubten, d. h. vor allem den Aufweis der Teufelsanbetung und des Teufelspaktes[18], der hier bereits im

Zusammenhang mit der Teufelsbuhlschaft auftaucht.[19] Daß die zauberischen Handlungen, die schließlich gestanden worden waren, einen Teufelspakt zur Ursache haben mußten, war bekannte, von den Handbüchern der Inquisition übernommene Lehre der Scholastik, und daß die Zauberer ihre verderblichen Zaubermittel bei der persönlichen Begegnung vom Teufel selbst erhielten, leuchtete ein. Mehrere Einzelheiten der Geständnisse zeigen aber deutliche Anklänge an die volkstümlichen Ideen des prächristlich-germanischen Aberglaubens.

Das weitere Vorgehen der Inquisition wird nur dadurch verständlich, daß die verschiedenen Teilvorstellungen dieses religiösen Wahns ihre Basis in den metaphysisch-phantastischen Spekulationen der theologischen Wissenschaft besaßen; die Praxis verband dann rücksichtslos diese differierenden Elemente prächristlich-volkstümlicher Vorstellungen und mystisch-gelehrter Verschrobenheit zur Konzeption einer einzigen, aus ketzerischer Ableugnung der christlichen Lehre erwachsenen und gewohnheitsmäßig geübten, kriminelle Handlungen enthaltenden Übeltat.[20]

Zu Anfang des 12. Jahrhunderts waren die Ketzer noch von den Zauberern als durchaus verschieden gesehen worden. Von den 600 etwa zwischen 1300 und 1320 in Südfrankreich gegen Ketzer gefällten Inquisitionsurteilen richtete sich kein einziges gegen Zauberer.[21] Doch seit Beginn des 14. Jahrhunderts muß bei den Inquisitoren die Befürchtung aufgekommen sein, man habe es bei den jüngsten Prozessen mit einer neuen ketzerischen Sekte zu tun, in deren Mittelpunkt Satan selbst stünde: der sog. Hexensekte oder ›Vauderie‹, wie man diese nur in der Phantasie der Inquirierenden bestehende Verbindung nach Hinweisen nannte, die wohl auf der Folter erfolgt waren und sich vermutlich auf die alten Versammlungsplätze, die ›Vauds‹ in den Bergen, bezogen. Eine Klangähnlichkeit mit ›Valdenes‹ (Waldenser) war darauf wohl nicht ohne Einfluß. Fest steht, daß man gar nicht in den Griff bekommen hatte, daß das Gebilde, in dem man schaudernd eine neue Gefahr für die Einheit der Kirche zu sehen meinte, nur in der eigenen Einbildung bestand und durch die Methode der Folter, d. h. nur auf die Aussagen der Angeklagten hin, in den Meinungen der kirchlichen Richter immer deutlichere Gestalt annahm. Es wurde denn auch später häufig darauf hingewiesen, daß es sich bei der neuen Hexensekte um etwas ganz anderes handle als bei denjenigen Phänomenen, die aus dem Volksglauben schon seit Jahrhunderten bekannt waren und die die Kirche bis dahin stets als Aberglauben bekämpft hatte. Folgende Untaten sagte man der neuen Sekte nach, die dem Volk alsbald in zahllosen Hexenberichten als stereotype Greuelmärchen[22] eingehämmert wurden:

Durch Satans oder seiner Dämonen Kraft und Macht werden die Hexen mittels einer Zaubersalbe nächtens zum Hexensabbath entführt. Dort

betet man den Teufel an, der oft in Tiergestalt erscheint. Alle Anwesenden erweisen ihm ihre Ergebenheit durch den anal geleisteten obszönen Kuß. Nach wüsten Orgien, wo inklusive Inzest und Sodomie alles geboten und erlaubt ist, was die Kirche verbietet, setzt man sich zu einem Mahl, bei dem stets Menschenfleisch einen Bestandteil bildet. Aus Kinderleichen und anderen schlimmen Ingredienzien wird mit Hilfe Satans Hexensalbe sowie Pulver zum Schadenstiften fabriziert. Anschließend berichten alle Teilnehmer, was sie seit der letzten Zusammenkunft Übles getan haben, wofür Satan sie lobt. In seiner späteren Ausformung nimmt der Hexensabbath immer mehr den Charakter einer getreuen Travestie der Messe an. Die Hexenkönigin hat darin neben Satan selbst noch einige wichtige Funktionen, worin sich ebenso eine Anlehnung an den in der Kirche gepflegten Marienkult einerseits wie andererseits Reminiszenzen an die überragende Stellung alter weiblicher Vegetationsgottheiten im Volksglauben darbieten. Übrigens sind die Teilnehmer an diesem Treffen sowohl Männer wie Frauen, und zwar ungefähr im gleichen Verhältnis.
So sagte man also der neuerfundenen Hexensekte gewissermaßen gewohnheitsmäßig ganz dieselben Greuel nach, deren man auch vordem schon alle auftretenden häretischen Sekten geziehen hatte, und 1326 setzte sich Papst Johann XXII in seiner Bulle ›Super illius specula‹ ausdrücklich dafür ein, daß die Bestrafung zauberischer Handlungen analog der der eigentlichen Ketzer gestaltet werden solle. Um den Angeklagten die Namen möglichst vieler ›Komplizen‹ zu entreißen – was bei den Ketzern so außerordentlich erfolgfördernd gewirkt hatte –, ging die Inquisition mittels Denunziationsprozeß und Folter vor.[23] Zwangsläufig kam es dadurch zu Massenprozessen, die schließlich von Südfrankreich nach Norden übergriffen.
Die Bevölkerung hat wohl der Theorie von der neuen Sekte nach anfänglichem Zögern Glauben geschenkt, da sie so viele Elemente enthielt, die im Aberglauben des Volkes noch immer lebten. Außerdem wurden in einer Zeit politischer Wirren, unglaublichster sozialer Mißstände, dauernd grassierender Epidemien und psychischer Seuchen (Veitstanz, Geißelbrüder) und allgemeiner Misere der unteren Schichten die ›Hexen‹ alsbald in die Funktion sozialer Sündenböcke gedrängt, wofür bezeichnend ist, daß Hexen- und Judenverfolgungen in einem Gleichgewichtsverhältnis zueinander standen: wo die eine zunahm, nahm die andere ab. Auch die Worte Hexensabbath und die Bezeichnung ›Synagoga‹ für den Ort, an dem der Sabbath angeblich stattfand, weisen auf diese Zusammenhänge hin.[24]
Da die Hexenprozesse 1390 in Frankreich dem geistlichen Gericht ab- und dem weltlichen zugesprochen wurden, gingen sie von da an deutlich zurück. Es war den Inquisitoren nicht gelungen, die französischen Ge-

richte von der Notwendigkeit ihres permanenten Eingreifens zu überzeugen, und das immer mehr erstarkende französische Königshaus duldete die Inquisitionsgerichte als Einmischungsversuche von außen nicht länger. Ohnehin wollten die Verfolgungen keinen rechten Fortgang mehr nehmen, seitdem das große römische Schisma zwischen 1378 und 1417 die ganze katholische Christenheit mit dem Banne geschlagen hatte, die eine Hälfte von Rom, die andere von Avignon aus.[25] Verfestigt hatte sich jedoch die allgemeine Meinung, der tiefere Sinn der Hexensekte sei die Schädigung des katholischen Glaubens, da dieser allein selig mache[26]; Juden und Muselmanen, die eventuell aufgenommen zu werden wünschten, müßten ihrem Glauben nicht abschwören, Christen aber unbedingt! Die Saat, die aus dem unkritischen Spekulieren der Scholastik über die mutmaßlichen Kräfte, Eigenschaften und Absichten der Dämonen und aus dem Spürsinn der Ketzerinquisitoren aufgegangen war, bestand also eindeutig in der päpstlicherseits geforderten Identifizierung von Hexerei und Ketzerei. Letztere wurde auch in Deutschland seit einem Gesetz Kaiser Friedrichs II. von 1232 wieder mit dem Tode bedroht. Da man mittlerweile zu der Ansicht gelangt war, daß ein Drittel der Menschheit zu der angeblichen Hexensekte gehöre[27], lag es nahe, daß die Inquisitoren ihre Aufmerksamkeit den Nachbarländern zuwandten, nachdem sich Frankreich ihrem Wirken mehr und mehr verschloß: »Die Hinrichtungen wurden immer seltener und hörten schließlich ganz auf. Das war den Inquisitoren recht unbequem, da sie bedeutende Einnahmen aus den konfiszierten Gütern der Verurteilten gehabt hatten. Solange die Hexenprozesse in Frankreich blühten, waren die angrenzenden Länder verschont geblieben; nur ausnahmsweise hatten hier ähnliche Prozesse stattgefunden.«[28]

## 3. Elemente des Hexenglaubens und Ausformung des Hexenbegriffs

### *a. Germanischer Volksglaube*

Das Wort Hexe hat sich erst vom 12. Jahrhundert an auf dem alemannischen Sprachgebiet in dem Sinne herausgebildet, in dem es später in den Hexenprozessen verwendet wurde; in den literarischen Denkmälern der Zeit ist es bis zum 14. Jahrhundert nur selten nachweisbar. Über die etymologische Bedeutung seiner Grundform ›hagazussa‹ sind sich die maßgeblichen Autoren nicht völlig einig; nach der Deutung Erik Noreens[29], dessen Ansicht augenblicklich die meiste Autorität in dieser Frage

genießt, muß es als Kompositum aufgefaßt werden und heißt unter Zugrundelegung der Bedeutung ›Zaun‹ für ›Hag‹ und ›Zussa‹ für ›Frau‹ soviel wie ›Zaunweib‹. Das Wort war verständlich, auch ohne daß das Reiten ausdrücklich betont wurde. Außerdem ist Hexe wohl ein Tabuwort gewesen, das nicht zu deutlich und durchsichtig sein durfte.[30]
Um dem ursprünglichen Wesen der Hexe näher zu kommen, bietet sich ein Vergleich zwischen ihr und denjenigen Gestalten des germanischen Volksglaubens an, deren Namen bis etwa 1100 in den alten Glossarien verwandt oder synonym für Hexe gebraucht worden sind und die, was einen solchen Vergleich besonders nahelegt, in den späteren Hexenprozessen häufig oder sogar völlig gleichbedeutend mit Hexe und gewissermaßen als nähere Charakterisierung des Wortes erscheinen.[31]
Im deutschsprachigen Gebiet handelt es sich hierbei um die Hollen und Nachtvaren, die ihrerseits wiederum beide mit den Perchten, Bilwissen und Fänggen Gemeinsamkeiten aufweisen.[32] Die Hollen sind segenspendende weibliche Gottheiten, treten gern zu dritt oder als Schar auf, haben eine Anführerin (›Frau Holle‹), fahren nachts durch die Lüfte dahin und beeinflussen das Wetter. In einem Hexenprozeß von 1630 wird Frau Holle, die dort als Königin der Hexen fungiert, als ›von vorn wie ein feines Weibsmensch, aber hinten wie ein hohler Baum mit rauher Rinde‹ gekennzeichnet.[33] Die Vorstellung von einem schönen weiblichen, oft mannstollen Dämon, dessen Rücken einem hohlen Baum gleicht, ist sehr alt, volkstümlich und weitverbreitet. Da auch die Hexen zu dritt als besonders mächtig gelten, auch sie nachts in Scharen durch die Luft fahren und bei ihrem Treiben häufig eine Anführerin haben, fanden hier sicher einige Wesensübertragungen von Hollen auf die späteren Hexen statt. Bei den Nachtvaren, von denen man nur wenig weiß, ist es wohl nur der Zug des nächtlichen durch die Lüfte Reisens, der sie mit den Hexen verbindet. Vom Bilwis, einem sehr alten Dämon mit schamanistischen Zügen, der sowohl Krankheiten senden (durch magische Pfeile und Speere) wie heilen kann, hat die Hexe den bekannten ›Hexenschuß‹ übernommen, der im frühen Mittelalter noch Bilwisschuß hieß, und vielleicht ihre Beziehungen zu Wäldern und einsamen, gebirgigen Gegenden. Von den Fänggen endlich schrieb man den Hexen, besonders den alten, das abstoßende, haarige Äußere und die großen Nasen zu; außerdem lieben Fänggen Menschenfleisch und fressen kleine Kinder, und das war eins der häufigsten Vergehen, das Hexen später nachgesagt worden ist.[34]
Deutlicher noch wird das Wesen der Hexe, wie man es vor dem Beginn der Hexenverfolgung zu betrachten gewohnt war, wenn man die lateinischen Übersetzungen des frühen Mittelalters für das Wort Hexe heranzieht. Hierbei schälen sich aus den übrigens nicht sehr zahlreichen

Belegen insgesamt drei Merkmale heraus: Einmal bezeichnen die gewählten Begriffe eine Menschenfresserin, ferner eine liederliche Weibsperson und drittens eine Figur aus der Komödie.[35] Die häufig erörterte Frage, ob striga bzw. Hexe in den ältesten schriftlichen Quellen einen Dämon oder einen wirklichen Menschen bezeichnet, läßt sich mittels dieser Übersetzungen eindeutig klären: Hexen waren Menschen von Fleisch und Blut und zwar beiderlei Geschlechts, wie eine Quelle beweist, in der statt des Femininums hagazussa die maskuline Form hagazus genannt wird.[36]

Daß den Hexen während der Entwicklung des eigentlichen Hexenwahns seit Anfang des 14. Jahrhunderts noch weit mehr Züge der aus vorchristlicher Zeit bekannten germanischen Dämonengestalten bzw. Gottheiten zugewachsen sind, als aus dem bereits Gesagten hervorgeht, und sich außerdem der Gesamtbegriff zunehmend auf das weibliche Geschlecht verengte, hängt mit dem prozessualen Vorgehen der Inquisitoren sowie mit den antifeministischen Tendenzen des ›Hexenhammers‹ zusammen und soll später noch genauer erörtert werden.[37]

Außer den bisher genannten Wesensmerkmalen besitzt die Hexe des vorchristlichen Aberglaubens im frühen Mittelalter jedoch noch andere Züge, die nicht ohne weiteres von germanischen Gottheiten oder Dämonengestalten übertragen worden sein können, denn in den lateinischen Glossaren hören wir auch von solchen Eigenschaften und Fähigkeiten der Hexen, die den genannten Gestalten selbst fehlen: So kann die Hexe z. B. gewisse kleinere Tiere wie Mäuse, Ratten, Kröten u. ä. ›machen‹[38]; sie vermag sich und andere mittels einer Salbe[39], die aus geheimnisvollen Ingredienzien hergestellt wird, in Tiere zu verwandeln, und salbt sie einen Stecken damit ein, wird er zum Zaubertier und fliegt durch die Luft mit ihr davon.[40] Schon Jakob Grimm war aufgefallen[41], daß gerade die letztgenannten Fähigkeiten der Hexe gewisse Anklänge an schamanistische Praktiken, insbesondere an die nordische Seidr-Technik zeigen; die Hexenforschung hat diesbezügliche Theorien jedoch längere Zeit unbeachtet gelassen. Sie beschränkte sich darauf, hervorzuheben, daß die Hexen bemerkenswert viele Eigenschaften besäßen, die aus der antiken Literatur als Attribute römischer bzw. griechischer Hexen und Furien bekannt seien. Daran kann nun zwar kein Zweifel sein, bei dieser einseitigen Auffassung wurde allerdings übersehen, daß die magische Grundschicht, aus der die typischen Hexenpraktiken sich vor Jahrtausenden im gesamteuropäischen Raum entwickelt haben, aus der überall gleichartigen seelischen Struktur des Frühzeitmenschen entstanden sind, der in der Magie das ihm gemäße Mittel sah, die Welt, seine Umwelt, zu beherrschen. Denn »Magie ist der erste Versuch des Menschen, sich gegen das bloß Gegebene aufzulehnen«[42]; dies aber gilt für alle Men-

schen der Frühzeit ausnahmslos, und deshalb finden sich Spuren magischen Denkens, die zu reinem Aberglauben abgesunken sind, sowohl im mediterranen wie im übrigen Europa gleicherweise. Wenn sich daher solche Reste abergläubischen (vordem aber durchaus religiösen) Gutes so sehr gleichen, daß frühe Bearbeiter des Hexenphänomens das Vorhandensein eines autochthonen vorchristlichen Hexenglaubens in Mitteleuropa überhaupt geleugnet haben und den gesamten Erscheinungskomplex für römisch-hellenistisch-orientalische Übertragung ansahen, so ist das kein Zufall, sondern bezeichnend: Denn die Ähnlichkeit der Erscheinungen erklärt sich aus einem nicht unbedingt in allen Elementen gleichen, jedoch strukturell identischen magischen Weltgefühl.[43]
Heute beurteilt man die Gestalt der Hexe und des Hexerich im germanischen Volksglauben vorwiegend unter dem Aspekt des Schamanismus.[44] Und in diesem Zusammenhang werden auch die vorhin erwähnten Eigenschaften der Hexen verständlich, die weder aus Merkmalsübertragungen von Hollen und Perchten u. ä. erklärt noch mittels der Etymologie des Wortes Hexe völlig eruiert und auch aus den lateinischen Glossen dazu nur wenig erhellt werden konnten: Der Hexenflug läßt sich als ›Geisterreise‹ deuten, das rätselhafte ›Machen‹ kleiner Tiere taucht in Schamanen-Wettkämpfen auf, und der durch Zauber in ein Reittier verwandelte Zaunpfahl ist ein Geisterroß.
Zusammengefaßt enthält der Hexenglaube des vorchristlichen sowie des frühmittelalterlichen Deutschlands vor dem Einsetzen des eigentlichen Hexenwahns und der Hexenverfolgung folgende Bestandteile:
Hexer und Hexen sind böse, Schadenszauber treibende Menschen, die gern Pferdefleisch essen[45] und auch vor Kannibalismus nicht zurückschrecken. Aus den Knochen und mittels der Seele der von ihnen Umgebrachten weissagen sie, aus den Leichen destillieren sie Gifte. Sie können zwar auch heilsame Tränke bereiten und Krankheiten heilen, tun es aber nur selten, lieber schädigen sie Mensch, Tier und Feldfrucht, letztere besonders oft durch die zauberische Hervorbringung von Mäusen und ähnlichem Kleingetier. Durch ihre Zauberei verursachen sie Unwetter und schädigen dadurch die Ernte.[46] Hexentränke können Liebe und Haß, Unfruchtbarkeit bei Frauen, Impotenz bei Männern, Geschlechtsverwandlung und Wahnsinn verursachen.[47] Besonders gefährlich ist der böse Blick der Hexen. Mittels einer aus geheimnisvoll-suspekten Ingredienzien hergestellten Salbe vermögen sie auf einem in ein Zaubertier verwandelten Stecken nächtens durch die Lüfte zu fahren. Alt sind sie meist sehr häßlich, jung sind sie männertoll, häufig bringen sie Krüppel zur Welt. (Denn irgendwie mißgebildete Kinder zu gebären galt in der frühesten in Rede stehenden Zeit nicht als Zeichen für Satansbuhlschaft – die es noch gar nicht gab –, sondern als göttliches Zeichen für die

besonders niedrige persönliche Gesinnung der betreffenden Mutter, worin sich der Glaube ausdrückt, die zutiefst lebensfeindliche, nicht eigentlich menschliche, sondern dämonische Wesensart der Hexe sei zur Hervorbringung des heilen, ganzen, unverkrüppelten Lebewesens ihrer Natur nach einfach unfähig.[48] Wer ein Monstrum zur Welt bringt, muß selbst unmenschliche Wesenszüge tragen.) Der Hexer gilt als feige und unmännlich.[49] Aus naheliegenden Gründen wirken Hexer und Hexe möglichst im geheimen: Notker berichtet um das Jahr 1000, daß die Hexen des Nachts Menschen fressen, worüber sie sich tagsüber schämen müßten.[50]

Diese Auffassung des Hexenbegriffs ist ein Teil der sozialen Wirklichkeit der damaligen Epoche gewesen. Der Glaube an die ›Kraft‹ der Hexen war zwar Aberglaube, ›gehext‹ wurde aber wirklich, obwohl in den seltensten Fällen ein böses, verbittertes Weib oder ein von niedrigen, feigen Beweggründen angetriebener Mann ausnahmslos alle die Schandtaten vollbracht haben dürfte, die oben aufgeführt wurden.

Die geheimnisvolle Salbe, von der als unverzichtbarem Utensil der Hexen zur Durchführung ihrer Nachtflüge seit früher Zeit berichtet wird, hat, wie erhaltene Rezepte zeigen, stets alkaloidhaltige Pflanzen enthalten. Nach Einreibung (Aufnahme durch die Haut) rufen diese rauschhafte Flugvisionen, farbige, leicht grotesk verzerrte Bilder von Menschen und Fabeltieren und Erlebnisse von sexuellen Ausschweifungen hervor. Zahlreiche Autoren haben in jüngerer Zeit durch Selbstversuche diese Wirkungen bestätigt.[51] Da die Visionen außerordentlich überzeugend sind und die durch die Droge bewirkte Abgeschlagenheit beim Erwachen den Strapazen der Luftreise und anderen erlebten Abenteuern zugeschrieben wurde, glaubten die Hexen selbst fest daran, solche Luftfahrten wirklich unternommen zu haben. Die subjektive Überzeugung von der Realität des Fluges und aller damit zusammenhängenden Erlebnisse wiederum hat sicher den Glauben der Hexen an die Wirksamkeit auch der übrigen von ihnen getriebenen Zauberhandlungen insgesamt erhöht. (Auch bei diesem, im schamanistischen Bereich häufig auftretenden Phänomen handelt es sich um eine Verfallserscheinung. Denn das Flugerlebnis des Schamanen in der Trance gehört seiner Natur nach zu den archaischen Ekstasetechniken, wie in Kapitel III berichtet wurde, seine Hervorrufung durch Drogen aber ist ein Zeichen von Dekadenz[52].)

### *b. Kirchlicher Widerstand gegen den Hexenglauben im ersten christlichen Jahrtausend*

Die Kirche des frühen Mittelalters sah Zauberei durchaus als Relikt des vorchristlichen Glaubens an. Ihre Kenntnis der germanischen Religion war bescheiden und sie betrachtete die Götter des germanischen Pantheons (ebenso wie die des römischen und griechischen) als Dämonen und Teufelsdiener im Sinne der Lehre Augustins. Deshalb war sie nicht imstande, hiervon solche Erscheinungen zu unterscheiden, wie die dem Volk verhaßte und meist nur heimlich betriebene Schadenszauberei[53], die auch bereits im vorchristlichen germanischen Glauben als höchst suspekt gegolten hatte.[54]

Da der vorchristliche Glaube ganz und vollständig beseitigt und abgeschafft werden sollte, wurde im sächsischen Volksgesetz ebenso wie auf der Synode von Paderborn um 785 nicht die Hexe, sondern der Glaube an sie unter Strafe gestellt. Diese Bestimmungen wurden von den karolingischen Kapitularen bestätigt und erweitert und waren während der folgenden Jahrhunderte die Richtschnur für die kirchliche Haltung gegenüber allen Anklagen wegen Hexerei.[55] Am deutlichsten tritt diese Auffassung im sog. ›Canon Episcopi‹[56] hervor, der um 900 entstand. Darin wird den Bischöfen empfohlen, »in ihren Gemeinden den Glauben an die Möglichkeit dämonischer Zauberei und nächtlicher Fahrten als reine Illusion ... zu bekämpfen und alle diejenigen, welche einem solchen Glauben huldigten, aus der kirchlichen Gemeinschaft auszustoßen«.[57]

Diese Bestimmungen blieben bis gegen Ende des 13. Jahrhunderts in Kraft, dann versuchte man sie aufzuweichen. Denn solange sie existierten, konnte eine Anklage wegen Hexerei (wie sie vor den weltlichen Gerichten wegen der engen Verbindung von Zauberei und Giftmorden selbstverständlich immer wieder vorkam) für den Ankläger selbst gefährlich werden, denn wenn er seine Anklage nicht glaubhaft beweisen konnte (d. h. die angebliche Hexerei sich nicht als tatsächliche Giftmischerei erwies), traf ihn nach dem Brauch des germanischen Akkusationsprozesses wegen seiner Verleumdung die gleiche Strafe, die im Überführungsfalle die Hexe betroffen hätte, nämlich zumeist die Todesstrafe.[58] Man muß diese damalige Regelung im Vergleich zu den späteren Verfahren des Inquisitionsprozesses als juristisch einigermaßen befriedigend ansehen, verbürgte sie doch einerseits die Verfolgung wirklich Schuldiger und verringerte andererseits durch die Androhung scharfer Strafe für unbewiesene Anklagen die Gefahr böswilliger Verleumdung.

Wenn die Kirche es nun trotzdem im 14. Jahrhundert für erforderlich hielt, unter Einsatz aller ihr zu Gebote stehenden Mittel gegen die Hexerei vorzugehen, so hat das seinen Grund nicht etwa darin, daß diese um jene Zeit besonders stark hervortrat. Man hat im Gegenteil sogar Anzeichen dafür, daß sie so gut wie ausgestorben war, was sicherlich auf das segensreiche Zusammenwirken des Canon Episcopi und der – den darin ausgesprochenen Grundsätzen folgenden – Volksrechte zurückgeführt werden darf.[59]

War in den vorhergegangenen Ketzerprozessen kirchlicherseits nie offiziell Anklage wegen Hexerei erhoben worden, da die Kirche den Glauben an die Wirklichkeit der Zauberei im Geiste des Canon Episcopi verurteilte, so erfolgte gegen Mitte bis Ende des 13. Jahrhunderts in dieser Beziehung ein völliger Umschwung. Den praktischen Anlaß dazu bot die irrtümliche Annahme der Ketzerinquisitoren, es handle sich bei der vermuteten ›Hexensekte‹ um einen neuen Ketzer-Glauben im Sinne der Katharer und Waldenser, in dessen Mittelpunkt Satan selbst stünde. Um die theoretische Basis dieses Irrtums zu verstehen, müssen wir uns noch kurz der mittelalterlichen Dämonologie zuwenden, wie sie sich in ihren wichtigsten Zügen im Rahmen der Scholastik und der Schriften der Kirchenväter inzwischen entwickelt hatte.[60]

Sie konzentrierte sich – ganz unabhängig vom mitteleuropäischen Volksglauben – einerseits auf die Bibel, andererseits auf die frühchristlichen Auseinandersetzungen mit der römisch-hellenistischen Götter- und Geisteswelt. Götzendienst und Zauberei wurden bereits in der Bibel stets zusammengestellt[61], und aus der Bibel entwickelte man über die Beziehungen zwischen gefallenen Engeln, Menschenfrauen und die dämonischen Abkömmlinge solcher Verbindungen skurrile Lehren, die oft durch Übersetzungsfehler, unsinnige Interpretationen und gesuchte Etymologien entstanden bzw. gestützt wurden. Luzifer gilt als Herr eines großen Dämonenreiches, will so viele Menschen wie möglich zu sich hinüberziehen, hat aber in Wirklichkeit keine Macht über die Menschen, Aussprechen des Namens Jesu Christi vertreibt ihn und sämtliche Dämonen schlagartig.[62]

Augustinus setzte um 420 den Kult der antiken Götter mit Aberglauben und Apostasie in eins; schon Paulus hatte erklärt, was man den alten Göttern opfere, das opfere man den Dämonen. Augustin, durch seinen Lebenskampf mit dem Manichäismus in der Dämonologie gut geschult, unterscheidet Gottes- und Dämonenreich; für ihn ist die Vorstellungswelt des ›Heidentums‹ nicht Mythologie, sondern Realität. Dämonen bestehen nicht in der Imagination, sondern haben reale Körper, leben länger als Menschen, stiften diese zum Laster an, um sie in Satans Reich zu ziehen und verführen Frauen nicht aus Lust, sondern lediglich um Sündigkeit und Lasterhaftigkeit recht groß zu machen. Die Frage, ob aus diesen Verbindungen Kinder hervorgehen können, bejaht Augustin jedoch nur unter dem Vorbehalt der Mittelbarkeit und entwickelt an ihr seine Lehre von Succubi und Incubi[63]; Thomas arbeitete sie näher aus.

»Am folgenreichsten scheint gewesen zu sein, daß auch Thomas von Aquino die Existenz der Buhlgeister im Alten Testament begründet zu finden glaubte. Behemot und Leviathan (bei Jesaias 40) deutet er auf den Satan, der hier der Überlegenheit seiner Bosheit wegen unter dem Bilde der gewaltigsten Tiere des Landes und des Wassers, des Elefanten und des Walfisches, beschrieben werde. Die einzelnen Teile in der Beschreibung der Tiere werden hierbei vom Ausleger den einzelnen Verhältnissen des Satans angepaßt, somit auch diejenige Stelle, wo der Text von den geschlechtlichen Beziehungen des Behemot spricht . . . Die Frage, wie sich der Teufel seine Hexen zur Stelle schaffe, machte dabei keine Schwierigkeit. Nach dem Evangelium hatte der Satan den Erlöser durch die Luft getragen und ihn auf eine Zinne des Tempels gestellt. Thomas von Aquino meinte daher, wenn der Teufel dieses mit einem Körper zu tun vermöge, so könne er es auch mit vielen und mit allen Körpern tun.«[64] Für die Hexeninquisition war es von ausschlaggebender Bedeutung, sich auf eine Autorität wie die des Thomas bei ihrer Behauptung stützen zu können, daß die Hexen wirklich und wahrhaftig ausführen, denn damit stand und fiel ja ihre Behauptung vom Hexensabbat.

Die fesselnde Frage nach dem Verhältnis zwischen Ketzerei und Zauberei hatte inzwischen bereits die Theoretiker unter den Kanonisten beschäftigt. Der berühmte Oldradus da Ponte (um 1324) stellte fest[65], daß Zauberei nicht identisch mit Häresie, aber mit ihr verwandt sei. Als Kriterium gilt, welche Ansprüche der Mensch an die Hilfe des Dämons stellt: Verlangt er von ihm Dinge, die eigentlich nur Gott kann, dann allerdings ist diese Zauberei, kommt sie zustande, entschieden auch Häresie. Man sieht, hier tritt der Gesichtspunkt der Teufelsanbetung ins Bild. Ähnlich wie da Ponte äußerte sich um 1376 der Dominikaner Nicolaus Eymerius[66], der praktisch jedwede Art der Zauberei mit Häresie gleichsetzte, und zwar unter ausdrücklichem Bezug auf Thomas von Aquin, da dieser gesagt habe, daß bei derlei Handlungen wegen des zur Zauberei notwendigen Paktes mit dem Dämon stets Apostasie vom Glauben vorliege.

Am Ende dieser Entwicklung – und im Sinne der Scholastik mit vollkommener Logik – wurden schließlich die Zauberer ebenso als Diener teuflischer Dämonen betrachtet wie die Katharer und andere ›Ketzer‹; nur so ist die Bildung des neuen Begriffs einer ›Hexensekte‹ überhaupt verständlich. Durch die regelmäßig gemachte Vorannahme, jeder Art von Zauberei liege grundsätzlich ein Teufelspakt zugrunde, war nun auch theoretisch die Identität zwischen der Häresie der ›Ketzer‹ und der der ›Hexen‹ ›erwiesen‹.

## 4. Der ›Malleus Maleficarum‹ und seine Bedeutung für den Hexenprozeß

### *a. Übergreifen der Hexenprozesse auf Deutschland*

Von fanatischen Predigern geschürt, von mit Höllenvisionen geschreckten Zweiflern endlich akzeptiert, griff der Hexenglaube um 1400 im ganzen Alpengebiet um sich, also vornehmlich dort, wo sich durch die örtliche Abgeschiedenheit prächristlicher Volksglaube länger hatte erhalten können als in infrastrukturell aufgeschlosseneren Regionen. Ähnliches findet sich später durchgehend: Die Prozesse beginnen zuerst auf dem Lande und greifen erst anschließend auf die Städte über, wobei wiederum die kleineren Landstädte bevorzugt sind.[67]

Die kirchlichen Stimmen des frühen Mittelalters hatten stets betont, daß Christus den Teufel überwunden habe und daß man daher Satan als einen ›toten Feind‹ getrost verachten könne. Aber die demagogischen Inquisitionspredigten ließen das Volk an seinem Vertrauen auf den Schutz Gottes gegen alle Dämonen allmählich irre werden. Überall wähnte man sich allgemach von unsichtbaren, bösen Mächten umgeben, bedroht und geschädigt, und nach allgemeiner Auffassung war es dahin gekommen, daß der Teufel selbst täglich ins Leben der Menschen versuchend und schädigend eingriff.[68] Dabei zeigte er in Deutschland und den Alpenländern stets Züge, die nach dem Volksglauben auch anderen dämonischen Wesen eigneten: So kann Satan sich in Tiere verwandeln, erscheint er aber als Mensch, fehlt ihm immer der Rücken, an dessen Stelle man einen hohlen Baumstamm sieht, und ablegen kann er seine Tiergestalt überhaupt nie vollständig, denn ein Bein, meist das linke, zeigt immer einen Pferdehuf als Fuß und damit einerseits die Verbindung zum Tier an sich, andererseits zu dem den Germanen einst heiligsten und von der Kirche darum als unrein gescholtenen Tier. In Tirol suchte man 1410 zu beweisen, daß jene nachtfahrenden Weiber, an die das Volk von alters her glaubte, nichts anderes seien als jene Hexen, wovon neuerdings soviel die Rede war.[69] Um 1476 erschien ein aus dem Savoyardischen übersetzter Traktat in Deutschland unter dem bezeichnenden Titel ›Die Sekte Gazariorum das ist der Unholden und die bei der Nacht Fahrenden auf Besenstielen, Ofengabeln, Katzen, Böcken oder auf anderen dazu dienenden Dingen‹[70], worin sich deutlich die Elemente des prächristlichen Volksglaubens und ihr Einfluß auf die Ausformung des kirchlich-dogmatisch unterbauten Hexenwahns abzeichnen. So breitete sich der Glaube an die neue Sekte der Zauberer und Hexen auch in Deutschland langsam nach Norden hin aus.

Allerdings fehlt es nicht an Zeugnissen dafür, daß die deutschen Inquisitoren mancherorts bezüglich der fürchterlichen Gefährlichkeit der Hexen in Deutschland auf spöttischen Unglauben stießen und gelegentlich gar nicht zum Inquirieren kamen, da sie von der aufgebrachten Volksmenge verprügelt oder von den jeweils regierenden Adligen des Landes verwiesen wurden, da diese sich so wichtige Teilbereiche der Gerichtsbarkeit nicht aus der Hand nehmen lassen wollten. Der deutsche Generalinquisitor Konrad von Marburg war 1233 von einem Adligen, in dessen Gebiet er entsetzlich gewütet hatte, erschlagen worden, worauf die Inquisition in Deutschland vor den Drohungen der Volksjustiz zurückzuschrecken begann.[71] Ihre Tätigkeit wurde meist als ungerechtfertigte Einmischung betrachtet, und zwar sowohl von den weltlichen Regionalfürsten wie von den Bischöfen.[72]

*b. Die Entstehungsgeschichte des ›Malleus‹*

Die geschilderten Zustände blieben im wesentlichen unverändert, bis die Ende des 15. Jahrhunderts für Deutschland zuständigen beiden Inquisitoren Heinrich Institoris und Jakob Sprenger sie zu ändern beschlossen, da Geistlichkeit und Laienwelt ihrem Wirken recht enge Grenzen setzten. Mit lebhaften und phantasiereichen Klagen über das unerhörte Zunehmen des Hexenwesens in Deutschland wandten sie sich nach Rom um Hilfe.[73] Diese erfolgte auch, und zwar durch die vielberufene Hexenbulle Papst Innocenz VIII. von Dezember 1484. Die Bulle enthält folgende – durch die Beschwerden der beiden Inquisitoren angeregten – Gedanken:[74]

1. Es gibt in der Christenwelt eine Hexerei, die eine mit Hilfe des Teufels bewirkte Zauberei zum Zwecke vielfacher, entsetzlicher Schädigungen der Menschen ist.
2. Sie beruht auf einem mit dem Teufel abgeschlossenen Bund.
3. Dieser fußt auf dem Abfall vom christlichen Glauben, weil die Hexen sich von Gott los- und dem Teufel zusagen und deshalb ihres ewigen Seelenheils verlustig gehen.

Außerdem befiehlt die Bulle allen geistlichen und weltlichen Stellen, den beiden Inquisitoren in ihrem Kampf gegen das Hexenunwesen zu helfen bzw. ihnen vor allem dabei nichts in den Weg zu legen.
Durch diese Unterstützung ihrer Tätigkeiten und Absichten angespornt, gingen Institoris und Sprenger[75] an die Abfassung eines Werkes, das 1487 in Straßburg zum ersten Male gedruckt wurde und traurigen Ruhm erlangt hat, des ›Malleus Maleficarum‹, des Hammers, der die Hexen zerschmettern sollte. Joseph Hansen schreibt darüber[76]: »Der Malleus wandelt zwar im allgemeinen auf dem schon ausgetretenen Weg seiner

Vorgänger weiter, deren Darlegungen er so gut wie ganz in sich aufnimmt. Aber zu der schonungslosen und unerbittlichen konsequenten Brutalität dieser Vorgänger, ihrer an Stumpfsinn grenzenden, aber mit theologischer Eitelkeit durchsetzenden Dummheit tritt hier noch ein kaltblütiger und geschwätziger Zynismus, ein erbärmlicher und nichtswürdiger Hang zur Menschenquälerei, der beim Leser immer wieder den Grimm und die äußerste Erbitterung über die Väter dieser eklen Ausgeburt religiösen Wahns wachruft.«

Die Vorgänger[77] der beiden Autoren hatten in Dutzenden von Traktaten mit hauptsächlich zwei Problemen gerungen: Einmal wollte man in Deutschland vielfach nicht mehr an die angeblichen Luftreisen der Hexen glauben, zum anderen gab es stets Schwierigkeiten mit den weltlichen Gerichten, die die Hexerei nach karolingischem Recht nicht als ketzerisch anzusehen vermochten, sich also auch nicht ohne weiteres zur Todesstrafe angeblicher Hexen bestimmen ließen. Denn nach deutschem Rechtsempfinden war das Zaubern an sich zwar übel (man denke an die darauf bezügliche Schelte), wurde aber nur dann unbedingt tödlich geahndet, wenn durch Zauberei Menschen getötet und dies Faktum nach dem geltenden Gewohnheitsrecht bewiesen worden war. Wahrsagerei, Loswerfen, Zaubersprüche hersagen und derlei Harmloses waren nach deutschem Recht keine todeswürdigen Schadenszaubereien. Die beiden Autoren sahen also ihre Aufgabe darin, vor allem diese beiden strittigen Punkte endgültig auszuräumen, damit sie dem Umsichgreifen der Hexenverfolgung in Deutschland nicht länger im Weg stünden. Bezeichnenderweise hatte die ihrer Kampfschrift als Einleitung vorangestellte ›Hexenbulle‹ die nächtlichen Hexenfahrten nicht sanktioniert. Sie war, ebensowenig wie alle übrigen mit der Zauberei befaßten Bullen, nämlich gar nicht darauf eingegangen, da man sich der Kompliziertheit des Problems in Rom stets bewußt blieb und eine endgültige Stellungnahme offenbar scheute. Indem sie die Luftfahrten der Hexen aber nicht berührte, stritt die Bulle sie auch nicht expressis verbis ab, und so stellten Institoris und Sprenger unter Bezug auf einen Wust scholastischer Gelehrsamkeit, rabulistisch verdrehter Zitate der Väter und schließlich sogar unter dreistem Hinweis auf den ›gesunden Menschenverstand‹ von sich aus die Behauptung auf, daß die Hexen wirklich und tatsächlich ausführen, und zwar mittels der Hilfe Satans.[78] Wer nicht an Hexen glaube, sei ein Ketzer, schlossen sie; sie machten damit aus dem Hexenbegriff quasi ein Dogma und konstruierten aus dessen Leugnung einen Häresiebeweis.[79]

Das zweite Problem war, die weltliche Gerichtsbarkeit in Deutschland für die Verfolgung der Hexen zu interessieren; darum ist der Malleus stets unter dem Gesichtspunkt seiner Abfassung speziell für Juristen zu beurteilen. Dabei ist es wichtig, sich stets vor Augen zu halten, daß die

Bibellektüre dem Laien – also auch dem vielleicht durchaus lateinkundigen Richter – verboten war.[80] Die Autoren waren also sicher, schon wegen dieser notgedrungenen Unkenntnis der Heiligen Schrift gegen ihr Buch zunächst keine sachlichen Einwände gewärtigen zu müssen, jedenfalls nicht von den Stellen, an deren Überzeugung ihnen am meisten lag. Daher konnten sie sich unbesorgt vor Kritik einer entfesselten Etymologie lateinischer Worte hingeben, sie konnten Analogien aufstellen, wo tatsächlich keine existierten, und trotz aller Stützen, die sie in der Tradition suchten und fanden, ist ihr Hexenbegriff von dem in Südfrankreich während der anderthalb Jahrhunderte zuvor entwickelten durchaus und zwar grundsätzlich verschieden.

### *c. Zuspitzung des Hexenglaubens auf das weibliche Geschlecht*

In ganz wesentlicher Hinsicht unterscheidet sich der Malleus von seinen Vorgängern, insofern er das gesamte Hexentreiben grundsätzlich auf das weibliche Geschlecht zuspitzt, dem er – im Gegensatz zu den bisherigen Auffassungen des Hexenbegriffs – einen überragenden Platz darin zuweist.[81] Seine Autoren mögen sich über die Tatsache informiert haben, daß vor deutschen Gerichten mehr Hexen als Hexer angeklagt und gelegentlich auch zum Feuertod wegen Schadenszauberei verurteilt zu werden pflegten und deswegen ihre Argumente in der Hoffnung auf größere Glaubwürdigkeit auf das weibliche Geschlecht eingeengt haben. Auch mönchischer Keuschheitseifer mag eine Rolle dabei gespielt haben; der militante Antifeminismus des ganzen Buches ist jedenfalls augenfällig. Begründet wird er durch die unmögliche etymologische Erklärung, das Wort femina sei gebildet aus ›fe‹ und ›minus‹, ›quia femina semper minorem habet et servat fidem‹, wohl der unsinnigste Vorwurf, der dem weiblichen Geschlecht gemacht werden kann.[82] Die Wortschöpfung ›Malleus malefic*a*rum‹ sollte die prinzipiell höhere Anfälligkeit der Frau gegen alles Böse (und zwar insbesondere im Bereich des Geschlechtlichen) als der Tochter Evas zum Ausdruck bringen, aufgrund deren Sündenfalles die ganze Nachwelt in Mitleidenschaft gezogen worden sei.
Doch auch noch aus einem anderen Grund war es für die beiden Autoren nicht mehr wichtig, beide Geschlechter gleichmäßig als an der gemutmaßten Sekte beteiligt zu schildern. In Südfrankreich war das erforderlich gewesen, weil zu den – wenn auch auf widernatürliche oder inzestuöse Weise – bei den ›Hexensabbathen‹ vollzogenen Unzuchtsakten notwendig beide Geschlechter gehörten. Sprenger und Institoris hoben nun aber auf ein Unzuchttreiben der Hexen auch allein mit dem Teufel ab, nämlich vor dem Besuch des Sabbaths. Wie sie ausführten, traf sich der Böse mit jeder Hexe durchaus auch privat, einzeln und geheim, und da der Teufel

nach allgemeiner Anschauung nicht gut als Frau gedacht werden konnte, schieden also Männer für die Teufelsbuhlschaft, die hier ganz in den Mittelpunkt der Überlegungen gerückt wird, bis auf die Fälle von Sodomie im Sinne von Homosexualität, die es natürlich gelegentlich auch gab, aus.

Nicht zu vergessen ist hier auch noch ein weiteres Moment, das dem allgemeinen Dafürhalten nach für eine häufiger durch Frauen als durch Männer ausgeübte Hexerei sprach und das im Grunde sozialer Natur ist. Joseph Hansen[83] schreibt darüber: »Bei den schier unüberwindlichen Hindernissen, die im Mittelalter der Scheidung einer Ehe im Weg standen, bot sich Eheleuten, die getrennt zu werden wünschten, beinahe von selbst jene geheimnisvolle ›impotentia ex maleficio‹ an, die als Scheidungsgrund selbst beim Vorhandensein von Kindern angegeben werden konnte, und die Organe der Kirche empfanden drückend die Schwierigkeit, aufzudecken, ob diese nur vorgetäuscht war oder ob die Eheleute selbst derartiges annahmen. Es wurde auch geglaubt, eine solche teuflische Verzauberung sei gelegentlich so schlimm, daß sogar der Teufel selbst sie nicht mehr rückgängig machen könne, weshalb solche Ehen noch gegen 1500 nach drei Jahren getrennt zu werden pflegten. Wie nahe lag unter diesen Umständen die Versuchung für Ehepaare, die sich über ihren Trennungswunsch einig waren, irgend jemanden zu verdächtigen, sie behext zu haben oder dies aus Wunschdenken heraus womöglich selbst zu glauben.« Wegen der traditionell engeren Verbindung der Frau mit den generativen Lebenskräften suchte man in solchen Fällen regelmäßig nach einer Frau als Urheberin eines solchen sehr speziellen Maleficiums, und war erst einmal eine namentlich bekannt, so sorgte die Folter dafür, daß sie auch gestand.

Die Argumente der Autoren zum Aufweis der möglichen zauberischen Hervorbringung schädlichen Kleingetiers sowie der den Hexen angeblich möglichen Tierverwandlungen stützen sich auf Bibel, Patristik, Scholastik und ausdrücklich auch auf den Volksglauben, dem hier plötzlich die hohe Ehre widerfährt, von Ordensleuten sogar gegen jahrhundertelang verehrte Autoritäten wie den Canon Episcopi ins Feld geführt zu werden, welchen letzteren die beiden Verfasser als falsch ausgelegt und unzutreffend großzügig verwerfen.[84]

## 5. Der neue Hexenbegriff und sein Zusammenhang mit der Sodomieanklage

### *a. Hexenanklage als ›crimen mixti fori‹*

Der ›Malleus‹ empfiehlt seinen juristischen Lesern den Inquisitionsprozeß durch Einschreiten von Amts wegen oder auf Denunziation (›crimen mixti fori‹).[85] Der Name der Denunzianten sowie der Zeugen sollte grundsätzlich geheim bleiben und die Folter bei den Angeklagten so lange angewendet werden, bis ein Geständnis erfolgte.[86] So wurde denn die Tortur der eigentliche Mittelpunkt des ganzen Prozeßverfahrens. Ohne sie würde es gar nicht möglich gewesen sein, die Massen von Hexen aufzuspüren, die man allerorten prozessiert und gerichtet hat, sie war der Hauptnerv aller Beweisführung, und zu ihrer Anwendung schritt man schon auf die leisesten Indizien hin. Zwei oder drei Denunziationen, wenn auch noch so unbestimmter Natur, oder die Angabe eines einzigen sogenannten ›Komplizen‹ wurden als gesetzlich durchaus genügend betrachtet. Auch die Angaben von Kindern oder Geistesgestörten galten als brauchbare Zeugnisse. Weil man allen Mitgliedern der gemutmaßten Sekte ans Leben wollte, war das Herausfoltern von Namen der angeblichen Komplizen eins der wichtigsten Anliegen der Hexenprozesse; die so Benannten wurden ihrerseits festgenommen und gefoltert usw. Man kennt Fälle, in denen schließlich aus dem Prozeß gegen eine einzige Angeklagte ein solcher gegen weit über hundert geworden war.

Von der Anwendung von Ordalen riet der Malleus dringend ab, obgleich gerade sie als Mittel zur Exkulpierung der wegen Hexerei Angeklagten in den früheren Epochen von weltlichen Gerichten gern benutzt worden waren. Bei ihnen bestand aber die Gefahr, daß sich auch einmal eine ›Hexe‹ als unschuldig erweisen konnte, und eben das suchte der Malleus auf jede Art zu verhindern.[87] Zugelassen wurden lediglich solche Prozeduren, die nicht vor allem Volk stattfinden mußten, sondern in der Abgelegenheit der Folterkeller durchgeführt zu werden pflegten. Hierzu gehörte die Prüfung der Annahme, daß echte Hexen selbst unter der härtesten Folter niemals weinten und daß viele Hexen am Körper ein sog. ›Hexenmal‹ trügen, das vom Teufel eingebrannt sei und auch bei Durchstich durch den folternden Henker weder schmerze noch blute. Da bei diesen ›Proben‹ alles nur auf die Aussage der Leute ankam, die dafür bezahlt wurden, daß die Hexe sich als solche erwies, weinte natürlich keine Hexe auf der Folter und keiner tat die Durchstechung ihres Hexenmales weh, sofern sie eins hatte, falls nein, galt das als besonders verdächtig.[88]

Zur wichtigsten Figur im ganzen Hexenprozeß wurde daher binnen kurzem neben dem geistlichen Inquisitor nicht etwa der weltliche Richter, sondern der als Foltermeister fungierende städtische Henker.[89] Das drückt sich schon darin aus, daß die Einnahmen aus den konfiszierten Gütern der Opfer dieses perfiden Wahns gleichmäßig in drei Teile geteilt wurden: ein Drittel erhielt der Inquisitor für seinen Orden, ein Drittel der Henker für seine Mühe, und das letzte Drittel wurde vom Inquisitor für spätere Inquisitionen und die damit verbundenen Auslagen für das sog. ›Hexenriechen‹ zurückbehalten. Letzteres wurde von Leuten besorgt, die man heute ›agents provocateurs‹ nennen würde und die natürlich Geld sehen wollten.[90] Soldan-Heppe schreiben in ihrem grundlegenden Werk über die Hexenverfolgungen, daß in vielen Städten des Mittelalters während dieser Jahrhunderte der Henker mit Abstand der reichste Mann der Stadt gewesen sei. Seine Bezüge sind ihrem Wesen nach viel mehr Schweigegelder als Arbeitsentgelt gewesen. Die erwähnten Autoren berichten auch, daß zur Zeit der schlimmsten Verfolgungswelle im 14. Jahrhundert in Deutschland das fliegende Wort umgegangen sei, »daß man durch die neuerfundene Alchemy der Hexensekte nunmehro aus Menschenblut Gold und Silber mache«.[91]

### *b. Sodomie und Schadenszauberei als Bestandteile der Hexenanklage*

Waren gewisse Beziehungen zwischen Ketzerei und Unzucht – in einem ziemlich weitgefaßten Sinne – möglicherweise wenigstens in mancher Hinsicht gelegentlich wirklich gegeben[92] (obwohl sie natürlich von der Inquisition maßlos übertrieben wurden), so sind solche Zusammenhänge zwischen Sodomie und Hexerei im allgemeinen als ebenso unwahre und lediglich durch die Folter verifizierte Hirngespinste der Inquisitoren zu bezeichnen, wie alle übrigen Elemente des Hexenwahns, nicht zuletzt dem des ›maleficiums‹, auf das ja schon der Titel des ›Malleus‹ weist.
Wegen ihrer Wichtigkeit legten die Inquisitoren auf den Erweis dieser beiden Delikte in allen anstehenden Fällen so bedeutenden Wert. Es handelt sich hierbei um ein komplexes Geschehen, und man muß dessen Bestandteile einzeln untersuchen.
Beginnen wir mit dem wohl wichtigsten Gedanken der Teufelsbuhlschaft, so stellt sich diese abstruse Vorstellung auf den ersten Blick als nichts weiter denn die Fortführung des Gedankens des Teufelspaktes dar, wie er schon als konstituierendes Moment in den Ketzerprozessen aufgetreten war, wenngleich durch den sexuellen Aspekt ins Groteske verschoben. Tatsächlich allerdings wird die Teufelsbuhlschaft im Hexenprozeß auf eine Art interpretiert, die von der Interpretation des Teufelspaktes der früheren Häretiker nicht unwesentlich abweicht. Denn diese ›Buhlschaft‹ wird stets nicht nur als etwas im schlimmsten Grade Sündhaftes, sondern

auch entsetzlich Unnatürliches hingestellt. Der Malleus spricht von »den fleischlichen Unflätereien durch fleischlichen Umgang mit den Incubi und Succubi«[93] (›Buhlteufeln‹), und in den Abschwörformeln muß der Verdächtige u. a. beeiden zu glauben, daß die Hexen »zur Stillung ihrer verkehrten Begierden auf teuflische Unflätereien bedacht« sind sowie »Menschen, Tieren und Feldfrüchten sehr vielen Schaden antun«.[94] Höhepunkt dieser ›Unflätereien‹ ist selbstverständlich die Buhlschaft mit Satan selber, die im Ritual des Hexensabbats ihren festen Platz hat[95] und stets ›modo sodomitico‹ stattfindet, d. h. jedenfalls auf unnatürliche Weise. Derartige Handlungen erklärt der Malleus für so furchtbar, daß normalerweise sogar Dämonen davor zurückschreckten, »denn keine Sünde hat Gott so häufig durch plötzlichen Tod an vielen gerächt (als diese)«[96], womit wieder einmal die Sodom-Mythe ins Bild tritt. Weiter wird an gleicher Stelle zwar etwas unklar, aber voll sittlicher Entrüstung ausgeführt: »Es sagen auch einige, und es wird wirklich geglaubt, daß keiner, der diesem Laster ergeben ist, nachdem er die Zeit des sterblichen Lebens Christi, die sich auf 33 Jahre beläuft, in diesem Schandleben beharrend, erlöst werden kann, außer durch besondere Gnade des Erlösers. Das erhellt daraus, daß man oft unter Achtzigjährigen und Hundertjährigen welche in diesem Laster verstrickt findet, die die Lebenszeit Christi, weil sie eine Zucht sittlichen Lebens war, verachten und kaum jemals ohne die größte Schwierigkeit sich dieses Verbrechens enthalten werden.«

Es sieht aus, als redeten die Verfasser des Malleus hier von Sodomie im sozusagen klassischen Sinne, nämlich als Homosexualität; in Wirklichkeit aber ist im Malleus der Sodomie-Begriff als solcher bereits so extrem ausgeweitet, daß man praktisch nie genau sagen kann, was eigentlich gemeint ist, wenn dort von ›Sodomie‹ geredet wird. Es kann sich um Homosexualität, um Bestialität, um heterosexuellen Analverkehr oder nur um eine Art heterosexuellen Geschlechtsverkehrs handeln, der anders als in der einzig von der Kirche als sittlich möglich bezeichneten Form (bei welcher die Frau unten liegt und sich passiv verhält) durchgeführt wird. Der Ausgangspunkt dieser nicht ohne Grund erfolgten Ausweitung des Sodomiebegriffs läßt sich, wie schon erwähnt, weiter als bis zu Benedictus Levitas gefälschten Kapitularen zurückverfolgen, da ja bereits in den frühmittelalterlichen Bußbüchern diesbezügliche Mehrdeutigkeiten feststellbar sind. Levita war es aber, der als erster behauptete, für alle Arten der Sodomie sei ein furchtbares göttliches Strafgericht zu erwarten, und er war es auch, der neben derlei ›Fleischesverbrechen‹ als mögliche Ursachen besagten göttlichen Zorns die im Volksglauben noch lebendigen Reste der prächristlichen Religion nannte. Es darf daher nicht verwundern, daß wir bereits vor dem Malleus die Auffassung vertreten

finden, Sodomie gleich welcher Art hänge irgendwie mit Gottlosigkeit oder Gottesleugnung zusammen, ja sie sei selbst eine Art Abfall von Gott und also mit der Ketzerei vergleichbar[97]: »Die Bezeichnung Ketzerei bedeutet ... in Oberdeutschland ... außer Häresie auch Sodomie und sonstige widernatürliche Unzucht.« Eine zusätzliche und erhebliche Verstärkung erhielt diese Ansicht durch die gerade in den Alpenländern den häretischen Sekten regelmäßig imputierten Vorwürfe der Unzucht schlechthin. Wie eng schließlich die Begriffe der Ketzerei und Sodomie zusammenhingen, läßt sich daraus ersehen, daß das Wort bougre oder bouggerie deutlich auf ›Bulgarien‹ bezogen ist, die geistige Heimat des Katharismus, später aber, besonders in Frankreich, gleichbedeutend mit homosexueller Betätigung wurde.[98] In den Alpen selbst deckte sich hingegen der Sodomiebegriff eher mit der späteren Hexenbezeichnung ›Vaudois‹ o. ä.[99] Es ist aber überdies noch die Möglichkeit gegeben, daß sogar selbst vor dem Auftreten der Häretiker der Sodomiebegriff mit Gottlosigkeit in Verbindung gebracht worden ist, bestimmten doch die strengeren canonischen Poenitentiale, daß der unbußfertige Sodomit selbst auf dem Sterbebett die Kommunion nicht erhalten dürfe, womit man ihn faktisch außerhalb der Christenheit hielt. Was jedoch nicht christlich war, war heidnich und damit ›des Teufels‹.
Allerdings ist der Malleus die erste Schrift, die den Teufelspakt in der speziellen Form der Teufelsbuhlschaft unter allen Umständen, d. h. grundsätzlich und immer, mit Sodomie verknüpft. Frühere Traktate hatten nach altgewohntem Brauch der Häresie die Teufelsbuhlschaft eher als obszöne Beigabe gesellt. Der Malleus aber betonte, daß – neben dem eigentlichen ›maleficium‹, der Schadenszauberei – mit dem Teufelspakt der neuen Hexensekte prinzipiell Sodomie verbunden sei.[100] Die auf den ›Vauds‹, den schwer zugänglichen angeblichen Versammlungsplätzen der Hexen, verübte sodomitische Unzucht war nach älterer Auffassung meist dadurch zustande gekommen, daß die Teilnehmer sich untereinander bei besonderer Berücksichtigung dessen fleischlich vermischten, was die Kirche besonders streng verbot, nämlich Sodomie und Inzest.[101] Diese Ideenverbindung war schließlich so eng geworden, daß man schon gegen Ende des 14. Jahrhunderts vielfach der Sodomie Angeklagte zuerst der Kirche übergab, damit sie feststellte, ob die Betreffenden etwa auch Häretiker seien.[102] Man kann also sagen, die auf den ›Vauds‹ älterer Tradition verübte Sodomie war gewissermaßen eine Ungehorsamsdemonstration, eine betonte Verhöhnung der kirchlichen Gebote (und daher, wie alles ihnen Widersprechende, eine Huldigung an Satan). Doch der Malleus bediente sich der einmal vorhandenen Ideenverbindung zwischen Sodomie und Gottesferne auf eine gänzlich neue Weise.
Es wurde schon erwähnt, daß dem Teufel aufgrund jener Eigenschaften,

die ihm durch Elemente sowohl der germanischen wie der antiken Volksreligion überkommen waren, Tierqualität eignete, die sich in theriomorphen Attributen wie dem Pferdefuß, Hörnern, Besitz eines Wedels usw. manifestierte. Satansbuhlschaft ließ sich daher durchaus in der Bedeutung von Bestialität interpretieren[103], wie es die Verfasser des Malleus als erste dezidiert taten. Da nun die Teufelsbuhlschaft ein integrierendes Element des Hexenbegriffs war, hatte sich fortan jede einzelne Hexe neben und ungeachtet aller übriger angedichteten Sünden und kriminellen Handlungen grundsätzlich des – weltlichen! – Verbrechens der Sodomie schuldig gemacht, das, nicht zuletzt infolge der Wirkung der gefälschten Kapitulare des Benedictus Levita, überall wieder mit dem Tode geahndet wurde. Und gerade so, wie man vordem Leute, die der Sodomie verdächtig oder angeklagt waren, erst einmal daraufhin überprüfte, ob sie nicht vielleicht auch Häretiker seien, so ›prüfte‹ man (mittels der Folter) nun, ob sie nicht irgendwie mit Hexerei zu tun hätten. Soldan-Heppe berichten einen solchen Fall[104], wo ein schlecht beleumundeter Mann wegen des Verdachts des Diebstahls und der Sodomie verhört worden war. Beide Anschuldigungen erwiesen sich als substanzlose Gerüchte, aber nun folterte man den Angeklagten, um herauszufinden, ob er nicht möglicherweise ein Mitglied der Hexensekte sei. Selbstverständlich brach er nach mehrfachen Folterungen zusammen und gestand alles, was man wollte, bezichtigte auch mehrere angesehene Bürger der Stadt, gleichfalls gehext zu haben (womit er sie sämtlich mit ins Verderben riß) und wurde anschließend verbrannt. Von der Sodomieanklage, woher das Ganze seinen Ausgang genommen hatte, war gar nicht mehr die Rede. Und der Jesuit Adam Tanner, der als einer der ersten, wenn auch zaghaft, gegen die übliche Art der Hexenverfolgung Einwände erhob, meinte dessenungeachtet, wo Sodomie getrieben werde, da entwickelten sich allerdings rechte Brutstätten und Nester der Hexerei.[105]

Man kann geradezu sagen, daß die Sodomie im 14. bis 16. Jahrhundert kaum mehr den Charakter eines selbständigen Deliktes besitzt, da so gut wie immer gleichzeitig mit der Sodomieanklage auch Hexerei imputiert wird. Diese eigenartige Entwicklung erfolgte aber nicht nach irgendwelchen immanenten Eigengesetzlichkeiten von Tradition und Gewohnheitsrecht (obgleich beide eine nicht unerhebliche Bedeutung dafür gehabt haben), sondern sie hat ihre entscheidenden – und bewußt verursachten – Impulse durch die beiden Verfasser des Malleus empfangen.

Der zweite Bestandteil des vom Malleus modifizierten Hexenbegriffs war jenes Phänomen, das dort meistens als »mannigfache Schädigungen von Mensch, Tier und Feldfrüchten« bezeichnet wird, nämlich das vorerwähnte ›maleficium‹. Hierunter ist einmal bösartige Schadenszauberei mit grundsätzlich tödlichem Ausgang zu verstehen, außerdem auch noch weniger schwere ›Delikte‹ wie das zauberische Hervorbringen von Mäusen und allerhand anderem Ungeziefer, Verursachung schlechten Wetters u. ä.[106] Die lebensgefährliche Schadenszauberei war, wie bereits erwähnt, seit prächristlichen Zeiten sowohl bei Germanen wie bei Römern durch den Feuertod geahndet worden. Diese schwere Strafe trat in den historischen Zeiten, über die wir einigermaßen zuverlässige Kenntnis haben, jedoch nur dann ein, wenn durch die Zauberei tatsächlich jemand tödlich geschädigt, d. h. vergiftet worden war. Der Malleus sucht nun den Eindruck zu erwecken, als seien derlei zauberische Attacken eigentlich immer tödlich; es wird daher Wert darauf gelegt, daß die Hexe auf der Folter solche Schandtaten gesteht und zugibt, irgendwelche Leute durch Hexerei getötet zu haben.

### *c. Prozessual bedingte Subsumierung der Sodomie unter den Begriff der Hexerei infolge der Argumentation des ›Hexenhammers‹*

Ehe die beiden Verfasser des ›Malleus‹ zur Abfassung ihres Werkes schritten, konnten sie immerhin bereits auf die stolze Strecke von 48 verbrannten Hexen zurückblicken.[107] Wenn sie dennoch, welches Gefühl aus dem Hexenhammer deutlich spricht, dies Ergebnis für absolut unzulänglich hielten, so liegt nahe, daß sie ihr Buch vornehmlich unter dem Gesichtspunkt schrieben, wie man es zukünftig anzustellen habe, damit auch tatsächlich jede Hexe, die nur aufzutreiben war, wirklich gerichtet und verbrannt würde.

Den Erforschern des Hexenwahns, die den Malleus unter diesem Hinblick analysierten, sind einige neue Aspekte aufgefallen, die dies Buch von früheren mit ähnlichen Zielen grundsätzlich unterscheiden. J. W. R. Schmidt, der verdienstvolle Übersetzer des Hexenhammers, sieht sie in den beiden darin aufgestellten Behauptungen[108]: 1.) Daß die Hexen wirklich und wahrhaftig ausführen und nicht bloß in der Einbildung der Betreffenden; eine Frage, die damals viel erörtert und je nachdem bejaht oder verneint wurde. 2.) Daß – im Gegensatz zum bisherigen kanonischen Recht, demzufolge die bußfertigen, nicht rückfälligen Ketzer verurteilt wurden, aber nicht verbrannt werden durften – die Inquisition nun selbst bußwillige, ihrer ›Ketzerei‹ abschwörende Hexen »um ihrer besonderen Boshaftigkeit willen« unter allen Umständen dem Scheiterhaufen überantworten können sollte, was sonst nur verstockten oder rückfälligen Ketzern als Strafe winkte.

Soldan-Heppe und der Bearbeiter ihres Werkes, Max Bauer,[109] setzten die Akzente etwas anders und schreiben, der Malleus habe ein System des Hexenglaubens geschaffen, das weit über die in der Bulle von 1484 gegebene Darstellung des Hexenwesens hinausgehe, indem es namentlich 1.) die Hexenfahrt zum Teufels-Sabbat und 2.) die geschlechtliche Vermischung mit dem Teufel als wesentliche Elemente des Hexenwesens hinstelle.

Am gründlichsten hat sich Joseph Hansen mit den Motiven beschäftigt, die zur Abfassung des Hexenhammers geführt haben.[110] Wie er herausstellt, kam es den beiden Inquisitoren einzig und allein darauf an, die Vernichtung der angeblichen Hexen zu sichern, wozu die bis dahin gehandhabte Form des Ketzerprozesses sich, wie sie aus eigener Erfahrung wußten, als im Grunde ungeeignet erwiesen hatte. Sie suchten deshalb nach einem zuverlässigeren Weg.

Es gab drei Möglichkeiten, um die Schwierigkeiten des Ketzerprozesses zu umgehen, der die Verbrennung des reumütigen und nicht rückfällig gewordenen Ketzers, wie die Inquisitoren sie anstrebten, nicht kannte. Erstens konnte man versuchen, die Art der Reumütigkeit der Hexen als ungenügend zu bezeichnen oder kurzerhand zu erklären, die verbrochenen Ketzereien seien so ungeheuerlich, daß die Betreffenden keinen Anspruch auf Gnade hätten, auch wenn sie bußfertig wären, was natürlich ein offener Justizfrevel war, der nur dort gelingen konnte, wo der weltliche Arm dies Spiel gefügig mitmachte. Das aber kam in Deutschland vorab noch nicht in Betracht. Zweitens konnten die Inquisitoren erklären, daß die Hexen außer den ketzerischen Vergehen auch noch solche Verbrechen begangen hätten, die in den Bereich der weltlichen Justiz gehörten, nämlich z. B. tödliche Schadenszauberei, Kindermord, Gotteslästerung und Sodomie. Sie konnten dann ihrerseits die Angeklagten zu ewigem Kerker ›begnadigen‹, da sie ja Reue gezeigt hatten und nicht rückfällig waren, sie aber anschließend dem weltlichen Arm mit der Erklärung übergeben, daß sie auch gewisser weltlicher Verbrechen überführt seien, wofür er nun seinerseits die gebührende Strafe verfügen möge. Das Verfahren warf die Frage auf, ob eine derartige quasi Doppelbestrafung des Hexenverbrechens zulässig sei; die Frage blieb theoretisch unentschieden, gelegentlich ist man aber in dieser Form vorgegangen. Drittens konnten sich, wie Hansen ausführt, die Inquisitoren von vornherein auf den Standpunkt stellen, daß dies Verbrechen eben grundsätzlich ›gemischter Art‹ und daß es deshalb gleichgültig sei, ob die geistliche oder die weltliche Instanz zuerst einschritte, wenn nur der angestrebte Erfolg, die Vernichtung der Hexen, sichergestellt wäre, »d. h. also wenn die weltliche Obrigkeit von genügendem Verständnis erfüllt und von genügendem Eifer beseelt war, um mit äußerster Strenge gegen die Hexen als Maleficae, Sodomiten und Teufelsbuhlerinnen vorzugehen. Dieser Weg, auf dem also der weltlichen Gewalt in der Weise der Delikte mixti fori das Recht der Prävention auch bei ketzerischer Zauberei zugestanden wurde, überhob die Inquisitoren aller formaler Schwierigkeiten, aber er führte notwendig dazu, daß ein ketzerisches Vergehen als Delikt mixti fori behandelt wurde, während die Kirche stets und hartnäkkig den Standpunkt verfochten hatte, daß Ketzerei ein crimen mere ecclesiasticum, nicht mixtum, sei, daß der weltliche Arm hier nicht die Initiative ergreifen, nicht über dasselbe zu richten, sondern nur das Urteil der Kirche auszuführen habe.«[111]

Institoris und Sprenger entschieden sich für diesen dritten Weg, und so zeigt sich in ihrem Werk die überraschende und der bisherigen Entwicklung des Ketzerprozesses durchaus gegenläufige Tendenz, den Anteil der Ketzerei an den Verbrechen der Hexen als so gering wie möglich darzustellen. Unter Hinzuziehung einiger Autoritäten der Scholastik war dies, wenn auch in etwas gesuchter Weise, möglich: Hatten nämlich frühere Autoren behauptet, infolge des Teufelspaktes sei jedwede Hexerei gleichzeitig Häresie, so erklärten die beiden Autoren jetzt, dies sei nur dann der Fall, wenn die Betreffenden gleichzeitig in einem ›error in intellectu‹ handelten, der meist nicht gegeben sei. Mit größtem Nachdruck betonen sie jedoch, das Verbrechen sei ›mixtum‹, und zwar im Hinblick auf die von den Hexen geübten Maleficien. »Eben diese zauberischen Schädigungen gehören aber – und neben ihnen die Teufelsbuhlschaft – nach dem Malleus ausnahmslos zu den regelmäßigen Delikten der Hexen, während Häresie nicht immer hinzuzutreten braucht. Der Malleus findet es demzufolge naturgemäß, daß die weltliche Gewalt mit Rücksicht auf diese Maleficien stets einschreitet, und zwar nach den Grundsätzen des römischen Rechts, welches die Todesstrafe über alle verhängt, welche das Volk ›malefici‹ nennt, und vorschreibt, sie mit der Folter zum Geständnis zu bringen.«[112]

So besteht die eigentliche Tendenz der beiden Autoren darin, die geistliche Jurisdikation von der Hexenverfolgung zu befreien und die weltliche damit zu beschäftigen; ihr Buch sollte die weltlichen Autoritäten über die ganze Schwere des Hexenverbrechens aufklären, sie zur Aufspürung der Hexen und zur selbständigen Bestrafung auf Grund der strengen Gesetze gegen Malefici veranlassen. Daher leiten sie den Namen ihres Werkes von diesem Begriff ab. Ihr unbedingter Wille, die neue Hexensekte mit Stumpf und Stil auszurotten, ist die Ursache für ihre unerhörte Abkehr von der bisherigen kirchenpolitischen Tradition sowohl bezüglich der Ketzer- wie auch der eigentlichen späteren Hexenverfolgung. »Die in den weltlichen Gerichten ihrer Zeit übliche Willkür war ihnen wohl bekannt, aber sie hielten es dennoch für ihre Aufgabe, gerade die weltliche Gewalt sorgfältig zu belehren, darüber aufzuklären, daß die Frauen, welche Maleficien ausübten, außerdem auch Gott verleugneten, den Sabbat besuchten, mit dem Teufel Unzucht trieben und die übrigen Schandtaten begingen, welche die Theologen seither ermittelt hatten, daß sie also des Todes unter allen Umständen würdig waren ... Auf die kirchliche Jurisdikation verzichten sie gerne, wenn nur die staatliche Autorität mit der scharfen Waffe des römischen Rechts ihre Aufgabe selbständig durchführte und die Hexen vernichtete.«[113]

Nach Hansen bestehen die zwei vollständig neuen Gesichtspunkte des Malleus also in dessen Betonung des Aspektes der Schadenszauberei (Maleficium) und der widernatürlichen Unzucht (Sodomie); beides Delikte, die allerdings nach römischem Recht mit dem Tod geahndet werden mußten (und, wie wir in früheren Kapiteln zeigen konnten, auch nach dem vorchristlichen germanischen Recht). Daß infolge der gefälschten Kapitulare des Levita damals bereits seit rund fünf Jahrhunderten in Deutschland wieder die Todesstrafe für Sodomie eingeführt worden war, bildete selbstverständlich einen sehr günstigen Boden für den Plan der beiden Autoren, mittels ihrer neuen Interpretation des Hexenbegriffs möglichst viele Hexen auf den Scheiterhaufen zu bringen. Denn neben der Verquickung der Begriffe Ketzerei und Zauberei, so erläutert Hansen[114], hat in der Tat der Umstand eine wichtige Rolle gespielt, »daß zu den den Zauberern und Hexen nach dem Vorgang der Ketzerinquisition nun auch in weltlichen Prozessen regelmäßig imputierten Verbrechen die Sodomie und die angebliche Unzucht mit dem Teufel gehörten, welch letztere die katholische Kirche damals, wie noch heute, unter die Bestialität zählte«.

Wo aber Sodomie als erwiesen galt, da mußten die deutschen und französischen weltlichen Gerichte einschreiten, da nur in diesen beiden Ländern (infolge der gefälschten karolingischen Kapitulare) die Verbrennungsstrafe für Sodomie als weltliches Delikt in Kraft war. Der Malleus gelangte denn auch nur in diesen beiden Ländern zu der unheimlichen Beliebtheit, die ihm z. B. in Italien und Spanien abging: von seinen insgesamt 29 Auflagen wurden allein 27 in Frankreich oder Deutschland gedruckt.[115] Angesichts dieser Rechtssituation hatten Institoris und Sprenger guten Grund zu betonen, Hexerei sei eben doch nicht stets und grundsätzlich mit Häresie gleichzusetzen, sie sei eben meist sogar schlimmer, so daß man die Prinzipien der Ketzerbestrafung nicht auf sie anwenden dürfe.[116]

Dennoch wird von den beiden Autoren für die Prozeßführung ein Verfahren empfohlen, daß – obgleich die angeblichen Delikte, derentwegen die Hexe letztlich verbrannt wird, nunmehr weltlicher Art sind – gänzlich analog dem des Ketzerprozesses gestaltet ist: Die Verteidigung der Angeklagten wird erschwert, geheime Denunziationen sind als Anklagen zulässig, die Denunzianten brauchen nichts zu befürchten und die ›Komplizen‹ sind zur Zeugenschaft zugelassen. Ihre Aussagen waren unverzichtbar, denn »da das Bindeglied zwischen den einzelnen Prozessen eben die auf der Folter vorgelegte Frage bildete, wen man auf dem Sabbat gesehen habe, so war damit der Zusammenhang der Verfolgung, ihr Massencharakter, gesichert«.[117] Auch als schließlich die weltlichen Gerichte in immer größerem Umfang die Verfolgung der angeblichen Hexen aus eigener Initiative unternahmen, womit das Ziel des Malleus erreicht war, bewegten sich die Prozesse mehr und mehr außerhalb der Legalität. Die Anwendung der Folter erfolgte durchaus willkürlich, und selbst jene standhaften Naturen, die es fertigbrachten, trotz heftiger und mehrfacher Folterungen nichts zu gestehen, was sie nicht getan hatten, verbrannte man schließlich trotzdem. Man brachte endlich sogar Kinder von drei Jahren ab auf den Scheiterhaufen, die angeblich eigene ›Buhlteufel‹ hatten und sogar bereits selbst Kinder geboren haben sollten, und unzählige der armen Opfer, die im Kerker ›vom Teufel geholt‹ worden waren, d. h. auf rätselhafte Weise (meist durch Genickbruch) starben, waren selbstredend von den Folterknechten ermordet worden. Vergewaltigungen weiblicher Angeklagter durch Henker und Folterer scheinen schließlich geradezu selbstverständlich geworden zu sein.[118] Einsichtsvolle Juristen erkannten durchaus, daß die meisten der großangelegten Hexenverfolgungen aus purer Geldgier der davon profitierenden – inzwischen fast rein weltlichen – Kreise inszeniert wurden[119], und »soviel ist gewiß, daß Karl V. die Gewohnheit der Gütereinziehung in weiterer Ausdehnung vorgefunden hat und in engere Grenzen zurückgewiesen sehen will ... Was aber auch die Theorie bestimmen mochte, die Praxis hat ... stets bald unter dem unverblümten Namen der Konfiskation bei den Katholiken, bald unter dem Titel der Prozeßkosten bei den Protestanten das Vermögen des Verurteilten auszuplündern gewußt.«[120]

Waren theologischer Fanatismus, pathologischer Antifeminismus oder gelegentlich wohl auch geradezu religiöser Wahnsinn die Triebfedern für die Konzeption der in Wahrheit ja überhaupt nicht existenten ›Hexensekte‹ und den Beginn ihrer Verfolgung[121], so sind es niedrige Motive der verschiedensten Art gewesen, die später zu den Antrieben wurden, die den Hexenglauben (und damit die Hexenprozesse) aufrechterhielten, als dessen Bekämpfung längst in rein weltliche Hände übergegangen war. »Man hat die Zahl der vom Ende des 15. Jahrhunderts an wegen Hexerei Verurteilten gesucht, und es hat sich gezeigt, daß sie nach Millionen zu berechnen sind.«[122] Bedenkt man, daß bei praktisch allen diesen unschuldigen Opfern, die ihrer schaudernden Mitwelt als wahre moralische Monstren präsentiert wurden, stets eines der Hauptdelikte, die ihre Verurteilung rechtfertigen sollten, die von jenen angeblich gewohnheitsmäßig geübte Sodomie gewesen ist (wenngleich meist nur im Sinne einer absichtlichen Begriffsausweitung, die mit der Sodom-Geschichte nur durch eindeutige Fälschung verbunden war), so braucht man sich kaum darüber zu wundern, daß z. B. noch in der Literatur der Gegenwart die Homosexualität fast stets in irgendeiner Verbindung zum Satanischen geschildert wird, wie Marion Luckow in ihrer interessanten und leider wenig bekannten Dissertation nachgewiesen hat.[123]

## 6. Zusammenfassung dieses Kapitels

Die Subsumierung der Homosexualität im Sinne des ausgeweiteten Begriffs der Sodomie unter die Ketzerei und in noch größerem Umfang unter das ›Verbrechen‹ der Hexerei erfolgte im ersteren Fall, da man den südfranzösischen Ketzern nach alter Gewohnheit alle möglichen Unzuchtsdelikte unterstellte, wohl um sie als Mitglieder einer Out-group zu kennzeichnen, die nicht eigentlich mehr zur menschlichen Gesellschaft gehöre. Dies Verfahren hatte sich bereits in vorchristlich-römischer Zeit bewährt und wurde in christlicher systematisch gegen alle Gegner der Kirche angewandt, gleichgültig, ob zu diesen Verdächtigungen Anlaß bestand oder nicht.

Die Imputation des Unzuchttreibens, besonders als Sodomie, im Rahmen der Hexenverfolgungen ging in mehreren Stufen vor sich und weist gegenüber der gleichen Beschuldigung gegen die Ketzer gewisse Unterschiede auf. Es scheint nicht völlig unmöglich, daß bei den Gemeindeausflügen zu den savoyardischen ›Vauds‹, die Joseph Hansen schildert, in früheren Zeiten nicht nur Essen und Trinken, Tanzen und Singen zum Fest gehörten, sondern auch Liebeleien und vielleicht eine bei diesem Anlaß milder als sonst beurteilte Promiskuität, wie sie gerade bei solchen Anlässen z. B. bei slawischen Völkern noch bis fast in die Gegenwart als völlig normal und sittlich akzeptabel galt. Gerade in Rückzugsgebieten haben sich älteste Agrar- und Fruchtbarkeitsbräuche stets am längsten gehalten, und sicherlich sind die Feste auf den ›Vauds‹ von der Bergbevölkerung schon begangen worden, lange bevor die christliche Mission diese Gebiete erreichte. Damals aber könnte gerade die erotische Komponente, die in christlicher Zeit selbstredend zurückgedrängt wurde, bei diesen Almfesten von zentraler Bedeutung gewesen sein, vielleicht gab es bei den Hirtinnen und Hirten sogar Kulte, die tiermenschlichen Sexualkontakt vorschrieben. Es läßt sich also nicht von der Hand weisen, daß bei der umwohnenden und an diesen Festen nicht direkt beteiligten Bevölkerung gewisse nicht bloß in der Einbildung entstandene Verdachtsmomente bezüglich der ›Vauderie‹ existierten, die sich später in den auf der Folter erpreßten ›Geständnissen‹ niederschlugen. Infolge der irrtümlichen Annahme der Ketzerinquisitoren, nach Vernichtung der

Katharer und Waldenser habe eine weitere neue ketzerische Sekte, die ›Vauderie‹, in Erscheinung zu treten begonnen, wurden die Elemente des Volksglaubens, wie sie sich in den Vermutungen darüber manifestierten, was alles auf den savoyardischen ›Vauds‹ zu geschehen pflege, zu fixen Bestandteilen des komplizierten Wahngebildes, wozu sich der anfängliche Irrtum der Inquisitoren allmählich auswuchs. Denn die Gefolterten äußerten zwar meist Hirngespinste, die aber doch durch viele typische Details einen sicheren Rückschluß auf ihren Bezug zu sehr alten und volkstümlichen Vorstellungen ermöglichen. Den Kern des Hexenbegriffs dieser älteren Form bildeten die Luftreisen zum Sabbat sowie der Teufelspakt, der erst im Laufe der Zeit immer ausschließlicher als Teufelsbuhlschaft aufgefaßt wurde. Dieser Teufelspakt bedeutet den Abfall vom katholischen Glauben und stellt die eigentliche Ketzerei der Hexen dar.
Erst in dem von Institoris und Sprenger modifizierten Hexenbegriff, der weniger die Häresie der Hexen als ihre angeblichen weltlichen Verbrechen betonte, um so das Hexentreiben als ›crimen mixti fori‹ darstellen zu können und die Verfolgung der Hexen durch die weltliche Jurisdikation zu erleichtern, wird die Sodomie – neben den angeblichen ›maleficien‹ der Hexen – zu einem unabdingbaren Bestandteil der Hexerei. Gleichzeitig aber wird der Hexenglaube in grotesker Einseitigkeit auf das weibliche Geschlecht zugespitzt, so daß die den Angeklagten angelastete ›Sodomie‹ mit dem sexuellen Verhalten, worauf der Name hinweist, nämlich mit Homosexualität, praktisch gar nichts mehr zu tun hat.
Diese verhängnisvolle Begriffsausweitung, ohne deren Vorfinden sich die Autoren des Malleus bei ihren Bemühungen, den weltlichen Arm für die Verfolgung der Hexen zu interessieren, erheblich schwerer hätten tun müssen, geht auf die Fälschungen des Benedictus Levita zurück. Zwar hatte man auch schon erheblich früher, wie die Poenitentiale zeigen, Homosexualität und Bestialität unter dem Oberbegriff der Sodomie zusammengefaßt, was wahrscheinlich davon herrührte, daß beide Delikte zu jenen gehörten, die man ihrer großen Sündhaftigkeit wegen nur ungern namentlich bezeichnete, was zu Verwechslungen geradezu herausforderte. Doch erst Levita hat alle Fornificationsfälle schlechthin, wie z. B. Ehebruch oder vorehelichen Geschlechtsverkehr u. ä., als mögliche und daher unbedingt zu vermeidende Anlässe fürchterlichen göttlichen Zorns erklärt und sie durch diesen Trick unter die Sodomie-Delikte eingereiht. Liest man die von ihm gefälschten Kapitulare aufmerksam, so ist kein Zweifel möglich, daß er nicht nur Homosexuelle und Leute, die sexuell mit Tieren verkehren, verbrannt wissen will, sondern auch alle, die überhaupt irgendeine Art von Fornification treiben. Durchgesetzt hat sich allerdings nur die Verbrennung von Delinquenten, die Homosexualität oder Bestialität getrieben hatten, und zwar wohl deshalb, weil diese

Verhaltensweisen im germanischen Raum auch vor der Christianisierung als mannesunwürdig gegolten hatten und bestraft worden waren.
Sodomie im Sinne von Bestialität stellt sich nun aber in den mittelalterlichen Quellen als typisch männliches Delikt dar. Wenn Institoris und Spenger es als weibliche Domäne beschrieben, so ließ sich das nur bewerkstelligen, indem sie auf die der Teufelsfigur infolge vorchristlich-volkstümlicher Dämonenvorstellungen anhaftenden theriomorphen Attribute zurückgriffen. Daß hier massive Anleihen beim Volksglauben stattfanden, erweist sich auch daraus, daß in den zeitlich früheren Ketzerprozessen Satan ein noch erheblich weniger tierisches Äußere besaß als in den späteren deutschen Hexenprozessen.
Als die beiden Autoren des Malleus das angebliche ›maleficium‹ und die als Sodomie aufgefaßte Teufelsbuhlschaft in den Mittelpunkt ihres modifizierten Hexenbegriffs stellten, da gaben sie ersterem ein leichtes Übergewicht, das im Titel ihres Werkes zum Ausdruck kommt. Er lautet in wörtlicher deutscher Übersetzung ja »Hammer der Schadenszauberinnen«. Die spätere gerichtliche Praxis vor den schließlich rein weltlichen Foren brachte es jedoch am Ende mit sich, daß diese Gewichtung sich zugunsten der Sodomie verschob. Denn soviel war vom alten deutschen Prozeßverfahren immerhin noch übrig geblieben, daß man, wenn eine Hexe gestand, den und den Menschen getötet zu haben, nachsah, ob das stimme. Es stimmte, wie man den im II. Band des zitierten Werkes von Soldan-Heppe erwähnten zahlreichen Fällen entnehmen kann, nur allzu häufig keineswegs, und wenn gar die Leute, die die Hexe angeblich ›gesterbt‹ hatte, wie der deutsche Fachausdruck lautete, bei der Verlesung ihres Urteils zuhörten, machte das auch auf abgebrühte Unbeteiligte einen schlechten Eindruck.
Derlei Pannen waren beim ›Geständnis‹ der Teufelsbuhlschaft von vornherein ausgeschlossen. Hatte die Hexe dies ›Sodomiedelikt‹ einmal gestanden, dann war sie eben Sodomitin und gehörte auf den Scheiterhaufen. Selbstredend war dieser Kernpunkt der Anklage durch viele fromme Sprüche und verschachtelte, verklausulierte Hinweise auf mögliche und wahrscheinlich erfolgte weitere Verbrechen der Verurteilten verschleiert. Durchführbar war dies Verfahren letzten Endes nur, weil alle Welt, die gebildete eingeschlossen, in Anbetracht der diesbezüglichen Lehren der Scholastik, insbesondere der Ausführungen des heiligen Thomas, und der Handbücher der Inquisition an die reale körperliche Existenz Satans fest glaubte. Nur dieser inzwischen eng mit der christlichen Religion verbundene Glaube, der zum quasi Dogma erhoben worden war, konnte überhaupt die Ausweitung des Sodomiebegriffes auf den Geschlechtsverkehr mit einem Dämon hervorbringen, wie er in den Hexenverurteilungen vom 14. Jahrhundert an zutage tritt.

1 Vgl. Alfred Lehmann: *Aberglaube und Zauberei,* op. cit., S. 114 f.
2 Nicht zuletzt trug dazu auch die Entartung des Klerus im Sinne einer untragbaren Verweltlichung bei sowie die immer größer und drückender werdende Last der Abgaben, die die Kirche auch von der ärmeren Bauernbevölkerung einforderte (vgl. die Bemerkungen hierzu bei Helmut Schoeck: *Der Neid,* S. 253; Arno Borst: *Die Katharer,* Stuttgart 1953, S. 44). Für die kirchliche Suprematie und Autorität bedeutete die ›Ketzer‹-Bewegung eine Gefährdung der Einheit der Kirche, die nicht geduldet werden konnte (vgl. dazu Gustav Mensching: *Toleranz und Wahrheit in der Religion,* München und Hamburg 1955, 55 ff.).
3 Zum Wesen des Katharismus vgl. Arno Borst: *Die Katharer,* op. cit., bes. S. 223–228.
4 Zum Manichäismus vgl. Gustav Mensching: *Die Söhne Gottes,* München, Wien, Basel 1958, S. 199 ff.; Montague Summers: *The History of Witchcraft and Demonology,* New York 1956, bes. S. 20–23. Zum Zusammenhang zwischen der Lehre der Bogumilen und dem Katharismus: Arne Runeberg: *Witches, Demons and Fertility Magic,* op. cit., S. 20 ff.; Fr. v. Hellwald: *Die Welt der Slawen,* Berlin 1890, S. 353 f.; Arno Borst: *Die Katharer,* op. cit., S. 70 ff.
5 Arno Borst: *Die Katharer,* op. cit., S. 115–121.
6 Über die Entwicklung der Vorstellung eines unüberbrückbaren Dualismus zwischen dem Prinzip des Guten und dem des Bösen vgl. den Überblick bei Gerhard Zacharias: *Satanskult und schwarze Messe,* Wiesbaden 1964, der die Anfänge dieses Vorstellungskomplexes von ihrer ersten Ausprägung im alten Iran an darlegt (bes. S. 17–22).
7 Zur Inquisition als angeblich von christlichem Geist beseelter Institution vgl. die zutreffende Kritik von Gustav Mensching: *Toleranz und Wahrheit in der Religion,* op. cit., S. 59 f.: »In der Inquisition . . . verriet die Kirche ihre heiligsten Ideale. Diese Ideale und die Verpflichtung ihnen gegenüber waren in der Frühzeit der Kirche noch durchaus lebendig, und von bedeutenden Persönlichkeiten wurden sie wiederholt warnend bezeugt. Lactantius z. B. schrieb: ›Wir müssen die Religion verteidigen, indem wir selbst für sie sterben, aber nicht andere töten, nicht durch Grausamkeit, sondern nur durch Geduld . . . Wenn ihr die Religion durch Blut, Martern und Übel zu verteidigen glaubt, verteidigt ihr sie nicht mehr wahrhaft, sondern das befleckt und verletzt sie.‹ Auch der Kirchenvater Chrysostomus warnt vor Blutvergießen: ›Unser Meister verbietet sicherlich nicht, den Irrgläubigen zu wehren, ihnen den Mund zu schließen, ihre Eide zurückzuweisen; wohl aber verbietet er es, ihr Blut zu vergießen und sie zu töten.‹ Denselben Standpunkt vertrat Augustin, wenn er sagt: ›Die Liebe der Kirche arbeitet darauf hinaus, die Irrgläubigen ihrem ewigen Verderben zu entreißen, ohne daß irgendeiner von ihnen dabei sterben muß.‹ Diese Bedenken gegen die gewaltsame Verfolgung der Andersgläubigen traten im Laufe der Zeit, besonders gegen Ende des 12. Jahrhunderts, immer mehr zurück . . .« Zur Entwicklung des Inquisitionsprozesses als juristischer Einrichtung vgl. das heute noch unübertroffene Werk von Joseph Hansen: *Zauberwahn, Inquisi-*

*tion und Hexenprozeß im Mittelalter,* München und Leipzig 1900, bes. S. 214 ff.

8 Arno Borst: *Die Katharer,* op. cit., S. 109 ff.; Joseph Hansen: *Zauberwahn, Inquisition und Hexenprozeß im Mittelalter,* op. cit., S. 231 ff.

9 Nach Alfred Lehmann: *Aberglaube und Zauberei,* op. cit., S. 115.

10 Über die recht eigenartigen Vorgänge um die Verfolgung der Anhänger der Bacchanalien, worin eine ältere Prostituierte und ihr minderjähriger Liebhaber die Rolle der Angeber spielten und später vom Staat für ihre ›Enthüllungen‹ fürstlich belohnt wurden, berichtete Titus Livius: *Römische Geschichte,* Buch 39, Cap. 20. Nach Theodor Mommsen: Der Religionsfrevel nach römischem Recht. In: *Historische Zeitschrift,* Bd. 64, (N. F. Bd. 28), München u. Leipzig 1890, S. 394, sind die römischen Anwürfe gegen Sekten immer dieselben gewesen; ebenso Alfred Lehmann: *Aberglaube und Zauberei,* op. cit., S. 113 f. Auch den Sekten, die vor den Katharern aufgetaucht waren, z. B. den Illuministen, wurden solche Greuel nachgesagt (vgl. Henry Charles Lea: *A History of the Inquisition,* Bd. 2, New York 1955, S. 150, 335, 357, 408, 474), ebenso erging es den gnostischen Kulten (vgl. Gerhard Zacharias: *Satanskult und schwarze Messe,* op. cit., S. 29–35). Zu dergleichen Anschuldigungen gegen die Katharer vgl. u. a. Arno Borst: *Die Katharer,* op. cit., S. 182 ff.; Gerhard Zacharias: *Satanskult und schwarze Messe,* op. cit., S. 48–51; Joseph Hansen: *Zauberwahn, Inquisition und Hexenprozeß im Mittelalter,* op. cit., S. 226: »Der Fanatismus der Ketzerverfolgung hat sich niemals von der phantastischen Vorstellung trennen können, daß die Ketzer – welche eben durch die Verfolgung gezwungen wurden, sich heimlich und nachts zu ihren Gottesdiensten zu vereinigen – bei diesen heimlichen nächtlichen Zusammenkünften den christlichen Gott und die Sakramente verhöhnten, dem in irgendeiner Gestalt unter ihnen anwesenden Teufel ihre Verehrung bezeugten, tanzten, schmausten und rituelle Unzucht verübten. Auch die größte Sittenstrenge einzelner von der orthodoxen Bahn abweichender religiöser Richtungen (Waldenser) hat sie doch vor diesen Vorwürfen nicht zu schützen vermocht. Es ist das im Prinzip immer derselbe Vorwurf, wie schon seit den ersten Christen von den Römern gemacht.«

11 Diese Anwürfe stimmen mit dem Urteil kompetenter Zeitgenossen keineswegs überein. Vgl. Denis de Rougemont: *Die Liebe und das Abendland,* op. cit., S. 96: »Der heilige Bernhard von Clairvaux (zitiert nach Rahn) konnte von den Katharern, die er doch nach Kräften bekämpfte, sagen: ›Sicherlich gibt es keine christlicheren Predigten als die ihren, und ihre Sitten waren rein . . .‹.«

12 Nach Joseph Hansen: *Zauberwahn, Inquisition und Hexenprozeß im Mittelalter,* S. 275 ff., scheint sich seit Papst Johannes XXII. (etwa seit 1320) die Meinung durchgesetzt zu haben, der Pakt zwischen Teufel und Christ habe folgende Ursachen und Folgen: 1) Der Christ verlangt vom Dämon etwas, wofür er diesem eine ungebührliche, sonst nur Gott zukommende Verehrung zu zollen hatte (hiermit war der Vorwurf der Ketzerei bereits gegeben); 2) Ihre Ausformung fand diese Idee, die anfangs von der Vorstellung zweier gleichberechtigter Partner in dem Pakt ausging, in einer an sich naheliegenden Analogie, nämlich dem feudalistischen Vasallenvertrag. Der Teufel wirkt als Lehensherr, dem der Christ durch Abschwören und neue Eideslei-

stung – das Homagium – Treue schwört, wofür er nun seinerseits Anspruch auf Hilfe seines neuen Herren hat; 3) Das Homagium wurde in jener Zeit in Frankreich auf folgende Weise geleistet: Durch Eid, Handschlag, Kniebeuge des Vasalls sowie Kuß auf Hände oder Mund des Herrn. Diesen Kuß, der also den Pakt zwischen Mensch und Teufel besiegeln soll, vermischte man nun augenscheinlich im Kreis der Ketzerinquisitoren mit dem Kuß, welchen angeblich die Ketzer in ihren Versammlungen dem persönlich oder in Menschengestalt oder als Tier unter ihnen erscheinenden Teufel zum Zeichen der Unterwürfigkeit aufzudrücken pflegten. Das lag um so näher, als im Aufnahmeritual der Katharer der Bruderkuß tatsächlich eine gewisse Rolle spielte. – Ähnliche Erklärungen des angeblichen Abhängigkeitsverhältnisses des Ketzers vom Teufel bei Alfred Lehmann: *Aberglaube und Zauberei,* op. cit., S. 118; W. G. Soldan u. H. Heppe: *Geschichte der Hexenprozesse.* Neubearbeitet und herausgegeben von Max Bauer. Bd. I. u. Bd. II, München 1911, hier Bd. I., S. 145–150 (Nachdruck der 3. [letzten] Aufl., 1968).

13 Arno Borst: *Die Katharer,* op. cit., S. 253 schreibt dazu: »Dies Wort existierte vor der Katharerbewegung nicht, es ist eine Verballhornung aus ›Catharer‹ und existierte im Niederländischen als ›Ketter‹, das polnische ›Kacerz‹ und das tschechische ›Kacyr‹ haben dieselben Etymologie.«

14 Zum Schicksal des katharischen Glaubens und seines Endes vgl. Arno Borst: *Die Katharer,* op. cit., S. 91 ff.; Joseph Hansen: *Zauberwahn, Inquisition und Hexenprozeß im Mittelalter,* op. cit., Kap. 4, S. 212–306.

15 Joseph Hansen: *Zauberwahn, Inquisiton und Hexenprozeß im Mittelalter,* op. cit., S. 309 ff.

16 Vgl. zu dieser Frage Joseph Hansen: *Zauberwahn, Inquisition und Hexenprozeß im Mittelalter,* op. cit., S. 410 ff., 423: In Arras wurde noch 1460 ein großer Vauderie-Prozeß geführt. Da die überwiegende Mehrzahl der Stadtbewohner an die Vauderie nicht glaubte, legte sich die Unruhe über diesen Prozeß, in dem die Verurteilten vor ihrer Hinrichtung alle Aussagen widerriefen und als deren Ursache die Folter hinstellten, erst nach Jahren.

17 Joseph Hansen: *Zauberwahn, Inquisition und Hexenprozeß im Mittelalter,* op. cit., S. 326 ff.

18 Soldan-Heppe: *Geschichte der Hexenprozesse,* op. cit., S. 239.

19 Joseph Hansen: *Zauberwahn, Inquisiton und Hexenprozeß im Mittelalter,* op. cit., S. 181.

20 Joseph Hansen: *Zauberwahn, Inqusition und Hexenprozeß im Mittelalter,* op. cit., S. 317 ff.; Soldan-Heppe: *Geschichte der Hexenprozesse,* Bd. I., op. cit., S. 196 f.

21 Joseph Hansen: *Zauberwahn, Inquisition und Hexenprozeß im Mittelalter,* op. cit., S. 311.

22 Joseph Hansen: *Zauberwahn, Inquisition und Hexenprozeß im Mittelalter,* op. cit., S. 297 f.

23 Joseph Hansen: *Zauberwahn, Inquisition und Hexenprozeß im Mittelalter,* op. cit., S. 213, 219, 255 ff., bes. 319 ff.

24 Joseph Hansen: *Zauberwahn, Inquisition und Hexenprozeß im Mittelalter,* op. cit., S. 327, 330.

25 Vgl. Soldan-Heppe: *Geschichte der Hexenprozesse,* Bd. I., München 1912, S. 214.

26 Soldan-Heppe: *Geschichte der Hexenprozesse,* op. cit., Bd. I., S. 169.

27 Joseph Hansen: *Zauberwahn, Inquisition und Hexenprozeß im Mittelalter,* op. cit., S. 423; Soldan-Heppe: *Geschichte der Hexenprozesse,* Bd. I., op. cit., S. 169.

28 Alfred Lehmann: *Aberglaube und Zauberei,* op. cit., S. 128.

29 Zur Etymologie des Wortes Hexe vgl. vor allem: E. Stiglmayr: Artikel ›Hexen‹ in: *Die Religion in Geschichte und Gegenwart. Handwörterbuch für Theologie und Religionswissenschaft,* Bd. III., Tübingen 1959, Sp. 307 f.; Lily Weiser-Aall: Artikel ›Hexe‹ in: *Handwörterbuch des deutschen Aberglaubens,* Bd. III., Berlin und Leipzig 1930/31, Sp. 1833 ff.; Karl Helm: *Altgermanische Religionsgeschichte,* Bd. II.: Die Westgermanen. Heidelberg 1953, S. 157; Johannes Franck: Untersuchung der Geschichte des Wortes Hexe. In: Joseph Hansen: *Quellen und Untersuchungen zur Geschichte des Hexenwahns,* Hildesheim 1963 (Anhang); Alfred Lehmann: *Aberglaube und Zauberei,* op. cit., S. 120: »Am 1. Mai hielten die Germanen unter Tänzen und Abbrennen von Freudenfeuern ihre Frühlingsfeier ab; sie verehrten dabei die ›Hagsen‹ (althochdeutsch hagazussa), angelsächsisch: haegtesse, d. h. Wald – (Hag) – Jungfrauen, die man sich, ähnlich wie die Walküren, durch die Lüfte reitend und als der Zauberei kundig dachte.«

30 Lily Weiser-Aall: Artikel ›Hexe‹, op. cit., S. 1837.

31 Einen allgemeinen Überblick über die frühen Hexenvorstellungen vermittelt Joseph Hansen: *Zauberwahn, Inquisition und Hexenprozeß im Mittelalter,* op. cit., 2. Kapitel, S. 36–121.

32 Vgl. Jakob Grimm: *Deutsche Mythologie,* Göttingen 1835, S. 593: »Die hexen gehören zum gefolge ehmaliger göttinnen, die von ihrem stul gestürzt, aus gütigen, angebeteten Wesen in feindliche, gefürchtete verwandelt, unstät bei nächtlicher weile umirren und nur heimliche, verbotene zusammenkünfte mit ihren anhängern unterhalten.« Will-Erich Peuckert: *Deutscher Volksglaube des Spätmittelalters,* Stuttgart 1942, S. 100: Luther hält Frau Holle für ›Mutter Natur‹, Agricola hielt sie für eine ›Herrin auf dem Blocksberg‹, ebenso Alberus; in Hexenprozessen wird Frau Holle als Hexe und gleichzeitig als typische ›Waldfrau‹ gezeichnet, S. 101: Frau Holle als Moorgottheit; über Bilwis, Perchten u. a. S. 106–112.

33 Will-Erich Peuckert: *Deutscher Volksglaube des Spätmittelalters,* op. cit., S. 101.

34 Hans v. Hentig: *Die Strafe,* Bd. I., op. cit., S. 184 ff., über die einzelnen Aspekte dieses Glaubens: »Zwischen Menschenfresserei und kannibalistischen Teilakten besteht ein wesentlicher Unterschied.« Der Autor weist auf das deutsche Märchen vom Machandelbaum hin, worin das schamanistische Motiv der Knochen- und Skelettmagie noch voll ausgeprägt ist: Aus den abgenagten und gesammelten Knochen kann später der Mensch aufs neue erstehen.

35 Lily Weiser-Aall: Artikel ›Hexe‹, op. cit., Sp. 1835 f.

36 Lily Weiser-Aall: Artikel ›Hexe‹, op. cit., Sp. 1835; Johannes Franck: *Geschichte des Wortes Hexe,* op. cit., S. 616 f.

37 Allerdings hat weibliche Zauberei die der Männer immer in nicht unbeträchtlichem Umfang überwogen: Vgl. Anton Mayer: Erdmutter und Hexe. In: *Historische Untersuchungen und Quellen,* Teil XII, München-Freising

1936, bes. S. 35–42; Jakob Grimm: *Deutsche Mythologie,* 4. Ausg., Bd. II, Berlin 1876, mit Hinweis auf die skandinavischen Verhältnisse ebenso.

38 Beispiele von ›Mäusemachen‹, ›Ferkelmachen‹ u. ä. bei Jakob Grimm: *Deutsche Mythologie,* Göttingen 1835, S. 617 f. Die Idee, daß es sich bei solchen Tieren gewissermaßen um Zauberwesen handele, wird durch den Umstand gestützt, daß die Maus als ›Seele‹ (›Seelentier‹) galt und im Schlaf in dieser Gestalt oft den Mund des Schlafenden verläßt, ja sie kann die Seele eines Toten repräsentieren und wird daher mit Ekel gemieden (nach Ernst Alfred Philippson: *Germanisches Heidentum bei den Angelsachsen,* op. cit., S. 53). Alfred Lehmann (in: *Aberglaube und Zauberei,* S. 126 f.) gibt ein mittelalterliches Benedictionale wieder, in dem sehr klar hervortritt, daß Mäuse und dergleichen Kleingetier für dämonisch gehalten wurden. Er schreibt: »›Benediction gegen Mäuse, Heuschrecken, Maikäfer, Würmer, Schlangen, Käfer, Larven und andere schädliche Tiere, welche approbieret von den Päpsten und häufig von den Kapuziniern benutzt‹. Die Behandlung der Mäuse ist ungefähr dieselbe wie die der Teufel; der Mönch spricht erst ein langes Gebet und dann beschwört er sie: ›Ich beschwöre euch, ihr schädlichen Mäuse (oder Heuschrecken oder Würmer usw.) bei Gott dem allmächtigen Vater und Jesus Christus, seinem einzigen Sohn und bei dem heiligen Geist, der von Beiden ausgeht, damit ihr sogleich von den Feldern und unseren Äckern zurückweicht und nicht mehr in ihnen wohnet, sondern in jene Plätze euch verfüget, wo ihr niemanden schaden könnet‹ usw.«

39 Adolf Wuttke: *Der deutsche Volksaberglaube der Gegenwart,* Berlin 1869, S. 145, führt dazu aus, die Bestandteile der Salbe hätten Bilsenkraut und Mandragora sowie Stechapfel umfaßt: »Der Stechapfel (Datura Stramonium) soll erst durch die Zigeuner am Anfang des 15. Jahrhunderts nach Deutschland gekommen sein, und die schnelle Ausbreitung läßt sich wohl nur durch absichtliche Anpflanzung erklären ...« Vgl. auch: Lily Weiser-Aall: Artikel ›Hexe‹, op. cit., Sp. 1851.

40 Jan de Vries: *Nordgermanen,* op. cit., S. 46, zur Frage des Reitens auf Zaubertieren; Lily Weiser-Aall: Artikel ›Hexe‹, op. cit., Sp. 1849: »Ein eingehender Vergleich mit germanischer und antiker Überlieferung zeigt, daß die Vorstellung von der auf einem Stabe reitenden schädigenden Zauberfrau eine altgermanische Vorstellung ist, während sie aus dem Altertum nicht belegt ist.«

41 Jakob Grimm: *Deutsche Mythologie,* Göttingen 1835, S. 638.

42 Gustav Mensching: *Die Religion,* op. cit., S. 193.

43 Arne Runeberg: *Witches, Demons and Fertility Magic,* op. cit., S. 82: »European witchcraft displays all the characteristics of primitive magic.« Soldan-Heppe: *Geschichte der Hexenprozesse,* Bd. I., S. 90: In Rom war schon 367 von Weibern, die mit ihrer Herrin rudelweise auf Tieren Luftreisen machen, die Rede gewesen. S. 49: Den sehr alten italischen Glauben, daß man durch Zauberkunst das Getreide von fremden Äckern zu sich herüber locken könne, erwähnt schon das 12-Tafel-Gesetz. S. 55: Strigen können leicht Tiergestalt annehmen. S. 37: Thessalische Weiber sind es, deren Salben bei Lukian und Apulejus den Menschen in einen Vogel, Esel oder Stein verwandeln; sie selbst fliegen durch die Lüfte auf Buhlschaften aus wie später die Hexen. Hekate, ursprünglich und noch bei Hesiod eine segenver-

breitende und Unheil abwendende Gottheit, wandelt sich zur Göttin der Unterwelt und ähnelt der nordischen Hel, ihre Begleiter sind Hunde.

44 E. Stiglmayer: Artikel ›Hexen‹, op. cit., Sp. 308; Lily Weiser-Aall: Artikel ›Hexe‹, op. cit., Sp. 1849 f.

45 Arne Runeberg: *Witches, Demons and Fertility Magic,* op. cit., S. 12; Karl Helm: *Altgermanische Religionsgeschichte,* Bd. II., Westgermanen, op. cit., S. 199, stellt heraus, das Bild des Heiden sei im Mittelalter durch die Eigenschaft des ›Pferdefleisch-Essens‹ gekennzeichnet gewesen. Auch die Hexen, denen man ja Teufels- (und das ist etwas ähnliches wie Götzen-)Dienst zuschrieb, aßen bei ihren Zusammenkünften Pferdefleisch. Noch 1272 erneuerte ein thüringisches Gesetz das Verbot des Pferdefleischessens.

46 Arne Runeberg: *Witches, Demons and Fertility Magic,* op. cit., bes. S. 171 ff.

47 Joseph Hansen: *Zauberwahn, Inquisition und Hexenprozeß im Mittelalter,* op. cit., S. 9 ff.; Alfred Lehmann: *Aberglaube und Zauberei,* op. cit., S. 118 f.

48 Vgl. Hans v. Hentig: *Die Strafe,* Bd. I., op. cit., S. 316, 318.

49 Eine eigenartige Vorschrift aus dem Bereich der ›Schelte‹ betrifft solche Leute: »Wenn einer den andern Hexendiener schilt, d. h. einen Hexenträger oder jenen, dem man nachsagt, den Kessel zu tragen, worin die Hexen brauen, und es nicht nachweisen kann, werde er – gerichtlich ›Sühnegeld‹ genannt – 2500 Pfennige, die machen 62½ Schillinge zu schulden verurteilt.« (Nach: Karl August Eckhardt: *Die Gesetze des Merowingerreiches, 481–714,* Bd. 1.: Pactus legis Salicae: Recensiones Merovingicae, Göttingen 1955, Nr. 64, § 1, S. 177). Das Motiv kochender und seihender Hexen ist allbekannt (Arne Runeberg: *Witches, Demons and Fertility Magic,* op. cit., S. 96, 105). – Lily Weiser-Aall (Artikel ›Hexe‹, op. cit., Sp. 1835) und Johannes Franck (*Geschichte des Wortes Hexe,* op. cit., S. 616 f.) deuten die auf männliche Hexer bezüglichen und sehr dunklen mittelalterlichen Glossen zu Hazzus und Hagazus als »männliche Person, die eine Hexe imitiert«; diese Erklärung deckt sich mit unserer Vermutung, daß es sich bei den männlichen Hexern ursprünglich um Kulttransvestiten handelte, später aber, als diese Institution obsolet geworden war, Reste davon in Form der Travestie im Karneval (›vetula‹) noch fortlebten.

50 Nach Johannes Franck: *Geschichte des Wortes Hexe,* op. cit., S. 621.

51 Neuere Literaturzusammenstellung bei: Hermann Römpp: *Chemische Zaubertränke,* Stuttgart 1961; Heinrich Marzell: *Zauberpflanzen, Hexentränke,* Stuttgart 1963.

52 Mircea Eliade: *Schamanismus und archaische Ekstasetechnik,* op. cit., S. 376.

53 Vgl. Hugo Gering: *Über Weissagung und Zauber im nordischen Altertum,* op. cit., S. 30 ff.

54 Nach dem sehr frühen (481–714) Recht des Pactus legis Salicae hat man sogar noch an Kannibalismus geglaubt: »Wenn eine Hexe einen Mann verzehrt und es ihr nachgewiesen wird – gerichtlich ›Ruchlose‹ genannt – werde sie 8000 Pfennige, die machen 200 Schillinge zu schulden verurteilt« (Nach: Karl August Eckhardt: *Die Gesetze des Merowingerreiches,* op. cit., S. 178, § 3). Nach Joseph Hansen: *Zauberwahn, Inquisition und Hexenprozeß im Mittelalter,* op. cit., S. 221, gingen in Nordfrankreich und Deutschland die weltlichen Gewalten sowohl gegen Ketzer wie gegen Zauberer von Anfang an strenger vor, wohl weil die lebendige Verbrennung von jeher die Strafe

des Schadenszauberers gewesen war. Schon in prächristlicher Zeit galt diese Strafart als angemessen (Rudolf His: *Deutsches Strafrecht bis zur Karolina,* München und Berlin 1928, S. 110; Gustav Neckel: *Liebe und Ehe bei den vorchristlichen Germanen,* S. 41), wenngleich in Norwegen und in den burgundischen Gebieten Mittelfrankreichs noch die Strafart des Ertränkens für Zauberer üblicher gewesen ist (Joseph Hansen: *Zauberwahn, Inquisition und Hexenprozeß im Mittelalter,* op. cit., S. 222; Hugo Gering: *Über Weissagung und Zauber im nordischen Altertum,* op. cit., S. 31); nach dem Recht der isländischen ›Graugans‹ stand auf Schadenszauberei Friedlosigkeit (nach: Andreas Heusler: Isländisches Recht. Die Graugans, op. cit., S. 20, Abschn. I.).

55 Als Beispiel und anstelle vieler ähnlicher eine Bestimmung der First Synod of St. Patrick: »Wer als Christ an Hexen glaubt und anderen vorwirft, solche zu sein, wird exkommuniziert, bis er sich entschuldigt und büßt.« (Nach: Ludwig Bieler: *The Irish Penitentials,* op. cit., S. 57, Nr. 16); Soldan-Heppe: *Geschichte der Hexenprozesse,* op. cit., S. 304: »Die kirchliche Auffassung aber hatte hier unter zwei Dingen die Wahl: entweder mußte sie die Existenz dieser Wesen überhaupt leugnen, oder sie konnte sie nur als Dämone anerkennen, durch die der Teufel wirkt und deren Walten also ein böses ist. – Beides ist geschehen, das erste in der helleren Hälfte des Mittelalters, das zweite zu der Zeit, da die Finsternis einriß, kurz gesagt, die germanischen ›Holden‹ wurden zu christlichen ›Unholden‹.«

56 Diese kirchenrechtliche Sammlung des Abtes Regino von Prüm entstand zwischen 900 und 1000 und hat ihren Namen daher, daß sie mit dem Wort ›Episcopi‹ beginnt; vermutlich hat Regino die in diesen Canon aufgenommenen Bestimmungen einem verlorenen frankischen Kapitular entnommen. Der Canon Episcopi war so wichtig, daß er in der gesamten späteren Auseinandersetzung über Sein oder Nichtsein der gemutmaßten Hexen immer aufs neue zitiert, widerlegt, angezweifelt und diskutiert wurde. Der ganze Hexenglaube wurde nämlich in ihm summarisch als heidnischer Unsinn erklärt. (Nach: Soldan-Heppe: *Geschichte der Hexenprozesse,* op. cit., S. 90; Joseph Hansen: *Zauberwahn, Inquisition und Hexenprozeß im Mittelalter,* op. cit., S. 78 ff.).

57 Zitiert nach Alfred Lehmann: *Aberglaube und Zauberei,* op. cit., S. 113.

58 Vgl. hierzu Joseph Hansen: *Zauberwahn, Inquisition und Hexenprozeß im Mittelalter,* op. cit., S. 218 ff., wo diese Entwicklung erläutert wird.

59 In diesem Sinne Joseph Hansen: *Zauberwahn, Inquisition und Hexenprozeß im Mittelalter,* op. cit., S. 113.

60 Grundlegende Ausführungen zu diesem Thema bei Joseph Hansen: *Zauberwahn, Inquisition und Hexenprozeß im Mittelalter,* op. cit., Kap. 3, bes. ab S. 195.

61 Vgl. 1. Samuel 28,3–15, ferner 5. Mose 18,10–12 (die Strafe für Götzendienst ist mit der für Zauberei identisch), ebenso 3. Mose, 10.

62 Mit vielen Beispielen hierzu Soldan-Heppe: *Geschichte der Hexenprozesse,* Bd. I., op. cit., S. 167 f.

63 Hierzu nähere Ausführungen bei Joseph Hansen: *Zauberwahn, Inquisition und Hexenprozeß im Mittelalter,* op. cit., S. 25–31; Soldan-Heppe: *Geschichte der Hexenprozesse,* Bd. I., op., cit., S. 77 ff.

64 Soldan-Heppe: *Geschichte der Hexenprozesse,* Bd. I., op. cit., S. 158 f.

65 Nach Joseph Hansen: *Zauberwahn, Inquisition und Hexenprozeß im Mittelalter,* op. cit., . 263 ff.

66 Nach Joseph Hansen: *Zauberwahn, Inquisition und Hexenprozeß im Mittelalter,* op. cit., S. 271 ff.

67 Vgl. die Fälle, die bei Joseph Hansen: *Zauberwahn, Inquisition und Hexenprozeß im Mittelalter,* op. cit., bes. S. 428 ff. und passim im gleichen Kapitel mitgeteilt werden.

68 So Soldan-Heppe: *Geschichte der Hexenprozesse,* Bd. I., op. cit., S. 202.

69 Nach Joseph Hansen: *Zauberwahn, Inquisition und Hexenprozeß im Mittelalter,* op. cit., S. 406 f.; Soldan-Heppe: *Geschichte der Hexenprozesse,* Bd. I., op. cit., S. 162 f.

70 Nach Soldan-Heppe: *Geschichte der Hexenprozesse,* Bd. I., op. cit., S. 245.

71 Soldan-Heppe: *Geschichte der Hexenprozesse,* Bd. I., op. cit., S. 144.

72 Nach Soldan-Heppe: *Geschichte der Hexenprozesse,* Bd. I., op. cit., S. 183 ff.

73 Soldan-Heppe: *Geschichte der Hexenprozesse,* Bd. I., S. 246 ff.

74 Hierzu Joseph Hansen: *Zauberwahn, Inquisition und Hexenprozeß im Mittelalter,* op. cit., S. 477 ff.; Jakob Sprenger und Heinrich Institoris: *Der Hexenhammer.* Ins Deutsche übertragen und eingeleitet von J. W. R. Schmidt. Bd. I. u. II., Berlin 1906.

75 Zu den Persönlichkeiten der beiden Autoren trug Joseph Hansen alles Wissenswerte zusammen; Institoris unterschlug Ablaßgelder, und Sprenger hat das Gutachten gefälscht, das dem Hexenhammer vorangestellt ist und angeblich von Professoren der Kölner Universität, in Wirklichkeit aber von ihm selbst stammt. Um den Schwindel nicht aufkommen zu lassen, wurde dies gefälschte Dokument nur denjengen Ausgaben des ›Hammers‹ vorgeheftet, die nicht für den Gebrauch in Köln und Umgebung bestimmt waren (s. Joseph Hansen: *Zauberwahn, Inquisition und Hexenprozeß im Mittelalter,* op. cit., S. 425 ff., 474 ff.).

76 Joseph Hansen: *Zauberwahn, Inquisition und Hexenprozeß im Mittelalter,* op. cit., S. 474 f.

77 Nähere Erläuterung zu diesen Schriften der Vorgänger des ›Hexenhammers‹ bietet samt Quellenangaben Joseph Hansen: *Zauberwahn, Inquisition und Hexenprozeß im Mittelalter,* op. cit., S. 304 ff.; Soldan-Heppe, Bd. I., S. 220 ff.

78 Als Begründung dieser ›Erkenntnis‹ des gesunden Menschenverstandes wird die Tatsache angeführt, daß ja überall Hexen verbrannt würden, was nicht der Fall sein könne, wenn es keine gäbe!

79 Soldan-Heppe: *Geschichte der Hexenprozesse,* Bd. I., op. cit., S. 258 ff.; vgl. auch: ›Hexenhammer‹, Bd. I., S. 39 f.

80 Joseph Hansen: *Zauberwahn, Inquisition und Hexenprozeß im Mittelalter,* op. cit., S. 516 f.: »Der Verfasser des als Handbuch für die weltliche Kriminalpraxis vielbenutzten Laienspiegels, Ulrich Tengler, ... ließ sich 1510 von seinem geistlichen Sohn die ganze Weisheit des Malleus, besonders auch seine Ratschläge für die systematische Aufspürung der Hexen durch die weltlichen Gerichte, in sein Werk einfügen, das dadurch zu einem der verderblichsten aus diesem ganzen Zweige geworden ist.« Vgl. auch: Soldan-Heppe: *Geschichte der Hexenprozesse,* Bd. I., op. cit., S. 395.

81 Vgl. Soldan-Heppe: *Geschichte der Hexenprozesse,* Bd. I., op. cit., S. 259. Im

›Hexenhammer‹, op. cit., Bd. III., Kapitel 16, wird auf schmalstem Raum auch kurz etwas über männliche Hexer erwähnt; diese gehören alle zum ›Freischütz-Typ‹, und interessanterweise findet sich unter ihnen der Schweizer Nationalheld Wilhelm Tell erwähnt. Zum Antifeminismus des Malleus vgl. Joseph Hansen: *Zauberwahn, Inquisition und Hexenprozeß im Mittelalter,* op. cit., S. 480–482 ff.

82 ›Hexenhammer‹, Bd. I., S. 99.

83 Joseph Hansen: *Zauberwahn, Inquisition und Hexenprozeß im Mittelalter,* op. cit., S. 289; Soldan-Heppe: *Geschichte der Hexenprozesse,* Bd. I., op. cit., S. 190 ff.

84 ›Hexenhammer‹, Bd. I., S. 145–157.

85 Joseph Hansen: *Zauberwahn, Inquisition und Hexenprozeß im Mittelalter,* op. cit., S. 466 ff.; Soldan-Heppe: *Geschichte der Hexenprozesse,* Bd. I., op. cit., S. 311 ff., 265 ff.

86 Soldan-Heppe: *Geschichte der Hexenprozesse,* Bd. I., op. cit., S. 339 ff.

87 Soldan-Heppe: *Geschichte der Hexenprozesse,* Bd. I., op. cit., S. 343, 380; ›Hexenhammer‹, Bd. III., S. 110.

88 Soldan:Heppe: *Geschichte der Hexenprozesse,* Bd. I., op. cit., S. 346 ff. – Man suchte überhaupt zwanghaft nach ›äußeren Anzeichen‹ der Hexerei bei den Angeklagten, und ganz wie dem prächristlichen Zauberer sagte man den Hexen ›stechenden Blick‹, besondere Kennzeichen, wie rotes Haar usw. nach. Den Ketzern war vordem ›bleiche Gesichtsfarbe und Magerkeit‹ nachgesagt worden (nach: Joseph Hansen: *Zauberwahn, Inquisition und Hexenprozeß im Mittelalter,* op. cit., S. 442).

89 Soldan-Heppe: *Geschichte der Hexenprozesse,* Bd. I., op. cit., S. 362.

90 Soldan-Heppe: *Geschichte der Hexenprozesse,* Bd. I., op. cit., bes. S. 190 ff., 324, 435 ff.

91 Soldan-Heppe: *Geschichte der Hexenprozesse,* Bd. I., op. cit., S. 431.

92 Vgl. über die Möglichkeiten derartiger Beziehungen Joseph Hansen: *Zauberwahn, Inquisition und Hexenprozeß im Mittelalter,* op. cit., S. 410: Die Apostoliker von Novara sollten geschlechtlichem Kommunismus huldigen; Henry Charles Lea: *A History of the Inquisition,* Bd. II., op. cit., S. 150, 335, 357: Bei den ›Illuministen‹ des 13. Jahrhunderts sei es wohl nicht nur angeblich, sondern wirklich zu sexuellen Ausschweifungen gekommen; Arno Borst: *Die Katharer,* op. cit., S. 179: Durch das katharische Sakrament der Handauflegung wurden die Sterbenden zu ›Vollendeten‹, und dies reizte zu Ausschweifungen, denn man wünschte so zu leben, daß es nicht reuen würde, dereinst mit der sakramentalen Sündloserklärung das Leben abzuschließen. Die ›Vollendeten‹ hätten zwar diese Entwicklung nicht gefördert, aber auch nicht aufgehalten. S. 182: »Der Versuch des katharischen Bischofs Philipp, die Ansicht, unterhalb des Nabels gebe es keine Sünde, auch in die Ethik der Vollendeten einzuführen, mußte scheitern; aber in der Gläubigenethik war dieser Satz nur allzu verführerisch.«

93 ›Malleus‹, Bd. I., S. 39.

94 ›Malleus‹, Bd. III., S. 143.

95 Gerhard Zacharias: *Satanskult und schwarze Messe,* op. cit., bes. S. 55–90; Joseph Hansen: *Zauberwahn, Inquisition und Hexenprozeß im Mittelalter,* op. cit., S. 481.

96 ›Malleus‹, Bd. I., S. 61.

97 Nach Joseph Hansen: *Zauberwahn, Inquisition und Hexenprozeß im Mittelalter,* op. cit., S. 370 f., der dort entsprechende Beispiele anführt.

98 Vgl. hierzu Otto Schrader (Hrsg.): *Reallexikon der indogermanischen Altertumskunde,* Bd. I., Berlin 1917, S. 610; Arno Borst: *Die Katharer,* op. cit., S. 248 ff.; Joseph Hansen: *Quellen und Untersuchungen zur Geschichte des Hexenwahns,* op. cit., S. 410.

99 Joseph Hansen: *Zauberwahn, Inquisition und Hexenprozeß im Mittelalter,* op. cit., S. 414 f.; ders.: *Quellen und Untersuchungen zur Geschichte des Hexenwahns,* op. cit., S. 410 und passim.

100 Joseph Hansen: *Zauberwahn, Inquisition und Hexenprozeß im Mittelalter,* op. cit., S. 478, 495; ›Malleus‹, Bd. II., S. 26 ff.

101 Wie Joseph Hansen (in: *Quellen und Untersuchungen zur Geschichte des Hexenwahns,* op. cit., S. 413 ff.) berichtet, fand noch um die Jahrhundertwende im Waadtland ein in den übrigen Schweizer Kantonen unbekanntes, eigenartiges Sommerfest statt. Der Autor hatte Gelegenheit, daran teilzunehmen, und schildert das Fest so: »Das Fest geht in der Weise vor sich, daß die Bewohner der einzelnen Gemeinden während des Monats August scharenweise und mit Speise und Trank versehen auf die hochgelegenen Alpwiesen ziehen, um sich zu überzeugen, wie der Ertrag der Milchwirtschaft in den Sennhütten sich gestaltet. Der weite Weg zu den Sammelplätzen wird vielfach mit Fackeln in der Nacht zurückgelegt. Morgens findet zunächst im Freien ein Gottesdienst mit Predigt und Psalmgesang statt, an den sich, da der Anblick der bereits aufgestapelten Erträge an Käse usw. die frohe Stimmung belebt, ein lustiges Treiben, gemeinsames Singen eigenartiger altüberlieferter Melodien und Texte, fröhliches Trinken, Schmausen und Tanzen schließt, das sich bis in die Nacht fortsetzt und vielfach noch am folgenden Tag wiederholt wird. Zu diesen in den Einöden der Hochgebirgswelt gefeierten Festen findet stets ein großer Zusammenlauf beider Geschlechter aus vielen Ortschaften statt, da sie von den einzelnen Gemeinden abwechselnd an verschiedenen Tagen gefeiert werden. Wenn sich erweisen ließe, daß in diesen, dem Pays de Vaud eigentümlichen Feiern, die sich demnach dem Auswärtigen als ›Vauderie‹ darstellten, in der Zeit, wo die Sekte der Waldenser sich hier ausbreitete, die oppositionellen Elemente gegen die kirchliche Orthodoxie Sammelpunkte gewannen, was bei der religiösen Ausgestaltung der Feiern von vornherein nicht unwahrscheinlich ist, so würde in ihnen, ihrer Abgeschiedenheit von den bewohnten Ortschaften, ihrer Abhaltung inmitten der frei umherweidenden Gemeindeherden, ihren üppigen Schmäusen und Tag und Nacht fortgesetzten, oft ausgelassenen Tänzen ein Moment erkannt werden können, das die Phantasie der nach Ketzersabbaten, nach den Synagogen Satans, der in Bocksgestalt zu erscheinen pflegte, spürenden Inquisitoren ebenso wie die ihrer vom traditionellen Spukglauben der Gebirgsbewohner erfüllten Opfer mit manchen Details erfüllt, die uns in den Hexenprozessen so rätselhaft anmuten.«

102 Joseph Hansen: *Zauberwahn, Inquisition und Hexenprozeß im Mittelalter,* op. cit., S. 408.

103 Joseph Hansen: *Zauberwahn, Inquisition und Hexenprozeß im Mittelalter,* op. cit., S. 324; Arne Runeberg: *Witches, Demons and Fertility Magic,* op.

cit., S. 24. Als bemerkenswerter Zug sei erwähnt, daß man jedoch auch den Geschlechtsverkehr zwischen Juden und Christen als Sodomie im Sinne von Bestialität durch Verbrennen zu strafen pflegte, da man der Ansicht war, Juden seien keine Menschen (nach: Rudolf Quanter: *Die Sittlichkeitsverbrechen,* op. cit., S. 242). Die satanischen Geburten, die aus den vermuteten Verbindungen zwischen Satan und den Hexen entspringen, sind, wie z. B. Paracelsus glaubte, ›seltsame Monstris‹ (nach: Karl Sudhoff [Hrsg.]: *Theophrast v. Hohenheim gen. Paracelsus' medizinische, naturwissenschaftliche und philosophische Schriften,* Buch 1–14, München 1922, hier Buch 14, S. 26 ff.), die nach der späteren Meinung von Martin Luther, die vermutlich die allgemein herrschende war, von ihren bösartigen Müttern gern nichtsahnenden Frauen untergeschoben wurden und daher unbesorgt ertränkt werden sollten, da sie ohne Zweifel gar keine menschliche Seele besäßen (nach: Will-Erich Peuckert: *Deutscher Volksglaube des Spätmittelalters,* op. cit., S. 168 f.).

104 Soldan-Heppe: *Geschichte der Hexenprozesse,* Bd. II., S. 33 ff.

105 Soldan-Heppe: *Geschichte der Hexenprozesse,* Bd. II., S. 178–184; Adam Tanner: *Theologica Scholastica,* 1600.

106 Joseph Hansen: *Zauberwahn, Inquisition und Hexenprozeß im Mittelalter,* op. cit., S. 324 f., 370 f., 495 und passim; ›Malleus‹ Bd. I., S. 187 ff. passim, Bd. III. S. 25 f., 29 f., 124, 143 f., 188 und passim.

107 Joseph Hansen: *Zauberwahn, Inquisition und Hexenprozeß im Mittelalter,* op. cit., S. 481.

108 ›Malleus‹, Bd. I., Vorwort.

109 Soldan-Heppe: *Geschichte der Hexenprozesse,* Bd. I., S. 257.

110 Joseph Hansen: *Zauberwahn, Inquisition und Hexenprozeß im Mittelalter,* op. cit., S. 464 ff., 370 ff., bes. 492–497, ferner 324 f., 460.

111 Joseph Hansen: *Zauberwahn, Inquisition und Hexenprozeß im Mittelalter,* op. cit., S. 466.

112 Joseph Hansen: *Zauberwahn, Inquisition und Hexenprozeß im Mittelalter,* op. cit., S. 493 f.

113 Joseph Hansen: *Zauberwahn, Inquisition und Hexenprozeß im Mittelalter,* op. cit., S. 495 f.

114 Joseph Hansen: *Zauberwahn, Inquisition und Hexenprozeß im Mittelalter,* op. cit., S. 371.

115 Joseph Hansen: *Zauberwahn, Inquisition und Hexenprozeß im Mittelalter,* op. cit., S. 527.

116 Vgl. dazu den ›Malleus‹, Bd. I., S. 187 f.

117 Joseph Hansen: *Zauberwahn, Inquisition und Hexenprozeß im Mittelalter,* op. cit., S. 460 f., 496 f.

118 Zu alledem lese man Soldan-Heppe: *Geschichte der Hexenprozesse,* op. cit., Bd. II., wo zahlreiche ausgesprochen grauenhafte Einzelheiten und -fälle berichtet werden.

119 Soldan-Heppe: *Geschichte der Hexenprozesse,* Bd. I., op. cit., S. 438 ff.

120 Soldan-Heppe: *Geschichte der Hexenprozesse,* Bd. I., op. cit., S. 401 f.

121 Als besonders verhängnisvoll hat sich dabei die notorische Zauberfurcht einiger Päpste der betreffenden Epoche ausgewirkt, die sehr einleuchtende persönliche Gründe hatten, sich vor dem Vergiftetwerden zu ängstigen und

so gut wie möglich zu hüten. Vgl. dazu Joseph Hansen: *Zauberwahn, Inquisition und Hexenprozeß im Mittelalter,* op. cit., S. 251, 412; Soldan-Heppe: *Geschichte der Hexenprozesse,* Bd. I., op. cit., S. 205; Franz Xaver Seppelt und Georg Schwaiger: *Geschichte der Päpste bis zur Gegenwart,* München 1964, bes. S. 220 ff.

122 Soldan-Heppe: *Geschichte der Hexenprozesse,* Bd. I., op. cit., S. 444.

123 Marion Luckow: *Die Homosexualität in der literarischen Tradition,* op. cit.

# *VII. Kapitel*
# Weiterentwicklung und Modifizierung des Vorurteils gegen die Homosexualität bis 1870

## 1. Reste der mittelalterlichen Auffassung homosexuellen Verhaltens als ›Religionsverbrechen‹

### *a. Die Bestimmungen der Bamberger Halsgerichtsordnung und der Constitutio criminalis Carolina*

Bis fast zur Mitte des 16. Jahrhunderts gab es in Deutschland kein einheitliches Strafrecht. Es gab lediglich eine Unzahl von Stadt-, Land-, Markt- und ähnlichen territorialen Einzelrechten, die nicht selten ziemlich stark voneinander abweichende Bestimmungen enthielten und teils niedergeschrieben waren, teils auf mündlich überliefertem Rechtsbrauch beruhten.
Ein derartiges, eigentlich nur für ein sehr begrenztes Gebiet, nämlich Stadt und Bistum Bamberg, verbindliches ›Recht‹ hat 1507 der wohl wichtigste Jurist seiner Zeit, Hans von Schwarzenberg, aufgezeichnet. In diesem Werk, der sog. Bamberger Halsgerichtsordnung oder Constitutio criminalis Bambergensis (abgekürzt CCB), hat er es verstanden, »gegenüber der Rechtsunsicherheit der Zeit deutsches und fremdes Recht in einer den allgemeinen Bedürfnissen nicht nur Bambergs entsprechenden Weise zu vereinigen und zu verschmelzen und dieses Recht in klarer, markiger, dem Verständnis der Laien, insbesondere der Schöffen, angepaßter Sprache zur Darstellung zu bringen. Für Jahrhunderte hat damit Schwarzenberg dem deutschen Strafrecht bahnbrechend den Weg gewiesen«.[1] Denn die CCB fand bald in ganz Deutschland weite Verbreitung und praktische Anwendung.
Widernatürliche Unzucht hat Schwarzenberg in der CCB in Artikel 141 unter dem Titel: »Verbrechen der unkeusch, so wider die Natur geschicht« behandelt. Dort wird verordnet: »So eyn Mensch mit eynem vihe, man mit man, weib mit weib unkeusch treyben, die haben auch das leben verwürckt und man soll sie der gemeynen gewonheit nach mit dem feur vom leben zum tod richten.« Bemerkenswert an dieser Bestimmung ist vor allem die Erläuterung »der gemeynen gewonheit nach«. Hans von

Schwarzenberg hat sich bei seiner Rechtsdarstellung nicht selten von ausländischem, besonders dem italienischen Recht beeinflussen und gelegentlich leiten lassen; das italienische Recht sah für widernatürliche Unzucht jedoch, getreu der alten Lex Julia, Enthauptung vor[2], nicht aber Verbrennung bei lebendigem Leibe, welche fürchterliche Todesstrafe für Sodomie es außerhalb des ehemaligen Einflußbereichs des fränkischen Rechts, näherhin der gefälschten Kapitulare des Benedictus Levita, ohnehin nirgends gegeben hat, sofern man von entsprechenden vorchristlich-germanischen Rechtsbräuchen einmal absieht. Wenn von Schwarzenberg also bei der Bestrafung der Sodomie über das im römischen Recht gesetzte Strafmaß so erheblich hinausging, so tat er das wohl infolge der weitverbreiteten Anschauung, »nach welcher in jeder unnatürlichen Wollustbefriedigung etwas Unchristliches, eine Ketzerei lag«.[3] Wie diese Auffassung hatte zustande kommen können, ist in den vorigen Kapiteln erläutert worden, und an von Schwarzenbergs Werk zeigt sich, daß die Vorstellungen, die sechs Jahrhunderte zuvor der fränkische Fälscher aufgebracht und drei Jahrhunderte früher die Inquisition gefördert und – mit der Weihe scholastischer Unfehlbarkeit ausstaffiert – zum quasi Dogma hochstilisiert hatte, inzwischen fest in Glauben und Rechtsgefühl des Volkes verankert waren.

Schwarzenbergs CCB hat für die Entwicklung der Bestrafung der Sodomie deshalb eine so große und nachhaltige Bedeutung gehabt, weil sein Artikel 141 wörtlich als Artikel Nr. 116 in die ›Constitution criminalis Carolina‹ oder ›Peinliche Halsgerichtsordnung‹ (abgekürzt CCC) Aufnahme fand, die 1533 als Gesetzeswerk Kaiser Karls V. herauskam und – wie heute entgegen früheren irrigen Meinungen feststeht – allgemein gültiges Reichsgesetz sein sollte.[4] Allerdings hat sich gezeigt, daß »die gemeindeutschen Kriminalisten wie auch landesrechtlichen Gesetzgebungen ... die in der Peinlichen Gerichtsordnung Art. 116 behandelte Materie weder als abschließend noch als für sich bindend erachtet« haben.[5] Denn die vom ›Malleus‹ geförderte enorme Ausweitung des Sodomiebegriffs hatte inzwischen so fest Wurzeln geschlagen, daß man nicht mehr imstande war, sich davon zu lösen, und in der Folge stets zumindest auch Selbstbefriedigung, heterosexuellen Analverkehr, Leichenschändung sowie den (in praxis sicher seltenen) Sexualverkehr zwischen einem Menschen und einer Holz- oder Steinfigur darunter subsumierte.

Dieser Tendenz zur immer größeren Ausweitung des Sodomie-Begriffs wird erst mit der veränderten Auffassung der Sittlichkeitsverbrechen im Zuge der Aufklärung eine Grenze gesetzt. Führt man sich vor Augen, daß jene Neigung schon Jahrhunderte vor Schwarzenberg infolge des Vorgehens der Ketzer- und Hexeninquisition eingesetzt hatte, dann besteht ein gewisser Anlaß zu der Vermutung, daß der Verfasser der CCB in seinem Artikel 141 den Versuch einer Einengung der Sodomie-Delikte auf die nach der Volksmeinung schwersten vorgenommen haben könnte, obwohl sich das nicht beweisen läßt.[6]

Da die größeren deutschen Territorialstaaten erst im 18. Jahrhundert anfingen, sich eigene Strafrechte zu schaffen, hat die CCC fast 250 Jahre lang das deutsche Strafrecht beherrscht. Dieser Umstand ist für die Konservierung des Vorurteils gegen die Homosexualität gerade in Deutschland bis hin zur Einführung des Strafrechts des Deutschen Reiches von 1870 ausschlaggebend geworden. Denn wenn die Gerichte korrekt urteilen wollten, dann konnten sie in der fraglichen Zeit stets fast ausschließlich anhand der CCC bzw. der in ihr ausgedrückten Grundsätze Recht sprechen. Als diese Handhabung – spätestens zu Beginn der Aufklärung – nicht länger vertretbar schien, gingen die Richter Kompromisse ein, indem sie mildernde Umstände hervorhoben, wo sich im Sinne der CCC keine Spur davon fand. Im Fall der Anklagen gegen homosexuelles Verhalten gewann nun die Problematik der ›immissio‹ (nämlich des männlichen Gliedes) und der ›emissio‹ (nämlich des Spermas) beim sodomitischen Akt immer größere Wichtigkeit. Wo das eine oder das andere nicht völlig erwiesen war, betrachtete man die Handlung gern lediglich als Versuch und erkannte deshalb auf geringere Strafen als die in der CCC verordneten. Andererseits hat es bis ins vorige Jahrhundert gedauert, ehe man sich endgültig zu der Überzeugung durchrang, daß ein ›Delikt‹ wie die Selbstbefriedigung in Wirklichkeit durchaus keines war, und das, obgleich die CCC es mit keinem Wort auch nur erwähnt hatte. Dasselbe gilt für heterosexuellen Analverkehr, wovon gleichfalls in der CCC nichts stand und der dennoch jahrhundertelang wie echte Sodomie gestraft worden ist, nämlich mit der Todesstrafe.

### *b. Die Bedeutung der mittelalterlichen theokratischen Strafauffassung für die Pönalisierung der Homosexualität*

Das lange Festhalten an den harten Bestimmungen der CCC gerade bei ›Unzuchtsdelikten‹ erklärt sich eindeutig aus dem mittelalterlichen theokratischen Begriff des Staates und des Fürsten. So entstand die als Pflicht empfundene Neigung, entsprechend der ›divina Lex‹ zu strafen, um Unheil (›Plagen‹) verschiedenster Art – deren Androhung sich z. T. wortwörtlich bis auf Justinian und Benedictus Levita zurückverfolgen läßt – vom ganzen Gemeinwesen abzuhalten; es handelt sich dabei geradezu um Präventivmaßnahmen gegen den Zorn Gottes, dem bekanntlich gewisse Formen sexueller Betätigung ›ein Greuel‹ waren. Man glaubte ja im präwissenschaftlichen Zeitalter fest, daß derlei Unbilden unweigerlich entstünden, falls die Regierung bei der Verfolgung speziell solcher Vergehen lasch werden oder gar erlahmen würde. Echte Ansätze für eine hiervon abweichende Auffassung gibt es vor Anbruch der Aufklärung durchaus nicht. Es läßt sich aber zeigen, wie humanere Vorstellungen langsam in das harte Strafrecht der CCC auch dort eindrangen, wo sie mangels eines übergeordneten anderen Rechtes nach wie vor galt. Diese Entwicklung soll anhand der wichtigsten Werke der Jurisprudenz jener Epoche im folgenden kurz beleuchtet werden.

In dem 1601 erschienenen Werk *Praxis rerum criminalium* des Holländers Jodocus Damhouder[7] werden drei Arten der Sodomievollbringung unterschieden: Selbstbefriedigung, Homosexualität und Bestialität. Von der ersten sagt der Verfasser, sie sei schwierig zu eruieren und komme nur selten vor den Richter, daher werde sie auch nur selten verurteilt; wenn, dann mit Landesverweisung. Die zweite Deliktart ist unterteilt, und zwar einmal in die widernatürliche Unzucht zwischen Mann und Frau und ferner in die zwischen Menschen des gleichen Geschlechts. Sie werden, ebenso wie die dritte Form der Deliktbegehung, der sexuelle Kontakt zwischen Mensch und Tier, mit dem Feuertod gestraft. Solche harten Strafen müssen ausgesprochen werden, meint Damhouder, weil sonst Gottes Zorn hereinbrechen würde, dessen Rache für die Übertretung seiner Gebote sich ›teste pontifice‹ in »Hungersnöten, Seuchen, Kriegen, Erdbeben, Überschwemmungen und anderen allgemeinen Plagen verwandter Art« zu äußern pflege.[8] Geschlechtsverkehr zwischen Christen und Heiden wird gleichfalls als Sodomie betrachtet und mit dem Feuer gestraft, da es gleichgültig sei, ob ein Christ sich mit einem Heiden paare oder mit einem Hunde. Selbstverständlich gilt auch der sexuelle Verkehr mit dem Teufel als Sodomieverbrechen im Sinne von Bestialität, und die Abkunft von Kindern aus derartigem Verkehr wird ausführlich behandelt. Die Selbstbefriedigung erscheint deshalb als zu den Sodomie-Delikten gehörig, weil Gott sie an Onan gestraft habe. Zu der offenbar schon damals und später (bis in unser Jahrhundert hinein!) immer wieder auf meist groteske Weise diskutierten Frage, ob zur Vollbringung derlei Delikte die ›Einlassung‹ (immissio) oder nur die ›Auslassung‹ (emissio) des Spermas erforderlich sei, d. h. ob man das Delikt sonst nur als Versuch zu betrachten habe, meint Damhouder, derlei Überlegungen seien unbeachtlich, da der Täter, falls er nicht zufällig gestört werde, zweifellos den Akt auch vollbringen würde, und allein auf den bösen Willen hierzu komme es an. Leichenfrevel sei unter dem Gesichtspunkt als sodomitisch zu betrachten, daß viele Kirchenväter der Ansicht gewesen seien, jeglicher Geschlechtsverkehr, der nicht zur Hervorbringung von Kindern führe, sei wider die Natur und deshalb sodomitisch, was sinngemäß auch für Sexualverkehr mit Figuren aus Holz oder Stein gelte.

In solchen Fällen eines sündhaften Mißbrauchs der eigenen Zeugungskraft möchte der Autor aber eher auf Landesverweisung oder schweren Kerker erkannt sehen denn auf die Feuerstrafe. Damhouders Ansichten stellen die typische Meinung seiner Zeit zu den Sodomiedelikten dar, die sich an die viel engere Eingrenzung dieser Fornifikationsfälle in der CCC nicht zu halten vermochte, weil die mißbräuchliche Ausweitung des Sodomie-Begriffs, wie sie sich im Rahmen der Hexenprozesse entwickelt hatte, bei Richtern und Laien bereits zum festen Denkschema geworden war.

Eine gewisse Modifikation erfuhr die Behandlung der Homosexualität im Rahmen der Sodomiedelikte infolge des Wirkens von Benedict Carpzow, dem damals weitberühmten sächsischen Rechtsgelehrten, dessen Hauptwerk, die *Practica nova Imperialis Saxonia rerum criminalium* 1635 erschien. Das Werk erlebte zahlreiche Auflagen und beherrschte kraft der Autorität und Gelehrsamkeit seines Verfassers »über ein Jahrhundert lang die deutsche Strafrechtspflege mit fast gesetzesgleicher Wirkung«.[9] »Ziel Carpzows ist nicht Neuschöpfung, sondern wissenschaftliche Darstellung des bestehenden Rechts auf Grund der Carolina in bisher unerreichter Gründlichkeit, vor allem auch unter ausgiebiger Berücksichtigung des heimischen Rechts und der heimischen Praxis.«[10] In methodischer Hinsicht bedeutete das Werk keinen Fortschritt; formal nahm es eine Mittelstellung zwischen System und Kommentar ein. Carpzow wollte und konnte sich von dem theokratischen Geist einer noch ganz an biblischen Vorstellungen klebenden Rechtspflege nicht lösen.[11] Hierin liegt die Ursache für die ausgedehnte Behandlung, die er den Sittlichkeitsdelikten angedeihen läßt[12]; sie finden sich in seinem Hauptwerk in den ›quaestiones‹ Nr. 51–76 auf insgesamt 216 Seiten. Die letzte dieser ›Fragen‹ behandelt die Sodomie.[13] Auch nach sächsischem Gewohnheitsrecht kannte man dreierlei Arten von Sodomie, die sich mit den in der Einteilung von Damhouder angegebenen völlig decken. Die erste davon, die Selbstbefriedigung, wird analog dazu mit Landesverweisung oder arbiträr gestraft.[14] Bezüglich der Homosexualität hat sich im Vergleich zu Damhouder eine Strafmilderung durchgesetzt, und zwar insofern, als nun diese Form der Sodomie mit dem Schwert, das heißt durch Enthauptung geahndet wird, während der Verüber von Bestialität nach wie vor dem Feuertode überantwortet sein soll. Selbstredend ist diese Milderung vom heutigen Standpunkt aus eine nur ziemlich relative, aber wenn man sich in die Situation eines Delinquenten jener Epoche versetzt, hat es sicherlich einen recht beträchtlichen Unterschied gemacht, ob man geköpft wurde, was jedenfalls einen schnellen Tod ohne Todeskampf bedeutete, oder ob man bei lebendigem Leibe verbrannt wurde, was manchmal stundenlang dauerte und zu den qualvollsten Todesarten überhaupt gehört. Carpzow nahm übrigens an, daß Sodomie im Sinne von Homosexualität zu seiner Zeit in Deutschland selten gewesen sei, was er als jahrzehntelang in Sachsen aktiv tätiger Richter gut beurteilen können mußte, so daß seine Erklärung glaubhaft wirkt. Die ›fleischliche Vermischung‹ von Christen und Heiden wurde zu seiner Zeit ebenfalls milder geahndet als vordem, nämlich nurmehr durch Landesverweisung oder Auspeitschung. Bezüglich derjenigen ›Plagen‹, die infolge angeblichen göttlichen Zorns über solche Länder hereinbrechen, wo die Regierung nicht eifrig genug gegen Sodomie vorgeht, zeigt Carpzow sich in totaler Abhängigkeit von Damhouder, indem er dessen entsprechende und oben wiedergegebene Aufzählung wörtlich zitiert, ohne sie durch eigene Zusätze zu erweitern[15]; diese Abhängigkeit gilt zudem für das gesamte von Carpzow behandelte Gebiet der Sodomie insgesamt, weshalb es unrichtig ist, ihn als einen besonders scharfen Richter in Fornifikationsfällen zu bezeichnen, wie es in der Vergangenheit häufig geschehen ist. Er drückte nur aus, was man zu seiner Zeit von derlei ›Delikten‹ allemein hielt, und gegenüber dem ein Menschenalter früher schreibenden und lehrenden Damhouder zeigt sich in seinen Urteilen bereits die erwähnte Tendenz zur Abmilderung von Sodomiestrafen[16], die als solche aber freilich stets als unumgänglich gelten, »weil Gott sie will, was zahlreiche Aussprüche der Lex divina bestätigen. Sie sind auch notwendig, weil Gott ›si magistratus in poenis irrogandis negligens est, ipsemet ad vindictam exurgit‹. Mit dieser Begründung der Strafe verbinden sich bei Carpzow die üblichen Strafzwecke der bessernden oder unschädlichmachenden Einwirkungen auf den Verbrecher«[17], wenngleich seinem Strafsystem selbstverständlich ein echter Ansatz zur Entwicklung des spezialpräventiven Besserungsgedankens fehlen mußte.

Den Einfluß der Rezeption des römischen Rechts auch in der Frage der Sodomie-Bestrafung zeigt der betreffende Abschnitt im Werk von Antonius Matthaeus. Dort wird nämlich die Todesstrafe (Köpfung) (›ultimo supplicio‹) für sämtliche Sodomiedelikte außer Selbstbefriedigung angesetzt, jedoch unter Berufung auf die Bestimmungen der Lex Julia und unter völliger Außerachtlassung der CCC. Daraus ergibt sich, daß die erwähnte Abmilderung der Strafe gegen Homosexualität nicht unbedingt auf bewußten Humanisierungstendenzen beruht haben muß, sondern ebenso auf die steigende Hochschätzung des römischen bzw. italienischen Rechts zurückgeführt werden kann, durch die das deutsche Recht der CCC modifiziert wurde. Bei einem Prozeß in Holland im Jahr 1730 gegen eine Vereinigung von Homosexuellen wurden 250 Männer in Untersuchungshaft genommen, von denen schließlich 154 verurteilt wurden. Zwei davon wurden enthauptet, 15 gehenkt, 38 erdrosselt, 2 ertränkt, 5 mit Zuchthaus, einer mit Brandmarkung und 91 mit lebenslänglicher

Landesverweisung bestraft.[18] An diesen unterschiedlichen Strafen erkennt man, daß die Gerichtspraxis zu jener Zeit den Bestimmungen der CCC kaum mehr folgte.

Denn obgleich die ›gebildeten Stände‹ in Deutschland um die Mitte des 18. Jahrhunderts zum Teil noch so wenig von dem Geiste der Aufklärung berührt waren, daß das berühmte Konversationslexikon von Zedler um 1743 unbefangen von der Teufelsbuhlschaft als einer Sonderform des unmenschlichen und widernatürlichen Verbrechens der Sodomie handeln konnte[19], so stießen doch die peinlichen Strafen der CCC auf immer stärkeren Widerspruch der öffentlichen Meinung[20] und auch der Richter selbst. So vollzieht sich der größte Fortschritt zur Zeit des gemeinen Rechts »durch allmähliche Milderung und Änderung der Strafarten der Carolina im Wege der gerichtlichen Praxis«.[21]

### *c. Naturrechtslehre und Sodomiestrafen*

Im 18. Jahrhundert verblaßte das Ansehen Carpzows[22], der »in der großen Auseinandersetzung zwischen Mittelalter und Neuzeit . . . durchaus auf der Seite des Mittelalters« gestanden hatte.[23] Eine völlig neue Strafauffassung brach sich Bahn, die auf der Naturrechtslehre basierte und das Strafrecht säkularisierte. Danach kann sich die Rechtfertigung der Strafe nicht länger aus einem göttlichen Gesetz, sondern nur aus der menschlichen Natur und der auf sie gegründeten Gemeinschaft ergeben. »Aus dem Staats- und Gesellschaftsvertrag ergibt sich die Rechtsmacht der Obrigkeit, Strafen aufzuerlegen, wenn das Strafübel, das für eine Tat erlitten werden soll, . . . vorher gehörig kundbar gemacht worden ist. Gerechtfertigt aber wird die Strafe durch ihre Nützlichkeit für den Staat. Alles, was dem Staatswohl dient, rechtfertigt sich durch eben seinen nützlichen Zweck . . . Ist kein Nutzen mit der Strafe zu erzielen, so hat sie zu unterbleiben. Der Nutzen aber besteht in Verhütung künftiger Verbrechen.«[24] Selbstredend entsprach die neue Straftheorie in geradezu idealer Weise den Zielen der absolutistischen Fürsten jener Epoche, die ihre Vorbilder nicht mehr in den theokratischen Herrschern der Vergangenheit sahen, sondern in den bewunderten Repräsentanten des aufgeklärten Absolutismus, d. h. den französischen Königen. Die neue Theorie erfreute sich daher der wärmsten Unterstützung der Regierungen, und »der hervorragendste Dogmatiker des 18. Jahrhunderts, J. S. Fr. Böhmer, macht sich denn auch die naturrechtliche Lehre . . . völlig zu eigen«.[25]

Bei aller Neuheit der an der Naturrechtslehre orientierten Straftheorie war die Dogmatik des damaligen Strafrechts doch immer noch traditionsgebunden und wurde von den Bestimmungen der CCC getragen. Die

Unterwerfung des Individuums unter das Gesetz war auch weiterhin von vielen objektiven Ungerechtigkeiten begleitet, und sie »erhielt im Strafrecht durch die Philosophie des aufgeklärten Polizeistaates nur die ›Weihe des Vernunftgemäßen‹«.[26]
Johann Samuel Friedrich Böhmer hat in seinen beiden Hauptwerken[27] die Sodomiestrafen ausführlich abgehandelt. Von einer veränderten Haltung gegenüber diesen Fornifikationsdelikten infolge der neuen Straftheorie läßt sich dabei allerdings nur höchst wenig feststellen. In den ›Elementen‹ beschäftigt Böhmer sich ausführlich mit den allgemein als Sodomie geltenden Delikten. Zu den bereits bei Carpzow und Damhouder genannten sind inzwischen noch der uneheliche Sexualverkehr mit einer unberührten Jungfrau und mit Hermaphroditen (Androgyni) hinzugetreten, wie er zeigt.[28] Um zu erklären, wieso die Feuerstrafe für Sodomie in die CCC gekommen ist, weist Böhmer auf zwei karolingische Kapitulare hin, die von Ludwig dem Frommen stammten (es handelt sich um die Fälschungen des Benedictus Levita); anschließend legt der Autor dar, daß zu seiner Zeit nurmehr bei Bestialität mit dem Feuer gestraft werde, während bei Homosexualität die Strafe der Enthauptung ›als ausreichend‹ angesehen werde. Onanie wird nach wie vor mit Landesverweisung oder arbiträr gestraft.[29] Böhmers ›Meditationes‹ gelten als bester, umfang- und inhaltsreichster Kommentar der CCC.[30] Darin repetiert er[31] mit großer Genauigkeit alle früheren Strafbestimmungen und -maße sowie die entsprechenden römischen Gesetze und stellt fest, daß inzwischen auch bei Bestialität sehr häufig nur noch auf Enthauptung erkannt werde. Für Sodomie zwischen Menschen desselben Geschlechts reiche die Strafe des Schwertes in jedem Falle aus, sofern sie nicht durch mildernde Umstände (Jugend, Unbildung, Mangel an religiöser Unterweisung) zur Prügelstrafe (fustigatio) umgewandelt werden könne. Außerdem wendet Böhmer sich gegen Carpzow, den er für die unnütze Ausweitung des Sodomiebegriffs verantwortlich macht.
Die hier zutage tretende mildere Behandlung einiger Tatbestände der Sodomie »kann aber keineswegs als ein Beleg für die Umwandlung der Ansichten des Sodomiebegriffs in der gemeinrechtlichen Doktrin gehalten werden: es waren vorwiegend negative Gesichtspunkte und praktische Rücksichten, die diese Veränderung bewirkten, prinzipiell bleibt die Auffassung der widernatürlichen Unzucht immer dieselbe«.[32] Bei Böhmer stehen Gerichtsbrauch und lokale Normen im Vordergrund der Betrachtung, und seine Werke zeigen, daß der Richter damals zumeist an letztere eng gebunden war[33], ein Faktum, das bis in die dem Strafrecht des Deutschen Reiches von 1870 voraufgehenden Partikularstrafrechte seine Gültigkeit behalten sollte.
Bei Johann Christian von Quistorp, mit dem die gemeinrechtliche Epo-

che der deutschen Strafrechtswissenschaft abschließt[34], finden sich noch einmal in gründlichster Weise alle Daten zusammengestellt, die nach dem peinlichen Recht in Deutschland für die Bestrafung der Sodomiedelikte ausschlaggebend sein konnten.[35] Dabei zeigt sich, daß die Milderungstendenzen weiter an Boden gewonnen haben. Wie Quistorp ausführt, müßte nämlich zwar dem Wortlaut der CCC entsprechend bei fleischlicher Vermischung eines Menschen mit einem Vieh auf die Feuerstrafe erkannt werden, »nach dem Zeugniß der neueren Rechtslehrer pflegt jedoch letzteres nur sodann zu geschehen, wenn besondere, die Größe des Vorsatzes zu erkennen gebende, Umstände die Missethat beschweren und dagegen erhebliche Milderungsgründe gänzlich ermangeln sollten«. Als Höchststrafe gelte die Enthauptung, gewöhnlich aber werde bei Vorlage einiger mildernder Umstände auf Verurteilung zu öffentlichen Arbeiten für den Zeitraum von 6 bis 10 Jahren oder manchmal auf Lebenszeit erkannt. Ferner führt Quistorp aus: »Eine Sodomie, die entweder unter Leuten von eben demselben, oder zwar vom verschiedenen Geschlecht, wiewohl der Ordnung der Natur zuwider, verübet wird, ist zwar nach den Meynungen der Rechtslehrer mit dem Schwerdt zu bestrafen; allein gewöhnlich pflegt in beyden Fällen nur auf eine Leibesstrafe und bey dem Mangel der Vollbringung auf die geringere Strafe erkannt zu werden.« Anschließend wird ein Umstand geltend gemacht, dessen Bedeutung in der Folgezeit ständig steigen wird: »Es ist jedoch bey einer solchen widernatürlichen Unzucht die willkührliche Strafe billig zu schärfen, oder auch eine längere Dauer der Vestungs- oder Zuchthaus-Arbeit zu erkennen, wann jene widernatürliche Unzucht von einer Seite gewaltsamer Weise erzwungen gewesen, und dem anderen Theil an seiner Gesundheit schädlich geworden sein sollte.«

Die Naturrechtslehre, die den Strafnutzen vor allem in der Abschreckung sah und die Ableitung des Strafrechts aus einer unbedingt bindenden Lex divina ablehnte, hat uns in den Schriften ihrer hervorragendsten Vertreter keinerlei Hinweise überlassen, inwiefern Sodomie überhaupt noch zu den Verbrechen gerechnet wurde, obgleich doch die theologisch-moralische Untermauerung, die diese Zurechnung jahrhundertelang gestützt hatte, nicht mehr für gültig erachtet wurde. Gewiß fühlte man sich ohne Zweifel an die Bestimmungen der CCC noch gebunden, die ja immerhin nach wie vor geltendes Recht war.

Doch dies ist andererseits keineswegs Grund genug gewesen, um gegenüber anderen Bestimmungen der Carolina die gleiche Zurückhaltung zu üben; im Gegenteil: In seinem Abschnitt über Religionsverbrechen[36] läßt Quistorp sich in wünschenswerter Offenheit über die ehemalige Torheit der Menschen aus, an Zauberei zu glauben, und spricht den Wunsch aus, daß endlich die Vernunft über den Aberglauben siegen möge. Die

Überlegung freilich, ob die Furcht vor der Sodomie auch eine Art Aberglaube sein könne, lag den Vertretern des Naturrechts fern; gerade in der unreflektierten Übernahme traditioneller Meinungen trotz an sich geändertem Rechtsverständnis manifestiert sich das Vorurteil gegenüber homosexuellem Verhalten in unverminderter Stärke.

## 2. Neue Gesetze Österreichs und Preußens gegen homosexuelles Verhalten

### *a. Die Notwendigkeit neuer Gesetzeswerke*

Obgleich das gemeine Strafrecht allgemein noch auf der Grundlage der CCC beruhte, sprengte es doch zwar allmählich, aber in immer größerem Umfang deren Schranken. »Gegen viele Verbrechen, welche die Gesetze mit Todesstrafe bedrohten, wurde dieselbe im Gerichtsgebrauche gar nicht mehr erkannt, und bei anderen Verbrechen machte der Gerichtsgebrauch die Anwendung der Todesstrafe von Erfordernissen abhängig, die so selten erwiesen werden konnten, daß dieselbe in der Regel nicht angewendet zu werden brauchte (z. B. bei Fleischesverbrechen, zu deren Vollendung und voller Strafbarkeit der Gerichtsgebrauch immissio membri et seminis verlangte) ... Der Gerichtsgebrauch, der sich in der angegebenen Weise über die Gesetze hinwegsetzte, war, obgleich an und für sich eine Anomalie, doch eine Nothwendigkeit, da von Seiten der Gesetzgebung nichts geschah, das Strafrecht mit den Anforderungen der fortschreitenden Humanität und Bildung in Einklang zu halten ... Das richtige Verhältnis zwischen Gesetz und Richter wurde geradezu umgekehrt, indem der Richter, an Statt das Gesetz anzuwenden, den Verbrecher gegen die Härte desselben in Schutz nehmen mußte ... Diesen unverkennbaren Übelständen konnte nur durch neue Gesetzbücher abgeholfen werden, deren Bestimmungen von den Gerichten angewendet werden konnten, ohne die Rechtsansichten der Zeit zu verletzen.«[37] Diese im Interesse der allgemeinen Rechtssicherheit notwendige Einführung neuer Gesetzeswerke führte dazu, daß kurz nach 1800 die beiden größten deutschen Territorialstaaten, Österreich und Preußen, durch Einführung eigenstaatlicher Strafrechte aus dem Geltungsgebiet des gemeinen peinlichen Rechts ausschieden, während es in den übrigen deutschen Staaten bei einer Reform der letztlich auf die CCC zurückgehenden Einzelgesetzgebung blieb (Baden, Bayern, Sachsen). In Frankreich brachte die Revolution auch eine Reform des Straf- und Prozeßrechtes,

die in der Gesetzgebung Napoleons zu Anfang des 19. Jahrhunderts ihren Abschluß fand[38] und wegen ihrer Geltung in den Rheinlanden auch auf die Konzeption des einheitlichen späteren Strafgesetzes von 1870 nicht ohne Einfluß war.
Bei aller äußerlichen Neigung zu Reformen brachten die neuen Strafrechte Österreichs und Preußens sachlich-inhaltlich außer der Abschaffung der Folter keine so wesentlichen Änderungen, daß sie wirklich den Anforderungen einer veränderten Zeit hätten gerecht werden können. Eher ließe sich sagen, daß sie praktisch bei ihrem Erscheinen schon veraltet waren, und weil der absolutistische Staat die Anerkennung der Kabinettsjustiz durchzusetzen verstand, sind die neuen Gesetze für die Menge der Untertanen teilweise noch weniger transparent als der der CCC folgende Gerichtsbrauch gewesen.

### *b. Österreich*

In Österreich fallen die ersten Ansätze der Reform des Strafrechts noch in die letzten Regierungsjahre Maria Theresias, die 1773 die Folter gänzlich aufhob. Im übrigen entsprach die Constitutio Theresiana von 1768 jedoch noch weitgehend mittelalterlich-theokratischer Staatsauffassung und wurde vor allem durch die Bestimmungen der CCC und den ›Meditationes‹ von Böhmer bestimmt.[39] Dementsprechend gilt widernatürliche Unzucht darin als eines der schwersten Verbrechen, das wortreich und emotionsgeladen abgehandelt wird. Der Artikel 74 der Theresiana bestimmt darüber: »Das abscheuliche Laster der Unkeuschheit wider die Natur, oder sodomitische Sünd wird verübt erstlich: wenn von einem Menschen mit dem Viehe, oder toden Körpern; andertens: wenn zwischen Personen einerley Geschlechts, als Mann mit Mann, Weib mit Weib, oder auch Weib mit Mann wider die Ordnung der Natur Unzucht getrieben wird; wozu drittens: gewissermaßen auch die von Jemanden allein begehende widernatürliche Unkeuschheiten zu rechnen sind.« Im § 6 dazu wird näher ausgeführt: »Wenn eine solche verdachte Person dieses greuliche Laster güt- oder peinlich umständlich bekennete, oder dessen, wie Rechtens ist, überwiesen, auch alle Umstände durch fleißige Nachforschung wahrhaft erfunden, der Thäter auch in ordentlicher Bestättigung darauf verharren würde, sollte Erstlich: ein dergleichen Übelthäter, so sich mit ein- oder mehreren unvernünftigen Viehe vergriffen, und die That vollbracht, samt dem Viehe, so es anderst noch vorhanden, durch das lebendige Feuer von der Erde vertilget werden. Wobey zu bemerken, daß wenn auch der Thäter entflohen, oder vorher verstorben, oder aus was immer für einer Ursach der Todesstrafe entgangen wäre, dessen unangesehen allemal das Viehe, womit derley Unthat verübet, oder angemaßet worden, bei der Obrigkeit, worunter sich selbes befindet, heimlich durch den Abdecker zu vertilgen seie, damit keine Erinnerung, und Merkmahl solchen Greuels in der Gemeinde zurückbleibe. Andertens: Ein Knabenschänder, oder aber da sonst ein Mensch mit dem anderen sodomitische Sünd getrieben hätte, der solle anfangs enthauptet; und nachfolgends dessen Körper samt dem Kopf verbrennet, und endlich Drittens: Alle übrige widernatürliche Unkeuschheiten willkührlich nach Gestalt der Umständen schärffer oder gelinder gestraffet werden.«

Nach dem Tod Maria Theresias ließ Kaiser Joseph II. die Constitutio Theresiana umarbeiten; sein neues Gesetzeswerk wurde 1787 verkündet. Darin ist zwischen Kriminal- und politischen Verbrechen eine strenge Scheidung getroffen.[40] Josephs II. Kriminalpolitik ging »nicht auf Humanisierung, sondern auf äußerste Rationalisierung des Strafrechts aus und wird dabei ganz einseitig von einem stark übertreibenden Abschrekkungsgedanken beherrscht«. So ersetzte er (1781) die bis dahin üblichen Todesstrafen durch die »weit schröckbarere und empfindlichere« Strafe des Schiffziehens, eine grenzenlose Barbarei, bei der, wie es in einem Berichte des slawonisch-banater Generalkommandos hieß, »die vorher ausgemergelten, vom Hunger ausgezehrten Verbrecher . . . in Reihen vor die Fahrzeuge gespannt, oft über den halben Leib oder bis an den Hals unter Wasser, Moräste durchwaten und zugleich unausgesetzt arbeiten müssen«. Daß das der Natur der Sache nach nichts anderes als eine qualvoll verlängerte Todesstrafe war, zeigt der Erfolg: von 1173 in den Jahren 1784 bis 1789 zum Schiffziehen Verurteilten waren 721 bis zum Jahre 1790 umgekommen . . . Der Kaiser ordnete am 5. Juli 1787 an, daß alle zu ›hartem Gefängnis‹ Verurteilten zum Schiffziehen nach Ungarn zu verbringen seien, »sie mögen ihrer Gesundheit nach hierzu taugen oder nicht«, sorgte also selbst für die weitere Anwendung dieser Unmenschlichkeit. Die vom Gesetz vorgeschriebenen Freiheitsstrafen waren zum Teil von furchtbarer Härte: So die Anschmiedung im Kerker, die Bewegungsfreiheit nur für die allernotwendigsten Bewegungen gestattete, oder das schwerste Gefängnis, bei dem der Verurteilte an einem eisernen, um den Körper gelegten Ring an Ort und Stelle befestigt wird und bei harter Lagerstätte nur Wasser und Brot erhält. Einen breiten Raum nehmen die körperlichen Züchtigungen ein. Bei der Anschmiedung finden sie jährlich »zum öffentlichen Beispiel« statt; sie werden aber auch als selbständige Strafen angedroht, werden öffentlich vollzogen und hinsichtlich ihres Maßes vom Richter festgesetzt, der bis zu hundert Streichen verabfolgen lassen kann.[41] Die von Joseph II. vorgenommene Teilung strafbarer Handlungen in Kriminal- und politische Verbrechen war höchst unglücklich und realitätsfremd und führte dazu, daß zu letzteren sowohl Gotteslästerung wie Sodomie gehörten, aber auch z. B. Fahrlässigkeitsdelikte,

eine Zusammenstellung, die mit den Rechtsgewohnheiten des Landes absolut nicht in Übereinstimmung zu bringen war.
Der Einfluß der Aufklärung machte sich zwar in der rein rationalen Grundeinstellung des Gesetzgebers bemerkbar[42], die fürchterliche Härte der Strafen aber war mit aufklärerischen Tendenzen in keiner Weise in Einklang zu bringen. Die Berufung auf den Rationalismus erfüllt in diesem Gesetzeswerk offenbar lediglich eine Alibifunktion und dient in Wirklichkeit der Fixierung eines unmenschlichen zentralistischen Absolutismus, der das Leben der Untertanen bis in den privatesten Bereich hinein gängelt. So wurden ›Religionsverbrechen‹ ebenso wie sittliche Delikte deswegen als ›politische Verbrechen‹ eingestuft, weil sie zu einer dem Staat abträglichen Verderbnis der Sitten führten. Daß der Kaiser keineswegs vorhatte, gegenüber der Sodomie im Vergleich zur Theresiana größere Milde walten zu lassen, zeigt der Wortlaut der entsprechenden Bestimmungen des Gesetzes[43]: »Wer die Menschheit in dem Grade herabwürdigt, um sich mit einem Vieh, oder mit seinem eigenen Geschlechte fleischlich zu vergehen, macht sich eines politischen Verbrechens schuldig. Ist das Verbrechen so begangen worden, daß dasselbe öffentliches Ärgernis erregt hat, so ist zur Strafe Züchtigung mit Streichen und zeitliche öffentliche Arbeit bestimmt. Ist aber dasselbe nur weniger bekannt geworden, so ist der Thäter mit zeitlichem strengeren Gefängnisse zu belegen, so durch Fasten und Züchtigung mit Streichen zu verschärfen ist. Auch soll der Thäter von dem Orte, wo er offensichtliches Ärgernis gegeben hat, abgeschafft werden.« In § 75f wird verordnet: »Jedermann, er sei Mann oder Weib, der mit seinem Körper Gewerbe treibt und mit Unzucht sich Verdienst schafft, ist ein politischer Verbrecher. Der Schuldige ist das erstemal mit zeitlichem strengen Gefängnis zu belegen. Bei öfterer Wiederholung ist die Strafe zu verdoppeln und mit Fasten und Streichen zu verschärfen, wenn Minderjährige verführt wurden. Ist der Schuldige ein Fremder, so ist er aus den Erblanden abzuschaffen.«
Macht man sich klar, daß unter den hier als Strafe angedrohten ›öffentlichen Arbeiten‹ und dem ›strengen Gefängnis‹ das berüchtigte Schiffziehen zu verstehen war, so wird deutlich, daß Joseph II. mit seinem Gesetzeswerk die Todesstrafe gegen Sodomie keineswegs aufgehoben hat – welchen Anschein der reine Wortlaut des Gesetzes erweckt –, sondern daß sich die tyrannische Härte des absolutistischen Fürsten hier lediglich hinter einer auf den ersten oberflächlichen Blick hin gemildert wirkenden Strafbezeichnung verbirgt.[44] Unter diesen Umständen hier von einer Reform des Strafrechts bezüglich der Sodomiestrafen zu reden, ist nicht gut möglich, wenn wir uns vor Augen führen, daß der damals bereits allgemein übliche Gerichtsbrauch in Deutschland auf die Anwendung der

Todesstrafe für Homosexualität bereits längst zu verzichten gewohnt war, die nun durch Joseph II. über den Umweg des Schiffziehens wieder dafür in Anwendung kam, und zwar, wie er selbst ausdrücklich angeordnet hatte, sogar bei solchen Delinquenten, die wegen ihres schlechten Gesundheitszustandes zu einer derartigen Schinderei gar nicht fähig waren, so daß ihr Tod infolge Überanstrengung nur eine Zeitfrage sein konnte.
Dies harte Strafrecht wurde durch das »Österreichische Gesetzbuch gegen Verbrechen« von 1803 abgelöst.[45] In seinem § 113 ff. setzte es fest: »Als Verbrechen werden auch nachstehende Arten der Unzucht bestraft. 1. Unzucht gegen die Natur. 2. Blutschande. Die Strafe ist Kerker zwischen 6 Monaten und einem Jahr. 3. Verführung, wodurch jemand eine seiner Erziehung oder Aufsicht anvertraute Person zur Unzucht verführt und 4. Kuppelei, wofern dadurch eine unschuldige Person verführt worden. Die Strafe für 3. und 4. ist schwerer Kerker von 1–5 Jahren.«
Das Strafrecht von 1803 wurde in 1852 durch das »Österreichische Strafgesetzbuch« ersetzt. Die darin gegen Homosexualität angeordneten Strafen weisen gegenüber denen von 1803 eine Verschärfung auf, da gegen ›widernatürliche Unzucht‹ im Sinne von Homosexualität und Bestialität schwerer Kerker zwischen 1 und 5 Jahren angedroht ist, der bei Homosexualität im Fall der Anwendung von körperlicher Gewalt, Drohungen oder arglistiger Betäubung auf 5 bis 10 Jahre, bei wichtigem Nachteil für die Gesundheit Gemißbrauchter 10 bis 20 Jahre und für den Todesfall des Verletzten auf lebenslänglichen Kerker erhöht wird.[46]

### *c. Preußen*

Nach Artikel 5 des preußischen Landrechtes von 1620[47] sollte »alle Unkeuschheit so wider die Natur und sonst in was Weise es immer geschehen kann und für züchtige Ohren nicht zu erzählen gebühret, begangen wird, unnachläßlich mit dem Feuer vom Leben zum Tode gerichtet werden«.
Um diese sehr weite und vor allem sehr vage Eingrenzung des Delikts zu präzisieren, wurden in einer auf dies Gesetz zurückgehenden Vorschrift König Friedrich Wilhelms I. aus dem Jahr 1721[48] die Worte »und sonst in was Weise es immer geschehen kann« weggelassen; zudem wurde aber auch die Anwendung der Feuerstrafe eingeschränkt, da »auch in gewissen Fällen sonst an Leib und Leben bestraft werden soll«, d. h. die Feuerstrafe nicht mehr die einzig vorgeschriebene ist.
Eine weitere Milderung bietet das preußische Landrecht von 1794[49], das anordnet: »Sodomiterei und andere dergleichen unnatürlichen Sünden, welche wegen ihrer Abscheulichkeit nicht genannt werden können, erfor-

dern eine gänzliche Vertilgung des Andenkens. Es soll daher ein solcher Verbrecher, nachdem er ein- oder mehrjährige Zuchthausstrafe mit Willkommen und Abschied[50] ausgestanden hat, aus dem Orte seines Aufenthaltes, wo sein Laster bekannt geworden ist, auf immer verbannt und das etwa gemißbrauchte Thier getödtet oder heimlich aus der Gegend verbannt werden.« § 1070 lautet: »Wer Jemand zu dergleichen unnatürlichen Lastern verführt und mißbraucht, der ist doppelter Strafe schuldig.«

Die Folter war in Preußen – als erstem europäischen Land überhaupt – bereits Jahrzehnte früher, nämlich wenige Tage nach Regierungsantritt Friedrichs des Großen, abgeschafft worden. Das Landrecht von 1794 ging von der Freiheit des menschlichen Willens aus und bestrafte nur widerrechtliche freie Handlungen und Unterlassungen: »Wer frei zu handeln unvermögend ist, bei dem findet kein Verbrechen, also auch keine Strafe statt.«[51] Es unterschied Staatsverbrechen, durch die der Staat oder dessen Oberhaupt unmittelbar beleidigt wurden[52], von den Privatverbrechen[53], worunter rechtswidrige Beschädigungen oder Kränkungen eines anderen an seiner Ehre, Gesundheit, Leib, Leben, Freiheit oder Vermögen zu verstehen war; Sittlichkeitsdelikte[54] zählten hier zur zweiten Deliktgruppe.

Eine Kabinettsordre von 1837[55] zu dem Gesetz von 1794 ließ die seit dem Mittelalter übliche Wegschaffung des der Sodomie Überführten vom Orte seiner Tat fallen, wenn sie sich als undurchführbar erwies, so daß nur die Zuchthausstrafe als Ahndung der Sodomie übrig blieb.

Zwischen dem Gesetz von 1794 und dem späteren preußischen Strafgesetzbuch von 1851 liegen zehn Entwürfe für die Fertigstellung des letzteren[56], deren Einstellung zur Sodomiebestrafung schwankt und die für unsere Untersuchung besonders deshalb wichtig sind, weil die endgültige Fassung des betreffenden Paragraphen – als § 143 – von 1851 wörtlich als § 152 in das Strafgesetzbuch für den norddeutschen Bund von 1870 übernommen wurde, welcher wiederum die Grundlage für den späteren § 175 des StGB von 1871 bildete. Die beiden ersten Entwürfe folgen aufklärerischen Tendenzen und drohen deshalb Sodomiestrafen lediglich für den Fall der Erregung öffentlichen Ärgernisses an[57], welcher Beschränkung der Entwurf von 1833[58] jedoch entgegentritt, da Sodomie an sich als strafbar anzusehen sei, und an dieser Auffassung von der prinzipiellen Strafwürdigkeit der Sodomie haben auch alle folgenden Entwürfe festgehalten. Die rheinischen Stände, von guten Erfahrungen mit dem in sexualibus großzügigen Code Napoleon bewogen, stellten zwar den Antrag, »daß die That ignoriert und dem eigenen Gewissen des Thäters überwiesen werde«, demgegenüber wandten aber die Entwürfe von 1845 und 1847 ein[59], daß dies Verbrechen eine solche Herabwürdi-

gung des Menschen zeige, und wo es vorkomme, so gefährlich für die Sittlichkeit und das öffentliche Wohl werde, daß das Strafgesetzbuch darauf Rücksicht nehmen müsse, und die Strafdrohung vom Eintritt eines öffentlichen Ärgernisses oder von der Kränkung Dritter nicht abhängig gemacht werden dürfe. Die westfälischen Stände wünschten sogar eine Verschärfung der Sodomiestrafen, da ihnen die Androhung von Zuchthaus oder Arbeitshaus noch zu gering erschien. Auf diesen Vorschlag mochte jedoch die Strafrechtskommission nicht eingehen, »da der Mangel an Bildung und Unterricht, die mangelhafte Entwicklung des Begriffsvermögens und der Einsicht in die Folgen und Natur der Handlung eine verschiedenartige Behandlung der einzelnen Fälle nötig machen kann«.[60]
Glücklicherweise gelang es den rheinischen Juristen, auf die schließliche Fassung des Entwurfs von 1851 soviel Einfluß zu gewinnen, daß die eigentlich vorgesehene Strafandrohung von Zuchthaus oder Arbeithaus nicht zum Tragen kam, sondern statt dessen lediglich Gefängnis von einem halben Jahr bis zu vier Jahren sowie die Aberkennung der bürgerlichen Ehrenrechte als gesetzliche Sodomiestrafen gültig wurden. Die Entwürfe von 1843 und 1845 sahen nämlich Zuchthaus von mindestens zwei Jahren für den Mißbrauch einer Person unter 16 Jahren vor, der von 1830 sogar bei Personen unter 18 Jahren.
Wörtlich lautete der § 143 des preußischen Strafgesetzbuches von 1851 dann in seiner endgültigen Fassung: »Die widernatürliche Unzucht, welche zwischen Personen männlichen Geschlechts oder von Menschen mit Thieren verübt wird, ist mit Gefängnis von sechs Monaten bis zu vier Jahren, sowie mit zeitiger Untersagung der Ausübung der bürgerlichen Ehrenrechte zu bestrafen.«[61] Damit war die preußische Gesetzgebung wieder auf jene beiden allgemein als schwerste Formen dieses Delikts betrachteten Sodomie-Arten reduziert, wie sie schon in der CCB genannt waren (nämlich der ›sodomia ratione sexus‹ = Homosexualität und der ›sodomia ratione generis‹ = Bestialität), d. h. es wurde nurmehr die ›eigentliche‹ Sodomie unter Strafe gestellt. Die im Rahmen der Ausweitung des Sodomiebegriffs im Mittelalter als ›uneigentliche Sodomie‹ bezeichneten ›Fleischesvergehen‹ wie Selbstbefriedigung, ›widernatürlicher‹ heterosexueller Geschlechtsverkehr, Leichenfrevel usw. fielen damit endgültig nicht mehr unter die als ›Sodomie‹ erachteten Delikte.

### *d. Das Verschwinden der Strafandrohung gegen weibliche Homosexualität aus dem preußischen Strafrecht*

Schon Benedictus Levita hatte in seinen gefälschten Kapitularen sodomitische Sünden zwischen Frauen erwähnt, da Paulus hiervor gewarnt

hatte, und seitdem war es – vom Einfluß der Poenitentiale einmal ganz abgesehen – über die CCB und CCC eine Selbstverständlichkeit geworden, daß derlei ›Unkeuschheiten‹ durchaus verboten und strafrechtlich zu ahnden seien.[62] Im Zuge der mittelalterlichen Diskussion über eine eventuelle Milderung der Feuerstrafe bei Sodomie in solchen Fällen, wo die ›immissio‹ oder ›emissio‹ nicht als voll nachgewiesen gelten konnte, kam man bezüglich ähnlicher Überlegungen im Hinblick auf das weibliche Geschlecht in Verlegenheit. Es wurde jedoch für dies delikate Problem eine ansprechende Lösung ausfindig gemacht, die sich bald allgemein durchsetzte. Denn die Rechtsgelehrten der Epoche Damhouders und Carpzows und ihre Nachfolger gingen jetzt davon aus, daß die Vollbringung des sodomitischen Aktes beim homosexuellen Verkehr zwischen Frauen nur dann als gesichert betrachtet werden dürfe, sofern die Benutzung gewisser ›priapischer Instrumente‹ erwiesen sei, auf welche die Ermittlungen sich daher zu konzentrieren hätten.[63] Wurden solche künstlichen Hilfsmittel nicht festgestellt, galt dies nicht nur als Milderungsgrund, sondern später wohl als Grund für die Einstellung des Verfahrens; praktisch müssen solche Fälle sehr selten gewesen sein.
Beim Sodomie-Delikt im Sinne von Homosexualität war bei den dagegen gerichteten preußischen Gesetzen und entsprechenden Entwürfen zur Strafrechtsänderung bis zu dem von 1847 von einer unterschiedlichen Behandlung der Geschlechter nie die Rede gewesen: »Erst von da ab wird der alte Grundsatz des deutschen Rechts verlassen und die widernatürliche Unzucht zwischen Frauenspersonen nicht mehr unter Strafe gestellt.«[64] Die dem Entwurf von 1847 § 183, der schließlich für die endgültige Fassung der Strafbestimmung des § 143 des preußischen Strafgesetzbuches ausschlaggebend werden sollte, voraufgehenden Verhandlungen des Staatsrats geben keinerlei Hinweise auf etwaige Motive, die zur Ausklammerung der weiblichen Homosexualität aus den Sodomiestrafen Anlaß hätten geben können. Es geht vielmehr aus der Entstehungsgeschichte des § 143 hervor, daß die Beschränkung, so unglaublich es klingen mag, in das Gesetz gekommen ist, ohne daß dies überhaupt beabsichtigt war. Denn die ersten Entwürfe erwähnen nur ›widernatürliche Wollust‹ schlechthin, und nur, ›weil mancherlei Arten der widernatürlichen Befriedigung der Wollust nicht Gegenstand der Strafbestimmung seien‹ (nämlich eben nicht mehr z. B. die Selbstbefriedigung oder ›widernatürlicher‹ heterosexueller Verkehr), hat der Entwurf von 1843 die Fälle, die weiterhin strafbar sein sollten, ausdrücklich als die bezeichnet, »welche zur Sodomie zu rechnen sind«. Dieser Eingrenzung folgend wird im nächsten Entwurf dies sexuelle Verhalten als »widernatürliche Befriedigung des Geschlechtstriebes durch Sodomie« bezeichnet, wofür dann der Entwurf von 1846 im § 180 lediglich ›Sodomie‹ setzte. Dies

Fremdwort hinwiederum schien jedoch geeignet, bei Laien über seine tatsächliche Bedeutung Zweifel aufkommen zu lassen (und zwar um so eher, als man ja in vielen voraufgegangenen Jahrhunderten gerade mit ihm sehr viele Formen geschlechtlicher Betätigung zu bezeichnen gewohnt gewesen war, die der Gesetzgeber inzwischen ausdrücklich nicht mehr unter den Sodomiebegriff subsumiert sehen wollte). Bei der Übertragung ins Deutsche aber bediente man sich der Bezeichnung ›Knabenschänder‹ für ›Sodomit‹, was nahelegt, daß die Bestrafung weiblicher Homosexualität so selten geworden war, daß man unwillkürlich nur die hauptsächlich vor Gericht kommende Deliktart nannte und damit bereits das Ganze charakterisiert zu haben glaubte. Daß auf diese Weise eine schwerwiegende sachliche Gesetzesänderung stattfand, über die keine einzige Beratung, keine Einholung von Gutachten, keine Abstimmung usw. erfolgt war, hat man nicht gemerkt, weil die Formulierung ein lapsus linguae war, nicht aber bewußter gesetzgeberischer Wille. Hätte dieser Wille bestanden, dann würden uns die Protokolle der zahlreichen Sitzungen der zuständigen Gremien zweifellos darüber unterrichten; ihr völliges Stillschweigen davon jedoch verrät, daß diese offenbare Ungleichheit in der Behandlung von Männern und Frauen bei gleichen Tatbeständen unmöglich beabsichtigt gewesen sein kann. Im Grunde beruhte diese groteske juristische Fehlleistung auf der inzwischen traditionell geübten Rechtssitte bzw. -unsitte, jene »Unkeuschheiten wider die Natur«, die »wegen ihrer Abscheulichkeit gar nicht genannt werden können«, vor lauter Tabu-Angst schließlich nurmehr so unpräzise zu bezeichnen, daß am Ende wirklich niemand mehr recht wußte, was damit nun eigentlich in Wahrheit gemeint sein sollte.

## 3. Vorübergehende Abschwächung des Vorurteils während der Aufklärungszeit

### *a. Anfänge einer Betrachtung der Homosexualität als gesellschaftliches Phänomen*

»Neue Gedanken brechen den Geist religiöser Enge und weltlicher Willkür. Sie verkünden die Herrschaft der Vernunft und des natürlichen Menschenrechts und ringen dem allmächtigen Staate die rechtlich gesicherte Stellung des Bürgers ab. Das ist das Zeitalter der Aufklärung.«[65] Seine Waffe war im strafrechtlichen Bereich das Naturrecht; doch die juristische Ära Böhmers stand noch zu fest in den Traditionen der CCC, um außer der Ablösung des biblisch-theologischen Vergeltungsgedankens durch die Theorie der Abschreckung weiterreichende Schlüsse aus dem Ideengut der Aufklärung für das Gebiet der Bestrafung von Sittlichkeitsdelikten ziehen zu können. Zweifellos war die Milderung der Sodomiestrafen während des 18. und vor allem des 19. Jahrhunderts (in dem die Todesstrafe für Sodomie in Deutschland nirgendwo mehr vorkommt[66]) durchaus eine Folge der Aufklärung, von deren Schwung viele Richter mitgerissen wurden.[67] Auch Böhmer selbst, der sich zu den Befürwortern der strafrechtlichen Theorie Samuel von Pufendorfs, des deutschen Begründers der neuen Lehre vom Schuldstrafrecht, zählte[68], hat sich als Verfechter des naturrechtlich-aufklärerischen Konzepts verstanden. Dessenungeachtet vermissen wir in seinen Schriften eine klare, rationale Stellungnahme, die sich von den Grundsätzen des Naturrechts und der Aufklärung her mit der Frage einer prinzipiellen Strafbarkeit der ›Sodomiedelikte‹ beschäftigt. Die Diskussion über diesen Punkt ist in Deutschland nur von wenigen großen Rechtsgelehrten geführt worden, die sich durch ihre offenen und sachlichen Stellungnahmen dazu wohltuend von ihren weniger aufgeklärten Kollegen unterscheiden.

In erster Linie verdient es Karl Ferdinand von Hommel (1722–1781), hier genannt zu werden, dem man den Beinamen eines »deutschen Beccaria« gegeben hat, da er Marquis Beccarias Werk ins Deutsche übersetzen ließ und mit eigenen Anmerkungen sowie der berühmten, noch heute höchst lesenswerten »Hommelischen Vorrede« versah. In seinen ›Principis cura Leges‹, mit denen er 1765 erstmals an die Öffentlichkeit trat, unterschied er rigoros zwischen den verschiedenen Begriffen, deren permanente Verwechslung, ja Gleichsetzung das Strafrecht der vorhergegangenen Epoche immer wieder an einer fruchtbaren Entwicklung gehindert hatte. Er schreibt dort mit bis dahin unerhörter Deutlichkeit: »Man muß Sünde, Verbrechen und verächtliche Handlungen nicht untereinander werfen. Ein Loch im Strumpf zu haben, ist weder Sünde noch Verbrechen, sondern Schande; seine Schwester zu heyrathen, ist bey den Christen Sünde, aber kein bürgerliches Unrecht. Denn Verbrechen oder Unrecht heißt nur dasjenige, wodurch ich jemanden beleidige. Bloß dieses ist der Gegenstand bürgerlicher Strafgesetze. Es kann etwas schändlich, es kann etwas sündlich und doch bürgerlich kein Verbrechen sein. Mensch, Bürger und Christ sind drey unterschiedene Begriffe.«[69]

In dem von Hommel herausgegebenen Werk des Marquis Cesare Beccaria, eines gebürtigen Mailänders, der jedoch hauptsächlich in Österreich gewirkt hat[70], wird erstmals in der juristischen Literatur homosexuelles Verhalten aus soziologischen Ursachen abgeleitet. Dort[71] heißt es: »Die Knabenliebe und andere unordentliche Vermischungen des Fleisches, worauf die Gesetze das Feuer gesetzt, und um derentwillen der Richter mit Freuden zur Marter eilet, nimmt ihren Ursprung in den Leidenschaften der sklavisch und in enge Gesellschaft vereinigten Menschen, nämlich nicht sowohl aus ekelhafter Sättigung an gewöhnlichen Ergötzlichkeiten, als vielmehr aus der fehlerhaften Erziehung, welche die Menschen, um sie anderen nützlich zu machen, sich selber unnütz macht.« Er führt als Beispiele dazu das Zusammengepferchtsein in ungesunden und zu engen Gemeinschaftswohnräumen an, außerdem geißelt er die künstliche Aufrichtung unübersteiglicher Dämme gegen das andere Geschlecht vor allem auch bei Abhängigen. Daher sei zur Abstellung solcher Unsitten nicht Strafe am Platze, sondern Beseitigung der Ursachen, Besserung der Gewohnheiten und Erziehung.

Es ist das Verdienst Hommels, Beccarias Werk, das auch im übrigen Ausland nicht nur Beachtung, sondern geradezu Begeisterung erregte, in Deutschland publik gemacht und gleichzeitig auch selbst auf die nach wie vor unveränderten mannigfachen Übelstände in der damaligen deutschen Strafrechtspflege hingewiesen zu haben. In seiner ›Hommelischen Vorrede‹[72] zieht er geradezu herzerfrischend gegen die fehlerhafte Strafjustiz seiner Tage vom Leder: »Das Bedenklichste, das Allerabscheulichste, worüber Rechtsgläubige sich schütteln und die Augenbrauen thürmeten, ist glücklich ins Werk gesetzet; nehmlich die Folter ist zernichtet; die hochheilige Kirchenbuße nunmehro selbst von Geistlichen für ungereimt erkläret; und die Landesverweisung des Landes glücklich verwiesen ... Nur muß man es wagen, weise zu seyn; nur muß man von denen Begriffen, die der Herr Schulmeister tief in unsere annoch leere Seele gepräget, als: daß Gott durch Hängen und Köpfen sich versöhnen lasse und daran Gefallen trage, daß Ketzerey bestraft werden müsse, daß unordentliche Vermischung des Fleisches ein weit größeres Verbrechen sey, als Straßenraub und Gift; daß Gott zürne, wenn er donnere, usw., in etwas sich entfernen. Aus solchen schulmeisterlichen Lehren entstehen abentheuerliche Begriffe vom Christenthume und Religion ... Der Allerhöchste hat an Grausamkeiten keinen Wohlgefallen, wie einige Zorntheologen vermeynet haben. Er vergiebt dem bußfertigen Sünder, wenn er auch nicht geköpfet wird, und thut dieser keine Buße, so wird das vom Richter vergossene Blut die Sünde nicht abwaschen ... Es hat freylich, ich empfinde es, das Wort ›Blut‹ was schauderhaftes an sich, weshalb Dichter und Redner es lieben, weil sogleich der Schall die Einbildungskraft erhitzet. Dergleichen Worte gibt es viele, die niemand ohne Verdacht der Gottlosigkeit zu zergliedern und, daß sie nichts vorstellen, zu zeigen sich unterfangen darf, so daß öfters eine klingende Schelle über Wahrheit und Sachen triumphieret, weil solche Wörter ... die Phantasie in Brand stecken, und absonderlich diejenigen schwachen Seelen am meisten zittern machen, die am wenigsten sothane Worte verstehen ...«[73] Über die abgeschaffte Bestrafung ›unkeuscher‹ Weibsleute bemerkt er: »So sagten die Geistlichen in frommen Ländern und Reichsstädten: Gott werde Feuer und Schwefel vom Himmel regnen lassen. Gleiche Seufzer erschallten, als der durchschauende Monarch bey Heirathen in überley verbotenen Graden[74] der Dispensationsgelder großmüthig entsagte und auf die Bevölkerung Rücksicht nahm. Es hat aber meines Wissens noch niemand von diesem Schwefel Dampfe etwas verspüret und ist je auf Berlin etwas vom Himmel gefallen, so ist es Seegen.« In wie geringem Grade sich wahrhaft aufklärerisches Denken erst in Deutschland durchgesetzt hatte, zeigen Hommels folgende Ausführungen: »Naturlehre, Grammatik, Arzneykunst und Mathematik sind zufälliger Weise darinnen glücklich, daß man in diesen Wissenschaften etwas neues sagen darf, ohne in Pfuhl der Hölle geworfen zu werden. In der Gottesgelahrtheit und Philosophie, auch bey der Rechtslehre, in so weit sie mit jenen verbunden, gehet es anders. Alles neue ist verdächtig. Allein der selbst denkende Jurist und Staatskundige muß durchaus durch moralische Plauderey und betäubende Wörter sich nicht irre machen lassen, die Größe des Verbrechens in etwas anders als einzig und allein in dem Schaden zu suchen, welcher daraus der Gesellschaft erwächset ... Unsere Regel ist diese: je trauriger der Erfolg, den eine That dem gemeinen Wesen verursachet, desto straffälliger ist sie. Hat sie aber keinen nachtheiligen Erfolg im gemeinen Wesen, so ist sie gleichgültig, allerwenigstens kein Gegenstand der bürgerlichen Strafgesetze.« Durch tief in die Seele eingeprägte und durch langen Gebrauch geheiligte Lehren sei der Satz, daß sich ohne angerichteten Schaden kein Verbrechen konstatieren lasse, so unkenntlich gemacht worden, daß Beccaria sein Werk unter dem Beifall der ganzen Welt bloß zur Untermauerung dieser doch so auf der Hand liegenden Wahrheit habe verfassen müssen. »Es hat zwar hin und wieder der Unverstand ein anderes eingeführet, und muß der schüchterne Philosoph freylich des öfteren verstummen, so bald ein Heer Menschen wüthend auf ihn losschreyt: der Gebrauch will es aber, der Gebrauch, ein wüthender Despote! Darum soll der Fürst den Philosophen, damit er nicht überschryen werde, schützen und nicht selbst auf ihn mit losschreyen.«

Wie bereits erwähnt, hatten einige der absolutistischen Fürsten dieser Epoche das Strafrecht in Kriminal- und Polizeistrafen eingeteilt; dazu meint Hommel in dankenswerter Offenheit: »Der größte Theil unserer Polizeiordnungen ist aus Predigten entstanden, und würde ein Philosoph, wie der Marquis von Beccaria, eben den Dank der Menschlichkeit verdienen, wenn er einen Fingerzeit thun wollte, wie eine neue, von Vorurtheilen gereinigte, Polizeyordnung zu fertigen?« Hommel fand, daß die Polizei zwar Unanständigkeiten (worunter er offenbar öffentliches

Ärgernis versteht) und Fahrlässigkeit zu bestrafen habe, aber weder Verbrechen noch Sünden; erstere gehörten vor die Gerichte, letztere gingen nur die Kirchen etwas an.
In diesen Ausführungen begegnet uns zum erstenmal in der Rechtsliteratur die Bezeichnung ›Vorurteil‹, und zwar bezeichnenderweise unter Bezug auf jene ›Polizeiverbrechen‹, unter die auf Grund von Argumenten, mit denen wir uns noch auseinanderzusetzen haben werden, samt anderen ›Fleischesverbrechen‹ auch die Sodomie eingereiht worden war.
Ein Jahr vor der Herausgabe des Werkes von Beccaria erschien in Rostock als Universitätsprogramm eine kleine Schrift von Eschenbach[75], worin der Verfasser aus der Unanwendbarkeit der auf ganz irrtümlichen und abergläubischen Anschauungen beruhenden Gesetze gegen die Zauberei ein Argument für die Straflosigkeit bzw. zumindest mildere Bestrafung der Sodomiedelikte ableitete; er hat demnach die Zusammenhänge zwischen angeblicher Teufelsbuhlschaft und Sodomiebegriff wohl gesehen. Im gleichen Jahr drückte Johann Jakob Cella[76] die Ansicht aus, fleischliche Vergehen könnten nur dann strafbar sein, wenn Rechte anderer dadurch verletzt würden, an sich aber nie, ebensowenig wie Trunksucht u. ä. Bestraft werden sollte jedenfalls nur auf Antrag, und zwar des verführten Teils durch dessen Eltern, Vormünder oder Aufsichtspflichtige und auch nur im Falle öffentlichen Ärgernisses. Die Polizeistrafen sollten auf Prävention hinauslaufen, dem Täter die Lust zu weiteren Delikten nehmen und ihm Scheu einjagen, um ihn vor weiteren Verführungen abzuhalten. Gefängnis und Arbeit würden als Strafen praktikabler sein als Feuer und Schwert, »die nur in Zeiten der Barbarei und des Aberglaubens zu Strafmitteln für diese Vergehungen gewählt werden konnten«.
In diesen beiden Beispielen, die hier stellvertretend für zahlreiche weitere stehen sollen, zeigt sich, daß die Verhängung der Sodomiestrafen nicht als Bestandteil der christlichen Religion oder wenigstens als Folge eines irregeleiteten christlichen Religionsverständnisses verstanden, sondern eigenartig vage als ›Aberglaube‹ aufgefaßt wird. Darum hat es sich jedoch selbst während der Zeit der schlimmsten Ketzer- und Hexenverfolgungen durchaus nicht gehandelt; als abergläubisch galt den Inquisitoren im Gegenteil das, was die Hexen ihrerseits glaubten, und wegen dieses ihres – natürlich meist nur imputierten – Aberglaubens verfolgte und verbrannte man sie ja gerade. Doch sogar die Verfechter einer sich als aufgeklärt verstehenden Strafrechtswissenschaft wichen einer wirklich rationalen Auseinandersetzung mit dem durch das Christentum geprägten gesellschaftlichen Bewußtsein und Selbstverständnis des Mittelalters und den darin enthaltenen zahlreichen Zwängen vielfach unbewußt aus.

Deshalb hebt sich eine Persönlichkeit wie die Karl Ferdinand Hommels um so vorteilhafter von der Mehrheit seiner Zeit- und Berufsgenossen ab.

*b. Der Einfluß Feuerbachs*

Paul Johann Anselm von Feuerbach (1777–1833)[77] war der erste deutsche Jurist, der sich aus grundsätzlichen strafrechtlichen Erwägungen heraus für den völligen Fortfall aller Sodomiestrafen überhaupt aussprach, »sofern durch derartige sexuelle Handlungen nicht die Rechtssphäre eines anderen gestört wird«.[78] Obgleich er diese vorurteilsfreie Einstellung auf die Dauer infolge heftiger Kritik von kollegialer Seite nicht durchzuhalten vermochte, hat sein Einfluß immerhin zu dem positiven Ergebnis geführt, daß Homosexualität zwischen Erwachsenen und in gegenseitigem Einverständnis Handelnden in Bayern jahrzehntelang nicht mehr geahndet werden konnte und die betreffenden Strafrechtsbestimmungen in Hannover und Württemberg bis zu ihrer fast gänzlichen Aufhebung abgemildert wurden.[79] Feuerbachs ›Bekehrung‹ zum üblichen traditionellen Vorurteil gegenüber der Sodomie zeigt dessen Wirkungsweise in geradezu beispielhafter Art.

In seinem Entwurf[80] für ein bayerisches Strafrecht von 1810 beschränkte Feuerbach den Verbrechensbegriff auf unmittelbare Rechtsverletzungen, die er bei widernatürlicher Unzucht als nicht gegeben erachtete, da er ein Verbrechen nur dann konstatierte, sofern durch die Handlung Rechte des Staates oder von Privatpersonen verletzt wurden. Diese Theorie stand in völligem Gegensatz zu dem in jener Zeit noch geltenden »Codex iuris bavarici criminalis« von 1751, der – ähnlich wie die österreichischen und preußischen Strafgesetze – bezüglich der Sodomiedelikte noch uneingeschränkt in den Traditionen Carpzows und Böhmers stand. Er bestimmte nämlich[81]: »Fleischliche Vermischung mit dem Vieh, toten Körpern oder Leuten einerlei Geschlechts, als Mann mit Mann, Weib mit Weib, werden nach vorgängiger Enthauptung durch das Feuer gestraft.« Sein § 11 besagte: »Andere widernatürliche Unzüchtigkeiten werden richterlicher Willkür nach höchstens mit der Relegation und mit dem Stabbesen gestraft.« Letztere Bestimmung entspricht den damals für die ›uneigentlichen‹ Sodomiedelikte üblichen Strafen, da dafür fast überall die Ahndung arbiträr war und meist Landesverweisung und Auspeitschung umfaßte. Als nun im Jahr 1813 nach längeren Beratungen der Feuerbachsche Entwurf beinahe wörtlich zum Gesetzestext erhoben wurde, wurden buchstäblich über Nacht die Sodomiefälle, die jahrhundertelang mit der Todesstrafe bedroht worden waren, gänzlich straffrei.

In den ›Anmerkungen zu dem Strafgesetzbuche für das Königreich Bayern‹[82] heißt es dazu: »So lange der Mensch durch unzüchtige Handlungen nur die inneren Pflichten gegen sich selbst, die Gebote der Moral überschreitet, ohne die Rechte eines anderen dadurch zu verletzen, ist von denselben im gegenwärtigen Gesetzbuche nichts bestimmt worden; Selbstbefleckung, Sodomie, Bestialität, der außereheliche Beischlaf, sind schwere Überschreitungen der moralischen Gebote, aber zur Sphäre der äußeren Gesetzgebung gehören sie nicht als Sünde, sondern soweit dadurch die Rechte anderer verletzt werden.« Das bayerische Gesetzbuch enthielt deshalb gar keine besondere Gruppe der Sittlichkeitsdelikte. Gewaltsame widernatürliche Unzucht wurde als Notzucht aufgefaßt[83]: »Wer eine Person weiblichen Geschlechts wider ihren Willen durch körperliche Gewalt oder Drohungen, welche mit dringender gegenwärtiger Gefahr für Leib oder Leben verbunden sind, zur Unzucht nötigt, ingleichen derjenige, welcher um widernatürlicher Lust willen solche Gewalt an einer Mannsperson verübt, ist der Notzucht schuldig.« Die Strafen hierfür waren hart. Im Normalfall wurde eine 4- bis 8jährige Zuchthausstrafe mit jährlicher körperlicher Züchtigung verhängt, bei schwerer Verletzung des Genotzüchtigten erhöhte die Strafe sich auf 8 bis 16 Jahre und im Fall seines Todes trat die Todesstrafe ein. Diese gesetzliche Regelung blieb in Bayern bis zur Einführung des StGB 1871 in Kraft.

1822 wich Feuerbach von seiner bis dahin aufgeklärt-liberalen Haltung gegenüber der Sodomie ab und stellte sie wieder den Verbrechen gleich, und zwar ungeachtet der Tatsache, daß dadurch Rechte anderer nicht verletzt wurden.[84] In der letzten Ausgabe seines Lehrbuchs des peinlichen Rechts, die noch zu seinen Lebzeiten erschien[85], erläutert er den Sodomiebegriff so: »Die Sodomie im weitern Sinn a) besteht in der naturwidrigen Befriedigung des Geschlechtstriebes. Der hohe Grad von Verworfenheit, welchen dieses Laster voraussetzt; die aus demselben entspringende Verachtung der Ehe, welche Entvölkerung, Schwächung und zuletzt Auflösung des Staats zur Folge haben müßte; b) endlich die körperliche und geistige Entnervung, welche einen so Entarteten für die Zwecke des Staats unfähig macht, sind die Gründe, wodurch die Polizey zum Verbot dieser Handlungen und zur Bestrafung aufgefordert wird.«

Nach Feuerbachs Tod wurden von C. J. A. Mittermaier noch drei weitere Auflagen seines Lehrbuchs herausgegeben und mit zahlreichen Anmerkungen versehen. Im Hinblick auf den ursprünglichen toleranten Standpunkt Feuerbachs äußert sich Mittermaier sehr abschätzig[86]: »Die unselige Ansicht, die jedes Verbrechen als eine Rechtsverletzung betrachten will, hat die Ausstreichung der Sodomie aus der Reihe der Verbrechen in manchen neuen Gesetzen bewirkt . . . Der wahre Grund (für die Bestrafung der Sodomie) könnte nur in der entschiedenen Volksansicht liegen, welche das Verbrechen als ein sehr schändliches betrachtet . . .« Damit

war man mit der Argumentation für die Strafwürdigkeit der Sodomie zum Strafrecht als sittenbildender Institution gelangt, wie sie noch in den Vorentwürfen zur Strafrechtsänderung der fünfziger und sechziger Jahre unseres Jahrhunderts in verhängnisvoller Weise gehandhabt wurde. Mittermaier hat Feuerbachs Rückzug auf die traditionelle Haltung gegenüber den Sodomiedelikten nicht etwa überinterpretiert. In dessen biographischem Nachlaß[87] spricht jener selbst sich nämlich in fast noch krasserer Art über die Schändlichkeit (und daher Strafbarkeit!) ›unsittlicher Handlungen‹ aus: »Unter jenen eigentlichen Polizeiübertretungen stehen diejenigen in naher Verwandtschaft mit dem Verbrechen, welche als unsittliche Handlungen bestraft werden. Sie haben mit den Verbrechen das gemein, daß sie gleich diesen den Gesetzen der Moral und der Religion zuwider sind, und von beiden eben so wohl, wenn auch nicht durchgängig in gleichem Grade, verdammt werden, wie diejenigen Übertretungen des Sittengesetzes, welche zugleich äußere Gesetze des Rechts verletzen. Verschiedene solcher unsittlichen Handlungen sind sogar von der öffentlichen Meinung mit tieferer Verachtung oder weit größerem Abscheu bestraft, als manches eigentliche Verbrechen. Und eben darum wird der Gesetzgeber – will er nicht das allgemeine sittliche Gefühl empören, will er nicht in seinem eignen Gesetzbuche sich selbst dem Volke als Beschützer des groben verworfenen Lasters hinstellen und dieses Gesetzbuch dem gerechten Vorwurfe aussetzen: ›dieses Buch selbst verdiene unter die für Sitten und Religion gemeinverderblichen Schriften gestellt zu werden‹[88] – er wird eben deswegen sich sogar verpflichtet halten, Unsittlichkeiten der gröberen Art, z. B. widernatürliche Wollust, Päderastie, Bestialität, Blutschande etc. etc., wenn gleich die Gesetze des äußeren Rechts dadurch nicht verletzt werden, keineswegs als bloße Bagatellen der Polizei zur Ahndung zu überlassen, sondern dieselben den Verbrechen gleich zu stellen, ihnen in dem Criminalgesetzbuch selbst ihren schicklichen Platz einzuräumen und dieselben zur Bestrafung den ordentlichen Gerichten zu überweisen. Bloß einige gemeine Unsittlichkeiten, als Hurerei, einfache Kuppelei, Concubinat und dergl. wird er der Polizei zuweisen dürfen, und wenn er auch diese Handlungen, allenfalls als Zugabe, dem eigentlichen Strafgesetzbuch mit anhängen wollte, so würde man ihn wenigstens nicht beschuldigen können, das sittliche Gefühl beleidigt und moralische Begriffe verwirrt zu haben.«
Diese Ausführungen sprechen für sich. Wo die »Beleidigung sittlichen Gefühls«, wo »moralische Begriffe« höher gestellt werden als die eigene, auf rationaler Basis erarbeitete Strafrechtstheorie, dort darf man mit voller Berechtigung von einem totalen Sieg des Vorurteils über die Vernunft sprechen. Feuerbachs Kapitulation vor der Macht des Vorur-

teils in Sachen Sodomie war aber leider viel mehr als nur der Rückzug eines einzelnen Gelehrten angesichts des Widerstandes vieler seiner Kollegen sowie der herrschenden öffentlichen Meinung. Er bedeutete infolge der erheblichen Autorität, die Feuerbach als wissenschaftliche Koryphäe allgemein genoß, für Deutschland in Wahrheit das Scheitern aller aufklärerischen Bemühungen um eine Streichung der Sodomiedelikte aus den neuentstehenden partikularen Strafrechten. »Das Programm der Aufklärungszeit war unausgeführt geblieben und wurde zurückgewiesen, die Auffassung der Widernatürlichkeit als eines Straf- und Qualifikationsgrundes hielt stand und wurde fast überall in den Gesetzestexten zum Ausdruck gebracht.«[89].

In der Literatur zur Frage der strafrechtlichen Ahndung der Homosexualität wird durchgängig übersehen, daß Feuerbachs Einfluß nicht nur für die – vorübergehende – Abmilderung des betreffenden Vorurteils während des ersten Drittels des 19. Jahrhunderts in Deutschland ausschlaggebend gewesen ist, sondern – durch seinen offen vollzogenen und zugegebenen – Rückfall in vorrationales Denken ebenso für die weitere Tradierung dieses Vorurteils.

## 4. Das Vorurteil behauptet sich mittels modifizierter Begründungen

### *a. Säkularisierung des Vorurteils während und nach der Aufklärung*

Die während des gesamten Mittelalters immer wieder neu belebte Ächtung und Verfolgung der Juden als ›Gottesmörder‹ hatte sich im Zuge der Aufklärung zum rassistischen Vorurteil umgewandelt. Genau derselbe Vorgang läßt sich im gleichen Zeitraum beim Vorurteil gegenüber der Sodomie bzw. Homosexualität beobachten; auch dies unterliegt einer durchgehenden Säkularisation, und auch hier bedeutet Säkularisierung leider keineswegs Abmilderung.

Damit erweist sich dies Vorurteil in einer für uns klar überschaubaren Epoche erstmals eindeutig als solches: Denn unter Vorurteilen hat man solche Urteile zu verstehen, die zu ungeprüft, zu emotional oder ohne entsprechende Eigenerfahrung übernommen werden. Bei der für uns nur mit Hilfe linguistischer und archäologischer Funde eruierbaren Ausprägung der germanischen Einstellung gegenüber einem sexuellen Verhalten, das dem dort gültigen Kriegerideal nicht entsprach, sind wir natürlich schwerlich befugt, von einer Pflicht zur eigenen Überprüfung übernommener traditioneller Werturteile zu sprechen, die sich für uns als Vorurteile erwiesen haben, denn Ethnozentrismus war in der damaligen Zeit die normale Haltung gegenüber den Werten fremder Kulturen, die man nicht verstand. Auch die Überlegung, ob das Christentum bei seiner grundsätzlichen Ablehnung homosexuellen Verhaltens von einem Vorurteil im definierten Sinne geleitet wurde, läßt sich nicht eindeutig bejahen oder verneinen. Allerdings könnte man die Ansicht, es habe sich selbst in einer so frühen Zeit wie etwa der Justinians bereits um ein Vorurteil im erklärten Sinne gehandelt, mit dem Argument stützen, daß immerhin im christlichen Glauben an Gottes nie endende Güte und Gnade, der vorzugreifen menschlichen Urteilen niemals gestattet sein konnte, ein solider Prüfstein für die Validität dieses Urteils gegeben gewesen sei, der im Grunde zu dessen schleuniger Revidierung bzw. Abbau hätte führen müssen. Das Zeitalter der Aufklärung enthebt uns freilich solcher Überlegungen, weil von dort an die Möglichkeit zu einer objektiven Überpfüfung des fraglichen Vorurteils absolut gegeben ist. Man hätte damals durchaus zu der Erkenntnis der strafrechtlichen Unerheblichkeit sodomitischer ›Sünden‹ kommen können. Schließlich galt für diese Deliktarten dieselbe Ableitung aus germanischen, zum Teil sogar prächristlichen Rechtsbegriffen, scholastischen Spekulationen und während der Ketzer- und Hexenprozesse eingerissenen gerichtlichen Mißbräuchen wie für die Anklagen wegen Hexerei, und gerade gegen letzteres ›Delikt‹ hat sich die Aufklärung ja besonders häufig und entschieden gewandt. Diese Haltung vermißt man hingegen bei der Gruppe der Sodomiedelikte so gut wie völlig.[90]

Gewisse Indizien dafür, daß den Juristen jener Zeit bei der Behandlung dieser Deliktgruppe nicht recht wohl gewesen sein muß, liefert indes die Art ihrer Äußerungen darüber. Ich habe absichtlich die entsprechenden Gesetzestexte ausführlich zitiert, weil sich eben daran die steigende Verlegenheit gut ablesen läßt, die juristischerseits mit der Betrachtung dieser Materie verbunden war. So besprach Carpzow die Sittlichkeitsdelikte in überaus breiter Form und mit offensichtlichem moralischen Abscheu, auch Böhmer tat es noch, ebenso die von letzterem abhängigen frühen Partikulargesetze Österreichs, Preußens und Bayerns. Danach werden die Kommentare immer knapper und weichen auf Gemeinplätze aus. Auf rationale Begründungen wird mehr und mehr verzichtet, weil das Weiterbestehen der Strafbarkeit der Sodomiedelikte sich rechtlich-logisch nicht vom Gedanken des Strafrechts ableiten ließ, wie ihn das Naturrecht und fernerhin die Aufklärung verstanden. Anstelle der traditionellen Begründungen greift man endlich zu gewissermaßen neuerfundenen, worauf ich im nächsten Abschnitt eingehen werde, und schließlich finden sich bei Feuerbach nurmehr ›moralische Begriffe‹ und ›Beleidigung sittlicher Gefühle‹ als Strafbarkeitsgründe angegeben.

Daß sich damit die Strafbarkeit nicht ernstlich aufrechterhalten ließ, war klar. Denn dies Rekurrieren auf Moralisches stellte ja nichts weiter dar als eine Bemäntelung der Tatsache, daß die religiösen Argumente der Sündhaftigkeit (und daher Gefährlichkeit) dieser sexuellen Betätigungen nach wie vor bestanden und geglaubt wurden. Hinzu kommt, daß man mancherorts nur zu gern bereit war, kirchlichen Wünschen in dieser Richtung auch weiterhin nachzugeben. Im Zuge des Erstarkens Preußens verlieh bekanntlich die dem Mittelalter entlehnte Vorstellung einer Einheit von ›Thron und Altar‹ der religiösen Bedeutung des Protestantismus mächtigen Auftrieb. Ein Staat, der sich ausdrücklich auf die Werte der Religion als Standpfeiler berief, konnte schwerlich dulden, daß Handlungen, die infolge religiöser Überzeugung seit Jahrhunderten streng gestraft wurden, plötzlich als straffrei angesehen werden sollten. So kam es (und zwar wesentlich durch die Haltung Preußens in dieser Frage) zu einer modifizierten Begründung der Strafwürdigkeit der Sodomiedelikte, die genau gesehen nichts als eine Säkularisation des Vorurteils war, dabei jedoch mit den Belangen der Religion ausgezeichnet übereinstimmte.
Zur Erläuterung dieser Entwicklung muß an die Ursachen erinnert werden, die von Justinian bis Carpzow als Gründe für die Gefährlichkeit – und daher indizierte Strafbarkeit – der Sodomie angeführt worden waren. Sie zerfallen in zwei Gruppen: Einmal ist Sodomie gefährlich für das gesamte Staats- bzw. Gemeinwesen (wegen des dafür als ›Rache‹ zu erwartenden göttlichen Strafgerichtes, das gleichermaßen über Gerechte und Ungerechte hereinbricht), zum anderen ist sie gefährlich für den einzelnen, der sie begeht (wegen der dafür zu erwartenden Seelenstrafe im Jenseits). Und diese beiden ›Ursachen‹ sind es nun, die während und nach der Aufklärungszeit zur Aufrechterhaltung der Strafbarkeit der Sodomie säkularisiert werden, indem man auf der angeblichen Gefährlichkeit der Sodomie sowohl für den Staat wie für das sie begehende Individuum selbst zwar insistiert, die Begründungen dazu jedoch nunmehr statt aus dem geistlichen aus dem weltlichen Bereich ableitet. So kommt es zur Bildung zweier Theorien, die im folgenden als Verfalls-Theorie und als Entartungs-Theorie bezeichnet werden sollen und mit deren Hilfe man – analog dem Vorgehen des Benedictus Levita rund tausend Jahre früher – dem Vorurteil eine neue, gewissermaßen zeitgemäßere Motivation gab, die sein Weiterbestehen für die nächsten hundert Jahre sicherte, nämlich die der sozialen Schädlichkeit.

### *b. Homosexualität als staatsgefährdendes Delikt (Verfalls-Theorie)*

Die Verfalls-Theorie – anders als die Entartungs-Theorie – hat keinen bestimmten Autor zum Begründer; ihre Vorstellungen und Ideen über allgemeine Zusammenhänge zwischen Staatswohl und Sittlichkeit treten vielmehr fast gleichzeitig bei praktisch sämtlichen Autoren auf, die sich – von den wahrhaft aufklärerischen Geistern der Epoche einmal abgesehen – während dieser Zeit in Deutschland mit dem Strafrecht befaßten. Sie kleidet ihre Ansichten auch keineswegs in theoretische Begründungen (wie die hier gewählte Bezeichnung für dies Phänomen nahelegen könnte), sondern stellt sie als unbezweifelbare, längst erwiesene Tatsachen hin, die jedem guten Bürger unmittelbar einleuchten müssen. Ihrer Natur nach sind diese beiden Motivationen daher eigentlich keine Theorien sondern Hypothesen, deren Falsifizierung die Zeit längst gebracht hat. Doch ihren Urhebern ist das nicht ersichtlich gewesen, und die spekulativ-vagen ›Beweise‹ für die Richtigkeit etwa der Verfalls-Theorie, die gelegentlich geboten wurden, sind nicht etwa deswegen so verallgemeinernd und nichtssagend gewesen, weil sie in sich gesucht und nicht einleuchtend waren, sondern weil die Verfechter dieser Theorie so fest von ihrer Richtigkeit überzeugt waren, daß sie es für überflüssig hielten, dafür noch umständlich Beweise zu erbringen, da ja angeblich ohnehin alles völlig klar war. Man schreibt nicht: »Die Sodomie könnte möglicherweise diese oder jene negativen Folgen haben, worauf diese oder jene Beobachtung hindeutet«, sondern immer: »Sodomie hat die und die negativen Folgen«, als ob darüber nicht der Schatten eines Zweifels möglich sei, und bezweifelt worden ist damals diese Theorie tatsächlich auch nicht, weil es dem Wesen von Vorurteilen entspricht, keiner näheren Beweise ihrer Richtigkeit zu bedürfen.

Inhalt der Verfalls-Theorie ist kurz folgender: Sodomie schadet dem Staat auf zwar mittelbare, jedoch höchst nachteilige Weise, weil sie die Individuen, die sie betreiben, für die Zwecke des Staates und für die Staatsbürgerschaft unfähig macht. Dies geschieht auf mehrfache Art: Sodomiten vergeuden ihre Zeugungskraft, anstatt mit ihr für den Staat Untertanen zu schaffen. Sie schwächen sich durch Ausschweifungen, wodurch sie erstens zum Dienst am Staat untauglich und zweitens schließlich sogar unfähig werden, sich selbst zu erhalten, so daß sie der Staatskasse zur Last fallen. Durch ihr böses Beispiel wirken sie sittenverderbend, weshalb der Staat dem ›Laster‹ im Interesse der übrigen Bürger entgegenzutreten verpflichtet ist. Ob zur Verfolgung dieses Zweckes die Sodomie unter die Kriminal- oder Polizeidelikte gerechnet wird, ist im Grund unwichtig.

Als einer der frühen Vertreter dieser neuen Motivation der Sodomiebestrafung trat Christian J. L. Steltzer[91] mit der Ansicht auf, das Sodomieverbrechen sei zu strafen, »je nachdem die Gesundheit des mißhandelten Menschen dadurch beschädigt wird oder beschädigt werden kann oder überhaupt mehrere oder wenigere Abnahme der Ehen und Verringerung

der Bevölkerung aus diesem Verbrechen zu erwarten ist«. Über die Frage der ›Gesundheitsschädlichkeit‹ der Sodomie werden wir im nächsten Abschnitt sprechen; hier interessiert in erster Linie der Hinweis auf eine mögliche Abnahme der Bevölkerung. In dieser Befürchtung manifestiert sich die während des Merkantilismus allgemein gehegte Ansicht, der Reichtum eines Landes beruhe (neben seinen Bodenschätzen) auf der Quantität seiner Einwohner. Dementsprechend konnte jemand, der sich der Pflicht des Kinderzeugens absichtlich und permanent entzog, sehr wohl als Verbrecher am Staatswohl betrachtet werden, zumal man angenommen hat, dies ›Laster‹ mache mit der Zeit zeugungsunfähig, was man bekanntlich ja auch von der Selbstbefriedigung glaubte.
Allerdings hatte die Verfalls-Theorie anfangs einige Schwierigkeiten, sich gegen das immerhin vorhandene Gedankengut der Aufklärung entscheidend durchzusetzen, dem sie so sehr widersprach. So meinte Tittmann dazu[92]: »Die durch die Sodomie bewiesene Verworfenheit des Charakters und die daraus entstehende Besorgnis für die Fähigkeit zur Staatsbürgerschaft, ist der einzige Grund für die Zulässigkeit der Strafe. Entvölkerung und Schwächung oder wohl gar Auflösung der Macht des Staates wird sich wohl niemand als Folgen der Sodomie (so wie sie in einem gebildeten Staate vorkommen kann) einreden lassen.« Noch 1795 mußte sich Christoph C. Stübel[93] gegen die Meinung wenden, daß »die richterliche Gewalt auch im Namen Gottes wegen der Beleidigungen gegen ihn auszuüben sey, und daß er außerdem die Sünden an dem ganzen Land räche«. 1805 grenzte Karl Grolman[94] die Strafbarkeit der Fleischesverbrechen unter Berufung auf den ›Zeitgeist‹ nach Maßgabe ihrer Schädlichkeit für die Allgemeinheit folgendermaßen ein: »Nur dann können die Fleischesverbrechen als Gegenstände einer Untersuchung und Bestrafung erachtet werden, wenn sie entweder an sich auf andere, als die Verbrecher selbst, nachtheilig wirkend sind, oder wenn sie durch die Art, wie sie begangen wurden, oder durch die Publicität, welche sie erlangt haben, als Gegenstände des öffentlichen Ärgernisses erscheinen.« Und obgleich er Sodomie als »radicale Verworfenheit« und »Entmenschung« betrachtet und daraus üble Folgen für die Sittlichkeit, für die Ehen und für die psychische und moralische Kraft der Nation befürchtet, spricht er sich doch wegen des mit der gerichtlichen Untersuchung notwendig verbundenen öffentlichen Ärgernisses nur dann für eine solche aus, sofern dies öffentliche Aufsehen ohnehin bereits erregt sein sollte und daher eine Untersuchung notwendig werde.[95] Eingermaßen objektive Stellungnahmen wie diese nehmen im 19. Jahrhundert eher ab als zu, wofür das Zurückgehen aufklärerischer Tendenzen und die Autoritätsgläubigkeit des Biedermeiers in jener Zeit verantwortlich zu machen sein dürften. Bei J. C. Salchow[96] gibt es über den evidenten Zusammen-

hang zwischen Sodomie und Staatsverfall bereits kaum mehr Zweifel. Er führt aus, dies Verbrechen zeige nicht nur einen hohen Grad von Verderbtheit bei dem Verüber an, sondern es entsprängen aus ihm auch Folgen, die dem Staat nicht gleichgültig sein könnten, da dies Laster zur Verachtung der Ehe, zur Entvölkerung und zur »Entnervung« führe. (Übrigens wurden solch üble Folgen nicht nur bei Ausschweifungen in widernatürlicher Unzucht erwartet, sondern man befürchtete sie auch bei jeglichen anderen »Wollüsten und Ausschweifungen« der Bürger.[97]) Eine im Grunde gleiche, jedoch eleganter dargebotene Motivation der Sodomiebestrafung lieferte 1830 Eduard Henke[98], indem er dergleichen zu den »Verbrechen der Bürger gegen sich selbst« zählte, wenngleich er sich im selben Werk[99] zu der Überzeugung bekannt hatte, daß die Sünde als Übertretung göttlicher Gebote niemals Gegenstand einer bürgerlichen Strafe, sondern nur kirchlicher Buße und Belehrung sein könne; was aber ist vom christlichen Standpunkt aus die Sünde anderes als ein »Verbrechen gegen sich selbst«? Bei Theodor Marezoll[100] wird das Recht des Staates zum Eingreifen bei ›Unzuchtsverbrechen‹ (und in deren Rahmen auch bei widernatürlicher Unzucht) nach einem knappen Jahrhundert schüchtern aufklärerischer Zweifel an dessen Berechtigung dazu wieder als etwas Selbstverständliches abgehandelt. Er führt dazu aus: »Es sind verschiedene Gründe, welche den Staat veranlassen können und müssen, gewisse, mit der Befriedigung des Geschlechtstriebes in Verbindung stehende Handlungen, als Verbrechen, unter ein Strafgesetz zu ziehen. Gründe, welche bald alle zusammenwirken, bald dagegen nur einer, oder mehrere von ihnen. Dahin gehört die wichtige staatspolizeiliche Rücksicht, daß auf dem geregelten Geschlechtstriebe diejenige Fortpflanzung der Geschlechter, wodurch der Staat sich selber fortwährend ergänzt, beruht, so wie, daß umgekehrt die Ausartung des Geschlechtstriebes nicht bloß alle Bande der bürgerlichen Sittlichkeit zu lösen, sondern auch zu einer, in ihren Folgen unberechenbaren physischen Entnervung der Staatsbürger, zu führen droht. Dahin gehört ferner, daß auf dem gesetzlich geregelten Geschlechtstriebe gewisse Rechtsinstitute beruhen, welche die Grundlage des ganzen Familienlebens bilden und worauf so Vieles baut und bauen muß, namentlich die Ehe, das älterliche Erziehungsverhältnis mit der väterlichen Gewalt, das verwandtschaftliche Verhältnis, die Vormundschaft, die Erbfolge usw. Dahin gehört endlich auch noch der genaue Zusammenhang, welcher, nach manchen positiven Rechten, zwischen den auf den geregelten Geschlechtstrieb gebauten Rechtsinstituten und der Religion Statt findet, so daß die Verletzung dieser Institute dadurch in doppelter Beziehung, sich als verbrecherisch herausstellt.« Hier haben wir die Verfalls-Theorie in kompletter Ausprägung, und auch das religiöse Moment ist wieder ins Strafrecht eingebracht.

Allgemein verbreitet ist bei den meisten Autoren des 19. Jahrhunderts die als feststehende Tatsache behandelte Vermutung, daß bereits die Erregung öffentlichen Ärgernisses einen zureichenden Grund für die Sodomiebestrafung darstelle.[101] Dabei wurde ›öffentliches Ärgernis‹ nicht etwa so aufgefaßt, wie in den Diskussionen über die Strafrechtsreform in unserem eigenen Jahrhundert, wo man darunter vor allem ein provokatives, für homosexuellen Verkehr werbendes Auftreten homosexueller Gruppen in der Öffentlichkeit versteht, sondern dies Ärgernis galt schon als gegeben, sofern überhaupt nur Gerüchte über mutmaßlich sodomitisches Verhalten irgendwelcher Bürger verlauteten. Denn was man unterdrücken wollte, war neben der Handlung selbst die reine Kenntnis des Faktums, daß es solche Handlungen überhaupt – soll man sagen: noch? – gab, von denen manche Autoren zuversichtlich glaubten, sie würden bei Hebung der ›nationalen Tugenden‹ mit der Zeit von selbst verschwinden und nicht länger zum Verderben der einzelnen sowie ganzer Völker werden.[102] Man befürchtete ja schon vom bloßen Bekanntwerden solcher Handlungen einen negativen Einfluß auf die Bevölkerung, die zu erziehen und deren sittliches Niveau zu heben der Staat bzw. der regierende Fürst (und zwar nicht zuletzt in seinem eigenen Interesse) für eine seiner wichtigsten Aufgaben ansah. So kam es dahin, daß man trotz der »radicalen Verworfenheit« der widernatürlichen Unzucht solche Delikte nurmehr zögernd vor Gericht zog, um ihnen so wenig Publizität wie möglich einzuräumen[103]; das aber wiederum führte zu einer rechtlich unzuträglichen Umgehung der noch fast überall dagegen bestehenden Gesetze und machte diese in sich unglaubhaft.

### *c. Homosexualität als »moralischer Wahnsinn« (Entartungs-Theorie)*

Die Entartungs-Theorie unterscheidet sich von der Verfalls-Theorie – abgesehen von ihrem speziellen Inhalt – vor allem in zweierlei Hinsicht: Einmal lassen sich ihre verschiedenen Urheber noch mit einiger Genauigkeit feststellen, zum anderen hat sie letztlich zu einem Ergebnis geführt, das als paradox bezeichnet werden muß: Sie entstand nämlich zwar im Rahmen von – wenn auch sicherlich unbewußten – Bemühungen um eine neue Motivation zur Aufrechterhaltung des traditionellen Vorurteils gegen die Sodomie, führte aber im Verlauf ihrer Entwicklung dazu, daß die strafrechtliche Ahndung dieses Delikts wachsenden Zweifeln begegnete, obwohl das Vorurteil im Sinne einer allgemein geglaubten Ansicht tatsächlich aufrechterhalten wurde. Dafür sind mehrere Ursachen verantwortlich zu machen, die verschiedener Art und Herkunft sind, jedoch letzten Endes alle auf diesen eigenartigen Effekt hinwirkten, den man fast als eine ›List des Vorurteils‹ bezeichnen könnte.

Der Inhalt der Entartungs-Theorie läßt sich mit wenigen Worten erläutern: Homosexuelle Tendenzen bzw. manifeste Homosexualität sind Symptome einer Geisteskrankheit, die zu den mit dem Oberbegriff »moralischer Wahnsinn« bezeichneten gehört und mit einer allgemeinen Labilität des Nervensystems sowie häufig mit körperlichen, zumeist ererbten Mißbildungen bzw. Entwicklungshemmungen auftritt. Die darunter Leidenden sind keine Verbrecher, sondern Kranke, die im psychiatrischen Sinne unzurechnungsfähig und daher im strafrechtlichen für ihre Handlungen nicht verantwortlich zu machen sind. Von diesem Punkt der Entwicklung des Vorurteils an spaltet sich der Begriff der Homosexualität endgültig vom bis dahin traditionellen Sodomie-Begriff ab, wie er seinerseits noch der Verfalls-Theorie zugrunde lag, denn nunmehr klammert man die Bestialität restlos aus der Betrachtung aus. Selbstredend wird das logisch nicht begründet; warum diese neuerfundene Spielart des moralischen Wahnsinns sich lediglich auf Sexualverkehr mit demselben Geschlecht beschränken soll und nicht auch auf den mit Tieren Ausdehnung finden kann, bleibt undiskutiert.

Die Anfänge einer Betrachtungsweise, die gleichermaßen Kriminelle, Geisteskranke und Asoziale (und darunter auch Sodomiten bzw. Homosexuelle) als Menschen ein- und derselben Kategorie begreift, gehen – ein weiteres Paradoxon dieser Entwicklung – auf Gedankengänge der Aufklärung über die prinzipiell ›vernünftige‹ Natur des Menschen zurück und lassen sich infolgedessen am deutlichsten in Frankreich nachweisen. In den riesigen französischen Internierungsanstalten, die oft auf dem Gelände ehemaliger Leproserien entstanden waren, fanden sich durcheinandergewürfelt Verbrecher, Arbeitslose, Arme und solche, die wegen ›Libertinage‹, d. h. leichtsinnigem Lebenswandel, dorthin gebracht worden waren, neben den tatsächlich Irren. »Welchen Status letztere dort hatten, ist kaum erklärt worden, noch auch, welchen Sinn diese Nachbarschaft hatte. In den Mauern solcher Internierungshäuser trafen Pinel und die Psychiatrie des 19. Jahrhunderts die Geisteskranken an; obwohl sie sich rühmten, sie ›befreit‹ zu haben, behielten sie – das sollten wir nicht vergessen – die alten Internierungspraktiken bei.«[104] Solche Anstalten waren also keineswegs nur Irrenhäuser, sondern Zwangsasyle in vielfacher Hinsicht. »Der Anblick dieser finsteren Orte und der Schuldigen, die darin eingeschlossen sind, ist dazu angetan, eine zu lockere und ausschweifende Jugend vor dem gleichen Akt einer gerechten Verstoßung zu bewahren. Es liegt also an der Klugheit der Väter und Mütter, sie diese furchtbaren und verachtenswerten Orte, an denen die Schande und die Schmach sich mit dem Verbrechen treffen, wo der degradierte, seines Wesens beraubte Mensch oft für immer die Rechte, die er in der Gesellschaft erworben hatte, verliert, kennenlernen zu lassen.«[105] Wie

Michel Foucault in seiner erhellenden Beschreibung der gesellschaftlichen Bezüge des Wahnsinns erläutert, »hatten die Irren im Verhältnis zum Mittelalter, als sie noch in ›Narrentürme‹ eingesperrt wurden, im Zeitalter der französischen Klassik, wo man sie mit den Geschlechtskranken, den Verkommenen, den Libertins, den Homosexuellen zusammen einschloß, die Merkmale ihrer besonderen Wesensart verloren und gingen in einer allgemeinen Wahrnehmung der Unvernunft auf«.[106]
Die Visionen der interessanten Laster, die in diesen Asylen an der Tagesordnung sein sollten, belebten lange Zeit die späten Abende des 18. Jahrhunderts: »Dort werden die infamsten Exzesse an der Person des Gefangenen selbst ausgeübt. Man hört von bestimmten Lastern, die häufig und so, daß es allen bekannt ist, manchmal sogar öffentlich, im Gemeinschaftssaal des Gefängnisses praktiziert werden, ein Laster, von dem zu reden uns der Anstand der modernen Zeit verbietet. Man sagt uns, daß eine Zahl der Gefangenen simillimi feminis mores stuprati et constupratores, daß sie ex hoc obscaeno sacrario cooperti stupri suis alienisque zurückkämen, für jede Schamhaftigkeit verloren und bereit, jede Art von Verbrechen zu begehen.«[107] Wer sich homosexuell betätigt, ist also auch bereit, jedes andere Verbrechen zu verüben! Nirgends könnte er besser aufgehoben sein, als in der Gesellschaft von Irren und Verbrechern, da er die Elemente des Wahnsinns wie die des Lasters in seinem Charakter vereinigt.
Internierungsversuche dieser Art werden zwar in Frankreich im größten Umfange durchgeführt, sind aber im Prinzip international; das erste deutsche Zuchthaus wurde sogar noch vor den französischen Anstalten eingerichtet, nämlich gegen 1620 in Hamburg.[108] Wie schon ihr Name zeigt, sollten solche Internierungshäuser, die sich gegenüber den mittelalterlichen Kerkern und Verliesen als etwas durchaus Neues, ja Humanes verstanden, der Resozialisation der Eingelieferten dienen, und zwar durch die beiden Therapeutika ›Moral‹ und ›Arbeit‹. In England gründete man fast zur gleichen Zeit die ›Houses of correction‹. Nach einigen Jahren überzog ein ganzes Netz solcher Einrichtungen Europa, in denen man hinter denselben Mauern verurteilte Verbrecher, ungebärdige Jugendliche, Verschwender, Vagabunden und Geisteskranke gefangenhielt. Dabei entwickelten sich die Internierungsanstalten zu staatlichen Manufakturen oder führten industrielle Lohnaufträge aus. Der Gedanke, auf die Eingelieferten, die ja keineswegs durchweg Verbrecher waren, bessernd einzuwirken, geriet während der Folgezeit beinahe restlos in Vergessenheit. Die Arbeit, erst als Hilfsmittel bei der Besserung eingesetzt, galt bald als die eigentliche Strafe der Zuchthäuser (›Zwangsarbeit‹). Michel Foucault hat festgestellt, daß die Forderung nach Internierung der genannten Menschenkategorien infolge einer gewissen Erfahrung jener

Epoche mit der Arbeit aufgestellt worden sein müsse, und »es ist nicht ohne Bedeutung, daß die Wahnsinnigen in die Verfolgung des Müßigganges mit einbezogen werden ... Bis zur Renaissance war die Sensibilität für den Wahnsinn mit der Gegenwart imaginärer Transzendenzen verbunden. Von der französischen Klassik an – und erstmals – wird der Wahnsinn durch eine ethische Verurteilung des Müßigganges ... und in einer sozialen Immanenz, die durch die Gemeinsamkeit der Arbeit garantiert ist, perzipiert ... Die Forderung nach Arbeit wird als eine Übung moralischer Reform und moralischen Zwanges befohlen«, sie lieferte auch die wesentliche Rechtfertigung der Internierung. Auf eigenartige Weise vermischen sich in diesem System die Anklage der Faulheit mit der einer allgemeinen Unmoral: »Als der Board of Trade seinen Bericht über die Armen veröffentlichte, worin die Mittel vorgeschlagen wurden, um ›sie nützlich für die Öffentlichkeit zu machen‹, wurde betont, daß der Grund der Armut weder der Mangel an Waren noch die Arbeitslosigkeit seien, sondern ›das Nachlassen der Disziplin und der Verfall der Sitten‹.«[109] Und inmitten moralischer Anklagen finden sich eigenartige, uns wohlbekannte Drohungen: »Die libertinage der Bettler ist durch die unglückliche Duldung aller Arten von Verbrechen zu einem Exzeß gekommen, der den Fluch Gottes über die Staaten bringt, wenn sie ungestraft sind.«[110] Der sich hierin äußernde Bezug zur Religion beruht auf einer Verschiebung innerhalb der Rangskala, in der die verschiedenen Sünden und Laster im Lauf der Jahrhunderte einander zugeordnet worden waren: Galt im Mittelalter als Hauptsünde die Superbia (nämlich als Gegenpol der vom Christen Gott gegenüber zu bezeigenden gehorsamen Demutshaltung) und während der prachtliebenden Renaissance als schwerste Sünde der Geiz, so verkünden alte Texte des 17. Jahrhunderts den höllischen Triumph der Faulheit. Faulheit führt den Reigen der Laster an und reißt sie mit sich, ›Müßiggang ist aller Laster Anfang‹ und der Ursprung aller Unordnung: So lehrt Religion – und zwar in den protestantischen wie den katholischen Ländern gleicherweise – das, was zur Erhaltung von Ruhe und Ordnung in den Städten nötig ist.[111]

Der äußerlichen Zuordnung der Irren zu Asozialen und Kriminellen mittels Inhaftierung in den gleichen Gebäuden und unter denselben Bedingungen entsprechen nun auch innere Bezüge, die man zwischen den geistig Gestörten einerseits und den sozial Auffälligen andererseits herzustellen suchte. So kommt der französische Arzt Pinel als Anhänger der Lehre vom ›moralischen Wahnsinn‹[112] zu der eigenartigen Auffassung, es handle sich auch bei den Symptomen der inhaftierten Wahnsinnigen um im Grunde moralische Probleme. »Man suchte die krankhaften Formen des Wahnsinns und fand fast nichts anderes als die Deformationen des moralischen Lebens. Der Krankheitsbegriff selbst hat sich verändert,

indem er sich von einer pathologischen Bedeutung zu einem rein kritischen Wert entwickelte.«[113] (Es richtete sich der Protest des ausgehenden 18. Jahrhunderts denn auch weniger gegen das Eingeschlossensein der Irren als gegen das Eingeschlossensein vernünftiger Verbrecher mit Irren, denn in den einförmigen Arbeitshäusern spielte das Zusammengesperrtsein mit ersteren für letztere die Rolle einer Strafverschärfung.[114])
Diese seltsamen Vorstellungen über den Ursprung geistiger Störungen waren nicht zuletzt durch die Fortschritte der Hirnanatomie entstanden, die die Medizin inzwischen gemacht hatte. Die ältere ärztliche Ansicht hatte nämlich, nach Überwindung der numinosen Scheu vor dem Wahnsinnigen sowohl in der Antike wie während des gesamten Mittelalters, angefangen, nach organischen Ursachen für diese Leiden zu forschen und sie erst einmal vor allem im Gehirn gesucht.[115] Nun fand man aber bei zahlreichen Sektionen von verstorbenen Geisteskranken Hirne, die sich anscheinend von denen Gesunder nicht unterschieden und zog daraus die Folgerung, daß auch die Seele erkranken könne, deren Heilmittel dann rein moralische seien.[116] Diese Ansicht blieb längere Zeit lang herrschend. In Deutschland war einer ihrer entschiedensten Vertreter Heinroth[117], der annahm, Moral verhindere Geisteskrankheiten, weil jede Sünde am Leibe auch ihre psychischen Früchte trage. In seinem System sind Reste mittelalterlicher Sündenvorstellungen und die moralisierend-rationalen der Aufklärung sonderbar verquickt. Auch Immanuel Kant teilte den Glauben an die rein moralischen Ursachen für den Wahnsinn und meinte, die Beurteilung von Geisteskranken gehöre in den Arbeitsbereich der Philosophen, nicht aber der Ärzte.[118] Man diagnostizierte diese »neuentdeckte Geisteskrankheit«[119] in solchen Fällen, wo Leute Handlungen vollbrachten, die von der öffentlichen Meinung als moralisch abstoßend betrachtet wurden, (wobei es sich noch nicht um wirkliche Verbrechen zu handeln brauchte) sonst aber durchaus normal reagierten und bei klarem Verstand schienen. Einziges Kriterium dieser ›Krankheit‹ war also lediglich das dem Benehmen der von ihr Befallenen anhaftende Unmoralisch-Unübliche, kurz gesagt, man ersetzte den Begriff der Sünde durch den des Irrtums (dem ›moralischen Irrtum‹), wie es dem Zug der Zeit zur Säkularisierung entsprach. Selbstverständlich ließ die ärztliche Kritik dieser Theorie der Geisteskrankheiten nicht auf sich warten.[120] Doch obgleich die Theorie eigentlich schon um die Mitte des 19. Jahrhunderts als erschüttert gelten durfte[121], hat man in bezug auf die Homosexualität noch Jahrzehnte später an ihr festgehalten, und in übertragenem Sinne tut man es vielfach noch heute, da nur wenige Psychiater sich dazu durchringen können, homosexuelles Verhalten nicht als prinzipiell neurotisch zu beurteilen.
Wichtig für eine Betrachtung der Homosexualität, die nicht mehr deren

vorgebliche Sündhaftigkeit, sondern angebliche Krankhaftigkeit und verheerende körperliche Schäden als ihre sicheren Folgen in den Mittelpunkt der Überlegung stellte, wurde früh die Annahme eines Zusammenhangs zwischen ›Unkeuschheit‹ und geistigen Störungen. Man konstruierte sie infolge einer irrigen Vermutung über Ursache und Wirkung im Hinblick auf die Selbstbefriedigung – bekanntlich jahrhundertelang gleichfalls ein Sodomiedelikt – und verfocht die Meinung, daß diese Form der ›Ausschweifung‹ unfehlbar zu ›Entnervung‹, Rückenmarksleiden, Siechtum und schließlicher geistiger Zerrüttung führe.[122] Manche Ärzte[123] hatten nun (und wohl nicht ganz mit Unrecht) behauptet, daß Homosexualität mit dem ›onanistischen Laster‹ eng zusammenhänge, weil der passive Partner eines homosexuellen Aktes vom aktiven häufig masturbiert werde, was mit Onanie gleichzusetzen sei und daher dieselben schädlichen Folgen zeitigte, so daß auch von diesem Gesichtspunkt her eine Verbindungslinie zwischen Homosexualität und Irrsinn gezogen wurde. Man ging aber sogar noch einen erheblichen Schritt weiter und behauptete[124], daß »die widernatürliche Unzucht weit mehr als die naturgemäße Befriedigung des Geschlechtstriebes den Körper schwächt, die Geisteskräfte abstumpft oder zerstört«.[125] Meyers Konversationslexikon von 1848 referierte warnend über diese schlimmen Folgen: »Nicht selten nimmt selbst die psychische Sphäre des Unglücklichen Antheil, so daß er bis zum Blödsinn herabsinken, oder wenn der geschändete Jüngling früher zum besseren Nachdenken erwacht, von Wahnsinn ergriffen werden kann, in welchem er nicht selten durch einen Selbstmord sein trauriges Leben endet.«[126] Überdies glaubte man, Homosexualität mache impotent[127] und bereits die einmalige Vollziehung des ›Lasters‹ habe auf Geist und Körper einen bleibend nachteiligen Einfluß.[128]
Einen weiteren Zusammenhang zwischen älteren Betrachtungsweisen der Sodomiedelikte und deren gerichtlicher Ahndung einerseits und den Geisteskrankheiten andererseits bildete die schon lange übliche Gewohnheit, bei derlei Delikten regelmäßig nach mildernden Umständen Ausschau zu halten, die das Strafmaß erheblich herabzusetzen vermochten. Ehemals waren als Milderungsgründe (neben den sozusagen technischen oder immissio und emissio) regelmäßig Unbildung, sehr jugendliches oder sehr vorgerücktes Lebensalter, Mangel an religiöser Unterweisung, Trunkenheit im Moment der Tat oder ein zu hitziges Temperament angeführt worden.[129] Es muß sehr nahe gelegen haben, hier nun zusätzlich noch einen geistig-moralischen Defekt anzunehmen, der geeignet schien, den Angeklagten wenn nicht ganz zu exkulpieren, so doch seine Strafe wenigstens erheblich abzumildern. Ältere psychiatrische Werke und ganz besonders die im vorigen Jahrhundert recht zahlreichen Bücher über den neuen Funktionsbereich des Gerichtsarztes verraten durch ihre

häufige Behandlung des Themas, daß ihre Autoren durch die Frage, ob bei Homosexualität mildernde Umstände infolge geistiger Defekte oder des Zustandes herabgesetzter Zurechnungsfähigkeit während der Tat angenommen werden könnten, sollten oder dürften, in ihrer Tätigkeit als Gutachter oft, wenn nicht regelmäßig mit dieser Materie in Berührung kamen.

Da die geltenden deutschen Strafrechte (und insbesondere das preußische, dessen steigender, schließlich überragender Einfluß mit dem Vorrücken des 19. Jahrhunderts immer deutlicher in Erscheinung trat) vom Prinzip der Willensfreiheit ausgingen, d. h. ein Verbrechen nur dort annahmen, wo Willensfreiheit beim Täter bestand, mußten die Gerichtsärzte, wenn sie einem wegen Homosexualität Angeklagten zu mildernden Umständen verhelfen wollten, stets und vor allem zu zeigen suchen, daß dessen Wille zur Tatzeit nicht frei und der Täter daher unzurechnungsfähig gewesen sei.[130] Freilich mußte diese Unzurechnungsfähigkeit gut abgestützt und überzeugend erwiesen werden, und aus der Literatur geht klar hervor, daß man zur Untermauerung des pathologischen Befundes nicht nur den Zustand des Täters zur Tatzeit in Betracht zog, sondern darüber hinaus (und eigentlich in erster Linie) seinen Geisteszustand überhaupt. Und mit einiger Regelmäßigkeit stellte sich der Befund solcher Angeklagten schließlich als von der Norm recht abweichend dar: Man fand, daß der Betreffende ›Krämpfe‹ gehabt habe, melancholisch gewesen sei oder an Schlaflosigkeit gelitten haben sollte, daß seine Eltern bzw. Geschwister gleichfalls nicht vollständig gesund seien, weil sie ähnliche Symptome aufwiesen, und daß er – neben seinem abnormalen Geisteszustand – auch noch mehr oder weniger zahlreiche körperliche Anomalien aufwiese, nach deren Auftreten im Verwandtenkreise des Angeklagten zu fahnden gleichfalls geboten war.[131]

Von sehr hohem Einfluß auf diese Tendenz zur Suche nach äußerlichen Merkmalen zwecks Aufweis von psychischer Abnormität ist die Phrenologie gewesen. Diese Lehre darf in gewisser Hinsicht als Gegenbewegung zur Theorie vom moralischen Wahnsinn aufgefaßt werden, die in ihrer reinen Form durchaus ohne irgendwelche äußeren Anzeichen von Krankheit oder organischen Mißbildungen auskam, ja eigentlich sogar bewußt davon absah. Da sie überall in Europa überzeugte Verfechter gefunden hatte, war es nicht ganz leicht, sie zu entkräften, und ihre Kritiker taten sich mit ihrer Argumentation dagegen leichter, wenn sie den moralischen Wahnsinn als eigenständige Geisteskrankheit zwar nicht abstritten, nichtsdestoweniger aber darauf bestanden, daß neben dessen angeblich typischen Symptomen stets gleichzeitig auch irgendwelche körperlichen Krankheitsmerkmale, jedenfalls mindestens entsprechende somatische Abweichungen von der Norm, aufzuweisen seien, weshalb es ärztliche

Pflicht sei, danach zu forschen. So engten sie jene Theorie, die im Grunde nichts Geringeres bezweckte, als die Ärzteschaft von der Psychiatrie auszuschließen, endlich so weit ein, daß die körperlichen Anomalien, die stets mit den geistigen gekoppelt auftreten sollten, wieder mehr in den Vordergrund der Betrachtung traten. Für dies Vorgehen fanden sie eine eindrucksvolle theoretische Begründung in der Schädellehre (Phrenologie), die von Franz Joseph Gall (1758–1828) begründet worden war.[132] Für die praktische Tätigkeit eines gerichtlichen Gutachters hatte diese Entwicklung zur Folge, daß geradezu zwanghaft nach dem Nebeneinander von äußeren Krankheitsanzeichen (insbesondere im Sinne erblicher Mißbildungen bzw. Erbkrankheiten) und Kriminalität bzw. »moralischer Alienation« gefahndet wurde. Waren diese vorhanden, durfte der Arzt einen entsprechenden pathologischen Befund als erwiesen betrachten und dem Gericht guten Gewissens empfehlen, den Angeklagten wegen geminderter Zurechnungsfähigkeit freizusprechen.[133] So stellte sich im letzten Drittel des vorigen Jahrhunderts das Zustandsbild des mit »moralischem Wahnsinn« Behafteten als das eines Menschen dar, der weder nach den üblichen moralischen Maßstäben noch im Sinne körperlicher Unversehrtheit als ›normal‹ anzusprechen war. Daher konnten auf ihn die Maßstäbe, die an einen durchschnittlichen Bürger angelegt werden durften, schlechterdings nicht passen, weil er infolge seines Leidens nur über eine in mannigfacher Hinsicht eingeschränkte Willenskraft bzw. -freiheit verfügte.

Ein Gerichtsarzt, der sich mit solchen Fällen herumzuplagen hatte, mußte sehr gewissenhaft und skrupulös vorgehen und über große einschlägige Fachkenntnisse und -erfahrungen verfügen, weshalb es nahe lag, derlei Untersuchungen grundsätzlich den dazu offensichtlich am meisten Berufenen, nämlich den Vertretern der Psychiatrie zu überlassen. Die Literatur der damaligen Zeit zeigt, daß Irrenärzte anfingen, sich mit dem Phänomen der Homosexualität auseinanderzusetzen, weil sie damit anhand ihrer gutachterlichen Tätigkeit in Berührung kamen und für die Befunde, die sie erhoben und an deren Krankhaftigkeit sie nicht zweifelten, nach Ursachen suchten, die sich in den Rahmen der Psychiatrie, so wie sie sich damals darstellte, sinnvoll einordnen ließen. Es wäre übertrieben, zu behaupten, daß die Psychiater sich nach dieser Aufgabe gedrängt hätten; sie fiel ihnen eher gewissermaßen mit Selbstverständlichkeit zu.[134]

Für den Zeitraum, auf den unsere Untersuchung sich konzentriert und dessen Grenze mit dem Jahr 1870 gegeben ist, als das deutsche StGB mit seinem § 175 eingeführt wurde, sind die Schriften dreier Ärzte für die Einstufung der Homosexualität als einer Form des moralischen Wahnsinns besonders bedeutungsvoll geworden[135], weshalb es sich lohnt, kurz auf sie einzugehen. Johann Ludwig Casper vertrat in verschiedenen Werken[136] als erster die Ansicht, *Homosexualität* sei »eine Art Geschlechtswahnsinn«, der gelegentlich angeboren sei. Die damit Behafteten trügen manchmal ein weibisches Wesen zur Schau; das gelte auch für diejenigen, die erst im höheren Lebensalter an das ›Laster‹ gerieten. Den meisten ›Päderasten‹ freilich merke man ihre Neigung äußerlich in keiner Weise an, und hiervon abgesehen seien sie voll zurechnungsfähig, weshalb ihr Wahnsinn als ein partieller angesprochen werden müsse. Außerdem befaßte sich Casper mit der damals für gerichtliche Gutachten wichtigen Frage, ob man die Spuren von Analverkehr bei einem ›Geschändeten‹ unzweifelhaft nachweisen könne, was er – im Gegensatz zu früheren Autoren, deren diesbezügliche Irrtümer er korrigierte – mit geringen Einschränkungen verneinte. Für C. Westphal stellte die Homosexualität, die er als »conträre Geschlechtsempfindung« bezeichnet, einen psychopathischen Zustand dar. Er charakterisiert sie als »eine angeborene Verkehrung der Geschlechtsempfindung mit dem Bewußtsein von der Krankhaftigkeit dieser Erscheinung«.[137] Der Autor referiert ziemlich lückenlos die damals schon vorhandene Literatur von homosexuellen Selbstzeugnissen sowie die betreffende medizinische Kasuistik, verwechselt dabei aber durchweg homosexuelle Tendenzen mit transvestitischen, obgleich der Transvestit, dessen Lebensweg er selbst schildert und den er gerichtsärztlich zu begutachten hatte, gerade dadurch aufgefallen war, daß er an hochgestellte Damen leidenschaftliche Liebesbriefe schrieb, dauernd Freundinnen hatte und für diese Diebstähle beging, und außerdem beteuerte, niemals die geringste sexuelle Neigung zu Männern verspürt zu haben. Dies offenbare Verkennen und Verwechseln zweier völlig verschiedener Phänomene – Homosexualität einerseits, Transvestismus andererseits – ist bei den allermeisten Schriften über Homosexualität bis zum heutigen Tage mit niederdrückender Regelmäßigkeit zu konstatieren; Magnus Hirschfeld erhob diesen Irrtum in seinen Schriften fast bis zum Axiom, und noch für den Durchschnittsmenschen der Gegenwart ist der Transvestit der Homosexuelle par excellence. Da die homosexuelle Neigung eine »pathologische Geschlechtsverirrung« sei, gehört sie nach Westphal ins Gebiet der Medizin. Die transvestitischen Tendenzen des von ihm Untersuchten hält er für die Form eines moralischen Wahnsinns, die »anderen pathologischen Perversitäten analog« sei. R. von Krafft-Ebing behandelte unter der Kapitelüberschrift ›Die psychischen Entartungen‹[138] homosexuelle Tendenzen als Symptome moralischen Irreseins. Er schreibt: »Es ist wahrscheinlich, daß gewisse, leider nicht seltene Erscheinungen von perverser Befriedigung des Geschlechtstriebes, deren Verständnis auf rein psychologischem Wege bisher nicht gelungen ist, ihre Erklärung darin finden, daß wir sie als Theilerscheinun-

gen psychischer Degenerationszustände zu betrachten haben.« Hierzu rechnet er praktisch alles, was im Mittelalter unter die Sodomiedelikte gezählt worden war, darüber hinaus aber noch echte Sexualverbrechen wie z. B. Lustmord. Die Nachbarschaft hierzu kann für das Weiterbestehen des Vorurteils gegen die Homosexualität nur förderlich gewesen sein. Krafft-Ebing fährt unmittelbar darauf fort: »Dahin dürften auch die seit einigen Jahren bekannt gewordenen Fälle von conträrer Sexualempfindung gehören.« Er will beobachtet haben, daß solche »der psychischen Degeneration Anheimgefallene« mit Leichtigkeit temporär in Irresein verfielen und überhaupt eine Geneigtheit zu Hirnerkrankungen zeigten, welche Eigentümlichkeit sich auch bei ihren Nachkommen bemerkbar mache. Neben dem sehr hervortretenden sittlichen Defekt fehle nie der intellektuelle, in einer Reihe dahin gehöriger Fälle bestehe sogar ein zweifelhafter (?) intellektueller Schwachsinn. Die Grundzüge der »Psychisch degenerativen Constitution« fehlten im Krankheitsbild nie, da solche Individuen neben der Perversion ihrer Triebe, namentlich des Geschlechtstriebes, häufig noch andere Degenerationszeichen (Mißbildungen, Erbkrankheiten u. ä.) an sich trügen. Krafft-Ebing schließt seine Ausführungen: »Solche Entartete haben kein Recht und keine Fähigkeit, in der bürgerlichen Gesellschaft zu existieren, sie sind in hohem Grad gemeingefährlich, sie sind es auf Lebensdauer, denn gegenüber ihrer organischen Störung erweist sich die ärztliche Kunst machtlos. Man halte sie hinter Schloß und Riegel auf Lebenszeit, aber man brandmarke sie nicht als Verbrecher, sie sind Unglückliche, die Mitleid verdienen.«
Die Vertreter der hier dargestellten Meinungen, insbesondere Krafft-Ebing – der ein Vielschreiber war und dessen psychiatrische Werke wegen ihrer die offiziell verbotene Pornographie substituierenden Kasuistik schwindelerregende Auflagenhöhen erreichten – verfügten über soviel wissenschaftliche Autorität, daß eine mehr soziologische Betrachtungsweise sexuell devianter Betätigungen, wie es sie in Anfängen auch damals schon gab[139], dagegen vollständig zurücktreten mußte.

## 5. Zur Einführung des § 175 in das Strafgesetzbuch des Deutschen Reiches 1870

Es ist für unsere Fragestellung nicht erforderlich, jene für die weitere Entwicklung des Strafrechts unwesentlichen Unterschiede zu betrachten, die die deutschen landesrechtlichen Gesetzgebungen in bezug auf die Sodomiebestrafung im Laufe des 19. Jahrhunderts aufweisen.[140] Interes-

santer ist ein kurzer Blick auf die – wenngleich nicht sehr heftigen – Auseinandersetzungen, die der Aufnahme des § 143 des Preußischen Strafgesetzbuchs als § 152 ins Strafgesetzbuch des Norddeutschen Bundes bzw. als § 175 ins spätere deutsche StGB voraufgegangen sind.
Begreiflicherweise wehrte sich Bayern, das mit der Streichung seiner Sodomie-Strafen gute Erfahrungen gemacht hatte, dagegen, daß solche Bestimmungen nun Teil eines für ganz Deutschland gültigen Strafrechts werden und infolgedessen auch in Bayern wieder gültig sein sollten. Der königlich bayerische Appellationsgerichtsrat von Stenglein schrieb dazu in seinem »Gutachten über den Entwurf eines Strafgesetzbuches für den norddeutschen Bund«[141]: »Widernatürliche Unzucht ist an sich kein strafbares Delict. Sie bedroht weder die Rechtsordnung des Staates, noch dessen sittliche Wohlfahrt, wie dies Blutschande und andere die Familienbande zerstörende Delicte thun. Wäre es möglich, die Sittlichkeit durch Strafgesetze zu schützen, so müßte offenbar viel weiter gegangen und jegliche Unzucht bestraft werden. Der Staat scheitert an der Unmöglichkeit, dies durchzuführen und beschränkt sich deshalb darauf, unsittliche Handlungen zu bestrafen, welche entweder in die Rechte anderer eingreifen oder welche die Grundlage des Staates, die Familie, angreifen. Diese Grenzlinie zu verlassen und durch Bestrafung widernatürlicher Unzucht mit Nachtheil für die öffentliche Sittlichkeit den Schmutz geheimer Sünden aufzurütteln besteht kein Grund . . .« Diesem Vorstoß, der gewissermaßen den Schwanengesang des Konzepts der Aufklärung im deutschen Strafrecht bildete, so wie Beccaria, Hommel und der frühe Feuerbach es verstanden hatten, blieb der Erfolg versagt.
Diskutiert wurde die Problematik aber auch innerhalb der preußischen Regierung. So äußerte der damalige Justizminister Dr. Leonhardt[142], die auf Unzucht zwischen Menschen und Tieren angedrohte Strafbestimmung beruhe im wesentlichen auf der früheren Annahme, daß eine solche Vermischung fruchtbar sei und Bastarde zwischen Menschen und Tieren erzeugen könne.[143] Diese Annahme habe die moderne Wissenschaft verworfen, neuere Gesetzgebungen, wie z. B. die französische, bayerische, belgische sowie der 1867 veröffentlichte Entwurf eines neuen österreichischen Strafgesetzbuches[144] hätten diese Delikte nicht in die Reihe der kriminalrechtlich strafbaren Handlungen aufgenommen. Er fährt fort: »In den Motiven zu dem Österreichischen St. G. B. wird zur Rechtfertigung dessen angeführt: es lasse sich nicht erkennen, warum gerade die hier in Rede stehenden Unzuchtsakte insbesondere als Verbrechen mit Strafe bedroht werden sollten, möge man dieselben nach ihrer Beschaffenheit als unzüchtige, oder nach ihrer allgemeinen Handlung als gesundheitsschädliche Handlungen erachten. Es gebe noch eine Reihe von anderen wider- und unnatürlichen Unzuchtsakten, sei es

zwischen Personen desselben, sei es zwischen Personen verschiedenen Geschlechts, welche in gleicher Weise unsittlich seien und gesundheitsschädlich wirkten, ohne daß man sie mit Strafe bedrohe.« In den Motiven zum preußischen StGB von 1851 sei dagegen als Rechtfertigung der Strafe angeführt, solche Handlungen bekundeten eine so große Entartung und Herabwürdigung des Menschen und seien so gefährlich für die Sittlichkeit, daß das Strafrecht unbedingt darauf Rücksicht nehmen müsse. Zur Erleichterung der Entscheidung, ob der geplante § 152 ganz ausgeschieden oder (bei Streichung der übrigen Sodomiedelikte) ob die Strafe auf Unzucht zwischen Personen des männlichen Geschlechts beschränkt sein solle, wollte der Minister die Stellungnahme eines wissenschaftlichen Gutachtens einholen. Diese lag im März 1869 vor; zu den Autoren gehörte als prominentester Rudolf Virchow. Darin wurde ausgeführt, die Wissenschaft habe längst die Unmöglichkeit einer fruchtbaren Vermischung von Menschen und Tieren bewiesen, solche Fälle seien sehr selten und wären, wenn überhaupt, für den Täter nur bezüglich der Häufigkeit des Aktes gefährlich, »und würde dann derselbe in ähnlicher Weise wie die Onanie wirken«. Letztere wird als höchst gefährliches Laster hingestellt. Hinsichtlich des homosexuellen Verkehrs hebt das Gutachten auf die Notwendigkeit des Jugendschutzes (Personen unter 14 Jahren) ab und führt weiter aus, gesundheitliche Schädigungen beim homosexuellen Verkehr (gemeint ist Analverkehr) entstünden, ebenso wie beim normalen Sexualverkehr, nur durch den Exzeß, während gegenseitige Masturbation – da identisch mit Onanie – viel schädlicher sei. Im übrigen seien Wissenschaftler für Fragen der Moral inkompetent. Das Gutachten ist in jenem eigenartig arroganten Ton gehalten, für den Virchow berüchtigt war. Obgleich es einige alte Vorurteile ausräumt, ersetzt es sie eilends durch das neue über die horrende Schädlichkeit der Onanie (ohne selbstverständlich dafür irgendwelche Beweise zu liefern) und wirkt selbst heute – wenn man sich in die damalige Situation versetzt – weniger überzeugend als überheblich, eine Eigenschaft, die wissenschaftliche Gutachten, die lediglich beraten sollen, aber keinerlei sonstigen Einfluß auf die Dinge ausüben können, im eigensten Interesse ihrer Ziele lieber nicht kultivieren sollten. Seine Wirkung war denn auch absolut negativ: Knapp einen Monat später schrieb Dr. von Mühler, Minister für Unterrichts- und Medizinalangelegenheiten, seinem Kollegen Dr. Leonhardt, es erscheine ihm im Interesse der öffentlichen Moral unstatthaft, Sodomiterei und Päderastie sogar dann, wenn sie offenkundig betrieben würden, ungestraft zu lassen, weshalb er die früheren Ausführungen der Motive zum § 143 des Preußischen Strafgesetzes von 1851 auch gegenüber dem Gutachten der wissenschaftlichen Deputation für wohlbegründet halte.

In den »Motiven zu dem Entwurfe eines Strafgesetzbuches für den Norddeutschen Bund«[145] zog die Kommission schließlich als einzige Begründung für die Beibehaltung der Strafbarkeit der Homosexualität jene ›öffentliche Meinung‹ heran, die bereits Feuerbach zur Aufgabe seines vormaligen Standpunktes bestimmt hatte, kurzum das Vorurteil selbst. Es heißt dort: »Der § 152 behält die auf Sodomie und Päderastie im preußischen Strafgesetzbuch angedrohte Strafe aufrecht. Denn wenn auch der Wegfall jener Strafbestimmungen vom Standpunkt der Medizin wie auch durch manche der Theorie des Strafrechts entnommenen Gründe gerechtfertigt werden kann; das Rechtsbewußtsein des Volkes beurteilt diese Handlungen nicht bloß als Laster, sondern als Verbrechen, und der Gesetzgeber wird billig Bedenken tragen müssen, diesen Rechtsanschauungen entgegen Handlungen für straffrei zu erklären, die der öffentlichen Meinung glücklicherweise als strafwürdig gelten. Die Beurteilung dieser Personen, welche in dieser Weise gegen das Naturgesetz gesündigt, dem körperlichen Strafgesetze zu entziehen, würde unzweifelhaft als ein gesetzgeberischer Mißgriff getadelt werden, und der Entwurf hat deshalb auch nicht geglaubt, dem Vorgange anderer Gesetzgebungen hierbei folgen zu dürfen.« Von irgendwelchen weiteren Debatten über diese Frage ist nichts bekannt.
Am 25. Mai 1870, dem letzten Sitzungstag der ersten Legislaturperiode des Reichstags des Norddeutschen Bundes, wurde das Strafgesetzbuch durch die sehr große Majorität des Hauses angenommen, am 1. Januar 1871 trat es im Bundesgebiet in Kraft und wurde am 15. Mai 1871 mit den erforderlichen redaktionellen Änderungen als »Strafgesetzbuch für das Deutsche Reich« verkündet.[146] Sein § 175 lautete: »Die widernatürliche Unzucht, welche zwischen Personen männlichen Geschlechts oder von Menschen mit Thieren begangen wird, ist mit Gefängnis zu bestrafen; auch kann auf Verlust der bürgerlichen Ehrenrechte erkannt werden.«
Diese Bestimmung bedeutete einen für die nächsten rund hundert Jahre gültigen Sieg des Vorurteils. Doch sie war so unpräzise formuliert[147] und ihre Motivation durch den Gesetzgeber erschien derart unzureichend und unbefriedigend[148], daß sowohl von juristischer[149] wie von medizinischer[150] Seite aus fast von der Verkündung des StGB an Versuche zur Aufhebung oder wenigstens weiteren Einengung des § 175 unternommen wurden, welche Bemühungen gleichzeitig den Abbau des Vorurteils gegen die Homosexualität schlechthin zum Ziel hatten.

## Anmerkungen

1 Robert v. Hippel: *Deutsches Strafrecht,* Bd. I., Berlin 1925, S. 171.
2 Robert v. Hippel: *Deutsches Strafrecht,* op. cit., S. 183.
3 E. Brunnenmeister: *Die Quellen der Bambergensis,* Leipzig 1879, S. 269.
4 Robert v. Hippel: *Deutsches Strafrecht,* op. cit., S. 212.
5 Mathias Kohan-Bernstein: *Die widernatürliche Unzucht,* Heidelberg 1909, S. 20.
6 Diese Vermutung kann aber u. a. durch den Gerichtsbrauch oder vielmehr Rechtsmißbrauch gestützt werden, sich Asozialer oder Krimineller, besonders, sofern sie in Banden auftraten, mittels der Hexereianklage und auch speziell der Verdächtigung aller möglicher ›sodomitischer Sünden‹ (die infolge der Folter dann auch regelmäßig gestanden wurden) planmäßig zu entledigen. Über einen solchen typischen Prozeß aus dem Salzburger Land berichtet Fritz Byloff: Die Blutgenossenschaft des Zaubererjackl. In: *Monatsschrift für Kriminalpsychologie und Strafrechtsreform,* 18. Jg., Heidelberg 1927, Heft 1, S. 401 ff.
7 D. Iodici Damhouderii: *Praxis rerum criminalium,* Antverpiae MDCI, bes. Cap. 98, S. 288–293.
8 S. 291, Abschnitt 22.
9 Eberhard Schmidt: *Einführung in die Geschichte der deutschen Strafrechtspflege,* 3., völlig durchgearbeitete u. veränderte Aufl., Göttingen 1965, S. 154.
10 Robert v. Hippel: *Deutsches Strafrecht,* op. cit., S. 228.
11 Vgl. dazu Robert v. Hippel: *Deutsches Strafrecht,* op. cit., S. 232: »Fortgesetzt sehen wir, daß die juristische Literatur sich derart mit auf die Bibel stützt. Ein Responsum der Tübinger Fakultät von 1695 billigt die Auffassung, daß die Obrigkeit ohne weiteres auf die Mosaischen Strafen erkennen könne.«
12 Robert v. Hippel: *Deutsches Strafrecht,* op. cit., S. 234.
13 In der Ausgabe Leipzig 1695 von S. 208–216 in pars II.
14 Rudolf Quanter: *Die Sittlichkeitsverbrechen,* op. cit., S. 242 f.
15 In einer sonst absolut unzuverlässigen homosexuellen ›Kampfschrift‹ fand ich die Angabe, in der Ausgabe von Carpzows Werk von 1709 sei neben den genannten Übeln auch noch das Auftauchen gewisser Feldmäuse und Sarazenen als Folge von Sodomie erwähnt. Ich habe mir diese Ausgabe leider nicht beschaffen können, fand jedoch in keiner der Editionen, die zu Lebzeiten Carpzows herausgekommen waren, einen anderen Plagen›katalog‹ als den angegebenen. Falls es sich bei den besagten Feldmäusen nicht um einen Übersetzungsfehler handelt, muß dieser Zusatz von späteren Bearbeitern stammen, was mir bei der Autorität, die Carpzow auch längere Zeit nach seinem Tode noch als Gelehrtem eignete, allerdings einigermaßen unwahrscheinlich vorkommt. Andererseits würden sich diese Mäuse ausgezeichnet als typische Sodomiefolge eignen, denn den Hexen wurde, wie bereits erwähnt, die magische Fähigkeit des ›Mäusemachens‹ nachgesagt, und das Hervorbringen von Kleingetier gehört zu den schamanistischen Standardkünsten. Vor dem Einrücken der Sarazenen infolge göttlichen Zorns wegen häufiger Sodomiedelikte der Christen warnte seinerzeit schon Benedictus

Levita. Sollte dieser Zusatz in der Ausgabe von 1709 tatsächlich existieren, dann wäre er nicht fehl am Platze; von Carpzow selbst stammt er aber nicht.

16 Zur richterlichen Tätigkeit Carpzows bemerkte Eberhard Schmidt: *Einführung in die Geschichte der deutschen Strafrechtspflege,* op. cit., S. 156 ff. folgendes: »Carpzows wissenschaftliche Bedeutung ist ... im Zeitalter der Aufklärung bestritten und verdunkelt worden. Eine auf einen üblen juristischen Charlatan, namens Oldenburger (um 1675 Professor in Gent) zurückgehende Legende sagte Carpzow nach, ›daß er an die 20 000 wegen Verbrechen Angeklagter durch seine Urteilssprüche und Rechtsauskünfte zum Tode verurteilt habe‹. In jüngster Zeit ist diese Zahl auf 30 000, ja auf 50 000 erhöht worden. Auch machte man Carpzow für die Greuel der Hexenverfolgungen ... verantwortlich ... Durch neuere Forschungen (Ernst Böhm; v. Weber) ist diese Carpzow-Legende gründlich zerstört worden. Böhm hat auf Grund von Spruchkopialbänden, die in der Leipziger Universitätsbibliothek gefunden worden sind, den Nachweis führen können, daß Carpzow während seiner ganzen Schöppentätigkeit allenfalls 250 bis 300 Todesurteile gesprochen haben kann. Das ist sehr wenig, wenn man bedenkt, welche Bedeutung die Todesstrafe nach der CCC und den anderen damaligen Rechtsquellen gehabt hat ... Zu Carpzows Zeit sind in Leipzig nur zwei Hexenprozesse durchgeführt worden, die beide mit Freispruch endeten.«

17 Antonii Matthaei: *De Criminibus,* Editio tertia. Vesaliae 1672, Cap. VI, S. 419, Abschnitt 8.

18 Nach L. S. A. M. v. Römer: Der Uranismus in den Niederlanden bis zum 19. Jahrhundert. In: *Jahrbuch für sexuelle Zwischenstufen,* VIII. Jg., Leipzig 1906, S. 365 ff.

19 Heinrich Zedler: *Großes vollständiges Universal-Lexikon aller Wissenschaften und Künste,* Leipzig und Halle. Bd. 38, 1743.

20 Eberhard Schmidt: *Einführung in die Geschichte der deutschen Strafrechtspflege,* op. cit., S. 183.

21 Robert v. Hippel: *Deutsches Strafrecht,* op. cit., S. 239.

22 Robert v. Hippel: *Deutsches Strafrecht,* op. cit., S. 249.

23 Eberhard Schmidt: *Einführung in die Geschichte der deutschen Strafrechtspflege,* op. cit., S. 158.

24 Eberhard Schmidt: *Einführung in die Geschichte der deutschen Strafrechtspflege,* op. cit., S. 164 f.

25 Eberhard Schmidt: *Einführung in die Geschichte der deutschen Strafrechtspflege,* op. cit., S. 166.

26 Gottfried Boldt: *Johann Samuel Friedrich von Böhmer und die gemeinrechtliche Strafrechtswissenschaft,* Berlin und Leipzig 1936, S. 1–3.

27 Io. Samuelis Friderici Boehmeri: *Elementa Iurisprudentiae Criminalis.* Benutzte Ausgabe: Halae 1766. Ders.: *Meditationes in constitutionem criminalem Carolinam.* Benutzte Ausgabe: Halae et Magdeburgicae 1770.

28 *Elementa,* Section II, Cap. XXVIII, § CCCIII, S. 434.

29 *Elementa,* Section II, Cap. XXVIII, § CCCVII, S. 437.

30 Gottfried Boldt: *Johann Samuel Friedrich von Böhmer und die gemeinrechtliche Strafrechtswissenschaft,* op. cit., S. 15.

31 *Meditationes,* S. 403–410.

32 Mathias Kohan-Bernstein: *Die widernatürliche Unzucht,* op. cit., S. 20 f.

33 Gottfried Boldt: *Johann Samuel Friedrich von Böhmer und die gemeinrechtliche Strafrechtswissenschaft,* op. cit., S. 70.
34 Eberhard Schmidt: *Einführung in die Geschichte der deutschen Strafrechtspflege,* op. cit., S. 161.
35 Joh. Christian v. Quistorp: *Grundzüge des deutschen Peinlichen Rechts,* Bd. I., Rostock und Leipzig 1794. Siebentes Hauptstück, §§ 496–501, S. 766–771.
36 Joh. Christian v. Quistorp: *Grundzüge des deutschen Peinlichen Rechts,* op. cit., Vierter Abschnitt, §§ 147 u. 148, S. 210 ff.
37 Heinrich Luden: *Handbuch des teutschen gemeinen und particularen Strafrechtes,* Bd. I. Jena 1847; über die üblichen Milderungsgründe bei Sodomie: Chr. Fr. Graeven: *De mitigatione poenae in crimine Sodomiae,* Francofo. 1750.
38 Robert v. Hippel: *Deutsches Strafrecht,* op. cit., S. 441, 449.
39 Eberhard Schmidt: *Einführung in die Geschichte der deutschen Strafrechtspflege,* op. cit., S. 182.
40 Hermann Conrad: *Deutsche Rechtsgeschichte,* Bd. II., Karlsruhe 1966, S. 441.
41 Eberhard Schmidt: *Einführung in die Geschichte der deutschen Strafrechtspflege,* op. cit., S. 257.
42 Hermann Conrad: *Deutsche Rechtsgeschichte,* Bd. II., op. cit., S. 442.
43 In Teil II des Werkes, § 71, 72, 75.
44 Hierzu ausführliche Darlegungen bei Friedrich Wachenfeld: *Homosexualität und Strafgesetz,* Leipzig 1901, S. 25 f.
45 Gesetzbuch über Verbrechen von Franz II. von Österreich, Wien 1803, S. 62 f., 15. Hauptstück.
46 Friedrich Wilhelm Böcker: *Lehrbuch der gerichtlichen Medizin,* 2. verm. Aufl., Iserlohn 1857. § 106: Die gesetzwidrige Geschlechtsbefriedigung. A. Gesetzliche Bestimmungen. b. Österreich, S. 264; Friedrich Wachenfeld: *Homosexualität und Strafgesetz,* op. cit., S. 26.
47 Landrecht des Herzogtums Preußen vom Jahre 1620, Buch 6, Art. 5.
48 Verbessertes Landrecht des Königreichs Preußen von 1721, Buch 6, Titel 7, Art. 7.
49 Allgemeines Landrecht für die preußischen Staaten von 1794, Teil 2, Titel 20, § 1069 ff.
50 Hinter dieser euphemistischen Redewendung ist Auspeitschung beim Eintreffen im und der Entlassung aus dem Zuchthaus zu verstehen.
51 §§ 7, 8.
52 § 91.
53 § 509.
54 §§ 992–1082.
55 Zitiert nach Friedrich Wachenfeld: *Homosexualität und Strafgesetz,* op. cit., S. 35.
56 Die Tendenzen dieser Entwürfe werden in Anlehnung an die Ausführungen von Friedrich Wachenfeld: *Homosexualität und Strafgesetz,* op. cit., S. 35 ff., erläutert.
57 Gesetzrevisionsentwurf von 1830, § 306, Nr. 3.
58 Motive zum revidierten Entwurf des Strafgesetzbuches 1833, S. 251.

59 Revision des Entwurfs des Strafgesetzbuchs von 1843, Bd. 2, S. 175, zu §§ 393, 394; Motive zum Entwurf des Strafgesetzbuches vom Jahre 1847, Ausführungen zu § 183.

60 Motive zu dem Entwurf von 1847, S. 73, zu § 183. Fast ebenso lautete bereits die Revision von 1843, Bd. 2, S. 176.

61 C. F. Müller: *Das Preußische Straf-Gesetzbuch,* Berlin 1851, S. 99.

62 D. Jodoci Damhouderi: *Praxis rerum criminalium,* op. cit., Abschnitt 10, S. 290; Benedict Carpzow: *Practica nova Imperialis Saxonia rerum criminalium,* op. cit., pars II, S. 210, Abschnitt 17; Antonii Matthaei: *De Criminibus,* op. cit., S. 419, Abschnitt 8.

63 Heinrich Zedler: *Großes vollständiges Universal-Lexikon aller Wissenschaften und Künste,* Bd. 38, op. cit., Sp. 334; Io. Samuel Frider. d. Boehmer: *Meditationes in constitutionem criminalem Carolinam,* op. cit., S. 404.

64 Friedrich Wachenfeld: *Homosexualität und Strafgesetz,* op. cit., S. 38. Die Ausführungen Wachenfelds liegen auch der hier gebotenen Erklärung des Verschwindens der Strafbarkeit der weiblichen Homosexualität im preußischen Strafrecht zugrunde, deren Korrektheit ich überprüft habe.

65 Robert v. Hippel: *Deutsches Strafrecht,* op. cit., S. 258, 285.

66 Mathias Kohan-Bernstein: *Die widernatürliche Unzucht,* op. cit., S. 21.

67 Eberhard Schmidt: *Einführung in die Geschichte der deutschen Strafrechtspflege,* op. cit., S. 222.

68 Hermann Conrad: *Deutsche Rechtsgeschichte,* Bd. II, op. cit., S. 437.

69 S. V seiner ›Hommelischen Vorrede‹ zu dem Werk Beccarias.

70 Hermann Conrad: *Deutsche Rechtsgeschichte,* Bd. II., op. cit., S. 439 f.

71 Die hier benutzte und von Hommel angeregte Ausgabe des Werkes kam 1788 in Breslau unter dem Titel heraus: *Des Herrn Marquis von Beccaria unsterbliches Werk von Verbrechen und Strafen.* Die Bemerkungen des Autors zur Sodomie finden sich S. 157–166, § XXXI.

72 Bes. S. XXIV, XXV, XXX, XXXI, XXXIII, XXXIV.

73 Hommel hat hier mit bewunderungswürdiger Intuition die Bedeutung derart emotionsgeladener Ausdrücke als angst- und aggressionsauslösende Schlüsselreize gezeigt; Worte wie ›widernatürliche Unzucht‹, ›unnatürliche und unmenschliche Verbrechen‹, ›Bestialität‹ usw. gehören in die gleiche Rubrik.

74 Nämlich im Fall der bereits erwähnten vorgeblichen »spirituellen Verwandtschaften«.

75 Johann Christian Eschenbach: *Dubia in applicatione art,* 116 CCC obvenientia. Rostochii 1787.

76 Johann Jakob Cella: *Verbrechen und Strafen in Unzuchtsfällen,* Zweibrücken und Leipzig 1787, bes. S. 38 ff., 63 f.

77 Zu den einzelnen Stationen seines Wirkens sowie seinen Schriften vgl. Franz v. Holtzendorff: *Rechtslexikon,* 3. Aufl., Bd. I., Leipzig 1880, S. 820.

78 Eberhard Schmidt: *Einführung in die Geschichte der deutschen Strafrechtspflege,* op. cit., S. 266.

79 Friedrich Wachenfeld: *Homosexualität und Strafgesetz,* op. cit., S. 30 f.

80 Buch 2, Tit. 1, Kap. 2.

81 Teil I, Kap. 6, §§ 10, 11.

82 Bd. 2, S. 59, zitiert nach Friedrich Wachenfeld: *Homosexualität und Strafgesetz,* op. cit., S. 29.

83 Bd. 2, Art. 186, Abs. 1, zitiert nach Friedrich Wachenfeld: *Homosexualität und Strafgesetz,* op. cit., S. 29.
84 Franz v. Holtzendorff (Hrsg.): *Rechtslexikon,* Leipzig 1881, S. 693.
85 Anselm v. Feuerbach: *Lehrbuch des gemeinen in Deutschland gültigen peinlichen Rechts,* 11., verb. Aufl., Gießen 1832, §§ 467, 468, 469, S. 309 f.
86 Anselm v. Feuerbach: *Lehrbuch des gemeinen in Deutschland gültigen peinlichen Rechts.* Mit vielen Anmerkungen und Zusatzparagraphen sowie einer vergleichenden Darstellung der Fortbildung des Strafrechts durch die neuen Gesetzgebungen, herausgegeben von Dr. C. J. A. Mittermaier, Gießen 1847, Note II, S. 738.
87 Ludwig Feuerbach (Hrsg.): *Anselm v. Feuerbach's biographischer Nachlaß,* 2., verm. Aufl., Leipzig 1853, Bd. I., Anhang, S. 346 ff.
88 Diesen Vorwurf hatte Feuerbach der dänische Staatsrat Oersted in seinem Werk: *Ausführliche Prüfung des neuen Entwurfs zu einem Strafgesetzbuch für das Königreich Bayern,* Kopenhagen 1823, gemacht.
89 Mathias Kohan-Bernstein: *Die widernatürliche Unzucht,* op. cit., S. 23.
90 Montesquieu, obgleich er sich gegen die gerichtliche Bestrafung der Homosexualität wandte, wollte diesem ›Laster‹ dennoch »seine ganzen Brandmale lassen« und schrieb dazu: »Verhüte der Himmel, daß ich den Abscheu gegen ein Laster zu schwächen gedächte, welches Religion, Moral und Politik einstimmig verdammen. Schon dann würde es den Fluch verdienen, wenn es auch nichts weiter bewirkte, als daß es dem einen Geschlechte die Schwäche des anderen mittheilt und einer geschändeten Jugend ein noch schändlicheres Alter zubereitet.« (Montesquieu: *Der Geist der Gesetze,* Bd. I., Halle 1829, Buch 16, Kap. 6, S. 358.) Auch Johann Jakob Cella (in: *Verbrechen und Strafen in Unzuchtsfällen,* Zweibrücken und Leipzig 1787, S. 37, § 25) war durchaus gegen die Einordnung der Homosexualität unter die zum peinlichen Recht gehörigen Verbrechen und meinte dennoch, daß der Mensch sich dadurch selbst ruiniere und »seinen moralischen Karakter entadelt«.
91 Christian J. L. Steltzer: *Lehrbuch des teutschen Criminalrechts,* Halle 1793, § 573 f., S. 281 f.
92 Carl August Tittmann: *Handbuch der Strafrechtswissenschaft und der deutschen Strafgesetzkunde,* Bd. III., Halle 1809, S. 630.
93 Christoph Carl Stübel: *System des allgemeinen Peinlichen Rechts,* Bd. I., Leipzig 1795, § 144, S. 114.
94 Karl Grolman: *Grundsätze der Criminalrechtswissenschaft,* Gießen und Darmstadt 1805, I. Theil, 2. Buch, 2. Abtheilung, 2. Unterabtheilung, 3. Kap., § 377, S. 529 ff.
95 I. Theil, 2. Buch, 2. Abtheilung, 1. Abschnitt, 2. Titel, § 398, S. 558 f.
96 J. C. Salchow: *Darstellung der Lehre von Strafen und Verbrechen,* 2 Bde., Jena 1804/5, hier Bd. II., § 377.
97 A. H. Nicolai: *Grundriß der Sanitäts-Polizei. Mit besonderer Beziehung auf den Preußischen Staat,* Berlin 1835, S. 566 ff.
98 Eduard Henke: *Handbuch des Criminalrechts und der Criminalpolitik,* Bd. III., Halle 1830, S. 618 ff.
99 Theil I., S. 201.
100 Thoedor Marezoll: *Das gemeine deutsche Criminalrecht als Grundlage der*

*neueren deutschen Strafgesetzgebungen,* Leipzig 1841, 2. Titel, § 160, S. 484 ff.

101 So z. B. Julius v. Soden: *Der Geist der peinlichen Gesetzgebung Teutschlands,* Frankfurt 1792, Theil 2, §§ 411, 412, 413, S. 48–51; sehr typisch die Bemerkung Mittermaiers in der Ausgabe von 1847 des Lehrbuchs von Anselm v. Feuerbach auf S. 739: »Der Gesetzgeber muß aber auch manche Nachtheile berücksichtigen, welche durch die scandalösen, die Kenntnis des Lasters erst noch mehr verbreitenden Untersuchungen dieser Vergehen entstehen und sich vor einer zu großen Ausdehnung (der Prozesse) hüten.« J. Fr. H. Abegg (in: *Lehrbuch der Strafrechts-Wissenschaft,* Neustadt a. d. Orla 1836, S. 700) bemerkte, derartige Prozesse könnten »kaum ohne neue Verletzung der Sitte erfolgen, und hieraus erklärt und rechtfertigt es sich, wenn in neuerer Zeit – etwa mit Ausnahme des *notorischen* Ärgernisses – die Strafgewalt nicht leicht einschreitet und den Schändlichen der Verachtung und der Strafe seines Gewissens überläßt«.

102 C. F. Roßhirt: *Lehrbuch des Criminalrechts nach den Quellen des gemeinen deutschen Rechts,* Heidelberg 1821, S. 496.

103 Carl August Tittmann: *Handbuch der Strafrechtswissenschaft und der deutschen Strafgesetzkunde,* op. cit., S. 630: »Auch ist es der Sittlichkeit entgegen, mit umständlicher Genauigkeit das Wesen der That nach allen ihren Bestandtheilen in den Gerichten zu erforschen. Überhaupt ist es rathsamer, der Entstehung dieses Lasters durch Erziehung und Beförderung der Ehe vorzubeugen, und es, wenn es einmal über Jemanden die Herrschaft gewonnen haben sollte, lieber zu ignorieren, als durch gerichtliche Untersuchungen kund werden zu lassen.«

104 Michel Foucault: *Wahnsinn und Gesellschaft,* Frankfurt/M. 1969, S. 71.

105 Abbé Desmonceaux: *De la bienfaisance nationale,* Paris 1789, S. 14.

106 Michel Foucault: *Wahnsinn und Gesellschaft,* op. cit., S. 112.

107 Honoré Graf Mirabeau: *Observations d'un voyageur anglais.* Nach: Michel Foucault: *Wahnsinn und Gesellschaft,* op. cit., S. 366.

108 Zur Errichtung derartiger Anstalten in Europa Angaben und Literaturhinweise bei: Michel Foucault: *Wahnsinn und Gesellschaft,* op. cit., S. 77 ff.; Johann Baptist Friedrich: *Systematisches Handbuch der gerichtlichen Psychologie,* Leipzig 1835, I. Theil, 1. Kap.; Hermann Conrad: *Deutsche Rechtsgeschichte,* op. cit., S. 453 f.

109 George Nicholls: *A History of the English Poor Law,* 2 Bde., London 1854, Bd. I., S. 352.

110 Nach Michel Foucault: *Wahnsinn und Gesellschaft,* op. cit., S. 92.

111 Michel Foucault: *Wahnsinn und Gesellschaft,* op. cit., S. 93–95.

112 Nach C. B. Heinrich: Kritische Abhandlung über die von Pritchard als moral insanity geschilderte Krankheitsform. In: *Allgemeine Zeitschrift für Psychiatrie und psychisch-gerichtliche Medizin,* Bd. V., Heft 4, Berlin 1848, S. 501 ff.

113 Michel Foucault: *Wahnsinn und Gesellschaft,* op. cit., S. 193.

114 Michel Foucault: *Wahnsinn und Gesellschaft,* op. cit., S. 408–411.

115 J. B. Friedreich: *Allgemeine Diagnostik der psychischen Krankheiten.* Würzburg 1832, S. 377 ff.

116 F. Leuret: *Des indications à suivre dans le traitement moral de la folie,*

Paris 1846; Pierquin: *Arithmetique politique de la folie,* Paris 1831, nach dem Wahnsinn und Verbrechen beide aus »psychischer Unkultur« hervorgehen. Nach Tissot ist ein ›reines und tadelloses Bewußtsein ein ausgezeichnetes Schutzmittel gegen den Wahnsinn und der Arzt müßte als Moralist wirken‹ (zitiert nach Michel Foucault: *Wahnsinn und Gesellschaft,* op. cit., S. 335).

117 Johann Christian Heinroth: *System der psychisch-gerichtlichen Medizin,* Leipzig 1825, S. 263.

118 Zitiert nach Carl Bergmann: *Lehrbuch der Medicina Forensis für Juristen,* Braunschweig 1846, S. 318.

119 Vgl. die verschiedene Definition bei C. B. Heinrich: *Kritische Abhandlungen über die von Pritchard als moral insanity geschilderte Krankheitsform,* op. cit.

120 Zur Kritik der Lehre von der ›moral insanity‹ vgl. neben der erwähnten Abhandlung von C. B. Heinrich u. a.: J. B. Friedreich: *Allgemeine Diagnostik der psychischen Krankheiten,* op. cit., S. 62 ff.; ders.: *Systematisches Handbuch der gerichtlichen Psychologie,* op. cit., S. 553; Carl Bergmann: *Lehrbuch der Medicina Forensis für Juristen,* op. cit., S. 320 f.

121 Vgl. P. Jessen: Über die in bezug auf Geistes- und Gemütskranke herrschenden Vorurteile. In: *Allgemeine Zeitschrift für Psychiatrie,* Bd. 4, Berlin 1847, S. 1 ff.: »Man vermengt sie z. T. mit moralischen Gebrechen; Gemüthskrankheiten gelten sehr zu unrecht als schimpflich.«

122 Eduard Henke: *Handbuch des Criminalrechts und der Criminalpolitik,* Theil III, op. cit., S. 618: Jemand, der Onanie treibt, macht sich dadurch für die Zwecke des Staates mehr oder weniger untauglich, wodurch er sich diesen entzieht. Denn längere Zeit fortgesetzt, führt dies Laster notwendig zu körperlichem und geistigem Siechtum; Georg Heinrich Hodermann: *Lehrbuch des deutschen Peinlichen Rechts,* Leipzig 1800, Bd. I., S. 517: Wer das schwarze Laster der Selbstbefleckung treibt, auf den wartet ein frühes Grab; Friedrich Julius Siebenhaar: *Encyclopädisches Handbuch der gerichtlichen Arzneikunde,* Bd. II., Leipzig 1840, S. 532 ff.: Selbstbefriedigung hat für Körper und Geist grauenhafte Folgen; J. B. Friedreich: *Allgemeine Diagnostik der psychischen Krankheiten,* op. cit., S. 302 ff.: Onanie erzeugt Wahnsinn; Eduard Henke: *Handbuch des Criminalrechts und der Criminalpolitik,* Theil II, op. cit., S. 132: Durch Onanie kann die Entwicklung der Geisteskräfte verhindert werden; Anonymus: Über die Prostitution in Berllin. In: *Centralarchiv für die gesamte Staatsarzneikunde,* 4. Jg., Ansbach 1847, S. 135–150: Onanie führt zu Päderastie; Friedrich August Röber: *Von der Sorge des Staats für die Gesundheit seiner Bürger,* Dresden 1805, S. 546: »Onanie zerrütet den Geist entweder auf immer oder führt zu zeitweiligem Wahnsinn und Schwärmereyen«; Julius Rosenbaum: *Onanie oder Selbstbefleckung,* Leipzig 1845, führt darauf die schwersten körperlichen und geistigen Gebrechen zurück; Heinrich Ellinger: Über den Einfluß der Selbstbefleckung auf die Erzeugung irrer Zustände. In: *Allgemeine Zeitschrift für Psychiatrie und psychisch-gerichtliche Medizin,* Bd. II., Berlin 1845, S. 23 ff. glaubt, für den Beweis seiner These genügend statistisches Material vorlegen zu können; diese Arbeit ist (im Gegensatz zu den vorher genannten) um Objektivität bemüht, ohne freilich den eigenen Ansprüchen genügen zu können.

123 C. L. Klose: Artikel ›Päderastie‹ in J. S. Ersch und I. G. Gruber: *Allgemeine Encyklopädie der Wissenschaften und Künste,* 3. Section. 9. Theil. Leipzig 1837, S. 147–149.

124 Eduard Henke: *Handbuch des Criminalrechts und der Criminalpolitik,* Theil II., S. 162 ff.

125 In der kleinen Schrift von Henrico Kaan: *Psychopathia sexualis,* Leipzig 1844, wird der ganze Themenkomplex, der früher unter den Sodomiedelikten zusammengefaßt war, als Folge geistiger Störungen hingestellt. Ursache dafür sei »krankhafte erregte Phantasie, die den Geist verdunkelt«.

126 J. Meyer (Hrsg.): *Das große Conversationslexikon für die gebildeten Stände,* II. Abtl., 2. Bd. (Bd. 32 d. Ges.-Ausg.), Hildburghausen 1848, S. 184 f.

127 Georg Heinrich Masius: *Handbuch der gerichtlichen Arzneiwissenschaft,* Stendal 1821, Bd. I., I. Abt., S. 266.

128 L. J. C. Mende: *Ausführliches Handbuch der gerichtlichen Medizin,* Leipzig 1826, S. 510.

129 Georg Heinrich Hodermann: *Lehrbuch des deutschen Peinlichen Rechts,* op. cit., S. 521.

130 Diskussion dieser Frage bei: Johann Baptist Friedreich: *Systematisches Handbuch der gerichtlichen Psychologie,* op. cit., S. 225 ff., 2. Teil, 1. Abschn., I. Kap.; ders.: *System der gerichtlichen Psychologie,* op. cit., S. 87 ff.–140; Bernhard Brach: *Lehrbuch der gerichtlichen Medicin,* Köln 1846, S. 63; am ausführlichsten Carl Bergmann: *Lehrbuch der Medicina Forensis für Juristen,* op. cit., S. 329 ff. und passim.

131 Johann Baptist Friedreich: *Systematisches Handbuch der gerichtlichen Psychologie,* op. cit., S. 293 ff.: »Gewisse abnorme Triebe erben sich sehr oft von den Eltern auf die Kinder fort, und sind es solche Triebe, die ein Verbrechen begründen, so ist die ererbte Disposition hierzu hier von desto größerer Wichtigkeit.« Ders.: *Allgemeine Diagnostik der psychischen Krankheiten,* op. cit., S. 68–72. Noch Liszt spricht von »Entartung infolge erblicher Belastung«, der berüchtigten »hereditären Degeneration« (nach Eberhard Schmidt: *Einführung in die Geschichte der deutschen Strafrechtspflege,* op. cit., S 379).

132 Folgende Zitate können die dargestellte Entwicklung erläutern: C. J. A. Mittermaier: Über die Bedeutsamkeit der Phrenologie in der Strafgesetzgebung. In: *Centralarchiv für die gesamte Staatsarzneikunde,* 1. Jg., 3. Heft, Regensburg 1844, S. 651: »Die Zurechnungsfähigkeit aber hängt von den Organen ab, welche wir in dem Verbrecher finden. Da nämlich gewisse Organe, die ihn zum Rechtthun hätten antreiben können, bei ihm höchst unvollkommen sich finden; oder diejenigen Organe, welche zu gewissen Verbrechen antreiben, mit großer Macht bei einem Menschen entwickelt sind, desto mehr ist die Zurechnung gehindert. In dieser Hinsicht ist es wichtig, die Organe des Angeklagten näher zu beachten. Die Phrenologie zeigt, daß es Fälle gibt, in welchen die Übermacht eines Organs, z. B. des Zerstörungstriebes, verbunden mit ganz unvollkommenen geistigen Organen die Zurechnung aufhebt, so zwar, daß ein Sicherheitsmittel, nicht aber eine Strafe gerechterweise anzuwenden ist. So gibt es andere Zustände, in welchen eine wahre alienatio mentis (Geisteskrankheit) begründet ist, während der Kranke das Bewußtseyn seines Zustandes hat und weiß, was er thut;

jener sogenannte partielle Wahnsinn ist durch die Phrenologie leicht erklärt.« G. v. Struve: Die Phrenologie in ihrem Einflusse auf das Recht. In: *Centralarchiv für die gesamte Staatsarzneikunde,* 1. Jg., 3. Heft, Regensburg 1844, S. 653: »Indem die Phrenologie die letzten Gründe aller Verbrechen prüft, zeigt sie uns, daß diese entweder in ursprünglich unglücklicher Anlage oder in krankhafter Aufregung dieser Organe bestehen, wozu noch der dritte Fall der Unwissenheit oder mangelnder Bildung kommt. In allen diesen Fällen ist der Kranke mehr unter dem Gesichtspunkt eines moralischen Kranken zu betrachten, welcher den Wunsch ihn zu bessern erregen soll, als unter dem Gesichtspunkte eines Übelthäters, der unsern Zorn und unsere Rache verdient.« Diez: Über die Beziehungen zwischen psychischer Krankheit und Verbrechen. In: *Centralarchiv für die gesamte Staatsarzneikunde,* 1. Jg., 1. Heft, Regensburg 1844, S. 133: »Endlich hat man auch eigenthümliche Formen des Schädels bei Geisteskranken beobachtet, welche sich auf gleiche Weise bei Verbrechern vorfinden ... Es zeigt sich also zwischen jenen Zuständen, welche eine besondere Anlage zu Geisteskrankheiten gewähren und jenen, unter welchen die meisten Verbrechen verübt werden, eine durchgreifende Analogie.«

133 J. B. Friedreich: *Allgemeine Diagnostik der psychischen Krankheiten,* op. cit., S. 355 ff. Fälle, wo somatische Anzeichen ganz fehlten, galten nun als zweifelhaft; »Nervenkrankheiten, Anlage zu Hämorrhoiden, Entwicklungskrankheiten, Störungen der Menstruation und Lactation bei Frauenzimmern, schwangerer Zustand usw. sind Umstände, auf welche der Arzt seine Aufmerksamkeit wenden wird« (Carl Bergmann: *Lehrbuch der Medicina Forensis für Juristen,* op. cit., S. 352).

134 J. B. Friedreich: *System der gerichtlichen Psychologie,* op. cit., S. 142.

135 Spätere Werke darüber, vor allem die Hirschfeldschen ›Kampfschriften‹ u. ä., lassen wir absichtlich unberücksichtigt, da sie erstens viel später erschienen und zweitens ihrerseits nicht der Festigung, sondern der Aufweichung des uns interessierenden Vorurteils dienen sollten, freilich wegen der vielfach unglücklichen Argumentation ihrer Autoren dies Ziel meist weit verfehlten, so daß sie, auf lange Sicht betrachtet, den Homosexuellen eher geschadet als genützt haben, zumal insbesondere Magnus Hirschfeld den Aspekt der »hereditären Degeneration« als Begriff in seine Lehre vom »Dritten Geschlecht« mit hineingenommen hatte, wodurch die Idee, Homosexuelle seien abnormal und irgendwie mißgebildet, bis weit in unser Jahrhundert hinein fixiert wurde.

136 Johann Ludwig Casper: *Practisches Handbuch der gerichtlichen Medizin,* 2 Bde., Berlin 1860, Bd. II., § 24 ff., S. 191 ff. (das Werk war weit verbreitet und erlebte viele Auflagen); ders.: Über Nothzucht und Päderastie und deren Ermittlung Seitens des Gerichtsarztes. In: *Vierteljahrsschrift für die gerichtliche und öffentliche Medicin,* I. Bd., 1. Heft, Berlin 1852, S. 21 ff.

137 C. Westphal: Die conträre Sexualempfindung. In: *Archiv für Psychiatrie und Nervenkrankheiten,* Bd. II., Heft 1, Berlin 1869, S. 73 ff.

138 R. v. Krafft-Ebing: *Lehrbuch der gerichtlichen Psychopathologie,* Stuttgart 1875, Cap. 8, S. 155 ff.

139 Z. B. bei J. G. Frazer: Anthropological Questions. In: *The Journal of the Anthropological Institute of Great Britain and Ireland.* Vol. XXIV, London

1895, S. 158–198; Charles Letourneau: *L'Evolution de la Morale,* Paris 1887, S. 408 ff.

140 Eine ausführliche Besprechung dieser Gesetze findet sich bei Friedrich Wachenfeld: *Homosexualität und Strafgesetz,* op. cit., S. 28–34.

141 Aus: *Verhandlungen des neunten deutschen Juristentages,* Bd. I., Berlin 1870.

142 R. v. Decker (Hrsg.): Erörterung strafrechtlicher Fragen aus dem Gebiete der gerichtlichen Medizin. Eine Anlage zu den Motiven des Strafgesetz-Entwurfs für den Norddeutschen Bund, Berlin 1869. Dieser Quelle entstammen auch die Stellungnahme von Minister Dr. v. Mühler sowie das »Gutachten der Königlichen wissenschaftlichen Deputation für das Medizinalwesen«.

143 Die Idee, die Sodomiebestrafung beruhe auf der Annahme einer fruchtbaren Vermischung von Mensch und Tier, entbehrt jeder Grundlage. Solche Vermischungen wurden zwar als möglich betrachtet (insbesondere natürlich in Verbindung mit der Satansbuhlschaft), daß aber speziell aus diesem Grunde die Sodomiestrafen eingeführt worden seien, ist eine völlig aus der Luft gegriffene Behauptung des Ministers, die sich aus der alten einschlägigen Literatur in keiner Weise ableiten läßt.

144 Dieser liberale österreichische Entwurf hat sich nicht durchsetzen können; alle späteren bedrohen die widernatürlichen Sodomiedelikte wieder mit Strafen. Vgl. Friedrich Wachenfeld: *Homosexualität und Strafgesetz,* op. cit., S. 27.

145 Berlin, Juli 1869, § 152, S. 150 f.

146 Robert v. Hippel: *Deutsches Strafrecht,* op. cit., S. 345.

147 Vgl. dazu die kritischen Kommentare bei F. C. Oppenhoff: *Das Strafgesetzbuch für das deutsche Reich,* 10. verb. Aufl., Berlin 1885, S. 396 f.; Wolfgang Mittermaier: *Vergleichende Darstellung des deutschen und außerdeutschen Strafrechts. Vorarbeiten zur deutschen Strafrechtsreform. Besonderer Teil,* Bd. IV, Berlin 1906, S. 147–157.

148 Friedrich Wachenfeld: *Homosexualität und Strafgesetz,* op. cit., S. 39 f: »Der einzige Grund, den der Reichsgesetzgeber zu nennen weiß, ist die Berufung auf das Volksrechtsbewußtsein. Kein Wunder, daß es die Befürworter der Straflosigkeit des gleichgeschlechtlichen Verkehrs reizen mußte, eine solche Begründung zu widerlegen.«

149 Z. B. Franz v. Liszt und Eberhard Schmidt: *Lehrbuch des deutschen Strafrechts,* Berlin u. Leipzig 1927, S. 563 f.; Kahl, v. Lilienthal, v. Liszt und Goldschmidt: *Gegenentwurf zum Vorentwurf eines Strafgesetzbuches,* Berlin 1911, S. 238 ff.

150 Albert Moll: *Die conträre Sexualempfindung,* Berlin 1893, 2. Aufl., bes. S. 18 f., S. 253; R. v. Krafft-Ebing: *Der Conträrsexuale vor dem Strafrichter,* Leipzig, Wien 1894, S. 31, sprach sich im Gegensatz zu seiner früheren Auffassung für die gesellschaftliche Ungefährlichkeit der Homosexuellen aus, ohne jedoch deshalb von seiner Theorie der »hereditären Entartung« abzugehen.

# *VIII. Kapitel*
# Beeinträchtigung der Erforschung des Vorurteils gegenüber der männlichen Homosexualität durch das Vorurteil selbst

## 1. Von der Ächtung zum Vorurteil

### *a. Körperliche Anomalien als Ursachen sozialer Ausstoßung*

Bei vielen Naturvölkern findet sich das soziale Faktum einer Meidung solcher Stammesgenossen, die körperliche Anomalien aufweisen.[1] Sie kann bis zum Aussetzen bzw. bis zur Ausstoßung gehen. Dabei richtet sich dies Verhalten sowohl gegen Träger angeborener Anomalien (wie z. B. Verkrüppelungen oder Albinismus) als auch gegen Menschen, deren körperliche Stigmata im Lauf des Lebens erworben wurden (etwa schwere Verstümmelungen durch Verletzungen oder Seuchen wie Lepra und Geschlechtskrankheiten). Offenkundig ist die Ursache dafür in einer diffusen Angst der Gesunden, Unversehrten vor so etwas wie Ansteckung mit den Übeln zu suchen, vor deren äußerlichen Symptomen an anderen man zurückschreckt.

Dies ›Zurückschrecken‹ kennt man auch aus der vergleichenden Verhaltensforschung am Tier, der Ethologie, unter dem Begriff des ›Meideverhaltens‹.[2] Im Übergang vom ›Meiden‹ zum ›Hassen‹, wie der deutsche Ausdruck in der Übersetzung des gebräuchlicheren englischen ›mobbing‹ lautet, zeigen sich fließende Verbindungen zu mehr aggressiven Akten. Beim ›Hassen‹ wird das geschädigte Individuum nicht mehr lediglich gemieden, sondern aktiv fortgetrieben bzw. verfolgt und angegriffen. Unter Menschen manifestiert sich aggressives ›Hassen‹ – zwar kulturell gebändigt, doch aus dem tierischen Grundmuster noch erschließbar – z. B. im Lachen, das ursprünglich ein drohendes Zähnefletschen gewesen ist: »Man lacht über jemanden, man lacht jemanden aus, und man tut dies gerne gemeinsam mit anderen. Der Ausgelachte empfindet das Lachen als aggressiv. Die gemeinsam Lachenden fühlen sich aber über dieses ritualisierte ›Hassen‹ einander verbunden. Um eine Gruppe über die Aggression zu binden, benutzt man oft Sündenböcke . . . In der christlichen Welt spielten die Juden lange Zeit diese Rolle, und man machte es ihnen unmöglich, sich anzupassen, weil man sie in der Rolle des

Sündenbockes brauchte ... Menschen in aller Welt neigen dazu, auf Außenseiter und von der Mehrheit abweichende Minoritäten mit heftigen Ausstoßreaktionen anzusprechen. Demagogen haben sich zu allen Zeiten auf das ›gesunde Volksempfinden‹ berufen, wenn sie gegen Minoritäten aufputschen wollten. Diese Neigung zeigen bereits Kleinkinder, wenn sie hinkende oder stotternde Spielgefährten hänseln ...«[3]

Parallel hierzu ist das bekannte Vorgehen zu betrachten, ›Sündenböcke‹ vor dem Akt der Ausstoßung tierähnlich zu machen, um Mitleidsregungen zu unterbinden und ihr ›nicht-Dazugehören‹ zur menschlichen Gemeinschaft auch äußerlich sichtbar werden zu lassen. Durch dies Verfahren soll auf die ›eigentlich tierische‹ Natur des betreffenden Unglücklichen hingewiesen werden; seine Herausstaffierung als Monstrum will die Emotionen des ›Meidens‹ und ›Hassens‹ evozieren. ›Teeren und Federn‹ des Opfers vor dem eigentlichen Akt des Lynchens ist die bekannteste Praktik dieser Art. Es wird damit gleichsam ausgedrückt, der so zum ›Un‹menschen gemachte, d. h. künstlich mit einer Anomalie Versehene gehöre nun nicht länger ›dazu‹ und habe deshalb auch keinen Anspruch mehr auf mitmenschlichen Schutz.

Verstümmelnde, schwere Leibesstrafen, wie das ›Brandmarken‹ oder das Abhacken von Ohren oder Händen gehören in die gleiche Kategorie; sie sollen auch äußerlich denjenigen stigmatisieren, den die Gemeinschaft (zu Recht oder zu Unrecht) als outlaw und outcast empfindet. Durch den Rückgriff auf die schon bei vielen höheren Tieren vorhandene Scheu vor abnormal aussehenden Exemplaren derselben Spezies können geschickte und skrupellose Demagogen andere Menschen ohne allzu große Mühe zu aggressiven Akten gegen derartige Sündenböcke stimulieren.

### *b. Ethnozentrismus*

Soziokulturell gesehen ist das Vorurteil ein Urteil, das andere vor uns gefällt haben und das man sicherheitshalber auch ungeprüft nicht außer acht lassen sollte: schließich gibt es zu viele Gebiete, auf denen der Mensch persönliche Erlebniserfahrungen nicht besitzt; ohne die Hilfe von Traditionen und ohne die Übernahme fremder Erfahrungen wäre das kleine Kind hilfloser als jedes Tier.

Daß Traditionen zu Unsinnigkeiten werden können, daß geschichtliche Erfahrungen falsch tradiert, falsch verstanden oder bewußt manipuliert werden können, ist ein bedauerlicher Nebeneffekt, und einen der verhängnisvollsten stellt das negative, unreflektierte Vorurteil dar. Allerdings: »Vorläufige (d. h. übernommene) Urteile werden nur dann zu Vorurteilen, wenn wir sie unter dem Eindruck neuen Wissens nicht zurücknehmen«[4] wollen oder können ...

Jedem Menschen eignet im Rahmen der frühkindlichen Sozialisation die Tendenz, sich mit seiner zugehörigen Eigengruppe zu identifizieren: Die Gruppe gibt ihren Mitgliedern Geborgenheit, Eindeutigkeit, Rückendekkung und Prestige. Es ist daher sehr begreiflich, daß der einzelne die allgemeine Gruppenmeinung, ihre Einstellung zu bestimmten Fragen, ihre Traditionen, gewohnheitsmäßigen Zu- und Abneigungen usw. übernimmt.[5]

Gelegentlich kann diese menschliche Tendenz zur Aneignung von solchen Normen und Werten, die der eigenen Ingroup teuer sind, dazu führen, daß normativ alle Angehörigen von Fremdgruppen abgelehnt werden. In ihrer Extremform bezeichnet man diese Haltung als Ethnozentrismus.[6] Eine ethnozentrische Betrachtungsweise hält die eigene Gruppe samt allem, was dazugehört, für den einzig wahren und möglichen Bezugspunkt und Wertmaßstab überhaupt. (Beispiel: Alle Nichtgriechen wurden von den Hellenen für ›Barbaren‹ gehalten, und dem Christen waren alle Bekenner nichtchristlicher Religionen ›Heiden‹.)

Die ethnozentrisch zur Bezeichnung von Fremden bevorzugten Worte und Wendungen bringen meist lediglich eine pure Negation zum Ausdruck[7], ein naives absolutes Werturteil, und Furcht – oder zu Abneigung gemilderte bzw. abgeblaßte Furcht – vor allem Fremden scheint die tiefste Ursache von Ethnozentrismus zu sein.[8] Falls man das Benehmen des Fremden nicht voraussehen kann (der Normalfall), dichtet man ihm erst einmal Verhaltensformen an, die den eigenen diametral entgegengesetzt sind. Dies primitive Verfahren entwickelt dann die Stereotype[9], deren Bedeutung für die Entwicklung von echten Vorurteilen kaum zu überschätzen ist.

Ethnozentrische Reaktionen gibt es selbstverständlich nicht nur bei Naturvölkern. Man kann sie mitten unter uns beliebig provozieren, indem man Leute mit Situationen konfrontiert, die sie aus dem ihnen zur Verfügung stehenden eigenen Erfahrungsschatz heraus nicht begreifen können. Das Nichtverstehen erzeugt Angst, und die Angst wiederum Abwehr (man meidet das betreffende Problem, ›schweigt es tot‹), gelegentlich jedoch sogar Aggression. »Das ›andere Leute komisch finden‹ geht unmerklich dazu über, sie zu verurteilen, und es ist nicht ungewöhnlich, daß jegliches Verhalten, das nicht mit unseren Regeln des Benehmens übereinstimmt, mehr oder weniger als unmoralisch betrachtet wird.« Von dort bis zur Pathologisierung des unüblichen Verhaltens ist es dann nur noch ein Schritt; im Grunde handelt es sich hier um die Wirkung sozialer Kontrollmechanismen.[10]

*c. Vorurteile entstehen durch soziales Lernen*

Das Wort ›Vorurteil‹ (›prejudice‹, ›praeiudicim‹) entstammt der römischen Gerichtssprache und bezeichnete dort eine dem Endurteil in einem Prozeß voraufgehende, vorläufige Feststellung über den derzeitigen Stand des Falles, woraus die streitenden Parteien entnehmen konnten, mit was für einem Ausgang des Rechtsstreits sie rechnen konnten. Überdies wurde als ›Vorurteil‹ ein solches angesehen, das noch von einem höheren Gericht zu überprüfen war.[11]

Die heute geläufige Bedeutung des Wortes geht im wesentlichen auf die Epoche der Aufklärung zurück. Erst dort gewinnt der Begriff seine vorwiegend negative Bestimmung eines unbegründeten, vorschnellen, falschen Urteils. Dies kommt zustande, wenn es dem Menschen nicht gelingt, alle Aussagen auf die Einsicht des Verstandes zu gründen. Erkenntnisse und Meinungen, die aufgrund von Überlieferung und Autorität (insbesondere religiöser Autorität) übernommen werden, sowie alle voreiligen, von Gefühlen und Interessen geleiteten Stellungnahmen gelten als Vorurteile, die es zu durchschauen gilt, um frei zu werden (nämlich zum Gebrauche der Vernunft).[12] In diesem Sinne ist das Wort im Deutschen und Englischen[13] zumindest seit den letzten hundert Jahren benutzt worden, und wer sich also dennoch zum Verteidiger von bestimmten definitiv als Vorurteile gekennzeichneten Meinungen aufwarf, der verteidigte sie deswegen, weil sie ihm selbst lieb und oder seiner Ingroup aus guten Gründen teuer waren[14]. Gunnar Myrdal hat z. B. in seinem Werk *An American Dilemma* (dem ersten als wissenschaftlich zu bezeichnenden Ansatz in der Vorurteilsforschung aus den zwanziger Jahren) gezeigt, daß das Vorurteil, Neger seien zum Dienen geschaffen, in den USA nach der Bekehrung der Negersklaven direkt aus der Bibel abgeleitet wurde (vor seiner Christianisierung galt der Sklavenstand schon deshalb als dem Neger angemessen, weil es sich hier eben um ›Heiden‹ handelte.)[15] Später änderte man diese Motivation. John Dollard[16] stellte eine Liste aller irrigen Meinungen auf, die sich im Verlauf dieser Entwicklung heute bei den Weißen im Süden der USA über Neger herausgebildet haben und schuf den Begriff des »defensiven Glaubens«, also eines Vorurteils mit der latenten Funktion der Legitimation von Diskriminierungen.

Nicht zufällig ist die Vorurteilsforschung im wesentlichen amerikanischen Ursprungs, und daß man sich in den USA vorzugsweise mit der Erforschung rassischer Vorurteile befaßte, beruht auf der Vordringlichkeit rassicher Probleme in der amerikanischen Gesellschaft.[17] Das bedeutet nun allerdings nicht, daß Vorurteile auch ein sozusagen amerikanisches negatives Prärogativ darstellten[18]: Die Verhältnisse in Europa lagen

vielmehr nicht besser, sondern nur anders. In Europa hat sich das wirklich (nicht: vorgeblich) religiös determinierte Vorurteil (gegen das die Bestrebungen der Aufklärung ja in erster Linie gerichtet waren) bedeutend länger erhalten als im ›klassischen‹ Auswandererland Amerika, wohin die Leute bekanntlich nicht selten fuhren (»pilgrim-fathers«), weil sie dort ungehindert ihren Glaubensüberzeugungen nachleben konnten.
Die Judenverfolgungen in Hitler-Deutschland erwiesen sich als das schreckliche Ergebnis einer Mischung aus dem ›klassischen‹ religiösen und dem ›säkularisierten‹ rassistischen Vorurteil. Gerade die Judenmorde beweisen, in wie hohem Grade Vorurteile von Gruppenkonflikten abhängig sind und daß wirtschaftlicher Neid sowie Abneigung gegen Fremde dabei eine wichtige Rolle spielen. Vor allem aufgrund der schrecklichen Ereignisse in Europa rückte man in den USA nach 1945 von den dort früher beliebten Vorurteils-Theorien ab, nach denen insbesondere Rassenvorurteile angeboren sein sollten. Empirische Erhebungen zeigten, als man erst einmal daran ging, sie zu beginnen, daß der Erwerb von Vorurteilen bei Kindern ein Teil des allgemeinen sozialen Lernens ist. Niemand wird schon vorurteilsbehaftet geboren, denn Vorurteile sind stets erworben und zwar hauptsächlich mit dem Ziel der sozialen Anpassung. Das Erlernen erfolgt immer im Rahmen der gesamten Sozialstruktur, in der die Persönlichkeit des Kindes sich entwickelt. Eine immense Bedeutung kommt beim Erwerb von Vorurteilen den soziokulturellen Normen zu; man geht nicht zu weit, wenn man sagt, Vorurteile seien als solche geradezu Bestandteile von sozialen Normen. Ihre Entstehung ist in das komplizierte Geschehen der sozialen Anpassung des Kindes an die Welt eingewoben, in der es später als Erwachsener leben soll.[19]
Von Wichtigkeit ist auch die Tatsache, daß das Lernen von Vorurteilen eng verflochten mit dem Erlernen der Sprache ist: Denn die menschliche Sprache wertet sozusagen Wort für Wort, und mit den Worten werden gleichzeitig die Wertungen vom kleinen Kind internalisiert.[20] Hiermit wiederum hängt die Ausbildung von bestimmten Stereotypen zusammen, gewissermaßen Klischeevorstellungen, die vor dem geistigen Blickfeld auftauchen, sobald nur das sie bezeichnende Wort ausgesprochen, gehört oder gelesen wird. Sie können positiver oder negativer Natur sein und dienen der leichteren, d. h. schnelleren sozialen Orientierung. (Das tun sie bemerkenswerterweise auch dann, wenn sie objektiv betrachtet falsch sind. Da jedoch jeder der Ingroup-Angehörigen sie gleicherweise besitzt und benutzt, besteht hier zwar ein kollektiver Irrtum, der die Verständigung innerhalb der Gruppe aber nicht behindert[21].) Insofern dienen also sogar gänzlich unsinnige Vorurteile dem Gruppenzusammenhalt, und es wird klar, daß das Ansinnen, derartige Vorurteile ablegen zu sollen, beträchtliche innere Unruhe verursachen kann.[22]

Für die Sozialpsychologie birgt diese Erklärung für die Ausbildung sozialer Vorurteile den großen Gewinn, daß sie Hinweise vermittelt, wie man vorurteilsvolles Verhalten verhindern kann: Nämlich durch eine bessere frühkindliche, näherhin vorschulische Erziehung, in der zum kritischen Denken ermuntert wird und wo, wenn überhaupt, dann eher positive Vorurteile vermittelt werden.[23] Die Erklärung macht aber auch deutlich, daß das ›Verlernen‹ von Vorurteilen zwangsläufig Unsicherheitsgefühle erregen und damit zu Angst und auch zu Aggressionen führen kann. Dieser Umstand ist der Hauptgrund für das zähe Festhalten auch erwachsener Menschen an Vorurteilen, die sie als Kinder ›ungesiebt‹ aufgenommen haben. Und dies Unsicherheitsgefühl pflegt durch allerlei Derivationen überspielt zu werden, mit deren Hilfe man ›rational‹ erklärt, weshalb die eigenen Ansichten keineswegs etwa Vorurteile sind, sondern sehr richtige und ›vernünftige‹ Meinungen.[24] Logischerweise kann man Vorurteile nur ablegen, wenn Gelegenheit zur Aneignung ›richtigeren Wissens‹ über die fraglichen Probleme gegeben ist, und hier liegt der Unterschied zwischen Vorurteil und ethnozentrischem Werturteil: Von einem Vorurteil kann erst dort gesprochen werden, wo die Aneignung ›richtigeren‹ Wissens möglich wäre, aber unterbleibt. Für uns bedeutet dies, daß man von Vorurteilen gerechterweise erst von der Epoche der Aufklärung an sprechen darf.

### *d. Der ›Sündenbock‹*

Bei 3. Mose, Kapitel 16, Vers 20–22 lesen wir über die dem Priester vorgeschriebene Entsühnungsbehandlung: »Und wenn er vollbracht hat das Versöhnen des Heiligtums und der Hütte des Stifts und des Altars, so soll er den lebendigen Bock herbringen. Da soll denn Aaron seine beiden Hände auf sein Haupt legen und bekennen auf ihn alle Missetat der Kinder Israel und alle ihre Übertretungen in allen ihren Sünden, und soll sie dem Bock aufs Haupt legen und ihn durch den Mann, der bereit ist, in die Wüste laufen lassen, daß also der Bock alle ihre Missetat auf sich in die Wildnis trage, und er lasse ihn in die Wüste.«

Es handelt sich hier um ein Tier. Dies aber bedeutet nichts anderes als: zweifellos nicht um ein Mitglied der eigenen Ingroup, und eben das nicht-menschliche Wesen des Tiers macht es ausgezeichnet dazu geeignet, die Sünden aller Menschen, die ihm auferlegt werden, ganz substantiell weg in die Wüste zu tragen, dahin, wo keine Menschen leben. Werden Menschen als Sündenböcke ausersehen, pflegt man sie zu verfremden und menschenungleich zu machen (›teeren und federn‹), damit ihre Ähnlichkeit mit der eigenen Ingroup abgeschwächt wird.[25]

Bräuche, in denen Menschen als Sündenböcke figurierten, sind aus

Altgriechenland überliefert[26]: Dort wurde der menschliche Sündenbock in die Einöde gesandt, beladen mit der Schuld einer ganzen Stadt, »in die Spuren wilder Hunde«, wie die poetische Beschreibung des Rituals lautet. Man kannte in Griechenland aber auch wirkliche Hunde als Sündenböcke.[27] In Tibet konnte die Funktion des Sündenbocks gleichfalls sowohl Menschen wie Hunden übertragen werden.[28]
In bezug auf ihre Beziehungen zum Strafrecht erläutert von Hentig[29] diesen Komplex der Schuldübertragung wie folgt: »Für das Strafrecht sind von allen Formen der Übels-Ablenkung oder Verfrachtung nur jene Methoden bedeutsam, in denen Krankheit, Sünde oder Verbrechen ebenso auf einen anderen Menschen abgeleitet werden, wie ein Träger dem anderen die Last aufpackt. Wohlbekannt ist die Übertragung auf Bäume, noch besser die Ableitung auf Tiere (Sündenbock der Bibel). Zur Tötung kommt es erst, wenn Menschen zum Sündenbock gemacht werden und nach der Umladung der Schuld die perniziöse Substanz somit samt ihrem Träger durch Tötung beiseite geschafft wird. Ohne das besser bekannte Stadium der Tieraustreibung bleibt die seltsamere menschliche Praxis unverständlich. Es will bisweilen scheinen, als ob die Gleichgültigkeit gegenüber einem Justizmord auf dunklen Erinnerungen an die soziale Nützlichkeit des ›Sündenbocks‹ beruhe, der ebenfalls ohne Schuld ist.«
Die Auswahl der jeweiligen Sündenböcke, gegen die vorurteilsvolles Verhalten gerichtet wird, erfolgt nach meist zwei Kriterien: Einmal nach dem der Schwäche solcher benachteiligter Minoritäten, zum anderen aus traditionellen Gründen.[30] Die jeweilige Konstellation von Sündenbockwahl und Art der Diskriminierung muß von Fall zu Fall gesondert untersucht werden. Die Ursachen dafür, daß eine Minorität schließlich zum Sündenbock wurde, lassen sich historisch oft noch sehr deutlich greifen.[31]
Neuere Autoren sind sich einig, daß es sich beim Auftreten von Sündenböcken und dem ihnen entgegengebrachten negativen Verhalten um eine typische Grundhaltung gegenüber solchen Individuen aus der eigenen Ingroup handelt, die man – aufgrund irgendwelcher äußerer Anzeichen oder im Verhalten feststellbarer charakterlicher Merkmale – als ›fremd‹ und marginal empfindet und denen man demzufolge mit einer sonst nur gegen Mitglieder von Outgroups gezeigten Verhaltensweise zu begegnen neigt. Morris Ginsberg[32] schreibt zu diesem wohl wichtigsten Aspekt des ganzen Problemkomplexes: »Ist dies Gefühl des ›Fremdseins‹ einmal vorhanden, so werden die Konfliktstoffe mit den Gruppen als solchen verknüpft und erzeugen somit die Gruppenvorurteile, die nötig sind, um eine Diskriminierung als vernunftgemäß erscheinen zu lassen.«

### e. Der Mechanismus der »Self-fulfilling Prophecy«

Wir haben uns bis jetzt ausschließlich mit der Frage befaßt, warum Menschen Vorurteile hegen und aus welchen Gründen diese sich auf bestimmte andere Gruppen und Individuen richten. Die Vorurteilsforschung wäre aber recht einseitig orientiert, würde sie nicht auch der Frage nachgehen, wie die bevorzugten Opfer von Vorurteilen, die mannigfachen Sündenböcke aller Schattierungen, denn eigentlich ihrerseits auf die Diskriminierung reagieren. Diesem Problem müssen wir uns jetzt zuwenden. Wir stoßen dabei auf ein fesselndes und ganz frappierendes Phänomen.[33] Es zeigt sich nämlich, daß viele diskriminierte Vorurteilsopfer und Sündenböcke erstaunlicherweise dazu neigen, sich mit der negativen Haltung, womit man ihnen entgegentritt, zufriedenzugeben, ja sie nicht selten sogar zu akzeptieren, indem sie ein Verhalten an den Tag legen, das oberflächlich gesehen dem auf sie gerichteten Vorurteil geradezu recht zu geben scheint. Diese Reaktion hat man nach Robert K. Merton[34] als »self-fulfilling prophecy« bezeichnet.

Individuen, die sich ihr entsprechend verhalten, passen ihr äußeres Benehmen den negativen Erwartungen der vorurteilsvollen Beobachter geradezu sklavisch an und spielen so die selbsterniedrigende Rolle jenes Zerrbildes ihrer selbst, als welches sie in den Augen der anderen erscheinen. Mit Masochismus kann eine solche Verhaltensweise, die bei amerikanischen Negern sowie bei kleinen Kindern genauer untersucht worden ist, wohl kaum zusammenhängen. Unter den möglichen Ursachen für diese paradox wirkende Reaktion sind zwei besonders einleuchtend[35]:

1. Durch sein Gebaren erreicht der sich Erniedrigende zumeist, daß der andere sich in seinen Vorurteilen bestätigt fühlt und darüber Befriedigung empfindet, wodurch er eher geneigt wird, auf direkt aggressive Handlungen zu verzichten. Es ist also teilweise als Selbstschutz aufzufassen.
2. Das vorurteilsangepaßte Verhalten kann aber auch als Angstreaktion vor dem Verlust der eigenen Identität verstanden werden.

In den erwähnten Untersuchungen ging man von der Tatsache aus, daß Kinder bereits gleichzeitig mit dem Erlernen ihrer Muttersprache die schon erwähnten Stereotyp-Vorstellungen aufnehmen und sich ›einverleiben‹, mit denen u. a. die sozialen Kategorien ihrer Ingroup umrissen werden. Außerdem wurde festgestellt, daß kleine Kinder zwar die Fähigkeit zum Kategorisieren in diesem Sinne besitzen, d. h. sie machen eifrig und mühelos die Gewohnheit der Erwachsenen mit, die Menschheit in Gute und Böse, Weiße und Schwarze, kurzum in Ingroup und Outgroup aufzuteilen. Was jedoch regelrecht erlernt werden muß, ist die Kenntnis der jeweils geltenden Kategorien selbst: Nämlich sowohl ob die Schwar-

zen (in den USA beispielsweise) zu den ›Bösen‹ gehören, d. h. zu den sozial geringer Angesehenen, oder dergleichen, als auch und vor allem: Ob man selbst zu dieser oder jener Kategorie von Menschen gehört. Und bemerkenswerterweise lernten die amerikanischen Kinder den sozialen Rang und Wert der sozialen Kategorien, bevor sie in der Lage waren, auszumachen, zu welcher sie selbst gehörten. Die Orientierung über die sozialen Kategorien als solche und das Erlernen, wie man ihre Zugehörigen jeweils erkennt (an ihren jeweiligen Stereotypen nämlich), kam also vor dem Innewerden, welchen Platz man denn in dieser Gesellschaft eigentlich selbst einzunehmen hatte.
Aus dem Gesagten wird deutlich, daß es nicht für alle Menschen ohne weiteres möglich ist, sich in seinem Verhalten nach jenen Normen zu richten, denen gesamtgesellschaftlich gesehen hohes Prestige zukommt, um auf diese Weise an besagtem Prestige auch selbst teilzunehmen: Der Neger gilt als ›Nigger‹, selbst wenn er als Kind das Prinzip der Superiorität der weißen Rasse internalisiert haben sollte; sein niedriger sozialer Rang wird sogar dadurch fixiert, daß er das Prestige der Weißen anerkennt. Doch wer sich dem herrschenden Vorurteil widersetzt, das ihn bzw. seine Ingroup – aus welchen ›Gründen‹ auch immer – ablehnt, dem wirft man im Sinne des Vorurteils völlig folgerichtig vor, er stelle nicht nur das gegen ihn gerichtete Vorurteil in Frage, sondern mit ihm auch die dahinter stehende gesamte kulturelle Konzeption bzw. Weltanschauung.

### *f. Von der Ächtung zum Vorurteil*

Betrachten wir nach den gebotenen begrifflichen Definitionen jetzt, wie sich die Ächtung der männlichen Homosexuellen bis zu dem heute gültigen massiven Vorurteil gegen diese Menschengruppe ausgeformt hat, so läßt sich die Entwicklung mit beklemmender Folgerichtigkeit nachzeichnen.
Der Prozeß begann mit der indogermanischen Überlagerung über die europäische Megalithbevölkerung. Im Verlauf des nun einsetzenden Kulturbruchs wurden die zuvor numinos geschätzten transvestitischen Schamanen, denen man auch in der Wanenreligion noch gewisse, wenngleich kultisch wohl unwesentliche Funktionen eingeräumt hatte, von den eingedrungenen Siegern als »feige, kriegsscheu und pervers« verächtlich gemacht und verfolgt. Sie sanken während der nächsten Jahrhunderte sozial immer weiter ab, bis sie schließlich als Schadenszauberer und durchweg kriminell galten, was bei Entdeckung Friedloslegung und Wüstung (d. h. Todesstrafe und Enteignung) zur Folge hatte. Diese Ächtung erfolgte aufgrund des indogermanischen (Un)werturteils über eine Menschengruppe, deren Auftreten und Gesamteindruck den neuen Herren

fremd und daher nicht geheuer war, d. h. überwiegend aus Ethnozentrismus. Der ›Arge‹ gilt als unheimliche, nichtmenschliche, verächtliche Figur, als Unhold und Neiding; die Übergänge zur Lächerlichkeit in späterer Zeit sind fließend (›arga-fas‹ = ›Narretei‹).
Hinzu kommt für die Frühzeit noch ein Gesichtspunkt, der schon in Kapitel V., Abschnitt 1. a., im Zusammenhang mit der vorchristlichen römischen Einstellung zum gleichen Fragenkomplex behandelt wurde: Die große Scheu der Indogermanen vor körperlich Mißgebildeten, vor ›Monstren‹. Unter diesem Oberbegriff sind sowohl wirklich Verkrüppelte zu verstehen wie solche Menschen, in deren Wesen sich irgendwelche – als fremd und deshalb unheimlich empfundene – Züge zeigten, die auf Angehörige dieser Stämme ebenso ab›scheu‹lich wirkten wie tatsächlich Mißgebildete. Die Vorstellung der Verkrüppelung wird hier im Sinne einer sowohl körperlichen wie wesensmäßigen Versehrtheit als ebenso ästhetischer wie moralischer Unwert erfaßt, wobei beides durcheinandergeht: Dem Krüppel dichtet man üble Charaktereigenschaften an, beim (echten oder angeblichen) Verbrecher sucht man quasi automatisch auch nach äußeren Anzeichen der Abnormität.
Eine derartige Sicht ist typisch indogermanisch (wenngleich nicht auf Indogermanen beschränkt); vielleicht hängt sie damit zusammen, daß viele indogermanische Völker Herdenbesitzer waren und den Brauch übten, mißgebildete Jungtiere sofort nach der Geburt zu töten, da für die weitere Zucht ungeeignet. Diese Einstellung kann auf menschliche Kinder übertragen worden sein, wozu verstärkend das Motiv hinzutrat, daß für das rauhe Leben von Hirtenkriegern nur gesunde Kinder in Frage kamen. (Als eines der bekanntesten Beispiele mag hier wieder einmal Sparta erwähnt werden, wo die Männerversammlung in jedem Einzelfall darüber zu entscheiden hatte, ob ein Säugling am Leben bleiben durfte oder als nicht kräftig oder gesund genug getötet gehörte.) Bei vielen Pflanzervölkern, z. B. im ganzen südostasiatischen Raum, galten Mißgeburten dagegen nicht als todeswert. Man zeigte sie vielmehr auf Märkten für Geld oder ließ sie für die Familie betteln, der daraus ein geschätzter Einkommenszuwachs entstand, denn einem verkrüppelten Bettler nichts zu geben galt als extrem unglückbringend. Aus diesem Aberglauben rührt auch die bekannte asiatische Sitte, Kinder absichtlich zu verkrüppeln, eben damit sie beim Betteln mehr heimbringen. Ursache dieser Vorstellung ist die numinose Überzeugung, im Verkrüppelten manifestiere sich ein ›anderes‹ Wesen als im Gesunden; hier wird dies ›andere‹ aber nicht als Gegenbild empfunden, sondern als Bestandteil des Wirkens höherer Mächte, d. h. von Geistern oder dergleichen. Die Scheu, die man vor dem Krüppel hat, ist kein Abscheu, sondern heilige Scheu.
In Germanien haben sich die oben skizzierten beiden Aspekte der

Verkrüppelung bald zu einem zwar in sich komplexen, aber doch Jahrhunderte lang erstaunlich konstanten Porträt verdichtet, dem des ›Unholdes‹. Der Unhold trägt nichtmenschliche Züge, ist entweder selbst verkrüppelt (etwa wie Rögnvald ›Geradebein‹) oder hat nicht-menschlichen (z. B. Loki) oder verkrüppelten Nachwuchs (was man von den Hexen glaubte). Durchgehend ist auch die Volksmeinung einer Verbindung des Unholds mit dem gewohnheitsmäßigen Giftmischer zu konstatieren. In der Spätzeit verwischte sich ferner der vordem wesensmäßig durchaus separat gesehene Typ des ›Argen‹ mit dem des ›Werwolf-Menschen‹, und man dichtete ersterem zusätzlich an, was vordem nur von letzterem angenommen worden war, nämlich Menschenfresserei. Tierattribute hat der Unhold ursprünglich nicht gehabt. Während der Hexenverfolgung wurden sie Satan erst zuerkannt, um ihm Tierqualität zu verleihen und damit die Imputation des sodomitischen Geschlechtsverkehrs (im Sinne von Bestialität) mit diesem Dämon glaubhafter auszugestalten.

Das Verschwinden des gesamten Bereichs der ›Argheit‹ aus dem Strafrecht im germanischen Raum bis zum Auftreten des Benedictus Levita beweist erstens seine ursprüngliche Zugehörigkeit zur sakralen heidnischen Sphäre, zweitens seine bereits damals extreme Seltenheit: Lediglich spurenhaft und im Zusammenhang mit anderen ›Transvestitionen‹ (z. B. in Tiermasken während des Karnevals) lassen sich Reste davon noch greifen.

Die christliche Mission betrachtete die ›Fleischesvergehen‹, die man sich unter dem Oberbegriff der ›Sodomie‹ zusammenzufassen angewöhnt hatte, nicht als Verbrechen, sondern als Sünden, weshalb sie überaus oft in den Bußbüchern auftauchen, in den damaligen germanischen Stammesrechten aber nicht (von jenen Ausnahmen abgesehen, auf die in Kapitel V., Abschnitt 4 eingegangen wurde). So gesehen war die christliche Ächtung der ›Argheit‹ bzw. Sodomie Bestandteil der christlichen Religion und höchstens in dem Sinne Teil eines ethnozentrischen Werturteils, als die allgemein leibfeindlichen Tendenzen des Christentums auf gesamtgesellschaftliche Werturteile der hellenistischen Weltsicht zur Zeit um Christi Geburt zurückgingen. Bis zu Benedictus Levita bleibt also zwar die Ächtung als solche bestehen, da nach wie vor Homosexualität als gesellschaftlich und religiös sehr anstößig, ›ärgerniserregend‹ galt. Diese Ächtung ging aber nicht länger – wie in der vorchristlichen Epoche – bis zur Leibesstrafe oder gar dem Todesurteil. Hier hat die christliche Mission – ebenso wie auf dem Sektor der Blutrache – entschieden humanisierend gewirkt.

Kaiser Justinian stigmatisierte mit der ›Sodom-Mythe‹ Homosexuelle als Sündenböcke, weil die Sodom-Geschichte die wichtigste Stelle in der Bibel ist, wo in Verbindung mit einem Erdbeben Schuldige genannt werden und sich diese daher für seine speziellen Zwecke besonders eignen mußten. Zusätzlich bot sie (wenn das nicht gar ihr Hauptzweck war) gesetzliche Handhaben gegen irgendwie Mißliebige, denen man anders nicht ans Leder konnte: Homosexualität wurde zum Verbrechen all jener, denen kein anderes nachzuweisen war, berichtet Prokop. Justinians Interpretation der Sodom-Geschichte ist lügenhaft, und die gute Schriftkenntnis der griechischen Patriarchen und Rechtskundigen, die den Kaiser berieten, legt nahe, daß hier bewußt gelogen wurde, und zwar um politischer und persönlicher Interessen willen. Dabei handelt es sich weder um ein ethnozentrisches Werturteil noch um ein Vorurteil, sondern um einen jener Willkürakte, die für das Regierungssystem des Caesaropapismus konstituierend waren.

Hätte Benedictus Levita sich Justinians ›Sodom-Mythe‹ nicht für seine Fälschungen bedient, wäre sie heute unbekannt. Man mache sich klar, was das bedeutet: Kein Wiederaufleben der vorchristlichen Feuerstrafe für Argheit und Verwandtes; keine Möglichkeit, die Hexenverfolgung zum ›crimen mixti fori‹, d. h. einer Angelegenheit sowohl der geistlichen wie der weltlichen Gerichtshöfe zu machen; keine Gelegenheit, allen Hexen Sodomie mit Satan zu imputieren (und per Folter zu ›beweisen‹); keine neuen Derivationen für das Beibehalten von Sodomiestrafen während und nach der Aufklärung; keine Homosexuellenverfolgung im Dritten Reich ... In der Tat, wenn man die Kriminalität einer Handlung an ihren bösen Folgen zu messen hat, dann ist Benedictus Levita einer der größten Verbrecher gewesen, die das Abendland hervorgebracht hat. Ohne seine Übernahme der Sodom-Mythe und deren Einbau in seine Fälschungen wäre die jahrhundertelange Gleichsetzung: »Wo Sodomie, da unausweichlich mannigfache ›Plagen‹ durch Einwirkung göttlichen Zorns« niemals erfolgt. Wie die durch Levita initiierte Entwicklung aber verlief, hat diese Gleichsetzung quasi axiomatischen Charakter bekommen. Sie wurde erst durch den Juristen Hommel ad absurdum geführt und dahin verwiesen, wohin sie gehört: Ins Reich der Fabeln. Dennoch hat sie bis heute Anhänger ...

Levitas Fälschung ist jedoch auch unabhängig von ihren Folgen für das gesamte spätere deutsche und französische Strafrecht verhängnisvoll geworden. Denn obgleich seine Machwerke vorgaben, christliche Belange zu verteidigen, unterscheiden sie sich von wahrhaft christlichem Geist wie die Nacht vom Tage: Indem der Fälscher geschickt an die in der Bevölkerung noch immer lebendige Scheu vor dem Schadenszauberer anknüpfte, machte er sich eine Seite des ›gesunden Volksempfindens‹ zu Nutze, gegen das seine eigene Kirche seit Jahrhunderten energisch angekämpft hatte. Sein persönliches Motiv dazu war keineswegs ein ethnozentrisches Werturteil, sondern kaltschnäuzige Machtpolitik im Dienste des gallischen Klerus. Daß er sich hinter einem Pseudonym versteckte, beweist seine Furcht vor Entdeckung, gleichzeitig sein schlechtes Gewissen.

Den beiden Autoren des Hexenhammers, Heinrich Institoris und Jakob Sprenger, ging es im Gegensatz zu Kaiser Justinian und Benedictus Levita nicht um machtpolitische Zwecke, sondern sie handelten einzig aus dem Bestreben, die Hexenverfolgung aus dem Bereich der Inquisitionsgerichte in den der weltlichen Foren zu verlagern, um unbedingt die Todesstrafe für Hexen durchzudrücken. Ob sie das aus mönchischem Frauenhaß oder schierer Geldgier taten, bleibt angesichts der entsetzlichen Verbrechen der Hexenprozesse unerheblich. Eines allerdings verbindet auch diese beiden mit ihren Vorgängern: Sie sind Fälscher. Hatte Kaiser Justinian die Sodom-Mythe insofern erfunden, als sich das, was er aus dem fraglichen Bibelbericht herausliest, darin nicht finden läßt, und hatte Benedictus Levita Kapitularien ›aufgefunden‹, die lediglich seiner eigenen Phantasie entsprungen waren, so ›entdeckten‹ die zwei Inquisitoren, daß Hexen regelmäßig im Geheimen mit Satan ›modo sodomitico‹ Geschlechtsverkehr trieben und deshalb gegen sie die weltliche Strafe des lebendig Verbrennens in Anwendung kommen müsse, da sie mit Satan ›gebuhlt‹ hätten, und Satan hatte bekanntlich Hörner, einen Schweif und einen Pferdefuß.

Die Gedankengänge des Hexenhammers drangen rasch in den weltlichen Gerichtsgebrauch ein, und obgleich die CCC das Verbrechen der Ketzerei strich und die Schadenszauberei nur bestraft sehen wollte, sofern tatsächlich jemand dadurch Schaden gelitten hatte[36], war die uralte Angst vor dem Schadenszauberer, die Institoris und Sprenger so überaus geschickt reaktiviert hatten, stärker als die Paragraphen des Peinlichen Rechts. Noch bis ins 18. Jahrhundert hinein hat man Hexen verbrannt[37], obgleich dafür rechtlich überhaupt keine Grundlage bestand. Doch: »Der Gebrauch will es aber, der Gebrauch, ein schrecklicher Despote!« wie Karl Ferdinand Hommel diese juristische Ungereimtheit treffend charakterisierte. Wie eng Argumentation und Resonanz des Hexenhammers von der Existenz solcher Strafrechte abhingen, die für Sodomie die Feuerstrafe vorsahen, erweist sich anhand der Tatsache, daß er praktisch nur in Frankreich und Deutschland hohe Auflagen erlebte und bei den weltlichen Richtern Beifall fand, jenen beiden Ländern, wo die gefälschten fränkischen Kapitulare den Rechtsbrauch bezüglich der Sodomiestrafen in so entscheidender Weise beeinflußt hatten.

Selbstverständlich brachte es die durch den Malleus eingeführte Gewohnheit, bei ›Malefizsachen‹ stets nach etwa auch vorliegenden Sodomiedelikten zu fahnden, mit sich, daß die Richter dieser speziellen Deliktgruppe nun mehr Aufmerksamkeit zuwandten als je zuvor. Man darf durchaus vermuten, daß gerade die Hexenprozesse mit ihrer Sitte der öffentlichen Verlesung des Urteils vor dem Verbrennungsakt indirekt zur Vermehrung dieser Delikte beitrugen, weil sie ihnen zu einer Publizität verhalfen, die sie zuvor in jenem Umfang ganz gewiß nicht hatten. Beim Volk bildete sich die aufgrund der Rechtsprechung naheliegende Vorstellung aus, Homosexualität und Bestialität hätten schlechthin immer irgendwie mit dem Teuflischen, absolut Bösen zu tun, und so entwickelte sich seit jener Epoche allgemein eine fast abergläubische Angst vor diesen Delikten, die schließlich soweit geführt hat, daß man sie nicht einmal mehr namentlich zu nennen wagte, sondern statt dessen Zuflucht bei allerhand mehr oder weniger mißverständlichen Umschreibungen suchte.

## 2. Beeinträchtigung der Erforschung des Vorurteils durch das Vorurteil selbst

### *a. Fixierung des Vorurteils während der Aufklärung*

Die Frage, ab wann man korrekterweise bei der uns beschäftigenden Problematik von einem echten Vorurteil sprechen darf, hatte ich schon unter Punkt c. des vorigen Abschnitts gestreift. Ich hob dort hervor, daß dies – und es gilt insbesondere für den juristischen Sektor – nicht vor der Aufklärung der Fall gewesen sei. Denn während der gesamten Geltungsdauer der CCC waren die Sodomiestrafen ja Bestandteile des Peinlichen Rechts, und es wäre zuviel verlangt gewesen, von Juristen – geschweige denn von den Nichtjuristen – der damaligen Epoche eine grundsätzliche Kritik an einzelnen Paragraphen des geltenden Strafrechtes zu erwarten. Selbstverständlich gibt es auch gegenwärtig noch in deutschen und in ausländischen Strafrechten einzelne Bestimmungen, die ihrer Natur nach vorurteilshaft sind und abgeschafft werden müßten, aber wenn wir das heute feststellen können, dann gelingt uns das nur, weil wir inzwischen einmal durch unseren vermehrten Erfahrungsschatz und außerdem durch ein verändertes Wissenschaftsverständnis sowie ein dadurch grundlegend verändertes Weltbild der Bevölkerung des Mittelalters, selbst des ausgehenden, einigermaßen überlegen sind. Bedenken wir zudem, daß sogar der Begriff ›Vorurteil‹ erst im 18. Jahrhundert entstand, dann fällt es schwer, die ablehnende Haltung der vielen früheren Jahrhunderte gegen die Sodomie als vorurteilsvoll zu bezeichnen.
Wenn man Vorurteile auf die in Abschnitt 1. c. erläuterte Art definiert, so können ›vorurteilshaft‹ zwar irgendwelche ethnozentrischen oder reli-

giösen Werturteile sein, die Naturvölker oder Menschen in unterentwickelten Ländern traditionellerweise bis zum heutigen Tage hegen, denn dort besteht immerhin wenigstens eine prinzipielle Chance zur Information über modernere Ansichten bzw. den gesicherten wissenschaftlichen Sachverhalt, sofern man sich wirklich darum bemüht. Das aber ist im vorwissenschaftlichen Zeitalter nicht möglich gewesen. Selbst so absurde Vorstellungen, wie daß die Hexen schädliches Kleingetier auf zauberische Weise ›hervorbrächten‹, waren mangels Kenntnis der Vermehrungsweise von Insekten nicht widerlegbar.[38] Daß Juristen vom Schlage Damhouders und Carpzows an den mittelalterlichen Gedankengängen im Strafrecht festhielten, die ihrem eigenen Weltgefühl und ihrer persönlichen religiösen Überzeugung entsprachen, kann nicht verwundern. Kritische Stimmen zu einer prinzipiellen Infragestellung der Strafbarkeit von Sodomiedelikten überhaupt finden sich auch später nur bei den wenigen Juristen, die das Programm der Aufklärung konsequent durchgedacht hatten, wie Beccaria, Hommel und dem frühen Feuerbach, während man Cella nur mit Einschränkungen hierzu zählen kann. Spätestens jedoch während der Aufklärung hätte man sich allgemein darüber klarwerden können, daß die abschätzige Haltung gegenüber der Homosexualität (und dies gilt gleicherweise für verwandte Sexualdelikte) ihrer wahren Natur nach vorurteilshaft gewesen war. Man hätte sich auch damals schon unschwer über die tatsächlichen Quellen dieses Vorurteils informieren können, wenn man das Bedürfnis dazu gespürt hätte. Davon aber ist eigenartigerweise offenbar keine Rede gewesen. Es stellt sich also die Frage: Warum entdeckte die Aufklärung die religösen Vorurteile und übersah – ja pflegte – die sexuellen? Hierfür sind zwei Gesichtspunkte ausschlaggebend geworden.

Einmal war die abschätzige Bewertung der Homosexualität nicht ursprünglich religiös, sondern sozial, nämlich ethnozentrisch determiniert, und so überlebte sie die christliche Religion, weil sie älter war als jene und auf Voraussetzungen beruhte, die während der Aufklärung ebenso bestanden, wie vorher und sogar vor der Christianisierung. Auch im 18. Jahrhundert galt homosexuelles Verhalten als mit dem herrschenden Männlichkeitsideal für unvereinbar. Die Idee, wer homosexuell reagiere, sei zwangsläufig irgendwie passiv-weiblich (worin sich die stereotype indogermanische Vorstellung spiegelt, Passivität und Weiblichkeit gehörten stets zusammen, während allein dem Mann Aktivität zukomme, und zwar auf allen Lebensbereichen), gilt als Selbstverständlichkeit.[39] Sie drückt sich eindeutig in den zu Beginn des 19. Jahrhunderts erstmals auftauchenden homosexuellen Selbstbekenntnissen aus, die – meist anonym – an die Gerichtsärzte verschickt wurden, welche sich mit dieser Problematik auseinanderzusetzen hatten. Man spricht von ›weiblicher

Seele‹, ›seelischem Zwittertum‹ und ähnlichem, dies aber ganz augenscheinlich einfach nur deshalb, weil es sogar den Betroffenen selbst unmöglich und unbegreiflich vorkam, als Mann einen anderen Mann sexuell begehren zu können. Dabei hätten sich in jener Epoche alle, die sich ehrlich um Klärung dieser Fragen bemühten, durchaus darüber informieren können, wie irrig dies stereotype Denkschema war. Denn wer, beispielsweise, konnte wohl an Prinz Eugen, der sein Leben im Feldlager verbrachte, etwas passiv-weibliches entdecken, oder etwa an Alexander von Humboldt, dem wagemutigsten Entdeckungsreisenden und Naturforscher seiner Zeit? Bemerkenswerterweise hat man solche Beispiele aber nie diskutiert, die der inzwischen im Werden begriffenen Entartungs-Theorie hätten gefährlich werden können.
Die zweite Antwort auf unsere Frage muß die überragende Bedeutung in Betracht ziehen, die in der Aufklärungsepoche der Vernunft zugemessen worden ist. Wir wissen heute, daß sehr viele, höchstwahrscheinlich sogar die meisten Handlungen des Menschen auf unbewußten Antrieben, so oder so verarbeiteten frühkindlichen Eindrücken und Erfahrungen und ähnlichen psychischen Verursachungsfaktoren beruhen, die Aufklärungszeit wußte das jedoch bekanntlich noch nicht und maß deshalb rationalen Überlegungen bzw. deren Einfluß auf das menschliche Denken, Handeln und Fühlen einen Einfluß zu, den solche Überlegungen in Wahrheit nicht besitzen. Zudem mußte das Natur- und Wissenschaftsverständnis der Aufklärung infolge der Kürze der Zeitspanne, die einer von religiösen Tabus partiell befreiten Forschung bis dahin erst zur Verfügung gestanden hatte, noch sehr mangelhaft sein. Vieles hielt man bereits für restlos geklärt, worüber sich die zuständigen Fachwissenschaften noch heute im unklaren sind, und der unangebrachte Finalismus der in jener Epoche aufkommenden Entwicklungslehren hielt den damaligen Entwicklungsstand der – abendländischen! – Menschheit für den höchsten erreichbaren überhaupt. Unter Bezug auf dies Entwicklungsdenken ordnete z. B. der bereits erwähnte französische Soziologe Letourneau Päderastie und Homosexualität den ›Primitiven‹ zu, da die Moral jener Menschen, die im Zustand der Wildheit verharrt hätten, nicht ausreiche, um das Unsittliche solcher Handlungen einzusehen.[40]
Neben diese Idee, Homosexualität gehöre gewissermaßen zu den primitiven Verhaltensformen, die einer höher entwickelteren Gesellschaft einfach unwürdig seien (erinnern wir uns nur an Graf Mirabeau, der Homosexualität als ›Laster‹ bezeichnete, worüber zu sprechen »der Anstand der modernen Zeit uns verbietet«), trat die Überlegung, wie sehr entgegen der Vernunft homosexuelles Verhalten doch sei. Denn Homosexualität wurde vom rationalen Verständnis der Aufklärung als ein – naturwissenschaftlich betrachtet – schlechthin verkehrtes, weil dem Zweck der Fort-

pflanzung inadäquates Sexualverhalten verstanden. Der mittelalterliche Ausdruck ›Widernatürlichkeit‹ gewinnt hier eine neue Dimension; auch er wird säkularisiert.

Ursprünglich bedeutete ›widernatürliche Unzucht‹ nichts anderes als »die Art von Unzucht, die im verkehrten Gebrauch der Zeugungsorgane besteht«. Man kannte selbstredend auch die natürliche Unzucht, das war die Unzucht schlechthin, z. B. voreheliche Geschlechtsverkehr und vor allem Ehebruch. Die Einführung des Begriffs der widernatürlichen Unzucht im Mittelalter war rein juristischer Art und nicht, wie manche, die das Eindringen in die alte juridische Nomenklatur scheuen, vorschnell annehmen, moralisierend. Das Mittelalter hat überhaupt nie moralisiert, es hat donnernd gepredigt und grollend verdammt; das Moralisieren ist eine Erfindung der Aufklärung, ebenso wie das Wort ›Moral‹ selbst. Für das Mittelalter war die Sodomie (wie sämtliche Fornifikationsverbrechen generell) ein Ungehorsamsdelikt, ein Zeichen des Aufstandes (daher ihre Verbindung zum Reiche Satans, des Widersachers Gottes); sie war Superbia.[41] Auflehnung gegen Gott aber war die schlimmste Sünde überhaupt, das Verbrechen, weshalb die Menschheit aus dem Paradies vertrieben worden war. Die rationalistische Vorstellung der Aufklärung von der Natur hingegen ist nicht personal orientiert (d. h. auf ein personalisiertes Absolutes hin ausgerichtet), sondern mechanistisch. Naturgesetze laufen mit einer Notwendigkeit ab, die unaufhaltsam ist. Sich gegen sie zu stellten, ist kein Hochmut, sondern günstigenfalls lächerlich, meist einfach ein Zeichen von Mangel an normaler Urteilsfähigkeit, an ›Vernunft‹. So wird auch der Zweck des Sexualtriebes (›Fortpflanzungstrieb‹) lediglich als gewissermaßen sinnreiche Maßnahme der Natur zur Arterhaltung aufgefaßt. Die immense Bedeutung der Sexualität für die allgemeine Soziabilität des Menschen, für die Schöpfung von Kultur und Kunst usw. wurde noch nicht gesehen.[42] Aus der einseitigen Betonung der Sexualität als Mechanismus der Fortpflanzung empfing die Entartungs-Theorie, auf die im nächsten Abschnitt eingegangen wird, wichtige Impulse.

Im Sinne der Aufklärung stellt es sich also als durchaus ›vernünftig‹ dar, Homosexuelle wegen der offenbaren ›Unvernunft‹ ihrer Neigungen anderen Gruppen notorisch ›Unvernünftiger‹ beizugesellen, nämlich den Wahnsinnigen und den Gesetzesbrechern, kurzum: Sie, die sich außerhalb des Reiches der Vernunft bzw. der Gesellschaft vernünftiger Menschen durch ihr Verhalten auf die Stufe von Verrückten oder Wilden stellen, zu asylieren.[43]

*b. Behinderung einer objektiven Erforschung des Vorurteils gegen die Homosexualität durch die Entartungs-Theorie*

Die beiden Theorien, in denen das Vorurteil nach der Aufklärung – säkularisiert – weiterlebte, waren die Verfalls- und die Entartungs-Theorie. Wie sich zeigte, hatte erstere ihrer offenkundigen Unhaltbarkeit wegen keine anhaltende Zustimmung gefunden, was z. B. darin zum Ausdruck kommt, daß die Motive des StGB von 1870 als Ursache für die Beibehaltung der Strafbarkeit der Homosexualität sie nicht mehr nennen, sondern sich ausschließlich auf die ›Volksmeinung‹, d. h. das Vorurteil selbst, beziehen. Sie dürfte jedoch dafür verantwortlich sein, daß die Forderung der Aufklärung nach restloser Aufhebung der Pönalisierung der Homosexualität als eines strafrechtlichen Grundtatbestandes sich nicht durchsetzen konnte. So bildete die Verfalls-Theorie eine Art Bindeglied und Zwischenstadium zwischen den Motivationen der Strafbarkeit der Sodomiedelikte in der CCC bzw. den davon abgeleiteten Landesrechten und den ›aufgeklärteren‹ späteren Partikularrechten; d. h. ihr war es zuzuschreiben, daß die Strafbarkeit dieser Delikte dort beibehalten wurde, auch nachdem die religiöse Begründung weggefallen war.
Die Entartungs-Theorie hat sich gleichfalls im Hinblick auf die fortbestehende Strafbarkeit der Homosexualität gebildet, zielte aber in eine andere Richtung: War die Verfalls-Theorie konzipiert worden, um das Weiterbestehen der Strafbarkeit der Sodomiedelikte zu sichern, so entwickelte sich die Entartungs-Theorie, um die wegen derartiger Delikte gerichtlich Angeklagten vor einer Bestrafung zu schützen. Diese positiv-protektive Haltung der Gerichtsärzte und speziell der Psychiater ist den Homosexuellen der damaligen Zeit durchaus klar gewesen; sie waren darum dieser Menschengruppe dankbar und nur zu geneigt, die von jener über sie aufgestellten Theorien auch selbst zu akzeptieren. Durch die unglückliche Ausgangssituation jedoch, in der diese Entwicklung begonnen hatte, wurden die Ärzte dazu gedrängt, einzelne ›Krankheits‹fälle zu beobachten und zu untersuchen, anstatt über die Homosexualität als Phänomen sexuellen Verhaltens nachzudenken. Die Folgen dieser Entwicklung beeinträchtigen die psychologische Forschung bis heute.
Es berührt geradezu unglaublich, wenn man in der gesamten diesbezüglichen medizinischen Literatur der damaligen Zeit nicht ein einziges Mal die Überlegung findet, ob denn homosexuelles Verhalten wohl wirklich krankhaft sei oder vielleicht lediglich eine bislang wenig erforschte und mißdeutete Manifestation menschlichen Sexualverhaltens überhaupt. Dabei hätte es – zumal bei den großen Repräsentanten der Aufklärung – Anhaltspunkte für eine solche Auffassung gegeben. So sind z. B. die Leidenschaften nach Auffassung von Holbach unendlich mannigfaltig,

und Helvétius hatte erklärt, die Menschen seien zu dem, was sie darstellten, nicht geboren, sondern durch ihre soziale Umwelt geworden.[44] Hieran anknüpfend, hätte eine an dem eigentlichen Phänomen statt an den – noch dazu stets in Extremsituationen begutachteten – ›Fällen‹ orientierte Forschung zu der Frage nach den gesellschaftlichen Bedingungen und Verursachungsfaktoren homosexuellen Verhaltens vorstoßen können, wozu Ansätze bereits bei Beccaria vorhanden waren. Man begnügte sich jedoch mit einer höchst fragwürdigen Theorienbildung über die Ätiologie der Homosexualität, wodurch man – sicherlich unbewußt – der Diskussion des Vorurteils selbst auswich. Es ist zu vermuten, daß für dies Vorgehen der Verfechter der Entartungs-Theorie das Vorurteil selbst verantwortlich zu machen ist, da sich aufgrund der wissenssoziologischen Forschung erwiesen hat, daß weite Bereiche der Theoriebildung ihre Grundlagen in sozialen Verhaltensstrukturen haben.[45]
Auf diese Weise hat die Entartungs-Theorie die Erkenntnis, daß die strafrechtliche Ahndung und gesellschaftliche Ächtung der Homosexuellen auf einem Vorurteil basierte, jahrzehntelang verzögert, indem sie homosexuelles Verhalten als krankhaft hinstellte, wodurch eine weitere Diskussion unterblieb. Sicherlich hat diese Auffassung vielen Homosexuellen, die vor Gericht erscheinen mußten und durch wohlmeinende Gerichtsärzte als »hereditär Entartete« eingestuft wurden, zur Straffreiheit verholfen. Auf die Länge der Zeit aber hat sie ihnen viel mehr geschadet als genützt, weil sie der im Volk infolge der jahrhundertelangen obrigkeitlichen Indoktrination noch immer vorherrschenden Überzeugung neue Nahrung bot, Homosexuelle seien »nicht so wie andere Menschen«, sondern irgendwie unheimlich (ähnlich wie die Geisteskranken) und gleichzeitig weibisch und zur Verantwortung nicht tauglich, nicht einmal für ihre eigenen Handlungen.

### *c. Scheinbare Bestätigung des Vorurteils durch den Mechanismus der self-fulfilling prophecy*

Der Mechanismus der self-fulfilling prophecy, über den ich im ersten Teil dieses Kapitels berichtet habe, läßt sich nicht nur dort nachweisen, wo es um die – scheinbare – Bestätigung von Vorurteilen geht. Dieser Mechanismus kann auch bei speziellen Prognosen auftreten, die im Rahmen wissenschaftlicher oder pseudo-wissenschaftlicher Theorien erstellt werden[46], sowie bei Theorien im allgemeinen Sinne, wobei die Kenntnis der betreffenden Theorien das Verhalten solcher Personengruppen, worauf gerade diese Theorien sich beziehen, entweder in Richtung auf eine Bestätigung oder aber auf eine Falsifikation (›self-destroying prophecy‹) der fraglichen Theorien hin verändert.

Die Verbreitung der Entartungs-Theorie auch in Laienkreisen hat nun in dieser Weise auf das Verhalten von Homosexuellen eingewirkt, und zwar anfangs hauptsächlich verifizierend. Das bedeutet, die Homosexuellen paßten sich dem Symptomenkatalog, der ihnen von der Psychiatrie angeboten wurde, weitgehend an. Nicht zuletzt dürfte dafür die Erkenntnis von Belang gewesen sein, daß bei einer solchen Anpassung die gerichtliche Begutachtung im Falle einer Anklage leichter zu einem für den Angeklagten positiven ärztlichen Gutachten führen würde, als wenn man die Symptome, die bei moralischem Wahnsinn bzw. hereditärer Entartung vorausgesetzt wurden, nicht gezeigt hätte. Selbstverständlich hat es sich dabei keineswegs um eine einfache Simulation derartiger Symptome gehandelt; der Mechanismus der self-fulfilling prophecy läuft ja nicht bewußt ab, sondern bezieht seine Wirkkraft gerade aus einem unbewußten Funktionieren. Nun konnten freilich nicht alle die Symptome, die zur Diagnostizierung von moralischem Wahnsinn und hereditärer Degeneration herangezogen zu werden pflegten, willkürlich produziert werden; besonders im Falle letzterer war dies wohl meist ganz unmöglich. Infolgedessen schob sich die Betonung ›weiblicher‹ Eigenschaften bzw. eines ›mehr weiblichen‹ Körperbaues bei der Diskussion immer mehr in den Vordergrund[47], wofür die unselige, notorische und schon seit den ersten Anfängen einer ›wissenschaftlichen‹ Behandlung der Frage der Homosexualität datierende Verwechslung von homosexuellen Tendenzen mit Transvestismus ausschlaggebend war.[48] Schließlich galt es geradezu als Axiom, daß Homosexuelle gewisse körperliche Merkmale besäßen, die eigentlich nur dem weiblichen Geschlecht eigneten, und die hierüber geäußerten Ansichten waren für heutige Begriffe geradezu der Gipfel des Grotesken und reine Phantasieprodukte. In diesem Zusammenhang fällt das völlige Fehlen auch nur eines Versuchs auf, diese weitere Ausformung der Entartungs-Theorie objektiv zu überprüfen, was natürlich im Handumdrehen zu ihrer Falsifikation geführt hätte. Dies Versäumnis kann einmal auf den Wirkungsmechanismus der self-fulfilling prophecy zurückgeführt werden, zum anderen muß man aber auch beachten, daß in der damaligen Zeit die erkenntnistheoretische Fundierung der Sicherung von Theorien noch nicht so ausgeformt war, daß man bewußt nach Falsifikationsmöglichkeiten gesucht hätte.
Ursächlich verantwortlich für die Annahme, wer als Mann Männer sexuell begehren könne, müsse notwendig irgendwie weiblich sein, war selbstverständlich die Unkenntnis der damaligen Zeit über die mannigfachen Faktoren, die zu sexueller Betätigung verschiedenster Art beim Menschen führen können, ferner ein heute wissenschaftlich längst, bei Laien aber leider noch immer nicht ganz überwundener verkehrter Instinktbegriff[49] und hauptsächlich wohl die Prüderie des Kaiserreichs

gegenüber Sexuellem schlechthin, die eine wissenschaftlich objektive Erforschung aller damit zusammenhängender Einzelphänomene fast unmöglich machte. Die damalige Epoche ist, im Tiefsten wohl bedingt durch ihre politische Rückwärtswendung zum mittelalterlichen Kaiserbegriff, auch auf anderen Lebensgebieten sehr restaurativ gewesen und hat insbesondere über die Frau und das einzig als normal geltende weibliche Rollenverhalten Ansichten gepflegt, die z. B. im Frankreich der gleichen Zeit schon als fragwürdig zumindest in gebildeten Kreisen diskutiert wurden.[50] Die Einengung des weiblichen Rollenverhaltens auf die berühmten ›drei Ks‹, nämlich Kirche, Kinder und Küche hat nun natürlich auch Rückwirkungen auf das männliche Rollenverhalten gezeitigt. Das Männlichkeitsideal der Kaiserzeit ist auf eine fatale Weise überspitzt und verzerrt und stellt eine Kopie des urtümlichen altdeutschen Kriegerideals dar, die durch ihre Unzeitgemäßheit und Überzogenheit viel eher eine Karikatur dieses längst überholten, aus völlig anderen gesellschaftlichen Verhältnissen stammenden Ideals ist, als was das Ausland dies deutsche Selbstbild auch durchaus empfand. Infolge seiner Einseitigkeit muß es bei vielen Männern, die sich damit weder identifizieren konnen noch wollten, schwerste Rollenkonflikte hervorgerufen haben, und letztere dürften dafür verantwortlich sein, daß so viele Homosexuelle ›weibliche‹ seelische Eigenschaften in sich entdeckten (Milde, Friedfertigkeit, Kunstsinn, Freude an der Beschäftigung mit Blumen und Kindern u. ä.), wo körperliche nicht aufzufinden waren.[51] Bei vielen Naturvölkern können soziale Rollenkonflikte, die z. B. auf zu starren Geschlechterstereotypen beruhen, zum Transvestismus sowohl bei Männern als auch bei Frauen führen[52]; ähnliches ist jedoch auch bei hoch entwickelten Zivilisationen möglich, wenn sie bei aller sonstigen Rollendifferenzierung gerade die Geschlechterstereotype besonders starr auffassen, und das eben ist in der Kaiserzeit der Fall gewesen.

Insofern zeigten damals Homosexuelle, die – von ihrem sexuellen Verhalten einmal völlig abgesehen – sich dem geltenden Männlichkeitsideal (verkörpert im Berufsoffizier) nicht anzupassen vermochten, tatsächlich das, was man heute eine schlechte soziale Anpassung nennt, und zwar in hohem Grade. Schlechte soziale Anpassung aber pflegt zu allen Zeiten Konflikte für die Betreffenden im Gefolge zu haben, da die Umwelt ihre Anpassung (oder mindestens ihre theoretische Zustimmung zu den geltenden Idealen) zu erzwingen sucht, nämlich durch allerlei mittelbare und unmittelbare Pressionen. Die hiervon Betroffenen pflegen darauf häufig mit allerlei neurotischen Reaktionen zu antworten, und diese neurotischen Symptome wurden nun dort, wo Homosexuelle sie zeigten, als Manifestationen ihrer angeblich besonderen körperlichen und nervlichen Kondition aufgefaßt.

Wir hatten vorhin bei unserer Diskussion des Mechanismus der self-fulfilling prophecy die Frage gestellt, warum die Opfer diskriminierender Theorien so häufig selbst das schiefe, unwahre Bild akzeptieren, das die betreffende Theorie über sie aufgestellt hat. Dabei zeigte sich, daß hierfür zwei Motive verantwortlich sein dürften: Einmal Angst vor der Majorität, die man zu besänftigen sucht, indem man ihre diskriminierenden Erwartungen bezüglich des eigenen Verhaltens bestätigt, wodurch man sie von unmittelbaren Sanktionen aggressiver Art abhält, zum anderen Angst vor Verlust des eigenen Selbstbildes, das man festhalten möchte, obgleich es wenig schmeichelhaft ist, einfach weil man selbst nicht in der Lage ist, den Behauptungen der anderen ein positiveres entgegenzuhalten, da ein solches nicht (bzw. nicht mehr oder noch nicht) existiert. Beide Momente sind im Fall der Homosexuellen für ihre weitgehende Identifikation mit dem unzutreffenden Bild ursächlich gewesen, das die Entartungs-Theorie von ihnen entworfen hatte.

Für das erstgenannte Motiv – den Versuch, die diskriminierende Majorität zu besänftigen, indem man sich ihren falschen Vorstellungen anpaßt – ist ohne Zweifel die aktuelle Situation ausschlaggebend gewesen, in der sich die Homosexuellen damals befanden. Genau genommen war sogar das Bild, das die Entartungs-Theorie von ihnen zeichnete, eigentlich viel günstiger als alle übrigen diesbezüglichen Vorstellungen der Vergangenheit. Denn schließlich ist es weniger gefährlich und etwa gegenüber der eigenen Familie weniger unerträglich, als bemitleidenswertes Opfer neuentdeckter Entartungserscheinungen krankhafter Natur dazustehen denn als das unheimliche Scheusal, als das der ›Sodomit‹ im Grunde immer noch galt.[53]

Wenn man sich dem zweiten Motiv – der Angst vor Verlust des eigenen, wenn auch negativen Selbstbildes – zuwendet, so berührt man damit einen besonders tragischen Aspekt der hier diskutierten Problematik. Tatsache ist, daß Vorstellungen über etwas wie ein ›anständiges‹ homosexuelles Verhalten im Abendland nicht existiert haben und sich infolge der praktisch seit vorchristlichen Zeiten datierenden sozialen Ablehnung homosexueller Tendenzen auch nie entwickeln konnten.[54] Die homosexuellen Selbstbekenntnisse der fraglichen Zeit zeigen, daß man nicht selten den Lebensstil von Künstlern kopierte (der weniger von gesellschaftlichen Zwängen besetzt schien als der übliche bürgerliche), doch damit erschöpft sich die Entwicklung eines positiven Selbstbildes bereits. Es liegt auf der Hand, daß gerade für die Nachahmung des Künstlers nicht zuletzt auch der schon erwähnte Rollenkonflikt mit dem für viele unannehmbaren geltenden Männlichkeitsideal der Epoche ausschlaggebend gewesen sein könne, weil dies Ideal gerade für den Künstler nicht absolut verpflichtend war.

Die Akzeptierung des von der Entartungs-Theorie suggerierten schiefen Selbstbildes hat manche Homosexuelle dazu geführt, in sich selbst Eigenschaften zu ›entdecken‹, die dieser Theorie Recht gaben, d. h. sie verifizierten, die in Wirklichkeit jedoch aufgrund des Einflusses jener Theorie überhaupt erst entwickelt wurden. Andere fühlten sich dazu nicht imstande. Sie begriffen nicht, warum homosexuelle Neigungen gleichbedeutend mit weiblichen sein sollten. Wenn solche Männer schließlich als letzten Ausweg aus ihrem Dilemma den Selbstmord wählten, so bot das selbstverständlich für die Verfechter der Entartungs-Theorie eine weitere eindrucksvolle Bestätigung ihrer Ansichten, da sie die Ursache dieser Kurzschlußhandlung in einer plötzlich zum Ausbruch gekommenen Geisteskrankheit zu suchen pflegten.

## 3. Eine neue Derivation: Homosexuelle sind Kinderschänder

### *a. Zur Bildung der neuen Derivation*

Es wäre erstaunlich, wenn sich, nachdem durch Abmilderung der Strafbestimmungen des ehemaligen § 175 die unmittelbare Möglichkeit zur Diskriminierung von männlichen Homosexuellen fortgefallen ist, die uralte Tradition ihrer Ächtung nicht neue, nunmehr mittelbare Gründe dafür schüfe. Noch während ich an diesem Buch schrieb, das ja nach Einschränkung des genannten Paragraphen entstand, beobachtete ich mit steigendem Staunen, wie sich eine neue Derivation dazu bildete, deren Anfänge allerdings, wie ich dann feststellte, bis zum Beginn der Grundsatzdiskussion um den ganzen Fragenkomplex hinabreichen, die um etwa 1900 eingesetzt hat. Kurz gefaßt lautet die neue Derivation etwa: »Homosexualität ist Kinderschändung«.
Nun genügt ein Blick in die Kriminalstatistiken der europäischen Länder und der USA, um dazutun, daß weitaus mehr kleine Mädchen als kleine Jungen ›verführt‹ werden; ferner interessiert sich nur ein verschwindend geringer Prozentsatz von erwachsenen Homosexuellen für Sexualverkehr mit Kindern. Da vermutlich jeder zwanzigste Mensch homosexuell ist, aber nicht jeder zweite Mensch ein Mann, es also vergleichsweise extrem weniger erwachsene männliche Homosexuelle gibt als erwachsene heterosexuelle Männer, ist schon rein statistisch gesehen die Gefahr, daß Homosexuelle sich bevorzugt an kleinen Jungen vergreifen, vergleichsweise enorm niedriger als die, daß erwachsene heterosexuelle Männer sich an unreife Mädchen heranmachen.

Ungeachtet dessen aber hoben die Verfechter einer Beibehaltung der Strafbarkeit der männlichen Homosexualität in überaus zahlreichen Vorarbeiten zur Strafrechtsreform stets die Aspekte des Jugendschutzes in unangemessener, grotesk übertriebener Weise hervor und suchten damit bei der Bevölkerung den Eindruck zu erwecken, das Verbot der Homosexualität unter Erwachsenen sei eigentlich ein Gebot des Jugendschutzes. Der Erfolg der neuen Derivation ist nicht verwunderlich, wenn man in Betracht zieht, daß ihre Erfinder über die Möglichkeit verfügten, ihre Ansichten in sehr billigen Schriften zu verbreiten, die massenhaft auf den Markt geworfen wurden und sich vor allem an Sozialarbeiter, Lehrer, Erziehungspersonen überhaupt und Multiplikatoren im allgemeinen wandten.

Meist trat die neue Derivation in enger Verbindung mit den Ausläufern der Verfalls-Theorie auf und bezog ihre Begründungen aus dem unreflektierten Vorurteil an sich: »Man darf die normative Kraft und die volkserziehende Bedeutung eines Gesetzes nicht unterschätzen! Fällt der Grundtatbestand, dann wird die Wirksamkeit des Jugendschutzes immer wieder in Frage gestellt.« »Gerade das Verführungsproblem kann nicht ernst genug gezeichnet werden. Die starke Triebaffinität erwachsener Homosexueller zu Jugendlichen ... ist so evident, daß der Gesetzgeber sie nicht übersehen kann.« »Die Gefährdung der heranwachsenden Jugend wird evident, sobald für homosexuelle Betätigung – und sei es auch nur unter erwachsenen Männern – geworben wird und die Jugend sieht, daß gegen solche Betätigung nicht eingeschritten wird. Kinder und Jugendliche erhalten, wenn der Straftatbestand in Wegfall kommt, in verstärktem Maß von dieser Erscheinung Kenntnis; sie werden, ohnehin oft akzeleriert, in ihrer Neugierde angereizt ...« »Die Strafwürdigkeit und Gefährlichkeit der Homosexualität auch unter Erwachsenen besteht in der Vergiftung der öffentlichen Atmosphäre, in der Grassierungstendenz, in dem Umsichgreifen auf weitere und weiteste Kreise namentlich der Jugend.« Und der Autor[55] krönt seine Ausführungen mit dem Satz, das schutzwürdige Rechtsgut, das die Strafbarkeit der Homosexualität unter Erwachsenen rechtfertige, sei eben der Jugendschutz.

In die alte Kerbe der Verfalls-Theorie schlagen auch diejenigen Autoren, die einen Zusammenhang zwischen Aufhebung der Strafbarkeit der Homosexualität unter Erwachsenen, Jugendschutz und Staatsgefährdung sehen. So warnte z. B. Franz Meixner[56] sogar vor einem ›möglichen Ansteigen von grausamen und bestialischen Morden‹ bei Freigabe der einfachen Homosexualität. Auch die *Deutsche National- und Soldatenzeitung* trat mit einem Artikel von Wilhelm Pleyer[57] auf den Plan. Dort wird in etwas rätselhafter Verknüpfung mit der Gegenwart zwar auf die ›Feinheiten‹ der griechischen Päderastie hingewiesen, gleichzeitig jedoch

besorgt gewarnt: »Laßt den § 175 fallen, und ein Schutzparagraph für die Heterosexuellen wird nötig!« Wie einst kommen auch wieder die alten Germanen ins Blickfeld, die ›mißtrauisch gegen Abnormitäten‹ ihre Homosexuellen im Moor versenkten: »Das war nicht Todesstrafe, sondern Auslöschung, weil man dieser offenbaren Unnatur der Natur gegenüber den Bestand des Stammes wahren zu müssen glaubte.«
Richard Gatzweiler stellte in seinen beim ›Volkswartbund‹ erschienenen Schriften wiederholt die angeblich drohenden schweren Gefahren für den Jugendschutz bei Freigabe homosexueller Betätigung unter Erwachsenen groß heraus.[58]
Unter dem Gesichtspunkt des Jugendschutzes kam verstärkt auch wieder der Gedanke der (natürlich ›freiwilligen‹!) Kastration in die Diskussion, von dem man eigentlich seit den Ereignissen des Hitlerstaates endgültig hätte Abstand nehmen müssen.[59]
Eher zurückhaltend zeigte sich hinsichtlich Fragen des Jugendschutzes und der möglichen Ausbreitung homosexuellen Verhaltens nach Streichung des § 175 die katholische Moraltheologie[60], so z. B. wenn dafür plädiert wurde, »Homosexualität als Krankheit oder Gebrechen« zu behandeln, und offen blieb, ob die einfache Homosexualität um ihrer »sittlichen Plakatwirkung willen weiterhin zu pönalisieren« sei.
Im evangelischen Lager war die Situation uneinheitlich. Beispielhaft mögen hierfür die beiden Bücher von Theodor Bovet[61] und Klaus Bockmühl[62] stehen. Während die Autoren des ersteren Bandes – gelegentlich in etwas betulicher Weise – um mehr Verständnis für den ›Homosexuellen Nächsten‹ warben, wobei sie überwiegend von einer homosexuellen ›Anlage‹ ausgingen (häufig ist vom ›eigentlichen‹ Homosexuellen die Rede), so vermochte einer der Mitarbeiter[63] doch nicht auf den Hinweis zu verzichten, daß die gesellschaftliche Ächtung des Homosexuellen vielfach eine ›psychopathische Deformation der Persönlichkeit‹ zur Folge habe, was »Verführungsversuche und eine zuweilen höchst aufdringliche Propaganda zu fast zwangsläufigen Begleiterscheinungen der Homosexualität« mache. Hierdurch könnten Jugendliche gefährdet und korrumpiert werden.
Einen sehr militanten Geist, nämlich den des Alten Testaments, atmet dagegen der Band *Homosexualität in evangelischer Sicht*. Man vermißt dort zwar jene Sicht fast durchgängig und überdies auch jegliche Auseinandersetzung mit der Problematik, die in der Veränderlichkeit der sozialen Normen während der letzten zweitausend Jahre beschlossen liegt. Dafür hören wir um so mehr Grundsätzliches über die generelle Verwerflichkeit der Homosexualität, wobei ständig die Begriffe der Sündhaftigkeit und der Strafbarkeit im strafrechtlichen Sinne durcheinandergehen, als sei die Bundesrepublik Deutschland eine Theokratie. Bemerkenswert

in negativer Hinsicht ist insbesondere der letzte Aufsatz von Rolf Erfurth.[64] Hier einige Zitate, die die dort waltende Tendenz sprechend wiedergeben: »Die Homosexualität führt zum kulturellen Untergang von Völkern. Preisgabe der Strafgesetze wäre letztlich Preisgabe des Volkes« (hier hebt die Sodom-Mythe ihr Haupt). »Kraft göttlichen Mandats ist und bleibt es Aufgabe des Staates, das Leben des Volkes in den bestehenden Ordnungen zu sichern und seine Bürger vor sittlicher Gefährdung zu schützen.« »Homosexualität hat einen Hang zur Päderastie.« »Einen Homosexuellen, der sich nicht irgendwann, und zwar vorrangig, an Jugendliche heranmacht, gibt es nicht.«

Die beinahe lückenlose Zusammenfassung aller bislang vorgebrachten Vorurteile gegen die männliche Homosexualität mag der Leser selbst in der vom ›Volkswartbund‹ herausgegebenen Schrift *Der Katholik und die Strafrechtsreform*[65] nachlesen; fast zwanghaft wird auch dort in erster Linie wiederum auf die gefährdeten Werte der Allgemeinheit, das allgemeine Wohl des Volkes, seine gesunde Lebensordnung sowie sittliche und gesundheitliche Kraft abgehoben. Man sieht das Sittengesetz und die Familie in Gefahr und die Integrität des öffentlichen Lebens ernstlich gefährdet; von einem zu befürchtenden ›Dammbruch‹ bei Aufhebung des § 175 ist die Rede und selbstverständlich von den sich anbahnenden schwerwiegenden Gefahren für die Jugend: »Einer der wichtigsten kriminalpolitischen Gründe für die Beibehaltung des § 175 StGB dürfte nicht zuletzt in der Notwendigkeit eines verstärkten Jugendschutzes zu sehen sein. Der Wegfall der Schranke des § 175 würde . . . zu einem Anwachsen der Verführung jugendlicher Menschen zu homosexuellem Verhalten führen, zumal ohnehin schon jetzt vornehmlich Jugendliche und Heranwachsende die Opfer homosexuellen Handelns . . . sind.« Doch der ›Volkswartbund‹ merkte noch eine andere Beobachtung an: »Des weiteren ist auch nicht zu verkennen, daß sich auch heute noch in weiten Volkskreisen die Überzeugung erhalten hat, daß eine Beseitigung der Strafbestimmung gegen die Homosexualität nicht erträglich sei. Es zeigt sich eine gewisse Beharrlichkeit der Anschauungen und des Rechtsbewußtseins im Bereich der Sittlichkeitsdelikte.«

Damit ist man endlich wieder beim »Rechtsbewußtsein des Volkes« angelangt, das bereits für die Einbringung des § 175 ins Deutsche Strafrecht 1870 bemüht wurde. Sarkastisch wies Heinrich Mann schon in den zwanziger Jahren auf das Fehlen einer öffentlichen Diskussion mit eben jenem Volk über das anstehende Problem hin.[66] Wenn aber ein Kirchenmann überlegt, warum Homosexualität für viele ein Problem darstelle und ›weshalb wir all das eigentlich so emsig erforschen wollen‹, so wirkt das naiv: Nicht zuletzt die Kirchen haben ja Jahrhunderte lang dafür gesorgt, daß jenes Problem taufrisch blieb[67].

Auch waren katholische Stimmen nicht immer so uneinsichtig, wie seinerzeit die zuständigen Autoren des ›Volkswartbundes‹: 1934 warnte z. B. die Zeitschrift *Caritas*[68] beschwörend vor den Begriffen ›allgemeine Volksüberzeugung‹, ›gesundes Volksempfinden‹ und hob hervor, letzterer Begriff sei als Tatbestandselement nicht brauchbar, »weil der Begriff ›gesund‹ wiederum der Sinngebung durch einen Urteilenden unterliegt«. Dies ward in Abwehr nationalsozialistischer Familiengesetzgebung geschrieben und ist heute immer noch so richtig wie damals. Aber man vergißt so schnell . . .

### *b. Zwei Beispiele aus der letzten Zeit*

Die Änderung des § 175 liegt mittlerweile sieben Jahre zurück, und alle vorgeschobenen Befürchtungen der derzeitigen Gegner der Aufhebung haben sich als substanzlos erwiesen: Es gab keinen wie auch immer gearteten ›Dammbruch‹, keine Belästigung des Publikums durch öffentliche ›Werbung für die homosexuelle Lebensführung‹, selbst die inzwischen entstandenen Homo-Magazine hängen in den Zeitungshandlungen ganz hinten oder werden gar nicht erst offen ausgelegt. Schwule sieht man in der Öffentlichkeit weder eng umschlungen noch sich küssend, keine neuerblühten Männerbünde gefährden die Familie und keine homosexuelle Politikerclique den Staat.
Hinsichtlich ihrer ständigen Warnungen vor der angeblichen Gefahr, die Kindern von Homosexuellen drohen soll, ist die Saat der oben zitierten Schriften (und die vieler ähnlicher, die ich nicht aufgeführt habe) jedoch aufgegangen: die neue Derivation paßte zu gut ins alte Denkschema, um nicht akzeptiert zu werden. Um ein Bild von ihrem Wirkmechanismus zu geben, möchte ich zwei Vorfälle aus jüngerer Zeit anführen. Unter vielen ähnlichen, über die ich im Verlauf meiner Recherchen von betroffenen Homosexuellen hörte, scheinen sie mir besonders typisch.
Der erste spielte sich in Aachen ab. Dort hatte eine Emanzipationsgruppe junger Homosexueller geplant, durch einen Aufklärungsstand auf der Straße für einen Abbau der Vorurteile gegenüber Homosexuellen zu werben. (Solche Aktionen gibt es neuerdings öfters; sie sind offensichtlich den Aktivitäten der Frauenemanzipationsgruppen abgeguckt.) Die Stadtverwaltung von Aachen legte dem Vorhaben jedoch beträchtliche Steine in den Weg, und zwar mit der ausdrücklichen Begründung, durch diesen in der Öffentlichkeit aufgebauten Informationsstand werde sich Gelegenheit zur ›Kontaktaufnahme mit Kindern und Jugendlichen‹ ergeben. Die betreffende Gruppe hatte den Eindruck, die Stadtverwaltung fürchte, die betreffende Aktion sei überhaupt bloß geplant, um derartige Kontakte herzustellen. Nun kann man solche Kontakte mit Kindern wohl

eher auf Spielplätzen oder Jahrmärkten anknüpfen, wo denn auch Sexualstraftäter regelmäßig ihre Opfer zu suchen pflegen. Der Zweck der anfänglichen Weigerung der zuständigen Aachener Stelle, die Aktion auf jeden Fall zu verhindern, war so durchsichtig, daß die Gruppe gerichtliche Schritte unternahm, womit sie anfangs erfolgreich war, schließlich beim Bundesverwaltungsgericht (BVerwG IV B 98.76, OVG IX A 1375/75) aber scheiterte, das vor allem ›die ungestörte Entwicklung der Sexualsphäre von Jugendlichen‹ gefährdet sah.
Der zweite Fall ist der eines Hauptschullehrers in Berlin, den die Schulbehörde vergraulen wollte, obgleich Schüler und Elternbeirat gleichermaßen sich für sein Bleiben einsetzten und er nachweislich niemals versucht hatte, Kinder bzw. Jugendliche zu verführen. Bei der Begründung seines Abschiebens wich die Behörde schließlich, in die Enge getrieben, in Formalien aus; vorher hatte eindeutig das Abheben auf den Jugendschutz im Vordergrund gestanden.
Diese neue Derivation für die Motivation der Ächtung männlicher Homosexueller ist nicht weniger perfide als die früheren. Vor allem aber kann sich der einzelne gegen sie noch weniger zur Wehr setzen. Wenn man nämlich jemand – um den zutreffenden juristischen Ausdruck zu benutzen, der hier am Platze ist –, wenn man jemand imputiert, als Homosexueller sei er gleichsam zwangsläufig ein Päderast und ›Kinderschänder‹, dann kann der Betreffende dagegen zwar geltend machen, er habe noch nie im Leben mit Kindern sexuell verkehrt und wolle dies auch in Zukunft nicht. ›Beweisen‹ jedoch wird er nicht können, was er zukünftig tun oder lassen wird, denn das kann niemand. Damit bleibt aber praktisch an jedem männlichen Homosexuellen der Verdacht (und Vorwurf) hängen, er sei zumindest ein potentieller, präsumptiver Kinderschänder – vielleicht gar Kindermörder und eben deshalb recht eigentlich ein ›Unhold‹.[69]

## 4. Die drei konstitutiven Elemente des Vorurteils und die Schichten ihres Aufbaues

Im vorletzten Abschnitt hatte ich Ihnen einige Theorien vorgestellt, die ersichtlich machten, warum die Gesellschaft selbst unter bestimmten Umständen Verhältnisse schafft, die schließlich die Diffamierung bestimmter Sündenböcke nicht nur als verzeihlich, sondern geradezu als vernunftgemäß erscheinen läßt.
Hinsichtlich des Vorurteils gegenüber männlichen Homosexuellen und

den vorgeschobenen Derivationen, die die wahren Motive für das vorurteilshafte Verhalten der heterosexuellen Mehrheit verdecken sollen, schälen sich, wenn man das bis jetzt erörterte Material analysiert, drei spezielle Elemente heraus, die zusammen das generelle Vorurteil konstituieren, ihrem jeweiligen Aufbau nach aber zusätzlich noch in Schichten zerlegbar sind, die man ihrerseits wiederum bestimmten, historisch greifbaren Ereignissen zuordnen kann.
Ich wollte fast meinen Augen nicht trauen, als mir im angeblich typischen Wesen des männlichen Homosexuellen, wie ihn sich der Durchschnitts-›normale‹ bis heute vorzustellen gewohnt ist, jene drei Komponenten wiederbegegneten, die schon in vorchristlicher Zeit Charakteristika der ›Argen‹ gewesen waren, die Tacitus als »ignavi, imbelles et corpore infames« definiert hatte. Bei der Übertragung der Bedeutungsinhalte dieser Bezeichnungen ins Deutsche habe ich für ›Feigling‹ die Übersetzung ›Unhold‹ gewählt, für ›Kriegsscheue‹ steht ›Verräter‹ und für ›Unzüchtige‹ das am meisten treffende Wort ›Tunte‹.
Wenn ich nun, analog dem Vorgehen des taciteischen Berichtes das Wesen des ›Argen‹ in drei unterschiedliche – sämtlich als sittlich verwerflich betrachtete – Elemente zerlegt analysiere, so deshalb, weil dadurch das Gesamtbild in seiner an sich vorhandenen Komplexität vereinfacht und dadurch verständlicher gemacht wird. In der Wirklichkeit wirft man Homosexuellen so gut wie nie lediglich eines der beiden Elemente dieses Vorstellungskonglomerates vor, wenngleich nicht jedes davon stets in gleicher Art und Stärke. So gilt etwa die Tunte nicht bloß als weibisch, sondern auch als feige, der Verräter zwar als feige, aber nicht unbedingt als weibisch, und der Unhold, der mit Vorliebe im Verborgenen west, als feige, weil ›hinterhältig‹, nicht aber zwangsläufig auch als weibisch. Das Moment des Unnatürlichen haftet sowohl dem Unhold wie der Tunte an, hingegen weniger dem Verräter; höchstens insofern, als für anständige Menschen Verräterei als solche bereits als unnatürlich gilt.
In den nächsten drei Unterabschnitten möchte ich auf jede der drei Wesenskomponenten gesondert eingehen und gleichzeitig jeweils die Frage anschneiden, welche davon die Betroffenen zu geeigneten Sündenböcken bzw. Opfern sozialer Vorurteile prädestiniert hat.

### *a. Der Unhold*

Wenn ich für den taciteischen ›Feigling‹ als Übersetzung ›Unhold‹ gewählt habe, so aus zwei Gründen. Erstens weil im germanischen Neidingsbegriff, wie ich ihn in Kapitel IV, 1. a., erläutert habe, die Elemente der Feigheit (im Sinne von Hinterhältigkeit, Verhohlenheit) und Heimlichkeit (›Arglist‹) miteinander zum Gegensatz einer aufrechten, ehrlichen, männlichen Kampfesweise verbunden sind, die stets dem Krieger, niemals aber dem Zauberer eignete. Zweitens, weil sich über den ›argen‹ vorchristlichen Schadenszauberer und das mittelalterliche Hexenwesen die Idee ausschließlich übelwollender, besonders für Kinder gefährlicher Gestalten ausgeformt hat, deren ›Treiben‹ als unbedingt todeswürdig galt. In der stehenden Bezeichnung ›Unhold‹ für Sexualverbrecher im allgemeinen und wegen Homosexualität Verurteilter im besonderen wird die alte, durch die Hexenprozesse bis weit in die beginnende Neuzeit perpetuierte Angst vor dem ›Sodomiten‹ als einem mit Hexerei, Schadenszauber und Mord befleckten Bösewicht manifest. Dabei muß man sich vergegenwärtigen, daß bis 1970 schon die Verurteilung wegen homosexueller Handlungen (auch dann, wenn sie unter Erwachsenen und mit gegenseitigem Einverständnis erfolgt waren) sowohl juristisch wie öffentlich (in Zeitungsberichten etc.) dieselbe Charakterisierung der Verurteilten als »abartige Triebtäter« mit sich brachte wie bei blutigen Sexualverbrechen, d. h. eine Differenzierung zwischen dem niemand schädigenden homosexuellen Verhalten und dem Sexualverbrechen fehlte. Der vormals wegen Sodomie verbrannte, später im Zuge zunehmender ›Milde‹ geköpfte und noch später ›nur‹ zu Zuchthaus verurteilte ›Verbrecher‹ mußte nach dem Dafürhalten des Volkes zwangsläufig entsetzliche Greuel begangen haben, und zu den entsetzlichsten, die man sich vorstellen konnte, gehörte Kindermord, den man vordem, wie ich in Kapitel VI zeigte, regelmäßig den Hexen zuschrieb. So ließ die traditionelle Verbindung von Sodomie und Hexerei Vorstellungen weiterleben, die den »Vollbringer sodomitischer Greuel« in die direkte Nachbarschaft von Hexen und damit auch der Verbrechen brachte, die jenen angedichtet wurden, nämlich u. a. dem des Tötens und Zerstückelns von Kindern. Dies Vorstellungsgemenge fand selbstredend stets neue Nahrung, wenn tatsächlich einmal ein Verbrechen geschah, in dem ein Homosexueller gemordet hatte.

Es gibt keine Statistiken über die Frage, aber mit hoher Wahrscheinlichkeit würde eine entsprechende Untersuchung zeigen, daß männliche Homosexuelle (nämlich entsprechend ihrer prozentual im Vergleich mit der gesamten männlichen Bevölkerung geringen Zahl) erheblich weniger Sexualmorde an Jungen bzw. Jugendlichen verüben als heterosexuelle Männer an Mädchen und jungen Frauen. Abgesehen davon dürften bei einer solchen Statistik diejenigen Täter nicht mitgerechnet werden, die sich sowohl an weiblichen wie an männlichen Kindern vergreifen, da sie in eine völlig andere Kategorie von Delinquenten fallen, insofern ihr Sexualziel ein generell anderes ist als das des Homosexuellen. Der Grund für das Fehlen einer solchen Statistik in der kriminologischen Literatur, die ich mit viel Mühe und vergebens daraufhin durchgesehen habe, muß

darin zu suchen sein, daß keine auch nur annähernd validen Zahlen über die Größe des Anteils der Homosexuellen an der männlichen Gesamtbevölkerung existieren.
Die inhaltsanalytische Durchsicht der üblichen Massenblätter während dreier Jahre zeigte jedoch, daß Verbrechen Homosexueller ein unverhältnismäßig größerer Raum gewidmet wird als solchen an Frauen und Mädchen, und zwar sowohl was die Aufmachung bei der Erstmeldung wie die Länge des Zeitraums betrifft, während welchem über das Verbrechen selbst berichtet wurde. Offensichtlich sieht die Öffentlichkeit auch heute noch in homosexuellen Sexualverbrechen einen höheren Unrechtsgehalt als in sonstigen, sie wirken skandalöser und sensationeller: Je schockierender das Verbrechen, desto höher die Auflage. Der Umstand, daß der Täter homosexuell war, pflegt in solchen Berichten stets gleich stark hervorgehoben zu werden wie der eigentliche Tathergang, die Aufklärung usw. So entsteht beim Publikum gleichsam die Gefühlsanmutung, Homosexuelle seien aufgrund ihrer ›Veranlagung‹ generell gefährliche, verkappte Unholde, die irgendeinmal alle auch selbst zuschlügen. Ständig werden in derartigen Berichten die Stereotype ›abartig‹, ›Unhold‹, ›entmenscht‹, ›bestialisch‹ gebraucht. Sie mögen für den Einzelfall zutreffen, diffamieren aber (zwar sicher meist unabsichtlich, aber zwangsläufig) gleichzeitig all jene Männer, die zwar homosexuell sind, aber niemals im Leben kriminell wurden.[70] Niemand käme auf die Idee, alle heterosexuellen Männer für geborene Frauenschlächter zu halten, weil gelegentlich ein Mann Frauen aus sexuellen Motiven tötet; die Absurdität einer derartigen Folgerung liegt auf der Hand. Im Fall homosexuell getönter Verbrechen ist dies anders, da die Öffentlichkeit seit eh und je daran gewöhnt ist, derartige Täter für geborene Ungeheuer zu halten: Wer so etwas ›Bestialisches‹ über sich bringt wie gewohnheitsmäßigen homosexuellen Geschlechtsverkehr, ist auch zu allem anderen fähig. Uralte Ängste vor bösen Hexen und Zauberern aus dem Märchenreich werden aktiviert, deren Praktik sich bekanntlich mit jener der ›Mitschnacker‹ (norddeutsche Bezeichnung für einen Mann, der Kinder beredet, mit ihm irgendwohin zu gehen) deckt: Auch jene lockten bekanntlich mit Leckereien und süßen Worten unschuldige Kinder in die Einöde, um sich dort ungestört über sie hermachen zu können. Diese Einstellung der Bevölkerung ist es auch, die verursacht, daß die Öffentlichkeit eine sexuelle Handlung eines Mannes an einem Kind (gleich ob Junge oder Mädchen) so scharf verurteilt. Bereits die sexuelle Handlung als solche, die dem Kind möglicherweise sogar Vergnügen gemacht hat, gilt als so verbrecherisch, daß ein Prozeß für nötig gehalten wird, der das Kind dann wirklich schädigt. Das Moment der Verführung wird insbesondere bei homosexuellen Kontakten als gewissermaßen kontagiös erachtet; weitaus der

größte Teil der Bevölkerung glaubt, schon eine einmalige homosexuelle Handlung verderbe ein Kind fürs Leben, es sei danach nie mehr dasselbe wie vorher, der Schaden sei unreparierbar. Selbstredend sind solche Ängste ihrer Natur nach magisch und gehen auf archaische Bewußtseinsschichten zurück. Unsere Bezeichnung ›Unschuld‹ anstelle der wertfreien ›Unberührtheit‹ zeigt deutlich, daß bereits die erste Bekanntschaft mit dem Sexuellen als sittlich schlecht empfunden wird; falls diese Bekanntschaft mit einem Erwachsenen desselben Geschlechts erfolgt, treten durch Derivationen mannigfacher Art verschleierte Teufelsängste hinzu.

Die Ängste, die um die Gestalt des ›Unholdes‹ kreisen, waren ihrer Art nach stets die gleichen und werden vorwiegend durch zwei Elemente seines fiktiven Wesens konstituiert: Unheimlichkeit und Verhohlenheit. Die Furcht vor ihm führt zum Tabuverhalten: Besser nicht darüber sprechen.

Seine Unheimlichkeit basiert darauf, daß er nicht so ist wie alle anderen, daß die anderen ihn nicht verstehen, daß sie vermuten, ihn treibe eine böse Macht – oder ihm persönlich innewohnende negative Kraft – seinerseits zum Bösen. Erinnern wir uns: Das ›andere Leute komisch finden‹ führt sacht und unversehens dazu, hinter ihren Motiven Unmoralisches, Schlechtes zu vermuten. Es ist die Ungewöhnlichkeit des homosexuellen Sexualverhaltens, die den Homosexuellen suspekt macht; ›Anderssein‹ ist verdächtig. Die alte Zaubererfurcht konnte, wie das dargebotene Material erweist, dazu dienen, Menschen, die sich unüblich verhielten (›abartig‹ sagt die moderne Sexualwissenschaft) der Asozialität und Sozialschädlichkeit zu zeihen. Und so, wie der vorchristliche, zum Schadenszauberer abgesunkene Schamane im Verborgenen wirkte und Hexen sich als brave Bürgersfrauen ›tarnten‹, spielt sich selbstverständlich die homosexuelle Szene heute (auch nach Änderung des § 175, denn die Ächtung besteht ja weiter) nicht öffentlich ab. Doch die von außen aufgezwungene Ghetto-Situation wird von der Öffentlichkeit, die ebendiese Situation selbst fixiert, als im höchsten Grade verdächtig empfunden: Was mag sich da an Unsäglichem abspielen! Handelt man nicht in den homosexuellen Clubs mit Drogen? Könnten eventuell Kinder unzuträgliche ›Beobachtungen‹ machen? Ein Skandal, daß solche Lokale überhaupt geduldet werden! Gibt es keine Möglichkeit zum Einschreiten (wer suchet, der findet!)? Homosexualität gilt trotz Abmilderung der Strafbestimmungen als anstößig: Gleichgeschlechtliche Paare (besonders männliche; bei Frauen kommen Ausnahmen vor) werden in Lokalen, die sich im übrigen ›liberal‹ geben, der Tanzfläche verwiesen, für ihre Fortschrittlichkeit weltweit bekannte Zeitungen lehnen es ab, homosexuelle ›Kontaktanzeigen‹ aufzunehmen, selbst wenn diese durchaus seriös formuliert sind. Die

Gründe sind evident: Der heterosexuelle Nachtclub fürchtet das Schwinden seiner üblichen Besucher, die Zeitung das ihrer potenten Inserenten. Beide Befürchtungen sind ohne Zweifel sehr berechtigt: Vorurteile gegen insbesondere männliche Homosexuelle sind immer noch überaus virulent: Mit solchen Menschen möchte man lieber nichts zu tun haben, sollen sie unter sich bleiben, was wollen sie eigentlich noch![71] Ohne auf die darüber hinaus möglichen und praktizierten Formen der Diskriminierung solcher Homosexueller, die ihre sexuelle Geschmacksrichtung nicht verheimlichen, weiter einzugehen (allein damit ließe sich mühelos ein ganzes Buch füllen) leuchtet ein, daß es (ich wies im Zusammenhang mit dem Mechanismus der self-fulfilling prophecy schon darauf hin) nicht genügt, sich emotional mit den Normen einer Mehrheit zu identifizieren: Lehnt die Mehrheit es ab, den Angehörigen einer Minderheit in ihrer Mitte zu dulden, kann er sich verhalten, wie er will: Stets wird die Mehrheit finden, seine Existenz als solche stelle bereits ihr Weltbild und ihre gesamten Werte in Frage. Die Integration von Homosexuellen wird so lange ein Ding der Unmöglichkeit bleiben, wie die Mehrheit sie zwar (als Preis des Abbaues von Diskriminierungen) fordert, jeden Versuch der Betroffenen dazu aber schon im Keim erstickt und mit Hohn verfolgt. Wenn jene dann ihrerseits mit trotziger Abkapselung reagieren, wirkt das auf die vorurteilsvolle Mehrheit lediglich als Bestätigung der Vorurteile: Wer sich abschirmt, muß was zu verbergen haben ... und der Kreislauf gegenseitiger Verdächtigungen beginnt aufs neue.

Das in tausend Jahren fixierte Tabuverhalten gegenüber allem, was mit Sodomie zusammenhing, wie man sie seit Benedictus Levita im germanischen Sprachraum verstand, hat mehrere Gründe: einmal die Scheu des Christen vor dem damit verbunden geglaubten Gottlos-Bösen, wie die Geistlichkeit und der Arm des Gesetzes es dem oft zitierten ›Rechtsbewußtsein‹ des Volkes eingehämmert hatten, zweitens die sehr nachfühlbare Furcht, sofort mit der Heiligen Inquisition zu tun zu kriegen, sobald man über derlei Dinge auch nur sprach (von denen unbescholtene Leute nichts zu wissen hatten), drittens die magische Angst vor ›Ansteckung‹ durch das Böse, das sogar materiell in den Prozeßakten anwesend vorgestellt wurde. Diese Akten wurden deshalb mancherorts mit dem Opfer zusammen auf dem Scheiterhaufen verbrannt und ihre Asche mit der des Verbrannten in den Wind gestreut, um eine möglichst völlige Vernichtung zu gewährleisten. Selbstverständlich handelt es sich hierbei eindeutig um eine frühreligiös-magische Praktik. Der materiellen Vernichtung hatte die Verhinderung jeglichen Angedenkens an das Opfer zu folgen. Hatte es sich bei dem fraglichen Fall z. B. um Sodomie im Sinne von Bestialität gehandelt, wurde auch das betreffende Tier vom Abdecker getötet oder verbrannt (eine Schlachtung durch den Metzger entfiel, da es durch ›Teilnahme‹ an dem sodomitischen Akt zum ›Komplizen‹ des Täters geworden war und damit in ritueller Hinsicht ›unrein‹; ›unehrlich‹ sagte man im Mittelalter). Das spätere Strafrecht Preußens schrieb anstelle der Tötung nurmehr ›Hinwegführung des Viehes aus der Gemeinde‹ vor, damit es keinen Anlaß zur Erinnerung an die Schandtat mehr böte. Sodomie war zur »stummen Sünd« geworden, denn alles, was damit zusammenhing, war ›verteufelt‹. Am sichersten mußte es daher sein, davon überhaupt zu schweigen, denn: »Wenn man den Teufel nennt, kommt er gerennt!«

Eines der schwersten psychologischen Handikaps für Homosexuelle ist das – aus der oben skizzierten Entwicklung des Tabus um die Sodomie heraus zwangsläufige – Fehlen angestammter positiver oder auch nur wertneutraler Bezeichnungen für alles, was mit der männlichen Homosexualität zusammenhängt. Das gilt bemerkenswerterweise nicht nur für den deutschen Sprachraum, sondern für die germanischen Sprachen schlechthin. Nun mag man einwenden, dies Fehlen träfe auch für die meisten Worte des heterosexuellen Liebeslebens zu (wir Weiße haben die Prüderie bekanntlich erfunden). Doch heterosexuelle Liebespaare helfen sich mit Anleihen bei der Kleinkindersprache oder artikulieren ihre Gefühle analog der gerade modischen Literatur. Beides kann ein Männerpaar nicht, ohne sich albern vorzukommen.

So hat das ethnisch-religiös begründete Nichtvorhandensein ›anständiger‹ oder auch nur halbwegs geschmackvoller Ausdrücke für die Erfordernisse der homosexuellen Lebensführung dazu geführt, daß man entweder die letztlich auf homosexuelle Prostitution zurückgehenden Wörter aus der Gosse benutzt oder aber zu ›Geusen‹-Worten[72] Zuflucht nimmt, wobei trotzig die einstigen Schimpfworte der heterosexuellen Mehrheit zur Selbstidentifikation verwandt werden (zweifellos ist dieser Vorgang ohne das Wirken der self-fulfilling prophecy uneinsichtig); oder man erfindet adäquate Bezeichnungen, die die eigene Gruppe im Grunde ironisieren.

So unzuträglich das für die Ausbildung eines positiveren homosexuellen Selbstbildes schon ist, für die Behandlung, die Homosexuelle seitens der ›anderen‹ ausgesetzt sind, ist es noch weit verhängnisvoller. Selbst Gutwillige können keine anderen wirklich wertfreien Ausdrücke für Homosexuelle finden als eben ›homosexuell‹ (›Gleichgeschlechtlichkeit‹ ist ja nur die Eindeutschung davon). Auf diese Art bezeichnet man bei dem homosexuellen Einzelindividuum, das ja nicht lediglich aus seiner Sexualität besteht, immer bloß einen Teilaspekt des Wesens, das man dadurch ungebührlich einengt. Vergleichsweise ist das, als ob man irgendeinen Mann stets und ständig als ›Ehemann‹ anspräche, weil er halt verheiratet ist.[73] So ist das Fehlen wertneutraler Ausdrücke für Begriffe aus der homosexuellen Szene ein Hindernis bei der Diskussion aller damit zusammenhängenden Fragen, Anlaß zu überflüssigen zwischenmenschlichen Mißhelligkeiten und für die Betroffenen selber eine Quelle psychologischer Zwickmühlen.

Hinzu kommt, daß alle Menschen, die irgendwann in ihrem Leben entdeckten, daß sie das eigene Geschlecht dem anderen vorziehen, in ihrer Kleinkindzeit internalisiert haben, daß das falsch ist, verkehrt, verboten und jedenfalls auch sehr gefährlich. Das heißt, sie haben irgendwann sozial gelernt, gleichgeschlechtliches Verhalten als extrem negativ einzuschätzen, und zwar zu einer Zeit, die viele Jahre vor dem Zeitpunkt lag, als sie sich endlich eingestehen mußten, daß sie selbst zu dieser abzulehnenden Kategorie gehörten. Nur ein Mensch, der extrem schlecht, nämlich gar nicht erzogen worden ist, sondern halb verwildert und vernachlässigt aufwuchs, hat diese negative Kategorisierung der Homosexualität möglicherweise nicht eingeprägt bekommen. Nur er wird deshalb bei homosexuellen Handlungen von Anfang an weder Angst- noch Schuldgefühle empfinden, die die normal Erzogenen bei homosexueller Betätigung oft noch nach Jahrzehnten dumpf plagen. Bei ihnen ist gesteigerte Selbstmordgefährdung die Folge.[74]

Allen durchschnittlich angepaßt erzogenen Menschen aus unserem Kulturbereich ist aber nicht nur ein ›unbewußtes Wissen‹ um die Gefährlichkeit der Homosexualität in frühem Alter einverleibt worden, sondern ebenso früh haben sie glauben gelernt, daß alle diesbezüglichen Worte, die sie aufschnappen, ›böse‹ Worte sind und böse, gefährliche Dinge umschreiben – Dinge, die um so unheimlicher sind, je weniger man davon begreift. Gefühle dieser Art meinte Karl Ferdinand Hommel, als er von dem die Einbildungskraft erhitzenden Wort ›Blut‹ schrieb, dergleichen Wörter gebe es viele, die die Phantasie in Brand steckten und diejenigen schwachen Seelen am meisten zittern machten, die am wenigsten davon verstünden. ›Sodomie‹, ›Widernatürlichkeit‹, ›schwul‹ sind solche Worte. Ihre Anmutungsqualität ist eindeutig negativ und erweckt beim Heterosexuellen nur abwehrende Emotionen, die sich bis zu jener Angst steigern können, die Aggressionen auslöst.

Nicht umsonst haben sich sowohl Mediziner wie Juristen und selbstredend vor allem die Betroffenen selbst überaus schwer damit getan, für die Besprechung der Sodomie, der ›stummen Sünd‹, erst einmal neutrale Bezeichnungen zu finden, als das Problem im vorigen Jahrhundert erstmals in die wissenschaftliche Literatur Eingang fand. Es gab sie einfach nicht, man mußte sie erfinden und war dabei nicht immer glückhaft, zumal die neuen Ausdrücke sich im Handumdrehen abnutzten und ihrerseits ebenfalls schlecht zu klingen begannen, sobald sich herumgesprochen hatte, was damit gemeint war – nämlich die bekannte, verruchte

Sodomie. Hierzu trug der Umstand bei, daß in der Sprache der Gerichtshöfe natürlich Sodomie weiterhin Sodomie genannt wurde. Es nützte wenig, wenn Mediziner, vor allem die Gerichtsärzte, homosexuelles Verhalten als ›conträre Geschlechtsempfindung‹, ›moralischen Wahnsinn‹, ›Geschlechtswahnsinn‹, ›Inversion‹, ›Uranismus‹ zu bezeichnen begannen, zumal sie daneben stets betonten, daß es den ›sodomitischen Verbrecher‹, den das Gesetz meinte, selbstredend auch gebe. Sie engten also den Sodomiebegriff des Strafrechts nicht eigentlich ein und versachlichten ihn auch nicht; sie retteten im Grunde lediglich einige der Angeklagten durch entsprechende Gutachten vor Strafe. Als die ersten Stimmen der Betroffenen selber sich herauswagten, bekamen die neuerfundenen Begriffe zur Substituierung des Wortes ›Sodomie‹ romantische Schattierungen: Man spricht von ›Urningtum‹[75], ›Jünglingliebe‹, ›Lieblingminne‹, ›mannmännlicher Liebe‹, ›Mannesliebe‹, später von ›Homophilie‹ bzw. ›Homoerotik‹. Die Unsicherheit über die Begriffe führte zwangsläufig zu Unsicherheit hinsichtlich der Sache, wodurch sich die verbalen Eiertänze der Juristen erklären, über die ich im Zusammenhang mit dem Entschwinden der Bestrafung der weiblichen Homosexualität aus dem deutschen Strafrecht berichtet habe. Selbstverständlich tat auch die vom Vorverständnis der Sodom-Mythe geprägte protestantische Bibellektüre weiter Kreise das ihre, um die Vorstellung des ›Sodomiters‹ als quasi Hauptsünders gegen Gott weiter wachzuhalten und färbte ihrerseits wieder auf das ›Rechtsempfinden des Volkes‹ im Sinne einer Perpetuierung des Vorurteils ab. Wie eng zudem ›Sodomiterey‹ immer noch mit der germanischen Vorstellung über die Natur des ›Argen‹ verbunden war, zeigt z. B. die noch im 18. Jahrhundert in den Niederlanden als Umschreibung für Sodomie benutzte Wendung ›en groote nid‹ (eine schwere Neidingstat).

### *b. Die Tunte*

Mit dem Unhold verbindet die Tunte – den ›verweiblichten‹, transvestitischen, passiven Homosexuellen – das Element des Unheimlichen, das allen beiden seit alters anhaftet. Qualitativ ist es bei ihnen jedoch nicht identisch. Ich habe in Teil 1. a. dieses Kapitels auf den Ruch des Unnatürlich-Unheimlichen hingewiesen, der in der indogermanischen Gedankenwelt Monstren und Mißgeburten anhaftet, aber eben nicht nur ihnen, sondern ebenso solchen Wesen, deren Natur allein deshalb als abnormal gilt, weil sie anomisch[76], d. h. vom ethnozentrisch als ›normal‹ definierten Verhalten abweichend ist und deswegen als un-heimlich empfunden wird. In letztgenannter Hinsicht ist auch der Unhold ein ›Monster‹, weshalb man ja bei ihm stets zwanghaft nach auch äußerlichen

Merkmalen seiner ›Andersartigkeit‹ im Sinne von Stigmata zu suchen gewohnt war (man denke etwa an den Glauben an das prinzipielle Existieren von ›Hexenmalen‹).

Die Tunte allerdings wird vorwiegend aufgrund einer uralten Furcht vor mißgebildeten Wesen schlechthin abgelehnt und zwar oft in einer überaus scharfen Form, die durchaus den Charakter des in dem genannten Abschnitt 1. a. erwähnten ›Hassens‹ hat. Eine Tunte, die sich am hellen Tage durch die Straßen einer Klein- bis Mittelstadt traut, kann noch heute (auch bei Menschen, die das Dritte Reich nicht mehr miterlebt haben) Reaktionen wie: »Sowas gehört eingesperrt!« bzw. das schon klassische ». . . müßte vergast werden!« provozieren. Manchmal beschränken die Anfeindungen sich auf Auslachen, können aber unversehens in giftige Aggression umschlagen. Meines Erachtens richtet sich ohnehin das allgemeine Vorurteil gegen die männliche Homosexualität gegenwärtig in erster Linie gegen Tunten; darüber jedoch erst weiter unten.

Die Erinnerung an den transvestitischen Besessenheitsschamanen der Frühzeit muß damals, als Benedictus Levita seine Fälschungen zusammenstellte, schon obsolet, wenn nicht überhaupt erloschen gewesen sein. Soviel sich feststellen läßt, ist Transvestition ja lediglich im Karneval noch nachweisbar (und auch da nur temporär), da einige alte kirchliche Verordnungen das Verkleiden in ›Vetteln‹ während dieser Tage verbieten. Fälle wie z. B. der von Jeanne d'Arc zeigen freilich, daß Transvestition mit Sodomie in Verbindung gebracht, ja irgendwie als Symptom dafür angesehen wurde. Denn die Tatsache, daß das Mädchen aus Lothringen Männerkleidung trug, während es dem französischen Heer voran in die Schlacht zog, wurde als Anzeichen von Sündhaftigkeit und Gottlosigkeit gewertet und spielte bei Jeannes Verurteilung zum Scheiterhaufen bekanntlich eine wichtige Rolle.

Eine Sphäre freilich gab es, in der Transvestitionen stets üblich und sogar unumgänglich gewesen sind, und das war die der Bretter, die die Welt bedeuten: Im Mittelalter und noch lange danach spielten im Theater junge Männer die Frauenrollen, da ›Weibspersonen‹ das Auftreten auf der Bühne behördlich verboten war. Der Ausdruck ›Schwuchtel‹ stammt geradewegs dorther (als Schwuchtel wurde jener Schauspieler bezeichnet, der die Rolle der Schlampe, des liederlichen Frauenzimmers, zu verkörpern hatte) und ist geradezu ein Synonym für ›Tunte‹. Ich habe meine Recherchen nicht über Gebühr ausweiten wollen, möchte aber vermuten, daß theatergeschichtlich von der Schwuchtel ein Weg zurück zu jener ›vetula‹ führt, von der die Brüder Grimm annahmen, es handle sich um eine leichtfertige Person, die Musik macht und in ihrem Namen Andeutungen von Analem hervorkehrt.

Die ›Tunte‹, d. h. der transvestitische Mann, wird durchgängig noch heute oft mit dem Zwitter verwechselt. Der Abscheu, der männlichen Transvestiten entgegenschlägt, geht (wenngleich durch rationale Derivationen verschleiert) letztlich auf die zu Anfang dieses Abschnitts[77] umrissene ›Monsterfurcht‹ zurück, nämlich der Scheu vor verkrüppelten Wesen insgesamt. Was hier vorliegt, ist die Frucht eines traditionsreichen Irrtums. Schon die gegen den transvestitischen Schamanen der Frühzeit gerichtete Aversion dürfte zu einem wichtigen Teil darauf beruhen, daß man ihn als einen durch zauberisch-böse Macht in ein Weib ›verwandelten‹ Mann betrachtet hat. Man war eben nicht imstande, die psychische Neigung zur Anlegung weiblicher Tracht[78] einerseits und körperliche Mißbildungen andererseits (unausgereifte Geschlechtsteile, Erbkrankheiten, echten Hermaphroditismus) auseinanderzuhalten, sondern man führte das eine wie das andere auf die Einwirkung von Geistern zurück. Transvestitische Schamanen glaubten, durch Einwirkung ihrer ›Geistergatten‹ mit der Zeit in echte Frauen verwandelt zu werden, und schon vor Beginn der Hexenprozesse hat man geglaubt, Hexen könnten das Geschlecht anderer Menschen ins Gegenteil verkehren. Monster-Furcht und Zauberer-Furcht erweisen sich so als im Grunde identisch, vor allem: zur gleichen frühreligiös-magischen Schicht gehörig. Diese Schicht wurde durch die Hexenprozesse reaktiviert und ihre Vorstellungselemente dadurch bis zum Anbruch der Neuzeit und darüber hinaus konserviert.
Sie wurde gegen Ende des vorigen Jahrhunderts ausgerechnet von einem Arzt neubelebt, der nichts weniger im Sinn hatte als dies, sondern im Gegenteil mit seinen Aktivitäten zum Abbau des Vorurteils gegen die Homosexualität und zur Streichung des § 175 beitragen wollte.
Als Magnus Hirschfeld[79], der zwar Medizin, nicht aber Psychiatrie studiert hatte, sich mit den Problemen Homosexueller zu beschäftigen begann, entwickelte er bald eine rege Öffentlichkeitsarbeit, mit der er letzten Endes der ›Entartungs-Theorie‹ so etwas wie die letzte Weihe durch befugte Hand erteilte. Er hat, wenn man sein Lebenswerk objektiv bewertet, zweierlei erreicht: Erstens hat er die seither besonders unter ›Gebildeten‹ geläufige Ansicht popularisiert, Homosexualität sei körperlich bedingt (wenngleich er mit Fortschreiten der Zeit – er wurde recht alt – davon immer weitere Abstriche machte). Hierdurch wurde letzten Endes sein Lebensziel – die Aufhebung des § 175 – erreicht: Man erinnere sich daran, daß das ›unbestreibare Phänomen der angeborenen widernatürlichen Unzucht‹ laut Dr. Güde in einem Schuldstrafrecht ernste Schwierigkeiten bietet, welche Überlegung zweifellos ausschlaggebend dafür war, daß die CDU/CSU sich ungeachtet jahrelanger früherer Willensbekundungen, die entgegengesetzt gelautet hatten, schließlich zusammen mit FDP und SPD zur Abmilderung des § 175 durchrang.

Gleichzeitig fixierte Hirschfeld allerdings durch Verbreitung seiner Überzeugung, Homosexuelle seien Angehörige einer Art ›sexueller Zwischenstufe‹ zwischen Frau und Mann (er war der Verbreiter des Ausdrucks »Drittes Geschlecht«, der sich erstmals bei Théophile Gautier findet), den im Volkswissen unvergessenen Glauben, Sodomiten seien irgendwie abartig und vor allem häufig körperlich mißgebildet. Die enorme Verbreitung, die Hirschfelds Ideen rasch gewannen, hatten ihren Ursprung zweifellos in ihrer frappanten Ähnlichkeit mit diesem volkstümlichen Aberglauben, der ihm selbst aber unbekannt war, jedenfalls findet sich in seinen Schriften nichts, was auf auch nur andeutungsweises Wissen um jene traditionellen Zusammenhänge deutet. Hirschfeld war vielmehr überzeugt, mit Appellen an Wissenschaft und Humanität im Lauf der Zeit der Einsicht zum Sieg zu verhelfen, es sei unwissenschaftlich und unmenschlich, Kranke bzw. Mißgebildete zusätzlich zu ihren Leiden auch noch ins Zuchthaus zu stecken. In seinen Schriften wies er zwar oft darauf hin, Homosexualität sei nichts eigentlich Krankhaftes, als Gutachter vor Gericht jedoch griff er zu dem Krankheitsargument, um Freisprüche herbeizuführen. So wirken seine Ausführungen oft eigentümlich disparat.

Aufgrund seiner intensiven und jahrzehntelangen Propaganda befestigte sich nun auch ›wissenschaftlich‹ allgemein die Überzeugung von einem konstitutiven Zusammenwirken körperlicher Mißbildung mit homosexuellem bzw. ›sodomitischen‹ Verhalten; dies war der zweite Effekt seiner Tätigkeit. Daß und inwiefern sich dadurch für den einzelnen Homosexuellen auf die Dauer nur neue Probleme ergeben mußten, wurde schon in Abschnitt 2. c. dieses Kapitels erläutert.

Dabei wandte Hirschfeld sich ausdrücklich gegen die Ansicht Krafft-Ebings[80] und ähnlich Denkender, die Homosexuelle als Träger von Degenerationserscheinungen verstanden. Er erklärte nämlich – argumentativ sehr geschickt –, Homosexualität bedeute vielmehr Regeneration. Denn der Umstand, daß die Natur beim Homosexuellen, der auch für ihn als Träger unerwünschter Erbanlagen galt, den Fortpflanzungstrieb auf das eigene Geschlecht richte, diene dem Ausscheiden von – nationalsozialistisch ausgedrückt – erbkrankem Nachwuchs, denn bekanntlich pflanzten Homosexuelle sich nicht fort. Aus seiner Umgebung verlauteten allerdings nicht selten Stimmen, die gerade dem ›Dritten Geschlecht‹ insbesondere psychische Gaben zumaßen, die gewöhnlichen Sterblichen kaum, jedenfalls nicht in dem gleichen Grade eignen sollten; man verstand sich demnach keineswegs als so minderwertig, daß die eigenen Eigenschaften es nicht wert gewesen wären, an neue Generationen weitergegeben zu werden. Vieles, was Hirschfeld in seinem langen Leben sagte und schrieb, waren Bemerkungen ad hoc, wurde später relativiert, halb zurückgenommen, uminterpretiert u. ä. Und unglücklicherweise hielt auch er Transvestismus für eine Sonderform von bzw. ein Symptom des »homosexuellen Zustandsbildes«.

Mir persönlich scheint es tragisch, daß sich in Deutschland hinsichtlich der Einschätzung homosexuellen Verhaltens die Ansichten Hirschfelds durchsetzten statt der Siegmund Freuds, der um die gleiche Zeit publizierte. Obwohl Freuds Deutung der männlichen Homosexualität nicht unangreifbar ist[81], ließ er doch zumindest die Möglichkeit offen, daß ein manifest homosexuelles Verhalten auch ohne Anzeichen ›körperlicher Aberrationen‹ vom betreffenden Geschlecht des Individuums auftreten kann, wenngleich er die Existenz irgendeines körperlichen Verursachungsfaktors bei der Ätiologie der Homosexualität nicht ausschloß. Erst seit Soziologen und Psychologen die Wichtigkeit frühkindlicher Eindrükke für die gesamte spätere Entwicklung des Menschen auf so gut wie allen Lebensbereichen durch zahllose empirische Untersuchungen erforscht, überprüft und bestätigt haben, verlor die ›Anlagen-Theorie‹ bei der Frage nach der Ursache der Homosexualität an Bedeutung und machte der inzwischen ziemlich allgemeinen – und mit dem Freudschen Erklärungsansatz vereinbaren – Erkenntnis Platz: Für die Frage der Bevorzugung des eigenen oder fremden Geschlechts bei der sexuellen Partnerwahl ist beim von Instinkten weithin entblößten Homo sapiens das soziale Lernen ausschlaggebend.

Hirschfelds ausgedehnter und langer ›Aufklärungs‹tätigkeit ist es auch zuzuschreiben, daß Transvestismus bei Männern bzw. ein nach außen hin betont ›weibliches‹ Verhalten nicht weniger Homosexueller das Bewußtsein des Volkes in seinem Urteil bestätigte, Homosexuelle seien etwas ähnliches oder sogar das gleiche wie Zwitter. Damit jedoch erhielt der in der traditionellen Sodomievorstellung immer – wenn auch weithin nurmehr als obsoleter Rest – vorhandene Glaube an Zusammenhänge zwischen sittlichem Unwert und körperlicher Mißbildung neue Nahrung und das fragliche Vorurteil breiter Kreise für die Ächtung eine neue, hochmoderne Derivation.

Statt den Homosexuellen anzuzeigen und aktiv-aggressiv zu verfolgen, pflegte man nun über ihn zu lachen, ihn auszulachen. Man machte aus Jux seinen betont ›weiblichen‹, wiegenden Gang nach; man sprach, um ihn in Verlegenheit zu setzen, in der gleichen, affektiert hohen Kopfstimme, die er sich angewöhnt hatte, um ›weiblicher‹ zu wirken bzw. seine ›eigentliche‹ Weiblichkeit zu demonstrieren; man erfand Massen von albernen Tunten-Witzen nach dem »Huch, Detlev!«-Prinzip, – kurz man hänselte ihn durch Nachäffen und ganz so, wie jene kleinen Kinder tun, von denen Eibl-Eibesfeld erzählt, daß sie ihre hinkenden und stotternden Spielgefährten hänseln.

Zwischen die Wahl: Todesstrafe oder Kastration (im alten Friesenrecht) gestellt, dürfte der arme Angeklagte wohl zumeist die Kastration gewählt haben; bei der Wahl: Zuchthaus oder lebenslängliche Lächerlichkeit entschieden sich die Homosexuellen in der Vergangenheit nicht stets, aber doch häufig für die Rolle der etwas bekloppten, nicht ernst zu nehmenden Tunte. Inwieweit der Mechanismus der self-fulfilling-prophecy hier im Spiel war, liegt wohl auf der Hand. Seinetwegen entwickeln die Angehörigen abgelehnter Sozialkategorien – dies gilt auch für die amerikanischen Neger der Vergangenheit – spezielle Formen von Clownerie, um die erwarteten Eigenschaften grotesk vorzuspielen. Die Einbringung dieses Grotesk-Effektes ermöglicht es den Betroffenen, die fraglichen Erwartungshaltungen der Mehrheit ironisch zu brechen und dadurch für sich einen Rest menschlicher Würde zu retten. Da ›weibisch‹ die meistgenannte angebliche Eigenschaft männlicher Homosexueller ist, muß effeminiert wirkendes Verhalten als Internalisierung der Ergebnisse traditioneller ätiologischer Forschung (die Homosexuellen ›Weiblichkeit‹ – was immer das sein mag – attestierte) betrachtet werden. Nicht selten rekonstruierten Homosexuelle geradezu ihre persönlichen Biographien entsprechend den ihnen mit ›wissenschaftlichem‹ Anspruch angesonnenen Bildern, die ihnen persönliche Identität und gewissermaßen einen ›Lebenslauf von der Stange‹ lieferten. Es wundert deshalb nicht, daß in einer entspannteren Situation (z. B. in Holland, wo die Strafandrohungen seit längerer Zeit aufgehoben sind und die Vorurteile abnehmen) die Zahl der sich effeminiert gebenden Homosexuellen zurückgeht.[82]
Entgegen der sattsam beschworenen Volksmeinung erkennt man Homosexuelle ja äußerlich keineswegs als sexuell deviant[83] – mit Ausnahme der Tunte, die ihrerseits als solche erkannt werden möchte, um mögliche männliche Sexualpartner anzuziehen: Tuntenhaftigkeit hat fast immer ›Signalcharakter‹.
Diese Faktoren zusammengenommen führen die Öffentlichkeit zu dem nichtlogischen, aber psycho-logisch einleuchtenden Schluß: Tunten sind schwul, alle Schwulen sind Tunten. Nach altem Brauch sucht man deshalb auch bei Männern, die zwar als homosexuell gelten, aber keine Tunten sind, unwillkürlich (und selbstredend ›erfolgreich‹) nach Anzeichen weibischen Wesens. So bezieht man auch diese Männer mittels eines logisch unhaltbaren Analogieschlusses in die Kategorie der traditionell ›hassenswerten‹ Zwitter bzw. Krüppel mit ein, wobei die dahin führenden, archaisch strukturierten Denkprozesse im wesentlichen unbewußt ablaufen. Daß die Tunte von allen Homosexuellen am meisten diskriminiert und aktiv ge›haßt‹ wird, wirkt nach dem Erläuterten nur als im Sinne der vorurteilshaften Mehrheit ›natürlich‹.
Mir scheint, der Gesetzgeber hätte 1969 besser daran getan, Homosexua-

lität deshalb zu entpönalisieren, weil es sich dabei um eine sexuell deviante Verhaltensweise handelt, die niemand schädigt und wegen der vergleichsweise geringen Zahl homosexueller Menschen sozial irrelevant ist. Denn die von Angehörigen aller Parteien während der damaligen Diskussion um die Strafrechtsänderung in die diesbezüglichen Überlegungen eingebrachte Meinung, es handle sich bei der Homosexualität um ein ›Syndrom‹ (darauf liefen solche Stellungnahmen letztlich hinaus), d. h. um Krankhaftes, Anomales, birgt in sich die Gefahr einer eventuellen späteren Revision. (Man erinnere sich, daß auch z. B. in Bayern und dem Rheinland Homosexualität unter Erwachsenen jahrzehntelang entpönalisiert war und dort dennoch unter äußerem Druck die Strafbestimmungen dagegen aufs neue Platz griffen.) Was als krank gilt, könnte man ›behandeln‹ wollen – etwa durch (natürlich ›freiwillige‹!) Kastration oder Psychochirurgie;[84] und ›Kranke‹ könnte man für asylierungsbedürftig befinden (selbstredend zu ihrem eigenen Besten) . . .

*c. Der Verräter*

Zur Interpretation der Kennzeichnung ›Kriegsscheue‹ mit ›Verräter‹ haben mich mehrere Momente bestimmt. Im kriegsscheuen Wesenszug des germanischen ›Argen‹ überschnitten sich sowohl die Feigheit wie das Wirken aus dem Hinterhalt heraus und möglicherweise noch ein zusätzlicher Hinweis auf unkriegerisches, weil eher feminines Sozialverhalten. Das Gesamtbild des bisher dargebotenen Materials läßt außerdem keinen Zweifel daran, daß Kriegsscheue ebenso als Feige wie als Verräter angesehen worden sind (da das Nicht-Teilnehmen an einem Kriegszug ja selbst schon Verrat bedeutete, nämlich an der gemeinsamen guten Sache). Auch konnte als Erklärung für unkriegerisches Wesen außer abgründiger Feigheit im germanischen Selbstverständnis nur Verräterei als Motiv in Betracht kommen: die soziokulturellen Normen waren zu ausschließlich um das Kriegerideal zentriert, als daß dessen Ignorierung aus entweder persönlichen oder prinzipiellen Gründen etwas anderes zu provozieren vermochte als jenen ethnozentrisch bedingten ›defensiven Glauben‹, der Vorstellungen, die denen der Eigengruppe zuwiderlaufen, aus Selbstschutzgründen als grundsätzlich böswillig und ethisch unwert eingruppiert.
Als Feinde Gottes und der Menschen waren Homosexuelle schon bei Justinian bezeichnet worden; bei Benedictus Levita verraten sie sogar das ganze Menschengeschlecht, da sie bzw. ihr Sexualverhalten an so gut wie sämtlichen ›Plagen‹ schuld sind, die über die Menschheit hereinzubrechen drohen, falls man Sodomiten nicht eifrig genug verbrennt. Die Konstruktion, Gottes Zorn werde bei Unterbleiben dieser Strafe ›regelmäßig zu

vernichtendem Zorn gereizt‹, implizierte zudem (hier schließt sich der Zirkel, der bei Justinian ansetzte) den Status aller Sodomiten als Gottesverräter, denn sie stehen eindeutig auf seiten Satans, der als Gottes antagonistischer Widersacher gilt. Die Spitzfindigkeiten der Scholastik hatten den Weg zum Satanspakt der Sodomiten gebahnt, der als Symbol des Abfalls von Gott, als Siegel extremsten Ungehorsams galt. Wer aber vom Herrscher des einen ›Reiches‹ zu dem des anderen überwechselte, mußte zwangsläufig – analog den politischen Verhältnissen auf Erden – verräterisch sein.

So erweist sich der Aspekt des Verrats gleichzeitig als Hinweis auf den Ungehorsam gegen Gott (und später: gegen die Natur), woraus im Zuge der Verfalls-Theorie jener Ungehorsam gegen den absolutistischen Staat und dessen Zwecke wurde, derentwegen Sodomie auch ohne ferneren Rückgriff auf religiös bestimmte Derivationen als untragbar galt.

Die Verfalls-Theorie war seit etwa Mitte des vorigen Jahrhunderts langsam von der Entartungs-Theorie abgelöst worden. Ohne die Machtergreifung Hitlers wäre es aufgrund der Argumente ihrer Anhänger mit hoher Wahrscheinlichkeit bereits Ende der zwanziger Jahre zur Aufhebung des § 175 gekommen. Hitler aber entnahm der Verfalls-Theorie wichtige Bezugspunkte seiner Interpretation von Homosexualität als ›Rasseverrat‹ und der Charakterisierung von Homosexuellen als ›Staatsfeinden‹[85]. Zunächst – bis zum Röhm-Putsch – scheint er die Frage für vergleichsweise wenig vordringlich gehalten zu haben. Nachdem er jedoch in Ernst Röhm, der sich als Führer der SA stark profiliert hatte, einen Rivalen im Kampf um den Alleinbesitz der Macht entlarvt zu haben glaubte, wurde in der Strafrechtsnovelle vom 28. 6. 1935 der § 175 verschärft, und zwar insofern, als nun – im Gegensatz zur bisherigen Regelung – nicht mehr ›widernatürliche Unzucht‹ im Sinne von Analverkehr mit Strafe bedroht wurde, sondern jede homosexuelle Handlung überhaupt. Resultat war ein geradezu explosionsartiges Ansteigen von Anzeigen und Bestrafungen: Waren zwischen 1931 und 1933 insgesamt 2319 Personen abgeurteilt worden, so stieg ihre Zahl in den Jahren von 1937 bis 1939 auf 24 450![86] Diese fast unglaubliche Ziffer legt nahe, daß der Vorwurf der Homosexualität im Stil Justinians als Waffe gegen die Spielarten von politischen Widersachern diente, gegen die keine anderen Anklagen möglich waren. Die Unglücklichen wurden in Konzentrationslager verbracht, wo sie unter noch grauenhafteren Bedingungen vegetierten als die Juden.[87] Und anders als jenen hat die Bundesrepublik Deutschland ihnen jegliche Wiedergutmachungsleistungen verweigert, da die Einweisung von Homosexuellen in Konzentrationslager aufgrund eines Gesetzes erfolgt war, das auch nach 1945 weiterbestand.

Außer verblasenen Hinweisen auf die Notwendigkeit einer Verfolgung von Homosexuellen als ›Rasseschändern‹ findet sich im juristischen Schrifttum der damaligen Zeit gegenüber den Argumenten der Verfalls-Theorie nichts grundsätzlich Neues. Aus dem Arsenal der Motive dieser Theorie entnahm man vor allem, eigentlich ausschließlich, das einer Schwächung der Volkskraft infolge befürchteten Bevölkerungsrückgangs. So äußerte Heinrich Himmler 1936 zu der Frage: »Wir sind uns klar darüber, daß ein Volk, dem eine halbe oder eine Million Männer für die Ehe praktisch ausfallen, völlig in Unordnung mit seinem Lebenslauf ist. Wenn wir heute in der Frage der Mischehen zwischen artfremden Rassen zu der altgermanischen Auffassung zurückgefunden haben, so müssen wir auch in der Beurteilung der rassevernichtenden Entartungserscheinungen der Homosexualität zurückkehren zu dem nordischen Gedanken der Ausmerzung der Entarteten. Mit der Reinerhaltung der Rasse steht und fällt Deutschland.«[88]

Aus dieser Stellungnahme des späteren Reichsinnenministers geht dreierlei hervor. Hauptsächlich fällt der Rückgriff auf die Lieblingsbefürchtung der Anhänger der Verfalls-Theorie auf, Homosexuelle schädigten den Staat durch Verweigerung ihrer Zeugungs›pflicht‹. Hierüber hatte man freilich bereits hundert Jahre früher gelächelt; da die Hervorhebung des ›Fortpflanzungsgedankens‹ bei den Führern des Dritten Reiches manische Züge trägt, erübrigt es sich, näher darauf einzugehen. Nachdenklicher macht Himmlers Hinweis auf die Zustände bei den alten Germanen. Die Ideen, sie hätten bewußt Mischehen zwischen artfremden Rassen abgelehnt oder zu diesem ›Problem‹ auch nur irgendwie Stellung genommen, ist absurd, durch die Quellen nicht belegbar und entspringt einer nazistischen Wahnidee, die man jedoch schon von den ›Völkischen‹ des Kaiserreichs übernommen hatte. Hinsichtlich der ›Entarteten‹ verhalten sich die Dinge komplizierter. Was hier vorliegt, ist nicht blanker Quatsch, sondern eine nichtlogische Verbindung der Idee der erwünschten Rassereinheit einerseits mit dem – angeblich dorthin führenden – Ziel einer ›Ausmerzung Entarteter‹ andererseits. Den Gedankengängen Himmlers folgend, müßte man nun überlegen, was sinnloser ist: Wenn eine halbe oder eine Million Männer zum Fortpflanzungszweck ausfällt – oder wenn man dieselbe Anzahl von Männern ›ausmerzt‹, weil sie entartet sind? Für die Volksvermehrung fallen sie offensichtlich in beiden Fällen aus. Was also – da man sie sichtlich nicht zur Fortpflanzung zwingen kann – ist dann der Grund für die als nötig erachtete Ausmerzung derart ›Entarteter‹? Wieso droht der Rasse von ihnen ›Vernichtung‹ – ausgerechnet von solchen, die weder den positiven noch den negativen Merkmalen der Rasse irgend etwas hinzufügen? Hier erweist sich die nationalsozialistische Jurisdikation unversehens auch als Fortführung der Entartungs-Theorie – freilich zu sehr anderen Zwecken, als deren Anhängern einst vorgeschwebt waren. Denn eindeutig zielt Himmlers Beteuerung, die ›entarteten‹ Homosexuellen gehörten ausgemerzt, in dieselbe Denkrichtung, woher der Plan zur ›Vernichtung lebensunwerten Lebens‹ stammt, der im Dritten Reich zu den Aktionen der Tötung von mißgebildeten und geistig behinderten Kindern führte: Homosexuelle werden, weil zur Fortpflanzung unfähig, in die gleiche Kategorie mit Menschen eingruppiert, die zu einem normalen Leben körperlich unfähig sind. Die Entartung, von der Himmler spricht, wird faktisch als Verkrüppelung begriffen.

Was durch die extrem ausgeweitete Verfolgung homosexueller ›Delikte‹ seitens der Führer des Dritten Reiches erneut dem Bewußtsein einer eingeschüchterten Öffentlichkeit als Gründe für die notwendige Ausmerzung gefährlicher Verbrecher eingehämmert wurde, ging auf lediglich der neuen politischen Richtung angepaßte Derivationen sowohl der Verfalls- wie der Entartungs-Theorie zurück; politisch dienten die verschärften Gesetze wie zur Zeit des Caesaropapismus der willkürlichen Verfolgung politischer Gegner. Daß die Verschärfung des § 175 im Dritten Reich und deren schreckliche Folgen für ungezählte Unglückliche in diesem Buch nur vergleichsweise wenig Raum einnehmen, beruht ausschließlich darauf, daß sich die dafür bestimmenden Ideen bzw. deren geistesgeschichtlicher Hintergrund bei näherem Hinsehen als nichts weiter denn Aufgüsse viel älterer, damals schon seit Jahrzehnten überholter Gedankengänge erweisen, die die Machthaber des Nationalsozialismus – bei der Judenverfolgung handelt es sich um denselben Vorgang – stupide und kritiklos übernahmen, um sie mit aller Vehemenz einer totalitären Diktatur buchstäblich »in die Tat umzusetzen«.

Die ständige Beschimpfung der wegen Homosexualität Verurteilten im Dritten Reich als ›Staatsfeinde‹ hatte ein übriges getan, die Vorstellung vom Homosexuellen als ›Verräter‹ zu reaktivieren und wieder tief im »Rechtsbewußtsein des Volkes« zu befestigen. Nicht zuletzt war hierfür die unentwegte und offenbar mit dem Gesamtproblem untrennbar verbundene Tendenz verantwortlich, ständig eine angenommene Gefährlichkeit wegen irgendwelcher vermuteten schädlichen Aktivitäten einerseits mit der nur behaupteten prinzipiellen Gefährlichkeit einer als ›unwert‹ definierten leib-seelischen Befindlichkeit andererseits in der Gestalt des ›Volksschädlings‹ zusammenzuziehen, worin unschwer Züge und Eigenschaften des traditionellen sodomitischen Unholds wiederzuerkennen sind.[89] Diese Verfestigung hat das Dritte Reich leider überlebt. So pflegte man bei der Diskussion der verschiedenen Änderungsentwürfe zum Strafrecht, die nach Gründung der Bundesrepublik Deutschland erarbeitet wurden, neben dem Hauptargument des Jugendschutzes für eine Beibehaltung des § 175 regelmäßig auf den Homosexuellen als staatliches Sicherheitsrisiko hinzuweisen.[90] Höchst seltene Fälle, in denen Homosexuelle aufgrund gezielter Erpressung tatsächlich Staatsgeheimnisse verraten hatten, dienten dabei dazu, die Diskriminierung und Pönalisierung als ›vernunftgemäß‹ erscheinen zu lassen.

Zu den historischen Ereignissen der jüngeren Vergangenheit, die für eine Kategorisierung der Homosexuellen als ›Verräter‹ heranzuziehen sind, treten sozialpsychologische Motivationen mehr allgemeiner Natur. Sie wurden z. T. schon im Zusammenhang mit der Erörterung der ›Geusen‹-Worte erwähnt. In diesen Kontext gehört – auch bei anderen Minoritäten – die Schöpfung einer speziellen Gruppensprache, die von den Mitgliedern der diskriminierenden Mehrheit entweder nicht verstanden werden kann oder mehr oder weniger vor ihr geheimgehalten wird. Die Existenz einer derartigen Sprache (in der homosexuellen Szene beschränkt sie sich auf – allerdings viele – besondere Ausdrücke für homosexuelle Praktiken, Lokale, Umgangsformen, Anreden etc.)[91] erweckt jedoch fälschlich bei den Heterosexuellen den Eindruck exklusiver Cliquenbildung. Was als reine Defensivmaßnahme entwickelt wurde, kommt den Diskriminierenden wie verdächtige Geheimniskrämerei vor und verstärkt daher ihre Vorurteile.

Die unentwegten Anfeindungen seitens der heterosexuellen Majorität – auch wenn sie sich, pro Tag gesehen, auf Nadelstiche beschränken – sind für viele Homosexuelle tatsächlich Ursache einer tiefen Entfremdung von dieser Gesellschaft, was psychologisch nachvollziehbar ist. Sie entfernen sich dabei aber nicht nur mehr und mehr räumlich von ihrer früheren Umwelt, sondern auch von den allgemeinen Werten und Normen der sie umgebenden Kultur, was sie psychisch oft heimatlos macht. Weil man sie selbst total in Frage stellt, indem man ihnen so oft (mittels welcher Derivationen auch immer) schlankweg das Recht abspricht, guten Gewissens homosexuell zu sein, lehnen sie nicht selten ihrerseits das Weltbild und die Wertwelt unserer Kultur betont ab.[92] Diese nur zu begreifliche Reaktion empfinden Heterosexuelle aber – ebenso leicht zu verstehen – als ›Verrat‹ an den von ihnen traditionellerweise verteidigten Werten (Familie, Monogamie etc.) und vermuten daraufhin gut ethnozentrisch, wer für all unsere heiligen Kühe nichts übrig habe (ihm ist »nichts heilig«), der möge sich am Ende wohl eher zum Spion eignen als ›unsereiner‹. Ursache und Wirkung der Diskriminierung bedingen sich auch hier gegenseitig in einem Teufelskreis.

**Anmerkungen**

1 Katesa Schlosser: Körperliche Anomalien als Ursache sozialer Ausstoßung bei Naturvölkern. In: *Zeitschrift für Morphologie und Anthropologie,* Bd. XLIV, Heft 1/2, S. 220 ff.
2 Peter Meyer: *Taschenlexikon der Verhaltensforschung,* Paderborn 1976, S. 128.
3 Irenäus Eibl-Eibesfeld: *Liebe und Haß. Zur Naturgeschichte elementarer Verhaltensweisen,* München 1971, S. 111, 189 ff.
4 Gordon W. Allport: *The Natur Of Prejudice,* Cambridge (Mass.) 1954, S. 9.
5 Theodore W. Newcomb: *Socialpsychologie,* Meisenheim am Glan 1959, S. 518 ff.
6 Theodore W. Newcomb, op. cit., S. 205; René König (Hrsg.): *Lexikon der Soziologie,* Frankfurt/M. 1958, S. 304.
7 Hans-Bernhard Kaufmann: *Der Mensch im Banne des Vorurteils,* Wuppertal 1965, S. 10.
8 Morris Ginsberg: *Zur Psychologie und Soziologie des Vorurteils,* Bonn 1963, S. 14 ff.
9 Klaus Eyferth: Psychologische Hintergründe des Vorurteils. Bonn 1960, S. 64 ff.; Eugen u. Ruth Hartley: *Die Grundlagen der Psychologie,* Berlin 1955, Kap. 21.
10 Franz From: Die Wahrnehmung menschlicher Handlungen. In: J. C. Brengelmann u. H. P. David (Hrsg.): *Perspektiven der Persönlichkeitsforschung,* Bern 1961. Nach Rüdiger Lautmann: *Gesellschaft und Homosexualität,* Frankfurt/M. 1977, S. 135, gehört zu den Instrumenten der sozialen Kontrolle des Wissens auch die Pathologisierung und Therapierung eines nonkonformen Verhaltens.
11 Hans-Bernhard Kaufmann, op. cit., S. 6.
12 H. G. Gadamer: *Wahrheit und Methode. Grundzüge einer philosophischen Hermeneutik,* Tübingen 1960, S. 250 ff.
13 Gordon W. Allport: op. cit., S. 6.
14 Gordon W. Allport: op. cit., S. 85 ff.
15 Gordon W. Allport: op. cit., S. XIV.
16 Paul F. Lazarsfeld: Methodische Probleme der empirischen Sozialforschung. In: Heinz Hartmann: *Moderne amerikanische Soziologie,* Stuttgart 1967, S. 101 f.
17 Marie Jahoda, Morton Deutsch, Stuart W. Cook: *Research Methods in Social Relations, with especial Reference to Prejudice,* Part I., New York 1955, 4. Aufl., S. 368 ff.
18 Gordon W. Allport: op. cit., S. XIII.
19 Hans-Bernhard Kaufmann, op. cit., S. 5; Earl E. Davis: Zum gegenwärtigen Stand der Vorurteilsforschung. In: René König u. a.: Vorurteile. Ihre Erforschung und ihre Bekämpfung. In: *Politische Psychologie,* Bd. 3. Frankfurt/M., 1964, S. 53; Maria Jahoda et al., op. cit., S. 366 ff.
20 Klaus Eyferth: op. cit., S. 62 ff.; Maria Jahoda et al.: op. cit., S. 367 f.; Basil Bernstein: Public Language: Some sociological implications of linguistic form. In: *British Journal of Sociology,* Bd. 10, 1959, S. 311–326.
21 Theodore W. Newcomb: op. cit., S. 561; Rudolf Bergius: op. cit., S. 47–53;

Jürgen Eysenck: *Wege und Abwege der Psychologie,* Hamburg 1956, S. 131–136.

22 Earl E. Davis: op. cit., S. 56, 67.

23 Helen G. Trager u. Marion R. Yarrow: *They Learn What They Live,* New York 1953; Hans-Bernhard Kaufmann: op. cit., S. 9 f.; Henri Tajfel: Die Entstehung der kognitiven und affektiven Einstellungen. In: René König (Hrsg.): *Vorurteile,* op. cit., S. 84; K. G. Stackelberg: *Alle Kreter lügen. Vorurteile über Menschen und Völker,* Düsseldorf u. Wien 1965, S. 175, 189; Gordon W. Allport: op. cit., S. 240; Morris Ginsberg: op. cit., S. 17.

24 Gottfried Eisermann: *Bedeutende Soziologen,* Stuttgart 1968, S. 115 ff.

25 Rudolf Bergius: Vorurteilsforschung in der Psychologie. In: *Überwindung von Vorurteilen.* Herausgegeben von der Friedrich-Ebert-Stiftung. Bonn 1960, S. 47 ff.; Rudolf His: *Deutsches Strafrecht bis zur Karolina,* München u. Berlin 1928, S. 56.

26 Richard Wünsch: Zur Geisterbannung im Altertum. In: *Mitteilungen der schlesischen Gesellschaft für Volkskunde,* 1911–12, S. 29.

27 M. P. Nilsson: Die Griechen. In: Chantepie de la Saussaye (Hrsg.): *Lehrbuch der Religionsgeschichte,* 4. Aufl., Tübingen 1925, Bd. II., S. 288.

28 Siegbert Hummel: Der Hund in der religiösen Vorstellungswelt des Tibeters. In: *Paideuma,* Wiesbaden 1954–58, Bd. VI, S. 502.

29 Hans v. Hentig: *Die Strafe,* Bd. I: Frühformen und kulturgeschichtliche Zusammenhänge, Berlin, Göttingen, Heidelberg 1954, S. 195.

30 Gordon W. Allport; op. cit., S. 208, 211, 240, 259; Marie Jahoda et al.: op. cit., S. 365.

31 Gordon W. Allport: *Treibjagd auf Sündenböcke,* Bad Nauheim 1968, 4., erw. Aufl. Dort werden alle wichtigen Aspekte der Sündenbockproblematik allgemeinverständlich behandelt.

32 Morris Ginsberg: op. cit., S. 16.

33 Max Frisch hat ihm in seinem Schauspiel »Andorra« künstlerisch vollendet Ausdruck verliehen. Vgl. die Analyse von Kurt Aurin: Andorra – ein psychologisches Modell. In: René König: *Vorurteile. Ihre Erforschung und ihre Bekämpfung,* op. cit., S. 95 ff.

34 Robert K. Merton: The Self-fulfilling Prophecy. In: *The Antioch Review,* 1948, 8, S. 193 ff.

35 Zum Mechanismus der Self-fulfilling Prophecy: Gordon W. Allport: *The Nature of Prejudice,* op. cit., S. 159 f.; Peter Heintz: *Soziale Vorurteile,* Köln 1957, S. 35 ff.; Hans Albert: Probleme der Wissenschaftslehre in der Sozialforschung. In: René König (Hrsg.): *Handbuch der empirischen Sozialforschung,* Bd. 1., 2. Aufl., Stuttgart 1967, S. 56; Kenneth B. Clark u. Mamie P. Clark: Racial Identification and Preference in Negro Children. In: G. E. Swanson, Th. M. Newcomb, E. L. Hartley (Ed.): *Readings in Social Psychology,* New York 1952.

36 Robert v. Hippel: *Deutsches Strafrecht,* Bd. I., op. cit., S. 180 f.

37 Der schweizer Handwerker Heinrich Hößli (1784–1864), der in Glarus noch die letzte Hexenverbrennung miterlebt hatte, die unauslöschlichen Eindruck auf ihn machte, hat als erster die Hexenverfolgung mit der Verfolgung der Sodomiedelikte in Verbindung gebracht, ist aber offensichtlich nicht verstanden worden. Er brachte, um zu beweisen, daß Sodomie im Sinne von

männlicher Homosexualität nichts Schlechtes sei, später zwei dicke Bücher über die Institution der griechischen Päderastie heraus, deren publizistische Wirkung gleich Null blieb: Heinrich Hößli: *Eros. Die Männerliebe der Griechen: ihre Beziehung zur Geschichte, Erziehung, Literatur und Gesetzgebung aller Zeiten,* Bd. I., Glarus 1836, Bd. II. St. Gallen 1838. Hößli war übrigens verheiratet und besaß Kinder.

38 Noch im vorigen Jahrhundert wurde von durchaus seriösen Wissenschaftlern ernsthaft die Frage diskutiert, ob bestimmte Formen von Geisteskrankheiten nicht zur Hervorbringung von Läusen aus den Körpern der Kranken führten, ein letztes groteskes Relikt der ursprünglichen Einheitsvorstellung von Wahnsinn, Besessenheit und Teufelspakt (ernsthafte Diskussion dieser Frage bei J. B. Friedreich: *Allgemeine Diagnostik der psychischen Krankheiten,* op. cit., S. 17).

39 In dem seinerzeit berühmten Roman von Théophile Gautier: *Mademoiselle de Maupin,* der 1835 erschien, kommt dies starre Rollenverständnis der Geschlechterstereotype besonders eindrucksvoll heraus: Um eine Persönlichkeit zu schildern, die wir heute ohne Mühe als emanzipierte Frau erkennen, mußte Gautier seiner Heldin noch Männerkleidung anziehen und sie auf ein normales Liebesleben verzichten lassen.

40 Charles Letourneau: *La Sociologie d'après l'Ethnographie,* 2. ed., Paris 1884, S. 67; ders., *L'Evolution de la Morale,* Paris 1887, S. 408.

41 Michael J. Buckley: *Homosexualität und Moral. Ein aktuelles Problem für Erziehung und Seelsorge,* Düsseldorf 1964, S. 140.

42 Johann Jakob Cella: *Verbrechen und Strafen in Unzuchtsfällen,* op. cit., S. 37: »Wenn überhaupt von fleischlichen Vergehungen wahr ist, daß sie an und für sich kein eigentliches peinliches Vergehen ausmachen: so gilt dies vorzüglich auch von der widernatürlichen Unzucht, wo das Unerlaubte darin liegt, daß man den Trieb der Begattung gegen die Ordnung, gegen den Zweck der Natur zu befriedigen sucht.« Ähnlich Montesquieu in: *Der Geist der Gesetze,* Bd. I., Halle 1829, S. 360.

43 Sogar für den ›göttlichen‹ Beccaria bestand kein Zweifel, daß Homosexuelle zwar nicht bestraft werden sollten, daß Homosexualität an sich jedoch etwas Negatives sei, das man, falls bei einigen Menschen vorhanden, sozusagen ›wegerziehen‹ müsse und dessen Einreißen in größerem Umfange es zu verhindern gelte.

44 Gottfried Eisermann: Wissenssoziologie. In: Gottfried Eisermann (Hrsg.): *Die Lehre von der Gesellschaft,* 2., völlig veränd. Aufl., Stuttgart 1969, S. 486, 489.

45 Gottfried Eisermann: *Wissenssoziologie,* op. cit., S. 511 ff.

46 Hans Albert, op. cit., S. 56.

47 Die ›Feststellung‹ ›weiblicherer‹ Körperformen bei Homosexuellen diente zwar ursprünglich als ein Hilfskriterium bei der Diagnostizierung ihrer abnormalen allgemeinen Kondition im Sinne der Entartungs-Theorie, wurde von der öffentlichen Meinung aber bald als eine negative Stigmatisierung solcher Männer als zur Kategorie der ›Monstra‹ gehörig aufgefaßt.

48 Diese bei Casper noch auf einem durch zu oberflächliche Beobachtung hervorgerufenen Irrtum beruhende Verwechslung wurde bei Magnus Hirschfeld später zum Bestandteil seiner Lehre vom ›Dritten Geschlecht‹. (Magnus

Hirschfeld: Die Homosexualität des Mannes und des Weibes. In: Iwan Bloch [Hrsg.]: *Handbuch der gesamten Sexualwissenschaft in Einzeldarstellungen,* Bd. III, Berlin 1914, S. 390). Hirschfeld gab seit 1899 seine *Jahrbücher für sexuelle Zwischenstufen mit besonderer Berücksichtigung der Homosexualität* heraus, deren z. T. romanhafte Falldarstellungen auch aus älteren Selbstzeugnissen Homosexueller gut in die hier dargestellte Problematik einführen.

49 Vgl. dazu Hellmuth Mayer: Strafrechtsreform heute und morgen. In: *Kriminologische Forschungen,* Bd. I., Berlin 1962.

50 Man bedenke etwa das Auftreten George Sands oder einer Romanfigur wie Mademoiselle de Maupin.

51 Der – selbst homosexuelle – Jurist Karl Heinrich Ulrichs gab zwischen 1864 und 1879 unter einem Pseudonym zahlreiche Schriften heraus, worin er Homosexualität als seelischen Hermaphroditismus erklärte. In einer Juristenversammlung in München 1867 rief er, als er einen Antrag auf Revision der Strafbestimmungen gegen die widernatürliche Unzucht einbringen wollte, allgemeine Entrüstung hervor. Man entzog ihm schließlich das Wort bzw. stellte ihm frei, wenn er unbedingt wolle, auf lateinisch weiter zu argumentieren, was Ulrichs freilich nicht konnte. (Nach: *Jahrbuch für sexuelle Zwischenstufen,* VII. Jg., II. Bd., Leipzig 1905; Anführung einer Reichstagsdiskussion über den § 175, worin der Abgeordnete Thaler die o. a. Ausführungen über Ulrichs machte.)

52 Hierzu Gisela Bleibtreu-Ehrenberg: Homosexualität und Transvestition im Schamanismus, op. cit., S. 192, 216 f.

53 Die Ärzte, die über die Symptome der ›Entartung‹ bei Homosexuellen schrieben, verfehlten nie, vorsorglich darauf hinzuweisen, daß es den sozusagen ›klassischen‹ Sodomiten, d. h. den Verüber widernatürlicher Unzucht aus Lasterhaftigkeit, selbstverständlich durchaus gebe und sie keinesfalls beabsichtigten, grundsätzlich jeden deshalb Angeklagten als Opfer krankhafter Zustände hinzustellen.

54 Eine Orientierung etwa an der griechischen Institution der Päderastie wäre theoretisch seit Aufkommen des Humanismus möglich gewesen. Aber gerade das Spezifikum, worin das Wesen der griechischen Päderastie bestand, nämlich der Sexualverkehr mit Halbwüchsigen, galt in Deutschland als Kinderschändung, die selbst wärmste Verfechter einer Aufhebung der betreffenden Strafbestimmung niemals als Desiderat hinstellen konnten, wollten sie ihre Bemühungen nicht von vornherein zum Scheitern verurteilen.

55 Walter Becker: *Homosexualität und Jugendschutz,* Hamm/Westf. 1961, S. 19, 15, 11, 10.

56 Franz Meixner: Der umstrittene § 175 StGB. In: *Kriminalistik. Zeitschrift für die gesamte kriminalistische Wissenschaft und Praxis,* Hamburg, Jg. 1953, S. 134 ff.

57 Wilhelm Pleyer: Der § 175 ist nötig! In: *Deutsche National- und Soldatenzeitung,* Nr. 31 vom 2. 8. 1963, S. 5.

58 Richard Gatzweiler: Die Homosexualität des Mannes und das Strafgesetz. In: *Schriftenreihe des Volkswartbundes,* Heft 4–5, Köln 1954; ders.: Homosexualität und Strafrechtsreform. In: *Schriftenreihe des Volkswartbundes,* Heft 9–11, Köln 1961.

59 Hans Kühler: Zur Behandlung der sexuell Straffälligen im Ausland. In:

*Monatsschrift für Kriminologie und Strafrechtsreform,* 38. Jg., Heft 1–2, Zürich/Wien 1955, S. 93 ff., bes. S. 101 ff.; A. Langelüddeke: Die Behandlung von Sittlichkeitsverbrechern. In: *Soziale Arbeit.* 14. Jg., Heft 3, Berlin 1965, S. 101 ff.

60 Franz Böckle: Strafrecht nicht zur Förderung der Moral. In: *Frankfurter Allgemeine Zeitung,* Nr. 7 vom 9. 1. 1968, S. 9.

61 Theodor Bovet (Hrsg.): *Probleme der Homophilie in medizinischer, theologischer und juristischer Sicht,* Tübingen 1965.

62 Klaus Bockmühl u. a.: *Homosexualität in evangelischer Sicht,* Wuppertal 1965.

63 Günter Stratenwerth: Die Homosexualität in strafrechtlicher Sicht. In: Theodor Bovet, op. cit., S. 112 ff., bes. S. 117 f.

64 Rolf Erfurth: Homosexualität und Strafgesetz. In: *Homosexualität in evangelischer Sicht,* op. cit., bes. S. 79, 95, 98, 103.

65 Karl Panzer: *Der Katholik und die Strafrechtsreform,* Köln 1964.

66 Richard Linsert: *Unzucht zwischen Männern?,* Berlin 1929, S. 111 f.

67 B. S. Witte: Der Homosexuelle und seine Umwelt. In: J. B. F. Gottschalk (Hrsg.): *Kirche und Homosexualität,* München 1973, S. 11.

68 Vorschläge des deutschen Caritas-Verbandes – in Verbindung mit der katholischen Reichsarbeitsgemeinschaft für Gerichtshilfe, Gefangenen- und Entlassenenfürsorge – zur Neugestaltung des deutschen Strafrechts. Freiburg/Breisgau 1934, S. 21.

69 68% der Befragten einer Umfrage zur Homosexualität in der Bundesrepublik Deutschland glaubten, von Homosexuellen gehe eine besondere Gefahr aus, ›weil sie oft versuchten, Jugendliche zu verführen‹. Nach Rüdiger Lautmann, op. cit., S. 11 f., S. 383 ff.; ähnliche Ergebnisse liegen aus den USA vor.

70 Homosexualität wird in den Massenmedien oft verzerrt, nämlich als die eigentliche Ursache von Straftaten dargestellt, die ihrerseits in Wirklichkeit nichts mit diesem Lebensbereich zu tun haben (Rüdiger Lautmann, op. cit., S. 217 ff.); oft läßt sich nachweisen, daß die Massenmedien den Eindruck erwecken, Homosexualität korrespondiere mit oder führe gar regelmäßig zu kriminellen Handlungen, womit die Betroffenen ausschließlich wegen ihrer sexuellen Orientierung zu potentiellen Mördern, Verbrechern oder sonstigen Gesetzesbrechern gestempelt und damit ihre ohnehin schwere Lage in der Gesellschaft noch weiterhin verschlechtert wird (nach Hanno Beth: Massenmedien und Homosexualität. In: Rüdiger Lautmann, op. cit., S. 231 f.).

71 Homosexuelle, so lautet die allgemeine Ansicht, sollten dezent, privat, geheim, unter sich bleiben: »Nur unsichtbare Homosexuelle sind ›gute‹ Homosexuelle« (Rüdiger Lautmann, op. cit., S. 526).

72 Aus dem Spottnamen ›gueuz‹ (ndl. ›geusen‹ = ›Bettler‹), den die Spanier ihren Gegnern im niederländischen Freiheitskampf (1568–1648) gegeben hatten, machte der niederländische Adel einen Ehrennamen, mit dem seine Angehörigen sich während des Kampfes selbst bezeichneten.

73 »Die Etikettierung zum Außenseiter, die Definition des Homosexuellseins zum Hauptstatus der Betroffenen ist nicht an ein einzelnes, isoliertes Ereignis wie eine gerichtliche Bestrafung gebunden, sondern vollzieht sich in

einem allgemeinen Interaktionsprozeß« (nach Rüdiger Lautmann, op. cit., S. 129).

74 »Das Bewußtsein, ständig einer allgemein für legitim gehaltenen Strafverfolgung potentiell ausgesetzt zu sein, beschädigt die persönliche und soziale Identität der Betroffenen und löst Selbsthaß aus« (Rüdiger Lautmann, op. cit., S. 56); die Selbstmordanfälligkeit von Homosexuellen ist gegenüber der von Heterosexuellen erheblich gesteigert (M. Dannecker / R. Reiche: *Der gewöhnliche Homosexuelle,* Frankfurt/M. 1974, S. 359).

75 Abgeleitet von Aphrodite Urania, die nach Plato die Patronin gleichgeschlechtlicher Liebe ist. Statt ›Urning‹ findet sich auch ›Urnist‹; für die Lesbierin die poetische Umschreibung ›Urninde‹.

76 Emile Durkheim: *Regeln der soziologischen Methode,* Neuwied 1961, S. 52, 61, bes. 67 ff.

77 Vgl. dazu Kap. V., Anm. 8, bes. 9; ferner Abschn. 1. f. dieses Kapitels.

78 Vgl. Anm. 29 in Kap. III.

79 Vgl. Kap. VII, 4. c., Anm. 135; ferner Magnus Hirschfeld: *Die Transvestiten,* Berlin 1910.

80 Vgl. Kap. VII, Anm. 138.

81 Dies Buch befaßt sich mit den möglichen Ursachen für die Entstehung homosexuellen Verhaltens nicht; wenn auf Magnus Hirschfelds Ideen dennoch näher eingegangen wurde, so nur, um ihre Bedeutung für die Perpetuierung der Vorstellungen eines Zusammengehens von Homosexualität und körperlichen Anomalien nachzuzeichnen. Die Konzeption S. Freuds über die Ätiologie der Homosexualität dürfte allgemein bekannt sein; Bryan Magee gibt in seinem in in Anm. 4 der Einleitung genannten Buch (S. 29 ff.) einige erhellende Hinweise zu den betreffenden Zusammenhängen. Einen größeren Überblick bietet Rudolf Klimmer: *Die Homosexualität,* Hamburg 1965, S. 168–174.

82 Vgl. Rüdiger Lautmann, op. cit., S. 409: »Die Orientierung an einer angenommenen oder auch tatsächlichen Mehrheitsmeinung stärkt die Diskriminierung der Homosexuellen erheblich und schirmt sie in einer Art teuflischen Kreislaufs von Veränderungen ab.« Ferner zum hier angesprochenen Fragenkreis: G. W. Allport: *Die Natur des Vorurteils,* Köln 1971, S. 156; Hanns Wienold / Rüdiger Lautmann: Antihomosexualität und demokratische Kultur in der BRD. In: Rüdiger Lautmann, op. cit., S. 383 ff.; Rüdiger Lautmann, op. cit., S. 10, 16, 149; P. L. Berger: *Einladung zur Soziologie,* München 1971, S. 149.

83 Vgl. Bryan Magee, op. cit., S. 50 ff.; Rüdiger Lautmann, op. cit., S. 95.

84 Zu den neuesten Tendenzen auf diesem Gebiet hat die Arbeitsgruppe Psychochirurgie der Allgemeinen Homosexuellen Arbeitsgemeinschaft e. V., 1 Berlin 19, Suarezstr. 50/51 eine bemerkenswerte Dokumentation herausgebracht.

85 Faschismus und Antihomosexualität erscheinen als Effekt einer gegebenen Sozialstruktur. Und Feinddefinitionen gegenüber bestimmten Gruppen, besonders, wenn sie sich auf tiefeingewurzelte Vorurteile stützen können, stärken den Zusammenhalt der Gesamtgesellschaft, vor allem in Krisenzeiten faschistischer Machtausübung (Rüdiger Lautmann, op. cit., S. 302, 307).

86 Nach P. H. Biedrich: *§ 175: Homosexualität,* Regensburg und Wien (o. J.),

S. 44; Die neueste und gründlichste Untersuchung zum Thema ›Faschismus und Homosexualität‹ stellt die Untersuchung von Rüdiger Lautmann u. a. dar (in: Rüdiger Lautmann, op. cit., 8. Kapitel).

87 Eugen Kogon: *Der SS-Staat. Das System der deutschen Konzentrationslager,* Frankfurt 1947, S. 240 f.

88 P. H. Biederich, op. cit., S. 43 f.

89 So Rudolf Lemke: *Über Ursache und strafrechtliche Beurteilung der Homosexualität,* Jena 1940; bes. eindeutig die Schriften von Karl August Eckhardt zu diesem Aspekt.

90 Vgl. etwa den Auszug aus der Bundestagsdrucksache IV/650 vom 4. X. 62 (Regierungsentwurf eines Strafgesetzbuches – E 1962, abgedruckt in: Tobias Brocher u. a.: *Plädoyer für die Abschaffung des § 175,* Frankfurt/M. 1966, bes. S. 144 ff.). Zu den hier umrissenen allgemeinen Befürchtungen haben nicht unwesentlich die Auffassungen Hans Blühers (*Die Rolle der Erotik in der männlichen Gesellschaft,* Neuauflage Stuttgart 1962) beigetragen, der bis weit in die zwanziger Jahre hinein für die Vorstellung warb, daß der Staat seinen Ursprung nicht in der Familie, sondern im – oft homosexuell getönten – Männerbund habe, was später im Dritten Reich anläßlich des Röhm-›Putsches‹ eine scheibare Bestätigung erfuhr und so die Befürchtungen vor Homosexuellen als Umstürzlern verstärkte. Blühers geistvolle Ideen gelten aber für den europäischen Raum nicht, weshalb sie in diesem Buch nicht näher behandelt wurden. Zum Thema Landesverrat auch: Hans Langemann: Homosexualität und Staatsgefährdung. In: *Kriminalistik. Zeitschr. f. d. ges. kriminalistische Wissenschaft u. Praxis,* Hamburg, Jg. 1955, S. 88 ff.; Alexander Rüstow: Leserzuschrift zur Diskussion über den Aufsatz von Schoeps (in Heft 171 des *Monat,* 1963) in ›Briefe des Monats‹, S. 90 ff. in Heft 175, 15. Jg., Berlin. Nach Rüdiger Lautmann, op. cit., S. 11 gelten homosexuelle Mitarbeiter wegen des Verdachts der möglichen Spionage als Sicherheitsrisiko.

91 Bruce Rodgers: *A Queen's Vernacular. A Gay Lexicon,* San Francisco 1972.

92 »Auch ohne Psychologe zu sein, wird man sich leicht ausmalen können, was es für einen Menschen bedeuten muß, weithin als durch und durch abnorm, gefährlich und widerwärtig zu gelten. Eine solche Lage wird die Persönlichkeit des Betroffenen deformieren, zumindest sein soziales Verhalten grundlegend beeinflussen . . . Gefühle der Schuld und Unsicherheit entstehen; bei der Mehrzahl der Betroffenen bleiben sie auf Dauer bestehen.« (Rüdiger Lautmann, op. cit., S. 15).

# *Zum Schluß*
# Was könnte man tun?

Ich bin sicher, daß die Untersuchung vieler Fragen, die mit der männlichen Homosexualität zusammenhängen, nicht nur durch das dagegen gerichtete Vorurteil allein verzögert wurde. Die nackte Tatsache vielmehr, daß Strafen gegen homosexuelles Verhalten bestanden, hat unzweifelhaft wesentlich für die Perpetuierung dieses Vorurteils gesorgt. Man muß es einmal in seiner ganzen monströsen Schlichtheit hinschreiben: Das ›Volk‹ betrachtete Homosexualität deshalb als verabscheuungswürdiges Verbrechen, weil Thron und Altar ihm rund tausend Jahre lang eingehämmert hatten, daß es eines sei. Es handelt sich hier um jene oft zitierte ›sittenbildende Kraft des Strafrechts‹, die selbstredend existiert, aber wie im vorliegenden Fall häufig realiter zur Bildung wahrer Unsitten geführt hat.
Manche der Ungereimtheiten, die sich in der Sparte desjenigen juristischen Literaturzweiges finden, der sich seinerzeit um den Nachweis bemühte, daß die Gründe für eine Beibehaltung des § 175 sowohl unwissenschaftlich wie inhuman seien, finden ihre Erklärung in dem Umstand, daß man vor dessen Abmilderung nicht so offen argumentieren konnte wie ich in diesem Buch hinterher. Auch insofern hat das Vorurteil die Forschung behindert: Statt deutlich zu werden, geben sich viele der fraglichen Arbeiten diplomatisch; sie gehen auf das Vorurteil manchmal sogar zum Schein ein, um es danach desto besser unterlaufen zu können; ein großer Teil der Auseinandersetzungen gibt sich mit theologischen Argumenten ab und umgeht die klare Stellungnahme, daß die Theologie im Strafrecht bereits seit Jahrzehnten kein legitimes Mitspracherecht mehr hat. Nach 1970 ist die juristische Diskussion im übrigen so gut wie erloschen, während die soziologische gerade beginnt.
Wie die Befürworter einer Beibehaltung des § 175 während der Vorbereitungen der Strafrechtsänderungsentwürfe regelmäßig nicht ohne Häme prophezeiten, verschwand nach seiner Streichung die soziale Ächtung der Homosexuellen keineswegs. Im Gegenteil: Es bildete sich bald eine neue Derivation heraus (Homosexualität als stete Kindergefährdung), die das Fortbestehen der Ächtung ›vernunftgemäß‹ erscheinen

ließ. Und da das Beharrungsvermögen des menschlichen Geistes enorm ist, darf man durchaus mit der künftigen ›Entdeckung‹ noch weiterer Derivationen rechnen, mit deren Hilfe das Vorurteil seine fernere Daseinsberechtigung ›beweist‹.

Führen wir uns noch einmal vor Augen: Die Gesetze des Mittelalters (vor allem die wichtigen, weil lange und allgemein geltenden der CCC) sind eindeutig und ausschließlich aufgrund einer Fälschung wieder ins weltliche Strafrecht hineingekommen. Bedenken wir weiter: Das geschah ausgerechnet unter Berufung auf die Autorität desjenigen Herrschers – Karls des Großen –, der sich zeitlebens gegen Aberglauben und Feuerstrafe ausgesprochen hatte. Erinnern wir uns: Karl war mit der kirchlichen Auffassung seiner Zeit einverstanden, die die Sodomie als Sünde, nicht jedoch als weltliches Verbrechen einstufte und deshalb ihre Sühnung der Geistlichkeit überließ, die sie ihrerseits ebenso einschätzte wie etwa Ehebruch u. ä., d. h. mit kirchlichen Bußen belegte und an die Todesstrafe dafür nachweislich nie gedacht hat. Und machen wir uns klar: Ohne die Fälschungen des Benedictus Levita wäre die gesamte Sodomie-Gesetzgebung gar nicht erst ausgebildet worden, es ging bis zu seinem Auftreten ja offenbar sehr gut ohne, wie das Verschwinden der betreffenden harten Strafen aus den germanischen Stammesrechten nach der Christianisierung zur Genüge beweist.

Bedenkt man diese Entwicklung und zieht außerdem in Betracht, daß nicht nur ›viele‹ Menschen im Lauf von mehr als tausend Jahren im deutschen Sprachraum infolge dieser gefälschten Gesetze zum Feuertod verdammt wurden, sondern, wie die Fachforschung nachgewiesen hat, sogar Millionen (nämlich im Zusammenhang mit der Hexenverfolgung) und späterhin Zigtausende während der Hitler-Diktatur deshalb sterben mußten, dann kommt man unabweislich zu dem Ergebnis: Falsche Gesetze zeitigen richtige Verbrechen.

Unser Staat kann nicht für das verantwortlich gemacht werden, was im Mittelalter passiert ist und ebensowenig für das, was sich im Dritten Reich ereignet hat. Es leben jedoch noch viele, die durch die Anwendung des § 175 zwischen 1945 und 1970 unschätzbare Schäden an Psyche und Vermögen erlitten haben. Und von den Homosexuellen, die Opfer des Nazismus wurden und das Konzentrationslager überlebten, gibt es immer noch einige unter uns, die einer Wiedergutmachung harren, für die sich offensichtlich niemand zuständig fühlt. Bei beiden Gruppen müßte unser Staat, wenn er seine Sozialpflichtigkeit ernst nimmt, helfend und heilend tätig werden, und zwar durch ein Wiedergutmachungsgesetz, das den Bestimmungen entspricht, nach denen Entschädigungen für in KZs inhaftiert gewesene Juden berechnet werden.

Verglichen mit den Leiden jener, die die KZ-Haft überstanden und nun vergessen unter uns bescheiden leben, nimmt sich die Bürde der sozialen Ächtung, die den Homosexuellen gegenwärtig auch nach Abmilderung des § 175 immer noch trifft, vergleichsweise gering aus. Doch ihre Ungerechtigkeit und Disfunktionalität in einer modernen Industriegesellschaft bleibt. Mir persönlich erscheint sie um so grotesker, je deutlicher sich mir bei der fortschreitenden Arbeit an diesem Buch ihre aus archaischen Schichten stammende Herkunft verdeutlicht hat, die dem noch bestehenden Vorurteil z. T. geradezu wahnhafte Züge verleiht.

Was sollte, was könnte dagegen getan werden?

Ich glaube, auch hier ist der Gesetzgeber gefordert. Ich möchte deshalb anregen, ein Gesetz zu schaffen, das die soziale Ächtung solcher Personengruppen unterbindet, deren Verhalten seitens der Bevölkerung aufgrund jahrtausendelanger gesetzlicher Verfolgung der nunmehr entkriminalisierten Tatbestände nach wie vor als moralisch anstößig und deshalb diskriminierenswert gilt. (Hierunter fällt übrigens nicht nur die Homosexualität bei beiden Geschlechtern, sondern ebenso uneheliche Mutterschaft wie die sozial negative Einschätzung der Frauen, die nach Einschränkung des § 218 von der Möglichkeit eines legalen Schwangerschaftsabbruchs Gebrauch gemacht haben oder dies planen.)

Denn Homosexuelle sind weder potentielle Kriminelle oder Kinderverderber noch krank oder vermindert zurechnungsfähig. Trotzdem können sie Diskriminierungen, Beleidigungen und der vielgepflegten Übung des Lächerlichmachens kaum effektiv begegnen, denn sie haben (entgegen weitverbreiteten diesbezüglichen Vermutungen) keine Lobby: In der Mehrzahl der Fälle leben sie trotz Abmilderung des alten § 175 in Angst vor Entdeckung und Erpressung, gezwungen, ein Dasein der Verstellung und Einsamkeit zu führen. Doch in einer pluralistischen Gesellschaft muß es möglich sein, sie nicht länger als Monstren und Freiwild sozialer Aggressionen, sondern als etwas Alltägliches zu betrachten und sie dabei nicht nur zu tolerieren, sondern vielmehr als Mitbürger, als Einzelindividuen voll zu akzeptieren. Jede andere Haltung ist sowohl gesellschaftlich disfunktional als auch undemokratisch und zutiefst inhuman.

# Literaturverzeichnis


Abegg, J. Fr. H. (1836) *Lehrbuch der Strafrechts-Wissenschaft,* Neustadt a. d. Orla.

Adam, Leonhard (1958) Ethnologische Rechtsforschung. In: Leonhard Adam und Hermann Trimborn (Hrsg.): *Lehrbuch der Völkerkunde,* 3., umgearb. Aufl., Stuttgart.

Albert, Hans (1967) Probleme der Wissenschaftslehre in der Sozialforschung. In: René König (Hrsg.): *Handbuch der empirischen Sozialforschung,* 2. Aufl. Bd. I, Stuttgart.

Allport, Gordon W. (1954) *The Nature of Prejudice,* Cambridge (Mass.).

—, (1968) *Treibjagd auf Sündenböcke,* 4., erw. Aufl., Bad Nauheim.

—, (1971) *Die Natur des Vorurteils,* Köln (deutsche Übers. d. Werks v. 1954).

Almgren, O. (1934) *Nordische Felszeichnungen als religiöse Urkunden,* Frankfurt.

Amira, Karl v. (1922) Die germanischen Todesstrafen. In: *Abhandlungen der Bayerischen Akademie der Wissenschaften,* Philos.-philolog. u. hist. Klasse, Bd. XXXI. 3. Abhandlung, München.

Anonymus (1847) Über die Prostitution in Berlin. In: *Centralarchiv für die gesamte Staatsarzneikunde,* 4. Jg., Ansbach.

Athenaeus (MCML) *The Deipnosophists,* Vol. VI. Book XIII. London.

Aurin, Kurt (1964) Andorra – ein psychologisches Modell. In: René König (Hrsg.): *Vorurteile. Ihre Erforschung und ihre Bekämpfung.* Aus: Politische Psychologie, Bd. 3. Frankfurt/M.

Bächtold-Sträubli, Hans (Hrsg.) (1930/31) *Handwörterbuch des deutschen Aberglaubens,* Bd. 3, Berlin und Leipzig.

Baetke, Walter (1934) *Art und Glaube der Germanen,* Hamburg.

Bailey, Derrick Sherwin (1955) *Homosexuality and the Western Christian Tradition,* London and New York.

—, (1959) Artikel ›Homosexualität‹. In: Hans v. Camphausen (Hrsg.): *Die Religion in Geschichte und Gegenwart,* Bd. III. 3. Aufl., Tübingen.

—, (1963) *Mann und Frau im christlichen Denken,* Stuttgart.

Barion, Hans (1963) *Das fränkisch-deutsche Synodalrecht des Frühmittelalters,* Amsterdam.

Barth, Chr. K. (1840) *Deutschlands Urgeschichte,* Bd. IV, 2. Aufl., Erlangen.

Bastian, Adolf (1870) Amazonentum. In: *Zeitschrift für Ethnologie,* Jg. 2, Berlin.

—, (1872) *Die Rechtsverhältnisse bei verschiedenen Völkern der Erde,* Berlin.

Baumstark, D. Anton (1873) *Urdeutsche Staatsalterthümer,* Berlin.

Baviera, Johannes (Ed.) (1940) Mosaicarum et romanarum legum collatio. In: *Fontes iuris Romani anteiustiniani.* Pars altera, Florentiae.
Beccaria, Marquis de (1788) *Verbrechen und Strafen,* Breslau.
Becker, Howard S. (Hrsg.) (1964) *The Other Side,* New York.
Becker, Walter (1961) *Homosexualität und Jugendschutz,* Hamm/Westf.
Beckmann, Nat. (1936) Ignavi et imbelles et corpore infames. In: *Arkiv för nordisk Filologie,* Bd. 52, Lund.
Benedict, Ruth (1955) *Urformen der Kultur,* Hamburg.
Berger, P. L. (1971) *Einladung zur Soziologie,* München.
Bergius, Rudolf (1960) Vorurteilsforschung in der Psychologie. In: Friedrich-Ebert-Stiftung (Hrsg.): *Überwindung von Vorurteilen,* Bonn.
Bergmann, Carl (1846) *Lehrbuch der Medicina Forensis für Juristen,* Braunschweig.
Bernstein, Basil (1959) Public Language: Some sociological implications of linguistic form. In: *British Journal of Sociology,* Bd. 10, London.
Beth, Hanno (1977) Massenmedien und Homosexualität. In: Rüdiger Lautmann (Hrsg.): *Gesellschaft und Homosexualität,* Frankfurt/M.
Beyerle, Franz (1962) *Die Gesetze der Langobarden,* I.: Edictus Rothari, Witzenhausen.
Bhave, Shrikrishna (1939) *Die Yagus des Aśvamedha,* Stuttgart.
Bianchi, Hermanus (1963) *Der homosexuelle Nächste,* Hamburg.
Biederich, P. H. (o. J.) *§ 175: Homosexualität,* Regensburg und Wien.
Bieler, Ludwig (1963) *The Irish Penitentials,* Dublin.
Bierstedt, Robert, (1957) *The Social Order,* New York, Toronto, London.
Binchy, D. A. (1963) The old-irish Penitential. In: Ludwig Bieler: *The Irish Penitentials,* Dublin.
Birket-Smith, Kay (1948) *Geschichte der Kultur,* 2. Aufl., Zürich.
Bleibtreu-Ehrenberg, Gisela (1970) Homosexualität und Transvestition im Schamanismus. In: *Anthropos,* Jg. 65, Heft 1/2, St. Augustin.
Bleichsteiner, Robert (1939) Die finno-ugrischen Völker. In: Hugo A. Bernatzik (Hrsg.): *Die große Völkerkunde,* Bd. I. Leipzig.
Bloch, Iwan (Hrsg.) (1914) *Handbuch der gesamten Sexualwissenschaft in Einzeldarstellungen,* Bd. III, Berlin.
Blüher, Hans (1962) *Die Rolle der Erotik in der männlichen Gesellschaft* (Neuauflage, besorgt von Hans Joachim Schoeps), Stuttgart.
Bockmühl, Klaus u. a. (1965) *Homosexualität in evangelischer Sicht,* Wuppertal.
Böcker, Friedrich Wilhelm (1857) *Lehrbuch der gerichtlichen Medizin,* 2., verm. Aufl., Iserlohn.
Böckle, Franz (Hrsg.) (1966) *Das Naturrecht im Disput,* Düsseldorf.
—, (1968) Strafrecht nicht zur Förderung der Moral. In: *Frankfurter Allgemeine Zeitung* v. 9. 1. 1968.
Boehmeri, Io. Samuelis Friderici (1766) *Elementa Iurisprudentiae Criminalis,* Halae.
—, (1770) *Meditationes in constitutionem criminalem Carolinam,* Halae et Magdeburgicae.
Bogoras, Waldemar (1907) *The Chukchee,* Part II.: Religion. In: Publications of the Jesup North Pacific Expedition, Vol. VII. (Memoirs of the American Museum of Natural History), New York and Leiden.

Boldt, Gottfried (1936) *Johann Samuel Friedrich von Böhmer und die gemeinrechtliche Strafrechtswissenschaft,* Berlin und Leipzig.

Boretius, Alfredus (1881) *Capitularia Regnum Francorum,* Tom. I, Hannover.

Borst, Arno (1953) *Die Katharer,* Stuttgart.

Boudriot, Wilhelm (1928) *Die altgermanische Religion in der amtlichen kirchlichen Literatur des Abendlandes vom 5. bis 11. Jahrhundert,* Bonn. (Unveränderter reprographischer Nachdruck Bonn 1964.)

Bovet, Theodor (Hrsg.) (1965) *Probleme der Homophilie in medizinischer, theologischer und juristischer Sicht,* Tübingen.

Brach, Bernhard, (1846) *Lehrbuch der gerichtlichen Medicin,* Köln.

Breitinger, Emil, Josef Haekel, Richard Pittioni (Hrsg.) (1961) *Theorie und Praxis der Zusammenarbeit zwischen den anthropologischen Disziplinen,* Horn und New York.

Brocher, Tobias, u. a. (1966) *Plädoyer für die Abschaffung des § 175,* Frankfurt/M.

Brunnenmeister, E. (1879) *Die Quellen der Bambergensis,* Leipzig.

Brunner, Heinrich (1877) Geschichte und Quellen des deutschen Rechts. In: Franz v. Holtzendorff (Hrsg.): *Encyklopädie der Rechtswissenschaft,* 3. Aufl., Leipzig.

—, (1877) Überblick über die Geschichte der französischen, normannischen und englischen Rechtsquellen. In: Franz v. Holtzendorff (Hrsg.): *Encyklopädie der Rechtswissenschaft,* 3. Aufl., Leipzig.

—, (1921) *Grundzüge der deutschen Rechtsgeschichte,* 7. Aufl., München und Leipzig.

—, (1958) *Deutsche Rechtsgeschichte.* Neubearbeitet von Claudius v. Schwerin, Bd. II, 2. Aufl., Berlin.

—, (1961) *Deutsche Rechtsgeschichte.* Neubearbeitet von Claudius v. Schwerin, Bd. I, 3. Aufl., Berlin.

Brunnhofer, Hermann (1893) *Urgeschichte der Arier in Vorder- und Centralasien,* Bd. II, Leipzig.

Buckley, Michael J. (1964) *Homosexualität und Moral,* Düsseldorf.

Büchner, Karl (1962) *Römische Literaturgeschichte,* 3., erneuerte Aufl., Stuttgart.

Bürger-Prinz, Hans, H. Albrecht, H. Giese (1966) Zur Phänomenologie des Transvestitismus bei Männern. In: *Beiträge zur Sexualforschung,* 2. Aufl., 3. Heft, Stuttgart.

Buschan, Georg (1922) *Das deutsche Volk in Sitte und Brauch,* Stuttgart, Berlin und Leipzig.

Buschor, Ernst (1925) Das Schirmfest. In: *Jahrbuch des deutschen archäologischen Instituts,* Bd. XXXVIII/XXXIX, Berlin und Leipzig.

Byloff, Fritz (1927) Die Blutgenossenschaft des Zaubererjackl. In: *Monatsschrift für Kriminalpsychologie und Strafrechtsreform,* 18. Jg., Heft 1, Heidelberg.

Capelle, Wilhelm (Hrsg.) (1929) *Das alte Germanien. Die Nachrichten der griechischen und römischen Schriftsteller,* Jena.

Casper, Johann Ludwig (1852) Über Nothzucht und Päderastie und deren Ermittlung Seitens des Gerichtsarztes. In: *Vierteljahrsschrift für die gerichtliche und öffentliche Medizin,* Bd. I, Heft 1, Berlin.

—, (1860) *Practisches Handbuch der gerichtlichen Medizin,* Bd. II, Berlin.

Cella, Johann Jakob (1787) *Verbrechen und Strafen in Unzuchtsfällen,* Zweibrükken und Leipzig.

Christ, Johann Friedrich (1726) *Historia legis Scantiniae,* Halle und Magdeburg.

Cicero, Marcus Tullius (MCMVI) *Tusculanische Gespräche,* Leipzig.

Cizevskij, D. (1957) *Aus zwei Welten,* s'Gravenshage.

Clark, Kenneth B. and Mamie P. (1952) Racial Identification and Preference in Negro Children. In: G. E. Swanson, Th. M. Newcomb, E. L. Hartley (Ed.): *Readings in Social Psychology,* New York.

Clemen, Carl (1932) *Urgeschichtliche Religion,* Teil I, Bonn.

Closs, Alois (1934) Neue Problemstellungen in der germanischen Religionsgeschichte. In: *Anthropos,* Bd. 29.

—, (1935) Die altgermanische Religion. In: Erich Kleineidam und Otto Kuss (Hrsg.): *Die Kirche in der Zeitenwende,* Paderborn.

—, (1936) Die Religion des Semnonenstammes. In: Wilhelm Koppers (Hrsg.): *Die Indogermanen- und Germanenfrage.* Aus: *Wiener Beiträge zur Kulturgeschichte und Linguistik,* IV. Jg., Salzburg und Leipzig.

—, (1952) Das Versenkungsopfer. In: *Wiener Beiträge zur Kulturgeschichte und Linguistik,* IX. Jg., Wien.

—, (1956) Besprechung des Werks von Jan de Vries: Altgermanische Religionsgeschichte, Bd. I, Berlin 1956. In: *Anthropos,* Bd. 51.

—, (1959) Besprechung des Werks von Jan de Vries: Altgermanische Religionsgeschichte, Bd. II: Die Nordgermanen, 2., völlig neu bearb. Aufl., Berlin 1957. In: *Anthropos,* Bd. 54.

—, (1961) Ethnologische Bestimmung des Altgermanentums. In: Emil Breitinger, Josef Haekel, Richard Pittioni (Hrsg.): *Theorie und Praxis der Zusammenarbeit zwischen den anthropologischen Disziplinen,* Horn und New York.

—, (1963) Bibliographica. In: *Anthropos,* Bd. 58.

Conrad, Hermann (1962) *Deutsche Rechtsgeschichte,* Bd. I: Frühzeit und Mittelalter, 2. neubearb. Aufl., Karlsruhe.

—, (1966) *Deutsche Rechtsgeschichte,* Bd. II, 1. Aufl., Karlsruhe.

Curtius, Ernst Robert (1954) *Europäische Literatur und lateinisches Mittelalter,* Bern.

Czaplicka, M. (1914) *Aboriginal Siberia,* Oxford.

Damhouderii, D. Iodoci (MDCI) *Praxis rerum criminalium,* Antverpiae.

Danckert, Werner (1963) *Unehrliche Leute. Die verfemten Berufe,* Bern und München.

Dannecker, M. und Reiche, R. (1974) *Der gewöhnliche Homosexuelle,* Frankfurt/M.

Davis, Earl E. (1964) Zum gegenwärtigen Stand der Vorurteilsforschung. In: René König (Hrsg.): *Vorurteile. Ihre Erforschung und ihre Bekämpfung.* Aus: *Politische Psychologie,* Bd. 3, Frankfurt/M.

Decker, R. v. (Hrsg.) (1869) Erörterung strafrechtlicher Fragen aus dem Gebiete der gerichtlichen Medizin. Eine Anlage zu den Motiven des Strafgesetz-Entwurfs für den Norddeutschen Bund; Motive zu dem Entwurf eines Strafgesetzbuchs für den Norddeutschen Bund, Berlin.

Desmonceaux, Abbé (1789) *De la bienfaisance nationale,* Paris.
Devereux, G. (1937) Institutionalized Homosexuality of the Mohave Indians. In: *Human Biology,* Bd. 9, Baltimore.
Dieck, Alfred (1951) Tacitus' Germania 12 und die männlichen Moorleichen. In: *Die Kunde,* N. F., Jg. 2, Hannover.
—, (1965) *Die europäischen Moorleichenfunde (Hominiden-Moorfunde),* Teil I, Neumünster.
Diez (1844) Über die Beziehungen zwischen psychischer Krankheit und Verbrechen. In: *Centralarchiv für die gesamte Staatsarzneikunde,* Jg. 1, 1. Heft, Regensburg.
Diodor von Sizilien (1827) *Diodor's von Sicilien historische Bibliothek.* Übersetzt von Julius Friedrich Wurm, Bd. I, Stuttgart.
Dostal, W. (1957) Ein Beitrag zur Frage des religiösen Weltbildes der frühesten Bodenbauer Vorderasiens. In: *Archiv für Völkerkunde,* Bd. 12, Wien.
Drexler, Hans (1963) *Polybius,* Bd. II, Zürich und Stuttgart.
Dümmler, E. (1879) Zur Sittengeschichte des Mittelalters. In: *Zeitschrift für deutsches Alterthum und deutsche Literatur,* N. F., Bd. 10, Heft 2 u. 3, Berlin.
Dumezil, Georges (1958) *L'idéologie tripartie des Indo-Européens,* Brüssel.
—, (1959) *Loki,* Darmstadt.
Durkheim, Emile (1961) *Regeln der soziologischen Methode,* Neuwied.

Eckhardt, Karl August (1934) *Die Gesetze des Karolingerreiches,* I.: Salische und ribuarische Franken, Weimar.
—, (1937) Das sind Staatsfeinde! In: *Das schwarze Korps,* 3. Jg., 9. Folge, Berlin.
—, (1938) Widernatürliche Unzucht. Eine rechtsgeschichtliche Studie. In: *Deutsche Rechtswissenschaft,* Bd. 3, Hamburg.
—, (1953) *Lex Salica,* Weimar.
—, (1953) *Die Gesetze des Karolingerreiches,* Weimar.
—, (1955) *Die Gesetze des Merowingerreiches,* Bd. I.: Pactus legis Salicae: Recensiones Merovingicae, Göttingen.
—, (1958) *Gesetze der Angelsachsen,* Göttingen.
—, (1961) *Schwabenspiegel,* Kurzform. II.: Landrechtsteil, Göttingen.
—, (1967) *Sachsenspiegel.* Landrecht in hochdeutscher Übertragung, Hannover.
Eibl, Hans (1949) *Delphi und Sokrates,* Salzburg.
Eibl-Eibesfeld, Irenäus (1971) *Liebe und Haß. Zur Naturgeschichte elementarer Verhaltensweisen,* München.
Eisermann, Gottfried (1962) *Vilfredo Paretos System der allgemeinen Soziologie,* Stuttgart.
—, (1968) *Bedeutende Soziologen,* Stuttgart.
—, (1969) Wissenssoziologie. In: Gottfried Eisermann (Hrsg.): *Die Lehre von der Gesellschaft,* 2. völlig veränd. Aufl., Stuttgart.
Eliade, Mircea (1956) *Schamanismus und archaische Ekstasetechnik,* Zürich und Stuttgart.
—, (1961) Recent works on Shamanism. A review article. In: *History of Religions,* Vol. I, No. 1, Chicago.
Ellinger, Heinrich (1845) Über den Einfluß der Selbstbefleckung auf die Erzeugung irrer Zustände. In: *Allgemeine Zeitschrift für Psychiatrie und psychisch-gerichtliche Medizin,* Bd. II, Berlin.

Ellis, Havelock und J. A. Symonds (1896) *Das konträre Geschlechtsgefühl,* Leipzig.
Eschenbach, Johann Christian (1787) *Dubia in applicatione art. 116 CCC obvenientia,* Rostichii.
Eyferth, Klaus (1960) Psychologische Hintergründe des Vorurteils. In: Friedrich-Ebert-Stiftung (Hrsg.): *Überwindung von Vorurteilen,* Bonn.
Eysenck, Jürgen (1956) *Wege und Abwege der Psychologie,* Hamburg.

Fabricius (Ed.) (1718) *Sextus Empiricus Opera,* Lipsiae.
Fehr, Hans (1948) *Deutsche Rechtsgeschichte,* Berlin.
Fehrle, Eugen (1944) *Publius Cornelius Tacitus' Germania,* München und Berlin.
Feist, Sigmund (1948) *Germanen und Kelten in der antiken Überlieferung,* Baden-Baden.
Feucht, Dieter (1967) Grube und Pfahl (Diss.). In: *Juristische Studien,* Bd. 5, Tübingen.
Feuerbach, Anselm v. (1832) *Lehrbuch des gemeinen in Deutschland gültigen peinlichen Rechts,* 11., verb. Aufl., Gießen.
—, (1847) *Lehrbuch des gemeinen in Deutschland gültigen peinlichen Rechts.* Mit vielen Anmerkungen und Zusatzparagraphen sowie einer vergleichenden Darstellung der Fortbildung des Strafrechts durch die neuen Gesetzgebungen, herausgegeben von Dr. C. J. A. Mittermaier, Gießen.
Feuerbach, Ludwig (Hrsg.) (1853) *Anselm v. Feuerbach's biographischer Nachlaß,* 2. verm. Aufl., Bd. I, Leipzig.
Findeisen, Hans (1957) *Schamanentum, dargestellt am Beispiel der Besessenheitspriester nordeurasischer Völker,* Stuttgart.
Fischart, Johann (1892) *Ausgewählte Werke.* Herausgegeben von Adolf Hauffen, Bd. I, Stuttgart.
Flor, Fritz (1936) Die Indogermanenkunde in der Völkerkunde. In: *Festschrift Hirt,* Teil I, Heidelberg.
Ford, Clellan S. und Beach, Frank A. (1960) *Das Sexualverhalten von Mensch und Tier,* 2. Aufl., Berlin.
Foucault, Michel (1969) *Wahnsinn und Gesellschaft,* Frankfurt/M.
Franck, Johannes (1963) Untersuchung der Geschichte des Wortes Hexe. In: Joseph Hansen: *Quellen und Untersuchungen zur Geschichte des Hexenwahns,* Hildesheim (Anhang).
Frazer, J. G. (1895) Anthropological Questions. In: *The Journal of the Anthropological Institute of Great Britain and Ireland,* Vol. XXIV, London.
Friedberg, Emil (1868) *Aus deutschen Bußbüchern,* Halle.
Friedreich, J. B. (1832) *Allgemeine Diagnostik der psychischen Krankheiten,* Würzburg.
—, (1835) *Systematisches Handbuch der gerichtlichen Psychologie,* Leipzig.
From, Franz (1961) Die Wahrnehmung menschlicher Handlungen. In: J. C. Brengelmann und H. P. David (Hrsg.): *Perspektiven der Persönlichkeitsforschung,* Bern.

Gadamer, H. G. (1960) *Wahrheit und Methode. Grundzüge einer philosophischen Hermeneutik,* Tübingen.
Gaedeken, P. (1934) *Retsbrudet og reaktionen derimod,* Kopenhagen.
Gatzweiler, Richard (1954) Die Homosexualität des Mannes und das Strafgesetz. In: *Schriftenreihe des Volkswartbundes,* Heft 4–5, Köln.
—, (1961) Homosexualität und Strafrechtsreform. In: *Schriftenreihe des Volkswartbundes,* Heft 9–11, Köln.
Gautier, Théophile (1835) *Mademoiselle de Maupin,* Paris.
Gering, Hugo (1902) Über Weissagung und Zauber im nordischen Altertum. In: *Abhandlungen zur nordischen Philologie,* Kiel.
—, (1927) *Kommentar zu den Liedern der Edda.* Hrsg. von B. Sijmons, Halle.
Gemeinnütziger Verein Villa Hügel (Hrsg.) (1967) Ausstellungskatalog: *Historische Schätze aus der Sowjetunion,* 2. Aufl., Essen.
Gibbon, Eduard (1782/88) *History of the Decline and Fall of the Roman Empire,* Bd. 8, London.
Giese, Hans (1962) Abnormes und perverses Verhalten. In: Hans Giese und E. V. Gebsattel (Hrsg.): *Psychopathologie der Sexualität,* Stuttgart.
Gimbutas, Marija (1968) Die Indoeuropäer: Archäologische Probleme. In: Anton Scherer (Hrsg.): *Die Urheimat der Indogermanen,* Darmstadt.
Ginsberg, Morris (1963) Zur Psychologie und Soziologie des Vorurteils. In: Bundeszentrale für politische Bildung (Hrsg.): *Über Vorurteile,* Bonn.
Glob, P. V. (1966) *Die Schläfer im Moor,* München.
Gobineau, Josef Arthur Graf (1922) *Versuch über die Ungleichheit der Menschenrassen.* Übersetzt von L. Schemann, 4 Bde., Stuttgart.
Goldschmidt, Dietrich (1960) Das Vorurteil gegen Minderheiten. In: Friedrich-Ebert-Stiftung (Hrsg.): *Überwindung von Vorurteilen,* Bonn.
Gollner, Günther (1974) *Homosexualität. Ideologiekritik und Entmythologisierung einer Gesetzgebung,* Berlin.
Goode, William J. (1960) *Die Struktur der Familie,* Köln und Opladen.
Graeven, Chr. Fr. (1750) *De mitigatione poenae in crimine Sodomiae,* Francofo.
Grammaticus, Saxo (1922) *Die Heldensagen des Saxo Grammaticus,* II. Teil. Herausgegeben von Paul Hermann, Leipzig.
Grimm, Jakob (1835) *Deutsche Mythologie,* Göttingen.
—, (1844) *Deutsche Mythologie,* 2. Aufl., Göttingen.
—, (1875/78) *Deutsche Mythologie,* Bd. I–III, 4. Aufl., Berlin.
—, (1922) *Deutsche Rechtsaltertümer,* Bd. II, 4., verm. Aufl., Leipzig.
Grimm, Johann und Wilhelm (1951) *Deutsches Wörterbuch.* Bearbeitet von Rudolf Meißner, Bd. 12, Leipzig.
Grönbech, Wilhelm (1954) *Kultur und Religion der Germanen,* 5. unveränd. Aufl., Bd. I, Stuttgart.
Grolman, Karl (1805) *Grundsätze der Criminalrechtswissenschaft,* Gießen und Darmstadt.
Gudeman, Alfred (1916) *P. Cornelii Taciti de Germania,* Berlin.
Güntert, Hermann (1934) *Der Ursprung der Germanen,* Heidelberg.
Gurvitch, Georges (1958) Rechtssoziologie. In: Gottfried Eisermann (Hrsg.): *Die Lehre von der Gesellschaft,* Stuttgart.
Gutenbrunner, Siegfried (1936) *Die germanischen Götternamen der antiken Inschriften,* Halle.

Haekel, Josef (1958) Religion. In: Leonhard Adam und Hermann Trimborn (Hrsg.): *Lehrbuch der Völkerkunde,* 3. umgearb. Aufl., Stuttgart.

Hahne, Hans (1915/23) Moorleichenfunde aus Niedersachsen. In: *Vorzeitfunde aus Niedersachsen,* Teil B. Herausgegeben vom Provinzialmuseum zu Hannover, Hildesheim.

Haller, Johannes, und Dannenbauer, Heinrich (1957) *Der Eintritt der Germanen in die Geschichte,* Berlin.

Halm (1864) Über einige controverse Stellen in der Germania des Tacitus. In: *Sitzungsberichte der Münchner Akademie,* München.

Hansen, Joseph (1900) *Zauberwahn, Inquisition und Hexenprozeß im Mittelalter,* München und Leipzig.

Hartley, Eugen und Ruth (1955) *Die Grundlagen der Sozialpsychologie,* Berlin.

Hartmann, Heinz (Hrsg.) (1967) *Moderne amerikanische Soziologie. Neuere Beiträge zur soziologischen Theorie,* Stuttgart.

Hefele, Carl Joseph v. (1873) *Conciliengeschichte,* Bd. I, 2. Aufl., Freiburg.

—, (1858) *Conciliengeschichte,* Bd. III, 1. Aufl., Freiburg.

—, (1877) *Conciliengeschichte,* Bd. III, 2. Aufl., Freiburg.

—, (1879) *Conciliengeschichte,* Bd. IV, 2. Aufl., Freiburg.

—, (1886) *Conciliengeschichte,* Bd. V, 2. Aufl., Freiburg.

Hehlmann, Wilhelm (1963) *Geschichte der Psychologie,* Stuttgart.

Heiler, F. (1923) *Das Gebet,* 5. Aufl., München.

Heinrich, C. B. (1848) Kritische Abhandlung über die von Pritchard als moral insanity geschilderte Krankheitsform. In: *Allgemeine Zeitschrift für Psychiatrie und psychisch-gerichtliche Medizin,* Bd. V, Heft 4, Berlin.

Heinroth, Johann Christian (1825) *System der psychisch-gerichtlichen Medizin,* Leipzig.

Heintz, Peter (1957) *Soziale Vorurteile,* Köln.

Hellwald, Fr. v. (1890) *Die Welt der Slawen,* Berlin.

Helm, Karl (1926) *Die Entwicklung der germanischen Religion,* Heidelberg.

—, (1946) Wodan. Ausbreitung und Wanderung seines Kults. In: *Gießener Beiträge zur deutschen Philologie,* Nr. 85, Gießen.

—, (1953) *Altgermanische Religionsgeschichte,* Bd. II: Die Westgermanen, Heidelberg.

Henke, Eduard (1823/30) *Handbuch des Criminalrechts und der Criminalpolitik,* Bd. I Berlin und Stettin 1823, Bd. II und III Halle 1826 und 1830.

Hentig, Hans v. (1954) *Die Strafe,* Bd. I.: Frühformen und kulturgeschichtliche Zusammenhänge, Berlin, Göttingen und Heidelberg.

Hermann, Paul (1922) *Die Heldensagen des Saxo Grammaticus,* II. Teil, Leipzig.

Herodot (1955) *Historien,* Stuttgart.

Herrmann, Paul (1929) *Das altgermanische Priesterwesen,* Jena.

Hettinger, Franz (1885) *Apologie des Christentums,* Freiburg/Brsg.

Heusler, Andreas (1911) *Das Strafrecht der Isländersagas,* Leipzig.

—, (1937) *Isländisches Recht. Die Graugans.* Weimar.

Hillebrandt, Alfred (1897) Ritualliteratur. Vedische Opfer und Zauber. In: *Grundriß der indoarischen Philologie und Altertumskunde,* Bd. III, Straßburg.

Hinschius, Paul (1877) Geschichte und Quellen des kanonischen Rechts. In: Franz v. Holtzendorff (Hrsg.): *Encyklopädie der Rechtswissenschaft,* 3. Aufl., Leipzig.

Hippel, Robert v. (1925) *Deutsches Strafrecht,* Bd. I, Berlin.
Hirschfeld, Magnus (Hrsg.) (1905) *Jahrbuch für sexuelle Zwischenstufen mit besonderer Berücksichtigung der Homosexualität,* Jg. VII, Bd. II, Leipzig.
—, (1910) *Die Transvestiten,* Berlin.
—, (1914) Die Homosexualität des Mannes und des Weibes. In: Iwan Bloch (Hrsg.): *Handbuch der gesamten Sexualwissenschaft in Einzeldarstellungen,* Bd. III, Berlin.
His, Rudolf (1901) *Das Strafrecht der Friesen im Mittelalter,* Leipzig.
—, (1929) Der Totenglaube in der Geschichte des germanischen Strafrechts. In: *Schriften der Gesellschaft zur Förderung der Westfälischen Wilhelms-Universität zu Münster,* Heft 9, Münster.
—, (1928) *Deutsches Strafrecht bis zur Karolina,* München und Berlin.
Hodermann, Georg Heinrich (1800) *Lehrbuch des deutschen Peinlichen Rechts,* Bd. I, Leipzig.
Höfler, Otto (1934) *Kultische Geheimbünde der Germanen,* Bd. I, Frankfurt.
—, (1952) Das Opfer im Semnonenhain und die Edda. In: *Festschrift zum 70. Geburtstag von Felix Genzmer,* Heidelberg.
Hössli, Heinrich, (1836/38) *Eros. Die Männerliebe der Griechen: ihre Beziehungen zur Geschichte, Erziehung, Literatur und Gesetzgebung aller Zeiten,* Bd. I Glarus 1836, Bd. II St. Gallen 1838.
Hofstätter, Peter R. (1966) *Einführung in die Sozialpsychologie,* 4., neubearb. Aufl., Stuttgart.
Holmberg, Uno (1913) *Die Wassergottheiten der finnischen Völker,* Helsinki.
Holtzendorff, Franz v. (1880) Artikel: Johann Anselm v. Feuerbach. In: Franz v. Holtzendorff (Hrsg.): *Rechtslexikon,* 3. Auflage, Bd. I, Leipzig.
Honigmann, E. (1931) Artikel über Strabo. In: Pauly-Wissowa (Hrsg.): *Realencyclopädie der classischen Altertumswissenschaft,* Bd. 4, 1, Stuttgart.
Hoops, Johannes (Hrsg.) (1918) *Reallexikon der germanischen Altertumskunde,* Bd. IV, Straßburg.
Hummel, Siegbert (1954/58) Der Hund in der religiösen Vorstellungswelt des Tibeters. In: *Paideuma,* Bd. VI, Wiesbaden.

Ichheiser, Gustav (1949) Misunderstandings in Human Relations. In: *Sonderheft des American Journal of Sociology,* Chicago.

Jahoda, Marie, Deutsch, Morton, Cook, Stuart W. (1955) *Research Methods in Social Relations, with especial Reference to Prejudice,* Part I, 4. Aufl., New York.
Jankuhn, Herbert (1966) Archäologische Bemerkungen zur Glaubwürdigkeit des Tacitus in der Germania. In: *Nachrichten der Akademie der Wissenschaften in Göttingen aus dem Jahr 1966,* Philologisch-historische Klasse.
Jarausch, Konrad (1930) Der Zauber in den Isländersagas. In: *Zeitschrift für Volkskunde,* N. F., Bd. I, Jg. 39, Berlin und Leipzig.
Jarcke, C. E. (1830) *Handbuch des gemeinen deutschen Strafrechts,* Bd. III, Berlin.
Jensen, Ad. E. (1951) *Mythos und Kult bei Naturvölkern,* Wiesbaden.
Jente, Richard (1921) Die mythologischen Ausdrücke im altenglischen Wortschatz. In: *Anglistische Forschungen,* Heft 56, Heidelberg.

Jessen, P. (1847) Über die in Bezug auf Geistes- und Gemütskranke herrschenden Vorurteile. In: *Allgemeine Zeitschrift für Psychiatrie,* Bd. 4, Berlin.
Jettmar, Karl (1952) Zum Problem der tungusischen Urheimat. In: *Kultur und Sprache,* Bd. IX, Wien.
Jochelson, Waldemar (1905) Religion and Myths of the Koryak. In: *Memoirs of the American Museum of Natural History,* Leiden and New York.
Jörs (1900) Artikel über den Codex Justinianus. In: Pauly-Wissowa (Hrsg.): *Realencyclopädie der classischen Altertumswissenschaft,* Bd. 4, 1, Stuttgart.
—, (1900) Artikel über den Codex Theodosianus. In: Pauly-Wissowa (Hrsg.): *Realencyclopädie der classischen Altertumswissenschaft,* Bd. 4, 1, Stuttgart.
Jonsson, Finnur (Hrsg.) (1904) *Hrólfs saga kraka ob Bjarkarimur.* Udgivne for Samfund til Udg. af gammel nordisk Litteratur, Bd. 32, Kobenhavn.
Jubainville, H. d'Arbois de (1905) *La famille celtique,* Paris.
Jung, C. G., et al. (1954) *Der göttliche Schelm,* Zürich.
Juvenal, Decimus Junius (1886) *Satiren.* Übersetzt von W. Hertzberg und W. S. Teuffel, Stuttgart.

Kaan, Henrico (1844) *Psychopathia sexualis,* Leipzig.
Karsch-Haack, Ferdinand (1901) Uranismus oder Päderastie und Tribadie bei den Naturvölkern. In: Magnus Hirschfeld (Hrsg.): *Jahrbuch für sexuelle Zwischenstufen mit besonderer Berücksichtigung der Homosexualität,* Jg. II, Leipzig.
—, (1906) *Forschungen über gleichgeschlechtliche Liebe,* I. Das gleichgeschlechtliche Leben der Kulturvölker. Erster Band: Die Mongoliden. Erste Abteilung: Das gleichgeschlechtliche Leben der ostasiatischen Kulturvölker: Chinesen, Japaner, Koreer, München.
—, (1911) *Das gleichgeschlechtliche Leben der Naturvölker,* München.
Kaufmann, Hans-Bernhard (1965) Der Mensch im Banne des Vorurteils. In: Hans Bürki (Hrsg.): *Neue Studienreihe,* Nr. 6, Wuppertal.
Keil, Siegfried (1966) *Sexualität. Erkenntnisse und Maßstäbe,* Stuttgart und Berlin.
Kern, Fritz (1929) Die Welt, worein die Griechen traten. In: *Anthropos,* Bd. 24.
Kirchner, Horst (1952) Ein archäologischer Beitrag zur Urgeschichte des Schamanismus. In: *Anthropos,* Bd. 47.
—, (1955) Die Menhire in Mitteleuropa und der Menhirgedanke. In: Akademie der Wissenschaften und der Literatur. Abhandlungen der geistes- und sozialwissenschaftlichen Klasse, Nr. 9, Mainz.
Kirfel, Willibald (1951) Der Aśvamedha und der Purusamedha. In: *Beiträge zur indischen Philologie und Altertumskunde,* Walter Schubring zum 70. Geburtstag, Hamburg.
Klare, Rudolf (1937) Homosexualität und Strafrecht (Diss.), Hamburg.
Klein, Ernst (1930) Der Ritus des Tötens bei den nordischen Völkern. In: *Archiv für Religionswissenschaft,* Bd. 28, Leipzig und Berlin.
Klimmer, Rudolf (1965) *Die Homosexualität,* Hamburg.
Klose, C. L. (1837) Artikel über Päderastie. In: I. S. Ersch und I. G. Gruber (Hrsg.): *Allgemeine Encyklopädie der Wissenschaften und Künste,* 3. Section, 9. Theil, Leipzig.
Kluge, Friedrich (1967) *Etymologisches Wörterbuch der deutschen Sprache,* Berlin.

Knust, D. F. H. (1837) Commentatio de collectionis huis fontibus. In: Georg Heinrich Pertz (Hrsg.): *Monumenta Germanicae historica,* Tom. II, Hannover.

König, René (Hrsg.) (1958) *Lexikon der Soziologie,* Frankfurt/M.

—, (1964) Vorurteile. Ihre Erforschung und ihre Bekämpfung. In: *Politische Psychologie,* Bd. 3, Frankfurt/M.

Kogon, Eugen (1947) *Der SS-Staat. Das System der deutschen Konzentrationslager,* Frankfurt/M.

Kohan-Bernstein, Mathias (1909) Die widernatürliche Unzucht (Diss.), Heidelberg.

Koppers, W. (1936) Pferdeopfer und -kult bei den Indogermanen. In: *Wiener Beiträge zur Kulturgeschichte und Linguistik,* Bd. IV, Salzburg und Leipzig.

Krafft-Ebing, R. v. (1875) *Lehrbuch der gerichtlichen Psychopathologie,* Stuttgart.

—, (1894) *Der Conträrsexuale vor dem Strafrichter,* Leipzig und Wien.

Krahe, Hans (1949) *Die Indogermanisierung Griechenlands und Italiens.* Zwei Vorträge, Heidelberg.

Kroef, J. M. van der (1954) Transvestitism and the religious Hermaphrodite in Indonesia. In: *Journal of East Asiatic Studies,* Vol. III, No. 3, Manila.

Krueger, Paulus (Ed.) (1892) *Corpus iuris civilis,* Vol. II: Codex Iustinianus, Berolini.

Krüger, Paul (1912) *Geschichte der Quellen und Literatur des Römischen Rechts,* München und Leipzig.

Kühler, Hans (1955) Zur Behandlung der sexuell Straffälligen im Ausland. In: *Monatsschrift für Kriminologie und Strafrechtsreform,* 38. Jg., Heft 1–2, Zürich/Wien.

Kühn, Herbert (1954) *Das Erwachen der Menschheit,* Frankfurt/M.

—, (1955) *Der Aufstieg der Menschheit,* Frankfurt/M.

—, (1967) Besprechung der Ausstellung ›Götterwelt der Bronzezeit‹ im Niedersächsischen Landesmuseum, Hannover, in *Frankfurter Allgemeine Zeitung* v. 19. 4. 1967.

Kummer, B. (1930/31) Artikel ›Geschlechtswechsel, Geschlechtsverwandlung‹. In: Hanns Bächtold-Sträubli (Hrsg.): *Handwörterbuch des deutschen Aberglaubens,* Bd. 3, Berlin und Leipzig.

Langelüddeke, A. (1965) Die Behandlung von Sittlichkeitsverbrechern. In: *Soziale Arbeit,* 14. Jg., Heft 3, Berlin.

Langemann, Hans (1955) Homosexualität und Staatsgefährdung. In: *Kriminalistik. Zeitschrift für die gesamte kriminalistische Wissenschaft und Praxis,* Jg. 1955, Hamburg.

Latcham, R. E. (1909) Ethnology of the Araucanos. In: *The Journal of the Royal Anthropological Institute of Great Britain and Ireland,* Vol. 39, London.

Lautmann, Rüdiger (Hrsg.) (1977) *Seminar: Gesellschaft und Homosexualität,* Frankfurt/M.

Lazarsfeld, Paul F. (1967) Methodische Probleme der empirischen Sozialforschung. In: Heinz Hartmann (Hrsg.): *Moderne amerikanische Soziologie. Neuere Beiträge zur soziologischen Theorie,* Stuttgart.

Lea, Henry Charles (1955) *A History of the Inquisition,* Bd. III, New York.

Lehmann, Alfred (1925) *Aberglaube und Zauberei,* Stuttgart.

Lemke, Rudolf (1940) *Über Ursache und strafrechtliche Beurteilung der Homosexualität,* Jena.
Letourneau, Charles (1884) *La Sociologie d'après l'Ethnographie,* 2. ed., Paris.
—, (1887) *L'Evolution de la Morale,* Paris.
Leuret, F. (1846) *Des indications à suivre dans le traitement moral de la folie,* Paris.
Lewin, T. H. (1870) *Wild Races of South-Eastern India,* London.
Leyen, F. van der (1909) *Die Götter und Göttersagen der Germanen,* München.
Linsert, Richard (1929) *Unzucht zwischen Männern?,* Berlin.
Liszt, Franz v., et al. (1911) *Gegenentwurf zum Vorentwurf eines Strafgesetzbuches,* Berlin.
Liszt, Franz v., und Schmidt, Eberhard (1927) *Lehrbuch des deutschen Strafrechts,* Berlin und Leipzig.
Livius, Titus (1840) *Römische Geschichte,* Stuttgart.
Lommel, Andreas (1966) Der Schamanismus. In: *Bild der Wissenschaft,* Jg. 3, Heft 10, Stuttgart.
Luckow, Marion (1962) Die Homosexualität in der literarischen Tradition (Diss.). In: *Beiträge zur Sexualforschung,* Heft 26, Stuttgart.
Luden, Heinrich (1847) *Handbuch des teutschen gemeinen und particularen Strafrechtes,* Bd. I, Jena.

Maass, E. (1922) Die Lebenden und die Toten. In: *Neue Jahrbücher für das klassische Altertum,* Bd. 49, Jg. 25, Leipzig und Berlin.
—, (1925) Eunuchos und Verwandtes. In: *Rheinisches Museum für Philologie,* N. F., Bd. 74, Frankfurt/M.
Magee, Bryan (1966) *Einer von Zwanzig. Eine Untersuchung der Homosexualität bei Mann und Frau,* Wiesbaden.
Marezoll, Theodor (1841) *Das gemeine deutsche Criminalrecht als Grundlage der neueren deutschen Strafgesetzgebungen,* Leipzig.
Maringer, Johannes (1956) *Vorgeschichtliche Religion,* Zürich und Köln.
Marzell, Heinrich (1963) *Zauberpflanzen, Hexentränke,* Stuttgart.
Masius, Georg Heinrich (1821) *Handbuch der gerichtlichen Arzneiwissenschaft,* Bd. I, Stendal.
Matthaei, Antonii (1672) *De Criminibus,* Editio tertia, Vesaliae.
Maurer, Konrad (1855) *Die Bekehrung des norwegischen Stammes zum Christentume,* Bd. I, München.
Maximus, Valerius (1829) *Sammlung merkwürdiger Reden und Taten.* Übersetzt von Friedrich Hoffmann, Stuttgart.
Mayer, Anton (1936) Erdmutter und Hexe. In: *Historische Untersuchungen und Quellen,* Heft 12, München-Freising.
Mayer, Hellmuth (1962) Strafrechtsreform heute und morgen. In: *Kriminologische Forschungen,* Bd. I, Berlin.
Mayer, M. (1892) Mythistorica III: Catamitus. In: *Hermes. Zeitschrift für classische Philologie,* Bd. 27, Heft 4, Berlin.
Meier, M. H. E. (1837) Artikel ›Päderastie‹. In: I. S. Ersch und I. G. Gruber (Hrsg.): *Allgemeine Encyklopädie der Wissenschaften und Künste,* 3. Section, 9. Theil, Leipzig.
Meißner, Rudolf (1935) *Norwegisches Recht. Das Rechtsbuch des Gulathings,* Weimar.

—, (1939) *Norwegisches Recht. Das Rechtsbuch des Frostothings,* Weimar.
—, (1950) *Stadtrecht des Königs Magnus Hakonarson für Bergen. Bruchstücke des Birkinselrechts und Seefahrerrechts der Jónsbók,* Weimar.
Meixner, Franz (1953) Der umstrittene § 175 StGB. In: *Kriminalistik. Zeitschrift für die gesamte kriminalistische Wissenschaft und Praxis,* Jg. 1953, Hamburg.
Mende, L. J. C. (1826) *Ausführliches Handbuch der gerichtlichen Medizin,* Leipzig.
Mendelssohn, Ludwig (1887) *Zosimi historia nova,* Leipzig (Reprographischer Nachdruck der Originalausgabe in Hildesheim 1963).
Mensching, Gustav (1949) *Die Religionen und die Welt,* Bonn.
—, (1950) *Gut und Böse im Glauben der Völker,* Stuttgart.
—, (1955) *Toleranz und Wahrheit in der Religion,* München und Hamburg.
—, (1957) *Das Wunder im Glauben und Aberglauben der Völker,* Leiden.
—, (1958) *Die Söhne Gottes,* München, Wien, Basel.
—, (1959) *Die Religion,* Stuttgart.
—, (1966) *Soziologie der großen Religionen,* Bonn.
—, (1968) *Soziologie der Religion,* 2., neubearb. u. erw. Aufl., Bonn.
Merton, Robert K. (1948) The Self-fulfilling Prophecy. In: *The Antioch Review,* Yellow Springs.
Mestorf, Johanna (1900, 1907) Moorleichen. In: 42. Bericht des Museums vaterländischer Altertümer bei der Universität Kiel.
Meyer, Ernst (1968) Die Indogermanenfrage. In: Anton Scherer (Hrsg.): *Die Urheimat der Indogermanen,* Darmstadt.
Meyer, J. (Hrsg.) (1848) *Das große Conversationslexikon für die gebildeten Stände,* Bd. 32, Hildburghausen.
Meyer, Peter (1976) *Taschenlexikon der Verhaltensforschung,* Paderborn.
Michell, Humfrey (1952) *Sparta,* Cambridge.
Mittermaier, C. J. A. (1844) Über die Bedeutsamkeit der Phrenologie in der Strafgesetzgebung. In: *Centralarchiv für die gesamte Staatsarzneikunde,* 1. Jg., Heft 3, Regensburg.
Mittermaier, W. (1906) *Vergleichende Darstellung des deutschen und außerdeutschen Strafrechts. Vorarbeiten zur deutschen Strafrechtsreform,* Berlin.
Moll, Albert (1893) *Die conträre Sexualempfindung,* 2. Aufl., Berlin.
Mommsen, Theodor (1890) Der Religionsfrevel nach römischem Recht. In: *Historische Zeitschrift,* Bd. 64 (N. F. Bd. 28), München und Leipzig.
—, (1899) *Römisches Strafrecht,* Leipzig.
—, (1905) (Hrsg.): *Theodosiani Libri XVI cum constitutionibus sirmondianis,* Berolini.
Mommsen, Theodor, et Krueger, Paulus (Hrsg.) (MCMLIV) *Corpus iuris civilis,* Vol. I.: Institutiones. Edition: Paulus Krueger. Digesta. Edition: Theodor Mommsen, retractavit: Paulus Krueger, Berolini.
Montesquieu, Charles de (1829) *Der Geist der Gesetze,* Bd. I, Halle.
Much, Rudolf (1928) Die Eruler. In: *Deutsche nordische Zeitschrift,* Leipzig.
—, (1959) *Die ›Germania‹ des Tacitus,* 2. Aufl., Heidelberg.
—, (1967) *Die ›Germania‹ des Tacitus,* 3. Aufl., Heidelberg.
Mühlmann, Wilhelm E. (1938) *Methodik der Völkerkunde,* Stuttgart.
—, (1957) Besprechung des Werks von Arnold Gehlen: Urmensch und Spätkultur, Bonn. 1956. In: *Kölner Zeitschrift für Soziologie,* 9. Jg., Köln.

Müllenhoff, Karl (1870) *Deutsche Altertumskunde,* Bd. I, Berlin.
—, (1900) *Deutsche Altertumskunde,* Bd. IV, Berlin.
Müller, C. F. (1851) *Das Preußische Straf-Gesetzbuch,* Berlin.
Müller, Karl Otfried (1877) *Die Etrusker,* Stuttgart.
Münzer (1921) Artikel ›Scantinius‹. In: Pauly-Wissowa (Hrsg.): *Realencyclopädie der classischen Altertumswissenschaft,* 2. Reihe, Bd. 2, 1, Stuttgart.
Muster, W. (1947) Der Schamanismus in der Saga und im deutschen Brauch (Unveröff. Diss.), Graz.
Mysior, Arnold (1963) Der Einfluß sozialpsychologischer Faktoren auf die Entwicklung zur männlichen Homosexualität (Diss.), Hamburg.

Narr, Karl Josef (1957) Deutschland in ur- und frühgeschichtlicher Zeit. In: Leo Just (Hrsg.): *Handbuch der deutschen Geschichte,* Bd. I.: Deutsche Geschichte bis zum Ausgang des Mittelalters, Konstanz.
—, (1961) *Urgeschichte der Kultur,* Stuttgart.
Neckel, Gustav (1925) *Altgermanische Kultur,* Leipzig.
—, (1932) *Liebe und Ehe bei den vorchristlichen Germanen,* Berlin.
Nehring, Alfons (1954) Die Problematik der Indogermanenforschung. In: *Würzburger Universitätsreden,* Heft 17, Würzburg.
Newcomb, Theodore M. (1959) *Sozialpsychologie,* Meisenheim am Glan.
Nicholls, George (1854) *A History of the English Poor Law,* Bd. I, London.
Nicolai, A. H. (1835) *Grundriß der Sanitäts-Polizei. Mit besonderer Beziehung auf den Preußischen Staat,* Berlin.
Nilsson, M. P. (1925) Die Griechen. In: Chantepie de la Saussaye (Hrsg.): *Lehrbuch der Religionsgeschichte,* Bd. II, 4. Aufl., Tübingen.
Ninck, Martin (1935) *Wodan und germanischer Schicksalsglaube,* Jena.
Norden, Eduard (1959) *Die germanische Urgeschichte in Tacitus' Germania,* Darmstadt.
Noreen, Erik (1922) Studier i fornvästnordisk diktning. In: *Uppsala Univ. arsskr.,* Bd. 2, Uppsala.

Oerstedt (1823) Ausführliche Prüfung des neuen Entwurfs zu einem Strafgesetzbuch für das Königreich Bayern, Kopenhagen.
Österreich (1803) *Gesetzbuch über Verbrechen, von Franz II. v. Österreich, Wien.*
Oestreich-Lurie, N. (1953) Winnebago Berdache. In: *American Anthropologist,* Bd. 55, New York.
Ohlmarks, Ake (1939) Arktischer Schamanismus und nordischer Sejdr. In: *Archiv für Religionswissenschaft,* Bd. 36, Leipzig und Berlin.
—, (1939) *Studien zum Problem des Schamanismus,* Lund und Kopenhagen.
Oldenberg, Hermann (1923) *Die Religion des Veda,* Stuttgart und Berlin.
Olrik, Axel (1911) Myterne om Loke. In: *Festskrift till H. F. Feilberg,* Stockholm.
Olsen, Magnus (1914) *Hedenske Kultminder,* Kristiania.
Opelt, Ilona (1965) *Die lateinischen Schimpfwörter und verwandte sprachliche Erscheinungen,* Heidelberg.
Oppenhoff, F. C. (1885) Das Strafgesetzbuch für das deutsche Reich, 10., verb. Aufl., Berlin.
Otto, Carl Eduard, Schilling, Bruno, Sintenis, Carl F. F. (Hrsg.) (1933) *Das Corpus iuris Civilis,* Bd. 7, Leipzig.

*Otto, Rudolf (1932) Gottheit der Arier,* Gießen.
Overzier, Claus (1956) Beitrag zur Kenntnis des männlichen Transvestitismus. In: *Zeitschrift für Psychotherapie,* 6. Jg., Stuttgart.
Oxenstierna, Eric Graf (1957) *Die Nordgermanen,* Stuttgart.

Palm, Thede (1936) Der Kult der Naharvalen. In: *Archiv für Religionswissenschaft,* Bd. 36, Leipzig und Berlin.
Panzer, Karl (1964) *Der Katholik und die Strafrechtsreform,* Köln.
Pappenheim, Eugen (1877) *Des Sextus Empiricus Phyrrhoneische Grundzüge,* Leipzig.
—, (1881) *Erläuterungen zu des Sextus Empiricus Phyrrhoneischen Grundzügen,* Leipzig.
Pappenheim, M. (1901) Moorleichen. In: *Zeitschrift der Savigny-Stiftung,* Bd. 22, Weimar.
Pauly-Wissowa (Hrsg.) (1896) *Realencyclopädie der classischen Altertumswissenschaft,* Bd. 2, 2, Stuttgart.
—, (1921) Op. cit., Bd. 11, 1. Stuttgart.
—, (1953) Op. cit., Bd. 22, 1, Stuttgart.
Penzer, N. M. (1925) *The Ocean of Story,* Vol. III, London.
Pertz, Georg Heinrich (Hrsg.) (1837) *Monumenta Germanicae historica,* Tom. II, Hannover.
Peuckert, Will-Erich (1942) *Deutscher Volksglaube des Spätmittelalters,* Stuttgart.
Peuker, v. (1860) *Das deutsche Kriegswesen der Urzeiten,* Bd. II, Berlin.
Philippson, Ernst Alfred (1929) *Germanisches Heidentum bei den Angelsachsen,* Leipzig.
Pieper, Josef (1948) *Was heißt philosophieren?,* München.
Pierquin (1831) *Arithmetique politique de la folie,* Paris.
Pleyer, Wilhelm (1963) Der § 175 ist nötig! In: *Deutsche National- und Soldatenzeitung,* Nr. 31 v. 2. 8. 1963, München.
Pokorny, Julius (1959) *Indogermanisches etymologisches Wörterbuch,* Bd. I, Bern und München.
Polybios (1862) *Geschichte.* Übersetzt von A. Haakh, I. Bd., Stuttgart.
Poschmann, Bernhard (1928) *Die abendländische Kirchenbuße im Ausgang des christlichen Altertums,* München.
—, (1951) *Buße und letzte Ölung,* Freiburg.
Preußen (1620) *Landrecht des Herzogtums Preußen vom Jahre 1620,* Berlin.
—, (1721) *Verbessertes Landrecht des Königreichs Preußen von 1721.*
—, (1794) *Allgemeines Landrecht für die preußischen Staaten von 1794.*

Quintilian (1958) *The Institutio oratoris of Quintilian.* Übersetzt und mit einer Einführung versehen von H. E. Butler, Vol. I, Cambridge (Mass.).
Quistorp, Johann Christian v. (1794) *Grundzüge des deutschen Peinlichen Rechts,* Bd. I, Rostock und Leipzig.

Reeb, Wilhelm (1930) *Tacitus' Germania,* Berlin und Leipzig.
Rein, Wilhelm (1844) *Das Criminalrecht der Römer von Romulus bis auf Justinianus,* Leipzig.

Reinhardt, K. (1953) Beitrag über Poseidonios. In: Pauly-Wissowa (Hrsg.): *Realencyclopädie der classischen Altertumswissenschaft,* Bd. 22, 1, Stuttgart.
Reuter, Otto Siegfried (1934) *Germanische Himmelskunde,* München.
Richthoven, Karl v. (1840) *Friesische Rechtsquellen,* Berlin (Neudruck Aalen 1960).
—, (1840) Verwys und Verdam. In: *Altfriesisches Wörterbuch,* Göttingen.
Rickenbacher, Franz (1902) *Das Strafrecht des alten Landes Schwyz,* Leipzig.
Ringgren, Helmer, und Ström, Ake v. (1959) *Die Religionen der Völker,* Stuttgart.
Rodgers, Bruce (1972) *A Queen's Vernacular. A Gay Lexicon,* San Francisco.
Röber, Friedrich August (1805) *Von der Sorge des Staats für die Gesundheit seiner Bürger,* Dresden.
Römer, L. S. A. M. v. (1906) Der Uranismus in den Niederlanden bis zum 19. Jahrhundert. In: Magnus Hirschfeld (Hrsg.): *Jahrbuch für sexuelle Zwischenstufen mit besonderer Berücksichtigung der Homosexualität,* 8. Jg., Leipzig.
Römpp, Hermann (1961) *Chemische Zaubertränke,* Stuttgart.
Rohracher, Hubert (1953) *Einführung in die Psychologie,* 5., durchges. Aufl., Wien, Innsbruck, München, Berlin.
Rooth, Anna Brigitte (1961) *Loki in Scandinavian Mythology,* Lund.
Rosenbaum, Julius (1845) *Die Onanie oder Selbstbefleckung,* Leipzig.
Rosshirt, C. F. (1821) *Lehrbuch des Criminalrechts nach den Quellen des gemeinen deutschen Rechts,* Heidelberg.
Rougemont, Denis de (1966) *Die Liebe und das Abendland,* Köln und Berlin.
Rückert, Hanns (1932) *Die Christianisierung der Germanen,* Tübingen.
Rüstow, Alexander (1950) *Ortsbestimmung der Gegenwart. Eine Universalgeschichtliche Kulturkritik,* Bd. I.: Ursprung der Herrschaft, Erlenbach–Zürich.
—, (1963) Stellungnahme zur Diskussion über die Frage der Homosexualität. In: *Der Monat,* 15. Jg., Heft 175, Berlin.
Runeberg, Arne (1947) *Witches, Demons and Fertility Magic,* Helsingfors.

Salchow, J. C. (1805) *Darstellung der Lehre von Strafen und Verbrechen,* Bd. II, Jena.
Salvianus Massiliensis (1935) *Werke.* Übersetzt und eingeleitet von Anton Mayer. In: *Bibliothek der Kirchenväter,* 2. Reihe, Bd. XI, München.
Sandschejew, Garma (1923) Weltanschauung und Schamanismus der Alaren-Burjaten. In: *Anthropos,* Bd. 23.
Saupe, Albin (1891) Der Indiculus superstitionum et paganiarum, ein Verzeichnis heidnischer und abergläubischer Gebräuche und Meinungen aus der Zeit Karls des Großen, aus zumeist gleichzeitigen Schriften erläutert. In: *Programm des Städtischen Realgymnasiums zu Leipzig,* Programm Nr. 551.
Seckel, E., et Kuebler, B. (MCMXI) *Iurisprudentiae anteiustinianae reliquias,* Lipsiae.
Seneca (1951) *Dialogus,* Tom. I, Paris.
Seppelt, Franz Xaver, und Schwaiger, Georg (1964) *Geschichte der Päpste bis zur Gegenwart,* München.
Siebenhaar, Friedrich Julius (1840) *Encyklopädisches Handbuch der gerichtlichen Arzneikunde,* Bd. II, Leipzig.

Soden, Julius v. (1792) *Der Geist der peinlichen Gesetzgebung Teutschlands,* Frankfurt.
Soldan, W. G., und Heppe, H. (1911) *Geschichte der Hexenprozesse.* Neubearbeitet und herausgegeben von Max Bauer, 2 Bde., München. (Reprographischer Nachdruck der 3. – letzten – Aufl., 1968.)
Sprenger, Jakob, und Institoris, Heinrich (1906) *Der Hexenhammer.* Ins Deutsche übertragen und eingeleitet von J. W. R. Schmidt, Bd. I–III, Berlin.
Sprockhoff, Ernst (1938) Die nordische Megalithkultur. In: *Handbuch der Urgeschichte Deutschlands,* Bd. III, Berlin und Leipzig.
Sudhoff, Karl (Hrsg.) (1922) *Theophrast v. Hohenheim gen. Paracelsus' medizinische, naturwissenschaftliche und philosophische Schriften,* München.
Summers, Montague (1956) *The History of Witchcraft and Demonology,* New York.
Scherer, Anton (1951) Das Problem der indogermanischen Urheimat vom Standpunkt der Sprachwissenschaft. In: *Archiv für Kulturgeschichte,* Bd. 33, Marburg/Lahn.
—, (1965) Indogermanische Altertumskunde seit 1956. In: *Kratylos,* 10. Jg., Heft 2, Wiesbaden.
—, (Hrsg.) (1968) *Die Urheimat der Indogermanen,* Darmstadt.
Schilling, Konrad (Hrsg.) (1963) *Monumenta Judaica. 2000 Jahre Geschichte und Kultur der Juden am Rhein,* Köln.
Schlosser, Katesa (1953) Körperliche Anomalien als Ursache sozialer Ausstoßung bei Naturvölkern. In: *Zeitschrift für Morphologie und Anthropologie,* Bd. XLIV, Heft 1–2, Stuttgart.
Schmidt, Eberhard (1965) *Einführung in die Geschichte der deutschen Strafrechtspflege,* 3., völlig durchgearb. u. veränd. Aufl., Göttingen.
Schmidt, P. Wilhelm (1931) *Der Ursprung der Gottesidee,* Bd. III, Münster.
—, (1934) Op. cit., Bd. V.
—, (1935) Op. cit., Bd. VI.
—, (1949–55) Op. cit., Bd. IX.–XII.
—, (1946) *Rassen und Völker in Vorgeschichte und Geschichte des Abendlandes,* Bd. I, Luzern.
Schmitz, H. J. (1883) *Die Bußbücher und die Bußdisziplin der Kirche,* Bd. I, Mainz.
—, (1898) *Die Bußbücher und die Bußdisziplin der Kirche,* Bd. II, Düsseldorf.
Schneider, Hermann (1938) *Die Götter der Germanen,* Tübingen.
Schoeck, Helmut (1966) *Der Neid. Eine Theorie der Gesellschaft,* Freiburg und München.
Schoeps, Hans-Joachim (1965) Überlegungen zum Problem der Homosexualität. In: *Der homosexuelle Nächste. Ein Symposion,* Hamburg.
Schrader, Otto (1917/23) *Reallexikon der indogermanischen Altertumskunde,* Bd. I, Berlin.
—, (1929) Op. cit., Bd. II, Berlin.
Schröder, Dominik (1955) Zur Struktur des Schamanismus. In: *Anthropos,* Bd. 50.
Schröder, Franz Rolf (1924) *Germanentum und Hellenismus,* Heidelberg.
—, (1929) *Altgermanische Kulturprobleme,* Berlin und Leipzig.
—, (1929) Die Germanen. In: *Religionsgeschichtliches Lesebuch,* Nr. 12, Tübingen.

—, (1934) Germanentum und Alteuropa. In: *Germanisch-Romanische Monatsschrift,* 22. Jg., Heidelberg.
—, (1941) *Skadi und die Götter Skandinaviens,* Tübingen.
Schröder, Leopold v. (1908) *Mysterium und Mimus im Rigveda,* Leipzig.
Schröder, Richard, und Künssberg, Eberhard v. (1932) *Lehrbuch der deutschen Rechtsgeschichte,* 7. Aufl., Berlin und Leipzig.
Schulz, Alwin (1879) *Das höfische Leben zur Zeit der Minnesänger,* Bd. I, Leipzig.
Schulz, Fritz (1961) *Geschichte der römischen Rechtswissenschaft,* Weimar.
Schulz, Walther (1926) Staat und Gesellschaft in germanischer Vorzeit. In: *Vorzeit,* Bd. 4, Leipzig.
Schwerin, Claudius v. (1915) *Deutsche Rechtsgeschichte,* 2. Aufl., Leipzig und Berlin.
—, (1935) *Schwedische Rechte. Älteres Westgötalag, Uplandslag,* Weimar.
—, (1943) *Germanische Rechtsgeschichte,* Berlin.
—, (1950) *Grundzüge der deutschen Rechtsgeschichte,* Berlin und München.
Schwartz, E. (1903) Beitrag über Diodor. In: *Realencyclopädie der classischen Altertumswissenschaft,* Bd. 5, 1, Stuttgart.
Stackelberg, K. G. (1965) *Alle Kreter lügen. Vorurteile über Menschen und Völker,* Düsseldorf und Wien.
Steinhauser, Walter (1955) Der Namenssatz im Cap. 12 der Germania des Tacitus. In: *Rheinische Vierteljahresblätter,* 20. Jg., Bonn (Festschrift für Adolf Bach, I. Teil).
Steinmetz, S. R. (1894) *Ethnologische Studien zur ersten Entwicklung der Strafe,* Groningen.
Steltzer, J. L. (1793) *Lehrbuch des teutschen Criminalrechts,* Halle.
Stern, Bernhard (1907) *Geschichte der öffentlichen Sittlichkeit in Rußland,* Berlin.
Sternberg, L. J. (1935) Die Auserwählung im sibirischen Schamanismus. In: *Zeitschrift für Missionskunde und Religionswissenschaft,* Bd. 50, Basel.
Stiglmayr, E. (1959) Artikel über Hexen. In: *Die Religion in Geschichte und Gegenwart. Handwörterbuch für Theologie und Religionswissenschaft,* Bd. III, Tübingen.
Storm, G. (1880) *Monumenta Historica Norwegiae,* Kristiania.
Strabo (1856) *Strabo's Erdbeschreibung.* Übersetzt und erläutert von A. Forbiger, Stuttgart.
Ström, Folke (1942) *On the sacral origin of the Germanic Death Penalties,* Lund.
—, (1954) *Diser, Nornor, Valkyrjor,* Stockholm.
—, (1956) *Loki. Ein mythologisches Problem,* Göteborg.
Strömbäck, Dag (1935) *Sejd. Textstudier i nordisk religionshistoria,* Lund.
Stroheker, Karl Friedrich (1965) *Germanentum und Spätantike,* Zürich und Stuttgart.
Stübel, Christoph Carl (1795) *System des allgemeinen Peinlichen Rechts,* Bd. I, Leipzig.
Struve, G. v. (1844) Die Phrenologie in ihrem Einfluß auf das Recht. In: *Centralarchiv für die gesamte Staatsarzneikunde,* 1. Jg., Heft 3, Regensburg.

Tacitus, Publius Cornelius (1959) *Historien.* Übersetzt von Walter Sontheimer, Stuttgart.

—, (1944) *Germania.* Übersetzt von Eugen Fehrle, 4. Aufl., München und Berlin.
Tajfel, Henri (1964) Die Entstehung der kognitiven und affektiven Einstellungen. In: René König (Hrsg.): *Vorurteile. Ihre Erforschung und ihre Bekämpfung.* Aus: *Politische Psychologie,* Bd. 3, Frankfurt/M.
Tatlock, J. S. P. (1950) *The legendary History of Britain,* Berkeley and Los Angeles.
Thierfelder, A. (1956) Obscaenus. In: *Festschrift für F. Jacoby,* Leiden.
›Thule‹, *Sammlung ›Thule‹,* herausgegeben von Felix Niedner und Gustav Neckel. Neuausgabe: Düsseldorf und Köln.
—, (1963) Op. cit., Bd. 1 und Bd. 2.
—, (1964) Op. cit., Bd. 9.
—, (1965) Op. cit., Bd. 14.
—, (1966) Op. cit., Bd. 20 und 21.
—, (1920) Op. cit., Bd. 7 der alten Ausgabe, Jena.
Tittmann, Carl August (1809) *Handbuch der Strafrechtswissenschaft und der deutschen Strafgesetzkunde,* Bd. III, Halle.
Tokarew, S. A. (1968) *Die Religion in der Geschichte der Völker,* Berlin.
Trager, Helen G., and Yarrow, Marion R. (1953) *They Learn What They Live,* New York.
Trimborn, Hermann (1958) Zur Entstehung der Herren- und Hochkultur. In: *Saeculum,* Bd. 9, Freiburg und München.
—, (1958) Von den Aufgaben und Verfahren der Völkerkunde. In: Leonhard Adam und Hermann Trimborn (Hrsg.): *Lehrbuch der Völkerkunde,* 3., umgearb. Aufl., Stuttgart.

Unger, Friedrich Wilhelm (1842) *Die altdeutsche Gerichtsverfassung,* Göttingen.

Varagnac, André (Hrsg.) (1960) *Der Mensch der Urzeit,* Düsseldorf und Köln.
Veh, Otto (Hrsg.) (1970) *Prokop von Caesarea: Anekdota, Geheimgeschichte des Kaiserreichs von Byzanz,* München.
Vogel, C. (1961) Le péché et la pénitence. In: *Pastorale du péché.* Aus: *Bibliothèque de Théologie,* Série II, Théologie Morale, Vol. 8, Tournai.
Volm, Matthew H. (1962) *Indoeuropäisches Erbgut in den germanischen und slavischen Sprachen,* Wiesbaden.
Vordemfelde, Hans (1923) Die germanische Religion in den deutschen Volksrechten. In: *Religionsgeschichtliche Versuche und Vorarbeiten,* Gießen.
Vries, Jan de (1933) *The Problem of Loki,* Helsinki.
—, (1937) *Altgermanische Religionsgeschichte,* Bd. II.: Die Religion der Nordgermanen, 1. Aufl., Berlin und Leipzig.
—, (1957) Op. cit., 2., völlig neubearbeitete Aufl., Darmstadt.
—, (1964) *Die geistige Welt der Germanen,* Darmstadt.
—, (1961) *Forschungsgeschichte der Mythologie,* Freiburg und München.

Wachenfeld, Friedrich (1901) *Homosexualität und Strafgesetz,* Leipzig.
Wahle, Ernst (1932) *Deutsche Vorzeit,* 1. Aufl., Leipzig.
—, (1952) Op. cit., 2., durchgearb. Aufl., Basel.

—, (1954) Ur- und Frühgeschichte im mitteleuropäischen Raum. In: Bruno Gebhardt (Hrsg.): *Handbuch der deutschen Geschichte,* Bd. I.: Herbert Grundmann (Hrsg.): *Frühzeit und Mittelalter,* Stuttgart.
Walter, Ferdinand (Hrsg.) (1824) *Corpus iuris Germanici Antiqui,* Bd. II, Berlin.
Wasserschleben, F. W. H. (1851) *Die Bußordnungen der abendländischen Kirche,* Halle.
Weiser, Lily (1927) Altgermanische Jünglingsweihen und Männerbünde. In: Eugen Fehrle (Hrsg.): *Bausteine zur Volkskunde und Religionswissenschaft,* Heft 1, Bühl (Baden).
Weiser-Aall, Lily (1930/31) Artikel ›Hexe‹. In: Hanns Bächtold-Sträubli (Hrsg.): *Handwörterbuch des deutschen Aberglaubens,* Bd. III, Berlin und Leipzig.
—, (1933) Zur Geschichte der altgermanischen Todesstrafe und Friedlosigkeit. In: *Archiv für Religionswissenschaft,* Bd. 33, Leipzig und Berlin.
Weisweiler, Josef (1923) Beiträge zur Bedeutungsentwicklung germanischer Wörter für sittliche Begriffe. In: *Indogermanische Forschungen,* Bd. 41, Berlin und Leipzig.
—, (1939) Die Stellung der Frau bei den Kelten und das Problem des ›keltischen Mutterrechts‹. Sonderdruck aus: *Zeitschrift für celtische Philologie,* Bd. 21, Heft 2, Halle.
Wentzel, H. (1896) Beitrag über Athenaios. In: Pauly-Wissowa (Hrsg.): *Realencyclopädie der classischen Altertumswissenschaft,* Bd. 2, 2, Stuttgart.
Westphal, C. (1869) Die conträre Sexualempfindung. In: *Archiv für Psychiatrie und Nervenkrankheiten,* Bd. II, Heft 1, Berlin.
Wienold, Hanns u. Lautmann, Rüdiger (1977) Antihomosexualität und demokratische Kultur in der BRD. In: Rüdiger Lautmann (Hrsg.): *Seminar: Gesellschaft und Homosexualität,* Frankfurt/M.
Wiese, Leopold v. (1950/51) Studien über das Vorurteil. In: *Kölner Zeitschrift für Soziologie,* 3. Jg., Köln und Opladen.
Wikander, Stig (1938) *Der arische Männerbund,* Lund.
Wilda, Wilhelm Eduard (1831) *Das Gildenwesen im Mittelalter,* Halle.
—, (1842) *Das Strafrecht der Germanen,* Halle.
Witte, B. S. (1973) Der Homosexuelle und seine Umwelt. In: J. B. F. Gottschalk (Hrsg.): *Kirche und Homosexualität,* München.
Wölfel, Dominik (1951) Die Religionen des vorindogermanischen Europa. In: F. König (Hrsg.): *Christus und die Religionen der Erde,* Bd. I, Wien.
Wohlhaupter, Eugen (1936) *Altspanisch-gotische Rechte,* Weimar.
Wolfram, Richard (1932) Robin Hood and Hobby Horse. In: *Wiener prähistorische Zeitschrift,* Bd. 19, Wien.
Wünsch, Richard (1911/12) Zur Geisterbannung im Altertum. In: *Mitteilungen der schlesischen Gesellschaft für Volkskunde,* Dresden.
Wuttke, Adolf (1869) *Der deutsche Volksaberglaube der Gegenwart,* Berlin.

Zacharias, Gerhard (1964) *Satanskult und schwarze Messe,* Wiesbaden.
Zedler, Heinrich (Hrsg.) (1743) *Großes vollständiges Universal-Lexikon aller Wissenschaften und Künste,* Bd. 38, Leipzig und Halle.
Zeumer, Karolus (1902) *Leges Visigothorum,* Hannoverae et Lipsiae.
Zylmann, P. (1951) Ein urgeschichtlicher Nachweis zum altfriesischen Strafrecht. In: *Die Kunde,* N. F., Jg. 2, Heft 2/3, Hannover.

# Namen- und Sachregister

*Zusammengestellt von Bernadette Eckert*

# Thema: Homosexualität

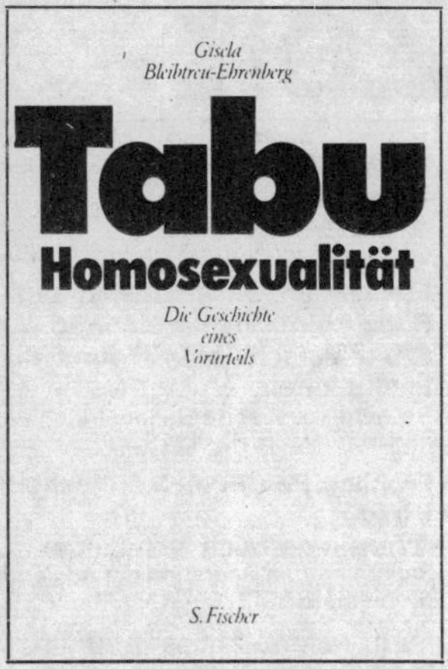


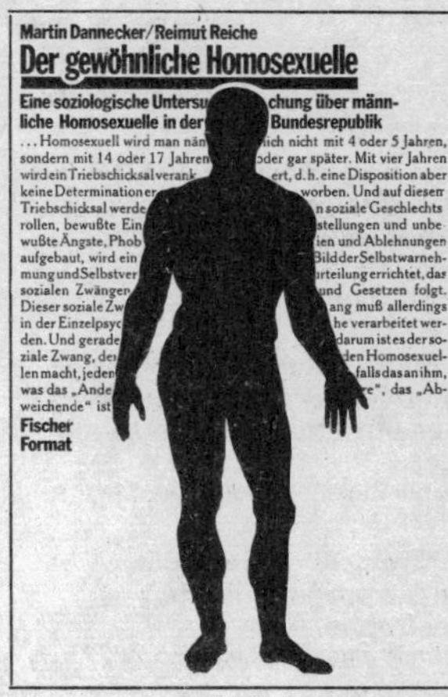


**Gisela Bleibtreu-Ehrenberg**
**Tabu Homosexualität**
Die Geschichte eines Vorurteils
440 Seiten, engl. Brosch.

**Martin Dannecker / Reimut Reiche**
**Der gewöhnliche Homosexuelle**
Eine soziologische Untersuchung über männliche Homosexuelle in der Bundesrepublik
363 Seiten, brosch.

**Alexander Ziegler**
**Die Konsequenz**
Der dokumentarische Roman zu dem aufsehenerregenden Film.
Fischer Taschenbuch Nr. 3407

**Alexander Ziegler**
**Das Labyrinth**
Report eines Außenseiters
Fischer Taschenbuch Nr. 2190

**S. Fischer Verlag**
**Fischer Taschenbuch Verlag**